조지 오웰(1903~1950)

▲ 조지 오웰 생가   인도 벵골주 모티하리. 오늘날 박물관으로 운영되고 있다. 오웰이 한 살 되던 해 어머니와 함께 영국으로 돌아갔다.

◀ 박물관(생가) 마당에 있는 조지 오웰 흉상

▼ 아기 오웰과 어머니 아이다 블레어

▲BBC 근무 시절 마이크 뒤 윌리엄 엠프슨, 뒷줄 오른쪽 조지 오웰과 T.S. 엘리엇. 제2차 세계대전 중이던 1941년에서 1943년 〈트리뷴〉지로 옮길 때까지 3년간을 이곳에서 근무했다.

◀조지 오웰 동상 BBC 방송 하우스

소설 《동물농장》(1945) 초판본 표지

George Orwell
NINETEEN EIGHTY-FOUR
ANIMAL FARM/REVENGE IS SOUR
1984년/동물농장/복수는 괴로워라
조지 오웰/박지은 옮김

동서문화사

디자인 : 동서랑 미술팀

1984년/동물농장/복수는 괴로워라
차례

1984년
1부…11
2부…95
3부…193
신어법의 원리…257

동물농장
동물농장…271

복수는 괴로워라
코끼리를 쏘다…347
교수형…355
가난한 자들은 어떻게 죽는가…361
구빈원…372
복수는 괴로워라…381
나는 왜 글을 쓰는가…385

조지 오웰의 생애와 사상
조지 오웰의 생애와 사상…397
조지 오웰 연보…438

Nineteen Eighty-four
1984년

1부

1

 4월 어느 맑고 쌀쌀한 날이었다. 괘종시계가 13시를 알리고 있었다. 윈스턴 스미스는 바람을 피해 가슴에 턱을 파묻고 승리맨션 유리문으로 재빨리 들어갔다. 먼지바람도 함께 안으로 풀썩 날아들었다.
 복도에는 양배추 끓이는 냄새와 낡은 매트리스 냄새가 물씬 풍겼다. 복도 한쪽 끝 벽에는 실내에 붙이기엔 너무 커 보이는 포스터가 한 장 붙어 있었다. 폭이 1미터가 넘는 이 포스터에는 커다란 얼굴이 그려져 있었는데 덥수룩한 검은 수염에 마흔다섯 살쯤 돼 보이는, 멋진 남자 초상이었다. 윈스턴은 층계로 올라갔다. 경기가 좋을 때조차 어쩌다 한 번 움직일 뿐인 엘리베이터는 있으나 마나 한 것이었다. 더구나 지금은 한낮이라 전기가 들어오지 않았다. 이것은 증오주간(憎惡週間)을 준비하는 절약운동의 하나였다. 그의 방은 7층에 있었다. 서른아홉 살 윈스턴은 오른쪽 발목에 정맥류성 궤양까지 앓고 있어서 중간에 몇 번이나 쉬어 가며 천천히 올라가야 했다. 층계참마다 엘리베이터 맞은편 벽에 걸린 커다란 얼굴의 포스터가 이쪽을 노려보고 있었다. 이 초상화는 교묘하게 그려져 있어, 보는 사람이 움직이는 대로 그 눈동자도 따라 움직이는 것 같았다. 그 얼굴 아래 '빅 브라더는 당신을 지켜보고 있다'는 문구가 적혀 있었다.
 7층 방에 다다르자, 무쇠 생산과 관계된 무슨 숫자표를 읽는 달콤한 목소리가 안에서 들렸다. 이 목소리는 오른쪽 벽에 붙은, 흐릿한 거울처럼 생긴 직사각형 금속판에서 흘러나오고 있었다. 윈스턴이 스위치를 돌리자 목소리는 작아졌지만 여전히 또렷하게 들렸다. '텔레스크린'이라고 하는 이 금속판은 소리를 줄일 수는 있었지만 아주 꺼 버릴 수는 없었다. 그는 창가로 다가갔다. 당(黨)의 푸른 제복 때문에 그의 작고 여윈 얼굴과 초라한 몸이 더욱 허약하게 보였다. 짙은 금빛 머리칼은 깨끗했지만, 본디 불그스름한 얼굴은 싸구려 비누와 무딘 면도칼을 쓰는 데다 이제 겨우 물러간 겨울 추위 때문에 거칠었다.

꼭 닫힌 창밖은 추워 보였다. 거리 저편에서 작은 회오리바람이 먼지와 종잇조각을 날렸다. 해는 빛나고 하늘은 맑고 푸르렀지만, 사방에 붙은 포스터 외에는 아무것도 눈에 띄지 않고, 만물에 색채란 게 없어 보였다. 검은 수염 달린 얼굴이 높직한 구석구석 어디에서나 내려다보고 있었다. 바로 맞은편 집 앞에도 붙어 있었다. 검은 눈이 윈스턴의 얼굴을 매섭게 노려보면서 '빅 브라더는 당신을 지켜보고 있다'며 으르고 있었다. 저 아래 도로 쪽에는 한 구석이 찢어진 또 하나의 포스터가 발작하듯 바람에 펄럭이며 '영사(英社, INGSOC ; England Socialism)'[1]란 낱말을 가렸다 보였다 했다. 멀리서 헬리콥터가 지붕 사이로 내려와 쇠파리처럼 잠시 머뭇거리며 맴돌다가 다시 곡선을 그리면서 날아가 버렸다. 집 안 사람들을 창문으로 엿보는 순찰기였다. 그러나 이런 순찰쯤은 아무것도 아니었다. 문제는 사상경찰(思想警察)이었다.

윈스턴의 등 뒤에 있는 텔레스크린에서는 여전히 무쇠 생산과 제9차 3개년 계획의 초과 달성에 대해 지껄이고 있었다. 이 텔레스크린은 방송을 수신하며 송신도 했다. 윈스턴이 내는 소리는 아무리 작더라도 모조리 잡혔다. 그뿐 아니라 이 금속판의 시야 안에 있는 한, 윈스턴의 행동과 목소리는 저쪽에 다 보이고 들렸다. 물론 언제 감시를 받는지 알 수는 없었다. 사상경찰이 얼마나 자주, 그리고 어떤 방법으로 한 개인을 감시하는가는 오로지 추측만 할 수 있을 뿐이었다. 그냥 사상경찰이 모든 사람을 언제나 감시한다고 볼 수도 있었다. 그들은 필요하다면 언제든 도청도 했다. 그래서 사람들은 자기가 내는 모든 소리가 포착되고 캄캄할 때 외에는 자신의 모든 동작이 낱낱이 감시받고 있음을 유념하고 살아야 했고, 또 그게 본능처럼 습관화되어 있었다.

윈스턴은 텔레스크린을 향해 줄곧 등을 돌리고 있었다. 그렇다고 아주 보지 않는 것은 아니지만 그래도 이러는 편이 좀 더 안전했다. 그의 사무실인 진리부(眞理部)가 1킬로미터 저쪽에, 침침한 풍경 위로 하얗게 빛나며 높다랗게 솟아 있었다. 이것이 런던인가. 윈스턴은 쓸쓸한 기분으로 생각했다. 이게 제1공

---

1) '영국사회주의'의 새로운 약어.

대(第一空帶 ; Airstrip One, 영국)의 중심도시이며 오세아니아에서 세 번째로 인구가 많은 지방이란 말인가. 런던이 옛날에도 이랬는지, 그는 어렸을 적 기억을 더듬어 보았다. 그때도 이처럼 낡은 19세기 가옥들이 즐비했고, 벽들은 통나무로 받쳐지고, 깨진 창문은 마분지로 덕지덕지 덮이고, 지붕의 함석판은 쭈그러지고, 뜰을 에워싼 담은 무너져 있었던가? 포탄이 떨어진 자리에서 횟가루가 풀썩이고, 버드나무 잎사귀가 자갈 더미 위에서 뒹굴었던가? 포탄이 휩쓸고 간 편편한 공터에 닭장 같은 판잣집의 옹색한 구역이 줄지어 생겨났던가? 그러나 쓸데없는 일이었다. 그는 이런 장면들을 기억해 낼 수가 없었던 것이다. 그의 유년시절에 대한 기억은, 아무런 배경도 없고 무슨 맥락도 없는 일련의 선명한 극적 정경들만이 남아 있을 뿐이었다.

신어(新語)[2]로 '진부(眞部)'라 하는 진리부는 시야에 들어오는 다른 건물들과 모양이 아주 달랐다. 흰색 콘크리트로 번쩍이는 이 거대한 피라미드 모양의 건물은, 계단식으로 비탈지게 쭉 이어져 공중으로 300미터나 솟아 있었다. 흰 건물의 전면에는 윈스턴이 서 있는 곳에서도 훤히 보이는 당의 세 가지 슬로건이 우아한 글씨로 씌어 있었다.

전쟁은 평화
자유는 예속
무지는 힘

진리부에는 지상에 3000개의 방이 있고 지하에도 그만큼의 방이 있다 한다. 런던에는 이와 모양이 비슷하고 규모도 같은 3개의 건물이 또 있다. 이들 건물은 주위의 다른 건물을 형편없이 초라해 보이도록 할 만큼 커서, 승리맨션 옥상에서는 이 네 건물을 한꺼번에 바라볼 수 있었다. 이 건물들이 모든 정부기구를 분할하는 4개 관청의 본부였다. 정부기구로는 보도·연예·교육 및 예술을 관장하는 진리부, 전쟁을 관장하는 평화부, 법과 질서를 유지하는 애정부, 그리고 경제문제를 책임지는 풍요부가 있었다. 이 이름들은 신어로 진부(眞部), 화

---

[2] 오세아니아의 공용어.

부(和部), 애부(愛部), 요부(饒部)라 했다.

애정부는 정말 무시무시한 곳이었다. 그 건물에는 전혀 창문이 없었다. 윈스턴은 애정부에 들어가 보기는커녕, 그 근처에 가본 적도 없었다. 거기에는 공무로만 드나들 수 있는데, 그나마도 가시철망과 철문이 설치되고 기관총이 잠복해 있는 미로를 거쳐 가야 했다. 외곽으로 가는 길조차 검은 제복에 곤봉을 찬 고릴라처럼 생긴 위병이 돌아다니며 감시하고 있었다.

윈스턴은 갑자기 돌아섰다. 유쾌하다는 표정이었다. 텔레스크린을 마주할 때는 이런 표정이 유리한 것이다. 그는 방을 가로질러 조그만 부엌으로 갔다. 이 시간에 사무실을 나오느라고 식당에서 점심을 먹지 못한 것이다. 그는 다음 날 아침에 먹으려고 남겨 둔 흑빵 한 덩이밖에는 먹을 것이 거의 없다는 사실을 알고 있었다. 그는 선반에서 '승리주(勝利酒)'란 흰 라벨이 붙은 맑은 술병을 꺼냈다. 중국의 화주(火酒)처럼 고약하고 느글느글한 냄새가 났다. 윈스턴은 그것을 찻잔에 넘칠 만큼 붓고는 쓰디쓴 약을 마시듯 찡그리며 꿀꺽 마셨다.

그러자 얼굴이 곧 붉어지며 눈물이 핑 돌았다. 이 술은 꼭 초산 같아 삼키자마자 곤봉으로 뒤통수를 한 대 맞은 것 같은 충격을 주었다. 그러나 다음 순간 배 속의 화끈거림은 가라앉고 기분이 명랑해지기 시작했다. 그가 '승리연(勝利煙)'이라고 표시된, 구겨진 담뱃갑에서 담배를 꺼내 무심코 만지작거리자 담뱃가루가 마룻바닥에 몽땅 떨어졌다. 그는 다시 한 개비를 꺼내 문 다음 거실로 돌아가 텔레스크린 왼쪽에 있는 작은 탁자 앞에 앉았다. 서랍에서 펜대와 잉크병, 그리고 뒷장은 붉고 앞장은 대리석 색깔로 된 두꺼운 4절 노트를 꺼냈다.

어째서인지 이 거실의 텔레스크린은 보통과 다른 곳에 설치되어 있었다. 보통 텔레스크린은 온 방 안을 다 볼 수 있는 벽 끝에 설치되지만, 이 거실에서는 창 맞은편 긴 벽에 놓여 있었다. 이 벽 한쪽 끝에는 윈스턴이 지금 앉아 있는 움푹 들어간 곳이 있는데 아마 방을 만들 때 책장을 놓기 위해 이처럼 설계한 것 같았다. 이 구석에 앉아 몸을 잘 감추기만 하면 윈스턴은 텔레스크린의 감시망을 벗어날 수 있었다. 물론 그가 내는 소리는 들리겠지만 지금 위치에 숨어 있는 한 그의 모습이 보이지는 않을 것이다. 이 방이 이렇게 독특한 구조를 가졌다는 것도, 그가 이제 시작하려는 일에 어느 정도의 동기가 되었다.

하지만 서랍에서 방금 꺼낸 노트야말로 진짜 동기였다. 노트가 유달리 멋있었던 것이다. 이 부드러운 크림색 노트 종이는 오래되어서 조금 변색되었는데, 적어도 지난 40년 동안 만들어지지 않은 종류였다. 그러니 40년 전에 제조된 물건임을 추측할 수 있었다. 이 도시의 한 빈민가(이름은 잊어버렸다)에 있는 곰팡내 나는 작은 고물상의 진열창에서 이 노트를 보았을 때, 그는 불현듯 그것이 견딜 수 없을 만큼 탐이 났다. 당원은 일반상가에는 못 가도록, 즉 '자유시장에서 거래'하지 못하도록 되어 있었다. 그러나 이 규칙은 엄수될 수 없었던 것이, 도저히 살 방도가 없는 구두끈이라든가 면도날이 그런 일반상점에 있었기 때문이었다. 그는 거리를 좌우로 슬쩍 훑어본 뒤 잽싸게 상점에 들어가 그 노트를 2달러 50센트에 사 버렸다. 그때만 해도 어떤 특별한 목적이 있어서 노트를 갖고 싶었던 것은 아니었다. 그는 무슨 죄라도 지은 듯 그것을 슬그머니 가방 속에 넣어 집으로 가지고 왔다. 안에 아무것도 적혀 있지 않다 하더라도 노트는 충분히 혐의를 받을 수 있는 물건이었다.

그가 지금 하려는 일은 일기를 쓰는 것이었다. 이는 불법은 아니지만(법이란 게 없으니 불법이란 것도 아예 없다) 들키면 사형, 아니면 적어도 강제노동 25년형을 받을 것이 틀림없었다. 윈스턴은 펜촉을 펜대에 꽂고 펜 끝의 기름기를 닦아 냈다. 펜이란 건 이제는 서명에도 거의 쓰이지 않는 옛날식 필기도구지만, 이 멋진 크림색 노트에는 볼펜으로 끼적이기보다 진짜 펜으로 써야 될 것 같아서 남몰래 겨우 구해 둔 것이었다. 실제로 그는 손으로 글을 쓰지 않았다. 아주 짧은 글 외에는 모든 걸 구술기록기(口述記錄器)에 불러 주는 것이 보통인데, 물론 지금 그걸 써먹을 수는 없었다. 그는 펜을 잉크에 적시고는 잠시 머뭇거렸다. 배 속으로부터 전율이 일었다. 종이에 글을 쓴다는 건 중대한 행위였다. 그는 작고 서투른 글씨로 다음과 같이 썼다.

1984년 4월 4일

그는 의자에 등을 파묻었다. 완전한 무력감이 그를 내리눌렀다. 우선 올해가 1984년이란 게 정확한지 어떤지 알 수 없었다. 그의 나이가 서른아홉이 확실하고, 태어난 해가 1944년인가 1945년이니까 아마 그쯤 될 것이다. 그러나 요즈음은 1, 2년 안의 어떤 날짜도 정확히 콕 집어 말할 수 없는 세상이다.

누구를 위해 이 일기를 쓰는가? 그는 갑자기 이상한 생각이 들었다. 미래를 위해서? 아직 태어나지 않은 후세를 위해서? 그는 잠시 일기장에 적힌 그 의심스런 날짜에 넋을 놓고 있다가 신어로 '이중사고(二重思考)'란 말을 문득 떠올렸다. 그러자 자신이 지금 엄청난 일을 하고 있다는 게 처음으로 절실히 느껴졌다. 어떻게 미래와 소통할 수 있단 말인가? 본질적으로 불가능했다. 미래가 현재와 비슷하다면 그의 말에 귀를 기울이지 않을 것이요, 다르다면 이 수난의 기록은 무의미해질 것이었다.

그는 얼마 동안 멍하니 노트를 바라보며 앉아 있었다. 텔레스크린에서는 귀에 거슬리는 군악이 흘러나오고 있었다. 이상하게도 그는 표현할 힘을 잃어버렸을 뿐만 아니라 처음에 자신이 무얼 말하려고 했는지조차 잊어버린 것 같았다. 지난 몇 주일 동안 이 순간을 위해 준비해 왔고 용기만 있으면 무엇이든 할 수 있다고 철석같이 믿어 왔다. 실제로 쓰는 일 자체는 간단하다. 지난 몇 년 동안 그의 머릿속에 늘 존재했던 끊임없는 독백을 종이에 옮기기만 하면 되는 것이었다. 그러나 중요한 이 순간에 그것마저 말라 버렸다. 게다가 정맥류성 궤양이 참을 수 없이 근질거리기 시작했다. 긁으면 벌겋게 부어오르며 염증이 생기기 때문에 맘대로 긁을 수도 없었다. 시간이 똑딱거리며 지나가고 있었다. 앞에 놓인 노트의 여백, 발목 피부의 가려움증, 군악의 나팔 소리, 술 때문에 생긴 약간의 취기…… 그가 의식하는 건 이뿐이었다.

갑자기, 무얼 하고 있는지도 깨닫지 못한 채 그는 홀린 듯한 기분으로 쓰기 시작했다. 어린애 같은 작고 삐뚤삐뚤한 글씨로, 첫 자를 대문자로 쓰는 것도 잊어버린 채 문장 끝에 마침표까지 빼먹으면서 여백을 채워 나갔다.

1984년 4월 4일.
어젯밤엔 영화관에 갔다. 모두 전쟁영화였다. 피란민을 가득 실은 배가 지중해 어디선가 폭격당하는 게 가장 볼만했다. 굉장히 뚱뚱한 친구가 자기를 쫓는 헬리콥터를 피해 헤엄치다가 사살되는 장면에 관중들이 특히 갈채를 보냈다. 처음에는 그 뚱보가 돌고래처럼 물속에서 허우적거리는 장면이 나오더니, 곧이어 헬리콥터의 총구 너머로 그 사내의 모습이 보였다. 그러다가 사내의 큰 몸뚱이는 구멍투성이가 되고 근처 바닷물은 분홍색으로 물들었다. 그는 총구멍 속으로 물이 들어찬 것처럼 갑자기 가라앉았다. 관객들은 뚱보가 가라앉자 폭소를 터뜨렸다. 그런 다음 아이들을 가득 태운 구명보트 위를 헬리콥터가 맴도는 장면이 나왔다. 뱃머리에 유대인으로 보이는 중년 부인이 세 살쯤 된 사내애를 안고 있었다. 그 꼬마는 무서워서 비명을 지르며 엄마의 품속으로 파고들 듯 가슴에 머리를 처박고 있었다. 여자는 공포로 새파랗게 질린 채 아이를 꼭 껴안고 달랬다. 자기 팔이 아들을 총알에서 구해 낼 수 있다고 믿기라도 하는 듯했다. 그 순간 헬리콥터가 20킬로그램짜리 폭탄을 떨어뜨렸고 무시무시한 섬광이 번쩍하더니 보트는 산산조각이 났다. 한 소년의 팔이 공중으로 솟아올랐다. 헬리콥터가 기체 앞쪽에 카메라를 달고 따라 올라가며 찍은 게 틀림없었다. 당원석에서는 박수갈채가 나왔지만 노동자석에 앉아 있던 한 여성이 갑자기 소란을 피우면서 이런 걸 아이들에게 보여 줘서는 안 된다고, 어린애 앞에서는 안 된다고 소리 질렀다. 그러다 곧 경찰에 끌려 나갔다. 그 여자한테는 아무 일도 없겠지. 아무도 노동자가 지껄이는 데 신경 쓰지 않는다. 전형적인 노동자의 반발을 그들이 신경 쓸 리가 절대로…….

윈스턴은 팔에 쥐가 나서 쓰던 걸 멈췄다. 도대체 무엇 때문에 이런 너절한 이야기들을 늘어놓는지 알 수 없었다. 그러나 신기하게도 그러는 동안 엉뚱한 기억이 뚜렷하게 떠올랐다. 그걸 적어 둬야 할 것 같았다. 오늘 집에 와서 일기를 쓰기로 갑자기 마음먹게 된 것도 바로 이 사건 때문이란 사실을 비로소 깨달았다.

이 사소한 일도 '사건'으로 칠 수 있다면, 그 사건은 바로 그날 아침 진리부 사무실에서 일어난 것이었다.

11시쯤 됐을까. 그가 일하는 기록국(記錄局)에서 사람들이 각 사무실의 의자들을 홀 가운데로 끌어모아 놓고 맞은편에는 커다란 텔레스크린을 설치해 '2분 증오'를 준비했다. 윈스턴이 가운뎃줄에 앉았을 때, 얼굴만 알 뿐 이야기 한 번도 해 본 적 없는 두 사람이 방으로 들어왔다. 한 사람은 복도에서 가끔 지나치며 본 여자였다. 그 여자 이름은 모르지만 창작국(創作局)에서 일하는 것은 알고 있었다. 기름 묻은 손으로 스패너를 들고 다니는 모습을 몇 번 본 적이 있으니 아마 소설제작기의 기계 조작을 맡고 있으리라. 스물일곱쯤 되었을까, 주근깨투성이 얼굴이지만 까만 머리칼은 숱이 많고 운동으로 다져진 듯 몸놀림이 재빠른 여자였다. '청년반성동맹(青年反性同盟)'의 상징인 폭 좁은 진홍색 띠를 허리에 여러 겹 감아 엉덩이 곡선이 여지없이 드러났다. 윈스턴은 처음 본 순간부터 그녀가 싫었다. 그 이유도 알고 있었다. 그 여자는 하키 운동장이나 냉수욕, 또는 단체행군에 어울리는 분위기를 풍겼다. 또한 애써 청결해지려고 노력하는 듯한 정신적 결벽성도 마음에 들지 않았던 것이다. 그는 거의 모든 여자들, 특히 젊고 아름다운 여자들을 싫어했다. 맹목적으로 당에 가장 충실한 사람들, 슬로건을 곧이곧대로 믿어 버리는 사람들, 또는 이단을 찾아내는 아마추어 스파이들이나 이단의 냄새를 재빨리 맡는 사람들 대부분이 여자들, 그중에서도 젊은 여자들이었기 때문이다. 그런데 그 여자는 다른 여자들보다 더 위험하다는 인상을 주었다. 한번은 그들이 복도에서 서로 지나친 적이 있었다. 그때 그녀가 곁눈질로 슬쩍 쳐다보았는데, 꼭 그의 속을 꿰뚫어 보는 것 같아서 그는 순간 섬뜩한 기분이 들었었다. 그는 그 여자가 사상경찰일지도 모른다는 생각까지 했다. 실제로는 그렇지 않을 테지만, 그 여자가 가까이 있을 때마다 그는 적개심과 두려움이 뒤섞인 묘한 불안감에 사로잡혔다.

또 한 사람은 오브라이언이라는 내부당원인데, 윈스턴이 알지 못하는 아주 중요한 직위에 있는 사람이었다. 좌석에 몰려 있던 사람들은 검은 제복의 내부당원이 가까이 오자 순간 조용해졌다. 오브라이언은 몸집이 크고 건장한 데다 목이 굵은 남자로, 우락부락한 얼굴이 우스꽝스럽고 잔인해 보였다. 외모는 험상궂었지만 태도에는 어딘가 매력적인 데가 있었다. 그는 콧잔등에 흘러내린 안경을 추어올리는 버릇이 있는데, 정확히 표현할 수는 없지만 그것이 묘하게 세련된 느낌이어서 상대의 마음을 편하게 해주었다. 그의 몸짓은 마치 18세기 귀족이 담뱃갑을 건네는 듯한 모습을 떠올리게 했다. 윈스턴은 요 몇 년 동안 오브라이언을 아마 열두 번쯤은 봤을 것이다. 그는 오브라이언에게 무척 끌렸다. 그것은 그의 도시인다운 세련된 태도와 싸움패 두목 같은 몸집의 기묘한 대조에 흥미를 느낀 탓이기도 했다. 하지만 그보다는 오브라이언의 정치적 신념이 불완전하리라는 은밀한 확신, 아니 그렇기를 바라는 희망 때문이었다. 그의 얼굴에는 어쩐지 그런 느낌이 들게 하는 것이 있었다. 어쩌면 그의 얼굴에 나타난 것은 이단이 아니라 단순한 지성일지도 몰랐다. 그러나 아무튼 텔레스크린이 없는 곳에서 단둘이 만날 수 있다면, 그는 말을 한번 걸어 볼 만한 사람이었다. 하지만 윈스턴은 이런 생각을 실행해 볼 생각은 전혀 하지 않았다. 더욱이 그렇게 해 볼 방도도 없었다. 오브라이언은 손목시계를 힐끗 보더니 11시가 거의 되어 가자, '2분 증오'가 끝날 때까지 기록국에 있기로 작정한 것 같았다. 그는 윈스턴으로부터 두 자리 건너 같은 줄에 앉았다. 그들 사이에는 윈스턴의 옆 사무실에서 일하는 갈색 머리의 조그만 여자가 앉아 있었다. 까만 머리칼의 그 여자는 바로 뒤에 있었다.

다음 순간 기름 치지 않은 거대한 기계가 돌아가는 듯한 소름 끼치는 굉음이, 홀 중앙에 있는 커다란 텔레스크린에서 터져 나왔다. 이가 악물리고 머리칼이 곤두서는 소리였다. '증오'가 시작된 것이다.

여느 때처럼 인민의 적인 임마누엘 골드스타인의 얼굴이 스크린에 비쳤다. 여기저기서 관중들의 성난 목소리가 터져 나왔다. 갈색 머리칼의 작은 여자는 공포와 혐오감이 뒤섞인 비명을 질러 댔다. 골드스타인은 오래전(정확히 얼마나 오래전인지 아무도 기억할 수 없었다) 당의 지도급 인물 가운데 한 사람으로 빅 브라더와 거의 비슷한 지위에 있었는데, 반혁명활동에 가담해 사형을 언도받았다가 용케 탈출해 종적을 감춘 변절자요, 배신자였다. '2분 증오'의 내용은 날마다 다르지만 언제나 골드스타인이 주인공이었다. 그는 일급 반역자요, 당의 순수성을 처음으로 모독한 사람이었다. 그 뒤 일어난 모든 반당죄(反黨罪), 즉 모든 반역과 파업·이단·탈선은 그의 부추김에서 비롯된 것이었다. 그는 지금도 어디엔가 살아 있어 음모를 꾸미고 있었다. 바다 건너 외국의 보호와 도움 아래에 있다는 소문도 있고, 바로 이 오세아니아의 어떤 은신처에 있다는 이야기도 있었다.

윈스턴은 아랫배가 아파 왔다. 그는 골드스타인의 얼굴을 볼 때마다 고통스런 감정이 들었다. 이 유대인은 비쩍 마른 얼굴에 보풀 같은 하얀 머리털이 커다란 후광처럼 넘실거리며 조그만 염소수염이 달려 있어 지혜로워 보였다. 그러나 안경이 걸린 기다란 코에서 노인네들에게서 볼 수 있는 일종의 쇠약함이 엿보였고 선천적으로 비열한 듯한 인상을 주었다. 또 그 얼굴 모양이 염소 같았고 목소리조차 염소를 닮았다. 골드스타인은 여전히 당의 강령에 독설을 퍼붓고 있었는데 그 공격이 너무 과장되고 억지스러워 어린애라도 그 허위성을 곧 알아차릴 정도였다. 하지만 그의 주장은 놀라우리만큼 그럴듯해서 보통 이하의 머리를 가진 사람들은 거기에 넘어갈 수도 있다는 경계심을 불러일으키기에 충분했다. 그는 빅 브라더를 비난하고 당의 독재정치를 공격했으며 유라시아와의 즉각적인 평화협정 체결, 언론과 집회 및 사상의 자유를 주장하고 혁명이 배반당했다고 신경질적으로 외치기도 했다. 게다가 그는 당의 웅변가들을 흉내 내어 다음절(多音節)의 언사를 빠르게 지껄여 대면서 신어의 어휘까지 썼다. 아니, 그는 당원들이 일상생활에서 쓰는 것보다 더 많은 신어를 섞어 가며 연설했다. 이러는 동안 그럴듯한 허언의 정체를 폭로하듯 스크린 속 그의 머리 뒤로, 유라시아 군대의 대열이 행진하는 모습이 끊임없이 이어졌다. 무표정하게 굳은 얼굴의 아시아인 같은 군인들의 대열이 이어지고, 그 얼굴이 화면을 가득 채웠다 사라지며 또 비슷한 얼굴이 나타났다 사라졌다. 군인들의 율동적인 발소리는 골드스타인의 염소 우는 듯한 목소리에 배경 음악처럼 깔리고 있었다.

'증오'가 시작된 지 30초도 안 되어 방 안 사람들의 반 이상이 참을 수 없다는 듯 분노의 탄성을 터뜨렸다. 스크린에 나타난 자만심 가득한 염소 얼굴과 그 얼굴 뒤로 행군하는 유라시아 군대의 소름 끼치는 병정들을 보면 참을 수가 없었던 것이다. 그렇지 않아도 골드스타인을 보거나 그에 대한 생각만 해도 반사적으로 공포와 분노가 일어나는 터였다. 그는 유라시아나 동아시아보다 더 큰 증오의 대상이었다. 오세아니아가 이 두 나라 가운데 한 나라와 전쟁을 하면 다른 한 나라와는 평화를 유지하게 마련이지만, 골드스타인은 언제나 적이기 때문이었다. 그러나 이상한 일은, 골드스타인이 이토록 모든 사람에게서 증오와 경멸을 받고, 하루에 수천 번씩이나 연단과 텔레스크린에서, 신문과 책에서 그의 이론이 공격을 받고 부인되며 비웃음을 사서 그야말로 하잘것없는 헛소리라고 폭로되는데도, 그의 영향력이 결코 줄어들지 않는다는 것이다. 그의 유혹에 넘어가는 사람들이 줄곧 생겨났다. 날이면 날마다 그의 지령에 따르는 스파이와 파괴 공작원이 사상경찰에게 발각되었다. 그는 거대한 비밀군대뿐 아니라 국가 전복에 몸 바친 음모자들의 지하조직을 이끄는 사령관이었다. 조직의 이름은 '형제단'이라고 했다. 소문에 따르면, 골드스타인이 온갖 이단 이론을 기록한 무시무시한 책이 비밀리에 여기저기서 읽히고 있었다. 그 책은 제목이 없어서 그냥 '그 책'이라고만 불린다고 했다. 하지만 이것도 막연한 소문일 뿐이었다. 일반 당원들은 되도록 '형제단'이니 '그 책'이니 하는 말들을 입에 담지 않았다.

  2분이 되자 '증오'는 광적으로 심해졌다. 사람들은 자리에서 펄쩍거리며 있는 대로 소리를 질러, 스크린에서 흘러나오는 그 미칠 것 같은 염소 목소리를 뭉개려 했다. 그 조그만 갈색 머리 여자는 홍조를 띠고 마치 뭍에 오른 물고기처럼 입을 빠끔거렸다. 오브라이언의 무표정한 얼굴마저 뻘게졌다. 그는 의자에 꼿꼿이 앉은 채 파도에 버티기라도 하듯 커다란 가슴을 벌떡거렸다. 윈스턴의 뒤에 있던 까만 머리 여자는 "돼지! 돼지! 돼지!" 하고 소리를 지르더니 갑자기 신어사전을 스크린에 집어 던졌다. 그것은 골드스타인의 코를 맞히고 떨어졌다. 그러나 염소 같은 목소리는 끊임없이 이어졌다. 정신을 얼핏 차리자, 윈스턴은 자기도 다른 사람들과 함께 소리를 지르고 발뒤꿈치로 의자의 가로대를 맹렬히 차고 있음을 깨달았다. 이 '2분 증오'의 무서운 점은 시청자가 의무적으로 이에 가담해야 한다는 것이 아니라 저절로 거기에 합세하지 않을 수 없다는 것이었다. 일단 휘말리면 30초도 안 되어 어떤 가식도 소용없어져 버렸다. 공포와 복수심의 강렬한 도취, 때려 죽이고 싶고, 괴롭히고 싶고, 큼직한 쇠망치로 얼굴을 짓이기고 싶은 욕망이 전류처럼 전파되어, 자기 뜻과는 상관없이 누구나 얼굴을 찌푸리며 비명을 지르는 광적 상태에 빠져 버렸다. 그러나 그들이 느끼는 분노라는 건 용접기의 불꽃처럼 상대를 이쪽저쪽으로 바꿀 수 있는, 추상적이고 방향성이 없는 격정이었다. 그러므로 윈스턴의 증오는 골드스타인에게 향했다가 한순간 빅 브라더와 당, 사상경찰에게 향했다. 그리고 이런 순간에는 스크린에 나와 있는 이 외롭고 조롱받는 이단자, 이 허위의 세상에 존재하는 진리와 각성의 유일한 수호자에게 애정을 느끼는 것이었다. 하지만 다음 순간, 그는 주위 사람들과 하나가 되고 골드스타인에 대한 말들이 모두 진실한 것으로 여겨졌다. 이런 때에는 빅 브라더에 대한 그의 비밀스런 혐오감이 찬양으로 바뀌어 빅 브라더는 아시아의 대군을 가로막고 바위처럼 우뚝 선, 무적의 대담한 수호자로 보였다. 그리고 골드스타인은 고립되어 무력할 뿐만 아니라 그 생존 여부도 의심스럽지만 목소리의 힘만으로 문명사회를 파괴할 수 있는 불길한 마술사로 보였다.

때때로 인간은 의식적으로 그 증오의 대상을 바꿀 수 있다. 윈스턴은 갑자기 악몽에서 깨어나려고 고개를 마구 비트는 것처럼 격렬한 노력으로 자기의 증오 대상을, 스크린의 얼굴에서 뒤에 있는 까만 머리의 여자로 바꾸었다. 그의 머릿속에 아름답고 생생한 환각이 스쳤다. 그는 고무방망이로 그녀를 죽도록 때려 주고 싶었다. 그녀의 몸뚱이를 발가벗겨 말뚝에 묶고 성 세바스티아누스처럼 온몸에 화살을 쏘아 죽이고 싶었다. 그녀를 능욕해 절정에 이른 순간에 목을 조르고 싶었다. 그는 이제야 왜 자신이 그녀를 그토록 미워하는지 더 잘 알게 되었다. 그가 그녀를 미워하는 것은 그녀가 젊고 아름다우면서 섹스에 냉담하기 때문이고, 그녀와 동침하고 싶은데 그것은 절대로 불가능하기 때문이며, 팔로 안아 달라는 듯 날씬하고 매혹적인 허리에는 강렬한 순결의 상징인 저 역겨운 진홍색 띠가 감겨져 있기 때문이었다.

증오는 절정에 다다랐다. 골드스타인의 목소리는 마침내 진짜 염소 소리가 되어 버렸고, 얼굴마저 염소 낯짝으로 바뀌었다. 그러자 염소 얼굴은 흐물거리더니 유라시아 군인의 모습으로 바뀌었다. 이 군인이 무시무시한 거인으로 변해서 기관총을 갈기며 전진해 당장이라도 스크린 밖으로 튀어나올 것처럼 보였다. 앞줄에 앉았던 사람들은 흠칫 뒤로 물러났다. 그러나 그 순간 이 적개심을 일으키는 장면은 사라졌다. 그제야 사람들은 안도의 숨을 깊이 내쉬었다. 검은 머리칼에 검은 수염을 한, 권력과 신비스런 정적이 흘러넘치는 빅 브라더의 커다란 얼굴이 화면 가득히 겹쳐졌다. 빅 브라더가 무얼 말하는지는 아무도 듣지 못했다. 그의 몇 마디 말은 하나의 격려사였는데 그 말을 정확히 알아들을 수는 없지만 그의 말을 듣고 있다는 사실 그 하나로 사람들이 자신을 회복할 수 있는, 마치 전장의 아우성 속에서 들리는 지시와 같은 그런 격려사였다. 이윽고 빅 브라더의 얼굴은 사라지고 대신 당의 세 가지 슬로건이 굵은 대문자로 나타났다.

    전쟁은 평화
    자유는 예속
    무지는 힘

하지만 사람들 눈에 준 충격이 너무 생생해서 곧바로 지워지지 않는 듯, 빅 브라더의 잔영이 몇 초 동안 스크린에 그대로 남아 있는 것 같았다. 그 조그만 갈색 머리 여자는 자기 앞 의자 등받이에 풀썩 기대었다. 그리고 떨리는 목소리로 "나의 구세주여!"라고 중얼거리며 스크린을 향해 양팔을 벌렸다. 그러고는 얼굴을 손바닥에 파묻었다. 기도를 드리는 모양이었다.

이때 모든 사람들이 "빅—브라더! ……빅—브라더! ……빅—브라더!" 하는 찬가를 낮고 느릿한 가락으로 다 함께 웅얼거리기 시작했다. '빅'과 '브라더' 사이를 길게 늘이면서. 이 무거운 합창 소리는 기묘하고 야만적이어서, 마치 그 뒤에서 맨발로 춤추는 소리와 북소리가 들려오는 듯했다. 그들은 이러기를 30초 동안 계속했다. 이것은 광적인 순간에 흔히 들을 수 있는 하나의 후렴이었다. 이는 빅 브라더의 지혜와 권위에 대한 찬송이기도 하지만, 그보다 율동적인 소리로 의식을 계획적으로 마비시키는 자기최면의 행위이리라. 윈스턴은 오장이 얼어붙는 것 같았다. '2분 증오' 때에는 전체가 빠져든 무아경의 세계에 그도 끼지 않을 수 없었지만, 이렇게 "빅—브라더! ……빅—브라더!" 하고 비인간적인 노래를 부를 때는 그저 온몸에 소름이 끼쳤다. 물론 그도 다른 사람과 함께 노래를 불렀다. 달리 어쩔 수 없으니 말이다. 자기 감정을 속이고 가면을 쓴 채 다른 사람들이 하는 짓을 따라 한다는 건 하나의 본능적인 반사작용이었다. 그러나 눈빛에 의해 속마음이 드러나 버리는 찰나와도 같은 순간이 있는 법이다. 그리고 바로 이런 순간에, 그게 사건이랄 수 있다면 그 중대한 사건이 일어난 것이다.

순간적으로 그는 오브라이언과 눈이 마주쳤다. 오브라이언은 선 채로 안경을 벗었다가 그 독특한 제스처로 다시 끼려고 하고 있었다. 바로 이 순간 그들의 눈이 마주쳤고 윈스턴은 오브라이언이 자신과 똑같은 것을 생각하고 있음을 알아챘다. 그렇다, 그도 분명히 알아챘다! 분명히 마음이 통했다. 두 사람은 서로 마음의 문을 열고 서로의 생각을 눈으로 상대에게 전하고 있는 것 같았다. 오브라이언은 그에게 "난 자네 편이야"라고 말하는 듯했다. "자네가 생각하는 걸 내가 잘 알지. 자네가 무얼 경멸하고 증오하고 혐오하는가를 내가 잘 알아. 하지만 걱정 말게. 난 자네 편이니까!"라고 말하는 것 같았다. 그러고는 그의 지성적인 눈빛은 사라지고, 그 얼굴은 다른 사람들처럼 불가사의한 표정이 되어 버렸다.

 이게 사건의 전부였다. 그래서 그런 사건이 정말로 일어났는지조차 애매해질 정도였다. 이런 사건은 어떤 결과도 불러오지 않았다. 그들 사이에 있었던 일은 다만 자기 말고도 또 다른 당의 적이 있다는 신념과 희망을 줄 뿐이었다. 어쩌면 대규모 지하조직의 음모가 있다는 소문이 사실일지도 모른다. 그리고 그 '형제단'이 있다는 이야기마저 사실일지도 모른다! 사람들이 끊임없이 체포되고 자백하고 처형되고 있는데, 어떻게 '형제단'의 존재가 단순한 신화라고 믿을 수 있겠는가. 그는 어떤 때는 그 존재를 믿었고 어떤 때는 믿지 않았다. 명백한 증거는 없었다. 다만 사소한 시선 교환이나 슬쩍 귓결로 들은 이야기나 화장실 벽에 있는 희미한 낙서, 또는 낯선 두 사람이 지나치며 서로 알고 있다는 듯한 표정으로 간단히 해 보이는 손짓 따위들에서, 그는 무슨 의미를 찾기도 하고 지우기도 했다. 그러나 이런 건 모두 추측일 뿐이요, 상상에 맡길 수밖에 없는 것이다. 윈스턴은 오브라이언을 더 쳐다보지 않고 사무실로 돌아왔다. 그들의 순간적인 접촉에 더 깊이 파고들 생각은 없었다. 그럴 수 있다 하더라도 그건 매우 위험한 일이었다. 그들은 1, 2초 동안 모호한 눈빛을 주고받았고 그게 이 이야기의 끝이었다. 하지만 고작 이 정도 사건도, 고립된 세계에서 쓸쓸히 살아가야 하는 사람에게는 기억할 만한 일이었다.

 윈스턴은 몸을 쫙 폈다. 트림이 나고 배 속의 술이 넘어오려고 했다.

 그는 노트로 시선을 돌렸다. 그가 무기력하게 생각에 잠겨 있을 때도 무의식적으로 글을 쓰고 있었다는 사실을 깨달았다. 전처럼 서투른 악필이 아니었다. 그의 펜은 매끄러운 종이 위에 큼직한 대문자로 맵시 있게, 이렇게 되풀이해 써서 반 페이지를 채운 것이었다.

  빅 브라더를 타도하라
  빅 브라더를 타도하라
  빅 브라더를 타도하라
  빅 브라더를 타도하라
  빅 브라더를 타도하라

그는 공포로 아찔하지 않을 수 없었다. 그러나 이제 와서는 소용없는 일이었다. 이런 특별한 글을 쓰는 것보다도, 처음에 일기를 쓰기 시작했다는 게 더 위험했다. 잠시나마 그는 망쳐 버린 페이지를 찢어 낸 뒤 일기 쓰는 일마저 포기할까 하고 생각했다.

그렇지만 그것도 쓸데없는 일임을 알고 있었기에 그러지는 않았다. 그가 '빅 브라더를 타도하라'고 썼든 쓰지 않았든 아무런 차이가 없었다. 그가 일기를 꾸준히 써 나가든 쓰기를 포기하든 아무 차이가 없는 것이다. 어차피 사상경찰은 똑같이 취급해서 그를 체포할 것이다. 그가 펜을 들지 않았다 하더라도 이미 다른, 모든 지엽적인 죄를 포함하는 본질적 범죄를 저지른 것이다. 그게 바로 '사상죄(thoughtcrime)'라는 범죄였다. 사상죄는 영원히 은폐할 수 없었다. 얼마 동안, 또는 몇 년 동안은 어떻게 숨길 수 있을지 모르지만 언젠가 반드시 들키고 만다.

그런 사상범 체포는 예외 없이 한밤중에 이루어졌다. 갑자기 두들겨 깨우고는 어깨를 휘어잡는 거친 손, 눈에 들이대는 휘황한 불빛, 그리고 침대를 빙 둘러싼 험상궂은 얼굴들. 대부분의 경우 재판도 없고 체포가 공표되는 일조차 없었다. 사람들은 언제나 밤중에 그냥 사라져 버렸다. 이름은 호적에서 빠져 버리고 그에 대한 모든 기록도 지워졌다. 그가 잠시 존재했다는 사실은 부인되고 드디어는 망각 속에 파묻혔다. 그의 존재는 말살되고 소멸되었다. 이런 경우를 흔히 '증발했다'라고 말한다.

순간 그는 어떤 공황 상태에 빠졌다. 그는 급하게 글씨를 휘갈겨 쓰기 시작했다.

그들은 나를 총살하겠지만 그래도 관계없다. 그들은 목 뒤에서 나를 쏘겠지만 관계없다. 빅 브라더를 타도하라. 그들은 언제나 목 뒤에서 쏜다. 하지만 나는 관계없다. 빅 브라더를 타도하라—

그는 얼핏 창피한 생각이 들어 펜을 놓고 의자에 기댔다. 그 순간 그는 움찔했다. 문에서 노크 소리가 들린 것이다.

벌써! 누구든지 한두 번 두드려 보고 그냥 가 버렸으면 하고 공연한 기대를 하면서 그는 생쥐처럼 꼼짝 않고 앉아 있었다. 그러나 그렇게 되지 않았다. 잇따라 노크 소리가 들렸다. 시간을 끌수록 불리했다. 그의 가슴은 북소리 내듯 쿵쿵거렸지만 얼굴은 평소 습관에 따라 무표정했다. 그는 일어나 문 쪽으로 무거운 걸음을 옮겼다.

2

문고리를 잡으면서 윈스턴은 문득 탁자 위에 일기장을 펼쳐 둔 걸 깨달았다. '빅 브라더를 타도하라'고 큼직하게 써 있는 것이 이편에서도 보였다. 아주 바보 같은 짓을 했군. 하지만 그 와중에도, 잉크가 채 마르지 않은 일기장을 덮어 크림색 노트를 더럽히고 싶지는 않았다.

그는 숨을 깊이 들이쉬고 문을 열었다. 순간 안도감이 따스한 파도처럼 밀려왔다. 혈색 없는 꾀죄죄한 여자가 밖에 서 있었던 것이다. 머리칼은 듬성듬성하고 얼굴에는 주름살이 많았다.

"아, 동무. 동무가 돌아온 소리를 들은 것 같았어요. 미안하지만 좀 와서 부엌 하수구를 봐 주겠어요? 막혀 버린 것 같아서……."

그녀는 속상한 듯 코 먹은 소리로 말했다.

그녀는 같은 층 옆집에 살고 있는 파슨스 부인이었다('부인'이란 말은 당에서 못 쓰게 하는 단어다. 누구든 '동무'라고 불러야 한다. 그러나 어떤 여자들에게는 본능적으로 이 말을 쓰게 된다). 그녀는 서른 살쯤 되지만 나이보다 훨씬 늙어 보였다. 얼굴 주름살에는 때가 낀 것 같았다. 윈스턴은 그녀를 따라 복도로 나왔다. 이런 사사로운 수리 작업은 거의 날마다 겪는 두통거리였다. 승리맨션은 1930년 무렵에 지어진 것으로 지금은 허물어져 가고 있었다. 천장과 벽에서 횟가루가 부서져 떨어지고 수도관은 얼 때마다 터지고 지붕은 눈만 오면 새고, 난방장치는 연료를 아낀다는 이유로 아예 켜지 않거나 켜더라도 스팀은 반밖에 들어오지 않았다. 그리고 수리는 스스로 하지 않으면 수리와 별 관계없는 위원회의 인가를 받아야 하는데, 그래서는 유리창 하나 고치는 데에도 2년은 걸리기 십상이었다.

"하필 톰이 집에 없어서요."

파슨스 부인이 힘없이 말했다. 파슨스 부부의 방은 윈스턴의 방보다 조금 컸는데 어딘지 모르게 어지러웠다. 마치 무슨 난폭한 짐승이 휩쓸고 간 듯, 모든 게 어수선했다. 하키 스틱, 권투 장갑, 바람 빠진 축구공, 땀에 젖은 뒤집힌 운동복 등 운동기구들이 마루에 널려 있고, 탁자에는 구질구질한 접시들과 다 낡은 운동서적이 흩어져 있었다. 벽에는 청년동맹과 스파이단의 깃발, 그리고 빅 브라더의 커다란 포스터가 붙어 있었다. 건물 전체에서 늘 풍기는 양배추 끓이는 냄새가 물씬 나고, 또 그보다 더 강하고 고약한 땀내가 코를 찔렀다. 땀내는 그 자리에 없는 사람이 남긴 것이었다. 옆방에서는 누군가 텔레스크린에서 나는 군악에 장단을 맞춰 빗과 화장지로 그 흉내를 내고 있었다. 파슨스 부인은 신경 쓰인다는 듯 그 방문을 힐끗 쳐다보며 말했다.

"아이들 짓이에요. 오늘은 밖에 나가지 않았거든요. 물론……."

그녀는 중간에서 말을 끊는 버릇이 있었다. 부엌 하수구에는 더럽고 시커먼 물이 가득 차 있어 양배추보다 더 지독한 악취를 풍겼다. 윈스턴은 쭈그리고 앉아 파이프의 모가 난 이음새를 살펴봤다. 양손을 더럽히기도 싫고, 몸을 구부리면 늘 기침이 나와 그것도 싫었던 것이다. 파슨스 부인은 멍하니 바라보다가 말했다.

"물론 톰이 있으면 단박에 고칠 텐데. 그이는 이런 일을 좋아하거든요. 손재주가 참 좋아요."

파슨스는 윈스턴과 함께 진리부에 근무하는 동료였다. 그는 뚱뚱하지만 활동적이고 심각할 만큼 어리석은 데다 맹목적인 열성덩어리였다. 당의 안정성은 사상경찰보다, 사실은 아무런 회의 없이 충성을 다하는 이런 성실한 노동자들에게 의존하고 있었다. 그는 서른다섯 살 때 본의 아니게 청년동맹에서 쫓겨난 적이 있었다. 그리고 그 청년동맹에 가입하기 전에는 규정 연한을 1년이나 넘기면서 스파이단의 단원으로 눌러앉아 있었다. 그는 진리부에선 머리를 쓰지 않는 낮은 자리에 채용됐지만, 반면에 체육위원회라든가 단체행군, 시위, 절약운동 따위 등 자발적 운동을 조직하는 갖가지 위원회에서는 지도적 인물이었다. 그는 말하자면 담배를 뻐끔뻐끔 빨면서 자신은 지난 4년 동안 저녁마다 공회당에 나갔다고 자랑스러운 듯 말할 위인이었다. 그는 왕성한 활동력을 무의식적으로 증명이나 하듯 가는 곳마다 지독한 땀내를 풍겼고, 그 냄새는 그가 떠나고 난 뒤에도 코를 찔렀다.

"스패너 있어요?"
윈스턴은 모가 난 이음새의 나사를 만지작거리며 물었다.
"스패너요? 글쎄요, 아마 애들이······."
파슨스 부인은 꺼져 가는 소리로 대답했다.
발소리가 쿵쿵 나더니 아이들이 거실로 뛰어나오면서 빗으로 소란을 피웠다. 파슨스 부인이 스패너를 가져왔다. 윈스턴은 물을 빼내고 얼굴을 찡그려 가며 파이프에 가득 차 있던 머리칼 뭉치를 꺼냈다. 수도에서 나오는 찬물로 되도록 깨끗이 손을 씻은 뒤 옆방으로 돌아갔다.
"손들어!"
거친 목소리가 들렸다.
귀엽고 야무지게 생긴 아홉 살짜리 사내애가 탁자 뒤에서 불쑥 고개를 내밀면서 장난감 자동권총으로 그를 위협했다. 그보다 두 살쯤 어린 누이동생도 나무토막으로 오빠 흉내를 냈다. 두 꼬마는 스파이단 제복인 푸른색 반바지와 회색 셔츠를 입고 붉은 스카프를 두르고 있었다. 윈스턴은 머리 위로 손을 들었지만 기분은 좀 꺼림칙했다. 아이의 태도가 너무 진지해서 전혀 장난같지 않았던 것이다.
"넌 반역자야! 사상범이야! 너는 유라시아의 스파이란 말야! 너를 총살한다. 너를 없애 버릴 테야. 소금광산으로 보내겠단 말야!"
꼬마가 떠들어 댔다.
갑자기 두 꼬마가 그를 둘러싸고 발딱발딱 뛰면서 "반역자!" "사상범!" 하고 소리를 질렀다. 여자아이는 오빠가 하는 짓을 그대로 흉내 내고 있었다. 다 자라면 사람을 잡아먹을 새끼 호랑이들이 뛰어다니는 것 같아 섬뜩한 기분이 들었다. 소년의 눈에서는 어떤 빈틈없는 잔혹성이, 윈스턴을 차고 때리고 싶어 하는 뚜렷한 욕망이, 커서는 충분히 그렇게 할 수 있으리란 의식이 엿보였다. 윈스턴은 그놈이 들고 있는 게 진짜 권총이 아니어서 천만다행이라고 생각했다.
파슨스 부인의 시선은 윈스턴에게서 아이들에게, 다시 윈스턴에게 신경질적으로 오갔다. 밝은 방에서 보니 우습게도 그녀의 얼굴 주름살에는 정말 때가 끼어 있었다.
"아이들이 어떻게나 떠들어 대는지. 교수형 구경을 못 가 화가 나서 저래요.

전 너무 바빠 데려갈 틈이 없고, 톰은 그 시간 안으로 돌아오지 못하거든요."

부인이 말했다.

"왜 우린 교수형 구경 안 가?"

소년이 커다란 소리로 외쳤다.

"교수형을 보고 싶어! 교수형을 보고 싶어!"

여자아이가 깡충거리며 노래 부르듯 떠들었다.

전범(戰犯) 혐의로 유라시아의 포로 몇 명이 그날 저녁 공원에서 교수형을 당하게 돼 있다는 걸 윈스턴은 기억해 냈다. 이런 일은 한 달에 한 번쯤 있는 일이어서 희귀한 구경거리는 아니었다. 그러나 아이들은 언제나 그걸 구경시켜 달라고 졸라 댔다. 그는 파슨스 부인 곁을 떠나 문 쪽으로 갔다. 그러나 복도로 나가서 여섯 걸음도 못 가 목덜미를 매섭게 한 대 맞았다. 마치 빨갛게 달군 철사로 찔린 것 같았다. 휙 돌아서자 파슨스 부인이 아들을 문안으로 잡아끌고 있었고 녀석은 고무총을 주머니에 쑤셔 넣고 있었다.

문이 닫히는 순간 "골드스타인!" 하고 꼬마가 소리를 질렀다. 그러나 윈스턴의 마음을 더 강하게 때린 것은 그 어머니의 창백한 얼굴에 나타난, 걷잡을 수 없는 공포의 빛이었다.

방으로 돌아오자 그는 재빨리 텔레스크린을 지나 아까처럼 탁자 앞에 앉아 목을 쓰다듬었다. 텔레스크린에서 나오던 음악은 그쳐 있었다. 대신 딱딱 끊는 군대식 말투의 목소리가 잔혹한 즐거움을 담아, 방금 아이슬란드와 페로 제도 사이에 정박한 신형 유동요새(流動要塞)의 장비에 대해 설명하고 있었다.

저 아이들 때문에 그 불쌍한 부인은 평생을 공포에 떨며 보내야 할 것이라고 윈스턴은 생각했다. 1, 2년 뒤면 그 애들은 이단의 기미를 찾으려고 제 어머니를 밤낮으로 감시할 것이다. 오늘날에는 아이들이 모두 무서운 존재다. 도대체 가장 악질적인 게 '스파이단'과 같은 조직체다. 이 조직체는 아이들을 통제 불가능한 작은 야만인으로 변화시키면서, 그들에게서 당의 통제에 반발하는 경향을 조금도 찾아볼 수 없도록 만드는 것이다. 반발은커녕 반대로 그들은 당과 당에 관계된 것은 무엇이든 찬양한다. 군가, 행진, 깃발, 행군, 모의총 훈련, 슬로건 복창, 빅 브라더 숭배 등등, 이런 것들은 그들의 영광스런 놀이였다. 아이들의 잔인성은 모두 밖으로, 국가의 적에게, 외국인과 반역자에게, 파괴 공작원과 사상범에게 향하고 있었다. 서른 살을 넘긴 사람들이 자식들을 두려워하는 것은 이제 예삿일이 되었다. 어떤 아이들('어린 영웅'이라 한다)이 부모의 대화에서 위험한 말을 슬쩍 엿듣고는 사상경찰에 고발했다는 기사가 매주 《타임스》에 실리지 않는 때가 없었다.

고무총알로 얼얼하던 아픔은 가셨다. 그는 그저 펜을 들고서 일기에 더 쓸 내용이 없는가 생각했다. 그러다가 문득 오브라이언을 다시 생각하기 시작했다.

몇 년 전이던가, 정확히 얼마나 됐을까? 아마 7년쯤 된 것 같다. 그는 어느 캄캄한 방 안을 걷는 꿈을 꾸었다. 그런데 옆에 앉아 있는 누군가 그가 지나갈 때 "우리는 어둠이 없는 곳에서 만날 것이오"라고 속삭였다. 그 목소리는 아주 자연스럽게 조용히 들렸는데 그건 명령이 아니라 하나의 인사였다. 그는 멈추지 않고 걸었다. 묘하게도 그때 꿈속에서는 그 말이 그에게 별로 깊은 인상을 주지 않았다. 하지만 나중에 차츰 그 말의 깊은 의미를 깨닫게 되었다. 그가 오브라이언을 처음 보았던 게 그 꿈을 꾸기 전인지 후인지는 뚜렷이 기억할 수 없었다. 그리고 그 꿈속의 목소리가 오브라이언의 목소리라고 언제부터 생각했는지도 기억나지 않았다. 그러나 어떻든 두 목소리의 주인공은 같은 사람이라는 확신을 갖게 되었다. 어둠 속에서 그에게 말을 건 사람은 오브라이언이었다.

윈스턴은 오브라이언이 자기편인지 적인지 단 한 번도 확실히 가려낼 수 없었고, 오늘 아침 눈이 마주쳤을 때에도 여전히 확신할 수 없었다. 하지만 그게 중대한 일은 아닌 것 같기도 했다. 그들은 우정이나 당파심보다 더 중요한 '이해'로 맺어진 것이다. 그는 말했다. "우리는 어둠이 없는 곳에서 만날 것이오." 윈스턴은 그것이 무얼 뜻하는지 뚜렷이 알 수 없었다. 다만 어떻든 간에 그 말이 언젠가 현실이 되리라는 것만 알 뿐이었다.

텔레스크린의 소리가 멈추었다. 맑고 아름다운 트럼펫 소리가 침울한 분위기를 깨뜨렸다. 그러더니 거친 말소리가 이어서 방송되었다.

"알립니다. 알립니다. 방금 말라바르 전선에서 들어온 긴급 뉴스입니다. 우리 군대는 남인도에서 영광의 승리를 거두었습니다. 지금 전해 드리는 이 작전행동으로 전쟁은 곧 끝날 거라고 합니다. 이 긴급 뉴스에 의하면……"

'나쁜 뉴스가 나오겠군.' 윈스턴은 생각했다. 아니나 다를까, 유라시아 군대를 전멸시켰다는 자세한 소식과 함께 엄청난 사상자와 포로의 숫자를 늘어놓고 난 뒤, 다음 주부터 초콜릿 배급을 30그램에서 20그램으로 줄이겠다는 발표가 있었다.

윈스턴은 다시 트림을 했다. 술이 깨면서 허전한 기분이 들었다. 텔레스크린은 승전을 축하하기 위해선지, 아니면 줄어든 초콜릿 배급에 대한 미련을 없애기 위해선지, 갑자기 요란한 소리로 〈오세아니아, 그대를 위해〉라는 국가를 방송하기 시작했다. 국가가 연주되는 동안에는 누구든 부동자세를 취해야 했다. 그러나 그의 현재 위치는 텔레스크린이 볼 수 없는 곳이다.

〈오세아니아, 그대를 위해〉가 경음악으로 바뀌었다. 윈스턴은 창가로 가서 텔레스크린을 등지고 섰다. 날씨는 여전히 차고 맑았다. 어딘가 멀리서 로켓탄이 둔중한 굉음을 울리면서 폭발했다. 요즘에는 이런 폭탄이 1주일에 2, 30개씩 런던 시내에 떨어졌다.

거리 저편에서는 찢어진 포스터가 바람에 펄럭이며 '영사'란 글자를 가렸다 보였다 했다. '영사.' '영사'의 신성한 강령. 신어, 이중사고, 과거의 무상함. 그는 바다 밑의 깊은 숲속을 헤매다 길을 잃고 괴상한 세계에 흘러들어서 그 자신도 괴물이 되어 버린 기분이었다. 그는 혼자였다. 과거는 죽었고 미래는 상상할 수 없었다. '단 한 명이라도 지금 살아 있는 사람이 내 편을 들어 줄까? 당의 통치가 '영원히' 이어질 수 없다는 것을 어떻게 알 수 있을까?' 그 물음에 대답이라도 하듯, 진리부의 하얀 건물에 새겨진 세 가지 슬로건이 또다시 그의 눈에 들어왔다.

전쟁은 평화
자유는 예속
무지는 힘

그는 25센트짜리 동전을 주머니에서 꺼냈다. 거기에도 조그만 글씨로 똑같은 슬로건이 똑똑히 박혀 있었고 뒷면에는 빅 브라더의 초상이 새겨져 있었다. 동전에서까지 빅 브라더의 눈이 쫓아오고 있었다. 동전에도, 우표에도, 책표지와 깃발에도, 포스터에도, 그리고 담뱃갑에도, 어디에든 그 눈은 있었다. 언제나 그 눈이 감시하고 그 목소리가 주변을 맴돌았다. 잘 때나 깨어 있을 때나, 일을 하든 식사를 하든, 집 안에서나 밖에서나, 목욕할 때나 침대에 누워 있을 때나—도대체 그에게서 벗어날 수가 없었다. 몇 세제곱센티미터의 해골 속에서 말고는 전혀 자신을 찾을 수가 없었다.

해가 한 바퀴 돌아 떨어지니 진리부의 수많은 창문은 그늘이 져 마치 요새의 총구멍처럼 무시무시해졌다. 그 거대한 피라미드 건물을 보자 가슴이 철렁했다. 이건 너무 튼튼해서 어떤 공격이든 견디어 낼 듯 보였다. 로켓탄 수천 개로도 부술 수 없을 것이다. 누구를 위해 일기를 쓰는가, 그는 다시 생각했다. 미래를 위해서인가 과거를 위해서인가, 또는 상상 속의 시대를 위해서인가. 그의 앞에는 죽음이 아니라 무(無)가 있을 뿐이다. 일기는 재로 없어질 테고, 그 자신은 증발해 버릴 것이다. 오직 사상경찰만이 그의 기록을 없애기 전에 한 번 읽어 보고는 그 존재를 말살해 기억에서 지워 버릴 것이다. 그러나 자신의 흔적이 모두 없어지고 종이쪽지에 긁적거린 무명의 글마저 실물로 살아남을 수 없다면, 도대체 어떻게 미래에 호소할 수 있단 말인가?

텔레스크린이 14시를 알렸다. 10분 안에 떠나야 한다. 14시 30분까지 사무실로 돌아가야 했다.

시간을 알리는 종소리가 이상하게도 새로운 용기를 주는 것 같았다. 그는 결코 아무도 듣지 않을 진실을 말하는 고독한 영혼이었다. 하지만 진실을 말하는 한, 그 발언은 완곡한 표현으로 이어질 수 있을 것이다. 인류에게 남겨 줄 유산은 자신의 말을 세상에 들려주는 것보다 올바른 정신을 유지하는 데 있었다. 그는 탁자로 돌아가 펜에 잉크를 묻혀 써 나갔다.

미래 또는 과거를 향해, 사고가 자유롭고 인간의 개성이 서로 다를 수 있으며 고독하지 않을 시대를 향해, 진실이 존재하고 한 번 이루어진 것은 바뀔 수 없는 시대를 향해.

획일성의 시대로부터, 고독의 시대로부터, 빅 브라더의 시대로부터, 이중사고의 시대로부터—축복을 보낸다!

윈스턴은 자신은 이미 죽은 거나 다름없다고 생각했다. 그는 자기 생각을 체계화할 수 있는 때가 바로 지금이고, 지금 그 마지막 단계에 들어섰다고 여겼다. 모든 행위의 결과는 그 행위 자체에 포함되어 있는 것이다. 그는 썼다.

사상죄는 죽음에 해당되는 것이 아니다. 바로 죽음 그 자체다.

자신이 죽은 거나 다름없다고 생각한 이상, 하루라도 더 오래 사는 것이 중요했다. 오른손 두 손가락에 잉크가 묻었다. 사람의 정체를 까발리는 것은 바로 이런 하찮은 실수다. 진리성의 냄새를 잘 맡는 충복들이(자그마한 갈색 머리 여자나 창작국의 검은 머리 여자 따위들 말이다) 점심시간에 왜 그가 글을 썼는가, 왜 옛날식 펜을 사용했는가, '무엇'을 썼는가 의심하기 시작할 테고 그러다가 당국에 슬쩍 일러바칠 것이다. 그는 목욕탕으로 가서 서걱거리는 암갈색 비누로 조심스레 잉크를 지웠다. 살갗에 문지르면 마치 사포로 긁는 것 같은 비누가 이런 때는 아주 쓸모 있었다.

그는 일기장을 서랍 속에 넣었다. 이걸 감추겠다고 생각하는 건 전혀 소용없는 일이지만 적어도 일기장의 존재가 남에게 들켰는지 어땠는지는 확인할 수 있으리라. 노트에 머리카락 한 오라기를 끼워 두는 건 너무나 뻔한 짓이었다. 그는 손가락 끝으로 허연 먼지 덩이를 집어 겉장 구석에 알아볼 수 있도록 살짝 올려놓았다. 노트를 움직이면 먼지도 제자리에 붙어 있지 않을 것이다.

3

윈스턴은 어머니 꿈을 꾸었다.

어머니가 사라진 것은 그가 열 살인가 열한 살 때였던 것 같다. 어머니는 멋진 금빛 머리칼에 키가 크고 조각처럼 아름다운 여자로, 매우 침착한 데다 말수가 비교적 적은 편이었다. 희미한 기억으로는, 아버지는 피부가 검고 마른 편이었는데 언제나 맵시 있는 검정 양복을 입고(윈스턴은 특히 아버지의 얇은 구두창을 기억했다) 안경을 끼고 다녔다. 두 사람은 1950년대 1차 대숙청에 걸려든 게 틀림없었다.

꿈속에서 어머니는 누이동생을 팔에 안고 그가 있는 곳보다 훨씬 아래쪽에 앉아 있었다. 누이동생에 대해서는, 그 애가 작고 허약한 아기였고 언제나 말없이 커다란 눈만 말똥말똥 뜨고 있었다는 것만 기억이 날 뿐이었다. 어머니와 동생은 그를 올려다보고 있었다. 그들은 땅속 깊은 곳, 그러니까 우물 바닥이나 무덤 속 같은 데 있었는데, 그와 이미 멀찍이 떨어져 있는데도 더욱 아래로 떨어지고 있었다. 그들은 침몰하는 배의 일등실에 있으면서 어두운 물을 통해 그를 올려다보고 있었다. 선실 안에는 아직 공기가 있고 그들은 그를, 그는 그들을 서로 볼 수 있었다. 하지만 그러는 동안에도 그들은 푸른 물속으로 차츰 가라앉아 곧 영원히 보이지 않게 될 것 같았다. 그는 빛과 공기가 있는 바깥 세상에 있지만 그들은 죽음 속으로 빠져들고 있었고 그가 바로 여기, 이렇게 높이 있으므로 그들이 더욱 깊숙이 빠져 들어가는 것이었다. 그도 이 사실을 알고 있었고 그들도 알고 있었다. 그들 얼굴 표정이 안다는 눈치였다. 그러나 그들의 얼굴이나 마음속에선 그에 대한 아무런 원망도 볼 수 없었고, 다만 그가 살려면 그들이 죽어야 하고 이것은 피할 수 없는 운명이라는 걸 그들은 아는 듯했다.

    그는 꿈속에서 무슨 일이 일어났는지는 기억할 수 없었지만, 그래도 어머니와 누이동생이 자기 때문에 희생됐다는 것은 알 수 있었다. 이런 꿈은 독특한 인상을 지니며 어떤 지적 활동의 연장으로서, 그가 꿈에서 깨어난 뒤에도 그에게 여전히 새롭고 가치 있는 사실과 사상을 깨우쳐 주었다. 지금 갑자기 윈스턴의 가슴을 친 것은, 거의 30년 전에 있었던 어머니의 죽음이 현재로선 있을 수 없을 만큼 비극적이고 비참했다는 사실이었다. 비극이란 옛날의 소산으로, 아직 사생활과 사랑과 우정이 있던 시대의, 그리고 한 가족이 무조건 서로 의지하던 시대의 것이다. 어머니를 추억하자면 가슴이 찢어질 듯 아팠는데, 그 이유는 어머니가 그를 사랑하며 죽어 갔고 그는 너무 어리고 이기적이어서 그 사랑에 보답하지 못했기 때문이었다. 그리고 어떻게 그렇게 됐는가는 모르겠지만 어머니는 어디까지나 개인적인 이유, 즉 피할 수 없는 충성심 때문에 자신을 희생했기 때문이었다. 이런 일은 오늘날 일어날 수 없다고 그는 생각했다. 요즈음에는 공포와 증오와 고통만 있을 뿐이고 감정의 존엄성이나 깊고 복잡한 슬픔 따위는 사라졌다. 그는 이 모든 것을, 수백 길 아래로 빠져 들어가면서 푸른 물 너머로 자기를 올려다보던 어머니와 누이동생의 커다란 눈망울 속에서 발견한 것 같았다.

 갑자기 장면이 바뀌어 햇빛이 비껴드는 여름 저녁, 그는 보드라운 황금빛 잔디밭에 서 있었다. 그가 보고 있는 이 경치는 꿈속에 너무 자주 나타났으므로 진짜 세상에서 이런 경치를 봤는지 못 봤는지 헷갈릴 정도였다. 그는 깨어나 생각할 때는 이곳을 '황금의 나라'라고 불렀다. 여기에는 토끼가 뜯어 먹은 오래된 풀밭이 있고, 그 위로 샛길이 나고, 여기저기 두더지 굴이 보였다. 들판 저편의 엉성한 산울타리 안에는 느릅나무 가지가 잔바람에 살며시 떨고, 풍성한 잎사귀들이 여자의 머리칼처럼 날리고 있었다. 보이지는 않지만 어디 가까운 데에 조용히 흐르는 맑은 시냇물이 있었고, 버드나무 아래 웅덩이 속에서는 황어 떼가 헤엄치며 노닐고 있었다.

 검은 머리 여자가 들판을 건너 웅덩이 쪽으로 다가왔다. 그녀는 단숨에 옷을 벗더니 옆에 휙 던져 버렸다. 그녀의 몸은 희고 매끄러웠지만 그에게는 아무런 욕망도 일지 않았다. 사실 그는 거들떠보지도 않았다. 그 순간 그를 압도한 것은, 오히려 옷을 훌렁 벗어 버리는 그녀의 동작에 대한 감탄이었다. 그 동작은 우아하면서 거리낌 없어 마치 모든 문화와 사고 체계를 무색하게 만드는 것 같았고, 빅 브라더나 당 또는 사상경찰마저 단 한 번의 화려한 팔 움직임으로 무시해 버리는 것 같았다. 이것 또한 옛 시대에 속하는 행동이었다. 윈스턴은 잠을 깨면서 중얼거렸다. "셰익스피어!"

 텔레스크린에서 귀청이 떨어져 나갈 것 같은 호루라기 소리가 30초 동안이나 계속 흘러나왔다. 7시 15분, 사무직원들이 일어나는 시간이었다. 윈스턴은 몸을 비틀며 마지못해 침대에서 일어났다. 벌거벗은 채였다. 외부당원에게는 1년에 의복비로 겨우 3000쿠폰이 할당되는데 잠옷 한 벌은 무려 600쿠폰이었다. 그는 의자에 걸어 놓은 더러운 내의와 바지를 주워 입었다. 3분 이내에 체조가 시작될 것이다. 다음 순간 그는 몸을 구부리면서 발작적으로 기침을 했다. 이 기침은 거의 아침마다 깨자마자 일어나는 것이다. 지독한 기침 때문에 허파가 텅 빌 지경이 된 그는 드러누워서 몇 번이나 헐떡거린 다음에야 다시 숨을 쉴 수 있었다. 기침을 하느라 힘을 주었기 때문에 혈관이 튀어나오고, 그래서 정맥류성 궤양이 지끈거리기 시작했다.

 "30, 40대 집단!"

텔레스크린에서 째지는 듯한 여자 목소리가 튀어나왔다.
"30, 40대 집단! 자리를 잡아요, 30, 40대 집단!"
윈스턴은 텔레스크린 앞으로 뛰어가 차렷 자세를 했다. 스크린 영상에는 말랐지만 근육이 발달한 젊은 여자가 짧은 상의와 운동화 차림으로 벌써 나와 있었다.

여자가 구령을 외쳤다.
"팔을 앞으로 구부려 뻗쳐! 내 구령에 따라 하나, 둘, 셋, 넷! 하나, 둘, 셋, 넷! 동무들 따라해요. 좀 더 힘차게! 하나, 둘, 셋, 넷! 하나, 둘, 셋, 넷……!"

발작적인 기침의 고통 속에서도 지워지지 않았던 꿈속의 인상이, 이렇게 구령에 맞춰 체조를 하다 보니 또다시 떠올랐다. 그는 체조시간에 어울릴 법한 즐거운 표정을 지으며 기계적으로 팔을 뻗었다 당겼다 하면서 어렸을 때의 희미한 기억을 더듬으려 애썼다. 그건 아주 어려운 일이었다. 1950년대 후반 이전의 일들은 모두 사라져 버렸다. 기억을 실증할 만한 구체적인 기록이 없으면 자신의 생애마저 뚜렷한 윤곽을 잃고 만다. 굉장한 사건이 있었다는 기억은 나는데 어떻게 보면 전혀 그런 일은 없었던 것 같고 아주 사소한 일은 생각나는데도 그때의 분위기는 기억할 수가 없어, 아무것도 확인할 수 없는 오랜 공백기가 생겼다. 지금은 모든 게 그때와 달라졌다. 나라 이름부터 지도의 모양새까지 달라졌다. 예를 들면 '제1공대'란 그 시대엔 없었다. 그때 이곳은 '잉글랜드'나 '브리튼'이라고 불렸다. '런던'은 여전히 '런던'이었다고 분명히 기억되지만.

윈스턴은 이 나라가 전쟁을 하지 않았던 시절을 뚜렷하게 기억해 낼 수 없었다. 그러나 어렸을 적에 공습이 한 번 있었던 게 기억났는데 그때 사람들이 모두 깜짝 놀랐던 걸로 보아, 그의 유년시절에는 오랫동안 평화로운 시대가 이어졌음이 틀림없다. 그의 유년시절에 있었던 공습은 아마 콜체스터에 원자탄이 떨어졌을 때일 것이다. 공습 자체는 기억나지 않지만, 아버지가 그의 손을 꼭 잡고 후다닥 뛰어 지하 깊숙한 곳으로 달려 내려가던 것을 그는 분명히 떠올릴 수 있었다. 그렇게 나선계단을 따라 빙글빙글 내려가던 도중에 그는 다리가 너무 아파 흐느껴 울기 시작했고, 그래서 그들은 멈춰 쉬어야 했다. 어머니는 느릿느릿 꿈꾸듯 멀리서 그들 뒤를 따라왔다. 어머니는 갓 태어난 여동생을 안고 있었는데—아니 그때 동생이 태어났는지 어땠는지 확실치가 않다. 어쩌면 담요 뭉치를 안고 있었는지도 모른다. 마침내 그들은 사람들이 빽빽이 모여 소란한 지하철 정류장에 다다랐다.

　사람들은 돌바닥에 앉아 있기도 하고 대기실 철제 의자에 잔뜩 포개 앉아 있기도 했다. 윈스턴과 그의 부모는 바닥에 자리를 잡았는데 그들 옆에는 늙은 남자와 여자가 의자에 나란히 앉아 있었다. 그 노인은 검정색 고급 양복을 입고 새하얀 머리 위에 검은 모자를 비스듬히 쓰고 있었다. 얼굴은 붉고, 파란 눈에는 눈물이 가득했다. 그에게서는 술 냄새가 났다. 땀 대신 술을 흘리나 싶을 정도였는데, 얼핏 보면 그의 눈에서 솟아나는 게 진짜 술인 것 같은 착각도 들었다. 그는 약간 취하긴 했지만 한편으로 견딜 수 없는 슬픔에 괴로워하고 있었다. 윈스턴은 어린 마음에도 어떤 무서운 일이, 결코 용서할 수도 없고 돌이킬 수도 없는 일이 금방 일어났음을 알아챘다. 그게 무엇인가도 알 것 같았다. 아마 그 노인이 사랑하는 누군가가, 어쩌면 노인의 손녀가 죽었을 것이다. 몇 분마다 노인은 같은 말을 되풀이해 중얼거렸다.

　"그놈들을 믿질 말았어야 했는데. 그렇잖소? 그놈들을 믿으면 이 꼴이야. 내 처음부터 그렇게 말해 왔는데, 그 새끼들을 믿질 말았어야 했는데."

　그러나 믿지 말았어야 했다는 그놈들이 누군지 윈스턴은 기억할 수 없었다.

　그 뒤로 전쟁은, 정확히 말해서 늘 똑같은 전쟁은 아니었지만 어쨌든 말 그대로 끊이지 않았다. 그가 어렸을 때 몇 달 동안은 런던 시내에서까지 어수선한 시가전이 벌어졌고, 그중 몇 장면은 생생하게 회상되었다. 하지만 그 시대 전반의 역사, 말하자면 누가 언제 누구와 전쟁했는가 하는 것들을 밝혀내기란, 현존하는 것 외에 달리 정리된 기록이나 언급이 전혀 없어 도저히 불가능했다. 예를 들면 바로 이 순간, 1984년(올해가 1984년이 맞다면)에 오세아니아는 유라시아와 전쟁을 하고 있고 동아시아와는 동맹을 맺고 있다. 공적으로든 사적으로든 이들 3대 강국이 지금과 다른 관계에 있었다고는 말할 수 없다. 그러나 사실 그도 잘 알고 있듯, 4년 전만 해도 오세아니아는 동아시아와 전쟁을 했고 유라시아와 동맹했었다. 하지만 이러한 사실은 윈스턴이 당의 통제에 완전히 굴복하지 않았기에 운 좋게 계속 간직할 수 있었던 비밀스런 지식의 일부일 뿐이었다. 공식적으로는 교전국이 결코 바뀌지 않은 것으로 되어 있다. 오세아니아는 현재 유라시아와 전쟁 중이다. 그러므로 오세아니아는 유라시아와 언제나 전쟁 중이었다. 그 순간의 적은 언제나 절대악이며 미래에나 과거에나 그와 타협하기란 불가능하다.

무서운 것은—윈스턴은 어깨를 힘들게 뒤로 젖히면서(양손을 허리에 대고 몸통을 돌리는 운동인데 이게 등의 근육에 좋다고 한다) 수만 번 생각했다—그게 모두 사실일지도 모른다는 점이었다. 만일 당이 과거에 손을 대 이것저것을 가리키며 "이런 사건은 절대로 없었다"라고 말한다면, 그건 단순한 고문이나 죽음보다 더 무서운 일일 것이다.

당은 오세아니아가 유라시아와 절대로 동맹을 맺은 적이 없다고 말했다. 그러나 윈스턴 스미스는 오세아니아가 겨우 4년 전 유라시아와 동맹을 맺고 있었다는 걸 알고 있다. 도대체 이 지식은 어디에 존재하는가? 바로 그의 의식 속에, 그것도 자칫하면 아주 말살돼 버릴 그의 의식 속에만 있을 뿐이다. 그리고 만일 다른 모든 사람들이 당의 거짓말을 믿는다면, 게다가 모든 기록들도 거짓을 말한다면 그 거짓말은 역사에 편입되어 진실이 되어 버린다. 당의 슬로건은 말한다. "과거를 지배하는 자는 미래를 지배한다. 현재를 지배하는 자는 과거를 지배한다." 하지만 과거는 본질상 변질될 수 있음에도 한 번도 그러지 않았다. 지금 진실한 것은 영원한 과거로부터 영원한 미래까지 진실하다. 그 조작은 매우 간단했다. 필요한 일이라고는 자신의 기억을 끊임없이 말소하는 것뿐이었다. 그들은 이것을 '현실제어'라 했다. 신어로 말하면 '이중사고.'

"편히 쉬어!"

여교사가 좀 부드럽게 말했다.

윈스턴은 양팔을 축 늘어뜨린 채 천천히 심호흡을 했다. 그의 마음은 이중사고의 미궁 속으로 빠져들었다. 알면서 모른다는 것, 완전한 진실을 의식하면서 한편으로는 조심스레 꾸며 놓은 거짓말을 한다는 것, 서로 충돌하는 두 개의 견해를 동시에 갖고 그것이 모순되는 줄 알면서 둘 다 믿는다는 것, 논리에 반하는 논리를 사용한다는 것, 민주주의는 불가능하다고 믿으면서 당이야말로 민주주의의 수호자라고 믿는다는 것, 잊어버려야 할 것은 무엇이든 잊어버리고 또 필요한 순간에는 다시 기억 속에 되살리고 그랬다가 곧 다시 잊어버린다는 것, 무엇보다 이러한 과정 자체에 똑같은 과정을 적용한다는 것. 그것이 매우 미묘했다. 먼저 의식적으로 무의식 상태에 빠지고 그다음엔 다시 자신이 방금 했던 최면행위에 대해서까지 무의식이 되는 것이다. '이중사고'란 말을 이해하는 데에도 이중사고를 사용해야 한다.

여교사는 그들에게 다시 차렷을 시키더니 열띤 목소리로 말했다.

"이제 누가 발가락까지 손을 뻗칠 수 있나 해 봅시다! 자, 허리를 힘껏 굽혀요, 동무들. 하나, 둘! 하나, 둘!……."

윈스턴은 이 운동이 싫었다. 발뒤꿈치부터 둔부까지 짜릿짜릿하게 걸리고 자칫하면 다시 발작적인 기침이 일어나기 때문이었다. 혼자 생각하는 즐거움이 달아나 버렸다. 그는 생각했다. 과거는 단순히 변경된 게 아니라 사실상 파괴되었다. 자신의 기억 외에는 아무런 기록이 없다면, 가장 명백한 사실일지라도 어떻게 이걸 증명한단 말인가? 그는 빅 브라더에 대해서 처음으로 들은 게 언제였는가 회상해 보았다. 1960년대 언제쯤이라는 생각이 들었다. 그러나 확인할 수가 없었다. 물론 당사(黨史)에는 빅 브라더가 혁명 초기부터 혁명의 지도자이자 수호자로서 등장했다. 그의 활동은 차츰 과거로 거슬러 올라가, 괴상한 원통 모양의 모자를 쓴 자본가들이 번쩍거리는 자동차나 유리창이 달린 마차를 타고 런던 시내를 돌아다니던 그 전설적인 1940년대, 1930년대까지 얼토당토않게 소급되었다. 이 신화 가운데 얼마큼이 사실이며 어느 정도가 꾸며진 것인지 알 수 없었다. 윈스턴은 당 자체가 언제 생겼는지조차 기억할 수 없었다. 옛날 말로 '영국사회주의'란 것은 훨씬 전에도 통용되었겠지만, 그는 1960년 이전에 영사란 말을 한 번도 들어 본 적이 없었다. 모든 게 안개 속으로 녹아드는 것 같았다. 그래도 어떤 것은 분명히 거짓말이라고 꼬집어 낼 수 있었다. 당이 비행기를 발명했다는 당사의 주장은 사실이 아니었다. 그는 무척 어렸을 때부터 비행기를 보았기 때문이다. 그러나 그걸 증명할 수 없었다. 아무런 증거물이 없었다. 그의 생애에 꼭 한 번, 역사적 사실이 위조임을 밝혀 주는 분명한 증거문서를 가진 적이 있었다. 그런데 그때—

"스미스!"

텔레스크린에서 찢어지는 듯한 소리가 났다.

"6079호, 스미스 W! 그래, 당신이야! 더 굽혀요! 더 잘할 수 있을 텐데 안 하는구먼. 더 깊숙이 숙여요! 그래, 좀 낫네요. 자 편히 쉬고, 여러분 나를 봐요."

갑자기 윈스턴의 온몸에 비 오듯 땀이 흘렀다. 그의 얼굴은 완전히 무표정했다. '당황한 표정을 짓지 마! 화난 표정을 보이지 마! 눈 하나 깜빡거려도 안 된다. 속마음을 들킬지 모르니까.' 그는 여교사가 양팔을 머리 위로 올렸다가, 우아하다고는 할 수 없지만 절도 있고 생기 넘치는 동작으로 몸을 구부린 뒤 손가락 첫 마디를 발가락에 대는 걸 보고 있었다.

"자, 동무들! 여러분도 나처럼 해 봐요. 나를 다시 봐요. 나는 서른아홉 살에 아이도 넷이나 있어요, 자 봐요."

여교사는 다시 몸을 굽혔다.

"보세요, 무릎이 곧게 펴져 있죠? 여러분도 마음먹으면 할 수 있어요."

그녀가 몸을 펴면서 말했다.

"마흔다섯 살 이하는 누구든 발가락에 완전히 손을 댈 수 있어요. 우리 모두가 일선에서 싸울 특권을 가질 수는 없지만 적어도 건강만은 지켜야 합니다. 말라바르 전선에 있는 우리 젊은이들을 생각해 봐요! 유동요새에 있는 해병들도! 그들이 얼마나 힘들게 싸우고 있는지 생각해 봐요. 자, 다시 합시다. 좋아요. 동무, 훨씬 좋아졌어요."

여교사는 윈스턴이 힘껏 몸을 구부려서 무릎을 굽히지 않고 몇 년 만에 처음으로 발가락에 손을 댄 것을 보고 격려하듯 말했다.

4

일과가 시작될 때는 가장 가까이 있는 텔레스크린조차 포착하지 못할 무의식의 깊은 한숨이 흘러나왔다. 윈스턴은 구술기록기를 자기 앞으로 당겨 주둥이 부분의 먼지를 닦고 안경을 끼었다. 그런 다음 책상 오른편에 있는 압축전송관에서 툭 떨어져 나온 네 개의 조그만 종이말이를 풀어 한데 묶었다.

칸막이 사무실 벽에는 구멍이 세 개 있었다. 구술기록기 오른쪽에는 기록문서를 보내는 작은 압축전송관이 있고 왼쪽에는 신문을 보내는 커다란 전송관이 있었다. 윈스턴의 팔이 닿을 만한 옆벽에는 철망으로 막힌 직사각형의 커다란 구멍이 있었다. 이 구멍은 휴지를 버리는 곳이었다. 이와 비슷한 구멍은 칸막이 사무실마다 있을 뿐 아니라 복도 곳곳에도 있어, 이 건물 안에 수만 개는 될 터였다. 어떤 이유인지 사람들은 이 구멍을 기억통(memory holes)이라고 불렀다. 누구든 마땅히 없애야 할 문서라든가 부근에 떨어진 휴지를 보면 무의식적으로 가까운 기억통에 넣어 버렸다. 그러면 이것들은 뜨거운 기류에 휩쓸려 건물 어딘가에 깊숙이 숨겨져 있는 커다란 소각로 속으로 들어갔다.
 윈스턴은 자기가 풀어 놓은 네 개의 기다란 종이를 검토했다. 모두 한두 줄의 메시지가 적혀 있었는데 부(部) 내부에서만 쓰이는, 뜻을 알기 힘든 약어로 되어 있었다(이것은 신어는 아니지만 대체로 신어에서 유래한 용어였다). 그 내용은 다음과 같았다.

《타임스》1984. 3. 17. 빅 브라더 아프리카 연설 오보 수정
《타임스》1983. 12. 19. 3개년 계획 83년 4분기 예보 인쇄 오류 금일 호 확인
《타임스》1984. 2. 14. 풍요부 초콜릿 인용 오류 수정
《타임스》1983. 12. 3. 빅 브라더 일일명령 보도 극불량 무인(無人) 언급 전면적 재기(再記) 사전 제출

 윈스턴은 은근한 만족감을 느끼면서 네 번째 메시지를 따로 놔두었다. 복잡하고 책임이 무거운 일이어서 마지막 것은 나중에 처리하는 편이 좋을 듯했다. 두 번째 것은 숫자표를 지루하게 뒤져 봐야겠지만 아무튼 나머지 세 개의 메시지는 늘 하는 것이었다.
 윈스턴이 텔레스크린의 과월호(過月號) 다이얼을 돌려《타임스》의 해당 호를 요청하자 몇 분도 지나지 않아 자료가 압축전송관으로 도착했다. 그가 이제껏 받아 온 메시지는 이런저런 이유로 변경, 아니 공식용어로 하면 수정할 필요가 있다고 생각되는 논문이나 뉴스 기사에 관련된 것이었다. 예를 들면《타임스》3월 17일자는, 전날의 연설에서 빅 브라더가 남인도 전선은 평온할 테지만 유라시아 군대가 곧 북아프리카에서 공격을 개시하리라 예언했다고 보도했다. 그러나 실제로는 유라시아군의 고위 사령부는 남인도 공격을 개시했고 북아프리카는 내버려 두었다. 그러므로 빅 브라더의 연설 가운데 일부를, 그가 실제로 일어난 일을 예언했던 것처럼 고쳐 쓸 필요가 있었다. 또 다른 예를 들면 12월 19일자《타임스》는 1983년의 사사분기, 즉 제9차 3개년 계획의 6분기 각종 소비품의 생산량을 공식적으로 예보했다. 그런데 오늘 신문에서 실제 생산량이 발표됐는데 그에 따르면 그 전의 예언은 모두가 엄청나게 틀렸다. 예보를 고

쳐서 처음 숫자를 나중 숫자와 일치하도록 수정하는 게 윈스턴의 일이었다. 세 번째 메시지는 아주 간단한 오류여서 2, 3분 내에 고칠 수 있었다. 즉 최근 2월에 풍요부는 1984년 중에는 초콜릿 배급을 줄이지 않을 것이라고 약속(공식용어로는 절대서약이라 한다)했다. 하지만 실제로는 윈스턴도 알고 있듯, 초콜릿 배급은 30그램에서 이번 주말부터 20그램으로 줄어들 예정이다. 따라서 4월 어느 때쯤에는 배급이 감소될 것이라는 예고로 처음 약속을 바꿔 놓기만 하면 된다.

윈스턴은 이들 3통의 지시문에 따라 처리를 마치자 《타임스》의 해당 기사에 구술기록기로 정정한 내용을 붙여 전송관으로 밀어 넣었다. 그리고 거의 무의식적인 행동으로 처음 메시지와 자기가 만든 메모를 구겨, 화염 속으로 꺼지도록 기억통에 떨어뜨렸다.

전송관에서 이어지는 보이지 않는 미로 속에서 어떤 일들이 생기는가에 대해, 윈스턴은 자세히는 아니지만 대강은 알고 있었다. 사람들은 고쳐야 할 그 날짜의 《타임스》에 필요한 수정문을 모두 수집해 대조해 보고 수정된 신문은 다시 인쇄한 다음, 처음 것은 없애 버리고 대신 수정된 신문을 한데 묶었다. 이런 끊임없는 정정 과정은 신문뿐 아니라 책과 정기간행물, 팸플릿, 포스터, 전단지, 영화, 녹음테이프, 만화, 사진, 그리고 정치적·사상적 의미가 있는 모든 인쇄물과 기록에까지 적용되었다. 그리하여 나날이, 매시간 과거는 현재의 것이 되어 버렸다. 이런 방법으로 당의 모든 언명은 틀림없다고 기록으로 증명되고, 그때그때의 당 활동 목적에 맞지 않는 기사나 의견은 기록에서 모두 지워지는 것이다. 모든 역사란 필요하면 얼마든지 깨끗이 지워 버리고 마음대로 고쳐 쓰는 양피지와 같았다. 이렇듯 완전무결하게 처리되고 보면 거기에 허위가 있다고는 결코 주장할 수 없었다. 윈스턴이 일하는 기록국에서 그가 속한 부문보다 훨씬 큰 핵심 부문은, 수정해서 없애 버려야 할 모든 책과 신문 및 기록들을 찾아내 수집하는 임무만을 맡고 있었다. 정치노선의 변경이라든가 빅 브라더의 잘못된 예언 때문에 열두 번도 더 고쳐 쓴 숱한 《타임스》가 본디 날짜로 한데 묶여 있었다. 그리고 그것과 모순되는 다른 기록은 전혀 존재하지 않았다. 책도 몇 번이나 회수되어 고쳐지고 또 고쳐지지만, 변경되었다는 말 한 마디 없이 다시 발간되는 것이다. 윈스턴이 받아서 처리하고는 없애야 하는 성문(成文)의 지시문에조차 위조행위를 하라는 언급이나 암시가 들어 있지 않았다. 조회할 대상은 언제나 오식(誤植)이나 오자, 오보나 잘못 인용된 것들이고 정확성을 위해 그것들을 바로잡는다는 것이다.

그는 풍요부의 숫자를 재조정하면서, 이런 일은 사실상 위조라고조차 할 수 없다는 생각을 했다. 이건 하나의 난센스를 또 하나의 난센스로 단순히 바꾸는 것에 지나지 않았다. 자신이 취급하고 있는 대부분의 자료는 현실세계와 아무런 상관이 없으며 심지어는 그 노골적인 거짓말과도 관계가 없었다. 처음 발표된 통계도 수정된 통계도 전부 공상의 산물이다. 이런 수정작업은 대개 각자 알아서 하도록 되어 있었다. 예를 들어 보자. 풍요부는 그 4분기의 구두 생산량을 1억 4500만 켤레로 추정했다. 실제 생산량은 6200만 켤레였다. 하지만 윈스턴은 먼저의 예상을 5700만 켤레로 고쳐 기록했는데 이것은 할당량을 넘었다고 떠들어 댈 것을 고려했기 때문이다. 그렇다고 6200만이란 숫자가 5700만이나 1억 4500만이란 숫자보다 더 진실에 가깝다는 말은 아니다. 어쩌면 구두는 한 켤레도 생산되지 않았다는 편이 사실에 가까울지도 모른다. 아니, 그보다는 아무도 구두의 생산량을 알 수 없으며 거기에 관심도 없다고 말해야 정확하리라. 모두가 알고 있는 것이라고는 그저 매분기마다 문서상으로 천문학적인 숫자의 구두가 생산되지만 오세아니아의 인구 가운데 절반이 맨발이라는 사실뿐이다. 기록된 사실이란 크든 작든 모두 이런 식이다. 모든 것이 암흑의 세계로 사라지고 마침내 정확한 날짜조차 불확실해져 버리는 것이었다.

윈스턴은 사무실을 둘러봤다. 저쪽 책상에서는 틸롯슨이라는, 턱이 검고 몸집이 작으며 야무지게 생긴 사내가 신문을 접어 무릎에 올려놓고 입을 구술기록기 주둥이에 댄 채 열심히 일하고 있었다. 그는 텔레스크린과 비밀을 말하고 있다는 표정이었다. 그는 일하다 말고 얼굴을 들더니 안경 너머 적의 어린 눈빛으로 윈스턴 쪽을 쏘아봤다.

윈스턴은 틸롯슨에 대해서 아는 바가 거의 없으며 또 그가 무슨 일을 하는지도 추측할 수 없었다. 기록국 직원들은 자기 일에 대해서 서로 이야기하기를 꺼렸다. 창 없는 기다란 사무실에는 책상이 두 줄로 놓여 있었고, 끊임없이 종이 만지는 소리와 구술기록기에 뭐라고 중얼거리는 소리들이 났다. 하지만 서로 복도에서 오가며 만나고 '2분 증오' 때 아우성치는 모습을 날마다 보면서도 윈스턴이 이름조차 모르는 사람은 12명이 넘었다. 그의 옆쪽 칸막이 사무실에서 일하는 갈색 머리의 작은 여자가 하는 업무는, 증발되어 결코 존재했다고 할 수 없는 사람들의 명단을 출판물에서 찾아내어 지우는 것임을 그는 알고 있었다. 그 여자 남편이 2, 3년 전에 증발됐으므로 어떤 의미에서 그 여자는 이런 일에 꼭 맞았다. 책상 몇 개 건너서는 앰플포스라는, 온순하고 나약한 데다 꿈꾸는 듯한 남자가 있는데 그는 귀에 솜털이 수북하고 시의 각운과 운율을 맞추는 데 기발한 재주를 갖고 있었다. 그는 사상적으로 불온하지만 한두 가지 이유로 시집에 남겨 둬야 할 시들을 바로잡는 일(그들은 그렇게 수정된 책을 정본이라 했다)을 했다. 직원이 50명쯤 되는 사무실은 하부조직의 한 분과로, 이를테면 매우 거대하고 복잡한 기록국의 한 세포에 지나지 않았다. 사무실 상하좌우로 상상할 수도 없이 많은 부서가 있고, 그곳에 종사하는 노동자들이 무수히 있었다. 커다란 인쇄소에는 편집자, 제판전문가, 위조사진을 만드는 설비 좋은 스튜디오 따위가 있었다. 텔레스크린 편성과에는 기사와 제작자, 그리고 목소리 흉내를 잘 내는 재주 때문에 뽑힌 성우들이 있었다. 회수해야 할 책과 잡지의 목록을 만드는 조사원들도 많았다. 수정된 서류를 보관하는 널찍한 창고와 원본을 태워 버리는 숨겨진 소각로도 있었다. 그리고 어디에 있는지, 누구인지는 알 수 없지만 이 모든 작업을 통솔하고 과거의 단편적인 사건 가운데에서 보관할 것과 위조해야 할 것, 없애 버려야 할 것을 구분하는 기준이 될 정책 노선을 결정하는 지도급 인물들이 있었다.

어떻든 기록국도 결국 진리부의 한 기구에 지나지 않았는데 진리부의 주된 임무는 과거를 변조하는 게 아니라 오세아니아의 시민들에게 신문·영화·교재·텔레스크린 프로그램·연극·소설 등 동상으로부터 슬로건까지, 시(詩)로부터 생물학 논문까지, 그리고 어린이의 글씨본으로부터 신어사전에 이르기까지 모든 종류의 정보, 교재, 오락을 제공하는 것이었다. 진리부는 당의 갖가지 요구에 응할 뿐 아니라 노동자층을 위해 그에 맞는 수준으로 낮춰 모든 활동을 되풀이했다. 노동자층의 문학, 음악, 연극 및 오락을 맡아보는 국들이 따로 있었다. 여기서는 스포츠와 범죄 및 점성술에 대한 기사로 꽉 찬 형편없는 신문과 선정적인 싸구려 소설, 섹스 냄새가 물씬 풍기는 영화, 그리고 독특한 만화경과 비슷한 작시기(作詩機)란 기계로 작곡된 감상적인 노래 따위를 만들어 냈다. 포르노그래피를 만드는 곳, 즉 신어로 포르노과까지 다 있었는데, 여기에서 만든 작품들은 모두 밀봉해서 발송되므로 여기에 종사하는 사람 외에는 당원조차 볼 수 없었다.

그가 일하고 있는 동안 세 개의 지시문이 압축전송관으로 발송돼 왔다. 이 정도 일은 간단해서 '2분 증오'가 시작되기 전에 모두 처리했다. '증오'가 끝나고 자기 자리로 돌아가자 그는 책장에서 신어사전을 꺼낸 뒤 구술기록기를 한쪽으로 밀어 놓은 다음 안경을 닦고 이날 아침의 주요 업무에 들어갔다.

윈스턴이 삶에서 가장 즐거움을 느낄 때는 바로 일할 때다. 일의 대부분은 지루한 것들이지만 때로는 무척 어렵고 복잡해서 마치 수학문제를 풀 때처럼 자신을 잊어버리게끔 하는 일도 있었다. 그것은 영사의 강령에 대한 지식과 당이 자기에게 요구하리라고 생각되는 것을 추리한 결과만으로 위조를 해야 하는 미묘한 작업이었다. 윈스턴은 이런 일에 능숙했는데, 가끔 순전히 신어로 쓰인 《타임스》의 첫머리 사설을 수정하는 일까지 맡았다. 그는 아까 한쪽 옆에 놔두었던 메시지를 펼쳤다. 그것은 다음과 같았다.

《타임스》 1983. 12. 3. 빅 브라더 일일명령 보도 극불량 무인(無人) 언급 전면적 재기(再記) 사전 제출

고어(古語), 즉 표준 영어로는 다음과 같이 될 것이다.

《타임스》 1983년 12월 3일자에 보도된 빅 브라더의 일일명령(日日命令)에 대한 기사는 매우 불만이며 존재하지 않는 사람에 대한 언급이 있다. 기사를 완전히 다시 써서 그 원고를 묶기 전에 고위 당국에 제출하라.

윈스턴은 문제의 기사를 읽었다. 빅 브라더의 일일명령은 유동요새의 해병들에게 담배와 다른 위문품을 공급하는 FFCC라는 단체의 사업을 주로 찬양하는 것이었다. 그중 내부당의 저명한 인물인 위더스 동무에 대해 특기하고, 그에게 2등 특별훈장을 수여했다고 적혀 있었다.

석 달 뒤 FFCC는 아무런 해명 없이 해체되었다. 이제는 위더스가 그의 지지파와 함께 숙청되었다고 추측할 수 있지만, 지금까지 신문이나 텔레스크린에

서는 이에 대한 보도가 없었다. 물론 정치범이 재판이나 공개 비판을 받는 경우는 드물기 때문에 있을 법한 일이었다. 수천 명에 이르는 대숙청이나, 사상범 또는 반역자가 공개재판을 받아 자기 범죄를 비굴하게 자백하고 처형되거나 하는 일은, 몇 년에 한 번쯤 있을까 싶은 특별한 구경거리였다. 대개 당의 미움을 받은 사람은 그냥 사라져서 다시는 소식을 들을 수 없게 되었다. 이들에게 무슨 일이 일어났는지 알 만한 실마리는 하나도 없었다. 어쩌면 그들은 죽지 않고 살아 있을지도 모른다. 윈스턴이 개인적으로 알고 있는 이들 가운데 부모를 빼고도 슬금슬금 사라진 사람이 30명은 될 것이다.

윈스턴은 종이집게로 코를 톡톡 쳤다. 건너편 책상에서 틸롯슨 동무가 여전히 구술기록기에 비밀 이야기나 하듯 몸을 수그리고 있었다. 그가 잠시 머리를 들었는데 안경이 번쩍 빛나며 이쪽을 다시 쏘아봤다. 윈스턴은 틸롯슨 동무가 자기와 똑같은 일에 종사하는 것은 아닌가 하는 생각이 들었다. 충분히 그럴 수 있다. 이처럼 교묘한 일을 한 사람에게 맡길 리가 없으며, 그렇다고 어떤 위원회에 위촉하는 것은 날조행위를 공개적으로 승인하는 거나 다름없으니까. 아마 지금은 12명쯤, 빅 브라더의 실제 연설을 고치는 일로 경쟁하고 있을 것이다. 그리고 얼마 뒤 내부당의 지도급 인물이 그중 적당한 원고를 골라 재편집하고 복잡한 참조과정을 거쳐 영구 문서에 기록하고, 그리하여 그 거짓말은 진실이 되어 버릴 것이다.

윈스턴은 위더스가 왜 숙청됐는지 알 수 없었다. 어쩌면 부정이나 무능력 때문일지도 모른다. 아니면 그가 부하치고는 지나치게 인기가 있어 빅 브라더가 그를 제거했을지도 모른다. 또는 위더스나 그와 가까운 사람이 이단적 경향을 가졌다는 혐의를 받았는지도 모른다. 아니 가장 있을 법한 건, 숙청이나 증발이 권력기구의 유지에 불가피했으므로 그렇게 됐을지도 모른다. 유일한 현실적 단서는 위더스가 이미 죽었음을 알려 주는 '무인(無人) 언급'이라는 말이었다. 체포된 경우만으로는 이런 말을 절대 쓰지 않았다. 때로는 누군가를 석방한 뒤 1~2년쯤 자유를 주었다가 처형하는 수도 있었다. 어떤 때는 오래전에 죽었다고 여겨지던 사람이 공개재판에 유령처럼 다시 나타나 증언해 수백 명을 연루자로 몰아넣은 다음, 이번엔 영원히 사라져 버리기도 했다. 그러나 위더스는 이미 '무인(無人)'이었다. 그는 존재하지 않고 이전에도 존재한 적이 없었다. 윈스턴은 빅 브라더의 연설 내용을 단순히 바꾸는 것만으로는 부족하다고 판단했다. 처음 주제와 전혀 관계없는 문제를 다루는 편이 좋으리라.

그 연설을 반역자나 사상범에 대한 상투적인 비난으로 바꿀 수도 있지만 그건 너무 뻔하고, 어떤 전선에서의 승리나 제9차 3개년 계획의 초과 달성 따위를 꾸며 대면 기록이 너무 복잡해질 염려가 있었다. 여기서는 순전한 조작이 필요했다. 갑자기 최근 전선에서 영웅적인 활동으로 전사한 오길비 동무라는 사람의 이미지가 마치 준비나 해 놓은 듯 그의 머릿속에 떠올랐다. 그동안 빅 브라더는 일일명령에서, 본받을 만한 일생을 보낸 이름 없는 하급당원의 명복을 빈 적이 몇 차례 있었다. 오늘은 오길비 동무의 명복을 빌어야겠다. 오길비 동무라는 사람은 사실 존재하지 않지만, 몇 줄의 글과 두어 장의 위조사진이면 충분히 그를 실재 인물로 만들 수 있었다.

윈스턴은 잠시 생각한 다음 구술기록기를 앞으로 당겨 빅 브라더와 비슷한 투로 말하기 시작했다. 빅 브라더의 말투는 군대식인 데다 현학적이고, 질문했다가 곧바로 자신이 대답하는(예를 들면 "동무들, 우리는 이 사건에서 무슨 교훈을 얻소? 그 교훈이란 '영사'의 기본 강령 가운데 하나인데……" 하는 식이다) 화법을 쓰기 때문에 흉내 내기 쉬웠다.

오길비 동무는 세 살 때부터 북과 기관총, 모형 헬리콥터 외에 다른 장난감은 싫어했다. 특별대우로 규정보다 1년 빠른 여섯 살 때 스파이단에 가입했다. 아홉 살에 조장이 되고 열한 살에 숙부의 대화를 엿듣다가 불온하다는 생각이 들어 그를 사상경찰에 고발했다. 열일곱 살에 '청년반성동맹'의 지역 조직책이 되고 열아홉 살에 어떤 수류탄을 고안, 평화부가 이를 채택해 첫 실험에서 한 방으로 유라시아 포로 31명을 죽였다. 그는 스물세 살 때 전사했다. 중요 문서를 가지고 인도양 상공을 비행하다가 적의 제트기에 피격, 몸무게를 늘리려고 기관총을 둘러메고 모든 문서를 지닌 채 헬리콥터에서 바닷속으로 뛰어든 것이다. 그리하여 그는 빅 브라더가 칭찬하듯 모두가 감탄할 만한, 확고한 의지 없이는 생각할 수 없는 최후를 맞았다. 빅 브라더는 오길비 동무의 생애가 순결하고 성실했다고 덧붙였다. 그는 술도 마시지 않고 담배도 피우지 않으며, 오락이라곤 체육관에서 하루에 한 시간씩 하는 운동뿐이었다. 그리고 그는 독신을 맹세했다. 결혼해서 가족을 돌보다 보면 하루 24시간 당의 의무에 헌신할 수 없다고 생각했기 때문이었다. 그의 화제는 언제나 '영사'의 강령뿐이었고 삶의 유일한 목표는 유라시아 군대의 격퇴와 스파이, 태업자(怠業者), 사상범 및 반역자를 모조리 잡아 없애는 것이었다.

윈스턴은 오길비 동무에게 특별훈장을 줄까 생각했다. 그러나 그렇게 하면 쓸데없는 대조를 해야 하므로 결국 주지 않기로 결정했다.

그는 다시 한 번 맞은편 책상에 앉아 있는 그의 라이벌을 쳐다봤다. 어쩐지 틸롯슨도 그와 똑같은 일에 열중해 있다는 생각이 들었다. 누구의 원고가 채택될는지 알 도리가 없지만 그는 자기 원고가 뽑힐 거라고 확신했다. 한 시간 전만 해도 상상하지 못했던 오길비 동무의 존재는 이제 사실이 되었다. 죽은 사람은 만들어 낼 수 있지만 산 사람은 그럴 수 없다는 것이 그에게 이상한 느낌을 주었다. 지금껏 존재해 본 적이 없는 오길비 동무는 이제 과거 속에서 존재하게 되었다. 그리고 이 날조행위가 망각의 저편으로 사라지면, 그는 샤를마뉴 대제나 율리우스 카이사르처럼 확실한 증거 위에 틀림없이 존재하게 될 것이다.

5

지하 깊숙한 데 있는 천장이 낮은 식당에서 점심을 먹으려는 사람들의 줄이 서서히 움직였다. 식당은 벌써 만원이고 귀가 따갑도록 시끄러웠다. 카운터 창구에서는 김이 무럭무럭 나는 스튜가 비릿하고 시큼한 냄새를 풍겼으며 그보다 더 지독한 승리주 냄새도 코를 찔렀다. 식당 저편에는 벽에 구멍을 내어 만든 조그만 판매대가 있어 술 한 잔을 10센트에 팔았다.

"마침 자네 같은 사람을 찾고 있었지."

누군가 윈스턴 뒤에서 지껄였다.

그는 돌아섰다. 조사국에서 일하는 친구 사임이었다. '친구'란 표현이 정확하지는 않을 것이다. 요즘에는 친구란 건 없고 동무만 있다. 그러나 동무 가운데에서도 남보다 좀 더 친한 동무가 있는 법이다. 사임은 언어학자로 신어 전문가였다. 현재 그는 신어사전 제11판을 편집하는 큰 편집위원회의 일원이었다. 그는 윈스턴보다 몸집이 작고 머리칼이 검으며 커다란 눈이 툭 튀어나온 남자였다. 그 눈은 슬퍼 보이기도 하고 비웃는 것 같기도 한데 이야기할 때는 상대의 얼굴을 뚫어지게 쳐다보았다.

"자네한테 면도날이 있는지 궁금했거든."

그는 말했다.

"하나도 없어! 나도 여기저기 돌아다니며 구해 봤네만 한 군데도 없더군."

윈스턴은 죄나 지은 듯 재빨리 대답했다.

사람들은 누구나 면도날을 얻고 싶어 했다. 사실 그는 쓰지 않은 면도날 두 장을 감추어 두고 있었다. 지난 몇 달 동안 면도날이 동이 났다. 때때로 생활필수품인데 당원용 상점에 없는 물건이 있다. 그게 단추일 때도 있고 실이나 구두끈일 때도 있다. 그런데 지금은 면도날이 없는 것이다. '자유'시장에서 남몰래 밀매해야 겨우 구할 수 있었다.

"난 6주 동안이나 같은 면도날을 쓰고 있다네."

그는 거짓말을 했다.

줄이 좀 앞으로 나가다 멈추자 그는 다시 사임 쪽으로 돌아섰다. 둘 다 카운터 끝에 있는 찬장에서 가져온 기름기 묻은 금속 식판을 들고 있었다.

"어제 포로들 교수형시키는 건 보러 갔었나?"

사임이 물었다.

"일하느라 바빴어. 어차피 뉴스영화로 볼 수 있겠지."

윈스턴은 관심 없다는 듯 말했다.

"영화로 보는 것하고 다를걸."

사임이 말했다.

비웃는 듯한 그의 눈이 윈스턴의 얼굴을 훑었다. 그 눈이 꼭 '난 알고 있단 말야. 네 배 속을 훤히 알지. 네가 포로 교수형을 왜 보러 가지 않았는가 잘 안단 말야'라고 말하는 것 같았다. 사상적으로 사임은 열렬한 정통주의자였다. 적의 마을을 헬리콥터가 공격했다는 소식이라든가, 사상범의 재판과 자백, 애정부 감방에서의 처형 따위를, 그는 얼굴을 찡그리면서도 아주 고소하다는 듯이 떠들어 대곤 했다. 그와 이야기하려면 화제를 돌려, 될 수 있으면 그가 권위와 흥미를 갖고 있는 전문적인 신어에 대해 주로 말해야 했다. 윈스턴은 머리를 슬쩍 돌려 그의 쏘아보는 듯한 커다란 검은 눈을 피했다.

"멋있는 교수형이었어."

사임이 회상하듯 말했다.

"발을 묶지 말았으면 좋았겠지만 말야. 버둥대는 꼴을 보고 싶었거든. 아무튼 마지막에는 혓바닥을 쏙 빼물었는데 퍼렇더군. 엄청 새파래. 그 장면이 아주 재미있었어."

"다음 분!"

흰 앞치마를 두른 종업원이 국자를 들고 소리쳤다.

윈스턴과 사임이 식판을 격자창 밑으로 내밀었다. 두 사람은 규정 식단인 거무죽죽한 스튜 한 그릇, 빵 한 덩이, 치즈 한 조각, 우유를 타지 않은 승리커피 한 잔, 그리고 사카린 한 알을 얼른 받아 들었다.

"저기, 텔레스크린 아래에 자리가 있군. 가는 길에 술을 사세."

사임이 말했다.

술은 손잡이 없는 찻잔에 담겨 나왔다. 그들은 사람들로 가득 찬 홀을 헤치고 가 자리를 잡고 금속판을 씌운 식탁에 식판을 내려놓았다. 식탁 한구석에 누가 흘렸는지, 구역질이 날 만큼 더러운 스튜 국물이 떨어져 있었다. 윈스턴은 술잔을 들더니 잠시 숨을 모았다가 술을 단숨에 들이켰다. 기름 맛이 꿀꺽 올라왔다. 눈물이 찔끔 나더니 갑자기 시장기가 느껴졌다. 그는 스튜를 퍼먹기 시작했다. 질퍽한 스튜에는 고기랍시고 넣은 건지 해면처럼 흐물흐물한 분홍빛 건더기가 들어 있었다. 스튜 접시를 다 비우기까지 서로가 말이 없었다. 윈스턴의 뒤쪽 왼편으로 조금 떨어진 식탁에서 누군지 오리가 꽥꽥 대듯 끊임없이 빠른 말씨로 지껄여 댔는데, 그 소리가 온 홀 안의 소음보다 더 시끄러웠다.

"사전은 어떻게 돼 가나?"

윈스턴이 큰 소리로 물었다.

"그럭저럭. 난 형용사를 맡았는데 무척 재미있어."

사임이 말했다.

신어 이야기가 나오자 그의 얼굴이 이내 밝아졌다. 그는 스튜 접시를 밀어놓더니 섬세하게 생긴 손으로 한쪽에는 빵덩이를, 다른 쪽에는 치즈를 들고 소리가 잘 들리도록 몸을 식탁 쪽으로 기울이면서 말했다.

"제11판이 결정판이지. 지금 이 신어를 마지막으로 손대고 있는데, 그것이 완성되면 다른 말은 쓰지 못하게 될 거야. 이 일이 다 끝나면 자네 같은 사람들은 처음부터 다시 배워야지. 아마 자네는 우리의 주된 업무가 새로운 단어를 만들어 내는 거라고 생각하겠지. 천만에! 우린 말을 파괴하고 있어. 하루 수십, 수백 마디 어휘를 없애고 있다네. 뼈만 남도록 발라내는 셈이지. 제11판에는 2050년도 전에 없어질 말들은 하나도 수록하지 않을 예정이네."

그는 허기진 듯 빵덩이를 덥석 물고 두어 번 꿀꺽 삼키더니 다시 현학적인 정열로 말을 이었다. 마르고 가무잡잡한 얼굴에는 생기가 돌고 그 눈도 비웃는 표정을 잃고 거의 꿈꾸는 듯 빛났다.

"말을 없앤다는 건 멋있는 일이야. 물론 버려야 할 말은 동사와 형용사에 가장 많지만 명사에도 수백 개는 되지. 없애는 건 동의어뿐이 아니야. 반대어도 있어. 도대체 단어란 게 단순히 어떤 말의 반대라면 무슨 의미가 있겠는가? 한 낱말은 그 자체에 반대어를 포함하고 있어야 하네. 예를 들어 '좋다(good)'라는 말을 생각해 보게. '좋다'라는 말이 있으면 구태여 '나쁘다(bad)'라는 말이 필요하겠나? '안 좋다(ungood)'로 충분하지. 아니, 오히려 그게 다른 말보다 더 정확한 반대어라 할 수 있지. 그리고 '좋다'는 것을 더욱 강조하고 싶을 때 '훌륭하다(excellent)'느니 '멋있다(splendid)'느니 하는 모호하고 불필요한 말들이 꼭 필요할까? '더 좋다(plusgood)'라는 말이면 충분하고, 그걸 좀 더 강조하고 싶으면 '더욱더 좋다(doubleplusgood)'로 하면 되지. 물론 이런 형태의 단어는 이미 쓰이고는 있지만 신어사전 최종판에서는 이 말 한마디만 남을 걸세. 결국 좋다는 것과 나쁘다는 것에 대한 모든 개념은 겨우 여섯 개의 낱말로, 실제로는 단 하나의 말로 표현되는 거지. 멋있지 않나, 윈스턴? 물론 이건 처음부터 빅 브라더의 아이디어야."

그는 군더더기를 덧붙였다. 빅 브라더 이야기가 나오자 윈스턴의 얼굴에는 김빠진 열의의 표정이 스쳤다. 그러나 그것만으로도 사임은 윈스턴에게 어떤 열정이 결여되어 있음을 재빨리 알아차렸다.

"윈스턴, 자네는 신어를 제대로 이해하지 못하고 있어."

사임은 맥이 빠져 말했다.

"자네는 신어를 쓸 때도 고어를 생각하고 있거든. 자네가 《타임스》에 몇 번 쓴 기사를 읽어 봤지. 좋긴 하네만 번역일 뿐이야. 자네 마음속에는, 모호하고 쓸데없는 뜻까지 섞여 있는 구어에 대한 집착이 있어. 자네는 어휘를 잘라내는 그 아름다움을 몰라. 전 세계에서 신어만이 해마다 어휘가 줄어드는 유일한 언어라는 걸 알고 있나?"

윈스턴은 물론 알고 있었다. 그는 말을 하지는 않았지만 동의한다는 듯 웃어 보였다. 사임은 흑빵을 한입 뜯어 씹고는 말을 이었다.

"신어의 가장 큰 목적이 사고의 폭을 줄이는 것이란 사실은 알고 있나? 결국 우리는 사상죄도 문자 그대로 불가능하게 만들 거야. 왜냐하면 그런 사상을 표현할 말이 없어질 테니까. 필요한 개념은 단 한 마디 말로 표현되며 그 말은 정확히 정의되어 다른 부차적인 뜻은 없어져 버리고 말지. 아예 잊혀 버리는 거야. 제11판에서 우리는 벌써 그 목표를 꽤 많이 이루었어. 그러나 이런 작업은 자네나 내가 죽고 난 뒤에도 계속될 거야. 해마다 어휘는 줄어들고 그럴수록 의식의 범위도 좁아지겠지. 물론 지금도 사상죄에 대한 이유나 구실은 있을 수 없지. 그것은 단순히 자기훈련이나 현실통제를 못해서 저지르는 죄야. 하지만 끝내 그런 일조차 필요 없어질 걸세. 혁명은 언어가 완성될 때 완성돼. 신어는 영사고 영사는 신어야."

그는 은근히 만족한다는 듯 덧붙였다.

"늦어도 2050년까지, 지금 우리가 나누는 대화를 이해할 수 있는 사람이 전부 사라지리란 생각은 해 봤나?"

"글쎄……."

윈스턴은 머뭇거리다 그만두었다.

'글쎄, 노동자를 뺀다면…….'

이 말이 혀끝까지 나왔으나 이단적으로 들리지 않을까 해서 그만둔 것이다. 그러나 사임은 윈스턴이 하려는 말을 알아챘다.

"노동자는 인간이 아닐세."

그는 거침없이 말했다.

"2050년까지는, 아마 그 전이 되겠지만, 구어에 대한 지식은 모두 사라질 걸세. 모든 과거의 문학은 없어지고 초서, 셰익스피어, 밀턴, 바이런 등의 작품도 다만 신어역(新語譯)으로만 남을 거네. 그것도 다른 말로 바꾼다는 정도가 아니라 아예 본디 뜻과 반대되는 것으로 바뀔 거야. 당의 문학도 바뀔 거야. 슬로건까지 바뀔 거야. 자유의 개념이 없어졌는데 '자유는 예속'이란 슬로건이 있을 수 있겠나? 모든 사상적 분위기도 바뀔 걸세. 사실상 우리가 지금 이해하고 있는 것 같은 사상이란 없어져 버리겠지. 정통주의는 생각하지 않는 것, 생각할 필요가 없는 것이야. 무의식 그 자체지."

머지않아 사임은 증발될 것이다. 윈스턴은 갑자기 이런 확신이 들었다. 그는 지나치게 똑똑하다. 그는 너무 또렷하게 관찰하고 너무 거침없이 이야기한다. 당은 이런 사람을 좋아하지 않는다. 언젠가 그는 사라질 것이다. 그의 얼굴에 그렇게 씌어 있다.

윈스턴은 빵과 치즈를 먹어 치웠다. 그는 의자에서 좀 비껴 앉아 커피를 마셨다. 그의 왼쪽 식탁에서는 그 목소리 큰 사내가 여전히 거리낌 없이 떠들고 있었다. 그의 비서인 듯, 윈스턴에게 등을 돌리고 앉아 있는 젊은 여자는 그에게 귀를 기울이며 그가 하는 말은 뭐든 다 옳다고 열심히 동의하고 있는 것 같았다. 이따금 좀 바보 같은 젊은 여자 목소리로 "선생님 말씀이 정말로 옳아요. 제 의견도 선생님 의견과 정말로 같아요"라는 말이 들려왔다. 그러나 남자는 그 여자가 말하고 있을 때도 쉼 없이 지껄여 댔다. 윈스턴은 그가 창작국의 높은 자리에 있다는 것 외에는 아는 바가 없지만 안면은 있었다. 그 사내는 목이 굵고 큼직한 입을 열심히 놀리는 서른쯤 된 남자였다. 그는 머리를 뒤로 조금 젖힌 데다 그가 앉아 있는 각도 때문에, 그의 안경은 빛을 받아 윈스턴 쪽에서는 눈은 안 보이고 두 개의 허연 원반이 보일 뿐이었다. 윈스턴은 약간 오싹해졌다. 그의 입에서 말이 막힘없이 흘러나오는데도 거의 한 마디도 알아들을 수 없기 때문이었다. 급하게 쏟아져 나오는 그의 말속에서 윈스턴은 얼핏, "골드스타인주의의 완전하고도 결정적인 제거"라는 한 구절을 들었다. 그것도 한꺼번에 인쇄돼 나온 일련의 활자처럼 한 줄로 들었다. 나머지는 단순한 소음으로 꼭 오리가 꽥꽥거리는 것 같았다. 그가 말하는 내용을 실제로 들을 수는 없지만 무슨 이야기를 하는지 알 수는 있었다. 그는 아마 골드스타인을 비난하거나, 사상범과 태업자에 대한 보다 강경한 대책을 요구하거나, 유라시아 군대의 잔인한 행위에 분격하거나, 빅 브라더나 말라바르 전선의 영웅을 찬양하고 있을 것이다. 어떤 거든 마찬가지이다. 그게 무엇이든 그 말 한 마디 한 마디가 순수한 정통파요 순수한 영사인 것만은 확실하다. 턱이 위아래로 바삐 움직이는 이 눈 없는 얼굴을 관찰하다가, 윈스턴은 이게 진짜 사람이 아니라 일종의 로봇이 아닐까 하는 기묘한 감정을 느꼈다. 말을 하고 있는 것은 저 남자의 두뇌가 아니라 목구멍이다. 그 입에서 나오는 건 단어로 구성되어 있지만, 진정한 의미에서 말은 아니다. 그저 오리 울음처럼 무의식적으로 나오는 소음이다.

사임은 잠시 입을 다문 채 스푼 손잡이로 스튜 국물을 찍어 그림을 그리고 있었다. 옆 식탁의 그 오리소리는 주위가 시끄러운데도 그보다 더 크고 빠르게 꽥꽥거렸다.

"신어에 이런 말이 있네."

사임이 말했다.

"자네도 알고 있나 모르겠네만, '오리소리(duckspeak)'란 단어야. 오리처럼 꽥꽥거린다는 뜻일세. 두 개의 반대되는 뜻을 가진 재미난 말인데, 반대편에 대해서 쓰일 때는 비난의 뜻이고 이편에 대해 쓰일 때는 칭찬이 되지."

틀림없이 사임은 증발될 거라고, 윈스턴은 다시 한 번 생각했다. 사임이 자신을 경멸하고 조금 싫어하는 데다 그럴듯한 꼬투리만 찾으면 자기를 사상범이라고 충분히 고발할 사람인 줄 잘 알지만, 윈스턴은 사임이 증발되리라는 게 슬펐다. 사임에겐 뭔가 잘못된 게 있었다. 그에게는 절제와 무관심과 어떤 우매성이 결여되어 있는 것이다. 그를 비정통파라고 말할 수는 없었다. 그는 영사의 강령을 떠받들고 빅 브라더를 숭배하며 승리 소식에 기뻐하고 이단자를 열렬하게 증오하고 최근 보도를 듣지 못한 외부당원들을 비난했다. 그러나 어딘가 그에게는 늘 위험한 분위기가 따라다녔다. 그는 불필요한 말을 지껄이고, 책을 너무 많이 읽고, 미술가와 음악가들이 단골인 '카페 밤나무'에 자주 들렸다. 카페 밤나무에 다니지 말라는 법은 없고 불문율도 없었지만 그곳은 어쩐지 불길했다. 과거의 신임을 잃은 당의 지도자들이 숙청당하기 전에 여기로 자주 모이곤 했다. 골드스타인도 십수 년 전 여기에 가끔 나타났다고 한다. 사임의 운명을 예측하기란 어렵지 않았다. 만일 윈스턴이 남몰래 품고 있는 의견을 사임이 딱 3초만이라도 눈치챈다면, 그는 당장 사상경찰에 고발할 것이다. 다른 사람도 물론 그럴 테지만 사임이야말로 누구보다 확실했다. 그러나 열성만으로는 안 된다. 정통성이란 무의식적이다.

"파슨스가 오는군."

사임이 고개를 들고 말했다.

그의 말속에는 '저 지독한 바보 자식'이란 욕이 숨어 있었다. 승리맨션에서 윈스턴의 이웃집에 사는 파슨스가 정말 사람들을 헤치며 오고 있었다. 그는 통통하고 중간 키에 머리가 금발이며 얼굴은 개구리처럼 생겼다. 서른다섯인데 벌써 목과 허리에 두툼하게 살이 올랐지만 동작은 재빠르고 활발했다. 전체적인 인상은 꼭 몸집만 큰 어린아이 같아, 정복을 입었는데도 푸른 반바지에 회색 셔츠, 그리고 빨간 스카프의 스파이단 제복을 입은 모습을 금방 떠올릴 수 있었다. 그의 모습을 떠올릴 때는 언제나 무릎을 다 내놓고 소매를 걷어올린 꼴이 연상되었다. 사실 파슨스는 단체행군할 때나 육체활동을 할 때 그 핑계를 대고 반바지로 갈아입었다. "여보게들!" 그는 두 사람에게 쾌활하게 인사를 하더니 땀 냄새를 풍기며 의자에 앉았다. 그의 불그레한 얼굴에 땀이 줄줄 흘렀다. 그는 지독한 땀쟁이다. 공회당에서도 라켓을 잡아 보면 그 물기 때문에, 그가 조금 전까지 탁구를 쳤음을 알 수 있을 정도였다. 사임은 글씨가 가득 적힌 기다란 종이쪽지를 꺼내 손가락에 볼펜을 끼고 읽고 있었다.

"점심시간에도 부지런히 일하는 꼴 좀 보지."

파슨스는 윈스턴을 툭 치면서 말했다.

"열심인데? 도대체 무얼 하고 있나, 이 사람아. 어차피 나한텐 골치 아픈 일이겠지만. 그나저나 스미스, 자네를 찾고 있었네. 자네 나한테 줄 기부금을 안 줬어."

"무슨 기부금이야?"

윈스턴은 자동적으로 호주머니를 뒤지면서 말했다. 월급의 4분의 1은 늘 의연금으로 바쳐야 하는데 그 기부금 종목이 하도 많아서 일일이 기억할 수가 없었다.

"증오주간을 위한 거지. 집집마다 내는 것 있잖아. 난 우리 구역의 수금을 맡았어. 지금 최선을 다하고 있는데 굉장한 전시(展示)가 될 거야. 아, 말해 두지만, 우리 역사 깊은 승리맨션이 이 구역에서 다른 데보다 더 많은 깃발로 꾸미지 못한다 해도 내 잘못이 아니야. 자넨 2달러를 내겠다고 했지."

윈스턴이 구겨져 너덜너덜한 지폐 두 장을 꺼내 주자 파슨스는 조그만 수첩에 무식쟁이답게 꼼꼼히 적어 넣었다.

"그런데 이 사람, 우리 집 애가 어제 자네에게 고무총을 쐈다면서? 되게 혼내

줬네. 다시 그러면 고무총을 아예 뺏어 버리겠다고 했네."
파슨스가 말했다.
"걔가 처형 구경을 못 가서 화났던 모양이더군."
윈스턴이 말했다.
"그래, 정신만은 좋아. 둘 다 말썽꾸러기이긴 하지만 열성이 굉장하지! 걔들이 생각하는 건 스파이단하고 전쟁뿐일세. 지난 토요일 딸애가 대원들하고 버크햄스테드로 행군할 때 무슨 짓을 한 줄 아나? 다른 여자아이 둘을 데리고 대열을 슬쩍 빠져나와 오후 내내 수상한 사람을 뒤쫓았다네. 두 시간 동안 그 사람 꽁무니를 따라 숲속을 헤매다가 애머샴에 닿자마자 그를 경찰에게 넘겼다는 거야."
"무엇 땜에 그랬대나?"
윈스턴은 주춤하며 물었다.
파슨스는 의기양양해서 말을 이었다.
"우리 애는 그 사람이 적의 정보원이라고 믿었지. 낙하산이라도 타고 왔을 거라고. 그런데 바로 여기 요점이 있어. 첫눈에 무얼 보고 걔가 그랬겠나? 그 사람이 이상한 구두를 신었거든. 전에는 그런 신발을 신은 사람을 한 번도 보질 못했지. 그래서 그가 외국인일 거라고 생각한 거야. 일곱 살짜리 치고는 똑똑지 않나, 응?"
"그 사람은 어떻게 됐나?"
윈스턴이 물었다.
"그건 모르지. 그렇지만 이렇게 됐더라도 놀랄 건 없지."
파슨스는 총을 겨누는 시늉을 하고 입으로 총소리를 냈다.
"좋아."
사임은 종이쪽지에서 눈을 떼지 않은 채 그냥 말했다.
"물론 그냥 놔둘 수야 없었겠지."
윈스턴은 적당히 동의했다.
"내가 말하려는 건 지금 전쟁이 계속되고 있다는 거야."
파슨스가 말했다.
이 말을 확인하려는 듯, 바로 그들 위에 있는 텔레스크린에서 나팔 소리가 울렸다. 그러나 이번에는 군대의 승리를 보도하는 뉴스가 아니었다. 그저 풍요부의 공고였다.

"동무들!"

힘찬 젊은이 목소리였다.

"동무들, 주목! 영광스런 소식입니다. 우리는 생산 전선에서도 승리했습니다. 방금 완료된 각종 소비재 생산 통계에 의하면 생활수준이 작년보다 적어도 20퍼센트 이상 상승했습니다. 오늘 아침 오세아니아 전역에 걸쳐 대규모의 자발적 시위가 있었습니다. 노동자들이 공장과 직장에서 쏟아져 나와 깃발을 흔들며 거리를 행진하면서, 현명하신 지도로 우리에게 새롭고 행복한 삶을 주신 빅 브라더에게 감사를 드린다고 외쳤습니다. 여기에 완성된 통계 몇 가지가 있습니다. 식량은……."

'새롭고 행복한 삶'이라는 구절이 여러 차례 되풀이되었다. 이 구절은 풍요부가 요즘 잘 쓰는 말이었다. 파슨스는 나팔 소리에 긴장하고 있다가 이제는 익숙해진 지루함을 참으며 진지한 표정으로 귀를 기울이고 있었다. 그는 그 통계 숫자를 이해할 수는 없었지만, 어떻든 그 숫자가 만족할 거리가 된다는 건 알고 있었다. 그는 더럽고 커다란 파이프를 꺼냈는데 파이프에는 벌써 까맣게 탄 담배가 반쯤 차 있었다. 1주일에 100그램씩 배급되는 담배로는 파이프를 가득 채우기 어려웠다. 윈스턴은 승리연을 조심스레 반듯하게 들고 피웠다. 내일에야 새 담배가 배급되는데 지금 남은 건 네 대뿐이었다. 그는 잠시 다른 잡음은 멀리하고 텔레스크린에서 쏟아져 나오는 말에 귀를 기울였다. 아무래도 초콜릿 배급을 1주일에 20그램으로 늘린 것에 대해 빅 브라더에게 감사하는 집회도 있었던 모양이다. 그런데 바로 어제, 초콜릿 배급을 1주일에 20그램으로 '줄인다'라고 방송하지 않았는가? 과연 사람들이 24시간 만에 그걸 잊어버릴 수 있을까? 그렇다, 그들은 실제로 잊어버린 것이다. 파슨스는 짐승처럼 멍청해서 쉽게 잊어버렸다. 옆 탁자의 그 눈 없는 사내도 지난주에 초콜릿 배급이 30그램이었다고 말하는 사람은 누구든 당장 찾아내 고발해서 증발시키겠다는 듯한 열의로, 열심히 그 사실을 잊어버렸다. 사임 역시 이중사고를 통해 좀 더 복잡한 방식으로 그걸 잊었다. 그러면 윈스턴 혼자만이 그걸 기억하고 있는가?

터무니없는 통계가 텔레스크린에서 계속 쏟아져 나오고 있었다. 작년에 비해 식량도 늘고 의복도 늘고 집도 가구도 늘고, 취사도구도, 연료도, 배도, 헬리콥터도, 책도, 유아도—모든 게 늘었다. 줄어든 건 질병과 범죄와 정신병뿐이다. 해마다 매순간 모든 사람과 모든 물건이 빠르게 늘어나고 있다. 아까 사임이 그랬듯이 윈스턴은 수저를 들고, 식탁에 흘러 있는 허연 국물을 찍어 기다란 줄을 그어 그림을 그렸다. 그는 생활구조를 생각하니 화가 났다. 전에도 늘 이랬던가? 음식 맛이 전에도 늘 이랬던가? 그는 식당을 둘러보았다. 사람은 우글거리고 천장은 낮은 식당. 벽은 수많은 사람의 손때가 묻어 거무죽죽하다. 쭈그러진 철제 탁자와, 너무 빽빽하게 놓아 사람이 앉으면 서로 팔꿈치가 부딪치는 낡은 의자. 수저는 굽고 식판은 우그러졌다. 거칠게 만든 흰 술잔은 갈라진 곳마다 때가 끼고 겉면은 기름기투성이다. 게다가 질 나쁜 술과 커피, 그리고 쇳내 나는 스튜와 더러운 옷 따위에서 나는 냄새들이 뒤섞인 시큼한 악취. 배 속과 피부에는 당연한 권리를 빼앗긴 듯한, 어떤 반발심이 서려 있었다. 그가 옛날엔 이렇지 않았다고 회상할 거리가 없는 것은 사실이었다. 그가 분명히 기억할 수 있는 시대에는 언제나 먹을 것이 모자랐고, 양말이나 내의는 구멍이 숭숭 났으며, 가구는 찌그러지고, 방은 춥고, 지하철은 언제나 만원이고, 집은 반쯤 무너지고, 빵은 거무튀튀하고, 홍차는 멀겋고, 커피 맛은 나빴고, 담배는 모자랐다. 도대체 합성주(合成酒) 외에는 싸고 풍부한 것이 없었다. 물론 사정은 마치 노화현상처럼 악화되어 갔다. 하지만 불편과 불결과 궁핍, 끊임없는 겨울 추위, 끈적끈적한 양말, 움직이지 않는 엘리베이터, 차가운 물만 나오는 샤워기, 꺼칠한 비누, 부스러지는 담배, 지독히 악취가 나는 음식, 이런 것들에 화가 나는 상황이라면, 이야말로 자연의 섭리에 반하는 상황 아니겠는가? 옛날이 지금과 달랐다고 기억할 수 없는데 왜 이따위들이 참을 수 없게 느껴지는가?

그는 식당을 다시 둘러보았다. 거의 모두 추하다. 푸른 제복을 입지 않았다 하더라도 추할 거다. 저편에는 딱정벌레처럼 생긴 조그만 사내가 식탁에 혼자 앉아 커피를 마시면서 이쪽저쪽 조그만 눈을 불안하게 굴려 흘깃거렸다. 윈스턴은 생각했다. 주변의 이런 모습들을 보지 않으면 현실을 모르리라. 즉 청년은 키가 크고 근육이 좋고 처녀들은 가슴이 봉긋하며 모두 금발이고 명랑한 데다 피부는 햇볕에 그을려 건강하다고, 다시 말해 당의 이상형인 체형이 현실로 존재하며 심지어 대부분의 사람이 그런 체형일 거라고 쉽게 믿으리라. 그러나 실제로는 그가 판단하는 한 제1공대 국민의 대부분은 작고 가무잡잡하고 얼굴도 추하다. 저 딱정벌레 같은 인간들이 어떻게 정부기관에 이토록 많이 존재하는지 이상하다. 그들은 일찍부터 뒤룩뒤룩 살이 쪄 뭉뚝하고 작으며, 다리는 짧고 행동은 잽싸고 눈은 아주 작고 얼굴에는 알 수 없는 묘한 표정을 짓고 있다. 바로 저런 유형이 당의 지배체제 속에서 가장 출세한다.

풍요부의 방송이 나팔 소리와 함께 끝나고 금속성의 요란한 음악이 나왔다. 파슨스는 엄청난 통계 숫자에 감격했는지 입에서 파이프를 뗐다.

"풍요부는 올해 일을 참 잘했군."

그는 뭘 알기나 하는 듯이 고개를 끄덕이며 말했다.

"그건 그렇고 스미스, 자네 면도날 좀 있으면 빌려주겠나?"

"하나도 없어. 나도 6주 동안 면도날 한 장 가지고 써 왔네."

윈스턴이 대답했다.

"그래? 그냥 물어본 거야."

"미안."

윈스턴이 말했다.

옆 탁자의 그 오리소리는 풍요부의 방송 중에는 잠깐 조용하더니 다시 아까처럼 떠들기 시작했다. 어째서인지 윈스턴은 문득 머리털이 성글고 얼굴 주름살에 때가 낀 파슨스 부인을 떠올렸다. 2년도 안 돼서 그 자식들은 제 어머니를 사상경찰에 고발할 거다. 파슨스 부인은 틀림없이 증발할 것이다. 사임도 증발할 것이다. 윈스턴 자신도 증발할 것이다. 오브라이언도 증발할 것이다. 그렇지만 파슨스는 결코 증발하지 않을 것이다. 오리소리를 내는 저 눈 없는 사내도 증발하지 않을 것이다. 저 관청의 미로 같은 복도를 재빠르게 돌아다니는, 조그만 딱정벌레 사내들도 증발하지 않을 것이다. 그리고 저 창작국의 검은 머리 여자도 증발하지 않을 것이다. 그는 누가 살아남고 누가 없어질지, 본능적으로 알 것 같았다. 생존 조건이 무엇인지는 말할 수 없지만.

바로 이때, 그는 갑자기 공상에서 깨어났다. 옆 탁자에 앉은 여자가 몸을 이쪽으로 조금 돌려 그를 응시하고 있었던 것이다. 검은 머리 여자였다. 그녀는 기묘한 빛을 띤 채 곁눈으로 그를 쳐다보고 있었다. 그 여자는 그와 눈이 마주

치자 곧 시선을 돌렸다.
 윈스턴의 등줄기에서 땀이 흘렀다. 발작적인 공포의 전율이 스쳤다. 그것은 곧 사라지기는 했지만 불안의 여운이 아직 남아 있었다. 그녀는 왜 그를 보고 있는가? 왜 그의 뒤를 쫓고 있는가? 그가 이쪽으로 오기 전에 그녀가 그보다 먼저 이 탁자에 앉아 있었는지, 아니면 그 뒤에 왔는지 그는 잘 기억해 낼 수가 없었다. 그렇지만 어떻든 어제의 '2분 증오' 때 그녀는 별 이유도 없이 바로 그의 뒤에 앉아 있었다. 그녀의 진짜 목적은 그가 하는 소리를 듣고 그가 크게 소리치는가 어떤가를 알아내려는 것이 분명했다.
 그의 뇌리에 불현듯 전부터 하던 생각이 다시 떠올랐다. 그녀는 사상경찰이 아닐지도 모른다. 그러나 가장 경계해야 할 초보 스파이임에 틀림없다. 그녀가 자기를 얼마나 오래 쳐다봤는가는 모르겠지만 아마 5분쯤은 됐을 테고 그동안 그의 얼굴 표정이 흐트러졌을지도 몰랐다. 공공장소나 텔레스크린이 볼 수 있는 곳에서 혼자 생각에 잠긴다는 건 아주 위험했다. 매우 하찮은 일로도 정체가 드러날 수 있었다. 얼굴의 신경질적인 경련이라든가 무의식적인 불안한 표정이라든가 혼자 중얼거리는 습성 등, 이런 것들은 모두 비정상적이고 그에게 비밀이 있음을 암시하는 것으로 여겨졌다. 어떤 때든 그 상황에 마땅치 않은 표정을 보이면(예를 들면 승전 뉴스를 듣고 못 믿겠다는 표정을 짓는다거나) 그게 곧 처벌감이다. 신어로 말하면 그것은 '표정범죄(facecrime)'이다.
 그녀는 다시 그에게 등을 돌렸다. 어쩌면 그를 쫓아다니는 게 아닐지도 모른다. 이틀 동안 그녀가 그 옆에 있었다는 건 아마 우연의 일치일 것이다. 그는 담배를 꺼서 탁자 주변에 조심스럽게 놓았다. 잘만 두면 일이 끝난 다음 또 태울 수 있을 것이다. 옆 탁자의 사람이 사상경찰의 스파이고 그래서 그를 3일쯤 애정부의 감방에 처넣을지도 모르지만, 그래도 담배꽁초는 버릴 수 없었다. 사임은 종이쪽지를 접어 주머니에 넣었다. 파슨스는 다시 지껄이기 시작했다.
 "스미스, 자네한테 내가 말했던가?"
 그는 파이프를 입에 문 채 킬킬댔다.
 "우리 집 애들 말이야. 늙은 장사치 여인 하나가 빅 브라더의 포스터에다 소시지를 싸들고 있는 걸 보고 그 여자 뒤로 살금살금 가서 치마에 불을 났지. 그것도 성냥 한 갑으로. 분명 지독한 화상을 입었을 거야. 꼬마 녀석들이 아주 대책 없이 고추처럼 매워. 안 그래? 요즘엔 이런 식으로 스파이단 단원에게 철저한 훈련을 시키거든. 우리 때보다 나아. 걔들이 요즘 지급받는 게 무언지 아나? 바로 열쇠 구멍으로 방 안 이야기를 들을 수 있는 나팔귀라네! 딸애가 언젠가 밤에 집으로 가져와서 거실 문에다 시험해 보고는 하는 말이, 그냥 귀를 대는 것보다 두 배는 크게 들린다더군. 물론 장난감이지만 말야. 그렇지만 멋들어진 아이디어 아닌가?"

그 순간 텔레스크린에서 찢어지는 듯한 경적이 울렸다. 일하러 돌아가라는 신호다. 세 사람은 벌떡 일어나 엘리베이터로 몰리는 사람들 속에 끼였다. 그 바람에 윈스턴의 담배꽁초는 터져 버리고 말았다.

6

윈스턴은 일기를 쓰고 있었다.

3년 전 어느 컴컴한 밤이었다. 큰 역과 가까운 골목길에서 그녀는 빛도 거의 없는 가로등 아래 문가에 서 있었다. 그녀는 진하게 화장한 젊은 여자였다. 가면을 쓴 듯 분을 하얗게 바르고 입술에 립스틱을 빨갛게 칠한 모습이 아주 매력적이었다. 여성 당원은 절대로 화장을 하지 않는다. 거리에는 아무도, 텔레스크린마저 없었다. 그녀는 2달러를 불렀다. 나는…….

여기에 이르러 그는 계속 쓰기가 거북해졌다. 그는 눈을 감고 끈질기게 떠오르는 그 장면을 떨쳐 버리려는 듯 손끝으로 눈꺼풀을 꾹 눌렀다. 문득 엄청난 유혹이 그를 덮쳤다. 힘껏 욕설을 퍼붓고 싶었다. 머리를 벽에 부딪치고 싶기도 하고 탁자를 차 엎고 잉크병을 창문으로 내던지고 싶었다. 무슨 격렬한 짓이나 시끄러운 짓이나 고통스런 짓을 해서라도, 그를 괴롭히고 있는 그 기억을 없애고 싶었다.

'가장 무서운 적은 바로 내 신경조직이다'라고 그는 생각했다. 무슨 계기만 있으면, 내부의 긴장감이 어떤 시각적인 증상으로 바뀌어 겉으로 드러날 위험성은 충분히 있었다. 몇 주 전 길에서 지나치며 본 한 사내 생각이 났다. 평범한 당원인 듯했는데 서른 중반이나 마흔쯤 됐을까, 키가 크고 말랐으며 작은 가방을 들고 있었다. 그들이 몇 미터 간격으로 가까워졌을 때 그 사람의 왼쪽 뺨이 갑자기 경련을 일으키며 일그러졌다. 그들이 막 스쳐 지나갈 때 또 그랬다. 카메라 셔터가 찰칵하는 것처럼 한순간의 경련이었지만 확실히 습관이 되어 버린 모양이었다. 그는 그때 이렇게 생각했다. 저 불쌍한 녀석은 이미 끝났다고. 그런 현상이 무의식적으로 일어난다는 게 무서웠다. 특히 가장 위험한 것이 잠꼬대다. 그건 도저히 어떻게 해 볼 도리가 없다.

그는 숨을 몰아쉬고 다시 써 나갔다.

나는 그 여자와 함께 문간을 지나 뒤뜰을 가로질러 지하실 부엌으로 갔다. 벽 쪽으로 침대가 있고 탁자에 등잔이 있었는데 심지는 아주 낮추어져 있었다. 그녀는…….

이를 악물었다. 침을 뱉고 싶었다. 지하실 부엌에서 그 여자와 함께 있자니 문득 아내 캐서린이 생각났다. 윈스턴은 결혼한 몸이었다. 아니, 적어도 결혼한 적이 있었다. 아내가 죽지 않았으니까 그는 아직 결혼한 상태라고 말할 수 있다. 지하실 부엌은 빈대와 더러운 옷 냄새가 섞여 공기가 뜨뜻하고도 텁텁했다. 싸구려 향수 냄새도 났다. 그래도 그 냄새가 그의 마음을 흔들었다. 여성 당원들은 향수를 쓰지 않았고 그럴 생각도 못했다. 오직 노동자층만 향수를 썼다. 그 냄새가 욕정과 뒤엉켰다.

여자와의 배덕한 관계는 그때가 2년여 만이었다. 창녀와의 관계는 물론 금지되어 있지만 가끔 그 규칙을 깨뜨릴 수 있었다. 이 범죄는 위험하긴 하지만 그렇다고 생사가 걸린 문제는 아니었다. 창녀와의 관계를 현장에서 들키면, 다른 죄가 없는 한 강제노동수용소에서 5년형을 받을 뿐이다. 그러니 들키지 않게 할 수만 있다면 해 볼 만한 거다. 빈민가에는 몸 파는 여자들이 우글거렸다. 진(gin) 한 병으로 여자를 살 수도 있었다. 노동자들은 이 술을 마셔 볼 수 없기 때문이다. 당은 완전히 억제할 수 없는 본능의 분출구로서 매춘을 은근히 키워 주는 경향이 있었다. 단순한 음란행위는 비밀리에, 그리고 향락 없이 하층 계급과 하는 한 별로 문제되지 않았다. 용서받지 못할 범죄는 당원 사이의 풍기문란이었다. 이것은 대숙청 때마다 피고가 예외 없이 자백하는 죄 가운데 하나이긴 하지만, 실제로 이런 일이 일어난다고 떠올리긴 어려웠다.

당의 목적은 남녀 간의 통제할 수 없는 애정관계를 맺지 못하도록 하는 데 있기도 하지만, 겉으로 나타나지 않는 보다 진정한 목적은 성행위로부터 얻게 되는 모든 쾌락을 제거하는 데 있었다. 사랑뿐 아니라 성욕도, 그들이 결혼한 사이든 아니든 남녀 사이에 존재해선 안 될 것이었다. 당원끼리의 결혼은 그걸 맡아보는 위원회의 승인을 얻어야 하는데, 그 원칙은 명백히 밝혀지지 않았지만 결혼 당사자가 서로의 육체에 끌려 있다는 인상만 풍겨도 허가되지 않았다. 결혼의 공인된 유일한 목적은 당에 봉사할 아이를 낳는 것이었다. 성교는 마치 관장(灌腸)처럼 약간 역겹고 하찮은 일로 여겨졌다. 이런 관념을 그들은 뚜렷하게 가르치지는 않지만 당원들에게 어렸을 적부터 간접적으로 주입했다. 그래서 남자든 여자든 독신주의로 만드는 청년반성동맹 같은 단체까지 생겨났다. 아이들은 모두 인공수정(신어로는 '인수'라 한다)으로 낳고 공공시설에서 키운다는 것이다. 이것은 심각한 문제는 아니지만 당의 이념에 맞는 것이라고 윈스턴은 생각했다. 당은 성본능을 말살하려 했다. 그리고 말살이 안 되면 적어도 그걸 왜곡하고 더럽히려 했다. 당이 왜 그렇게 하는지 이유는 모르지만 그에게는 그것이 마땅하게 보였다. 사실 여자에 대한 한 당의 노력은 웬만큼 성공적이었다.

그는 다시 캐서린을 생각했다. 그들이 헤어진 지 9년, 10년, 아니 11년은 될 것이다. 그녀가 거의 생각나지 않는 게 이상할 정도였다. 어떤 때는 며칠 동안 자신이 결혼했다는 사실조차 잊고 지냈다. 그들은 겨우 15개월쯤 동거를 했다. 당은 이혼을 허가하지 않지만 아이가 없을 때는 오히려 별거를 권장했다.

캐서린은 키가 크고 금발에다 날씬하고 몸가짐이 매력적이었다. 얼굴 윤곽은 또렷하고 매부리코여서, 마음속을 들여다보기 전에는 누구나 그녀를 고상하게 생겼다고 말할 정도였다. 그러나 결혼 초에 그녀를 더 잘 알게 되자, 그녀는 누구보다 어리석고 천하고 머리가 텅 빈 여자라고 판단되었다. 머릿속에는 도대체 슬로건밖에 든 게 없고, 저능한 정도가 아니라 당이 주는 건 뭐든 상관않고 받아 삼키는 여자였다. 그는 속으로 '인간녹음기'라고 그녀에게 별명을 붙였다. 하지만 딱 한 가지, 성(性) 문제만 없었더라면 어떻게 참고 함께 지냈을 것이다.

그가 아내의 몸에 손만 대면 그녀는 움츠러들고 굳어졌다. 그녀를 안으면 꼭 나무 인형을 안는 기분이었다. 게다가 이상하게도 아내가 그를 안을 때조차 한편으로는 그를 힘껏 밀어내는 듯한 느낌을 받았다. 근육이 딴딴해져서 그런 모양이었다. 그녀는 그저 눈을 감고 반항도 협조도 하지 않으면서 마냥 '마음대로 하라'는 듯 누워 있었다. 이것이 윈스턴을 당혹하게 하고 나중에는 두렵게 만들기까지 했다. 그러나 이런 상황에서도 둘이서 육체관계 없이 지내기로 합의했다면 계속 같이 살 수 있었을 것이다. 하지만 놀랍게도 이를 반대한 사람은 캐서린이었다. 그녀는 할 수 있으면 아기를 가져야 한다고 우겼다. 그래서 할 수 있는 대로, 정확히 1주일에 한 번씩 그 일을 했다. 그녀는 때로는 그날 밤에 해야 할 일을 잊지 말라는 듯, 아침에 그에게 일깨워 주기까지 했다. 아내는 그 일을 두 가지 이름으로 불렀다. 하나는 '아이 만드는 일'이고 또 하나는 '당에 대한 의무'(그렇다. 아내는 실제로 이런 말을 썼다)였다. 그런데 그 실행일이 가까워지면 그는 더욱더 심한 두려움에 빠졌다. 그러나 다행히 아이는 끝내 생기지 않았다. 마침내 그 짓을 그만하자는 데 그녀도 동의하고 곧 그들은 헤어져 버렸다.

윈스턴은 조용히 한숨을 쉰 뒤 다시 펜을 들어 써 나갔다.

그 여자는 침대에 몸을 내던지더니 곧 망설임 없이, 상상도 못할 만큼 매우 상스럽고 징그럽게 치마를 걷어 올렸다. 난…….

그는 희미한 등잔불 밑에서 빈대와 값싼 향수 냄새를 코끝으로 맡으며, 가슴속으론 그 순간에도 당의 최면 때문에 영원히 얼어붙어 버린 캐서린의 흰 몸뚱이를 생각하며 패배감과 분노로 우두커니 서 있는 자신을 떠올려 보았다. 왜 언제나 이 꼴인가? 몇 년에 한 번씩 이런 지저분한 씨름을 하는 대신 자기 여자를 가질 수는 없는 것일까? 그러나 진정한 연애는 거의 불가능하다. 당의 여자들은 다 똑같다. 순결은 당에 대한 충성처럼 마음속에 박혀 있다. 어렸을 때부터의 철저한 훈련으로, 즉 운동과 냉수욕으로, 학교와 스파이단 또는 청년반성동맹에서 하는 쓸데없는 교육으로, 강의와 행진과 노래와 슬로건과 군악으로, 여성으로서의 자연스런 감정은 축출되어 간 것이다. 그는 이성적으로는 예외가 있으리라고 생각했으나 마음으로는 그걸 믿을 수가 없었다. 그들은 당이 기대한 것처럼 완고했다. 그리고 그가 그녀들에게 사랑받기보다 더 바라는 것은, 일생에 꼭 한 번만이라도 그 덕성의 장벽을 부숴 보는 것이었다. 만족을 주는 성행위는 반역이다. 성욕은 사상죄다. 그가 용케 캐서린을 성적으로 일깨워 그런 행위를 할 수 있었다 하더라도, 그것은 여성을 유혹하는 죄에 해당했으리라. 그녀가 그의 아내인데도 말이다.

어떻든 다음 이야기는 써야 했다.

그는 다시 썼다.

나는 등잔불의 심지를 돋웠다. 밝은 불빛 속에서 그녀를 보니……

컴컴했던 터라 파라핀 등불만 희미하게 비쳐도 꽤나 환해 보였다. 그는 그 여자를 처음으로 제대로 볼 수 있었다. 그녀에게 한 발짝 다가가다 그는 욕망과 공포로 멈칫했다. 여기에 들어온 위험을 의식하니 고통스러워졌다. 그가 여기서 나갈 때 순경이 그를 잡아갈 수도 있다. 그러고 보면 바로 이 순간에도 그놈들이 문밖에서 기다리고 있을지 모른다. 이곳에 온 목적을 이루지 않고 밖에 나갈 수만 있다면……!

써야 한다. 고백해야 한다. 그가 등잔불 밑에서 갑자기 깨달은 것은 그녀가 늙었다는 사실이었다. 얼굴 화장은 너무 두꺼워서 마분지로 만든 가면처럼 금이 갈 것 같았다. 머리카락은 새치로 희끗희끗했는데, 더 무서웠던 건 헤벌린 입안이 땅굴처럼 시커멓다는 점이었다. 그 여자는 이가 하나도 없었다.

그는 급하게 휘갈겨 썼다.

불빛 속에서 그녀를 보니 적어도 쉰 살은 되었을 늙은 여자였다. 그러나 나는 아랑곳하지 않고 그 일을 해치웠다.

그는 다시 손끝으로 눈가를 꾹 눌렀다. 마침내 다 쓰긴 했지만 쓰나 안 쓰나 달라진 것은 없었다. 이 처방은 효험이 없다. 또다시, 힘껏 욕설을 퍼붓고 싶은 충동이 솟았다.

7

희망이 있다면 그것은 노동자들에게 있다(라고 윈스턴은 썼다).

희망이 있다면 그것은 반드시 노동자들에게 있다. 왜냐하면 오세아니아 인구의 85퍼센트를 차지하는 이 무시당한 대중만이 당을 분쇄할 힘을 낼 수 있기 때문이다. 당은 내부에서는 전복될 수 없게 되어 있다. 예컨대 그곳에 당의 적이 있다 하더라도 그들은 모일 수도, 서로 알아볼 수도 없다. 떠도는 소문대로 형제단이 실제 있다 하더라도 그 구성원이 두세 사람 이상 모일 수는 없을 것이다. 반역이란 눈짓, 음성 변조, 기껏해야 귀엣말 정도이다. 하지만 노동자들은 어떻게든 자신의 힘을 의식하게만 되면 따로 모의할 필요까지도 없다. 그냥 들고일어나 파리를 쫓는 말처럼 몸을 흔들기만 하면 된다. 그들이 하려고만 들면 내일 아침에라도 당장 당을 산산조각 부숴 버릴 수 있다. 분명 조만간에 그들에게 그럴 마음이 일어날 것이다. 그러나……!

그는 언젠가 사람들이 잔뜩 몰린 거리를 지나다가 여자들 수백 명의 커다란 함성이 길 저편에서 갑자기 터져 나오던 장면을 떠올렸다. 이 엄청난 분노와 절망의 함성은 종이 울리듯 "우—우—우!" 하고 커다랗게 퍼져 갔다. 그의 가슴은 뛰었다. '드디어 시작됐다!'라는 생각이 들었다. 폭동이다! 노동자들이 마침내 쇠사슬을 끊는구나! 그가 소리 나는 곳으로 가 보았더니, 2, 300명의 여자들이 마치 침몰하는 배에 탄 운명이 결정된 듯한 승객들처럼 비통한 얼굴로 한 상점 앞에 잔뜩 몰려 있는 게 보였다. 하지만 이미 전체적인 절망의 분위기는 깨지고 많은 이들이 개별적으로 아우성치고 있었다. 어떤 상점에서 양철로 만든 스튜 냄비를 팔고 있었던 모양이었다. 아주 얇고 보잘것없는 냄비였지만, 어떤 종류든 취사도구를 구하기는 언제나 어려웠다. 그런데 뜻밖에 그걸 상점에서 판 것이다. 용케 산 부인들은 다른 사람들에게 부딪치고 밀리며 스튜 냄비를 가지고 빠져나가려고 애를 썼고, 사지 못한 수십 명의 부인들은 상점에 몰려들어 아는 사람에게만 주었다느니, 아직 어딘가 감춰 둔 냄비가 있을 것이라느니 하면서 주인한테 욕을 퍼부었다. 또다시 아우성치는 소리가 들렸다. 흥분한 두 여자가 스튜 냄비 하나를 붙들고 서로 뺏으려고 아귀다툼을 하는데 한 여자는 머리칼이 마구 헝클어져 있었다. 한동안 서로 잡아당기더니 마침내 냄비 손잡이가 떨어져 나갔다. 윈스턴은 얼굴을 찡그린 채 그 광경을 구경했다. 그러나 한순간이나마 이런 생각이 들었다. '단 수백 명의 목구멍에서 외친 소리가 이토록 놀랄 만한 힘을 가졌다니!' 이들은 왜 좀 더 중대한 문제에 대해 그 같은 함성을 지르지 않는가?

그들은 의식이 들기까지 반란을 일으키지 않을 것이다. 하지만 반란이 일어나기까지 그들은 의식을 가질 수 없을 것이다.

이 구절은 당의 어떤 교과서에서 베낀 것 같다는 생각이 들었다. 당은 물론 노동자들을 해방했다고 주장한다. 혁명 전에는 노동자들이 자본가들한테 무참하게 학대받고 기아 상태에서 혹사당하고 부인들은 탄광에서 강제노동하며 (사실 지금도 여자들은 여전히 탄광에서 노동하고 있다) 아이들은 여섯 살 때부터 공장에 팔려 갔다고 한다. 그러나 동시에 이중사고의 원리에 따라, 노동자들은 태어날 때부터 열등한 족속이므로 몇 가지 규율로 짐승처럼 다스려야 한다고 당은 가르쳤다. 현실적으로 노동자에 대해서는 알려진 바가 거의 없었다. 아니, 많이 알 필요도 없었다. 그들이 계속 노동하고 애를 낳기만 한다면 다른 행위는 중요치 않았다. 아르헨티나의 초원에서 방목되는 소처럼, 그들에게 남겨진 건 선조들을 본받아 자신들에게 맞는 생활양식을 좇는 것이었다. 그들은 빈민굴에서 태어나 자라고 열두 살에 노동을 시작해서 한순간의 아름다움과 성욕을 꽃피운 뒤 스무 살에 결혼, 서른 살에 중년이 되고 보통 예순 살에 죽는다. 육체적 중노동, 살림, 육아, 이웃집과의 하찮은 다툼, 영화, 축구, 맥주, 무엇보다 도박 따위들이 그들의 마음속을 차지하고 있다. 이들을 지배하기는 어렵지 않다. 몇 명의 사상경찰 스파이가 그들 속에 끼어들어 유언비어나 퍼뜨리고 위험하다고 생각되는 놈들은 잡아서 없애 버리면 된다. 그러나 당의 이념을 그들에게 가르칠 필요는 없었다. 노동자들이 강렬한 정치의식을 갖는 건 바람직하지 못하다. 그들에게 요구되는 것은, 노동시간을 연장한다든가 배급을 줄이는 일에 대해서 그들이 자연스럽게 호응하도록 당이 필요할 때마다 들먹거릴 수 있는 원시적 애국심뿐이다. 그리고 그들은 가끔 불만을 품는데, 그런 때에도 전체적인 이념이 없으니 그 불만을 어떻게 달리 해 보지 못하고 하찮은 투정으로 쏟아 버렸다. 결국 커다란 죄악은 늘 그들의 관심 밖으로 사라졌다. 노동자 대부분이 집에 텔레스크린을 갖고 있지 않았다. 치안경찰마저 그들을 거의 간섭하지 않았다. 런던은 별의별 범죄가 횡행하는, 절도, 깡패, 사창굴, 뜨내기 약장수, 공갈범 따위 온갖 악당들의 세계였다. 그러나 이런 범죄들은 모두가 노동자들 사이에서 생기는 현상이므로 중요하게 취급되지 않았다. 그들은 도덕문제에 대해서도 모두 조상들의 법을 따랐다. 당이 강요하는 성적 순결주의는 그들에게 해당되지 않았다. 간통도 처벌되지 않고 이혼도 허용됐다. 노동자들이 필요로 하거나 원하기만 한다면 종교적 예배까지 허용됐을 거다. 그들은 의심해 볼 가치도 없었다. 당의 슬로건이 표현하듯 "노동자와 동물은 자유다."

윈스턴은 팔을 아래로 뻗쳐 정맥류성 궤양 부위를 조심스레 긁었다. 또 가려웠던 것이다. 혁명 전의 생활이 실제로 어떠했는지 알 수 없는 게 무척 답답했다. 그는 파슨스 부인에게서 빌려 온 어린이용 역사 교과서를 서랍에서 꺼내 그 가운데 한 부분을 일기에 옮겨 쓰기 시작했다.

낡은 시대(교과서에는 이렇게 적혀 있었다), 즉 저 영광스런 혁명이 일어나기 전의 런던은 오늘날 우리가 알고 있는 것같이 아름다운 도시는 아니었다. 그저 어둡고 더럽고 가난한 도시여서 거의 모든 사람들이 먹을 게 충분치 못했고, 수많은 사람들은 구두가 없었으며, 어떤 사람은 잘 방마저 없었다. 여러분과 비슷한 또래의 소년들은 가혹한 주인 밑에서 하루 열두 시간 노동을 해야 했고, 주인은 소년들이 일을 느리게 하면 채찍으로 때렸으며, 그러고도 주는 건 썩은 빵과 물뿐이었다. 그러나 이 놀랄 만한 빈곤 속에서도 무척 크고 멋있는 집들이 몇 채 있었는데, 거기에는 시중드는 하인들을 30명쯤이나 거느린 부자들이 살고 있었다. 사람들은 이 부유층을 자본가라고 불렀다. 이들은 옆 페이지의 그림에서 보듯이 뚱뚱하고 추악한 데다 심술궂게 생겼다. 이 그림에서처럼 그들은 프록코트라는 기다란 검정색 코트를 입고 머리엔 실크해트라는 연통처럼 괴상하게 생긴 번쩍번쩍하는 모자를 썼다. 이것이 자본가들의 제복이고 다른 사람들은 이런 옷을 입을 수 없었다. 자본가들에게는 없는 게 없었고 또 나머지 사람들은 모두 그들의 노예였다. 그들은 모든 땅과 집을, 모든 공장과 돈을 소유했다. 자기들에게 불복하는 자는 누구든 감옥에 넣거나 일자리를 빼앗아 굶어 죽게 할 수도 있었다. 보통 사람이 자본가에게 말을 걸려면 몸을 움츠리고 굽신거리며 모자를 벗고 '나리'라고 해야 했다. 사람들은 자본가 가운데 우두머리를 왕이라 불렀다. 그리고……

나머지 글은 읽지 않아도 알 수 있었다. 프랑스산 리넨 소매를 단 제복을 입은 주교들, 하얀 담비털로 만든 정복의 법관들, 죄인들에게 씌우는 칼, 죄인의 발목에 채우는 족쇄, 발로 밟아 돌리는 수레바퀴, 아홉 갈래 채찍, 런던 시장 나리가 베푸는 오찬, 그리고 교황 발등에 입 맞추는 관습 따위의 이야기일 것이다. '초야권(初夜權)'이라는 것은 아동용 교과서에 맞지 않으니 언급을 피했겠지만. 이것은 어떤 자본가든 자기 공장의 여직공과 동침할 권리를 갖는다는 것이다.

이런 기록들 가운데 어디까지를 거짓말이라 할 수 있겠는가? 오늘날 평민들의 생활이 혁명 전보다 훨씬 나아졌다는 것은 사실일지도 모른다. 그렇지 않다는 증거는 몸 안 깊숙이 숨어 있는 무언의 항변, 지금의 생활 조건이 참을 수 없으며 옛날에는 지금과 달랐을 것이라는 본능적 느낌, 오직 그뿐이다. 현대 생활의 참다운 특징이 잔인성이나 불안정성이 아니라 단순히 그 헐벗음, 불결함, 그리고 무관심이란 사실을 그는 문득 깨달았다. 주위의 현실을 보라. 텔레스크린에서 쏟아져 나오는 거짓말은 물론이고 당이 달성하려는 이상과도, 비슷한 구석이 조금이라도 있는가? 생활의 대부분은 당원에게조차 중성적이고 비정치적이다. 지루한 일을 이어 가고, 지하철에서 자리다툼하고, 구멍 난 양말을 깁고, 사카린을 얻으러 다니고, 담배꽁초를 모아 두는, 그런 생활이다. 당이 내세운 이상은 보다 거대하고 엄청나며 빛나는 것이다. 강철과 콘크리트의 세계, 굉장한 기계와 무시무시한 무기의 세계이다. 투사들과 광신자들이 완전한 통일 아래에 전진하며, 모두가 똑같은 생각을 하고 똑같은 슬로건을 외치며 끊임없이 일하고, 싸우고, 승리하고, 이단자를 박해하는 나라, 3억의 인구가 똑같은 얼굴을 한 나라이다. 그러나 현실은 황폐해 가는 더러운 도시이다. 영양실조에 걸린 사람들이 구멍 난 구두를 신고 어슬렁대며, 밤낮 양배추와 오물 냄새가 나는 임시변통으로 땜질한 낡은 집에서 자고 일어날 뿐. 그는 백만 개의 쓰레기통으로 이루어진 거대하고 황폐한 런던을 바라보는 것 같았으며, 그 폐허 속에는 얼굴은 주름지고 머리털이 빠진 파슨스 부인이 막힌 하수구 구멍을 처량하게 뚫어 대는 모습도 보였다.

그는 다시 손을 뻗어 발목을 긁었다. 텔레스크린은 밤낮 꽥꽥대며 오늘날의 국민들은 50년 전 사람들보다 더 많은 식량과 옷, 더 좋은 집과 오락시설을 갖고 있고, 더 오래 살고 덜 일하고 몸집이 더 크고 더 건강하고 더 행복하고, 더 똑똑하고 더 좋은 교육을 받고 있다고 통계 숫자를 늘어놓는다. 하지만 이런 주장은 하나도 증명될 수도, 부정될 수도 없다. 예컨대 당은 현재 성인 노동자의 40퍼센트가 글을 읽을 수 있지만, 혁명 전의 그 숫자는 15퍼센트에 지나지 않았다고 주장한다. 유아사망률이 지금은 1000명당 160명이지만 혁명 전에는 300명이었다고도 말한다. 이것은 마치 두 개의 미지수를 가진 방정식과 같았다. 역사책의 모든 기록, 심지어 의심 없이 받아들여질 만한 것마저 문자 그대로 순전한 환상이라 할 수 있었다. 그가 보기에 '초야권' 같은 법이나 자본가 같은 사람이나 실크해트 같은 모자는 처음부터 존재하지 않았는지도 몰랐다.

모든 것이 안개 속처럼 희미했다. 과거는 말소되고 그 말소행위마저 잊히고, 그래서 허위가 진실이 되어 버린다. 그는 생애에 꼭 한 번(그 사건 뒤였는데 그 점이 중요하다), 날조행위에 대한 구체적이고 움직일 수 없는 증거를 손에 넣었다. 그는 30초 동안이나 그 증거물을 손에 꼭 쥐고 있었다. 1973년이었던가, 아무튼 그와 캐서린이 헤어질 때쯤이었다. 그러나 실제 사건이 일어난 날짜는 그보다 7, 8년 전이었다.

이 이야기는 1960년대 중간쯤, 혁명 초기의 지도자들이 한꺼번에 밀려난 대숙청 기간 중에 시작된다. 이 숙청으로 1970년에는 빅 브라더 말고는 남아 있는 사람이 없었다. 그때까지 다른 사람들은 반역자나 반동분자로 폭로되었다. 골드스타인은 달아나 숨어 버려 아무도 그가 어디 있는지 모르게 되었고 몇 사람은 그냥 사라졌고 나머지 대부분은 이례적인 공개재판으로 스스로의 죄를 자백하고 처형당했다. 마지막까지 남은 사람 가운데 존스, 아론슨, 러더퍼드란 세 사람이 있었다. 이 사람들이 체포된 건 1965년 무렵인 것 같다. 흔히 그렇듯 이들은 1년여 동안 사라져 소식이 없다가 갑자기 나타나더니 늘 하는 방식대로 스스로의 죄를 자백했다. 그들은 적(그때도 적은 유라시아였다)과 내통했고 공금을 횡령했고 충실한 당원 여럿을 살해했으며, 혁명이 일어나기 오래전부터 빅 브라더의 지도권을 전복할 모의를 했으며, 수천 명을 죽음으로 몰아넣은 태업행위를 했다고 고백했다. 이런 죄상을 고백한 뒤 그들은 사면되어 당에 다시 기용되고, 실제로는 한직이지만 듣기에는 요직 같은 자리를 차지했다. 이 세 사람은 《타임스》에 장문의 구차한 논문을 써서 스스로의 배신행위에 대한 원인을 분석하고 과거의 잘못을 보상하겠노라고 약속했다.

그들이 풀려난 지 얼마 안 되어 윈스턴은 카페 밤나무에서 그들 세 사람을 실제로 보았다. 그는 엄청난 전율을 느끼면서 그들을 곁눈질로 살폈다. 윈스턴보다 나이가 훨씬 위인 그들은 옛 세상의 유물이고, 초창기부터 당을 영웅적으로 이끌어 온 마지막 거인들이었다. 그들에겐 지하투쟁과 반란을 지도한 사람들에게서 볼 수 있는 매력이 아직 희미하게나마 남아 있었다. 그 무렵에도 이미 그들에 대한 여러 사건과 날짜를 잊어 가고 있었지만, 그는 빅 브라더를 알기 몇 년 전부터 그들 셋의 이름을 알고 있었다. 그러나 역시 그들은 범죄자요 적이며 접근할 수 없는 사람이고 1, 2년 내에 완전히 없어질 운명의 사나이들이었다. 사상경찰의 수중에 한 번 떨어진 사람치고 누구든 그 종말을 피한 자는 없다. 그들은 무덤으로 실려 가기를 기다리는 시체들이었다.

그들이 앉아 있는 탁자 근처에는 아무도 없었다. 이런 사람들과 가까이 앉아 있는 것조차 잘하는 일이 아니다. 그들은 이 카페의 특제품인 정향나무 꽃향기가 나는 진 잔을 앞에 놓고 묵묵히 앉아 있었다. 세 사람 가운데 윈스턴에게 가장 인상 깊은 사람은 러더퍼드였다. 유명한 풍자만화가였던 그는 과격한 만화로 혁명 이전부터 혁명 기간까지 여론을 선동하는 데 공헌이 컸다. 그리고 그때에도 매우 드물게나마 그의 만화는 《타임스》에 실리고 있었다. 하지만 그것은 초기 작품의 모방이며 생명이 없고 설득력이 없었다. 이것들은 과거의 주제였던 빈민굴과 굶어 죽는 아이들, 시가전, 실크해트를 쓴 자본가들(바리케이드에서도 그들은 실크해트를 붙들고 있었다) 따위를 재탕하며 끊임없이 과거로 돌아가려고 하는 덧없는 노력이었다. 그는 괴물처럼 생겼는데 기름 바른 회색 머리칼이 뻣뻣이 섰고 얼굴은 살이 쪄 축 늘어지고 입은 흑인 입술처럼 두꺼웠다. 한때는 몸이 무척 강인했던 것 같다. 그러나 이제 그의 큰 몸은 사방으로 꺼지고 늘어지고 부풀어 오르고 떨어져 나가고 있는 중이었다. 그는 산이 무너지듯, 눈앞에서 부서져 가고 있는 것처럼 보였다.

15시, 한적한 시간이었다. 윈스턴은 자신이 어쩌다 그런 시간에 그 카페에 갔는지 기억할 수 없었다. 홀은 거의 텅 비어 있었다. 텔레스크린에서 깡통 두드리는 듯한 음악이 나왔다. 세 사람은 구석에서 거의 움직이지도 않고 말도 없이 그 자리에 앉아 있었다. 시키지 않았는데도 웨이터가 진을 새 잔으로 가져왔다. 옆 탁자에는 서양 장기판이 있었고 말까지 놓여 있었지만 그들은 거기에 손도 대지 않았다. 그때, 아마 30초 남짓한 사이에 텔레스크린에서 무언가가 일어났다. 연주 가락이 바뀌더니 음악 곡조까지 바뀐 것이다. 갑자기 튀어나온 이 음악은 묘사하기도 힘들었다. 독특하게 금 간 소리 같기도 하고 당나귀가 우는 소리 같기도 하고 비웃는 것 같기도 한데, 윈스턴이 듣기에는 몹시 선정적인 곡이었다. 이어서 노랫소리가 나왔다.

    우거진 밤나무 아래에서
    나 그대를 팔고 그댄 나를 팔았네.
    그들은 누웠네, 여기 우리도 누웠네.
    우거진 밤나무 아래에서.

세 사람은 꼼짝하지 않았다. 그러나 윈스턴이 러더퍼드의 거칠어진 얼굴을 흘깃 보니 그의 눈엔 눈물이 가득 고여 있었다. 그때 처음으로 그는 아론슨과 러더퍼드가 눈물을 감추려고 코 푸는 걸 보고 마음속으로 전율이 스쳤다. 그 전율이 무엇 때문인지는 모르겠지만.

얼마 지나서 그들 셋은 다시 체포되었다. 그들은 풀려난 직후부터 새로운 모의에 가담했다고 밝혀졌다. 두 번째 재판에서 그들은 옛날의 죄를 다시 자백하고 거기다 새로운 죄들을 덧붙였다. 그들은 처형되고 그들의 운명은 후세에 대한 경고로서 당사에 기록됐다. 이로부터 5년 뒤인 1973년, 윈스턴은 압축전송관에서 책상으로 떨어진 문서 뭉치를 펴다가 무슨 종이쪽지를 발견했다. 그것은 다른 문서에 끼어 있다가 잊힌 것이 분명했다. 펴 보자마자 그는 그 쪽지의 중대한 의미를 알았다. 그건 10년 전 《타임스》에서 잘라낸 반쪽 크기의 기사였는데(윗부분의 조각이었기 때문에 날짜를 알 수 있었다) 뉴욕에서 열린 당의 어떤 행사에 참가한 대표들의 사진이 실려 있었다. 그 대표단 가운데에 존스, 아론슨, 러더퍼드가 뚜렷이 나타나 있었다. 잘못 볼 리가 없었다. 그 밑의 사진 설명에도 그들의 이름이 나왔다.

문제는 두 번의 재판에서 그들 세 사람이 그날 유라시아 땅에 있었다고 자백했다는 점이다. 그들은 캐나다의 비밀 비행장에서 시베리아 어딘가로 날아가 유라시아의 군대 참모들과 회담하면서 중대한 군사기밀을 제공했다고 고백했다. 그 날짜는 우연히 세례 요한 축일(6월 24일)이었기 때문에 윈스턴의 기억에 박혀 있었다. 그리고 다른 모든 기록에도 그렇게 씌어 있을 것이다. 따라서 가능한 단 하나의 결론은 이것이다. 그 자백은 거짓이다.

물론 이 자체는 전혀 새로운 발견이 아니었다. 그 무렵에도 윈스턴은 대숙청으로 말살된 사람들이 정말 고소당한 내용 그대로 범죄를 저질렀다고 생각하지는 않았다. 그러나 이것은 그야말로 구체적인 증거물이다. 엉뚱한 지층에서 발굴되어 지리학설을 뒤집어 놓는 화석처럼, 이것은 말살된 과거의 단편이다. 어떻게든 이걸 세상에 발표해서 그 중요성을 일반 사람들에게 알려 줄 수만 있다면 당은 여지없이 조각날 것이다.

그는 일을 이어 갔다. 그 사진이 무엇인가, 무엇을 의미하는가 알아보자마자 그는 다른 종이로 그걸 가렸다. 다행히 그가 이걸 펴 볼 때 텔레스크린에는 뒷면이 보이고 있었다.

그는 노트를 무릎에 올려놓고 텔레스크린에서 되도록 멀리 떨어지려고 의자를 뒤로 밀었다. 얼굴을 무표정하게 꾸미는 일은 어렵지 않았고 숨소리도 노력하면 안정시킬 수 있었다. 그렇지만 가슴속의 방망이질 소리는 어떻게 할 수 없었으며 텔레스크린은 워낙 정교해서 그런 소리까지 잘 잡아냈다. 그는 10분쯤 흘렀다고 생각했다. 바람이 갑자기 불어 종이들이 흩어져 버린다든가 하는 사고로 자기 속내가 들키지 않을까 두려웠다. 그러다가 그는 다시 펴 보지도 않고 그 사진을 다른 휴지와 함께 기억통 속으로 던져 버렸다. 아마 그것은 1분도 안 되어 재로 바뀌었을 것이다.

1부 73

그것이 10년, 아니 11년 전 일이었다. 지금이라면 그 사진을 보관했을지도 모른다. 손가락으로 그걸 집어 봤다는 사실이, 그 사진과 그것에 기록된 사건이 한낱 기억에 지나지 않은 현재에도 매우 중대하게 느껴지는 것이 이상했다. 그는 생각해 보았다. 이전에 없었던 한 조각 증거가 한 번 나타났다 해서 과거에 대한 당의 지배력이 약화될까?

그러나 그 사진이 잿더미에서 부활한다 해도 지금 와서는 증거물이 될 수 없을 것이다. 그가 그 사진을 발견했던 때에는 오세아니아의 교전국이 유라시아가 아니었고, 따라서 그 세 사람이 나라를 팔아먹은 상대는 틀림없이 동아시아의 정보원이었을 것이다. 그 뒤 상황이 또 바뀌었는데 그게 두 차례인지, 세 차례인지 기억할 수도 없었다. 그때마다 틀림없이 그들의 자백은 처음 사건이나 날짜에는 조금도 개의치 않고 다시 고쳐 쓰이곤 했을 것이다. 과거는 변했을 뿐 아니라 끊임없이 변한다. 악몽처럼 그를 괴롭히는 것은 이 거대한 날조행위가 생기는 '까닭'을 분명히 이해할 수 없다는 점이다. 과거를 날조하는 직접적인 이익은 분명하지만 그 궁극적인 동기는 이해하기 힘들었다. 그는 다시 펜을 들어 썼다.

나는 '방법'은 안다. 그러나 '이유'는 모른다.

그는 전에도 몇 번이나 그랬던 것처럼 자신이 미친 게 아닌가 생각해 봤다. 미치광이란 단순히 전체 가운데 예외적인 소수일지도 모른다. 옛날엔 지구가 태양 주위를 돈다고 믿는 사람들이 미치광이 취급을 받았고, 오늘날엔 과거는 움직일 수 없다고 믿는 사람들이 미치광이이다. 그 혼자만 그러한 믿음을 갖고 있다면, 그는 미치광이인 셈이다. 하지만 자신이 미쳤다는 생각은 그리 대단한 게 아니었다. 무서운 것은 그렇게 생각하는 그 자신이 잘못 알고 있지 않는가 회의하는 것이었다.

그는 아동용 역사책을 들어 첫머리 그림으로 나온 빅 브라더의 사진을 보았다. 최면을 거는 듯한 눈이 자기를 쏘아보고 있었다. 마치 어떤 거대한 힘이 두개골을 뚫고 뇌세포를 난타하며 신념을 위협하고 설득해 자신의 감각으로 겨우 얻은 자기증명을 부인하려는 듯, 그를 압박해 오는 것 같았다. 마침내 당은 둘 더하기 둘은 다섯이라고 발표해서 그걸 믿게 만들 것이다. 조만간 그들이 그런 주장을 할 게 분명하다. 그들이 처한 입장의 논리적 필연성이 그것을 요구하고 있다. 체험의 가치뿐 아니라 객관적인 현실의 존재마저 그들의 철학에 의해 은연중 부인될 것이다. 이단자 가운데 이단자가 정상적이다. 그리고 그들이 그들과 다르게 생각하는 사람을 죽이는 게 무서운 것이 아니라, 그들이 옳을지도 모른다는 게 무섭다. 도대체 둘 더하기 둘이 넷이란 걸 우리는 어떻게 아는가? 중력이 작용한다는 건? 과거가 변화할 수 없다는 건? 과거와 객관적인 세계가 오직 정신 속에만 존재한다면, 그리고 정신 자체는 지배할 수 있는 것이라면—그렇다면 어떻게 되는가?

아니, 그래도 아니다! 갑자기 용기가 저절로 솟았다. 느닷없이 별 관련도 없는 오브라이언의 얼굴이 떠올랐던 것이다. 그는 오브라이언이 자기편임을 전보다 더 확신하게 되었다. 그는 오브라이언을 위해서, 오브라이언에게 일기를 쓰고 있었다. 그것은 아무도 읽지 않을 테지만 어느 특정한 사람에게 보내는 끊임없는 편지이며, 그 때문에 독특한 점을 지니는 것이다.

당은 눈으로 보고 귀로 들은 증거를 거부하라고 명령했다. 이것이 그들의 궁극적이고 가장 기본적인 명령이다. 그는 자신에게 전적으로 반대되는 거대한 힘에, 그가 대답할 수 있기는커녕 이해도 할 수 없는 미묘한 문제를 놓고 당의 지성인들이 논쟁으로 그를 쉽게 굴복시킬 수 있으리란 사실에 생각이 미치자 맥이 풀려 버렸다. 그러나 그렇더라도 나는 옳다! 그들이 틀렸고 내가 옳다. 명백한 것, 순결한 것, 그리고 진실한 것을 지켜야 한다. 자명한 이치는 진리이다. 그것을 반드시 지켜야 한다! 실체 있는 세계가 존재하고 세계의 법칙은 변하지 않는다. 돌은 단단하고 물은 축축하며 허공에 던져진 물체는 지구의 중심을 향해 떨어진다. 그는 오브라이언에게 말하는 기분으로, 그리고 중요하고 공명정대한 이치를 세우는 기분으로 글을 썼다.

자유란 둘 더하기 둘은 넷이라고 말할 수 있는 자유이다. 이 자유가 허용된다면 그 밖의 모든 것은 이에 따르기 마련이다.

8

길가 어디에선가 커피 끓이는 냄새가 풍겨 나왔다. '승리커피'가 아니다. 진짜 커피다. 윈스턴은 저도 모르게 걸음을 멈췄다. 잠시 그는 반쯤 잊어버렸던 유년시절로 돌아갔다. 그때 문이 쾅 닫히더니 커피 냄새도 무슨 소리처럼 갑자기 사라져 버렸다.

그는 길을 따라 몇 킬로미터를 걸었다. 정맥류성 궤양이 도져 그 부위가 욱신거렸다. 오늘까지 해서 그는 지난 3주 동안 두 번째로 공회당의 저녁모임에 빠지는 것이다. 공회당에서 출석일수를 철저히 점검하니까 이런 짓은 경솔한 일이다. 원칙적으로 당원은 여가가 없고 침대에 들 때 외에는 혼자 있어서는 안 된다. 일하고 먹고 잘 때 외에는 단체오락에 끼어야 하며 고독한 취향이 보이는 것은, 하다못해 혼자 걷는 일조차 위험하다. 신어로 이에 해당되는 말은 '혼자만의 삶(Ownlife)'인데 개인주의와 기이한 버릇을 뜻한다.

그러나 오늘 저녁 관청에서 나온 그는 4월의 상쾌한 공기에 유혹되었다. 하늘이 올해 들어 가장 따뜻하고 푸르렀기에 공회당에서의 지루하고 시끄러운 저녁모임이나 피로를 느끼게 하는 경기, 그리고 강의나 술로 맺어지는 엉성한 우정 따위가 갑자기 견딜 수 없게 느껴졌다. 충동적으로 그는 버스 정류장에서 발을 돌려 런던의 복잡한 길을 헤매기 시작했다. 처음엔 남쪽으로 갔다가 동쪽으로 갔다. 그리고 다시 북쪽으로 갔다가 이름 모를 거리에서 길을 잃었다. 그래도 그는 어떤 쪽으로 가든 개의치 않고 걸었다.

그는 일기에 이렇게 썼다. "희망이 있다면 노동자들에게 있다." 신비롭게도 진실하면서 명백히 부조리한 이 말이 그에게 끊임없이 다시 떠올랐다. 그는 옛날 세인트 판크라스 역이 있던 동북 지역의 지저분하고 더러운 빈민지대에 와 있었다. 그는 자갈길을 걷고 있었는데 길가의 작은 2층집들은 반쯤 부서진 문이 곧장 길가로 나붙어 있어서 마치 쥐구멍처럼 보이기까지 했다.

자갈 틈새에 여기저기 더러운 물이 고여 있었다. 어둑한 문 안팎에는, 그리고 양쪽으로 나 있는 골목길엔 사람들이 꽤나 몰려 있었다. 한창 나이의 아가씨들은 입술에 립스틱을 진하게 바르고, 젊은이들은 이 아가씨들의 꽁무니를 쫓아다니고, 뚱뚱한 부인네들은 뒤뚱거리고 다니며(저 처녀들도 10년 뒤에는 이런 꼴이 될 것이다), 허리 굽은 노인네들은 마당발을 질질 끌며 서성거리고, 누더기에 맨발인 아이들이 흙탕물을 튀기면 그들의 어머니는 화를 내며 소리를 지르곤 했다. 거리 쪽의 유리창은 4분의 1정도가 깨져 판자로 덮여 있었다. 그들은 윈스턴을 쳐다보지도 않았다. 몇 사람이 경계하는 듯한 호기심으로 그를 흘끗 보았을 뿐이다. 앞치마를 두른 몸집이 커다란 여자 둘이 검붉은 팔로 팔짱을 끼고 문간에 서서 재잘거렸다. 윈스턴은 그 앞을 지나가면서 그들의 이야기를 몇 마디 들었다.

"난 그 여편네에게 그렇다고, 아주 잘됐다고 그랬지. 내 처지가 되면 너도 나처럼 했을 거라고 말해 줬지. 남의 말 하긴 쉽지만 너도 나같이 당해 보라고 말야."

"그럼, 그렇고말고. 바로 그거야."

다른 여인이 맞장구쳤다.

그 커다란 목소리가 뚝 그쳤다. 그가 지나가자 여인네들은 적의 어린 눈초리로 그를 묵묵히 쳐다봤다. 그러나 정확하게 말하자면 그것은 적의가 아니었다. 낯선 동물이 곁을 지나갈 때처럼 한순간 온몸이 굳어져서 그저 긴장한 것이다. 당원의 푸른 제복은 이런 거리에서는 흔히 볼 수 있는 게 아니었다. 사실 뚜렷한 볼일 없이 이런 곳을 다닌다는 것은 현명하지 못했다. 순경한테 걸려서 검문당할지도 몰랐다. "동무, 신분증 좀 봅시다. 무엇하러 여기 왔소? 언제 사무실을 나왔소? 집으로 가는 길이오?" 등등. 물론 평소와 다른 길로 집에 돌아가지 말라는 규칙은 없었다. 그러나 사상경찰이 이 이야기를 들으면 틀림없이 주목할 것이다.

갑자기 온 거리가 소란해졌다. 사방에서 조심하라는 소리가 들렸다. 사람들이 토끼처럼 문안으로 뛰어 들어갔다. 윈스턴의 눈앞에서 한 젊은 여인이 문간에서 툭 튀어나와, 흙탕물을 튀기며 놀던 어린아이를 앞치마로 홱 싸더니 냉큼 집으로 들어갔다. 이게 모두 한순간이었다. 그때 주름진 검은 옷을 입은 사내가 옆 골목에서 튀어나와 이쪽으로 달려오더니 하늘을 가리키며 소리쳤다.

"기선(汽船)이오! 주의하세요, 나리! 빵 터집니다. 빨리 엎드려요!"

'기선'이란 무슨 이유인진 몰라도 노동자들이 로켓탄에 붙인 별명이다. 윈스턴은 재빨리 몸을 던졌다. 노동자들이 이런 식으로 경고를 할 때는 거의 언제나 틀리지 않는다. 로켓탄이 소리보다 빠르긴 하지만 그들은 로켓탄이 온다고 몇 초 빨리 말할 수 있는 직감이 있는 것 같다. 윈스턴은 팔로 머리를 감쌌다. 길바닥이 흔들리듯 굉음이 나더니 가벼운 조각들이 소나기처럼 그의 등허리에 후드득 떨어졌다. 일어나 보니 가까운 창문에서 떨어진 유리 조각들이 그를 덮고 있었다.

그는 계속 걸었다. 200미터 앞에 있는 집 두 채가 폭탄으로 부서졌다. 하늘에는 검은 연기가 뭉게뭉게 솟았고 그 아래 횟가루 먼지를 뒤집어쓴 채 사람들이 부서진 집 주위에 몰려들고 있었다. 그의 앞길에도 횟가루가 쌓였는데 그 가운데에 선홍색 줄이 눈에 띄었다. 다가가 보니 손목 근처에서 잘린 사람의 손이었다. 피 묻은 자국만 빼면 그 손은 석고처럼 새하얗게 변해 있었다.

그는 그 잘린 손을 도랑으로 차 넣어 버리고 사람들을 피해 오른쪽 옆길로 돌았다. 3, 4분 지나 폭탄이 떨어져 떠들썩하던 지역을 벗어나자 거기서는 아무 일도 없었다는 듯, 다시 거리의 번잡한 악다구니 생활이 이어지고 있었다. 거의 20시가 되어 노동자들의 단골 술집(그들은 '목로주점'이라 불렀다)은 손님으로 우글거렸다. 쉼 없이 열렸다 닫혔다 하며 삐걱대는 문틈으로 오줌 냄새, 톱밥 냄새, 시큼한 맥주 냄새가 풍겨 나왔다. 툭 튀어나온 집 모퉁이 길가에 세 사람이 붙어 서서, 가운데 사람이 신문을 펴 들고 양옆 사람이 어깨 너머로 읽고 있었다. 가까이 가서 얼굴 표정을 보지 않아도 윈스턴은 그들이 얼마나 열중해 있는가 알 수 있었다. 그들이 보는 게 굉장히 중요한 뉴스인 모양이었다. 그가 몇 발짝 그들에게 다가갔을 때 갑자기 떠들썩해지더니 그중 둘이 맹렬한 언쟁을 하기 시작했다. 곧 주먹다짐이라도 벌어질 것 같았다.

"내 말을 못 알아듣겠어? 지난 열네 달 동안 7로 끝나는 숫자는 당첨된 적이 없다고 말하잖아!"

"아냐, 있었어!"

"없어, 없다니까! 내가 집에서 2년 동안이나 당첨번호를 종이에 꼬박꼬박 적어 왔단 말야. 시계처럼 꼬박꼬박 적었단 말야. 그래, 7로 끝나는 숫자는 없었다니까……."

"아냐, 7로 끝나는 숫자도 당첨됐어! 나도 자신 있어. 분명 407로 끝났다고. 2월, 지난 2월의 둘째 주였어."

"2월? 맙소사. 내가 똑똑히 적어 놨는데 그런 건 없어……."

"집어치워."

세 번째 사람이 말했다.

그들은 복권을 가지고 다투고 있었다. 윈스턴은 30미터쯤 그곳을 지나쳐 돌아봤다. 그들은 여전히 핏대를 올려 가며 다투고 있었다. 큰 상금이 걸린 복권은 노동자들이 꽤 관심을 두는 공공연한 사건이었다. 수백만 노동자들에게 복권은 유일하지는 않아도 중요한 삶의 이유가 되기도 했다. 그것은 노동자들의 기쁨이자 도락이요, 진통제이자 지적 자극제였다. 겨우 읽고 쓸 줄 아는 사람들도 복권에 관한 한, 복잡한 계산도 할 수 있고 자기 기억이 맞다고 우겨 댈 수도 있는 것 같았다. 그리고 당첨번호 분류표나 예보, 또는 부적을 팔아서 생계를 잇는 족속도 있었다. 윈스턴은 풍요부에서 관리하는 이 복권과는 아무런 관계가 없었지만 그 상금은 매우 터무니없다는 걸 알고 있었다(당원들은 다 알고 있다). 상금은 실제로 형편없이 적게 나가고 액수가 큰 당첨자들은 실제로 존재하지 않는 사람들이었다. 오세아니아의 각 지방 사이에는 진짜 통신망이 없기 때문에 이런 조작을 하는 건 어렵지 않았다.

그러나 희망이 있다면 노동자들에게 있다. 아무래도 그들에게 기대를 걸지 않을 수 없다. 이것은 마음속에서는 말로만 표현되지만 길거리에 지나가는 이들을 볼 때는 말뿐이 아닌 신념으로 변했다. 그는 아래로 비탈진 길에 들어섰다. 전에 한 번 이 근처에 와 본 적이 있고, 멀지 않은 곳에 큰길이 있으리란 예감이 들었다. 저 앞 어디선가 시끄럽게 떠드는 소리가 났다. 길은 급히 꺾여 층계에 이르는데 그 아래 골목길에는 시든 채소를 파는 상점 몇 개가 있었다. 그제야 윈스턴은 자기가 어디 와 있는지 알게 되었다. 그 골목길은 큰길로 통하고 다음 번 길에서 꺾어 돌아 5분쯤 가면 지금은 일기장이 된 그 노트를 산 고물상이 나온다. 그리고 거기에서 멀지 않은 작은 문방구에서 그는 펜대와 잉크를 샀던 것이다.

그는 층계 꼭대기에서 잠시 멈춰 섰다. 골목 맞은편에 지저분한 작은 목로주점이 있었다. 그 집 창문에는 마치 성에가 낀 것처럼 먼지가 덮여 있었다. 등이 굽었지만 아직 정정해 보이는 노인 하나가 새우 수염같이 앞으로 툭 튀어나온 흰 수염을 달고 문을 밀고 술집으로 들어갔다. 윈스턴은 선 채로 그 장면을 보다가, 적어도 여든 살은 되었을 이 노인이 혁명이 일어났을 때는 벌써 중년은 넘었으리란 생각이 들었다. 그 노인 세대야말로 사라진 자본주의 세계와 이어져 있는 마지막 생존자일 것이다.

당내에서 혁명 이전에 사상이 형성된 사람은 몇 되지 않았다. 늙은 세대는 1950년대와 1960년대의 대숙청 때 거의 쓸려 나갔고, 남아 있는 몇 사람도 오래전 강압에 못 이겨 끝내 정신적으로 항복해 버렸다. 금세기 초엽의 상태에 대해 참된 설명을 해 줄 만한 살아 있는 사람이 있다면, 그것은 노동자일 것이다. 갑자기 일기장에 옮겨 적은 역사책의 한 구절이 생각나서 그는 미칠 것 같은 충동에 사로잡혔다. 저 목로주점에 들어가서 그 늙은이와 사귀어 그에게 이렇게 물어보고 싶었다.

"당신의 소년시절을 이야기해 주시오. 그때는 어땠소? 지금보다 더 좋았소, 나빴소?"

그는 여기에서 머뭇거리다 두려워지면 포기할까 봐 급히 층계를 내려가 좁은 길을 건넜다. 말할 것 없이 이건 미친 짓이다. 보통 노동자에게 말을 건넨다든가 목로주점에 들락거린다든가 하는 행위를 금지하는 명백한 규칙은 없지만, 그런 짓은 비정상적인 일이어서 자연히 주목을 받게 된다. 순경이 나타나면 갑자기 현기증이 났기 때문이라고 변명할 셈이지만 아마 순경은 그 말을 믿어 주진 않을 것이다. 그가 문을 밀고 들어서자 시큼한 맥주의 구접스런 냄새가 코끝에 확 끼쳤다. 그가 들어가자 시끄럽던 소리가 반쯤으로 줄어들었다. 등 뒤로 사람들이 일제히 자기 제복을 쳐다보고 있음을 느꼈다. 저쪽 한구석에서 벌어지던 다트 게임도 저절로 한동안 중단되었다. 그가 쫓아온 노인은 판매대 앞에 서서 바텐더와 말다툼하고 있었는데, 이 사람은 팔이 엄청 굵고 몸집이 큰 데다 단단하게 생긴 매부리코 젊은이였다. 몰려 있던 몇 사람이 손에 술잔을 들고 서서 이 광경을 보고 있었다.

"자네한테 잘못한 게 뭐 있나, 엉?"

노인은 어깨를 들썩이며 싸움 거는 투로 말했다.

"그래, 1파인트짜리 술잔이 이 술집에 없단 말야?"

"도대체 파인트란 게 뭐요?"

바텐더는 손가락으로 카운터를 받치고 몸을 앞으로 내밀며 물었다.

"뭐라고? 그래, 술을 팔아먹는다는 사람이 파인트가 뭔지 모르다니! 파인트란 한 쿼트의 반이고 네 쿼트면 한 갤런이 된단 말야. 다음엔 A, B, C나 가르쳐 줄까 보다."

"그런 건 들어 본 적 없어요."

젊은이는 간단히 대답했다.

"1리터, 반 리터짜리밖에 없어요, 우리 가게에는. 여기 선반 위의 잔들을 봐도 알 수 있을 거예요."

"난 1파인트짜리가 좋아. 그 정도야 쉽게 낼 수 있지 않나. 내가 젊었을 땐 이 따위 리터니 뭐니 하는 것들은 없었어."

노인이 고집을 부렸다.

"아저씨가 젊었을 때면 우린 모두 나무 꼭대기에서 살았겠네요."

술 파는 젊은이는 새 손님 쪽으로 시선을 돌리며 말했다.

웃음소리가 터지고 윈스턴이 들어와서 생겼던 어색한 분위기도 가신 것 같았다. 흰 수염이 난 노인의 얼굴이 뻘게졌다. 그는 혼자 뭐라고 중얼거리며 돌아서다가 윈스턴과 마주쳤다. 윈스턴은 점잖게 노인의 팔을 잡고 물었다.

"술 한잔 사 드릴까요?"

"당신은 신사로구먼."

노인은 어깨를 쭉 펴며 말했다. 아마 윈스턴의 푸른 제복을 못 본 모양이었다. "1파인트!"

그는 바텐더에게 대들듯 덧붙였다.

"맥주 한 파인트!"

바텐더는 카운터 아래에 있는 물통에다 헹군 두꺼운 유리잔으로 흑갈색 맥주 반 리터짜리 두 잔을 가져왔다. 노동자들의 목로주점에서 마실 수 있는 건 맥주뿐이다. 사실 진은 그들도 쉽게 구할 수 있었지만 마시지 않는 것 같았다. 다트 게임은 다시 시작되고 판매대 앞에 앉아 있는 사람들도 복권에 대한 이야기를 꺼내기 시작했다. 다들 윈스턴의 존재를 잊어버린 것이다. 창가에 전나무 탁자가 있어 노인과 윈스턴은 남에게 들릴 염려 없이 말할 수 있었다. 이것은 정말 위험한 행위지만 아무튼 여기에는 텔레스크린이 없다. 그는 이 술집에 들어오자마자 먼저 이것부터 확인했다.

"1파인트짜리쯤이야 줄 수 있잖아. 반 리터짜리로는 양이 차지 않아서 말야.

그렇다고 1리터짜린 너무 많고. 오줌통이 야단나지. 값은 말고도 말야."

노인은 자기 잔을 앞에 놓고 투덜거렸다.

"노인장이 젊었을 때하고 많이 달라졌죠?"

윈스턴이 슬며시 물어보았다.

노인의 창백한 푸른 눈이 다트판에서 판매대로, 판매대에서 화장실 문 쪽으로 옮겨 갔다. 마치 술집에 무언가 달라진 게 있는 것 같다는 듯 두리번거렸다. 그리고 마침내 말했다.

"맥주가 좋았지, 값도 쌌고. 내가 젊었을 땐 말야, 맥주가 말야, 우린 월럽이라 했지만, 그게 1파인트에 4펜스였어. 물론 전쟁 전이지만."

"전쟁이라니, 무슨 전쟁요?"

윈스턴이 물었다.

"어떤 전쟁이든 다지."

노인이 모호하게 말했다. 그는 잔을 들고 다시 어깨를 쭉 폈다.

"당신 건강을 위해서!"

기다란 목에 툭 튀어나온 그의 목젖이 재빠르게 몇 번 꿀꺽꿀꺽하더니 맥주잔이 금세 비워졌다. 윈스턴은 판매대로 가서 반 리터짜리 두 잔을 더 가져왔다. 노인은 1리터는 너무 많다는 먼저 말을 잊은 모양이었다. 윈스턴이 말했다.

"노인장은 저보다 훨씬 윗분이신데요, 제가 태어나기 전에 이미 노인장은 어른이었을 거예요. 그럼 혁명 전 옛날엔 어땠는지 기억하실 겁니다. 저희들 또래는 정말로 그때에 대해서는 모르고 있어요. 겨우 책을 보고서나 알 뿐인데 책에 적혀 있는 게 사실이 아닐지도 모르거든요. 그래서 그때 이야기를 노인장한테 좀 듣고 싶어요. 역사책에는 혁명 전의 생활이 지금과는 완전히 다르다고 했던데요. 우리가 상상할 수 없을 만큼 압제와 부정과 불우한 가난이 혹독했다고요. 런던에서는 사람들 대부분이 태어나서 죽을 때까지 먹을 것이 충분치 못했고 반 정도가 신발마저 없었다더군요. 그때는 하루 열두 시간씩 노동을 하고 오후 9시에 학교에서 돌아와 10시에 자야 했어요. 그러는 중에도 몇 사람만이, 그러니까 자본가라고 하는 몇천 명만이 부자고 권력을 가졌어요. 그 사람들은 가질 수 있는 것은 빠짐없이 다 갖고 커다란 저택에서 하인을 30명이나 부리며 자동차나 사두마차를 타고 다니고 샴페인을 마시고 실크해트를 쓰고……."

노인의 얼굴이 갑자기 환해졌다.

"실크해트라! 당신이 그 말을 하니 우습군. 바로 어제 나도 그와 똑같은 생각을 했는데. 왜 그런 생각이 들었나 모르지만 그냥 생각이 나더군. 몇 년 동안 그 실크해트란 걸 못 봤다고 말야. 이젠 없어졌어. 내가 마지막으로 그걸 써 본 게 형수 장례식 때야. 그렇지, 확실히는 말할 수 없지만 50년은 되는 것 같군. 물론 장례식 때문에 임시로 빌려 쓴 것이지만."

"실크해트는 그리 중요한 문제가 아녜요."

윈스턴은 집요하게 말했다.

"문제는 그 자본가들하고 그들이 먹여 살리는 법률가와 목사 따위들 말예요, 그들이 영주였다는 거죠. 모든 게 그 사람들 이익을 위해서 있었다죠. 노인장 같은 평민과 노동자들은 그들의 노예였고, 저들 하고 싶은 대로 부려 먹었다고요. 소처럼 배에 태워 캐나다에 보내기도 하고 자기들이 골라잡은 처녀와 잠자리도 같이할 수 있었다고 하고요. 끈이 아홉 개 달린 채찍으로 때리면서 일을 시키고 그 사람들이 지나갈 때는 모자를 벗어야 했다고요. 자본가들은 나갈 때 하인을 데리고 다녔다는데……."

노인의 얼굴이 다시 환해졌다.

"하인이라! 참 오랫동안 들어 보지 못한 말이로군, 하인이라! 그러니 생각나는군, 생각나. 그렇지, 무척 오래전이야. 난 일요일 오후에는 가끔 하이드 공원으로 가서 그 녀석들 연설을 듣곤 했지. 구세군이니, 가톨릭교도니, 유대인, 인디언, 별의별 사람들이 다 있었지. 그중 한 녀석이 그 이름은 모르겠네만, 아무튼 굉장한 연설가였어. 그 녀석은 제 이름도 말하지 않았지. 그 녀석이 말했지. '부르주아의 하인들! 지배계급의 아첨자들!' 하고 말야. 기생충이라고도 했지. 욕심쟁이, 분명히 욕심쟁이라고도 하고. 물론 그 사람은 노동당을 두고 한 말이지."

윈스턴은 서로 엇갈리는 이야기를 하고 있다는 기분이 들었다.

"제가 알고 싶은 건 말이죠, 노인장은 옛날보다 지금이 더 자유로운가, 그때보다 더 사람 대접을 받는다고 생각하는가입니다. 옛날 그 부자들, 그 상류계급들……."

"그 상원의원들 말이로구먼."

노인은 회상하듯 말했다.

"상원의원이든 뭐든 좋아요. 제가 묻고 싶은 것은 그 사람들이 노인장 같은 사람들을, 자기네는 부자고 다른 사람은 가난하다고 해서 업신여길 수 있었느냐 말이죠. 말하자면 그 사람들을 '나리'라고 부르고 그들이 지나갈 때는 모자를 벗어야 했다는 게 사실이냐 말예요?"

노인은 깊이 생각하는 눈치였다. 그는 맥주를 몇 모금 마시더니 대답했다.

"사실이지, 그네들은 우리가 모자 벗는 걸 좋아했어. 존경의 표시지. 난 그것을 좋아하지 않았지만 그래도 때때로 했지. 하지 않으면 안 되었다고 말할 수 있겠지."

"그리고 역사책에서 보면 평민이나 하인들을 곧잘 길가 시궁창에 처넣기도 했다던데요?"

"나도 한 번 처박혔었지. 어제 일처럼 기억이 생생해. 보트 경주를 하던 날 밤이었지. 보트 경주를 하는 밤에는 사람들이 엄청 많아. 난 새프츠베리 거리에서 한 젊은 녀석과 부딪쳤거든. 아주 신사였어. 셔츠를 입고 실크해트를 쓰고 검은 코트를 입었지. 그 녀석이 길을 비틀비틀 걷다가 우연히 부딪친 거지. 그 녀석이 '눈깔은 어디다 달고 다니는 거야?'라고 말하더군. 그래, 내가 '넌 길을 모두 샀냐'라고 했지. '또 그러면 모가지를 비틀어 버리겠다'라고 그러더군. 그래, '취했군, 당장 경찰을 부르겠어'라고 했지. 그랬더니만 내 어깨를 잡고 홱 밀더구먼. 하마터면 버스에 치일 뻔했지. 나도 그때는 젊어서 한 대 먹이려고 했는데……"

윈스턴은 기운이 빠졌다. 이 노인네의 기억은 자질구레한 걸 모아 놓은 잡동사니에 지나지 않았다. 하루 종일 물어보았자 진짜 이야기는 못 들을 것이다. 당의 역사가 어느 정도 진실일 수도 있다. 어쩌면 완전한 진실일 수도 있다. 그는 마지막으로 물어봤다.

"제 생각을 분명히 전달하지 못한 것 같은데요, 제가 말하고자 하는 것은 이거예요. 노인장은 매우 오래 사셨는데, 혁명 전에 그 반을 사신 것 같은데요, 예를 들면 1925년에는 노인은 이미 어른이었습니다. 노인장의 기억으로 보아 1925년의 생활이 지금보다 더 좋았나 나빴나 하는 것이에요. 노인장이 고른다면 그때를 고르시겠어요, 지금을 고르시겠어요?"

노인은 다트판을 보며 생각에 잠겼다. 그러고는 아까보다 천천히 맥주를 마저 들이켰다. 그는 맥주로 마음이 부드러워진듯 너그럽고 철학적인 투로 말했다.

"내가 무얼 말해 주기를 바라는가 알고 있소. 내가 곧 다시 젊어졌으면 하고 말하기를 바라는데 사람들이란 대개 곧 젊어지고 싶다고 하지. 젊어야 건강하고 힘이 세. 당신도 내 나이쯤 되면 그렇지 않을 거야. 다리도 쑤시고 오줌통도 엉망이거든. 하룻밤에도 예닐곱 번은 일어나야 하니까. 그러면서 늙으면 퍽 좋은 점도 있지. 걱정이 없거든. 여자와 실랑이를 벌이지 않거든. 이게 아주 좋아. 당신이 믿으려나 모르지만 거의 30년 동안 여자 없이 지냈어. 게다가 여자에 대한 욕구도 없어."

윈스턴은 창틀에 기댔다. 계속해야 소용없다. 술을 몇 잔 더 시키려고 하는데 노인이 갑자기 일어나더니 발을 질질 끌며 구석에 있는 화장실로 갔다. 반 리터를 넘은 게 벌써 그에게 작용한 모양이었다. 윈스턴은 1, 2분 동안 자신의 빈 잔을 멍하니 바라보다가 자기도 모르는 새 거리로 다시 나왔다. 기껏해야 20년도 지나지 않았는데 "혁명 전 생활은 지금보다 더 좋았습니까?" 하는 거창하지만 단순한 질문에 그는 영원히 답을 찾을 수 없으리라 생각했다. 그러나 몇몇 흩어져 살고 있는 옛 시대 사람들마저 한 시대와 또 다른 시대를 비교할 수 없으므로 사실상 이 문제는 지금도 대답할 수 없는 것이다. 그들은 동료직공과 다투었다든가, 잃어버린 자전거 펌프를 찾아다녔다든가, 오래전 죽은 누이동생의 얼굴 모습을 설명한다든가, 70년 전 어느 바람 부는 날 아침 먼지가 회오리쳤다든가 하는 쓸데없이 자잘한 것들만 잔뜩 기억할 뿐, 중요한 사건은 조금도 떠올리지 못한다. 그들은 조그만 물건은 볼 수 있지만 커다란 것은 못 보는 개미 같은 존재다. 그리하여 기억은 없어지고 기록된 자료마저 날조되면 인간의 생활조건이 개선되었다는 당의 주장은 검증해 볼 기준이 없어지고, 또 앞으로도 결코 있을 수 없기에 사실로 인정되고야 말 것이다.

여기에서 정신을 차린 그는 걸음을 멈추고 바라보았다. 주택들 사이에 끼여 있는 작고 침침한 상점이 있는 골목이었다. 그의 머리 바로 위로, 도금한 칠이 벗겨진 쇠로 만든 공 세 개가 달려 있었다. 어딘지 알 것 같았다. 그렇다! 바로 그가 일기장을 샀던 고물점 앞이었다.

두려움이 뜨끔하게 그를 엄습했다. 처음부터 그런 노트를 산다는 게 경솔한 일이었고 그래서 여기는 다시 오지 않기로 작정했던 것이다. 그런데 생각 속에 깊이 빠져 있는 동안 발걸음이 저절로 여기까지 다시 끌고 온 것이다. 그가 일기를 펴 둠으로써 자신을 지키려고 한 것은 이런 자살적인 충동을 막으려는 것이었다. 이와 동시에 그는 21시가 가까웠는데도 상점 문이 여전히 열려 있다는 걸 깨달았다. 길거리에서 이리저리 돌아다니는 것보다 안으로 들어가 있는 게 의심을 덜 받을 것 같다는 생각이 들어 그는 얼른 문안으로 들어갔다. 누가 물으면 면도날을 사러 왔다고 그럴듯하게 둘러댈 셈이었다.

가게 주인은 막 석유 램프에 불을 붙였는데 밝진 않았지만 정겨운 냄새가 확 풍겼다. 그는 예순쯤 된, 허약하고 허리가 굽은 노인인데 기다란 코가 자연스러웠고 눈은 도수 높은 안경 때문에 비뚤지만 순해 보였다. 머리카락은 거의 백발이지만 눈썹은 아직 검고 숱이 많았다. 안경이며 점잖으면서도 부산을 떠는 동작이며 검정 벨벳으로 만든 낡은 조끼 때문에 노인은 작가나 음악가 같은 지적인 분위기를 풍겼다. 그의 목소리는 힘은 없지만 부드러웠고, 억양이 대부분의 노동자답지 않게 덜 천박했다.

"당신이 길에 서 있을 때 알아봤소."

그는 대뜸 말했다.

"젊은 아가씨의 기념 앨범을 사 간 분이구먼요. 그게 참 좋은 종이로 만든 거죠. 크림을 발랐다고들 했죠. 아마 한 50여 년 동안은 그런 종이가 안 나왔죠."

그는 안경 너머로 윈스턴을 바라보았다.

"뭐 좀 필요한 게 있으시오? 아니면 그냥 둘러보러 온 건가요?"

"그저 지나는 길에 들러 봤습니다. 특별히 필요한 건 없고요."

윈스턴이 모호하게 말했다.

"괜찮아요. 당신이 쓸 만한 건 우리 집에 없을 테니까요."

그는 손바닥을 펴면서 미안하다는 표정을 지었다.

"보세요, 텅 빈 가게에요. 이젠 당신한테 팔아먹을 골동품이 없어요. 사고 싶은 것도 없을 테고 팔 것도 없고. 가구나 도자기나 유리 제품들이 모두 조금씩 부서졌소. 물론 쇠로 만든 것들도 녹아 버렸고. 놋촛대 본 지도 여러 해 됐소."

작은 가게 안에는 사실 비좁게 가득 차기는 했지만 조금이라도 값나갈 것은 거의 없었다. 벽면을 빙 돌아가며 먼지 묻은 사진틀을 수없이 쌓아 놓았으므로 마루도 좁았다. 창가에는 나사며 볼트, 끝이 닳은 끌, 날이 빠진 손칼, 가지도 않을 것 같은 녹슨 시계와 그 밖에 잡동사니를 모아 둔 그릇들이 있었다. 그런데 구석 탁자 위에는 옻칠 한 담뱃갑이며 마노로 만든 브로치 같은 것들이 쌓여 있어 재미난 물건이 있을 것 같았다. 윈스턴은 탁자 위를 둘러보다가 램프불 밑에서 둥글고 매끄러워 보이는 물건이 눈에 띄어 그걸 끄집어 냈다.

그것은 커다란 유리 덩어리였는데 한쪽은 둥그렇고 반대쪽은 판판해서 거의 반둥근꼴이었다. 그 색채나 모양이 빗방울처럼 매우 부드러웠다. 그 가운데에는 분홍색의 이상한 나사 같은 물건이 박혀 있는데 장미 같기도 하고 말미잘처럼 보이기도 했다.

"이게 뭐죠?"

윈스턴은 한눈에 반해서 물었다.

"산호죠. 아마 인도양에서 나온 걸 거요. 유리 안에 곧잘 박아 두죠. 아마 100년은 더 됐을 겁니다. 모양으로 봐선 더 오래돼 보이죠."

"예쁜데요."

윈스턴이 말했다.

"예쁘죠."

주인이 감상하듯 말했다.

"그렇지만 요즘엔 예쁘다고 말하는 사람도 많지 않지요."

그는 기침을 했다.

"사고 싶으면 4달러 내쇼. 옛날에는 이런 거면 8파운드 했소이다. 8파운드라면…… 계산을 할 수 없군, 아무튼 큰돈이죠. 하지만 요즘엔 진짜 골동품에 누가 관심을 두어야지, 남아 있는 것도 없지만요."

윈스턴은 곧장 4달러를 내고 이 탐나는 물건을 주머니에 넣었다. 그가 이 물건에 반한 것은 예쁘기도 하려니와 지금과는 아주 다른 옛 시대의 물건을 갖는다는 기분 때문이었다. 이 부드럽고 빗방울 같은 유리는 한 번도 본 적이 없는 종류였다. 옛날에는 문진으로 쓰인 것 같았지만 지금은 아무런 쓸모가 없다는 게 더 매력적이었다. 주머니에 넣으니 꽤 묵직했지만 다행히 주머니가 불룩 튀어나오지는 않았다. 당원이 이런 물건을 갖는다는 건 수상하게 보일 뿐 아니라 그 결과가 뻔하다. 오래되거나 아름다운 것은 무엇이든 언제나 의심받는다. 노인은 4달러를 받아 쥐고는 무척 좋아했다. 그는 3달러, 아니 2달러라도 팔았을 것이다.

"2층에도 방이 하나 있는데 볼 만할 거요. 물건이 많진 않지만 몇 가지 있소. 올라가 보려면 불을 켜고요."

노인이 말했다.

그는 다른 램프에 불을 붙여 들고 허리를 구부리고 낡고 가파른 층계로 올라가 작은 복도를 통해 방으로 안내했다. 길 쪽으로 향해 있지 않아 자갈 깐 뜰 안과 여기저기 솟은 굴뚝이 보였다. 마치 방 안에 누가 살고 있는 것처럼 가구가 잘 정돈되어 있었다. 바닥에는 카펫이 깔려 있고 벽에는 그림이 한두 장, 벽난로 앞에는 볼품없는 안락의자가 있었다. 열두 시간으로 표시된 구식 유리 시계가 벽난로 위에서 똑딱거리고 있었다. 창 아래에는 이 방 면적의 4분의 1을 차지하는 커다란 침대가 놓여 있었는데 아직 매트가 깔려 있었다.

"아내가 죽기 전까지 여기에서 살았죠."

노인이 변명하듯 말했다.

"가구는 조금씩 팔고 있어요. 이게 참 멋있는 마호가니 침대라오. 빈대만 좀 들끓지 않으면. 한데 이 침대는 당신한텐 좀 거추장스러울 수도 있겠군요."

노인은 램프를 높이 들어 온 방 안을 비추었다. 희미하고 따뜻한 불빛 아래 보니 묘하게 마음에 드는 방이었다. 문득, 위험하긴 하지만 1주에 몇 달러만 주면 이 방을 세 얻을 수 있으리라는 생각이 들었다. 이건 생각도 할 수 없는, 엉뚱하고 불가능한 변덕이었다. 그러나 이 방은 어떤 향수를, 옛 추억을 불러일으켰다. 이런 방에서 불을 피우고 안락의자에 몸을 깊이 묻으며 발은 난롯가로 뻗고, 주전자에서 물 끓는 소리를 듣는 게 어떤 기분일지 알 것 같은 느낌이었다. 감시하는 눈도, 뒤쫓는 소리도 없이 오직 주전자의 물 끓는 소리와 재깍거리는 시계 소리만 들으며 혼자서 편안하게 있을 수 있다.

"텔레스크린이 없군요."

윈스턴은 저도 모르게 지껄였다.

"아, 그런 건 가져 본 적이 없소. 너무 비싸거든요. 게다가 그다지 필요성을 느끼지도 않고요."

노인이 대답했다.

"저 구석에 있는 접는 탁자가 멋있소. 쓰려면 좀 고치긴 해야 하지만."

정면 구석에는 조그만 책장이 있었는데 윈스턴의 발은 벌써 그쪽으로 향하고 있었다. 책장 안에는 지저분한 책들뿐이었다. 노동자 지역에서도 다른 데처럼 철저하게 책이 몰수되어 불태워졌다. 그래서 오세아니아 어디에도 1960년 이전에 발간된 책은 없었다. 노인은 여전히 등불을 들고 다니다 벽난로 옆, 침대 맞은편 벽에 걸린 자단(紫檀)[3]으로 만든 액자 그림 앞에 섰다.

"댁이 옛날 그림에 관심이 있으시면······."

노인이 은근히 말을 꺼냈다.

윈스턴은 그 그림을 꼼꼼히 들여다보았다. 그것은 네모난 창에, 작은 탑이 앞에 서 있는 타원형의 건물을 그린 금속판화였다. 건물 둘레에는 철책이 둘려 있고 뒤 끝에는 동상 같은 게 딸려 있었다. 윈스턴은 얼마 동안 그 그림을 가만히 들여다보았다. 그 동상이 어쩐지 눈에 익었지만 도무지 기억나지 않았다.

"액자는 벽에 붙은 거요. 그렇지만 사겠다면 떼어 드릴 수도 있소."

노인이 말했다.

"저 건물을 본 적이 있어요. 지금은 없어졌지만."

윈스턴이 마침내 입을 열었다.

"정의궁(正義宮) 바깥길 가운데 있었죠."

"맞소. 법원 바깥길이죠. 수년 전 폭격을 맞았지요. 옛날에는 교회였는데 성 클레멘트 데인스라고 했소."

그는 실없는 말을 했다는 듯 멋쩍게 웃고는 덧붙였다.

"오렌지와 레몬이여, 성 클레멘트의 종이 말하네!"

"그게 뭡니까?"

윈스턴이 물었다.

"아, '오렌지와 레몬이여, 성 클레멘트의 종이 말하네'—어렸을 때 부르던 동요라오. 그다음은 어떻게 나가는지 잊어 먹었지만. 아무튼 끝은 이렇소. '그대

---

3) 건축·가구 따위의 재료로 쓰이는 콩과의 낙엽 큰키나무.

침대를 비춰 주는 촛불이 오네, 그대 목을 뎅겅 자를 도끼가 오네.' 하나의 춤곡이죠. 사람들이 두 팔을 벌리면 다른 사람들이 그 밑을 지나가지요. '그대 목을 뎅겅 자를 도끼가 오네'에 이르면 팔을 내려 지나가는 사람을 붙들죠. 그저 교회 이름을 열거하는 노래예요. 런던 시내의 큰 교회 이름이 다 나오죠."

윈스턴은 그 교회가 몇 세기의 유물인지 멍하니 생각하고 있었다. 런던의 건물들이 세워진 시대를 알아내기는 늘 어려웠다. 크고 훌륭한 건물은 겉모양만 오래된 것 같지 않으면 무조건 혁명 뒤에 만들었다고 주장하고, 그보다 오래된 게 확실한 것들은 중세기란 막연한 시대의 것으로 밀어붙였다. 자본주의의 여러 세기 동안 만들어진 것으로는 도대체 가치 있는 게 없다는 것이다. 그래서 책에서 역사를 배울 수 없듯 건축물을 보고도 배울 수 없었다. 동상이나 비문, 기념석 또는 거리 이름 등 과거를 드러내는 것은 무엇이든 체계적으로 바뀌었다.

"교회인 줄은 생각도 못 했어요."

그가 말했다.

"사실 남아 있는 게 많죠, 다른 용도로 쓰이긴 하지만."

노인이 말했다.

"그건 그렇고, 그 노래가 어떻게 되더라? 옳지, 이제야 생각나는군!"

　　오렌지와 레몬이여, 성 클레멘트의 종이 말하네.
　　그대는 내게 서 푼 빚을 졌지, 성 마틴의 종이 말하네······.

"여기까지밖에 기억을 못 하겠구려. 한 푼이란 지금의 센트처럼 소액 동전이오."

"성 마틴 성당은 어디 있었죠?"

윈스턴이 물었다.

"성 마틴 성당요? 아직 멀쩡하게 서 있어요. 승리광장 미술관 옆에 있지요. 입구는 삼각형으로 되어 있고, 정면에는 여러 개의 기둥이 있고 층계가 주욱 있는 건물이오."

윈스턴은 그곳을 잘 알고 있었다. 선전물 전시에 이용되는 박물관으로 로켓탄과 유동요새 모형이며, 적이 얼마나 잔인무도한가를 보여 주는 밀랍인형 따위가 진열되어 있다. 노인은 덧붙여 말했다.

"흔히들 '광야의 성 마틴 성당'이라고 했었죠. 그 근처에 들판이 있던 기억은 없지만."

윈스턴은 그림을 사지 않았다. 그것은 유리문진보다 더 까다로운 사유물이 될 것이며, 액자에서 떼어 내지 않고는 집에 가져가기가 불가능했다. 그러나 그는 떠날 수 없어서 노인과 더 이야기를 했고, 그의 이름이 간판에서 보고 짐작했던 위크스가 아니라 채링턴이라는 것도 알게 되었다. 채링턴 씨는 예순셋의 홀아비로, 30년 동안 이 상점에서 살아왔으며 그동안 간판을 바꾸려고 생각은 했지만 끝내 고치지 못했다는 것이다. 둘이 이야기를 나누고 있는 동안에도 윈스턴의 머릿속에는 그 노래 구절이 떠나지 않았다. "오렌지와 레몬이여, 성 클레멘트의 종이 말하네. 그대는 내게 서푼 빚을 졌지, 성 마틴의 종이 말하네!" 재미난 것은, 이 구절을 속으로 중얼거리노라면 잃어버린 런던의 종소리가 실제로 들리는 것 같은 착각이 들었다. 어딘가에 모습을 감추고 잊힌 곳에 남아 있을 것만 같았다. 뾰족탑에서 차례차례 종소리가 들려오는 것 같았다. 하지만 자신이 기억하는 한 종소리를 실제로 들어 본 적은 없었다.

그는 가게에서 나오기 전에 길을 두리번거리는 꼴을 보이고 싶지 않아 채링턴 씨를 2층에 남겨 둔 채 혼자서 층계를 내려왔다. 그는 얼마 뒤, 그러니까 한 달쯤 지나서 이 상점에 다시 와 보리라고 작정했다. 이건 공회당 저녁모임을 빠지는 것보다 위험한 일은 아닐 것이다. 일기장을 산 다음에, 게다가 상점 주인이 믿을 만한지 어떤지도 모르고 이 가게로 돌아왔다는 것 자체가 매우 바보 같은 짓이다. 그러나……!

그렇다. 다시 와야겠다고 그는 생각했다. 그 아름다운 잡동사니를 좀 더 사야겠다. 성 클레멘트 데인스 성당의 판화를 사서 액자에서 떼어 내 제복 윗도리 안에 감추어 가지고 와야겠다. 채링턴 씨의 기억에서 그 시의 나머지도 끌어내는 거야. 2층 방을 빌린다는 정신 나간 계획이 다시 그의 머리에 번개처럼 스쳤다. 이런 생각으로 흥분해서 한 5초 동안 방심한 나머지 미리 살펴보지도 않고 큰길로 나와 버렸다. 그는 즉흥적인 가락을 붙여 콧노래까지 흥얼거렸다.

오렌지와 레몬이여, 성 클레멘트의 종이 말하네.
그대는 내게 서푼 빚을 졌지, 성······.

갑자기 그의 가슴이 철렁 내려앉았다. 푸른 제복을 입은 사람이 바로 10미터도 안 되는 곳에서 이쪽으로 오고 있었다. 바로 창작국에 근무하는 검은 머리 여자였다. 주위는 어두웠지만 그 여자를 알아보기는 어렵지 않았다. 그녀는 그의 얼굴을 빤히 쳐다보더니 본 척도 않고 재빨리 지나가 버렸다.

순간 윈스턴은 다리가 얼어붙어 움직일 수 없었다. 그는 오른쪽으로 돌아 길을 잘못 든 줄도 모르고 한참 동안 무거운 발걸음을 옮겼다. 아무튼 의문 한 가지는 풀렸다. 의심할 여지 없이 그 여자는 그를 정탐하고 있는 것이다. 그녀는 그를 따라 여기로 왔다. 같은 날 저녁, 당원 거주 지역에서 몇 킬로미터나 떨어진 어두컴컴한 뒷골목길을 그 여자가 우연히 산책한다는 것은 있을 수 없는 일이다. 너무나 기막힌 우연의 일치다. 그녀가 사상경찰의 정보원이든 공연히 참견하는 초보 스파이든 문제가 아니다. 그 여자가 그를 감시하고 있다는 사실만으로 충분했다. 그 여자는 분명 그가 주점으로 들어가는 것까지 보았을 것이다.

걷는 게 힘이 들었다. 주머니 속에 든 유리 덩어리가 걸음을 옮길 때마다 넙적다리를 때렸다. 주머니에서 꺼내 내던져 버릴까 하는 생각도 들었다. 배가 몹시 아팠다. 한 2분 동안, 곧 화장실에 가지 않으면 죽을 것 같은 기분도 들었다. 그러나 이런 빈민지구에 공중화장실이 있을 리 없다. 잠시 뒤 통증이 겨우 지나가고 배 아픈 것도 어느 정도 가라앉았다.

한참 걷다 보니 이 거리는 막다른 길이었다. 윈스턴은 멈춰 서서 어떻게 할까 하고 한동안 망설이다가 방향을 바꿔 왔던 길을 되돌아가기 시작했다. 돌아서면서 그 여자가 지나쳐 간 지 3분밖에 되지 않았으니 뛰어가면 그 여자를 붙잡을 수 있으리란 생각이 들었다. 어디 으슥한 곳까지 따라가서 돌멩이로 머리통을 부숴 버리면 된다. 주머니에 든 유리 덩어리로도 충분히 해치울 수 있다. 그러나 몸을 움직인다는 건 생각조차 하기 싫어 이 방법은 단념했다. 그는 지금 달릴 수도, 한 대 먹일 수도 없었다. 게다가 그 여자는 젊고 기운도 좋으니 필사적으로 방어할 것이다. 그는 공회당으로 재빨리 돌아가서 집회가 끝날 때까지 머물러 있음으로써 부분적이나마 다른 곳에 있었다는 증명을 만들어 놓을 생각도 해 봤다. 하지만 그것도 불가능했다. 그는 지독히 피곤했고 어서 집에 돌아가 조용히 앉아 쉬고 싶을 뿐이었다.

집에 돌아오니 22시가 지나 있었다. 23시 30분이면 전기가 나간다. 그는 부엌으로 가서 승리주를 찻잔 가득 따라 단숨에 들이켰다. 그런 다음 구석에 박혀 있는 책상 앞에 앉아서 서랍 속의 일기장을 꺼냈다. 그러나 바로 펴지는 않았다. 텔레스크린에서 놋쇠 울리는 것 같은 여자 목소리가 꽥꽥거리며 국가(國歌)를 부르고 있었다. 그는 일기장의 대리석 무늬 표지를 뚫어지게 보면서 그 소리를 듣지 않으려고 애를 썼다.

당국이 체포하러 오는 것은 밤이다. 언제나 밤이다. 그놈들에게 잡히기 전에 자살하는 것이 상책이다. 사실 그렇게 하는 사람들도 있다. 실종자 대부분은 실제로는 자살이었다. 하지만 총이나 금방 효력을 나타내는 독약 같은 것을 전혀 구할 수 없는 세상에서 자살하려면 지독한 용기가 필요하다. 그는 경악감을 가지고 고통과 공포에 대한 생리적 무용성을, 특별한 노력이 필요한 바로 그 순간 무력하게 녹아 버리는 육체의 배신을 생각했다.

그가 재빨리 몸을 움직였다면 그 검은 머리 여자의 입을 막을 수 있었다. 그러나 위험이 닥쳐왔다는 오직 그 이유 하나만으로 행동할 힘을 잃고 말았다. 위기의 순간에 싸워야 할 것은 외부의 적이 아니라 바로 자신의 육체라는 사실을 깨달았다. 바로 지금만 해도, 술을 마셨는데도 배가 아파 생각을 더 할 수가 없었다. 보기에 영웅적인, 또는 비극적인 상황 속에서라도 마찬가지이다. 전장에서나 고문실 또는 침몰하는 배 안에서, 정말 싸워야 할 상대는 늘 잊어버린다. 왜냐하면 육체만이 부풀어 올라 온 우주를 덮어 버리기 때문이다. 공포나 고통으로 기진해서 비명을 지르는 극단적인 경우가 아닌 일상적인 때라도 삶이란 굶주림이나 추위나 불면과, 아니면 복통이나 치통과 끊임없는 투쟁을 벌이고 있는 것이다.

그는 일기장을 폈다. 무엇이든 쓰는 게 중요했다. 텔레스크린의 여자가 다른 노래를 부르기 시작했기 때문이다. 그 목소리는 날카로운 유리 조각처럼 그의 머릿속에 박히는 것 같았다. 그는 오브라이언을 생각하려 했다. 이 일기는 그를 위해서, 또는 그에게 보낼 셈으로 쓰는 것이다. 그러나 엉뚱하게 사상경찰이 그를 잡아간 다음에 그에게 일어날 일밖에 상상할 수 없었다. 그들이 바로 처형하는 건 문제가 아니다. 처형은 이미 예상한 것이다. 하지만 죽기 전에(아무도 이런 말은 하지 않지만 누구나 알고 있다) 반드시 거쳐야 할 자백 과정이 있다. 마루에 꿇어 앉혀지고 비명을 지르며 용서해 달라고 빌고, 뼈가 부러지는 소리가 나고 이가 부러지며 머리털은 피에 엉긴다. 왜 그걸 견디어야 하는가. 마지막은 어차피 마찬가지인데, 자기 생애에서 며칠, 또는 몇 주를 단축한다고 무엇이 달라지겠는가? 아무도 수색을 피할 수 없었고 누구든 자백하지 않을 수 없었다. 일단 사상경찰에 굴복하고 나면 어느 특정한 날에 죽으리라는 것이 확실하다. 그렇다면 아무것도 바꿀 수 없는 고문의 공포를 왜 벌써부터 기다리고 있어야 하는가?

그는 오브라이언의 모습을 전보다 더 뚜렷하게 떠올릴 수 있었다. "머지않아 어둠이 없는 곳에서 만납시다"라고 오브라이언은 말했다. 그게 무슨 뜻인지 그도 알고 있었다. 아니, 알 것 같았다. 어둠이 없는 곳은, 자신의 눈이 어두운 동안에는 절대 볼 수 없지만 예견의 힘으로 누구든 신비롭게 참여할 수 있는 상상 속의 미래였다. 그러나 귓전에서 텔레스크린의 소리가 쾅쾅 울려 대는 바람에 더 이상 사고를 진전시킬 수 없었다. 그는 담배를 물었다. 순식간에 담뱃가루가 반이나 혓바닥에 쏟아졌다. 입 밖으로 완전히 뱉어 낼 수 없는 쓰디쓴 맛이었다. '빅 브라더'의 얼굴이 오브라이언의 얼굴 대신 머릿속에 맴돌았다. 바로 며칠 전에 그랬던 것처럼, 주머니에서 동전 하나를 꺼내 조각된 초상을 들여다보았다. 상대를 보호하듯 엄숙하고 차분한 얼굴이 그를 올려다보고 있었다. 하지만 이 검은 콧수염 밑에 숨어 있는 미소는 과연 무엇일까? 묵직한 조종(弔鐘)처럼 그 구호가 다시 그의 뇌리에 떠올랐다.

전쟁은 평화
자유는 예속
무지는 힘

2부

1

아침나절이었다. 윈스턴은 화장실에 가려고 사무실에서 나왔다.

어떤 사람이 길고 환한 복도 끝에서 그에게 다가오고 있었다. 검은 머리칼의 여자였다. 그날 저녁 고물상 밖에서 우연히 마주치고 나흘이 지났다. 여자가 가까이 다가오자 그녀의 오른쪽 팔에 붕대가 감긴 것이 눈에 띄었다. 제복과 같은 색깔이었으므로 멀리서는 분간할 수 없었던 것이다. 아마 소설의 줄거리를 꾸미는 커다란 만화경을 돌리다가 손이 걸려 다친 모양이었다. 이런 일은 창작국에서 흔히 일어나는 사고였다.

그들이 4미터쯤 가까워졌을 때 그녀는 갑자기 삐끗하더니 마룻바닥에 쓰러지며 날카로운 비명을 질렀다. 다친 팔 쪽으로 넘어진 모양이다. 윈스턴은 그 자리에 멈춰 섰다. 그녀는 무릎을 세워 몸을 일으켰다. 얼굴은 누렇게 변했지만 입술은 전보다 더 붉어졌다. 그녀는 고통스럽다기보다 두려움에 차 애원하는 듯한 눈빛으로 그를 빤히 쳐다보았다.

윈스턴의 가슴속에 기묘한 감정이 꿈틀거렸다. 바로 앞에 있는 사람은 자신을 죽이려는 적이다. 그런데 그 사람도 고통을 느끼는 인간이고 또 뼈를 다쳤다. 그는 여자를 돕기 위해 이미 본능적으로 다가가고 있었다. 그녀가 붕대 감은 팔 쪽으로 넘어지는 것을 보는 순간 마치 자기 몸이 고통을 당하는 것처럼 느껴졌다.

"다쳤소?"

그가 물었다.

"괜찮아요, 팔이 좀. 곧 나을 거예요."

여자는 놀란 듯 떨리는 목소리로 대답했다. 얼굴빛이 아주 창백했다.

"어디 다친 데는 없소?"

"아뇨, 괜찮아요. 약간 아플 뿐이에요."

윈스턴은 그녀가 내민 성한 팔을 붙들고 잡아 일으켰다. 얼굴빛이 아까보다 한결 나아 보였다.

"괜찮아요. 손목을 좀 다쳤을 뿐이에요. 고맙습니다, 동무!"

그녀는 쌀쌀맞게 다시 말했다. 그리고 가던 쪽으로 아무렇지도 않은 듯 걸어갔다. 이 모든 일은 기껏해야 30초도 걸리지 않았을 것이다. 얼굴에 아무런 표정을 드러내지 않는 것이 본능적인 습관이 되었다고는 하지만 그래도 텔레스크린 바로 앞에서 일어난 일이었다. 그래서 그가 그녀에게 손을 내밀었을 때, 그녀가 그의 손안에 뭔가 떨어뜨린 2, 3초 동안의 순간적인 놀라움을 감추기란 쉽지 않은 일이었다. 그녀가 의도적으로 한 것이 틀림없었다. 그것은 작고 납작한 것이었다. 화장실 문을 열고 안으로 들어가면서 그걸 주머니에 넣었다가 손가락 끝으로 만져 보았다. 네모나게 접은 쪽지였다.

작은 볼일을 보면서 그는 손가락을 움직여 그것을 폈다. 분명히 무슨 글이 씌어 있을 것이다. 큰 볼일을 보는 공간으로 들어가 읽어 볼까 했지만 너무 어리석은 짓이라 생각하고 그만두었다. 그 공간이야말로 텔레스크린이 그 어떤 장소보다 더 철저하게 감시하는 곳이었다.

그는 자리에 돌아와 앉아서는 그 종이쪽지를 태연하게 책상 위의 다른 서류들 속에 던졌다. 그리고 안경을 쓰고 구술기록기를 앞으로 당겼다. '5분, 5분이면 돼!' 그는 속으로 생각했다. 가슴의 고동 소리가 밖에까지 들릴 것 같았다. 다행히 그가 지금 하고 있는 업무는 긴 숫자표를 수정하는 것이어서 그다지 신경을 쓰지 않아도 될 쉬운 일이었다.

그 종이에 씌어 있는 게 무엇이든 정치적 내용을 담고 있음이 틀림없다. 생각할 수 있는 한두 가지 큰 가능성은, 두려워했던 대로 그 여자가 사상경찰의 정보원이라는 것이다. 사상경찰이 왜 이런 식으로 메시지를 보내는지는 알 수 없지만 아마 그럴 만한 이유가 있을 것이다. 종이에 써 있는 글은 협박이나 소환, 아니면 자살하라는 명령이거나 무슨 압력일 것이다. 그러나 또 다른 가능성은 보다 근거가 약하지만, 그래도 그의 머릿속에서 지워 버릴 수 없는 것이었다. 그것은 이 메시지가 사상경찰이 아니고 어떤 지하단체에서 왔으리라는 것이다. 어쩌면 '형제단'은 정말 존재하는지도 모른다! 그리고 그 여자도 형제단의 일원일지 모른다! 분명히 부질없는 생각이었지만 그 종이쪽지를 손에 받아드는 순간 머릿속을 스친 것이었다. 아니, 몇 분 지나서야 이 그럴듯한 생각을 떠올린 것이다. 이성적으로는 이 메시지가 죽음을 뜻한다고 생각하면서도 여전히 믿지 않았다. 오히려 비합리적인 소망만이 끈질기게 달라붙어 그의 가슴은 터질 것 같았다. 그래서 기록기에 숫자를 불러 넣으면서도 목소리를 떨지 않으려고 무진 애를 써야 했다.

그는 작업을 다 끝낸 서류 뭉치를 압축전송관 안으로 밀어 넣었다. 8분이 지났다. 콧등에 걸린 안경을 다시 매만지고 한숨을 쉰 뒤 다음 일거리를 끌어당겼다. 종이쪽지는 그 맨 위에 있었다. 그는 그것을 폈다. 거기에는 멋없이 커다란 글씨로 이렇게 씌어 있었다.

당신을 사랑합니다.

한동안 그는 너무 놀라서 이 엄청난 쪽지를 기억통에 넣는 것조차 잊어버렸다. 기억통에 집어넣을 때 지나친 관심을 보이면 위태롭다는 것을 잘 알면서도, 그 말이 정말 거기에 씌어 있는지 확인하기 위해 다시 한 번 읽어 보지 않을 수 없었다.

오전 일과 가운데 나머지 시간 동안에는 일손이 잡히지 않았다. 갖가지 업무에 집중해야 하는 것보다 텔레스크린으로부터 마음의 동요를 감추는 게 더 힘들었다. 마치 배 속에서 불이 타오르는 것 같았다. 덥고 혼잡하며 소음으로 가득 찬 식당에서 점심을 먹기도 힘든 일이었다. 그는 점심시간만이라도 혼자 있고 싶었다. 그러나 재수 없게도 바보 같은 파슨스가 옆에 다가와 앉아서는 스튜의 쇠 냄새보다 더 심한 땀내를 풍기며 증오주간 준비에 대해 한바탕 장광설을 늘어놓았다. 그는 특히 자기 딸이 속한 스파이단이 이 주간을 위해 종이로 만든 폭 2미터나 되는 빅 브라더의 두상에 대해 열을 올렸다. 소음이 어찌나 심한지 윈스턴은 파슨스의 말을 거의 알아들을 수 없었다. 그래서 이 얼빠진 이야기를 다시 해 달라고 끊임없이 말해야 하는 것에 더욱 화가 치밀었다. 그는 식당 저 끝 식탁에 다른 두 여자와 함께 앉아 있는 그 여자를 흘깃 보았다. 여자는 그를 보지 못한 것 같았고, 그는 그쪽을 다시 바라보지 않았다.

오후에는 좀 나았다. 점심시간 직후에 몇 시간이 걸릴 만한 복잡하고 어려운 일이 있어서 다른 일들은 모두 제쳐 놓아야 했다. 의혹에 싸인 고위 내부당원 한 사람을 비판하기 위해 2년 전의 생산보고서를 날조하는 것이었다. 윈스턴은 이런 일을 능숙하게 처리할 수 있었는데 이 일에 두 시간 이상을 보내는 동안 그 여자도 잊을 수 있었다. 그러나 일을 마치자 그 여자 얼굴이 다시 떠오르고 혼자 있고 싶다는 참을 수 없는 욕망에 사로잡혔다. 혼자가 되기 전에는 이 새로운 사태에 대해 생각할 수가 없었다. 오늘 밤에는 공회당의 밤 집회에도 가야 했다. 그는 식당에서 맛없는 저녁을 게걸스레 먹어 치운 다음 서둘러 공회당으로 갔다. 그리고 '토론회'란 엄숙한 바보짓에 참석한 뒤 탁구 경기를 두 차례 치르고 진을 몇 잔 마시고는 30분 동안 '체스와 영사의 관계'란 강연을 들었다. 너무 지루해서 미칠 지경이었지만 이날의 공회당 집회를 빠져나갈 충동은 한 번도 일어나지 않았다. "당신을 사랑합니다"란 글을 보자 살아 있고 싶은 욕망이 솟아올라 쓸데없이 위험한 일을 하는 건 어리석다고 생각했기 때문이었다. 마침내 23시가 넘어 집에 돌아간 뒤에야 생각에 몰두할 수 있었다. 어둠 속의 침대는 조용히 하는 한 텔레스크린으로부터 안전한 장소였다.

그가 해결해야 할 실질적인 문제는 어떻게 그 여자에게 접근해서 밀회 약속을 하느냐는 점이다. 그녀가 무슨 함정을 팠으리란 가능성에 대해서는 더 이상 생각하지 않았다. 쪽지를 줄 때의 그녀는 분명히 당황하고 있었기 때문이다. 그녀는 겁이 나서 어쩔 줄 몰랐으리라. 그녀의 제안을 거절할 생각은 조금도 없었다. 사실 겨우 닷새 전만 해도 그는 여자의 머리를 돌로 내리칠 생각을 했었다. 그러나 이제 와선 별게 아니다. 그는 꿈속에서 본 것처럼 그녀의 벌거벗은 젊은 육체를 생각했다. 그 여자도 다른 모든 사람들처럼 바보이고 머릿속에는 거짓과 증오만이, 배 속에는 얼음만이 가득하리라고 상상했었다. 하지만 이제는 자칫하면 그녀를 잃을지 모르며, 그 하얗고 젊은 육체가 그에게서 빠져나갈지 모른다는 생각이 들자 열이 후끈 달아올랐다. 무엇보다 두려운 것은, 빨리 접촉하지 않으면 그녀가 마음을 바꿀지도 모른다는 것이었다. 그러나 실제로 만나기란 너무 어렵다. 이건 장기판에서 꼼짝 못 하게 된 장군을 움직이려는 것과 똑같다. 어디로 향하든 텔레스크린에 걸린다. 사실 그 쪽지를 본 지 5분도 지나지 않아 그는 그녀와 연락할 모든 방법을 떠올렸다. 하지만 이제는 시간 여유를 갖고 마치 탁자에 늘어놓은 물건을 고르듯 그 방법을 하나하나 검토하는 것이었다.

오늘 아침과 같은 우연한 만남은 또다시 일어나지 않을 것이다. 그녀가 기록국에 근무한다면 어느 정도 쉬운 문제겠지만, 창작국이 건물 어디쯤에 있는지 희미하게 알고 있을 뿐인 데다 거기에 갈 구실도 없다. 그녀가 어디에 사는지, 몇 시에 퇴근하는지 알 수만 있다면 그녀가 집으로 가는 길목 어딘가에서 만날 궁리를 할 수도 있을 것이다. 그러나 그녀의 집까지 뒤따라간다는 것도 안전치 못하다. 그러려면 청사 밖에서 어슬렁거려야 하는데 눈에 띌 염려가 있기 때문이다. 우편으로 편지를 보내는 것은 생각조차 할 수 없었다. 통상적으로 모든 편지는 공공연히 중간에서 개봉되기 때문이다. 실제로 편지를 써 본 사람은 거의 없었다. 어쩌다 소식을 알려야 할 때는 갖가지 사연을 미리 인쇄한 엽서를 골라 들어맞지 않는 문구만 지워 버리고 보내면 되었다. 게다가 주소는커녕 이름도 모르지 않는가. 윈스턴은 마침내 가장 안전한 장소가 식당이라고 판단했다. 그 여자가 텔레스크린에서 가깝지 않은 탁자에 혼자 앉아 있다면, 주위의 소음을 틈타 30초 동안이라도 몇 마디 나눌 수 있을지 모른다.

그 뒤 1주일 동안의 생활은 꿈결을 헤매는 듯했다. 다음 날 그녀가 식당에 나타난 것은 오후 근무를 알리는 호루라기 소리가 난 뒤 그가 식당을 나올 즈음이었다. 아마 교대시간이 바뀐 모양이었다. 그들은 서로 못 본 척하고 지나갔다. 그다음 날 그녀는 보통 때와 같이 식당에 왔지만 다른 여자 셋과 함께였고 텔레스크린 바로 아래에 앉아 있었다. 그다음 사흘 동안은 전혀 모습이 보이지 않았다. 예민해질 대로 예민해진 윈스턴에게는 모든 동작과 소리, 모든 접촉, 그가 듣거나 하는 모든 말이 고통이 되었다. 심지어 꿈에서까지 그녀의 모습을 보았다. 그동안 일기장에는 손도 대지 않았다. 그나마 일이 위안이 되어, 10분 정도씩 자신을 잊을 수 있었다. 그녀에게 무슨 일이 일어났는지 전혀 실마리를 잡을 수 없었다. 알아볼 방도도 없었다. 사라졌거나 자살했을지도 모르고 어쩌면 오세아니아 어딘가로 전근을 갔을지도 모른다. 그러나 가장 그럴듯한 것은 그녀가 마음이 변해서 그를 피할지도 모른다는 최악의 경우였다.

다음 날 그녀는 다시 나타났다. 팔의 붕대를 푼 대신 손목에 반창고를 붙인 채였다. 그녀를 보자 깊은 안도감이 들어 한동안 바라보지 않을 수 없었다. 그 다음 날에는 그녀에게 거의 말을 걸 뻔했다. 그가 식당에 왔을 때 그녀는 벽에서 어느 정도 떨어진 식탁에 혼자 앉아 있었다. 시간이 일러 식당은 아직 붐비지 않았다. 배식을 기다리는 줄에 선 윈스턴이 계산대에 거의 다가갔을 때 앞에 있던 사람이 사카린을 못 받았다고 불평하는 바람에 2분쯤 늦춰졌다. 윈스턴이 식판을 받아 탁자 쪽으로 갈 때에도 그녀는 여전히 혼자였다. 그는 아무 일 없다는 듯이 그녀 쪽으로 걸어가면서 그녀의 맞은편에 있는 식탁의 빈자리를 찾았다. 거의 3미터 앞까지 다가가 2초면 말을 주고받을 수 있는 곳에 이르렀다. 그때 뒤에서 "스미스!" 하고 부르는 소리가 들렸다. 그는 못 들은 척했다. "스미스!" 그 목소리가 다시 커다란 소리로 불렀다. 이제 다 틀렸다. 그는 돌아섰다. 금발에 바보 같은 얼굴을 한, 그가 잘 알지도 못하는 윌셔란 젊은 친구가 자신의 탁자 빈자리를 가리켰다. 거절할 수도 없다. 다른 사람으로부터 오라고 손짓을 받으면서도 혼자 앉아 있는 그 여자 쪽으로 가 앉을 수는 없는 것이다. 누구나 이상하게 생각할 것이다. 그는 반갑다는 미소를 지으며 윌셔 가까이에 앉았다. 바보 같은 금발 얼굴이 활짝 웃고 있었다. 윈스턴은 곡괭이로 그 얼굴 한가운데를 찍고 싶은 생각이 왈칵 들었다. 그 여자의 탁자에도 몇 분 뒤 사람이 찼다. 그러나 그 여자는 그가 자기 쪽으로 오는 것을 보고 눈치를 챘을지도 모른다.

    다음 날 그는 일부러 일찍 갔다. 역시 그녀는 바로 그 자리에 혼자 앉아 있었다. 줄에서 그의 앞에 선 사람은 몸집이 작고 행동이 재빠른 딱정벌레 같은 사내로, 얼굴은 납작하고 작은 눈에 의심이 많아 보였다. 윈스턴이 식판을 들고 카운터에서 돌아서자 그 조그만 사내가 곧장 그 여자의 탁자 쪽으로 가는 것이 보였다. 그의 기대가 또다시 무너졌다. 하지만 좀 떨어진 곳에 빈 탁자가 있어 그 사내가 그리 갈지도 몰랐다. 윈스턴은 가슴을 졸이며 뒤따랐다. 그 여자와 단둘이 만나지 않으면 아무 소용이 없다. 이때 난데없이 큰 소리가 났다. 그 조그만 사내가 사지를 죽 뻗은 채 넘어져 있었다. 식판은 어디론가 굴러가고 커피와 수프가 바닥에 쏟아져 흘렀다. 그는 벌떡 일어나더니 윈스턴이 발을 걸었다는 듯 잔뜩 노려봤다. 그러나 오히려 잘된 일이었다. 5초 뒤에 윈스턴은 쿵쿵거리는 가슴으로 그 여자의 탁자에 앉았다.

그는 그녀를 보지 않았다. 식판을 내려놓고 허겁지겁 먹기만 할 뿐이었다. 누가 오기 전에 지금 이야기해야 했지만 도무지 오금이 저려 말을 할 수 없었다. 여자가 처음 접근해 온 지 1주일 만이다. 그동안 그녀의 마음이 바뀌었을지 어떨지도 모르는 일이다. 게다가 이런 사건은 성공적으로 끝나기도 힘들다. 현실 생활에서 잘 일어나지 않는 일이기도 하다. 이때 앰플포스를 보지 않았다면 기가 죽어 끝내 말을 못 꺼냈을 것이다. 앰플포스는 귀에 털이 난 시인으로, 식판을 들고 앉을 곳을 찾아 서성거리고 있었다. 그는 이유 없이 윈스턴을 좋아해서 그를 보면 곧바로 옆에 앉을 게 뻔했다. 행동할 시간은 1분뿐인데 윈스턴과 여자는 꾸준히 먹기만 했다. 그들이 먹고 있는 묽은 스튜는 강낭콩으로 만든 것이었다. 윈스턴은 낮은 소리로 말하기 시작했다. 서로 쳐다보지 않은 채, 숟가락으로 멀건 스튜를 계속 떠먹는 도중에 담담한 투로 필요한 말만 했다.

"몇 시에 퇴근하죠?"
"18시 30분이에요."
"어디에서 만날 수 있을까요?"
"승리광장, 기념비 근처에서."
"거긴 사방에 텔레스크린이 깔려 있잖소."
"사람이 많으면 괜찮아요."
"무슨 신호라도?"
"없어요. 제가 사람들 틈에 끼어들 때까지 저한테 오지 마세요. 바라보지도 말고요. 제 근처에만 있어 주세요."
"시간은?"
"19시."
"알겠소."

앰플포스는 윈스턴을 못 보고 다른 탁자에 앉았다. 하지만 그들은 더 이상 이야기하지 않고 어쩌다 같은 탁자에 마주 앉은 것처럼 서로 쳐다보지도 않았다. 그녀는 식사를 서둘러 끝내고 일어섰고 윈스턴은 여전히 앉아 담배를 피웠다.

윈스턴은 약속시간보다 일찍 승리광장에 도착했다. 그는 세로로 홈을 판 거대한 받침돌 근처에서 서성대고 있었는데, 이 받침돌 위에는 제1공대에서 유라시아 비행대대(몇 년 전에는 동아시아 비행대대였다)를 격파시킨 남쪽 하늘을 바라보는 빅 브라더의 동상이 서 있었다. 이 앞 거리에는 올리버 크롬웰로 보이는 남자가 말을 타고 있는 동상이 있었다. 약속시간이 지나도 그녀는 나타나지 않았다. 다시 윈스턴은 두려워졌다. 그녀는 오지 않는다. 변심했다! 그는 광장 북쪽으로 천천히 걸어갔다. 종이 울릴 때면 "그대는 내게 서푼 빚을 졌지"라고 울리는 성 마틴 성당을 바라보고 조금이나마 위안을 느꼈다. 그때 그는 기념비 받침돌 앞에 서 있는 그녀를 발견했다. 그녀는 읽고 있는지, 아니면 읽고 있는 척하는지 받침돌에 붙은 포스터를 보고 있었다. 사람들이 좀 더 몰려들어야 그녀 쪽으로 접근하기가 안전했다. 박공 둘레에는 모두가 텔레스크린이다. 바로 이때 떠들썩한 소리가 나더니 대형 트럭의 웅웅거리는 소리가 왼쪽 어디에선가 들렸다. 사람들은 갑자기 광장을 건너 그쪽으로 뛰어갔다. 그녀도 기념비 받침돌 위에 있는 사자상을 돌아 재빨리 그 군중들 틈에 끼었다. 윈스턴도 따라갔다. 떠들썩한 소리로 보아 유라시아의 포로수송차가 지나가고 있다는 것을 알 수 있었다.

벌써 꽤 많은 사람들이 광장 남쪽으로 몰려들었다. 보통 때 같으면 이 아우성치고 떠밀고 부딪치는 군중들한테 떠밀려 나오던 윈스턴도 이번에는 그 속을 헤집고 끼어들었다. 곧 그 여자에게 아주 가까이 다가설 수 있었다. 그러나 그와 그녀 사이에 덩치가 큰 노동자와 그 아내인 듯한, 역시 덩치 큰 여자가 끼어 있어 마치 파고들 수 없는 육체의 장벽을 이루고 있는 것 같았다. 윈스턴은 몸을 옆으로 돌려 숨을 몰아쉬고는 그들 사이로 어깨를 거칠게 밀어 넣어 겨우 들어갔다. 한동안 그 두 몸집에 끼여 창자가 터질 것 같더니 어떻게 겨우 그 사이를 빠져나왔다. 땀이 바짝 났다. 그는 그 여자 바로 옆에 섰다. 그들은 어깨를 나란히 하고 앞만 쳐다보고 있었다.

기다란 트럭 행렬이 모퉁이마다 기관총으로 무장한 목석 같은 감시병들의 호위를 받으며 천천히 거리를 지나가고 있었다. 트럭에는 파란색 낡은 제복을 입은 작은 황색인종들이 콩나물시루처럼 쪼그리고 앉아 있었다. 그 몽골족들은 도로변을 멍하니 쳐다보며 슬픈 표정을 짓고 있었다. 때때로 트럭이 덜컹거리면 절그럭절그럭하는 쇳소리가 났다. 포로들은 모두 족쇄를 차고 있었다. 서글픈 표정의 무리가 지나가고 또 지나갔다. 하지만 윈스턴의 마음은 다른 데 있었다. 그녀의 어깨와 오른팔이 그의 몸에 밀착되었다. 그녀의 뺨도 바싹 다가와 있어 그 체온까지 느낄 수 있었다. 지난번 식당에서와 똑같은 분위기가 그녀에게서 풍겨 나왔다. 그녀는 그때처럼 무표정하게 입술만 벙긋거리며 말하기 시작했다. 그러나 사람들의 아우성과 트럭의 덜컹거리는 소리에 묻혀 잘 들리지 않았다.

"제 말 들려요?"

"들려요."

"일요일 오후에 나올 수 있어요?"

"나올 수 있소."

"잘 듣고 기억해 두세요. 패딩턴 역으로 가서……."

그녀는 놀랄 만큼 군대식으로 정확하게 길을 가르쳐 주었다. 기차로 반 시간 여행, 역 왼쪽으로 꺾어 걸어서 2킬로미터, 문설주 없는 문, 들판을 가로지른 좁은 길, 풀이 무성한 오솔길, 덤불 사이의 샛길, 이끼 돋은 고목. 마치 그녀의 머릿속에는 지도가 그려져 있는 것 같았다.

"기억할 수 있어요?"

그녀가 마지막으로 속삭였다.

"그럼요."

"왼쪽으로 꺾어서 오른쪽, 다시 왼쪽이에요. 문설주가 없는 문이에요."

"알겠소. 몇 시에?"

"15시쯤. 좀 기다려야 할지도 몰라요. 전 다른 길로 가겠어요. 모두 잊지 않겠죠?"

"잊지 않아요."

"그럼 제 곁에서 빨리 떠나세요."

그렇게 말할 필요까지도 없었지만 그들은 잠시 동안 사람들에 막혀 빠져나갈 수 없었다. 트럭은 여전히 지나가고 있었고 사람들은 질리지도 않는지 입을 벌린 채 바라보고만 있었다. 처음에는 야유 소리가 조금 나왔지만 그 소리는 군중 속의 당원들이 지른 것이고 그나마 곧 멈추었다. 단순한 호기심이 대부분이었다. 외국인들은 유라시아에서 왔든 동아시아에서 왔든 낯선 동물에 불과했다. 사람들은 지금껏 포로가 된 외국인들밖에 보지 못했고, 그마저도 어쩌다 한 번씩 잠깐 본 게 고작이었다. 몇 사람이 전범으로 교수형당하는 것 말고는 아무도 그들이 어떻게 되는지 몰랐다. 그들은 아마 강제노동수용소로 사라질 것이다. 둥그런 얼굴들의 몽골족이 지나간 뒤, 더럽고 수염이 텁수룩한 피로에 지친 유럽인들이 지나갔다. 홀쭉 여윈 얼굴로 그들은 윈스턴의 얼굴을 쏘아보는 듯하다가 다시 지나갔다. 수송행렬이 거의 끝나 가는 모양이었다. 윈스턴은 마지막 트럭에서 머리털이 텁수룩한 노인 한 사람을 보았다. 그는 늘 그래 왔다는 듯 팔장을 끼고 꼿꼿이 서 있었다. 이제 헤어질 때다. 군중들이 여전히 둘러싸서 길을 막고 있는 동안 그녀의 손이 그의 손을 스치는가 싶더니 꽉 쥐었다 놓았다.

그들이 손을 마주 잡은 시간은 10초도 채 되지 않았지만, 꽤 오래된 것 같았다. 그는 그녀의 손을 감싸 쥐었다. 손가락은 길고 손톱은 뾰족하며 손바닥은 일을 많이 한 듯 못이 박였고 손목 살은 부드러웠다. 만지기만 해도 보는 것 같았다. 동시에 그녀 눈빛이 무슨 색인지 모르겠다는 생각이 들었다. 갈색일지도 모르지만 머리칼이 검은 사람은 눈이 푸른 경우가 흔하다. 고개를 돌려 그녀를 보는 것도 위험한 일이었다. 그들은 다른 사람들에게 가려진 채 손을 맞잡고 앞쪽만 쳐다보았다. 그녀의 눈 대신 늙은 포로의 눈이 수염으로 뒤덮인 얼굴에서 슬픈 표정으로 윈스턴을 보고 있었다.

2

윈스턴은 그늘과 햇빛으로 얼룩진 오솔길로 접어들었다. 나뭇가지 틈새로 황금빛 햇살이 쏟아져 내렸다. 나무 밑 땅에는 블루벨 꽃이 안개처럼 자욱하게 피었다. 공기는 살결에 입 맞추듯 향기롭다. 5월 2일이었다. 숲속 깊이 어디선가 산비둘기 우는 소리가 들렸다.

그는 좀 일찍 도착했다. 이곳까지 오는 데 아무 어려움도 없었고 그녀가 와 본 적이 있었을 거라는 확신이 들어 두려움도 그리 느끼지 않았다. 그녀가 안전한 장소를 골랐을 것이다. 보통 런던보다 시골이 더 안전하다고 장담할 수는 없었다. 물론 텔레스크린은 없겠지만 대신에 목소리를 확인할 수 있는 마이크로폰을 숨겨 놓았을 위험이 도사리고 있었다. 게다가 남의 눈에 띄지 않게 혼자 여행하기란 쉽지 않았다. 100킬로미터 이내 지역은 여행증명서를 갖고 다닐 필요는 없었지만 때로는 역 근처에서 서성대는 경찰이 당원증을 조사하고 귀찮은 질문을 하기도 했다. 그러나 경찰도 없었고 역에서 내려 걸어오는 동안 뒤를 살펴봤지만 미행하는 사람도 없었다. 여름 같은 날씨 탓인지 휴일이라 그런지 기차는 꽉 차 있었다. 그가 탄 칸은 나무로 좌석을 만들었는데 치아가 다 빠진 증조할머니부터 한 달 된 갓난아기까지 한 대가족으로 붐볐다. 그들은 시골에 있는 친척과 함께 오후도 보내고 암시장에서 버터도 살 겸 야외로 나왔다며 윈스턴에게 거리낌 없이 설명했다.

오솔길이 넓어지면서 얼마 지나지 않아 그녀가 말한 대로 덤불 사이에 소가 지나다닌 듯한 자국이 있었다. 그는 시계가 없었지만 아직 15시는 안 된 것 같았다. 무성하게 자란 블루벨 꽃이 걸을 때마다 발에 밟혔다. 그는 시간을 보내기 위해 무릎을 꿇고 몇 송이를 땄는데 그녀에게 줄 꽃다발도 만들고 싶다는 생각이 들었다. 그는 꽃을 모아 커다란 꽃다발을 만들어 향긋한 냄새를 음미했다. 그때 등 뒤에서 소리가 들렸다. 그는 놀라 몸이 얼어붙는 듯했다. 나뭇가지를 밟는 발소리가 틀림없었다. 그는 계속 블루벨 꽃을 땄다. 그게 가장 현명한 방법이다. 그녀가 아니면 자기를 뒤따라온 사람이겠지. 이런 때 주위를 둘러본다는 것은 죄가 있다는 걸 스스로 나타내는 행위이다. 그는 꽃을 하나하나 땄다. 누가 그의 어깨를 가볍게 손으로 쳤다.

그는 올려다보았다. 그녀였다. 그녀는 고갯짓을 하여 조용히 하라는 주의를 주더니 덤불을 헤집고 나와 나무 사이의 좁은 샛길로 재빨리 이끌었다. 조그만 물웅덩이를 익숙하게 피해 가는 걸로 봐서 전에도 와 본 게 틀림없었다. 윈스턴은 꽃다발을 꼭 쥐고 따라갔다. 그는 처음엔 안도감이 들었지만 엉덩이에 진홍색 띠를 단단히 두르고 앞서가는, 발랄하고 날씬한 육체를 보자 깊이 움츠러들었다. 지금이라도 그녀가 돌아서서 자기를 보면 뒤로 물러날 것 같았다. 달콤한 공기와 푸른 잎사귀에 그는 위축되었다. 아까 역에서 내려 걸어올 때도 5월의 햇빛 때문에 그는 스스로를 지저분하고 생기 잃은 존재로 느꼈고, 런던의 시커먼 먼지가 그의 땀구멍에 잔뜩 끼어 있는 것처럼 느꼈다. 아마도 그녀는 이렇게 환한 대낮에 바깥에서 그를 본 적이 없으리란 생각이 들었다. 그들은 그녀가 전에 말한 쓰러진 나무 근처에 왔다. 그녀는 나무를 뛰어넘어 덤불을 헤치고 들어갔는데 그곳엔 빈터가 있을 것 같지 않았다. 뒤를 따라가 보니 저절로 생긴 터가 나왔다. 잔디가 깔리고 주위는 커다란 나무로 완전히 가려 있었다. 그녀는 걸음을 멈추고 돌아섰다.

"다 왔어요."

그녀가 말했다.

그는 몇 발짝 앞에 있는 그녀를 바라보았다. 아직은 그녀에게 더 다가갈 수 없었다.

"샛길에서는 이야기할 수가 없었어요."

그녀는 말을 계속했다.

"마이크가 숨겨져 있을지도 모르잖아요. 정말 있을 거라는 생각은 들지 않지만 있을지도 몰라요. 저 돼지 같은 놈들이 우리 목소리를 잡아채려고 하거든요. 그렇지만 여긴 괜찮아요."

그는 여전히 다가갈 용기가 없었다.

"여긴 괜찮다고요?"

그는 바보처럼 말을 되받았다.

"그래요. 저 나무를 보세요."

작은 물푸레나무들이었다. 전에 벌목되었다가 다시 싹이 나서 울타리를 이루었는데 굵기가 손목보다 더 가늘었다.

"마이크를 숨겨 놓을 큰 나무가 없거든요. 게다가 전에도 여길 왔었어요."

그들은 서로 겨우 말만 건넬 뿐이었다. 윈스턴은 이제 그녀에게 다가갈 수 있었다. 그녀는 그의 앞에 우뚝 서서 왜 그리 망설이냐는 듯 얼굴에 조금 익살맞은 미소를 짓고 있었다. 블루벨 꽃이 땅에 우수수 떨어졌다. 저절로 떨어진 것처럼 보였다. 그는 그녀의 손을 잡았다.

"지금껏 난 당신의 눈빛이 무슨 색깔인지 몰랐소."

윈스턴이 말했다. 그녀의 눈빛은 갈색, 검은 눈썹에 밝은 갈색이었다.

"이제 당신은 내가 어떤 남자라는 걸 보았소. 그래도 내가 좋소?"

"물론이죠."

"내 나이는 서른아홉. 떼어 버릴 수 없는 아내가 있고 정맥류성 궤양을 앓고 있소. 해 넣은 이가 다섯 개나 되고."

"상관없어요."

그녀가 말했다.

다음 순간, 누가 먼저랄 수 없게 둘은 포옹했다. 처음에는 도무지 믿을 수 없었다. 젊은 육체가 그의 가슴에 안기고 검은 머리카락이 그의 얼굴에 와 닿고. 그렇다! 그녀는 정말 고개를 쳐들었고 그는 그 크고 붉은 입술에 키스하고 있었다. 그녀는 그의 목을 팔로 꼭 껴안고 사랑한다고 말했다. 그는 그녀를 땅에 눕혔다. 그녀는 순순히 응해 그가 하고 싶은 대로 몸을 맡겼다. 그러나 그냥 안고만 있고 싶을 뿐이었다. 아무런 육체적 욕망이 일지 않았다. 그는 그저 꿈만 같았고 뿌듯할 뿐이었다. 그는 이럴 수 있다는 게 기뻤지만 육체적 욕구는 없었다. 젊고 아름다운 육체가 너무 갑자기 다가왔을 뿐 아니라, 그는 오랫동안 여자 없이 생활하는 것에 아주 익숙해져 있었다. 그 이유는 그도 알 수 없었다. 그녀는 일어나 머리에서 블루벨 꽃을 떼어 내고 그에게 기대앉으며 팔을 그의 허리에 감았다.

"괜찮아요. 서두를 건 없죠. 우린 오후 내내 시간이 있으니까요. 여긴 멋진 밀회장소죠? 단체행군 때 길을 잃고 헤매다가 이곳을 발견했어요. 누가 오는 소리는 100미터 밖에서도 들을 수 있어요."

"이름이 뭐죠?"

윈스턴이 물었다.

"줄리아예요. 당신 이름은 알아요. 윈스턴이죠? 윈스턴 스미스."

"어떻게 알아냈소?"

"무얼 알아내는 데는 당신보다 나아요. 제가 쪽지를 주기 전에 절 어떻게 생각했는지 말해 줘요."

그는 그녀에게 거짓말을 하고 싶지 않았다. 나쁜 말부터 시작하는 사랑도 있으니까.

"당신을 미워했소. 당신을 강간하고는 죽이고 싶었소. 2주일 전에는 돌멩이로 당신 머리를 짓이겨야겠다고 심각하게 생각했지. 솔직히 말하면 당신이 사상경찰과 무슨 관계가 있다고 생각했소."

그녀는 자기 위장술이 훌륭했다고 여기는 듯 유쾌하게 웃었다.

"사상경찰은 아녜요! 정말 그렇게 생각한 건 아니겠지요?"

"뭐 꼭 그런 건 아니었지만, 겉모양으로 봐서 당신은 젊고 싱싱하고 건강하니까 그냥 난 당신이 아마……."

"제가 훌륭한 당원이라고 생각하셨군요. 말과 행동이 순수하고, 깃대며 행진이며 슬로건이며 게임이니 단체행군이니 모두 잘하고, 그러니 꼬투리만 잡으면 당신을 사상경찰에 고발해서 사형시키리라 생각했군요?"

"그렇소, 그런 식이죠. 젊은 여자들이 보통 그렇지 않소?"

"바로 이것 때문에 그렇군요."

그녀는 청년반성동맹의 진홍빛 띠를 풀어 나뭇가지에 걸면서 말했다.

그러더니 허리를 만질 때 생각이 났는지 제복 주머니를 뒤져 초콜릿 한 조각을 꺼냈다. 그녀는 그걸 둘로 쪼개 한 조각을 그에게 주었다. 맛보기도 전에 그 향기로 보통 초콜릿이 아니라는 걸 알 수 있었다. 검고 윤이 났으며 은박지에 싸여 있었다. 보통 초콜릿은 허연 갈색으로, 쓰레기 태우는 냄새 같은 맛이 났다. 그러나 어쩌다 한 번쯤 지금 그녀가 준 것 같은 초콜릿을 맛본 적이 있었다. 처음 냄새를 맡았을 때, 꼭 꼬집어 말할 수는 없지만 강렬하고 고통스런 어떤 추억이 되살아났다.

"어디서 이걸 구했소?"

그가 물었다.

"암시장에서요."

그녀는 무관심하게 말했다.

"사실 전, 겉보기에는 그래요. 전 게임도 잘하고 스파이단 분대장이죠. 일주일에 사흘 저녁은 청년반성동맹에서 자원봉사를 하지요. 몇 시간이고 런던 거리마다 그 헛소리를 붙이러 돌아다니고 행진 때마다 늘 깃발 한쪽을 잡고 가요. 전 언제나 열심이고 부지런하죠. 늘 사람들하고 함께 고함치기도 하고. 그런데 그게 안전한 방법이거든요."

윈스턴의 혀 안에서 초콜릿이 사르르 녹았다. 맛이 그만이다. 그러나 아직 그 추억이 생각날 듯 날 듯하면서 마치 곁눈질로 보듯이 똑똑히 떠오르지 않았다. 그것은 하고 싶어도 할 수 없었던 무엇인가에 대한 기억이었다. 그는 단념했다.

"당신은 참 젊소. 나보다 열 살이나 열다섯 살은 어릴 거요. 그런데 나 같은 남자한테 무슨 매력이 있소?"

그가 물었다.

"당신 표정에 나타나요. 틈만 있으면 보았어요. 전 당원이 아닌 사람들을 잘 알아내거든요. 당신을 보자마자 당신은 '그 사람들'과 다르다고 생각했어요."

'그 사람들'이란 당을, 특히 내부당을 가리키는 모양이었다. 그녀가 그들을 노골적으로 비웃고 증오하니 여기가 안전한 곳이라 하더라도 윈스턴은 불안을 느끼지 않을 수 없었다. 그는 그녀가 거친 말을 쓰는 걸 보고 놀랐다. 당원은 욕설을 하지 못하게 되어 있으며 윈스턴 자신도 큰 소리로 욕하는 일이 거의 없었다. 그러나 줄리아는 지저분한 골목길의 낙서 같은 상스런 말을 쓰지 않고는 당을, 특히 내부당을 이야기할 수 없는 모양이었다. 그는 그것이 싫지는 않았다. 그것은 당에 반항하는 징조이며 마치 나쁜 건초 냄새를 맡은 말이 재채기를 하는 것처럼 자연스럽고 건강한 것이다. 그들은 둔덕에서 일어나 무늬진 그늘 속을 다시 거닐었다. 둘이 걸을 수 있을 만큼 길이 넓어지면 그들은 팔로 서로의 허리를 안았다. 띠를 풀고 나니 그녀의 허리가 얼마나 부드러운가 느낄 수 있었다. 그들은 그저 속삭이듯 이야기했다. 빈터를 빠져나오자 줄리아가 발소리를 줄이라고 말했다. 곧 그들은 작은 숲가에 다다랐다. 그녀는 그를 붙들었다.

"숲 밖으로 나가지 말아요. 누가 볼지 몰라요. 여기 나뭇가지 뒤에 숨어 있는 게 가장 좋아요."

그들은 개암나무 그늘에 서 있었다. 수많은 잎사귀 틈으로 비치는 햇빛이 얼굴에 따갑게 내리쬐었다. 윈스턴은 저 너머 들판을 보자 이상하게도 본 적이 있는 것 같은 흐릿한 충격을 느꼈다. 그는 풍경을 보고 알 수 있었다. 고색창연한 풀밭, 들을 가로지른 샛길, 그리고 여기저기의 두더지 굴, 저편 낡은 울타리에는 느릅나무 가지가 미풍에 살짝 흔들리고, 무성한 잎사귀는 여자의 머리칼처럼 살랑거린다. 어디 가까운 곳에, 보이지는 않지만 확실히 푸른 웅덩이가 있고 시냇물이 흘러 황어 떼가 헤엄치며 놀고 있으리라.

"이 근처 어디에 냇물이 있지 않소?"

그는 속삭였다.

"그래요. 냇물이 있어요. 저 들판 너머에요. 거기에는 물고기가 있어요. 커다란 것도 있죠. 버드나무 아래 웅덩이에서 내려다보면 그놈들 꼬리가 보여요."

"황금의 나라군."

그가 중얼거렸다.

"황금의 나라요?"

"아니, 아무것도 아니오. 언젠가 꿈에서 본 경치요."

"저길 좀 보세요!"

줄리아가 속삭였다.

개똥지빠귀 한 마리가 5미터도 떨어지지 않은 곳에서 그들 키 높이쯤의 나뭇가지에 앉아 있었다. 그놈은 아마 그들을 못 본 모양이었다. 그놈은 햇빛 속에 있었고 그들은 그늘 속에 있었다. 개똥지빠귀는 날개를 폈다가 다시 조심스럽게 접고는 마치 해님에게 인사라도 하듯 잠시 고개를 숙이더니 노래를 부르기 시작했다. 조용한 숲속에서 그 노랫소리는 놀랄 만큼 컸다. 윈스턴과 줄리아는 꼭 껴안은 채 황홀하게 듣고 있었다. 새소리는 끊임없이 변조되며 마치 거장의 역량을 보여 주듯 계속해서 들려왔다. 때때로 몇 초 동안 노래를 멈추고 날갯짓을 한 다음 얼룩진 가슴을 부풀려 다시 노래를 부르기 시작했다. 윈스턴은 모호한 경이감으로 그것을 바라보았다. 저 새는 누구를 위해, 무엇을 위해 노래를 부르는가? 친구도 적도 보아 주지 않는데. 왜 저 외로운 가지 끝에 앉아 허공에 대고 노래를 쏟는가? 그는 근처 어딘가에 마이크가 숨겨져 있지나 않을까 생각했다. 그와 줄리아는 낮은 소리로만 속삭였으니 그들이 한 말은 들리지 않겠지만 저 새소리는 들릴 것이다. 그 마이크 시설 저편에서 조그만 딱정벌레 사내가 열심히 '저 소리'에 귀를 기울일 것이다. 그러나 갈수록 홍수처럼 더해지는 음악 소리에 마냥 젖어 있을 수만은 없었다. 마치 어떤 액체가 잎사귀 틈으로 비치는 햇빛과 뒤섞여 그에게 내리쏟는 것 같았다. 그는 생각을 멈추고 오로지 느끼기만 했다. 그의 팔에 감긴 그녀의 허리는 부드럽고 따뜻했다. 그는 가슴이 마주 닿도록 그녀를 돌려 끌어안았다. 그녀의 육체는 그의 몸속으로 녹아드는 것 같았다. 그의 손이 움직이는 대로 그녀의 육체는 물처럼 흐느적거렸다. 그들 입술이 다시 맞닿았다. 조금 전에 했던 딱딱한 키스와는 전혀 달랐다. 얼굴을 다시 떼면서 두 사람은 깊은 한숨을 쉬었다. 새는 놀라 날개를 퍼덕이며 날아갔다.

윈스턴은 그녀의 귀에 입술을 갖다 댔다. "자!" 그가 속삭였다.

"여기선 안 돼요."

그녀도 속삭였다.

"아까 그리로 가요. 거기가 안전해요."

그들은 서둘러 덤불을 헤치며 좀 전의 공터로 돌아갔다. 이따금씩 잔가지가 밟혀 부러지는 소리가 났다. 나무로 둘러싸인 자리에 이르자 그녀는 돌아서서 그를 쳐다봤다. 그들의 숨결은 급해지고 그녀 입가에 미소가 다시 떠올랐다. 그녀는 잠시 그를 쳐다보다가 제복의 지퍼에 손을 댔다. 그리고, 그렇다! 꿈속에서 본 그대로다. 그가 상상했던 것만큼 빨리, 그녀는 옷을 벗어 던졌다. 마치 모든 문명을 무력하게 만드는 듯, 꿈속에서처럼 우아한 태도였다. 그녀의 몸은 태양 아래에서 하얗게 빛났다. 그러나 얼마 동안 그는 그 몸을 보지 않았다. 대신 그의 눈은 대담한 미소를 띤 주근깨투성이 얼굴을 쳐다봤다. 그는 그녀 앞에 무릎을 꿇고 앉아 그녀의 손을 잡았다.

"전에도 이 일을 해 봤소?"

"물론이죠. 몇백 번, 아니 몇십 번. 어쨌든 꽤 돼요."

"당원들과?"

"네, 늘 당원들과."

"내부당원들하고?"

"그 돼지 같은 놈들하고는 아니에요. 그놈들은 기회만 있으면 하려고 야단이죠. 말하는 것과는 달리 점잖지 못한 놈들이에요."

그는 가슴이 뛰었다. 그녀는 수십 번 했단다. 아니 수백 번, 수천 번 했더라면. 그들이 부패했다는 사실을 보기만 하면, 그는 격렬한 희망에 넘친다. 누가 알겠는가? 당은 내부에서 썩고 불굴의 투쟁과 자기부정에 대한 예찬은 부패를 감추는 가짜다. 그들 모두에게 문둥병이나 매독을 전염시킬 수 있다면, 그 일을 기꺼이 했을 것이다! 당을 좀먹고 약화시키고 해치기 위해서는 무엇이든지! 그는 그녀를 끌어당겼다. 그리고 그들은 무릎을 꿇고 얼굴을 서로 맞댔다.

"이봐요, 당신이 남자들과 관계를 많이 할수록 당신을 더 사랑하게 돼. 이해하겠소?"

"그럼요."

"난 순결을, 선(善)을 증오해. 어디에라도 도덕이 존재하길 원하지 않아. 누구든지 뼛속까지 썩었으면 해."

"그럼 제가 꼭 맞는 사람이군요. 전 뼛속까지 썩었어요."
"이런 걸 하길 좋아해요? 꼭 내가 아니라도 말요. 이 행위 자체 말이오."
"전 이걸 찬양해요."

이것이 무엇보다 듣고 싶은 대답이었다. 인간의 사랑뿐 아니라 동물적인 본능, 무차별적인 단순한 욕망, 그것이야말로 당을 부숴 버릴 수 있는 힘이다. 그는 쓰러진 블루벨 꽃 더미 사이 풀 위에 그녀를 눕혔다. 이번에는 아무런 어려움이 없었다. 그들 가슴의 율동이 차츰 가라앉고 어떤 즐거운 피로감에 젖어 몸을 떼었다. 햇빛은 더욱 뜨거워졌다. 그들은 둘 다 졸렸다. 그는 팔을 뻗어 흩어진 옷을 당겨 그녀의 몸을 덮어 주었다. 그리곤 흥건한 잠 속에 빠져 반 시간쯤 잤다.

윈스턴이 먼저 깨었다. 그는 앉아서 여전히 팔베개를 하고 평화스럽게 잠든 주근깨 덮인 얼굴을 들여다보았다. 입만 빼면 그녀는 미녀라 할 수 없었다. 자세히 보면 눈가엔 한두 줄 주름살이 지고 짧고 검은 머리칼은 유달리 올이 굵고 부드러웠다. 그는 이제껏 그녀의 성과 살고 있는 주소를 모르고 있다는 생각이 들었다.

지금은 곤히 잠든 이 젊고 발랄한 육체를 연민하고 보호해 주어야겠다는 생각이 들었다. 그러나 개암나무 아래 개똥지빠귀가 노래하고 있을 때 일어났던 무분별한 애정은 다시 일지 않았다. 그는 덮었던 옷을 옆으로 밀쳐놓고 그녀의 희고 부드러운 살결을 유심히 살펴보았다. 옛날에는 남자가 여자의 육체를 보고 갖고 싶다고 생각했고, 또 그것으로 그만이었다. 하지만 오늘날엔 순수한 사랑도, 순수한 욕망도 있을 수 없다. 무엇이든 공포와 증오로 뒤섞이기 때문에 어떤 감정이든 순수할 수가 없다. 포옹은 전쟁이고 절정은 승리다. 그것은 당에 일격을 가하는 것이요, 정치적 행위인 것이다.

3

"여긴 한 번 더 올 수 있을 거예요. 한 밀회장소를 두 번까지 이용해도 괜찮거든요. 한두 달 동안은 물론 안 되지만."

줄리아가 말했다.

그녀는 잠에서 깨자마자 태도가 바뀌었다. 재빨라지고 사무적으로 되어 옷을 입고 허리에 진홍색 띠를 감은 뒤 집에 돌아가는 길을 세세히 설명해 주는 것이었다. 이런 일은 자기에게 맡기는 것이 당연하다는 듯이. 그녀는 윈스턴에게 부족한 현실문제를 처리하는 재치가 있었고 수없이 다녀 본 단체행군으로 익혀 둔 탓인지, 런던 근교에 대해 낱낱이 알고 있는 것 같았다. 그녀가 그에게 가르쳐 준 길은 그가 온 길과 전혀 다른 것으로, 역도 달랐다.

"왔던 길로는 절대 가지 말아요."

그녀는 매우 중요한 일반원칙을 발표하듯 말했다. 그녀가 먼저 떠나면 윈스턴이 30분쯤 기다렸다 가기로 했다.

그녀는 나흘 뒤 퇴근하고 만날 장소를 정했다. 그곳은 가난한 빈민가에 있는 거리로, 늘 사람이 북적대는 시끄러운 공설시장 근처였다. 자기는 신발끈이나 바느질실을 사는 척하고 상점 주변을 돌아다니고 있겠다고 했다. 그 부근이 안전하면 코를 풀 테니까 따라오고, 그렇지 않으면 그냥 모르는 척 지나가라는 것이다. 다행히 사람들 틈 속에 끼면 15분쯤 이야기를 나눌 수 있고, 그때 다음의 밀회를 약속하기로 했다.

"이제 전 가 봐야겠어요."

그에게 다 일러 준 다음 그녀는 말했다.

"전 19시 30분까지 돌아가야 해요. 청년반성동맹에 가서 두 시간 동안 전단을 뿌려야 해요. 기막히죠? 옷 좀 털어 주세요. 머리에 검불 붙었어요? 괜찮아요? 그럼 안녕. 안녕히 가세요."

그녀는 그의 품 안으로 뛰어들어 격렬히 키스하고는 잠시 뒤 나무 사이로 빠져나가 소리도 없이 숲속으로 사라졌다. 아직까지 그는 그녀의 성(姓)과 주소를 알지 못했다. 그러나 집 안에서 만난다거나 편지를 주고받는 것은 생각할 수 없기 때문에 그건 아나 모르나 마찬가지이다.

그들은 숲속의 그 빈터에 다시는 가 보지 못했다. 5월 중에 그들은 딱 한 번 실제로 사랑을 나눌 수 있었다. 30년 전 원자탄이 떨어져 거의 황폐해진 지역에 있는 부서진 교회의 종루에서였다. 그곳은 줄리아가 알고 있는 또 다른 비밀장소였다. 거기까지 가기가 무척 위험하지만 갈 수만 있으면 아주 좋은 밀회 장소이다. 이때를 제외하고는 그들은 거리에서 만날 뿐이었고 만날 때마다 장소도 다르고 시간도 저녁때 30분을 넘기지 못했다. 거리에서는 그럭저럭 이야기를 할 수 있었다. 사람들로 북적대는 길에서 그들은 나란히 서지도 못하고 서로 쳐다보지도 못한 채 밀려다니면서 마치 꺼졌다 켜졌다 깜박거리는 등대 불빛처럼, 당의 제복을 입은 사람이 가까이 오거나 텔레스크린 부근이 되면 갑자기 말을 멈추고 그러다 다시 계속하는, 간간이 이어지다가 끊어지는 기묘한 대화를 나누었다. 그러다 정해 놓은 장소에 이르면 말을 중간에 끊고 헤어졌다가 다음 날 그다음부터 다시 이어 나갔다. 줄리아는 이런 식의 대화에 아주 익숙해 있어 이것을 '분할대화'라고 이름을 붙였다. 그녀는 또 입술을 움직이지 않고 말하는 데 아주 능숙했다. 그들은 한 달 동안 줄곧 밤에 만났는데 딱 한 번 키스를 할 수 있었다. 그들이 말없이 뒷골목을 지나가는데(줄리아는 큰길이 아니면 말을 하지 않는다) 갑자기 귀청이 찢어질 듯한 굉음이 들리더니 땅이 치솟고 주위가 온통 캄캄해졌다. 윈스턴은 옆으로 나가떨어져 타박상을 입은 채 떨고 있었다. 로켓탄이 근처에 떨어진 모양이었다. 갑자기 그는 몇 센티미터 떨어진 곳에서 분필처럼 하얘진 줄리아의 얼굴을 알아보았다. 입술마저 하얗다. 죽었구나! 그는 그녀를 안아 키스했다. 그리고 얼굴의 따스한 온기로 아직 살아 있다는 것을 깨달았다. 그러나 그의 입술에 무언가 가루 같은 것이 묻어 있었다. 둘은 횟가루를 뒤집어쓴 것이었다.

    때로는 약속 장소에 왔다가도 경찰이 주위를 순찰하거나 헬리콥터가 위에서 빙빙 돌고 있어서 서로 손짓 한 번 못한 채 그냥 지나쳐야 할 때도 있었다. 데이트가 위험하기도 했지만, 시간을 정하기도 어려웠다. 윈스턴의 1주 작업시간은 예순 시간인데 줄리아는 훨씬 많았고, 쉬는 날도 작업량에 따라 달라서 시간을 맞출 수가 없었다. 게다가 줄리아는 완전히 자유로운 저녁 시간이 거의 없었다. 강의와 시위에 참석하고 청년반성동맹 책자를 배포하고 증오주간에 쓸 깃발도 준비하고 저축운동을 위해 모금도 하는 등 갖가지 일에 많은 시간을 빼앗겼다. 그녀는 정체를 감출 수 있으니 할 만하다고 말했다. 조그만 규칙을 지키면 더 큰 규칙을 위반할 수 있다는 것이다. 그녀는 윈스턴에게 열성당원이 자발적으로 참가하는 시간제 군수품 제조 노동에 등록해 며칠 저녁만이라도 봉사하라고 권유하기까지 했다. 그래서 윈스턴은 1주에 하루 저녁 네 시간씩 텔레스크린의 음악에 섞여 망치 두드리는 소리가 시끄러운 어두컴컴한 공장에서 폭탄의 도화선이 될 쇳조각을 나사로 죄며 지루하게 시간을 보냈다.

종루에서 만났을 때 그들은 단편적인 대화 때문에 못다 한 말을 마저 했다. 무더운 오후였다. 종루 위에 있는 작고 네모난 방 안은 공기가 뜨겁고 후덥지근한 데다 비둘기 똥내가 지독했다. 그들은 먼지가 수북하고 나뭇조각이 흩어진 마룻바닥에 앉아 몇 시간이나 이야기하면서 때때로 일어나 좁은 나무 틈으로 내다보며 누가 오는가 확인했다.

줄리아는 스물여섯 살로 30명의 다른 여자들과 합숙소에서 살고 있었다("그 지독한 여자 냄새! 전 여자들이 싫어요!"라고 그녀는 덧붙였다). 그녀는 추측한 대로 창작국에서 소설제작기를 맡았다. 그녀는 주로 강력하면서도 다루기 까다로운 전기 모터를 작동하고 수리하는 자신의 일을 좋아했다. 그녀는 "지혜롭지 못한 대신" 손 놀리기를 좋아해서 기계에는 자신 있다는 것이다. 그녀는 기획위원회에서 보내는 전반적 지시로부터 정서반(正書班 ; Rewrite Squad)의 마지막 손질까지 한 편의 소설 제작 과정을 설명해 주었다. 그러나 그녀는 완성된 작품에 대해서는 관심이 없었다. 그녀는 말했다. "읽는 데 관심 없어요." 책이란 잼이나 구두처럼 생산해야 할 상품에 지나지 않다는 것이다.

그녀는 1960년대 초 이전에 대해서는 기억하는 것이 없었다. 혁명 전에 대해 가끔 이야기해 준 유일한 사람은 여덟 살 때 사라진 할아버지뿐이었다. 학교 다닐 때 그녀는 하키팀 주장이었고 2년 연속 우승했다. 그녀는 스파이단의 분대장이었고 청년반성동맹에 가입하기 전에는 청년동맹 지부의 사무장이었다. 그녀는 늘 좋은 평가를 받아 왔다고 한다. 노동자들에게 보급하는 값싼 소설을 만드는 창작국 소속의 포르노과에서 일하도록 발탁되기도 했다(이것은 틀림없이 그녀가 호평을 받고 있다는 표시다). 포르노과에서 일하는 사람들은 자기 부서를 '쓰레기집(Muck House)'이라고 별명을 붙였다고 그녀는 말했다. 여기에서 그녀는 1년 동안 《신나는 이야기》나 《여학교의 하룻밤》 같은 제목의 소책자를 출판하는 일을 했는데 이 책들은 젊은 노동자들이 불온서적이라도 사듯이 몰래 사 간다는 것이다.

"어떤 책들이오?"

윈스턴이 호기심 있게 물었다.

"하잘것없는 것들이에요. 정말 재미없어요. 줄거리는 기껏해야 여섯 가지밖에 안 되고 그걸 조금씩 바꾸는 거죠. 전 물론 만화경만 맡았어요. 그래서 정서반은 잘 몰라요. 문학적 소질도 없어서 정서반에는 맞지도 않아요."

그는 포르노과 직원들이 국장 외에는 모두 여자란 걸 듣고 놀랐다. 남자들이란 여자보다 성본능을 억제하지 못해 그들이 취급하는 음담패설 때문에 타락할 위험이 있기 때문이라는 것이다.

"거긴 결혼한 여자들도 안 좋아해요. 여자들이란 늘 순결해야 한다나요. 여기 그런 사람도 있지만 말예요."

그녀가 덧붙였다.

그녀는 열여섯에 첫 경험을 했는데 상대는 나중에 체포되지 않으려고 자살해 버린 예순 살 먹은 당원이었다.

"잘된 일이었어요. 그렇잖으면 그가 자백할 때 제 이름을 불렀을 테니까요." 그녀는 말했다.

그 뒤 그녀는 여러 사람과 관계했다고 한다. 그녀의 인생관은 간단하다. 인간이란 쾌락을 원한다. '그들', 즉 당은 그걸 못 갖도록 한다. 그러므로 할 수 있는 한 당의 규칙을 깨뜨린다는 것이다. '그들'이 사람들로부터 쾌락을 뺏으려 하는 것처럼, 사람들은 체포되지 말아야 하는 것이 당연하다는 것이다. 그녀는 당을 증오하고 혹독하게 욕했지만 전체적인 비판을 가하지는 않았다. 당이 그녀의 사생활을 간섭하지 않는 한 당의 강령에도 무관심했다. 그녀는 일상화된 말 외에는 신어를 전혀 쓰지 않았다. '형제단'에 대한 이야기도 듣지 못했고 그 존재조차 믿으려 하지 않았다. 당에 맞서는 어떠한 반란도 끝내 실패할 것이므로 그런 짓은 어리석은 행위라고 생각했다. 현명한 것은 당의 규칙을 어기면서 계속 살아남는 것이다. 그는 혁명의 세계 속에서 성장해 토끼가 개를 미워하듯 그저 피하기만 하면서 그 권위에 반항할 기색은 조금도 없이, 당을 하늘처럼 믿기만 하는, 그녀와 같은 사람들이 젊은 세대에 얼마나 많을까 생각해 보았다.

그들은 결혼에 대해서는 상의하지 않았다. 그 문제는 너무 엄청나서 생각해 볼 수도 없었다. 윈스턴의 아내인 캐서린을 떼어 낼 수 있다 하더라도 이와 같은 결혼을 당국이 허용해 주리라고 상상할 수가 없었다. 그건 백일몽처럼 절망적이다.

"당신 아내는 어떤 사람이에요?"

줄리아가 물었다.

"그 여잔—신어로 바른 생각으로 가득한(goodthinkful)이란 말을 아오? 타고 날 때부터 정통을 중시해서 나쁜 생각을 아예 하지 못한다는 뜻이지."

"그 말은 몰라요. 그렇지만 그 여자가 어떤 사람인지는 알겠어요."

그는 자기의 결혼생활에 대한 이야기를 그녀에게 하기 시작했지만 이상하게도 그녀는 그 이야기의 핵심 부분을 이미 알고 있는 것 같았다. 그녀는 마치 보거나 들은 것처럼 그가 캐서린에게 접근하면 캐서린의 육체가 어떻게 뻣뻣해지고 어떻게 온 힘으로 그를 밀어내는지 설명했다. 줄리아와는 이런 이야기를 나누어도 그는 당혹하지 않았다. 어쨌든 캐서린에 대한 추억은 이제 고통스러운 것이 아니라 시시한 것이 되었을 뿐이다.

"한 가지 일만 없었더라도 결혼생활을 견뎌 낼 수 있었을 거요."

윈스턴은 캐서린이 매주 같은 날 그에게 냉랭한 그 작은 의식을 강요했다고 말해 주었다.

"그 여자는 그짓을 싫어했지. 그렇지만 하지 않을 수 없었나 봐. 그 여자가 그걸 뭐라고 불렀는지 아오?—당신은 상상도 못할 거요."

"당에 대한 우리들의 의무라는 거겠죠."

줄리아가 재빨리 대답했다.

"어떻게 그걸 아오?"

"저도 학교에 다녔어요. 열여섯 살이 넘으면 한 달에 한 번씩 섹스에 대한 토론회를 열었죠. 그리고 청년운동에서도 그랬고, 이걸 몇 년 동안 쑤셔 넣는 거죠. 꽤 효과가 있어요. 그렇지만 물론 말만으로는 알 수 없죠. 사람이란 위선자니까."

그녀는 이 문제를 확대하기 시작했다. 줄리아는 모든 것을 자신의 성(性)에 귀결시켰다. 이런 문제가 나오기만 하면 그녀는 아주 예민해졌다. 윈스턴과는 달리 그녀는 당의 성적(性的) 순결주의에 대한 내막을 알고 있었다. 성본능은 당의 통제범위를 벗어나는 스스로의 세계를 구축하므로 가능한 한 그것을 파괴시켜 버려야 하며, 뿐만 아니라 더 중요한 것은 성욕을 박탈하면 히스테리가 생겨 이를 전투열과 지배자 숭배로 전환시킬 수 있기 때문에 사람들을 히스테리에 사로잡힌 상태로 만들 필요가 있다는 것이다. 그녀는 이렇게 설명했다.

"사랑의 행위를 하면 정력이 소모되죠. 그다음엔 행복해지고 그래서 무엇이든 욕하고 싶은 생각은 들지 않거든요. 그런 기분을 용납하지 못한다는 겁니다. 그 사람들이 원하는 건 언제나 정력을 잔뜩 뭉쳐 두는 거죠. 왔다 갔다 행진하고 함성을 지르고 깃대를 흔드는 게 모두 섹스의 변태행위죠. 행복한데 뭣하러 빅 브라더나 3개년 계획이나 '2분증오' 같은 썩어 빠진 일에 흥분하겠어요?"

그게 옳다고 그는 생각했다. 순결과 정치적 교조는 직접적이고도 밀접한 관계가 있다. 강력한 본능의 힘을 쌓아 그걸 추진력으로 쓰지 않는다면 당이 그 당원에게 요구하는 공포와 증오, 광적 맹신을 어떻게 유지할 수 있을 것인가? 성적 충동은 당에게 위험하고 당은 그것을 교묘히 이용한다. 그들은 부모로서의 본능도 똑같은 속임수로 이용한다. 가족제도는 실제 폐지할 수 없고 사실 옛날의 방식대로 아이들을 사랑하라고까지 한다. 반면에 아이들은 조직적으로 부모와 대립하게끔 해 놓고 부모를 정탐해서 그들의 잘못을 보고케 한다. 결과적으로 가족은 사상경찰의 연장이 되었다. 이리하여 누구든 밤낮으로 그를 잘 아는 정보원에게 둘러싸여 감시를 받게 된다.

문득 캐서린이 생각났다. 그녀가 조금만이라도 머리가 트여 그의 견해가 비정통적이란 걸 눈치챘다면 틀림없이 사상경찰에 고발했을 것이다. 이때 캐서린이 생각난 것은 오후의 숨 막히는 더위 때문이었다. 그는 줄리아에게 11년 전 어느 무더운 여름 오후에 일어났던, 아니 일어날 뻔했던 일을 이야기하기 시작했다. 그들이 결혼한 지 3, 4개월 됐을 때이다. 그들은 켄트 지방에서 단체행군을 하다 길을 잃었다. 우물쭈물하다 다른 사람들보다 2, 3분쯤 뒤떨어졌는데 모퉁이를 잘못 돌아 오래된 석회암 채석장 끝에 이르렀다. 그곳은 10~20미터의 깎아지른 낭떠러지였는데 그 밑엔 자갈투성이였다. 길을 물어 볼 만한 사람이라곤 보이지 않았다. 캐서린은 길을 잃었다는 걸 깨닫자 안절부절못했다. 와글거리는 행군 무리에서 잠시나마 떨어져 있는 것이 마치 비행이라도 저지르는 것처럼 생각되는 모양이었다. 그녀는 급히 오던 길을 되돌아 다른 길을 찾아보려고 했다. 이때 윈스턴은 그들 발밑 절벽 틈에서 자라는 한 포기 부처꽃을 보았다. 한 줄기가 분명 같은 뿌리에서 나왔는데도 심홍색과 갈색의 두 색깔로 피어 있었다. 그는 이런 종류를 처음 보았으므로 캐서린을 불렀다.

"캐서린, 와서 이 꽃들을 봐요! 저 밑바닥 근처에 있는 꽃들을 봐요. 색이 두

가지야."

　그녀는 가려고 돌아섰다가 짜증을 내며 잠깐 되돌아왔다. 그녀는 그가 가리킨 곳을 보느라고 몸을 구부리기까지 했다. 그는 그녀 뒤에 서서 그녀의 허리를 잡고 있었다. 이 순간 갑자기, 그는 여기에 그들 단둘만이 있다는 생각이 들었다. 주위에는 사람 하나 없고 나뭇잎 하나 흔들리지 않고 새조차 날지 않았다. 이런 곳에는 마이크를 숨겨 두었을 위험도 없었고, 설령 있다 해도 소리만 들릴 것이다. 무척 덥고 졸리는 오후 시간이다. 햇빛은 그들 위로 내리쬐고 땀이 그의 얼굴에서 줄줄 흘렀다. 그리고 그 생각이 떠올랐다……

　"왜 슬쩍 밀어 버리지 않았어요? 저 같으면 그렇게 했을 텐데."

　줄리아가 말했다.

　"그랬겠지. 당신 같으면 했을 거야. 나도 지금의 나라면 했을 거야. 아마 나도…… 잘 모르겠어."

　"그렇게 하지 못한 걸 후회하나요?"

　"그렇소. 그녀를 밀어 버리지 못한 게 후회스럽소."

　그들은 먼지 쌓인 바닥에 나란히 앉아 있었다. 그는 그녀를 가까이 끌어안았다. 그녀가 그의 어깨에 기대고 있어 비둘기 똥 냄새 속에서도 그녀의 머리칼 냄새가 향긋했다. 그녀는 아주 젊다. 산다는 데 아직 기대하는 것이 많다. 그래서 못마땅한 사람을 절벽에서 밀어 버린다 한들 아무것도 해결할 수 없다는 걸 이해하지 못한다…….

　"사실 그렇게 했더라도 달라진 건 없었을 거요."

　그가 말했다.

　"그럼 왜 지금 와서 후회해요?"

　"그건 다만 소극적인 것보다 적극적인 것을 택하고 싶다는 거지. 우리가 지금 벌이고 있는 경주에서 우리는 이길 수 없어. 그러나 같은 패배일지라도 좀 더 나은 패배가 있는 법이지."

　그녀는 동의할 수 없다는 듯 어깨를 움찔했다. 그가 이런 이야기를 할 때는 그녀는 늘 반대했다. 그녀는 개인이 늘 패배한다는 자연법칙을 인정하려 들지 않았다. 어떤 점에서 그녀는 자신의 운명이 다해 조만간 사상경찰이 자기를 체포해 죽이리라고 생각하지만, 또 한편으로는 선택한 대로 살 수 있는 은밀한 세계를 만들어 나갈 수 있다고도 믿었다. 여기에는 행운과 술책과 대담성만 있으면 되었다. 행복이란 것은 있을 수 없으며 승리가 있다면 먼 훗날 그들이 죽은 다음에야 있을 수 있고, 당에 전쟁을 선포한 그 순간부터 자기는 이미 시체라고 생각하는 게 현명하다는 것을 믿지 않았다.

"우린 죽은 몸이야."

그가 말했다.

"우린 아직 죽지 않았어요."

줄리아가 무덤덤하게 말했다.

"육체적으로는 안 죽었지. 6개월, 1년, 어쩌면 5년 뒤까지는 죽지 않을 거야. 난 죽음이 두려워. 당신은 젊어서 나보다 더 두렵겠지. 물론 우린 가능한 한 죽음을 늦출 거야. 그러나 별 차이는 없소. 인간이 인간으로 남아 있는 한 죽음과 삶은 마찬가지야."

"아, 말도 안 돼요. 당신은 저하고 자겠어요, 해골하고 자겠어요? 살아 있다는 걸 당신은 즐기지 않을 셈이에요? 이것이 나다, 이게 내 손이다, 이게 내 다리고, 하는 걸 느끼지 않으세요? 난 살아 있다! 그것이 저에겐 확고해요. 당신은 살아 있다는 게 좋지 않아요?"

그녀는 몸을 돌려 가슴을 그에게 밀착시켰다. 그는 그녀의 옷을 통해서 성숙하고 단단한 그녀의 젖가슴을 느꼈다. 그녀의 육체는 그의 몸 안에 젊음과 생기를 불어넣고 있는 것 같았다.

"물론, 나도 살아 있는 게 좋소."

그가 대답했다.

"그럼 죽는다는 이야기는 그만해요. 그리고 제 말을 들어 보세요. 다음에 우리가 만날 때를 정해요. 먼저 갔던 숲속 공터에 가도 괜찮을 거예요. 거길 오래 안 갔으니까 좋을 거예요. 하지만 이번에는 다른 길로 오세요. 제가 벌써 계획해 놨어요. 기차를 타고…… 보세요, 제가 그려 줄 테니."

그녀는 노련하게 비둘기 둥지에서 주워 온 나뭇가지로 먼지 쌓인 바닥에 지도를 그리기 시작했다.

4

윈스턴은 채링턴 씨의 상점 위층에 있는 초라한 방을 둘러보았다. 창가에는 낡은 담요와 덮개를 씌우지 않은 베개가 놓인 침대가 있었다. 문자판에 열두 시간이 그려 있는 구식 시계가 벽난로 위에서 째깍거리고 있었다. 구석의 접이식 탁자 위에는 그가 지난번 왔을 때 샀던 유리 문진이 어슴푸레한 어둠 속에서 부드럽게 빛나고 있었다.

난로 받침대에는 채링턴 씨가 마련해 준 양철로 만든 낡은 석유난로와 스튜 냄비, 두 개의 컵이 놓여 있었다. 윈스턴은 버너에 불을 붙인 뒤 물주전자를 올려놓았다. 그는 뜯지 않은 승리커피 한 봉지와 사카린 몇 알을 가져왔던 것이다. 시계는 7시 20분을 가리켰다. 실제로는 19시 20분이다. 그녀는 19시 30분에 오기로 되어 있었다.

어리석다. 어리석다. 그는 마음속으로 부르짖었다. 의식적이고 이유 없는, 자살행위 같은 어리석음이여! 당원이 저지를 수 있는 범죄 가운데에서 이런 짓이 가장 쉽게 들킨다. 유리 문진이 접는 탁자 곁에 비쳐 보이듯, 이런 생각이 그의 머릿속에 떠돌았다. 예측한 대로 채링턴 씨는 쉽게 이 방을 빌려주었다. 그는 몇 달러의 돈에 만족한 게 틀림없었다. 윈스턴이 정사를 위해 방을 빌리고자 한다고 밝혔는데도 그는 충격은커녕 불쾌한 기색도 없었다. 그 대신 그는 먼 데를 바라보며 막연한 이야기만 늘어놓는데 그 분위기가 아주 묘해서 그의 존재는 안중에 없다는 듯한 태도였다.

"사생활이란 참 값진 거요."

그는 말했다.

"누구나 때로는 혼자 있을 곳을 원하거든요. 그런 장소를 가지면 그걸 알고 있는 사람은 남에게 누설하지 않는 게 상식적인 예의죠."

그는 육신은 거의 사라지고 음성만 남았다는 듯한 말투로, 이 집에는 문이 두 개 있는데 그 하나는 뒷마당을 통해 골목길로 빠진다고 가르쳐 주었다.

창 밑에서 누군가가 노래를 부르고 있었다. 윈스턴은 모슬린으로 된 차양막으로 몸을 감추고 밖을 슬쩍 훔쳐보았다. 하늘에는 6월의 태양이 아직 높이 떠 있고, 저 아래 햇빛이 내리쬐는 뜰에는 노르만 건축의 기둥처럼 건장한 여자가 검붉은 팔뚝에 앞치마를 허리에 두르고 대야와 빨랫줄 사이로 왔다 갔다

하며 아기 기저귀 같은 네모난 빨래를 널고 있었다. 그녀는 빨래집게를 입에서 떼기만 하면 억센 콘트랄토로 노래를 부르고 있었다.

> 덧없는 꿈이었다네,
> 4월의 꽃잎처럼 스러져 버렸다네,
> 눈짓으로 말과 꿈으로 흔들어 놓고
> 내 마음 앗아가 버렸다네.

이 노래는 지난 몇 주 동안 런던에서 유행했다. 이것은 음악국에서 노동자를 위해 지어 낸 숱하게 많은 비슷비슷한 유행가 가운데 하나였다. 이 노래 가사들은 사람이 직접 쓴 것이 아니라 오로지 가사 생성기라는 기계로 만들어진다. 그러나 이 여자는 노래를 아주 멋들어지게 불러 아주 시시한 노래조차도 매우 즐겁게 들렸다. 그녀가 부르는 노래와 땅에 끌리는 그녀의 신발 소리, 길에서 나는 아이들 떠드는 소리, 멀리서 들리는 자동차 소리. 그러나 방 안은 텔레스크린이 없어 이상하리만치 고요하다.

어리석다, 어리석다, 어리석다! 그는 다시 생각했다. 몇 주 동안 이곳을 들락거리면 틀림없이 붙잡힌다. 그러나 실내나 편리한 곳에 정말 그들만의 은신처를 갖고 싶다는 유혹은 너무나 강렬했다. 교회 종루에 갔다 온 뒤로 얼마 동안 그들은 데이트를 할 수 없었다. 증오주간을 앞두고 근무시간이 크게 늘었다. 그때까지는 한 달이나 넘게 남았는데 엄청나게 많은 복잡한 준비작업 때문에 누구나 초과 근무를 해야 했다. 마침내 그들은 같은 날 오후에 자유시간을 가질 수 있었다. 그들은 숲속 공터로 가기로 약속했다. 약속된 전날 저녁 그들은 거리에서 잠깐 만났다. 여느 때와 마찬가지로, 그들이 사람들 사이로 끼어들 때 그는 줄리아를 얼핏 보았다. 그녀의 얼굴빛이 평소보다 안 좋아 보였다.

"다 틀렸어요. 내일 말예요."

그녀는 말을 해도 괜찮다고 판단한 듯 중얼거리며 말했다.

"뭐라고?"

"내일 오후에 전 갈 수 없어요."

"왜 못 가?"

"늘 같은 이유죠. 이번에는 빨리 시작했어요."

그는 순간 화가 버럭 났다. 그녀를 알고 지낸 이 한 달 동안 그녀에 대한 그의 욕망은 성격이 달라졌다. 처음에는 사실 성적 욕구 같은 것은 거의 없었다. 그들의 첫 번째 정사는 단순히 의지에 따른 행위일 뿐이었다. 그러나 두 번째부터는 달라졌다. 그녀의 머리칼 향기, 달콤한 입술, 그리고 살결의 촉감이 그의 안으로, 그를 둘러싼 주변까지 스며든 것 같았다. 그녀는 그가 원할 뿐 아니라 가질 권리가 있다고 느끼는 육체적인 필수품이 되어 버렸다. 그녀가 올 수 없다고 말할 때 그녀가 자기를 속이는 것 같은 기분이 들었다. 이때 인파에 밀려 어쩌다 그들의 손이 마주 잡혔다. 그녀는 그의 손가락을 살짝 쥐었는데 마치 욕망이 아닌 애정을 호소하는 것 같았다. 그때, 그는 여자와 살면 이쯤의 실망은 흔히 있으리란 생각이 들면서 전에 느껴 보지 못한 애정이 솟았다. 10년 동안 결혼생활을 이어 온 사이라면 얼마나 좋을까. 지금처럼, 하지만 두려움 없이 공개적으로 이런 일 저런 일을 이야기하며 살림에 쓸 일용품을 사면서 함께 거리를 걸을 수 있다면 얼마나 좋을까. 만날 때마다 꼭 정사를 해야 한다고 느낄 필요 없이, 무엇보다 단둘이만 있을 수 있는 장소가 있다면 얼마나 좋을까. 그다음 날에서야 그는 채링턴 씨의 방을 빌릴 생각이 났다. 그가 줄리아에게 이를 말하자 그녀는 뜻밖에도 쉽게 찬성했다. 그들 둘은 이것이 미친 짓이란 것을 알고 있었다. 이건 일부러 무덤에 한 걸음, 한 걸음 가까이 다가가는 것과 마찬가지이다. 그는 침대가에 앉아 기다리면서 애정부의 감방을 다시 생각했다. 운명이 결정된 것을 미리 알고 공포를 느낀다는 것이 기묘했다. 100 앞에 99가 있듯, 예정된 미래의 어느 시간에 죽음이 있다. 인간은 이를 피할 수 없다. 아마 늦출 수는 있을 것이다. 그러나 때때로 의식적이고 의지적인 행위로 그 사이를 단축시키기도 한다.

이때 층계를 급히 오르는 소리가 들렸다. 줄리아가 방으로 뛰어 들어왔다. 그녀는 출퇴근하면서 들고 다니던, 거친 갈색 천으로 만든 손가방을 들고 있었다. 그는 그걸 가끔 보았다. 그가 그녀를 안으려고 덤비자 그녀는 손가방을 들고 있어서 그런지 얼른 몸을 피했다.

"잠깐만."

그녀가 말했다.

"제가 가져온 것을 봐요. 당신은 그 시시한 승리커피를 가져왔겠죠? 그렇겠죠, 그런 건 이제 필요 없으니 치워 버려요. 이걸 보세요."

그녀는 무릎을 꿇고 앉아 가방을 열고는 맨 위에 있던 스패너와 드라이버를 꺼냈다. 그 밑에 깨끗한 종이로 싼 봉지 몇 개가 있었다. 그녀가 건네주는 첫 번째 봉지를 들자 이상하지만 어딘지 낯익은 기분이 들었다. 봉지 속에는 무거운 모래 같은 것이 들어 있었는데 만지기만 하면 부서져 버릴 것 같았다.

"설탕 아니오?"

그가 물었다.

"진짜 설탕이에요, 사카린이 아니고 설탕 말예요. 그리고 빵도 있어요. 우리가 먹는 시시한 게 아니라 잘 구워진 흰 빵이에요. 그리고 잼도 한 통, 우유도 한 통 있어요. 봐요! 이게 정말 자랑하고 싶은 거예요. 천으로 싸야 했어요. 왜냐하면……."

그러나 왜 싸야 했는지 설명할 필요도 없었다. 벌써 그 냄새가 방 안을 가득 메우고 있었다. 훈훈하고 값진 냄새였다. 이 냄새는 아주 어렸을 때 맡아 본 것 같기도 하지만 지금도 문이 닫히기 전에 통로에서 풍기기도 하고 사람들이 몰린 거리에 은근히 퍼지기도 하여 얼핏 맡았다가 곧 사라져 버리곤 했다.

"커피야, 진짜 커피구먼."

그가 속삭였다.

"내부당원이 마시는 커피예요. 이게 1킬로그램짜리예요."

그녀가 대답했다.

"어떻게 이런 걸 구할 수 있었소?"

"모두 내부당원 물건이에요. 그 돼지 새끼들은 없는 게 없어요. 당연히 웨이터나 하인들이 슬쩍한 것들이죠. 보세요, 홍차도 좀 구했어요."

윈스턴은 그녀 옆에 쭈그리고 앉았다. 그는 홍차 봉지 귀퉁이를 조금 찢었다.

"진짜 홍차군. 흑딸기 잎사귀가 아니야."

"요즘엔 차가 흔해졌어요. 인도 같은 곳을 점령했나 봐요."

그녀도 모호하게 말했다.

"그런데 제 말 좀 들어 보세요. 3분 동안만 등을 돌리고 있어 주세요. 침대 저쪽에 가 앉아요. 창 쪽으로 너무 가까이 가지 말고, 제가 말할 때까지 돌아서지 마세요."

윈스턴은 모슬린 커튼 쪽을 멍하니 바라보았다. 뜰아래에는 팔이 검게 탄 그 여인이 아직 대야와 빨랫줄 사이를 왔다 갔다 했다. 그녀는 입에서 빨래집게 두 개를 뱉고는 감정을 실어 노래를 불렀다.

> 시간이 모든 걸 해결해 준다지만,
> 언제나 잊을 수 있다 말들 하지만,
> 미소와 눈물은 세월이 흘러도
> 내 가슴을 여전히 쥐어짠다오!

그녀는 시시한 유행가는 다 알고 있는 듯했다. 그녀의 목소리는 훈훈한 여름 공기 속으로 아주 멋들어지게 울려 퍼져 아늑한 감상에 젖게 했다. 6월의 저녁이 영원히 이어지고 빨랫감이 한없이 나와 기저귀를 널고 노래를 부르며 그 자리에 1000년이라도 있으라고 한다면, 그녀는 더할 나위 없이 만족하게 여길 것처럼 보였다. 그는 당원이 혼자 노래 부르는 것을 본 적이 없다는 기묘한 사실이 떠올랐다. 혼자 노래 부르는 것은 혼자 중얼거리는 것처럼 약간 이단적이고 위험한 기벽으로 보일 것이다. 사람들이 굶어 죽을 지경이 되어야만 노래를 부르는지도 몰랐다.

"이젠 돌아서도 좋아요."

줄리아가 말했다.

그는 돌아섰다. 그러나 순간적으로 거의 그녀를 알아보지 못했다. 그가 예상했던 것은 그녀의 나체였다. 하지만 그녀는 옷을 벗지 않았다. 그녀의 변신은 그보다 더 놀라운 것이었다. 그녀는 얼굴에 화장을 한 것이다.

그녀는 노동자 구역의 상점에 살짝 가서 화장품 한 벌을 산 게 틀림없다. 입술은 빨갛게 칠하고 뺨도 불그스레하고 코에도 분을 발랐다. 선명하게 보이기 위해 눈 밑에 무언가를 그리기도 했다. 화장이 썩 잘된 것은 아니지만 윈스턴은 이 방면에 대한 수준이 높지 않았다. 그는 여당원이 얼굴에 화장한 것은 본 적도, 상상한 적도 없었다. 그녀는 놀랄 만큼 아름다워졌다. 가볍게 화장을 했는데도 더 예뻐졌을 뿐 아니라 무엇보다 훨씬 여성스러워졌다. 짧은 머리와 선

머슴 같은 제복 때문에 더욱 효과가 컸다. 그녀를 가슴에 안자 제비꽃 향기가 코에 향긋했다. 그는 컴컴한 지하실 부엌과 그 여자의 굴속 같은 입을 회상했다. 그 여자가 쓴 향수와 똑같은 향기였다. 그러나 이번에는 그런 것이 문제가 안 되었다.

"향수까지 뿌렸군!"

그가 말했다.

"그럼요, 향수도 뿌렸어요. 다음엔 무얼 할 건지 아세요? 진짜 옷을 구해서 이 꼴사나운 바지를 벗어 버리고 대신 입을래요. 스타킹하고 하이힐도 신고요! 이 방에서는 당원 동무가 아니라 정말 여자가 되겠어요."

그들은 옷을 벗어 던지고 커다란 마호가니 침대 속으로 들어갔다. 그가 그녀 앞에서 벌거벗기는 이번이 처음이었다. 지금까지 그는 장딴지에 툭 튀어나온 정맥과 발목의 얼룩과 함께 창백하고 빈약한 육체를 부끄러워했었다. 홑이불도 없었고 그들이 깐 모포도 털이 다 빠져 닳아 있었지만, 침대가 크고 스프링이 좋아서 기분이 무척 좋았다.

"빈대야 많겠지만 상관없지요?"

줄리아는 말했다. 요즘엔 노동자의 집 외에는 2인용 침대를 볼 수 없었다. 윈스턴은 어렸을 때 가끔 2인용 침대에서 잔 적이 있었지만 줄리아의 기억으로는 이런 데서 자 본 적이 없었다.

그들은 잠시 잠이 들었다. 윈스턴이 깨어났을 때는 시계가 9시 근처를 가리키고 있었다. 줄리아가 그의 팔을 베고 자고 있어서 그는 움직이지 않았다. 그녀의 화장은 그의 얼굴과 베개 때문에 거의 지워졌지만, 연지를 바른 볼은 여전히 예뻤다. 노란 노을빛이 침대 끝을 지나 난로를 비추고, 난로 위에는 물주전자가 부글부글 끓었다. 뜰아래 여인의 노래는 그쳤지만 아이들이 거리에서 뛰어노는 소리가 먼 곳에서 들려왔다. 잊어버린 옛날, 신선한 여름 저녁, 이런 침대에 누워 남녀가 벌거벗고 사랑을 나누고 싶으면 나누고 이야기하고 싶으면 이야기하고 억지로 일어나야 한다고 생각할 필요 없이 그냥 누워 바깥의 평화스런 소음에 귀를 기울이는 것이 평범한 일이었던가 어떤가 그는 생각해 보았다. 확실히 이런 일이 일상적인 것은 아니었던 것 같다. 줄리아가 잠을 깨서 눈을 비비고는 팔꿈치로 몸을 일으켜 석유난로를 보았다.

"물이 반으로 줄았을 거예요. 일어나서 곧 커피를 끓일게요. 한 시간쯤 잤지요? 당신 집에선 몇 시에 불이 나가요?"

그녀가 말했다.

"23시 30분."

"합숙소에선 23시예요. 하지만 그보다 빨리 들어가야 해요. 왜냐하면…… 에잇 꺼져, 이 망할 것아!"

그녀는 갑자기 침대에서 몸을 비비 꼬더니 바닥에서 구두를 집어 지난번 '2분 증오' 때 골드스타인에게 사전을 던지듯, 아이들처럼 방구석에 던졌다.

"뭐야?"

그가 놀라 물었다.

"쥐예요. 그놈이 구석 틈에서 콧잔등을 징그럽게 내밀잖아요. 그 밑에 구멍이 있어요. 하여간 그놈도 놀랐을 거야."

"쥐라!"

윈스턴이 중얼거렸다.

"이 방에 말야?"

"사방에 있어요."

그녀는 다시 누우며 무덤덤하게 말했다.

"합숙소 부엌에도 있어요. 런던의 어느 곳엔 우글우글해요. 그놈들이 아이를 문다는 것을 아세요? 물고말고요. 이런 지역에서는 엄마들이 2분도 아기를 혼자 못 놔둬요. 무척 큰 갈색 쥐 새끼가 그래요. 더럽게도 요놈들이 언제고……."

"그만!"

윈스턴이 눈을 꼭 감고 소리를 질렀다.

"이봐요! 얼굴이 창백해요. 무슨 일이에요? 그놈들 때문이에요?"

"세상에 가장 무서운 게 쥐 새끼야!"

그녀는 그를 안심시켜 주기라도 하려는 듯, 따스한 몸을 그에게 바싹 붙여 두 팔로 그를 껴안았다. 그는 바로 눈을 뜨지 못했다. 그는 얼마 동안 그의 생애에 수시로 나타나는 악몽 속으로 돌아가는 기분이 들었다. 악몽은 언제나 똑같았다. 그는 어두운 벽 앞에 서 있고 반대편엔 마주 보기에도 견딜 수 없이 무서운 것이 있었다. 꿈속에서 그는 어두운 벽 뒤에 무엇이 있는가를 사실 알고 있기 때문에 자기가 스스로를 속이고 있다는 것을 가장 깊이 느끼는 것이다. 머릿속 한 조각을 떼어 내듯, 필사적인 노력을 하면 그것이 무엇인지 끌어낼 수 있을 것이다. 그는 늘 그게 무언가를 밝혀 내지 못하고 꿈을 깨지만, 그녀가 말하려 할 때 그가 제지시킨 것과 관계가 있을 것이다.

"미안해. 아무것도 아냐. 난 그저 쥐가 싫어."

그가 말했다.

"걱정 마세요. 이젠 그놈들이 여기 못 오게 하겠어요. 가기 전에 천으로 구멍을 막겠어요. 다음에 올 때 횟가루를 가져와서 메워야지."

이젠 공포로 캄캄하던 순간도 거의 잊었다. 좀 창피한 생각이 들어서 그는 침대 머리맡에 앉았다. 줄리아는 침대에서 일어나 제복을 입고 커피를 끓였다. 냄비에서 나는 냄새가 어찌나 강하고 자극적인지 바깥 사람들이 그 냄새를 맡고 캐물을까 봐 창문을 닫았다. 커피 맛뿐만이 아니다. 사카린이 나오면서부터 거의 잊어버렸던 설탕 맛은 최고였다. 그녀는 한 손을 주머니에 넣고 또 한 손엔 빵과 잼을 들고 방 안을 왔다 갔다 하며 책장을 그냥 들여다보기도 하고, 접는 탁자를 고치는 가장 좋은 방법을 말하기도 하고, 낡은 안락의자가 정말 편한지 앉아 보기도 하고, 재미있다는 듯 어색하게 생긴 열두 시간 시계를 들여다보기도 했다. 그녀는 또 밝은 빛으로 더 잘 보려고 유리 문진을 침대 쪽으로 가져왔다. 그는 그녀에게서 그것을 받아 들고 그 부드럽고 빗방울 같은 유리 모양에 다시 감탄했다.

"이게 뭐예요?"

줄리아가 물었다.

"별것 아니오. 이게 어떤 목적으로 쓰인 것 같지는 않아. 그래서 이걸 좋아하지. 이건 그놈들이 잊고 바꿔 놓지 못한 역사의 한 조각이지. 100년 전의 메시지야. 누가 그걸 읽을 수만 있다면 말야."

"그럼 저기 있는 그림도 100년이나 되었단 말인가요?"

그녀는 맞은편 벽에 붙은 판화를 고개로 가리켰다.

"더 오래되었소. 200년은 되었을 거야. 아무도 알 수는 없지만. 이제 와선 뭐든 그 연대를 알아낼 수 없게 되었어."

그녀는 그쪽으로 가서 그림을 보았다.

"여기에서 그 쥐 새끼가 콧잔등을 내밀었어요."

그녀는 그림 바로 아래 틈새를 발로 차면서 말했다.

"이곳은 뭘까? 전에 다른 데서도 본 것 같은데."

"교회야, 교회로 쓰인 곳이지. 이름이 성 클레멘트 데인스지."

채링턴 씨가 그에게 가르쳐 준 노래 한 소절이 다시 떠올랐다. 그는 얼마쯤 향수에 젖어 노래를 불렀다.

"오렌지와 레몬이여, 성 클레멘트의 종이 말하네!"

놀랍게도 그녀가 다음을 이었다.

그대는 내게 서푼 빚을 졌지, 성 마틴의 종이 말하네.
언제 갚으려나? 올드 베일리의 종이 말하네.

"그다음은 어떻게 되는지 모르겠어요. 하지만 끄트머리는 기억이 나요. '그대 침대를 비춰 주는 촛불이 오네. 그대 목을 뎅겅 자를 도끼가 오네!'"

암호의 두 짝이 맞는 것 같다. 그러나 '올드 베일리의 종' 다음에 또 한 줄이 있을 것이다. 잘만 하면 채링턴 씨가 어떻게 기억해 낼 수 있을 것 같았다.

"누가 그걸 가르쳐 줬소?"

그가 물었다.

"할아버지요. 제가 어렸을 때 저한테 늘 불러 주곤 했어요. 제가 여덟 살 때 할아버지는 증발됐어요. 여하튼 사라져 버린 거죠. 그런데 레몬이 뭔지 모르겠어요."

그녀는 엉뚱한 말을 덧붙였다.

"오렌지는 본 적 있어요. 껍질이 두껍고 노랗고 둥근 과일이죠."

"레몬을 본 적 있어."

그가 말했다.

"1950년대는 흔했는데. 어떻게나 시큼한지 냄새만 맡아도 침이 고여."

"저 그림 뒤에 빈대가 있을 거예요."

줄리아가 말했다.

"언제고 그걸 뜯어 내서 청소를 해야죠. 이제 나갈 때가 된 것 같아요. 화장을 지워야겠어요. 귀찮아! 당신 얼굴에 묻은 입술연지도 닦아 드릴게요."

윈스턴은 몇 분 더 누워 있었다. 방은 어두워지고 있었다. 그는 밝은 쪽으로 돌아서 유리 문진을 들여다보았다. 한없이 신기한 것은 산호 조각이 아니라 유리 자체의 내부였다. 한없이 깊으면서도 공기처럼 투명했다. 유리 표면은 마치 하늘 같아 그 안에 완전한 대기를 가진 작은 세계를 둘러싼 것 같았다. 사실 그는 마호가니 침대와 접이식 탁자, 그리고 시계와 금속으로 된 판화와 문진 그 자체와 함께 그 안에 들어가 있는 듯한 기분이었다. 문진은 그가 들어 있는 방이요, 산호는 그 결정체 안에 영원히 고정된 줄리아와 자신의 생명이었다.

5

사임이 사라졌다. 어느 날 아침 그는 직장에 나타나지 않았다. 분별없는 몇 사람이 그가 결근했다고 한마디씩 했다. 다음 날 아무도 그의 이야기를 하지 않았다. 셋째 날 윈스턴은 게시판을 보러 기록국의 현관에 갔다. 사임도 그 회원인 체스 위원회의 구성원 명단이 인쇄된 게시물도 붙어 있었다. 그 명단은 전에 있던 것과 똑같이 보이고 지운 흔적도 없었지만 이름이 하나 모자랐다. 그것으로 충분하다. 사임은 존재하지 않게 된 것이다. 결코 존재한 적이 없었던 것이다.

날씨는 찌는 듯 뜨거웠다. 미궁 같은 청사의 창 없는 방은 냉방장치로 정상 온도를 유지할 수 있었지만 바깥 거리는 발바닥이 화상을 입을 만큼 뜨거웠으며 러시아워 때의 지하철에선 지독한 악취가 났다. 증오주간의 준비는 한창이고 직원들은 모두 초과 근무를 했다. 행렬, 모임, 군대사열, 강연, 밀랍제품 전시회, 영화 상영, 텔레스크린 프로그램 등 모든 것이 기획되어야 했다. 식장도 세워야 하고 초상도 만들어야 하며 슬로건도 만들고 노래를 짓고 유언비어를 퍼뜨리고 사진을 위조해야 했다. 창작국의 줄리아네 반은 소설제작을 멈추고 잔학한 것을 주제로 한 팸플릿 시리즈를 만드는 데 바빴다. 윈스턴은 정규 직무 외에도 하루 몇 시간씩《타임스》의 서류철을 뒤져 연설에 인용될 기사를 고치거나 미화하는 작업을 했다. 소란스런 노동자들이 거리로 몰리는 늦은 밤, 도시는 묘한 열기에 휩싸였다. 로켓탄은 전보다 더 자주 떨어지고 가끔 꽤 멀리서 굉장한 폭음이 들렸는데 그것이 무엇인지 아는 사람은 없었지만 소문만 무성했다.
 증오주간의 주제가(《증오가》라고 불렀다)라 할 새 노래가 벌써 작곡되어 텔레스크린에서 끊임없이 방송되었다. 이것은 음악이라기보다 북을 쳐 대는 것처럼 거칠고 왕왕거리는 리듬이었다. 행군 발소리에 맞춰 수백 명이 합창을 하면 가슴이 섬뜩해졌다. 노동자들은 이 노래에 도취되어 한밤중 길가에서 지금도 인기가 있는 〈희망 없는 꿈일 뿐이어라〉만큼 불러 댔다. 파슨스의 아이들도 밤낮으로 머리빗과 종이로 장단을 맞춰 가며 이 노래를 불러 댔다. 윈스턴은 밤이 되면 전에 없이 바빴다. 파슨스가 조직한 봉사대는 증오주간의 거리장식을 맡아 깃발을 만들고 포스터를 그리고 지붕에 게양대를 세우고 길을 가로지르는 현수막 줄을 위험을 무릅쓰고 매달았다. 파슨스는 승리맨션만이 400미터짜리 장식막을 내걸 것이라고 뽐냈다. 성격 탓이기도 하지만 그는 종달새처럼 명랑했다. 더위와 이따위 작업을 핑계로 그는 저녁마다 짧은 바지와 툭 터진 셔츠로 갈아입었다. 그는 동에 번쩍, 서에 번쩍 하면서 밀고 당기고 톱질하고 망치질하고 뜯어 맞추고 사람들을 웃기고 친절하게 권고하면서 몸을 움직일 때마다 시큼한 땀 냄새를 한없이 풍겼다.
 런던 전역에 일제히 새 포스터가 나붙었다. 아무런 설명도 없이, 무표정한 몽골인의 얼굴로 커다란 군화를 신고 기관총을 허리에 차고 전진해 오는 유라시아 군인의 기괴한 모습을 그린, 높이 3~4미터나 되는 거대한 그림이었다. 어떤 각도로 보든지 원근법으로 확대한 이 기관총의 총구가 곧바로 자기를 향하는 것처럼 보인다. 이 포스터는 벽과 빈자리마다 붙어 있어 빅 브라더의 초상화보다 더 많이 보일 정도였다. 보통 전쟁과 무관한 노동자들도 이 주기적으로 일어나는 광적 애국심에 불타게 된다. 이런 전체적 분위기에 맞추기라도 하듯 로켓탄은 평상시보다 더 많은 사람을 죽였다. 폭탄 하나는 만원을 이룬 스테프니의 한 영화관에 떨어져 수백 명의 사람들이 폐허 속에 묻혔다. 이리하여 동네 사람들 모두가 몇 시간이고 이어진 지루한 장례행렬에 참가했고 그것은 마침내 하나의 규탄대회로 발전했다. 또 다른 폭탄은 놀이터로 쓰이는 운동장에 떨어져 수십 명의 아이들이 죽었다. 이 때문에 분노에 찬 시위가 잇따라 일어나고 골드스타인의 초상화가 불살라지고 수백 장의 유라시아군대 포스터가 찢기고 소각되었으며 그 바람에 수많은 상점이 아수라장이 되었다. 그러자 간첩들이 무선전신으로 로켓탄을 떨어뜨릴 방향을 지시해 준다는 소문이 돌고, 외국인 혈통이라 의심을 받고 있던 늙은 부부가 집을 불태워 끝내 질식해 죽고 말았다.

채링턴 씨 상점의 위층 방에 오면 줄리아와 윈스턴은 창문을 열어젖히고 더위 때문에 벌거벗은 채 낡은 침대에 나란히 누웠다. 그 쥐란 놈은 다시 나타나지 않았지만 더위 때문에 빈대가 꽤 많이 늘었다. 그런 건 상관없었다. 더럽든 깨끗하든 이 방은 그들에게 천국이었다. 그들은 방에 들어오는 대로 암시장에서 사 온 후춧가루를 사방에 뿌리고 옷을 벗어젖히고는 땀을 뻘뻘 흘리며 정사를 나누고, 그리곤 잠 속으로 떨어졌다. 그리고 깨어 보면 빈대들이 떼를 지어 덤벼들곤 하는 것이다.

그들은 6월 동안 네댓 번, 아니 예닐곱 번 만났다. 윈스턴은 끊임없이 술을 마시던 버릇을 버렸다. 그럴 필요가 없어진 것이다. 그는 살이 오르고 발목 근처 피부에 갈색 반점은 남았지만 정맥류성 궤양이 가시고 아침마다 발작적으로 일어나던 기침도 멈추었다. 일상생활이 이제는 참을 만했고 텔레스크린 앞에서 얼굴 표정을 바꾸거나 목청껏 욕설을 퍼부을 충동도 일지 않았다. 그들은 거의 집이나 마찬가지인, 안전한 은신처를 갖고 있었으므로 자주 만날 수 없고 만나 봤자 두 시간쯤 보는 것에 지나지 않다는 사실도 견딜 만했다. 중요한 것은 고물상점 2층의 이 방이 계속 있어야 한다는 것이다. 그 방이 아무런 침입도 받지 않고 거기에 고스란히 있다고 생각하면 바로 그 방에 가 있는 것이나 마찬가지였다. 그 방은 하나의 세계요, 멸종한 동물이 살아 돌아다니는 과거의 주머니이다. 채링턴 씨 또한 멸종된 동물이라고 윈스턴은 생각했다. 그는 늘 2층으로 올라가는 길에 잠시 멈춰 서서 채링턴 씨와 이야기를 나누었다. 노인은 거의 밖에 나가지 않는 것 같고 그렇다고 손님이 오는 것도 아니었다. 그는 유령처럼 작고 어두운 상점과, 밥을 해 먹고 무엇보다 커다란 나팔이 달린 구식 축음기가 있는 부엌 사이만 왔다 갔다 하며 살았다. 그는 이야기 나누는 것을 즐기는 것 같았다. 기다란 코에 두꺼운 안경을 쓰고 구부정한 어깨에 벨벳 재킷을 걸친 채 별 값어치 없는 물건들 사이를 서성거릴 때는 장사치라기보다 수집가 같은 인상을 풍겼다. 그는 큰 관심 없이 그저 손이 가는 대로 사기 병마개며 부서진 담뱃갑의 색칠한 뚜껑이며 오래전에 죽은 어린아이의 머리카락이 든 합금상자 따위를 만지작거리며 윈스턴에게는 사라는 말도 없이 그저 감상만 해 달라고 할 뿐이었다. 그의 이야기를 듣고 있으면 마치 낡아 빠진 오르골 소리를 듣는 것 같았다. 노인은 기억을 더듬어 잊어버린 노래의 몇 구절을 더 생각해 냈다. 그 노래는 스물네 마리의 지빠귀새에 대한 것도 있고 뿔이 굽은 암소에 관한 것도, 수컷 로빈새의 불쌍한 죽음에 관한 것도 있었다. 이런 새로운 노래 구절을 말해 줄 때는 안 되겠다는 듯 슬쩍 웃으면서 "당신이 좋아할 것 같은 생각이 들었소"라고 말하곤 했다. 그러나 그는 어떤 노래든 몇 구절밖에 기억해 내지 못했다.

윈스턴과 줄리아는 지금의 이 상태가 오래 이어지지 않으리란 것(어떻게 보면 이 생각은 언제나 머릿속에서 떠나지 않았다)을 알고 있었다. 어떤 때는 죽음이 눈앞에 있다는 사실이 그들이 누워 있는 침대만큼이나 명백하게 보여서 저주받은 영혼이 죽기 직전에 마지막 위안거리를 꽉 움켜잡듯, 절망적인 육욕에 탐닉하곤 했다. 하지만 그들은 안전하고 그 안전은 영원하리란 환상을 가질 때도 있었다. 사실 이 방 안에 있는 한 그들은 어떤 재난도 오지 않을 것이라고 느꼈다. 여기까지 오는 것이 어렵고 위험하지만 일단 이 방에 들어오면 성역에 온 것 같았다. 마치 윈스턴이 문진의 속을 들여다보며 그 유리 세계 속으로 들어갈 수 있고, 일단 그 안에 들어가면 시간이 멈춰져 있을 것이라고 느끼는 것과 같았다. 때로는 둘이서 달아날 공상도 했다. 그들의 행운이 영원히 이어져 목숨이 다하는 순간까지 함께하는 공상 말이다. 또는 캐서린이 죽으면 묘안을 써서 둘이서 결혼에 성공할 수도 있을 것이다. 아니면 함께 자살을 할까, 아니 어디론가 사라져 신분을 바꾸고 노동자의 말투를 배워 공장에 취직해서 뒷골목에 몸을 감추고 살까. 그러나 이것은 모두 난센스다. 그들 둘 다 이를 알고 있다. 현실적으로 도피할 수 없다. 실제로 가능한 단 하나의 방법인 자살마저 그들은 실행할 의사가 없었다. 하루하루 미래가 없는 현재 속에 그냥 매달려 사는 것이 마치 공기가 있는 한 허파가 숨을 모아 쉬듯, 어찌할 수 없는 본능인 것 같았다.

어떤 때는 당에 대한 적극적인 반란에 참가하자는 말도 나왔지만 도대체 첫발을 어떻게 들여놓을지 알 수 없었다. 그 전설적인 '형제단'이 존재한다 하더라도 거기에 가입하는 어려움이 여전히 남아 있다. 그는 그녀에게 자신과 오브라이언 사이에 있는, 아니 있는 것 같은 묘한 친밀감을 이야기하고 때로는 오브라이언에게 가서 단도직입적으로, 자기는 당의 적이라고 말하고 그의 도움을 요청하고 싶은 충동이 일어난다고 말했다. 이상하게도 그녀는 이것을 불가능하고 경솔한 짓으로 생각하지 않는 것 같았다. 그녀는 언제나 인상으로 사람을 판단했다. 그래서 윈스턴이 단 한 번 눈이 서로 마주친 것으로 오브라이언을 믿어 버린 것이 당연하게 보이는 모양이었다. 게다가 그녀는 거의 모든 사람이 당을 남몰래 증오하고 있으며, 만일 안전하다고 생각만 된다면 당의 규율을 깨뜨리려 한다고 생각했다. 그러나 그녀는 광범위하게 조직된 반대세력이 있다거나 있을 수 있다는 것을 믿으려 들지 않았다. 골드스타인이나 그의 지하군대에 대한 이야기들은 당이 고의로 지어낸 것이고 따라서 그저 믿는 체해야 하는 헛소리에 지나지 않는다고 그녀는 말하는 것이다. 당 대회에서나 자발적인 시위에서 목청껏 사람 이름을 부르며 처형하라고 수없이 외쳐 대긴 했지만 자기는 그 이름들을 한 번도 들어 본 적도 없고 무슨 죄를 졌다고 믿어 본 적도 없다는 것이다. 인민재판이 열릴 때 자기는 '청년동맹'의 대표석에 앉아 있으며 동맹원들은 법정을 둘러싸고 아침부터 밤까지 때때로 "반역자에게 사형을!" 하고 외쳐 댄다는 것이다. '2분 증오' 시간에는 누구보다 크게 골드스타인에게 욕을 퍼붓는다는 것이다. 그러나 골드스타인이란 사람이 누구이며 어떤 강령을 내세우는지 전혀 모르겠다는 것이다. 그녀는 혁명이 일어난 뒤에 자랐으므로 1950년대와 1960년대의 이념전쟁을 기억할 수 없다는 것이다. 개별적인 정치운동과 같은 것은 상상할 수도 없고 하여튼 당을 이겨 낼 수 없다는 것이다. 당은 언제나 존재할 것이오, 언제나 똑같을 것이다. 기껏 반항해 볼 수 있는 방법은 남모르는 불복종, 잘해야 몇 사람을 죽이고 몇 가지를 부숴 보는 고립된 폭력행위뿐이라는 것이다.

어떤 점에서 그녀는 윈스턴보다 훨씬 예민하고 당의 선전에 넘어가지 않는 편이다. 한번은 그가 우연히 유라시아와의 전쟁에 대해서 말을 꺼내자 그녀는 자신이 보기에 전쟁은 현재 없다고 무심코 내뱉는 바람에 그를 놀라게 했다. 런던에 날마다 떨어지는 로켓탄도 오세아니아 정부가 '사람들을 공포로 몰아넣기 위해' 폭발시키는 것이라 했다. 그는 한 번도 그런 생각을 해 본 적이 없었다. 그녀가 '2분 증오' 때, 사실은 터져 나오려는 웃음을 참느라 무진 애를 쓴다고 말해서 그는 어떤 부러움마저 느꼈다. 하지만 그것은 당의 교육이 그녀의 삶을 간섭할 때 이에 반발하는 것이다. 때로는 진실과 허위의 차이점은 그에게 중요하지 않다는 단순한 이유로 당의 공식적인 신화를 그대로 받아들이기도 했다. 예를 들면 그녀는 학교에서 배운 대로 당이 비행기를 발명했다는 것을 믿었다(그가 학교를 다니던 1950년대 후반기에는 당이 발명한 것은 헬리콥터라고만 했는데, 10여 년 뒤 줄리아가 학교에 다닐 때는 이미 비행기를 발명했다고 가르쳤다. 한 세대가 더 지나면 아마 증기기관까지 만들었다고 할 것이다). 그래서 그가 비행기는 혁명이 일어나기 오래전인, 자신이 태어날 때도 있었다고 말했지만 그 사실이 그녀에겐 그다지 큰 관심을 일으키지 못했다. 아무튼 비행기를 발명한 게 누구든 무슨 상관이냐는 것이다. 4년 전 오세아니아는 동아시아와 전쟁을 하고 유라시아와는 평화 조약을 맺었다는 사실을 그녀가 기억하지 못하는 것을 우연히 알았을 때 그는 더욱 놀랐다. 그녀가 모든 전쟁을 가짜라고 보는 것은 옳다. 그러나 적의 이름이 바뀌었다는 점에는 분명히 주의조차 안 했다. "전 우리가 늘 유라시아와 전쟁을 하고 있다고 생각했어요." 그녀는 모호하게 말했다. 이 말을 듣고 그는 적지 않게 놀랐다. 비행기 발명은 그녀가 태어나기 오래전 일이니 그렇다 치더라도 전쟁 상대국이 바뀐 것은 그녀가 성인이 된 뒤의, 바로 4년 전에 일어난 것이다. 그는 이 문제로 15분쯤 그녀와 논쟁을 벌였다. 마침내 그녀는 전쟁 상대국이 한때는 동아시아였고 유라시아가 아니란 것을 어렴풋이 기억하기에 이르렀다. 하지만 이 문제도 그녀에게 별다른 충격을 주지 못했다.

"그게 무슨 상관이에요?"

그녀는 참지 못하겠다는 듯 말했다.

"피비린내 나는 전쟁은 항상 있게 마련이고, 뉴스는 어쨌든 모두가 거짓말이에요."

가끔 그는 기록국과, 그가 거기서 하고 있는 뻔뻔스런 날조행위에 대해 이야기해 주었다. 그녀는 이런 일로 놀라는 것 같지 않았다. 거짓말이 진실로 되어 버린다는 생각은 발밑에 심연이 입을 벌리고 있다는 것만큼 급하게 느껴지지 않는 모양이었다. 그는 존스와 아론슨과 러더퍼드에 대한 이야기를 하고 그가 한순간 손안에 쥐었던 종이쪽지에 대해서도 말했다. 그것도 그녀에게 깊은 인상을 주지 못했다. 처음에는 이야기의 핵심도 제대로 파악하지 못했다.

"그 사람들이 당신 친구예요?"

그녀가 물었다.

"아냐, 난 본 적도 없어. 그 사람들은 내부당원이지. 게다가 나보다 훨씬 나이가 들었고 그들은 혁명 전의 구세대 사람들이지. 난 얼굴만 겨우 봤을 뿐이야."

"그럼 뭘 걱정해요? 사람들은 언젠가는 죽지 않아요?"

그는 그녀를 이해시켜 보려 했다.

"이건 예외적인 경우야. 누가 죽임을 당하든, 그것은 문제가 아냐. 어제 이전의 과거가 모조리 사라졌다는 것을 알고 있소? 과거가 어디엔가 남아 있다면, 그것은 저기 저 유리 덩어리처럼 아무런 증언도 할 수 없는 몇 개의 물체일 뿐이야. 우린 벌써 혁명 당시와 그 전의 것에 대해서는 아무것도 모르지. 모든 기록은 없어지거나 날조되고, 책은 모조리 다시 씌어지고, 그림은 다시 그려지고, 모든 동상과 거리와 건물의 이름은 바뀌고, 날짜는 모두 고쳐졌어. 그리고 그런 작업이 날마다 이어지고 있어. 역사는 멈추었고 존재하는 것은 당이 언제나 옳다는 끊임없는 현재뿐이야. 물론 과거가 날조되었다는 것을 나는 알고 있지. 그렇지만 나 스스로 날조행위를 하면서도 날조했다는 것을 내가 증명할 도리가 없단 말이야. 한번 날조되고 나면 그 날조에 대한 증거는 남지 않아. 유일한 증거는 내 마음뿐인데 누가 내 기억을 믿어 주겠느냐 말야. 내 경험을 예로 들자면 그 사건이 일어나고 몇 년 후지. 난 그 구체적인 증거를 실제로 손에 쥐었었거든."

"그래, 그게 무슨 소용이에요?"

"아무 소용 없지. 몇 분 뒤에 그걸 버렸으니까. 그렇지만 똑같은 일이 지금 일어난다면 꼭 보관하겠어."

"전 안 그래요. 전 위험을 무릅쓸 각오는 충분히 되어 있지만 좀 더 값진 것을 위해서지, 낡은 신문 조각은 아니에요. 그래 그걸 보관했다면 뭘 하겠어요?"

"별것은 아니겠지. 그렇지만 증거물은 돼. 누구한테고 보일 수만 있으면 당을 의심하는 사람들이 여기저기 생길 거야. 우리 평생에 그 때문에 바뀌는 것은 없을 거야. 그러나 여기저기서 몇 번의 저항 운동이 일어나고 사람들의 무리는 점점 커질 수 있을 거야. 그래서 뒤에 몇 개의 기록이라도 남겨 둔다면 다음 세대는 그걸 계속 수행해 나가겠지."

"다음 세대에 대해서는 관심이 없어요. 전 우리 자신이 중요해요."
"당신은 허리 아래로만 반역자군."
 그녀는 이 말이 아주 재치 있다고 생각되었는지 기쁨에 차 그를 껴안았다.
 그녀는 당의 강령 하나하나에 대해서는 조금도 관심을 보이지 않았다. 그가 신어를 써 가며 영사의 원리니 이중사고니 과거의 무상함이니 객관적 현실의 부정이니 하고 이야기를 시작하면, 그녀는 지루해졌고 혼란을 일으켜 그따위 일에는 관심없다고 말하는 것이다. 누구든 그따위 일은 쓸데없는 것으로 알고 있는데 왜 그것 때문에 고민을 하느냐는 것이다. 그녀는 언제 기뻐하고 언제 경멸해야 하는가를 알고 있으니 그것이면 된다는 것이다. 그가 이런 화제를 그래도 고집해서 지껄이다 보면 딱하게도 그녀는 그만 잠이 들어 버렸다. 그녀와 말하는 동안 그는 정통성이 무엇인가를 모르면서 정통적인 태도를 갖는다는 게 얼마나 쉬운 일인가를 깨달았다. 어떤 점에서 당의 세계관을 이해할 수 없는 사람들이 가장 잘 이해했다. 그들은 자기들에게 요구되는 것이 얼마나 엄청난 일이며 지금 일어나고 있는 공적 사건에 충분한 관심을 쏟아야 한다는 것을 모르기 때문에 가장 악랄한 현실 파괴도 그대로 받아들일 수 있는 것이다. 그들은 이해하지 못하기 때문에 정상이다. 마치 한 알의 곡식이 소화되지 않고 새의 몸을 거쳐 탈 없이 그대로 나오듯, 그들이 무엇을 삼키든 목을 넘어간 것은 그들에게 아무런 찌꺼기도 남기지 않는 것이다.

6

 마침내 일어났다. 기대했던 메시지가 왔다. 그는 살아 있을 때 이런 일이 꼭 일어나기를 기다리고 있었던 것처럼 보였다.
 청사의 긴 복도를 걷고 있던 그는 줄리아가 손에 쪽지를 쥐어 주던 그 자리에 거의 이르렀을 때 뒤에서 그보다 몸집이 더 큰 사람이 따라오고 있다는 것을 느꼈다. 누군지 모르지만 뒷사람은 말을 걸고 싶다는 듯 잔기침을 했다. 윈스턴은 갑자기 발을 멈추고 돌아섰다. 오브라이언이었다.
 마침내 그들은 얼굴을 마주 보고 섰다. 그는 달아나고 싶은 충동을 느꼈다. 그의 가슴은 격렬하게 뛰었다. 말도 할 수 없을 것 같았다. 그러나 오브라이언은 잠깐 윈스턴의 팔에 정다운 듯 손을 대더니 계속 의연한 동작으로 걸음을 때였다. 두 사람은 나란히 걸었다. 그는 대부분의 내부당원들과는 달리 아주 점잖은 태도로 말을 걸었다.

"자네하고 한번 이야기를 하고 싶었네. 전에 《타임스》에서 신어에 관한 자네의 글을 하나 읽었지. 신어에 대해서 학문적인 관심을 가지고 있는 것 같더군?"

윈스턴은 얼마쯤 정신을 가다듬었다.

"그렇지도 않습니다. 그저 초보죠. 제 전공도 아닐뿐더러 그 말의 실제적인 제작작업에도 관계해 본 적이 없습니다."

"하지만 아주 잘 썼더군. 나 혼자만의 의견이 아니야. 확실히 전문가라 할 만한 자네 친구와 얼마 전 이야기를 나누었었지. 그 친구 이름이 지금은 기억이 잘 나지 않지만 말이야."

윈스턴의 가슴이 다시 고통스럽게 끓어올랐다. 사임 외에 다른 사람을 말하는 것이 아니다. 그런데 사임은 죽은 사람이요, 없어져 버린 '무인(無人)'이다. 그를 아는 체하는 것은 매우 위험한 일이다.

오브라이언의 이 말은 분명히 신호로, 하나의 암호로 쓰인 것이다. 사소한 사상죄를 저지름으로써 그는 두 사람을 공범으로 몰아넣은 것이다. 천천히 복도를 함께 걷다가 오브라이언이 문득 걸음을 멈추었다. 그는 늘 그렇듯 상대를 안심시키는 듯한 묘한 친밀감이 어린 태도로 콧등 위의 안경을 고쳐 썼다. 그러고는 말을 계속했다.

"자네에게 정말 말하고 싶었던 것은 내가 자네의 글에서 벌써 없어진 단어 두 개를 찾았다는 것일세. 그 단어가 없어진 건 최근이지만. 신어사전 제10판을 봤나?"

"못 봤습니다. 아직 발간되지 않은 줄 알고 있는데요. 저희 기록국에서는 아직 9판을 쓰고 있습니다."

"10판은 몇 달 동안은 나오지 않을 걸세. 하지만 본보기가 몇 권 나왔어. 내게 한 권 있는데 자네도 보면 좋을 걸세."

"보고 싶습니다."

윈스턴은 오브라이언이 의도하는 바를 곧바로 간파하고 대답했다.

"발전된 것들 가운데에는 주목할 만한 것도 있네. 동사의 수가 줄어들었는데 자네가 관심을 보일 만한 것이지. 가만있자, 사전을 자네한테 보내 줄까? 그런데 난 이런 일을 곧잘 잊어버려서 탈이야. 자네가 적당한 때 내 집에 들러 줄 수 있을까? 잠깐, 내 주소를 적어 주지."

그들은 텔레스크린 앞에 서 있었다. 오브라이언은 얼마간 멍하게 있다가 주머니를 두어 군데나 뒤진 뒤 가죽표지의 조그만 수첩과 금으로 만든 볼펜을 꺼냈다. 텔레스크린 바로 아래에서 휘히 보라는 듯 주소를 쓰고 그 종이를 찢어 윈스턴에게 주었다.

"저녁때는 보통 집에 있네. 내가 없으면 하인이 줄 걸세."

그는 윈스턴에게 이번에는 감출 필요가 없는 종이쪽지를 넘겨 주고 가 버렸다. 그러나 그는 거기에 써 있는 주소를 외워 두고는 몇 시간 뒤 다른 문서 뭉치와 함께 그 쪽지를 기억통에 넣어 버렸다.

그들의 대화는 기껏해야 2분밖에 걸리지 않았다. 이 에피소드가 가질 수 있는 의미란 하나뿐이다. 오브라이언이 윈스턴에게 자기 주소를 가르쳐 주기 위한 것이었다. 직접 물어보기 전에는 남의 주소를 알 수 없기에 이러한 방법이 필요했다. 다른 방도가 없다. 오브라이언이 "나를 만나고 싶거든 이리 오면 볼 수 있다"고 말한 것이다. 아마 사전 속에는 다른 메시지가 들어 있을지도 모른다. 그러나 어쨌든 한 가지만은 명백하다. 그가 꿈꾸어 오던 음모는 존재하고 그는 그 음모의 실마리를 이제 잡은 것이다.

그는 조만간 오브라이언의 부름에 응하리라는 것을 알고 있었다. 내일이 될 수도 있고 어쩌면 먼 훗날일지도 모른다. 지금 일어난 것은 몇 년 전에 시작된 준비의 결과일 뿐이다. 첫 단계는 남모르는 무의식이었고, 둘째 단계는 일기를 쓰기 시작한 것이었다. 그는 생각을 말로 옮겼지만 이제는 말을 행동으로 옮기는 것이다. 마지막 단계는 애정부에서 일어날 것이다. 그는 그것을 각오했다. 결말은 시작에 포함되어 있다.

하지만 그것은 경악할 만한, 더 정확히 말해서 마치 죽음을 미리 맛보는 듯한 기분이었으며, 이제 다 살았다는 느낌을 주었다. 오브라이언과 말하고 있는 동안에도 그 말의 의미를 깨닫자 섬뜩한 전율감이 그의 몸 안에 흘렀다. 그는 습기 찬 무덤 안으로 한 발 들여놓은 듯한 기분이 들었고, 무덤이 언제나 앞에서 입을 벌리고 자신을 기다리고 있다는 생각에 기분이 그리 좋지 않았다.

7

윈스턴은 눈에 눈물이 글썽해서 잠을 깼다. 줄리아는 잠에 취해 몸을 뒤척이며 "무슨 일이에요?"라고 중얼거렸다.

'꿈에……' 그는 말하려다가 그만두었다. 꿈이 너무 복잡해서 말로 옮길 수 없었다. 꿈도 꿈이지만 깨어난 뒤에도 그는 얼마 동안 그 꿈과 관련된 아득한 회상에 잠겼던 것이다.

그는 꿈속의 분위기에 푹 젖어 눈을 감은 채 돌아누웠다. 그것은 그의 전생애가 마치 비 온 뒤의 여름 저녁 풍경처럼 펼쳐지는 하나의 엄청난 꿈이었다. 모두 그 유리 문진 안에서 일어났다. 유리 표면은 하늘의 둥근 지붕이었고, 그 지붕 아래에서는 밝고 부드러운 빛이 충만해 한없는 거리 저쪽까지 볼 수 있었다. 꿈속에는 또한 그의 어머니가 나왔고(사실 어떤 의미에서 꿈은 이것을 중심으로 한 것이었다) 30년 뒤 그가 영화에서 본 그 유대인 여자가 헬리콥터에서 피격되어 산산조각이 나기 전, 어린아이를 총알에서 보호하려고 싸안던 모습이 나왔다.

"이때까지 난 어머니를 내가 죽였다고 생각했어."

그가 말했다.

"왜 어머니를 죽였어요?"

줄리아가 졸면서 물었다.

"어머니를 죽이진 않았어. 육체적으론……."

꿈속에서 그는 마지막으로 어머니를 보았던 장면을 기억해 냈고 깨어서도 얼마 동안 그 일에 관련된 여러 가지 사소한 사건들을 떠올렸다. 그것은 그가 몇 년을 두고 잊어버리려 애써 왔던 기억들이었다. 그는 그 일이 일어났던 날짜를 확실히 기억할 수 없었다. 아마 열 살이나 열두 살쯤 되었을 것이다.

아버지는 얼마 전에 사라졌다. 얼마나 오래전이었는지는 알 수 없었다. 소란스럽고 불안한 때였으므로 그때를 더 잘 기억할 수 있었다. 주기적인 공습 때문에 공포에 사로잡혀 지하철역으로 피란 가던 일, 사방에 쌓인 돌더미, 거리 모퉁이마다 붙은 이해할 수 없는 성명서, 모두 똑같은 색 셔츠를 입은 청년 단원들, 빵집 앞에 기다랗게 줄을 서서 배급을 기다리던 사람들, 멀리서 들리던 끊임없는 기관총 소리—그리고 무엇보다 먹을 것이 없었다는 사실. 그는 기억한다, 그 긴긴 대낮에 다른 아이들과 함께 쓰레기통과 쓰레기 더미를 헤치고 양배추 줄기에 감자 껍질, 때로는 상한 데를 때어 내면 먹을 수 있는 썩은 빵조각을 주워 내던 일을. 소먹이를 싣고 길을 지나던 트럭이 울퉁불퉁한 길에서 덜커덕거릴 때 떨어지는 콩깻묵조각을 기다리던 일을…….

아버지가 사라졌을 때 어머니는 어떤 놀라움이나 격렬한 슬픔을 보이지 않았지만, 그녀에게 급격한 변화가 일어난 것만은 확실했다. 어머니는 완전히 넋 빠진 것 같았다. 어린 윈스턴이 보아도 그녀는 꼭 일어나야 한다고 믿고 있는 어떤 일을 기다리는 것 같았다. 그녀는 밥을 짓고, 빨래하고, 옷을 꿰매고, 잠자리를 봐주고, 마루를 쓸고, 벽난로를 닦는 등 해야 할 일은 모두 했다. 그러나 이 모든 일을 마치 지시에 따라 움직이는 화가의 모델처럼 아주 천천히, 그리고 불필요한 동작은 삼가며 해 나갔다. 그녀의 크고 날씬한 몸은 저절로 정물처럼 굳어 가는 것 같았다. 몇 시간이고 침대 머리맡에 꼼짝도 않고 앉아, 너무 말라서 원숭이 같은 얼굴이 된, 작고 허약하고 말 없는 두어 살짜리 누이동생을 간호하기도 했다. 어머니는 곧잘 아무 말 없이 오랫동안 윈스턴을 가슴에 꼭 껴안기도 했다. 그는 어렸고 자신밖에 몰랐지만 결코 말할 수 없는 어떤 사건이 일어나리라는 예감이 들었다.

그는 그들이 살던 어둡고 냄새나는 방을 기억한다. 하얀 덧씌우개가 씌워진 침대가 반을 차지하던 그 방 난롯가에는 가스 꼭지와 먹을 것을 넣어 두던 찬장이 있고, 바깥 층계참에는 여러 집이 함께 쓰는 갈색 사기로 된 하수구가 있었다. 그는 가스 꼭지 위로 몸을 구부려 냄비 안에 든 음식물을 뒤적이던 조각 같은 어머니의 몸을 기억한다. 무엇보다 늘 배가 고프고 식사 때마다 시끄러운 싸움이 벌어졌던 것을 기억한다. 그는 어머니에게 거듭 왜 먹을 것이 없느냐고 졸라 대고 마침내 소리치며 어머니에게 대들고(일찍 변성기가 되어 괴상하게 울리던 자신의 목소리까지 기억한다) 슬픈 듯 울먹거리며 제 몫보다 더 먹으려고 버둥대곤 했다. 그러면 어머니는 그의 몫보다 더 덜어 주었다. 그녀는 '사내'애가 가장 많이 먹어야 한다고 봐주었다. 그러나 어머니가 더 주었는데도 그는 언제나 더 달라고 했다. 식사 때마다 어머니는 그에게 욕심부리지 말고 누이동생이 아프니까 좀 먹여야 될 것 아니냐고 타일렀지만 아무 소용도 없었다. 어머니가 더 퍼 주지 않으면 그는 화가 나서 소리를 지르고 냄비와 국자를 어머니 손에서 억지로 빼앗았고 누이동생의 접시에서 빼앗아 먹곤 했다. 그는 자신이 다른 두 사람을 굶겨 죽인다는 걸 알고 있었으나 그로서도 어쩔 수 없었다. 그는 그렇게 할 권리가 있다고까지 생각했다. 배 속의 허기진 꼬르륵 소리가 그것을 정당화시켜 주는 것 같았다. 식사시간 외에도 어머니가 지켜보지 않는 틈을 타 찬장 안에 든 보잘것없는 음식물을 한없이 훔쳐 먹었다.

어느 날 초콜릿 배급이 나왔었다. 지난 몇 주, 아니 몇 달 동안 이런 배급이 없었다. 그는 그 귀중한 초콜릿 한 조각을 똑똑히 기억한다. 그들 세 식구에게는 2온스짜리 한 조각이 배급되었다(그때에도 여전히 온스라는 단위를 썼다). 이것을 세 조각으로 나누는 것이 당연했다. 갑자기 누구라도 들으라는 듯이 윈스턴은 혼자서 그것을 모두 먹어야 한다고 커다랗게 소리쳤다. 어머니는 욕심을 부리지 말라고 타일렀다. 오랫동안 외치고, 울고불고 꾸짖고 달래는 소동이 벌어졌다. 그의 어린 동생은 새끼 원숭이처럼 두 손으로 어머니를 꼭 붙잡고 슬픈 표정의 커다란 눈으로 오빠를 보며 앉아 있었다. 마침내 어머니는 초콜릿의 4분의 3을 그에게 주고 나머지를 누이동생에게 주었다. 그 작은 계집애는 그걸 받아 들고도 무엇인지 모르는지 바보처럼 보고만 있었다. 윈스턴은 잠시 동생을 노려보았다. 그리고 갑자기 동생의 손에서 초콜릿을 잽싸게 채어가지고 문 밖으로 뛰었다.

"윈스턴, 윈스턴!"

어머니는 그를 불렀다.

"돌아와! 동생한테 초콜릿을 돌려줘!"

그는 걸음을 멈췄지만 돌아가지 않았다. 어머니의 눈이 간절하게 그의 얼굴을 보고 있었다. 그때까지도 어머니는 무언가 일어나려고 하는, 그가 모르는 일을 생각하고 있다고 느꼈다. 동생은 무언가 빼앗겼다는 것을 알고 가냘프게 칭얼대기 시작했다. 어머니는 두 팔로 누이동생을 가슴에 꼭 끌어안았다. 그 모습을 보자 어쩐지 누이동생이 죽어 간다는 생각이 들었다. 그는 돌아서서 손에 질컥거리는 초콜릿을 들고 계단을 도망치듯 내려왔다.

그러고는 다시 어머니를 보지 못했다. 초콜릿을 몽땅 먹고 나니 그제야 좀 부끄러운 생각이 들어 몇 시간 동안 거리를 헤매다가 배가 고파서야 집에 돌아왔다. 그가 집에 와 보니 어머니가 없었다. 이런 일은 그 무렵에 흔히 있었다.

어머니와 누이동생 외에 없어진 것은 아무것도 없었다. 어머니의 외투까지 그대로 있었다. 지금까지도 그는 어머니가 죽었는지 살았는지 알 수 없다. 누이동생은 윈스턴 자신처럼 내란 때문에 늘어난 고아들의 집단수용소('교화원'이라고 불렀다)에 수용되었거나 어머니와 함께 노동자수용소로 보내지거나 어디 딴 데 있지 않으면 아마 죽어 버렸을 것이다.

그 꿈이, 특히 아기를 싸안고 보호하려는 듯 팔이 움직이던 장면이 그의 마음속에 여전히 생생했다. 모든 의미가 그 팔 움직임의 장면에 들어 있는 것 같았다. 그는 두 달 전에 꾼 꿈이 다시 생각났다. 흰 누비이불을 깐 더러운 침대에 딸을 꼭 붙잡고 앉아 있을 때도 침몰하는 배 안에 앉아 윈스턴의 자리 저 밑에서 아래로 아래로 떨어져 내려가면서도 어머니는 어두운 물을 통해 그를 올려다보고 있었다.

그는 줄리아에게 자기 어머니가 사라진 이야기를 해 주었다. 그녀는 눈도 뜨지 않고 이리저리 뒹굴며 편한 자세로 누워 있었다.

"그땐 당신도 돼지 같았군요. 하긴, 아이들이란 모두 돼지지만."

그녀는 덤덤하게 말했다.

"그랬지. 그렇지만 정말 요점은……."

숨소리로 보아 그녀는 다시 잠 속에 빠져드는 모양이었다. 그는 어머니에 대해서 좀 더 이야기하고 싶었다. 그의 기억으로는 어머니는 비범한 여자도, 지성적인 여자도 아니었다. 그러나 자기 나름의 기준으로 살았기 때문에 고상하고 순결한 기품이 있었다. 자신만의 정신을 지키고 있어 외부의 영향을 받지 않았다. 그녀는 쓸데없는 행동이라 해서 의미가 없다고 생각하지 않는 것 같았다. 사랑하면 사랑하는 것이고 그에게 줄 것이 없다 하더라도 사랑만은 줄 수 있었다. 초콜릿을 다 뺏기자 어머니는 동생을 가슴에 꼭 껴안았다. 그래 봤자 아무 소용도 없고 다른 일이 일어날 리도 없으며 초콜릿이 더 생기는 것도, 아기나 자신의 죽음을 막을 수 있는 것도 아니지만 그렇게 하는 것을 마땅히 여기는 것 같았다. 보트에 탔던 그 피란민 여자도 총알을 막는 데 종이 한 장만큼의 효과가 없는데도 어린아이를 팔로 싸안았다. 당이 행하는 무서운 일은 물질세계에 대한 인간의 힘을 모두 빼앗아 가는 동시에 단순한 충동이나 감정은 아무 쓸모가 없다고 설득시키는 것이다. 일단 당의 손아귀에 들어가기만 하면 느낀다든가 못 느낀다는 것, 한다는 것과 하지 못한다는 것이 문자 그대로 아무런 차이가 없게 된다. 그에게 일어난 일은 사라지고 그와 그의 행위도 다시 알 수 없게 된다. 그리하여 역사로부터 깨끗이 지양(止揚)되어 버린다. 그러나 두 세대 전 사람들은 역사를 바꾸려 하지 않았기에 이것은 그리 중요할 수 없었다. 그들은 사사로운 충성심으로 살았고 이를 의심하지도 않았다. 중요한 것은 개인적 관계였고 죽어 가는 사람을 포옹하고 눈물 흘리고 위로하는 등 전혀 무익한 행동도 그 자체로 의미를 지닐 수 있었다. 노동자들은 아직 이런 상태 속에 살고 있다는 생각이 들었다. 그들은 당이나 나라, 사상에 충성할 필요가 없고 서로의 인간에 충성한다. 그는 비로소 노동자를 경멸하지 않게 되었고 언젠가 생명을 되찾아 세계를 재생시킬 수 있는 잠재된 힘으로 보기에 이르렀다. 노동자들도 인간이다. 내부까지 굳어 있지는 않다. 그들은 그가 의식적으로 다시 배워야 할 원시 감정으로 살고 있다. 그는 이런 생각을 하다가 별다른 이유 없이 몇 주일 전 길가에 떨어진 절단된 팔을 보고 양배추 줄기처럼 하수구 속에 처넣은 일이 생각났다.

"노동자들이야말로 진정한 인간이야. 우린 사람이랄 수 없지."

그는 큰 소리로 말했다.

"왜 아니죠?"

다시 잠에서 깨어난 줄리아가 물었다.

그는 잠시 생각하다 말했다.

"당신은 우리가 이제 할 수 있는 최선의 일이란 너무 늦기 전에 이곳을 빠져나가 다시는 서로 만나지 않는 것이라고 생각하지 않아?"

"그런 생각을 몇 번이나 해 봤지만 아무튼 전 그렇게 하지는 않을 거예요."

"우린 운이 참 좋소. 그렇지만 오래 이어 가진 못하겠지. 당신은 젊어. 또 정상적이고 순수하오. 나 같은 사람만 멀리하면 앞으로 50년은 더 살 거야."

"아녜요. 저도 다 생각해 봤어요. 당신이 하는 대로 저도 하겠어요. 너무 낙담하지 마세요. 전 살아 있는 게 좋아요."

"6개월쯤 더 살 수 있을지 모르지. 한 1년? 모르겠어. 끝내 우린 헤어질 거야. 그럼 혼자서 어떻게 살 수 있을까? 그들에게 잡히기만 하면 둘 다 아무것도, 정말 아무것도 할 수 없지. 내가 자백하면 당신을 총살할 테고 자백을 거부한다 하더라도 당신을 역시 총살할 거야. 내가 뭘 하든, 뭐라 말하든, 또는 말하지 않든 당신의 처형을 5분도 지연시키지 못할 거요. 우린 한쪽이 죽었는지 살았는지도 알 수 없을 거야. 완전히 무력해지지. 단 한 가지 중요한 것은 그렇게 한다 해서 손톱만큼의 차이가 생기는 것도 아니지만, 우린 서로를 배신해서는 안 된다는 것이야."

"자백이란 건 안 할 수 없어요. 누구든 결국 자백하고 말아요. 당신도 어쩔 수 없어요. 그놈들이 고문할 테니."

"자백을 말하는 게 아니야. 자백은 배신이 아니야. 자백을 하든 안 하든 그건 관계없어. 감정이 문제지. 그놈들 때문에 내가 당신을 사랑하지 않게 되면 그것이 정말 배신이야."

그녀는 곰곰이 생각하더니 마침내 말했다.

"그럴 수 없을 거예요. 그들이 할 수 없는 일이 한 가지 있어요. 당신이 무엇이든 결국 말하게끔 할 수는 있지만 그것을 믿게는 할 수 없어요. 당신 속까지 지배할 수 없거든요."

"그렇지."

그가 다소 희망적으로 말했다.

"당신 말이 옳아. 사람 마음까지 지배할 수는 없지. 인간적으로 산다는 것이 보람 있다고 믿는다는 자체가 별다른 소득은 없다 하더라도 그놈들을 패배시키는 셈은 되는 거지."

그는 결코 잠들지 않는 텔레스크린을 생각했다. 그들은 밤낮으로 감시하지만 정신을 갖고 있는 한 그놈들을 얼마든지 속일 수 있을 것이다. 그놈들이 아무리 영리하다 할지라도 다른 사람의 생각까지 알아낼 수는 없다. 그들 손아귀에 잡혀 있으면 조금은 달라지겠지. 애정부 안에서 일어나는 일은 아무도 모른다. 그러나 추측할 수는 있다. 고문, 최면제, 신경 반응을 측정하는 정밀 기계, 불면과 고독과 끊임없는 심문으로 녹초가 될 만큼 괴롭히는 것…… 어쨌든 사실은 숨길 수 없다. 심문으로 알아낼 수도 있고 고문으로 밝혀질 수도 있다. 하지만 목적이 그저 살아남는 것이 아니라 인간으로 사는 것이라면 그런 것이 궁극적으로 어떤 차이가 있는가? 그놈들은 그들을 바꿔 놓을 수 없다. 그 대신 그들도 아무리 원해 봤자 그들의 감정을 바꿔 놓을 수 없다. 그들이 사람들의 행동이며 말이며 사상을 빠짐없이 세세히 다 캐낼 수 있다 하더라도 깊은 속마음은, 인간 스스로도 어찌할 수 없는 신비로운 속마음은 어쩔 수 없는 것이다.

8

단행했다. 마침내 단행하고야 말았다.

그들이 서 있는 방은 기다랗고 불빛이 은은했다. 텔레스크린은 나지막한 소리로 중얼거렸다. 값비싼 검푸른 양탄자는 벨벳 위를 걷는 느낌이었다. 방 안쪽에는 오브라이언이 양옆에 서류 더미를 쌓아 놓고 초록색 램프빛을 받으며 탁자 앞에 앉아 있었다. 하인이 줄리아와 윈스턴을 데리고 들어와도 그는 구태여 쳐다보려고도 하지 않았다.

윈스턴은 가슴이 너무 뛰어 말도 제대로 할 수 없을 것 같았다. 머릿속에는 '왔다, 드디어 오고 말았어'라는 생각뿐이었다. 여기 온 것 자체도 그러한데 함께 들어오다니 정말 경솔하기 짝이 없는 행동이다. 물론 저마다 다른 길로 와서 오브라이언의 문 앞에서 만난 것이기는 하지만 말이다. 아무튼 엄청난 노력 끝에 여기까지 올 수 있었다. 내부당원의 숙소를 구경하는 것은 물론, 그들의 거주지역에 들어가는 일도 매우 드문 경우뿐이었다. 커다란 집의 으리으리한 분위기, 풍부하고 여유 있는 세간들, 좋은 음식과 고급 담배의 희한한 향기, 조용하면서도 재빨리 움직이는 엘리베이터, 바삐 왔다 갔다 하는 하얀 조끼의 하인들—이 모든 게 주눅이 들 정도였다. 여기에 올 만한 충분한 구실이 있는데도 걸음을 옮길 때마다 길목에서 검은 제복의 경비원이 툭 튀어나와 신분증을 보자 하고는 나가라고 명령할까 봐 두려웠다. 그러나 오브라이언의 하인은 망설임 없이 그들 둘을 들어오라 했다. 그는 몸집이 작고 머리칼이 검은 남자로, 흰 조끼를 입었는데 다이아몬드형 얼굴은 마치 중국 사람처럼 완전히 무표정했다. 그들이 안내된 복도에는 부드러운 카펫이 깔려 있고 크림색 벽지와 흰 벽은 모두 더할 나위 없이 깨끗했다. 이것을 보니 또 주눅이 들었다. 윈스턴은 벽에 손때가 묻지 않은 복도를 생전 처음 보았다.

오브라이언은 종이쪽지를 손가락 사이에 끼고 열심히 음미해 보고 있는 모양이었다. 콧날만 보일 정도로 얼굴을 깊숙이 숙인 모습이 단호하고 지성적으로 보였다. 한 20초 동안 그는 꼼짝도 않고 앉아 있었다. 그러더니 구술기록기를 앞으로 끌어당겨 부(部)의 혼성전문어(混成專門語)로 메시지를 낭독하기 시작했다.

"항목 1 쉼표 5 쉼표 7 완결 승인 마침표 항목 6 포함된 내용 지극 불합리 사상죄에 이름 취소 마침표 미완 건설공사 중지 부족 기계류 견적 요(要) 마침표 메시지 끝."

그는 유유히 의자에서 일어나 카펫을 조용히 밟고 그들에게 왔다. 딱딱하던 분위기는 신어와 함께 다소 사라졌지만, 그의 표정은 업무를 방해받아 불쾌한 듯 여느 때보다 무거웠다. 윈스턴은 아까 느낀 공포가 갑자기 되살아나며 당황했다. 자기가 정말 바보 같은 잘못을 저지른 것 같았다. 무얼 증거로 오브라이언을 정치적 공모자로 믿었을까? 한번 마주친 시선과 한마디 모호한 말뿐이지 않은가. 그 외에는 꿈을 토대로 자기 혼자 몰래 꾸며 본 상상이다. 이젠 사전을 빌리러 왔다는 구실로 물러날 수도 없게 되었다. 줄리아가 왜 같이 왔는가를 설명할 수 없기 때문이다. 오브라이언은 텔레스크린 앞을 지나다가 무슨 생각이 떠오른 모양이었다. 그는 걸음을 멈추고 옆으로 가더니 벽에 달린 스위치를 눌렀다. 틱 소리가 나더니 텔레스크린 소리가 꺼졌다.

줄리아는 놀라 작은 신음 소리를 흘렸다. 그 공포 속에서 윈스턴은 너무 당황한 나머지 입을 다물고 있을 수가 없었다.

"그걸 끌 수 있군요!"

"그래. 우린 끌 수 있지. 그만한 특권은 갖고 있다네."

오브라이언이 말했다.

그는 이제 그들 맞은편에 있었다. 우람한 체구가 두 사람 앞에서 굽어보고 있었지만 얼굴 표정은 여전히 알 수 없었다.

그는 윈스턴 쪽에서 먼저 말을 꺼내기를 엄숙하게 기다리고 있었다. 그런데 대체 무슨 말을 해야 한단 말인가? 지금껏 그는 바쁜 사람을 왜 방해하느냐고 추궁하는 듯했다. 아무도 말을 꺼내지 않았다.

텔레스크린을 끄고 나니 방은 쥐 죽은 듯했다. 시계 소리가 엄청나게 크게 들렸다. 윈스턴은 난처해져서 오브라이언의 얼굴만 쳐다보았다. 그러자 갑자기 그 엄숙한 얼굴이 사라지더니 미소를 짓는 표정이 떠올랐다. 그는 독특한 몸짓으로 콧등의 안경을 고쳐 썼다.

"내가 말할까, 자네가 말하겠나?"

그가 물었다.

"제가 말하죠. 저건 정말 꺼졌나요?"

윈스턴이 곧바로 말했다.

"물론이오. 모두 꺼졌네. 여긴 우리뿐이야."

"저희가 여기 온 것은······."

그는 자신의 방문 동기가 모호하다는 것을 깨닫고 말을 멈췄다. 사실 오브라이언에게서 어떤 도움을 받을 수 있을지 짐작도 가지 않았으므로 그가 여기 온 이유를 말하기란 쉽지 않았다. 그는 자신의 이야기가 맹랑하고 거들먹거리는 것처럼 들리리라고 생각하면서 말을 이었다.

"저희는 당에 반대하는 어떤 음모나 비밀단체가 있고, 당신도 거기에 가담했으리라고 믿고 있습니다. 저희도 거기에 가담해서 일하고 싶습니다. 저희는 당의 적입니다. 저희는 영사의 강령을 믿지 않습니다. 사상범이자 간음자들인 셈입니다. 저는 저희들 운명을 당신에게 맡기고자 이런 말씀을 올리는 것입니다. 당신이 저희들에게 범죄행위를 하라고 원하신다 해도 그조차 각오하고 있습니다."

문이 열린 느낌이 들어 그는 말을 멈추고 어깨 너머로 뒤를 돌아보았다. 아니나 다를까, 누런 얼굴의 작은 하인이 노크도 없이 들어왔다. 술병과 술잔을 담은 접시를 들고 있었다.

"마틴은 우리 편일세."

오브라이언이 태연히 말했다.

"술을 이리 가져오게, 마틴. 둥근 탁자 위에 놓게. 의자는 충분한가? 그럼 다 같이 앉아서 편히 이야기를 하세. 마틴, 자네도 의자를 가져오게나. 이건 공적인 일이니 한 10분 동안은 자네도 하인 노릇을 그만두게."

그러자 마틴도 편안히 앉았다. 그러나 그는 여전히 하인의 태도를 잃지 않았으며, 오히려 그런 것을 특권으로 여기는지 시종 같은 인상을 풍겼다. 윈스턴은 곁눈으로 그를 보았다. 이 사람은 한평생 어떤 역할을 연기해 와서 잠시도 자신의 가면을 벗으면 위험하다고 생각하는 모양이었다. 오브라이언은 병을 들어 검붉은 술을 잔에 따랐다. 윈스턴은 오래전에 광고판에서 보던 커다란 네온

사인 술병이 희미하게 생각났다. 위아래로 움직이며 술잔에 술을 따르던 구조였다. 위에서 보면 이 술은 거의 검정색이지만 병 안에서는 루비색으로 빛났다. 새콤달콤한 향기가 났다. 그는 줄리아가 호기심에 술잔을 들어 노골적으로 냄새 맡는 걸 보았다.

"포도주라네."

오브라이언이 어렴풋이 미소를 지었다.

"책에서 읽어 알 거야. 외부당원은 구하기 힘들겠지만."

그는 다시 엄숙한 얼굴로 돌아와 술잔을 들었다.

"먼저 힘차게 건배하고 마시는 게 이 자리에 어울리겠지. 우리의 지도자, 임마누엘 골드스타인을 위해."

윈스턴도 흥분해서 잔을 들었다. 포도주라면 책에서 읽고 난 뒤 꼭 마셔 보고 싶다고 꿈꾸던 거였다. 유리 문진이나 채링턴 씨가 반만 알고 있는 그 노래처럼 이 포도주도 그가 남몰래 즐겨 떠올리는 옛날의, 지금은 사라진 낭만적인 시대의 유물이다. 그는 포도주가 흑딸기 잼처럼 아주 달콤하지만 곧바로 취하게 만든다고 늘 생각해 왔다. 그러나 실제로 마신 뒤에는 적잖이 실망했다. 사실 수년 동안 진만 마셔 왔으므로 포도주의 참맛을 알 수 없었던 것이다. 그는 빈 잔을 내려놓았다.

"그럼 골드스타인이란 사람이 정말 있습니까?"

"있지, 그런 사람이 있고, 그는 살아 있어. 어디에 있는지는 나도 모르네만."

"그럼 음모도, 조직도 사실입니까? 사상경찰이 지어낸 것이 아니란 말입니까?"

"그럼, 정말이지. '형제단'이라고 부른다네. 그러나 형제단이 존재하고 자네들이 거기에 속해 있다는 것 외에는 더 알 수 없을 걸세. 이 이야기는 나중에 다시 하지."

그는 손목시계를 보았다.

"내부당원이라도 텔레스크린을 반 시간 이상 꺼 두는 건 좋지 않아. 자네들은 여길 함께 오는 게 아니었어. 갈 때는 따로따로 가게. 동무가(그는 줄리아에게 고갯짓을 했다) 먼저 나가게. 우리가 지금 자유롭게 쓸 수 있는 시간이 아직 20분 정도 있어. 먼저 자네들에게 몇 가지 물어보겠네. 자네들은 무엇이든 할 각오가 돼 있나?”
"네, 할 수 있는 것은 뭐든지요."
윈스턴이 대답했다.
오브라이언은 의자에서 몸을 조금 돌려 윈스턴과 마주 보았다. 그는 윈스턴이 줄리아의 답까지 대신 해 주리라 생각했는지 그녀 쪽은 거들떠보지도 않았다. 그는 한동안 눈을 감고 있다가 낮고 침착한 음성으로 마치 교리문답처럼 대답이 뻔한 질문을 시작했다.
"목숨을 바칠 각오가 돼 있소?"
"네."
"살인도 할 수 있겠나?"
"네."
"무고한 사람 수백 명을 죽일지도 모를 테러행위도 하겠나?"
"네."
"나라를 외국에 팔아먹을 각오는?"
"있습니다."
"속이고, 위조하고, 공갈하고, 동심을 더럽히고, 중독약품을 배포하고, 매춘을 장려하고, 성병을 전염시키고…… 풍속을 해치고, 당의 권력을 약화시킬 수 있는 것은 뭐든 할 각오가 돼 있는가?"
"네."
"예를 들어, 아이들 얼굴에 황산을 뿌리는 게 우리 이해관계에 도움이 된다면 그렇게 할 용의가 있나?"
"네."
"지금의 신분을 버리고 여생을 하인이나 부두 노동자로 살 수 있겠나?"
"네."
"우리가 하라고 명령하면 언제든 자살할 수 있나?"
"네."
"자네들 둘이 떨어져서 서로 다시는 못 본대도 괜찮나?"
"안 돼요!"
줄리아가 소리쳤다.

윈스턴은 한참을 묵묵히 있었다. 한동안 그는 말할 힘조차 잃은 것 같았다. 혀가 헛돌 뿐 말이 나오지 않았다. 먼저 맨 첫 음절, 그리고 그다음 말의 첫 음절을 만들어 내려고 몇 번이나 노력했다. 입으로 나오기 전에는 자기가 무슨 말을 하고자 했는지 몰랐다. 마침내 그는 "안 되겠습니다"라고 대답했다.

"잘 말해 주었네. 우린 모든 걸 다 알아야 하거든."

오브라이언이 말했다.

그는 줄리아에게로 돌아앉아 좀 더 힘주어 물었다.

"윈스턴이 살아 있더라도 전혀 다른 사람이 될 수도 있으리란 것을 이해할 수 있겠나? 우린 그를 완전히 새로운 사람으로 만들지도 몰라. 그의 얼굴, 동작, 손 모양, 머리 색깔, 음성까지 달라질 거야. 그리고 자네 자신도 달라지겠지. 우리 의사들은 알아볼 수 없을 만큼 사람을 바꾸어 놓을 수 있지. 때론 그게 필요해. 경우에 따라 팔다리 하나를 자르기도 한다네."

윈스턴은 몽골인 같은 마틴의 얼굴을 다시 곁눈질하지 않을 수 없었다. 얼핏 보기에 수술 흔적은 하나도 없었다. 줄리아는 파랗게 질려 주근깨가 더 두드러져 보였지만 대담하게 오브라이언을 마주 보았다.

그녀는 동의하는 듯 뭐라고 중얼거렸다.

"좋아, 그럼 끝났어."

탁자 위에는 은제 담배상자가 있었다. 오브라이언은 건성으로 그 담배상자를 그들에게 밀어 준 뒤 자신도 한 대를 꺼내 물고 일어섰다. 그리고 그래야 생각이 더 잘 난다는 듯 천천히 왔다 갔다 하며 걸었다. 아주 좋은 종이를 굵게 잘 만 고급 담배였다. 오브라이언은 다시 손목시계를 보았다.

"이제 식당으로 가 보게, 마틴. 15분 있다 텔레스크린을 켜겠어. 가기 전에 이 동무들 얼굴을 잘 익혀 두게. 다시 만나게 될 테니까. 나는 못 만나겠지만."

그가 말했다.

문 앞에서도 그랬듯 마틴은 검은 눈을 깜박거리며 그들을 보았다. 그런 태도에는 조금도 친밀감이 느껴지지 않았다. 얼굴을 기억해 두긴 하겠지만 그들에겐 아무런 관심이나 어떤 감정도 없다고 하는 것 같았다.

윈스턴은 성형 수술한 얼굴이라 표정을 바꿀 수 없나 보다고 생각했다. 마틴은 아무런 말도, 인사도 없이 조용히 문을 닫고 나가 버렸다. 오브라이언은 한 손은 검은 제복 주머니에 찌른 채 다른 손에는 담배를 들고 왔다 갔다 하더니 입을 열었다.

"자네들은 암흑 속에서 투쟁하게 된다는 걸 알아 두게. 언제나 암흑 속에 있을 걸세. 자네들은 명령을 받고 이유도 모른 채 복종해야 하네. 나중에, 우리가 살고 있는 사회의 진정한 본질과 그 사회를 전복시키는 전략에 대한 책을 보내 주겠네. 그 책을 읽으면 '형제단'의 정식 회원이 된 걸세. 그러나 우리가 투쟁하는 전반적인 목적과 지금 이 순간의 과제의 관계에 대해서는 아무것도 알 수 없네. '형제단'이 존재한다고 말했네만, 그 수가 100명인지 1000만 명인지는 말할 수 없어. 자네가 개인적으로 알아봤자 10명이나 알 수 있을지 모르지. 자네들은 서너 사람과 접촉할 것이네만 그들은 때에 따라 모습을 감추고 새로운 얼굴로 교체될 거야. 자네와의 접촉은 앞으로도 이런 식으로 이루어질 거야. 자네들이 명령을 받으면 그건 내가 보낸 것일세. 자네들과 연락할 일이 있으면 마틴을 통해서 하지. 자네가 마침내 체포된다면 자백하게 되겠지. 어쩔 수 없으니까. 하지만 자백할 것이라곤 자네가 한 일밖에 없을 거야. 털어놔 봤자 중요하지 않은 몇 사람밖에 대지 못할 거야. 내 이름을 대 봤자 소용없어. 그땐 난 이미 죽었거나 다른 얼굴을 한 전혀 엉뚱한 사람이 돼 있을 테니까."

그는 부드러운 카펫 위로 여전히 왔다 갔다 했다. 몸집이 커다란데도 그의 동작은 무척 우아한 멋이 있었다. 주머니에 손을 찌르고 담배를 피워 무는 동작도 그랬다. 힘이 세어 보인다기보다는 믿음직하고 익살도 부릴 줄 아는 영민한 사람이란 인상을 풍겼다. 아무리 흥분해도 그에게는 광신자들에게 흔히 나타나는 단순함이 전혀 없었다. 살인이니 자살이니 성병이니, 사지를 절단하고 얼굴을 성형한다느니 하는 말을 하는데도 가벼운 농담을 하는 기분이었다. "어쩔 수 없어. 우리가 꿋꿋하게 해야 할 일이야. 하지만 살 만한 세상이 되면 그런 일을 할 필요가 없어지겠지"라고 말하는 것 같았다. 오브라이언에 대한 존경이랄까 어떤 경외심이 일었다. 그 순간 그는 골드스타인의 환영 같은 모습조차 잊고 있었다. 오브라이언의 단단한 어깨며 매우 못생겼지만 교양 있는 무뚝뚝한 얼굴을 보면 그가 패배할 것이라고는 도저히 믿을 수 없었다. 그의 힘에 부치는 전략이나 예견할 수 없는 위험은 있을 것 같지 않았다. 줄리아마저 깊은 인상을 받은 모양이었다. 그녀는 담뱃불이 꺼진 것도 모르고 열심히 귀를 기울이고 있었다. 오브라이언은 말을 이었다.

"자네들은 '형제단'에 대해서 다양한 소문을 들었을 거야. 그리고 자네들 맘대로 상상했겠지. 아마 거대한 지하 음모자들이 지하실에서 비밀리에 만나고 벽에다 메시지를 긁적대고 암호나 특수한 손짓으로 서로를 알아본다고 생각했을 거야. 그런 일은 실제로 없어. 형제단 회원들은 서로 알아볼 방도도 없고 아는 사람도 두셋 이상일 수 없어. 골드스타인 자신이 사상경찰에 붙들린다 해도 완전한 조직명단을 내주거나 그걸 알 수 있는 정보조차 흘릴 수 없지. 처음부터 그런 명단이 없으니까 말이야. '형제단'은 일반적인 의미의 단체가 아니기 때문에 완전 소탕될 수가 없어. 분쇄될 수 없다는 이념만으로 단결을 유지해 가지. 이 이념만이 자네들에게 힘이 될 거야. 동료의식이라든가 사기진작 같은 것도 없어. 자네가 마침내 붙들린다 해도 도움을 기대할 수 없지. 우린 조직원을 돕지 않아. 기껏해야 입을 꼭 막아야 할 사람에게 면도날을 감방으로 슬쩍 넣어 주는 정도야. 자네들은 소득도 희망도 없는 삶에 익숙해져야 하네. 자네들은 얼마 동안 일하다가 잡혀 자백하고는 죽을 거야. 그것이 예견할 수 있는 유일한 소득이지. 우리가 살아 있는 동안에 눈에 보이는 변화가 일어날 가망도 없어. 우린 살아 있는 시체야. 우리의 진정한 삶은 미래에 있어. 그때 우린 한 줌의 먼지와 몇 개의 뼈다귀로 변해 있겠지. 그러나 그 미래가 얼마나 먼지는 알 수 없어. 1000년이 걸릴지도 몰라. 현재로서는 조금씩 조금씩 올바른 정신을 넓혀 가는 것뿐이야. 우린 집단행위를 할 수 없어. 그저 우리의 지식을 개인에서 개인으로, 세대에서 세대로 넓혀 갈 뿐이야. 사상경찰이 있으니 다른 방도가 없어."

그는 말을 멈추고 세 번째로 손목시계를 보았다.

"자네가 돌아갈 시간이네, 동무."

그가 줄리아에게 말했다.

"잠깐, 술이 아직 반 이상 남아 있군."

그는 세 개의 잔에 술을 채우고 자신의 잔을 집어 들었다.

"이번에는 뭘 위해서 건배할까?"

그는 여전히 익살을 부리듯 말했다.

"사상경찰의 혼란에 대해서? 아니면 빅 브라더의 죽음에 대해서? 인류를 위해서? 미래를 위해서?"

"과거를 위해서."

윈스턴이 말했다.

"과거가 훨씬 더 중요하지."

오브라이언이 진지하게 동의했다. 그들은 술잔을 비웠고 잠시 후 줄리아가 가려고 일어섰다. 오브라이언은 보관장 위에서 조그만 상자를 내려 작은 알약을 꺼내 주며 그녀에게 입안에 넣으라고 했다. 승강기 안내원들이 눈치채지 못하도록 술 냄새를 없애는 게 중요하다는 것이다. 문이 닫히고 그녀가 나가자 곧 오브라이언은 그녀의 존재를 잊은 것 같았다. 또다시 두어 걸음 옮기더니 멈추어 서서 말했다.

"세세한 부분을 정해 놓아야 하겠군. 어디 은신처로 쓸 만한 곳이 있나?"

윈스턴은 채링턴 씨의 상점 윗방을 설명했다.

"당장은 충분하겠군. 나중에 다른 곳을 정해 주지. 숨을 곳은 자주 바꾸는 게 중요해. 그동안 자네에게 '그 책'을 보내 주겠네."

오브라이언마저 이 단어를 분명하게 말해 두는 것 같았다.

"골드스타인의 책이야. 되도록 빨리 보내 주겠네. 구하려면 며칠 있어야 할 거야. 자네도 알다시피 부수가 많지 않거든. 우리가 발간하자마자 사상경찰이 찾아내서 없애 버리지. 그래도 상관없어. 그 책은 결코 없어지지 않아. 그 책이 한 권도 안 남는다 하더라도 글자 하나 빠뜨리지 않고 그대로 다시 만들어 낼 수 있거든. 자넨 가방을 가지고 다니나?"

그가 덧붙여 물었다.

"보통 가지고 다녀요."

"어떻게 생겼지?"

"검고 초라해요. 끈이 두 개 달렸고요."

"검고, 끈이 두 개 달리고 초라하다…… 됐어. 가까운 장래에, 날짜는 분명히 말할 수 없지만, 아침에 자네가 처리해야 할 문서 가운데 잘못 인쇄된 것이 들어 있을 걸세. 그럼 자네는 다시 보내 달라고 요청해야겠지. 다음 날 가방을 들지 말고 출근하게. 그날 중에 길에서 한 남자가 자네 손을 건드리며 '당신 가방이 떨어졌소' 하고 말을 걸 거야. 그가 주는 가방 속에 골드스타인의 책이 들어 있네. 그 책은 2주일 안으로 돌려줘야 해."

잠시 침묵이 흘렀다.

"2, 3분 있다 나가게. 만약 그럴 수 있다면, 다시 만나세."

오브라이언이 말했다.

"어둠이 없는 곳에서 말인가요?"

윈스턴이 올려다보고 머뭇거리며 물었다.

오브라이언은 놀라는 기색도 없이 고개를 끄덕였다. 그는 그 암시를 알고 있다는 듯 말했다.

"어둠이 없는 곳에서. 그건 그렇고, 가기 전에 뭔가 하고 싶은 말은 없나? 무슨 전언이나, 질문이라도?"

윈스턴은 생각해 봤다. 더 물어볼 질문이 있을 것 같지 않았다. 게다가 어려운 일반론을 토론할 생각도 전혀 없었다. 오브라이언이나 '형제단'과 직접 관련된 것 대신에 어머니가 마지막을 보낸 어두운 침실이며 채링턴 씨 상점의 조그만 윗방이며 유리 문진과 자단으로 틀을 한 금속판화들이 엇갈려 머릿속에 떠올랐다. 생각 없이 입에서 나오는 대로 물어보았다.

"'오렌지와 레몬이여, 성 클레멘트의 종이 말하네'로 시작하는 옛 노래를 들어 본 적이 있으세요?"

오브라이언이 다시 고개를 끄덕였다. 그는 진지하고 경건하게 그 노래를 끝까지 읊었다.

 오렌지와 레몬이여, 성 클레멘트의 종이 말하네.
 그대는 내게 서푼 빚을 졌지, 성 마틴의 종이 말하네.
 언제 갚으려나? 올드 베일리의 종이 말하네.
 부자가 되면, 쇼어디치의 종이 말하네.

"마지막 줄까지 아시는군요!"

윈스턴이 말했다.

"그럼, 알고 있지. 자 이제 갈 시간이야. 잠깐, 자네도 이 알약을 먹게."

윈스턴이 일어서자 오브라이언이 손을 내밀었다. 악수하는 힘이 어찌나 센지 윈스턴의 손바닥 뼈가 으스러지는 것 같았다. 문간에서 윈스턴이 돌아보았으나 오브라이언은 벌써 그를 잊어버린 모양이었다.

그는 텔레스크린 스위치에 손을 대고 있었다. 그 너머 탁자에는 초록 갓을 씌운 램프와 구술기록기, 서류가 잔뜩 들어 있는 철망으로 된 서류함이 있었다. 이렇게 사건은 끝났다. 오브라이언은 멈춰졌던 당의 중요한 일을 다시 시작할 것이라고 윈스턴은 생각했다.

9

윈스턴은 지친 나머지 녹초가 됐다. '녹초'란 말이 가장 정확한 표현이었다. 저절로 그 말이 떠올랐다. 몸이 젤리처럼 약해지고 투명해진 느낌이었다. 손을 들면 빛이 투과되어 보일 것 같았다. 몸을 혹사한 탓에 신경과 뼈와 가죽만이 허약하게 남고 피와 림프액은 한 방울도 남김없이 빠져나간 것 같았다. 온갖 감각이 날카롭게 살아났다. 옷이 어깨를 묵직하게 짓눌렀으며 땅을 딛는 발바닥은 근질근질했고 손을 쥐었다 폈다 하는데도 손마디가 시큰거렸다.

그는 닷새 동안 아흔 시간 이상을 일했다. 직원들이 모두 그랬다. 하지만 이젠 그것도 다 마무리했으므로 내일 아침까지는 할 일이 없었.

은신처에서 여섯 시간을 보낼 수 있고 집에서 또 아홉 시간을 지낼 수 있었다. 그는 기울어 가는 부드러운 오후 햇빛 속에서 채링턴 씨의 상점으로 가는 지저분한 길을 천천히 걷고 있었다. 경찰에는 주의를 기울였지만 어쩐지 오늘 오후에는 아무도 그를 간섭하리란 두려움이 없었다. 들고 있는 묵직한 손가방이 걸음을 옮길 때마다 무릎에 부딪혀 다리가 찌릿찌릿했다. 가방 안에는 '그 책'이 들어 있다. 책을 받은 지 엿새가 되지만 펴 보긴커녕 구경도 하지 않았다.

증오주간 동안 행진, 연설, 함성, 합창, 국기, 포스터, 영화, 밀랍 제품, 북소리, 트럼펫 소리, 행군하는 발소리, 탱크 바퀴 구르는 소리, 편대 비행의 우렁찬 소리, 총소리 등이 엿새째 이어졌다. 이 거대한 흥분은 절정에 이르렀고 유라시아에 대한 전면적인 증오감이 광적인 상태로 끓어올랐다. 이 행사의 마지막 날 공개 처형하기로 한 2000명의 유라시아 전범들이 눈앞에 있었다면 군중들은 말할 것 없이 갈기갈기 찢어 죽였을 것이다. 그런데 바로 이 절정의 순간에 오세아니아는 유라시아와 전쟁을 하지 않는다고 발표했다. 오세아니아는 동아시아와 전쟁 중이며 유라시아는 동맹국이라는 것이다.

물론 어떤 변화가 일어났다는 해명은 없었다. 그저 갑자기 적은 유라시아가 아니라 동아시아라는 것이 동시에 곳곳에서 알려진 것이다. 윈스턴은 이 순간에 런던 중심부에 있는 광장에서 시위에 참가하고 있었다. 때는 밤이었고 흰 얼굴과 진홍 깃발이 불빛에 번득였다. 광장엔 수천 명이 몰려들었고, 그중에는 스파이단 제복을 입은 1000명쯤의 초등학생들도 끼어 있었다. 진홍색 천으로 꾸민 연단에는 팔이 유달리 길고 머리칼 몇 가닥만 남아 있는 넓은 대머리의 홀쭉한 내부당원 연사가 군중을 향해 열변을 토하고 있었다. 작은 악마처럼 증오심으로 얼굴이 일그러진 그는 한 손으로 마이크를 잡고 뼈마디가 튀어나온 다른 손은 주먹을 쥔 채 위협하듯 공중을 할퀴어 댔다. 그의 음성은 확성기로 쩡쩡 울리면서 잔학행위이니 대량학살, 추방, 약탈, 강간, 포로고문, 양민폭격, 허위선전, 불법침략, 조약파기니 하며 끝없이 떠들고 있었다. 그의 연설을 듣노라면 처음에는 그저 그러려니 하다가 얼마 안 되어 열광해 버리게 된다. 잇따라 군중의 분노가 터지고 연사의 목소리는 수천 명의 목구멍에서 터져 나오는 짐승 같은 함성에 파묻혀 버린다. 학생들의 아우성이 가장 컸다. 연설이 한 20분쯤 진행됐을 때 전령이 연단으로 급히 오르더니 연사의 손에 종이쪽지를 건네주었다. 그는 연설하면서 그걸 펴 읽었다. 그의 음성이나 태도, 그가 말하는 내용에도 아무 변화가 없었지만 갑자기 이름만이 달라졌다. 따로 설명을 한 것도 아닌데 군중들 사이에 알았다는 듯 조용한 파문이 번졌다. 오세아니아가 마침내 동아시아와 전쟁을 개시한 것이다! 다음 순간 엄청난 동요가 일어났다. 광장에 장식된 깃발과 포스터가 모두 틀렸다! 그들은 상대를 잘못 알았다. 태업이다! 골드스타인의 부하들이 공작한 것이다. 아우성이 터지면서 벽에서 포스터를 뜯어내고 깃발을 갈기갈기 찢어 발로 짓밟았다. 스파이단이 비상한 활약을 해서 지붕 꼭대기로 기어 올라가 굴뚝에서 휘날리던 장기(長旗)를 뜯었다. 2, 3분도 안 되어 모두 끝났다. 연사는 여전히 마이크 목을 잡고 어깨를 앞으로 내민 채 한 손으로 하늘을 할퀴며 연설을 계속하고 있었다. 1분도 안 되어 군중들의 야수와 같은 분노의 함성이 다시 폭발했다. 대상이 바뀐 것 외에는 '증오'는 전과 똑같이 이어졌다.

연사가 연설을 멈추지도, 흐름도 바꾸지 않은 상태에서 한 노선에서 다른 노선으로 돌변할 수 있다는 것이 윈스턴은 놀라웠다. 그러나 이때 윈스턴에게 다른 일이 생겼다. 포스터를 찢어 내는 등 한참 혼란할 때 얼굴도 잘 보이지 않는 사내가 어깨를 치면서 "여보세요, 당신 가방이 떨어졌소"라고 말했다.

그는 얼떨결에 아무 말도 못하고 가방을 받았다. 가방 안의 내용물을 확인하려면 며칠은 걸리리라 생각했다. 시위가 끝나자 그는 23시가 거의 되어 가는데도 진리부로 곧장 갔다. 진리부의 전 직원도 마찬가지로 돌아와 있었다. 직장으로 돌아가라는 지시가 텔레스크린을 통해 내려졌지만 굳이 그럴 필요도 없었다.

오세아니아는 동아시아와 교전 중이다. 오세아니아는 언제나 동아시아와 전쟁을 해 왔다. 지난 5년 동안의 정치 문서 태반이 이제 완전히 휴지 조각이 되었다. 모든 종류의 보고서와 기록, 신문, 도서, 팸플릿, 영화, 녹음, 사진 등 모든 것을 번갯불처럼 재빨리 정정해야 한다.

지시는 없지만 유라시아와 전쟁을 했고 동아시아와 동맹을 맺었다는 모든 자료를 1주일 이내로 완전히 없앨 것을 각 국장들이 바라고 있다는 사실은 모두 알 만했다. 이 작업은 기존의 명칭을 붙일 수 없기에 일의 분량이 엄청나게 커진다. 기록국 전 직원이 세 시간씩 두 번 잠깐 눈을 붙이고, 하루에 열여덟 시간을 일했다. 지하실에서 매트리스를 가져와 복도에 죽 깔고, 샌드위치와 승리커피로 된 식사를 식당에서 손수레로 날라 배식했다. 윈스턴은 교대로 잠잘 순서가 올 때까지 책상 위의 일거리를 깨끗이 처리해 놓고자 애썼다. 그러나 쓰라린 눈을 비비며 쑤시는 몸을 이끌고 돌아가 보면, 그때마다 공문 두루마리 무더기가 눈덩이처럼 책상에 쌓여 구술기록기를 반이나 가리고 마룻바닥까지 흘러넘치는 광경이 기다리고 있었다. 그 때문에 먼저 앉을 자리부터 마련하기 위해 주위를 정돈해야 할 정도였다. 처리할 공문이 단순치 않아 무엇보다 골치였다. 대부분은 그저 이름만 바꿔 놓으면 됐지만 상세한 사건보고서에는 조심성과 상상력이 필요했다. 전쟁을 세계의 한 지역에서 다른 쪽으로 이동시켜야 하니 지리에 대한 지식까지 필요했다.

사흘째가 되자 눈이 지독히 아픈 나머지 앞이 보이지 않아 몇 분마다 안경을 닦아야 했다. 하지 않아도 되는데 일 자체에 끌려 완전히 마치고 싶은 나머지 신체적 부담만 키우는 싸움을 하고 있는 것 같은 기분이었다. 자기가 한 일을 돌이켜 볼 여유가 생겨도 구술기록기에 불러 주는 한마디 한마디, 볼펜으로 쓰는 글자 하나하나가 고의적인 거짓말이란 사실이 조금도 괴롭지 않았다. 그저 기록국의 다른 동료처럼 이 날조가 완전무결하기만 바랄 뿐이었다. 엿새째 아침에야 문서가 전달되는 양이 줄었다. 전송관에서 아무것도 떨어지지 않다가 30분 만에 하나가 오더니 다시 오지 않았다. 그때는 다른 곳에서도 다 일이 줄어들었다. 깊은 한숨이 기록국 안에 퍼져 간다. 결코 말할 수 없을 만큼 엄청난 일이 완성된 것이다. 이제 아무도 유라시아와 전쟁을 했다는 사실을 문서상으로 증명할 수 없게 되었다. 12시에, 모든 직원은 내일 아침까지 자유시간을 갖는다는 생각지도 못한 발표가 나왔다. 윈스턴은 일할 때는 다리 사이에 끼우고 잘 때는 깔고 자던 '그 책'이 든 가방을 들고 집에 돌아가 면도를 하고 반은 졸면서 미지근한 물로 목욕을 했다.

그는 채링턴 씨 상점의 윗방 층계로 올라갔다. 관절이 우두둑거릴 만큼 피곤했지만 잠은 오지 않았다. 그는 창문을 열고 지저분한 소형 석유난로에 불을 켠 뒤 커피 끓일 물을 얹었다. 줄리아가 곧 오겠지. 그동안 '그 책'이나 보자. 그는 지저분한 의자에 앉아 가방을 열었다.

묵직하고 검은 책이 나왔다. 서툴게 제본한 데다 표지에는 지은이 이름도, 표제도 없었다. 인쇄도 좀 고르지 못했다. 많은 사람의 손을 거친 듯 책장 가장자리가 후줄근하고 한 장 한 장 쉽게 넘어갔다. 첫 쪽에 제목이 나타났다.

과두정치적 집산주의의 이론과 실제
임마누엘 골드스타인 지음

윈스턴은 읽기 시작했다.

1장 무지는 힘

유사 이래, 아마도 신석기 말 이후로 인민은 상·중·하의 3계급으로 나뉘어 왔다. 그들은 여러 갈래로 세분화되고, 다른 이름으로 무수하게 태어나고, 그 상대적 인구수와 서로 간에 대한 태도 또한 시대마다 달랐다. 그러나 사회의 본질적인 구조만은 절대 바뀌지 않았다. 대규모의 동란이나 돌이킬 수 없는 변혁이 일어난 뒤에도 마치 팽이가 이리 기울고 저리 기울어도 언제나 균형을 되찾듯 같은 유형이 재현되어 왔다.

　이들 세 집단의 목표는 결코 화해될 수 없는 것이다……

　윈스턴은 자기가 지금 편안하고 안전하게 읽고 있다는 사실을 음미하고자 읽기를 멈추었다. 자기 말고는 아무도 없다. 텔레스크린도 없고 열쇠 구멍에 귀를 대고 엿듣는 자도 없다. 어깨 너머로 뒤돌아보거나 그쪽을 가리고 싶은 충동도 느끼지 않아도 된다. 시원한 여름 바람이 뺨을 간질거렸다. 멀리 어디에선가 아이들 노는 소리가 희미하게 들리고 방 안에는 시계 가는 소리 말고는 조용했다. 그는 의자에 몸을 깊숙이 묻고 발을 난로 받침대에 올려놓았다. 축복받은 순간이요, 영원한 시간이었다. 결국은 끝까지 다 읽을 것이고, 한 자도 빠뜨리지 않으려고 되풀이해서 읽게 될 것임을 알고 있는 책을 볼 때 흔히 그러하듯 그는 문득 책장을 넘겨 다른 쪽을 펼쳤다. 3장이었다. 그는 읽어 나갔다.

　3장 전쟁은 평화
　세계가 3대 초국가로 분할되리라는 것은 20세기 중엽부터 예견할 수 있었고 또 실제로 진행되어 온 일이다. 러시아가 유럽을, 미국이 영국을 병합함으로써 세 초국가 가운데 유라시아와 오세아니아 두 열강은 이미 존재해 있었다. 나머지 동아시아는 10년 동안의 복잡한 전쟁을 치르고 나서야 뚜렷한 통일국가로 등장하게 되었다. 3대 초국가 사이의 국경은 곳에 따라 자의적이기도 하고 전황에 따라 변동되기도 하지만 대체적으로 지리적 구분을 따랐다. 유라시아는 포르투갈에서 베링 해협까지 유럽과 아시아 대륙의 북부지역을 장악하고 있다. 오세아니아는 아메리카 대륙과 영국을 포함한 대서양 제도 및 오스트레일리아와 아프리카 남부를 장악한다. 동아시아는 다른 두 나라보다 작고 서쪽 경계가 불분명하지만 중국과 그 남쪽지역, 일본열도 및 광대하지만 국경 변동이 잦은 만주, 몽골, 티베트 등을 장악한다.

　이들 초국가는 서로 동맹을 맺거나 배반하며 끊임없이 전쟁을 하고 있고 이러한 상태는 지난 25년 동안 이어져 왔다. 그러나 전쟁은 이제 20세기 초처럼 그렇게 절망적이고 괴멸적인 싸움이 아니다. 그것은 서로 파괴시킬 수 없는 교전국가 사이의 한정된 목표를 위한 싸움으로, 실질적인 전쟁의 동기도 없고 단순히 이념의 차이로 갈린 것도 아니다. 이것은 전쟁 양상이나 전쟁을 대하는 태도가 덜 잔인해졌다거나 더 기사도에 어울리게 바뀌었다는 것이 아니다. 그 반대로 병적인 전쟁열이 여전히 이어지고 있으며, 그것이 모든 나라에서 공통된 현상으로 나타나고 있다. 강간, 약탈, 유아 살육, 전 인구의 노예화, 끓는 물에 담가 죽이거나 산 채로 묻는 포로에 대한 보복 같은 행위가 정상으로 여겨지고, 적이 아닌 자기편에서 이런 행위를 하는 것은 공훈으로 인정받는다. 그러나 실제 전쟁에서는 대부분 고도로 훈련받은 소수의 전문가들이 참여하고 따라서 사상자도 상대적으로 적다. 전투가 있다 하더라도 일반 사람들이 잘 알 수 없는 변경이나 바닷길의 전략 지점을 지키는 유동요새 주변에서 일어난다.

　문명의 중심지역에서 전쟁이란 만성적인 소비재 결핍과 가끔 몇십 명을 죽이는 로켓탄의 폭발을 의미할 뿐이다. 전쟁의 성격은 실질적으로 바뀌었다. 더 정확히 말하면 전쟁을 일으키는 이유와 그 중요성 순위가 바뀐 것이다. 20세기 초기 대전에서는 작은 동기에 지나지 않았던 것이 지금은 주요 원인이 되고 그것이 의식적으로 인정되어 이에 따라 행동하는 것이다.

　현대의 전쟁 성격을 이해하려면(몇 년마다 전쟁 상대국은 바뀌지만 전쟁은 늘 똑같은 양상이기 때문에) 먼저 결정적인 승패가 있을 수 없다는 점부터 알아 두어야 한다. 3대 초국가는 다른 두 나라의 연합으로도 결코 정복할 수 없다. 그들의 힘이 서로 비슷비슷하고 자연적 방위조건이 철벽 같기 때문이다. 유라시아는 광대한 토지로, 오세아니아는 넓은 대서양과 태평양으로, 동아시아는 주민의 다산성(多産性)과 근면성에 의해 보호를 받고 있다. 싸워야 할 경제적인 이유가 없다는 것도 현대 전쟁의 성격이다. 생산과 소비가 조정되는 폐쇄적인 자립경제가 확보되어 전시대(前時代) 전쟁의 주요 원인이었던 해외 시장 쟁탈이 막을 내렸다. 원료 획득 경쟁도 이미 생사의 문제가 되지 못한다. 아무튼 세 개의 초국가는 저마다 영토가 매우 넓어 그 영역 안에서 필요한 모든 물자를 얻을 수 있다. 전쟁에 직접적인 경제 목적이 있다면 그것은 노동력 쟁탈전이다. 초국가의 경계 사이에는 탕헤르, 브라자빌, 다윈,[1] 홍콩을 꼭짓점으로 하는 대략 네모꼴의 지역이 있다. 세계 인구의 5분의 1이 여기에 거주하는데 이곳은 영원히 어느 한 나라의 소유가 될 수 없었다. 세 열강이 한없이 싸우는 것은 이 인구 조밀 지역과 북쪽의 빙원(氷原)을 차지하기 위해서이다. 하지만 실제로 이 분쟁지역을 완전히 장악한 나라는 하나도 없었다. 부분적으로는 점령자가 끊임없이 바뀌는데 이것은 동맹국이 변함에 따라 가해지는 배신과 공격 때문이다.

이 분쟁지역에는 모두 중요한 광물이 생산되고, 곳에 따라 고무 같은 중요 농산물이 산출된다. 고무는 한랭한 지역에서는 비교적 비용이 많이 드는 방법으로 합성해야 한다. 그러나 어쨌든 이 지역은 무엇보다도 값싼 노동력의 무한한 보고다. 적도 아프리카나 중동지방, 남인도 또는 인도네시아 부근의 다도해를 장악하는 열강은 임금이 싸고 중노동을 시킬 수 있는 수천만 명의 노동자를 소유하게 되는 것이다. 이 지역의 주민들은 어느 정도 공공연하게 노예 신분으로 전락해서 한 정복자에서 다른 정복자로 계속 전전하면서 더 많은 무기 생산, 더 많은 식민지 점령, 더 많은 노동력 장악 경쟁을 위해 마치 석탄이나 석유처럼 쓰인다. 그리고 더 많은 무기 생산, 식민지 점령, 노동력 장악 경쟁이 무제한으로 펼쳐진다. 하지만 전투는 사실 이 분쟁지역을 넘어 번지는 일이 없음에 유의해야 한다.

유라시아의 국경은 콩고 분지와 지중해 북쪽 해안 사이를 왔다 갔다 하고 인도양과 태평양 섬들은 오세아니아와 동아시아가 서로 빼앗았다 뺏겼다 하고 몽골지역에서는 유라시아와 동아시아의 분할선이 안정되었던 전례가 없다. 극지에서는 세 열강이 모두, 실제로는 거의 무인지(無人地)이고 미개척지인 거대한 토지가 자기 것이라고 주장한다. 그러나 세력균형은 거의 언제나 유지되고 각국의 중심 지역은 언제나 아무의 침략도 받지 않는다. 더구나 적도지역 피착취민의 노동력은 세계경제에 실제적으로 꼭 필요한 것이 아니다. 그들이 생산하는 것은 전부 전쟁에 쓰이고 전쟁을 수행하는 목적은 늘 다음 전쟁을 수행하는 데 유리한 위치를 차지하기 위함이기 때문에, 그들이 세계의 부에 공헌하는 것은 아무것도 없다. 그들의 노동으로

---

[1] 탕헤르는 지브롤터 해협에 있는 모로코의 항구도시, 브라자빌은 콩고의 수도, 다윈은 오스트레일리아 북단의 항구도시.

노예 인구가 늘어나고 따라서 지속전(持續戰)은 더욱 가속화된다. 하지만 그들이 존재하지 않더라도 세계의 사회구조나 그 존속 과정이 본질적으로 달라지는 것은 아니다.

　현대 전쟁의 기본 목적은(이중사고의 원칙에 따르면 내부당원은 이를 인정하기도 하고 하지 않기도 한다) 전반적인 생활수준은 향상시키지 않으면서 공장 제품을 완전히 소모시키는 것이다. 19세기 말 이후 남아도는 소비품을 어떻게 처리하는가 하는 문제가 공업사회에 잠재해 왔다. 그러나 식량이 충분하지 않은 오늘날 이 문제는 그리 시급한 것이 아니며 인위적인 파괴행위가 없더라도 그렇게 되지 않을 것이다. 오늘날의 세계는 1914년 이전의 세계, 더욱이 그 무렵의 사람들이 예상했던 상상 속의 미래와 견주어 보면 벌거벗고 굶주리고 황폐한 세계다. 20세기 초의 미래사회관은 분명히 풍부하고 여가가 있으며, 질서 있고 효율적이었다. 마치 유리와 강철과 눈처럼 하얀 콘크리트가 번쩍이는 영구적인 세계라고 대부분의 식자들이 믿었다. 과학과 기술은 놀랄 만한 속도로 발전하고 있었으며 앞으로도 그렇게 진보해 갈 것이라고 당연히 생각했다. 그러나 실제로 그렇게 되지 않았다. 장기적인 전쟁과 혁명으로 빈곤이 초래되는 한편 과학과 기술의 발전 토대가 되는 경험적 사고방식이, 엄격한 통제 사회에서는 불가능했기 때문이었다. 전반적으로 오늘의 세계는 50년 전보다도 더 원시적이다. 분야에 따라 발전한 부분도 있고 특히 전쟁과 사상경찰에 관련된 여러 가지 기술은 확실히 진보했지만 1950년대의 핵전쟁으로 파괴된 것이 아직도 완전히 복구되지 못한 정도다. 그럼에도 기계 속에 내재한 위험은 여전히 존재한다. 기계가 처음 나타난 순간부터 사리를 제대로 분별할 줄 아는 모든 사람들은 인간의 고된 노동의 필요성과 그로 인한 불평등이 어느 정도 사라졌다고 확신했다. 기계가 그 목적에 적절히 쓰였더라면 기아, 과로, 쓰레기, 문맹, 질병 등은 몇 세대 안에 근절됐을 것이다.

　사실 기계는 그런 목적으로 쓰이지 않았지만 때로는 분배하지 않을 수 없는 부(富)를 생산하는 과정을 통해 그 부산물로 19세기 말과 20세기 초의 50년 동안 일반국민의 생활수준을 매우 향상시켰다. 하지만 일률적인 부의 증가는 계급사회를 파괴할 위험(어떤 의미에서 그 자체가 파괴이다)이 있다는 것이 자명하다. 누구나 적게 일하고 많이 먹고 목욕탕과 냉장고가 있는 집에서 살며 자동차와 비행기까지 갖는 세상에서는 불평등이라는 가장 명백하고 중요한 사회구조가 무너질지도 모른다. 부가 일반적인 것이 되면 차별이 사라질 것이다. 개인적 소유와 사치라는 의미에서 부가 공평히 분배되는 한편 권력은 소수 특권계급이 장악하는 사회를 상상할 수 있다. 그러나 실제로 그런 사회는 장기간 안정적일 수 없다. 왜냐하면 모두가 시간적 여유와 경제적 안정을 누리게 된다면 빈곤한 나머지 우매해진 대중이 차츰 깨이고 혼자 사색할 수 있게 된다. 그렇게 되면 조만간, 소수의 특권층이 특권적이어야 할 아무런 까닭이 없음을 알게 되고 따라서 그들을 없애 버리려 하기 때문이다. 결국 장기적으로 보아 계급사회는 가난과 무지를 기반으로 할 때만이 가능하다. 20세기 초의 몇 사상가들이 꿈꾸었듯 과거의 농업사회로 돌아가는 것은 실제적인 해결책이 아니다. 이것은 거의 전 세계를 통해 거의 본능이 되다시피 한 기계화 경향과 맞지 않을 뿐더러 공업 후진국가는 군사적으로 무력해져서 직접적으로나 간접적으로 선진국가의 지배를 받게 될 것이기 때문이다.

그렇다고 재화(財貨) 생산을 억제함으로써 대중을 빈곤에서 헤어나지 못하게 하는 것도 만족스러운 해결방안이 아니다. 이런 방법은 자본주의의 최종단계인 1920년부터 1940년 사이에 상당히 채택되기도 했다. 여러 나라가 경제를 침체시켜 토지를 경작하지 않고 자본재를 생산하지 않으며 많은 인구집단을 해직시켜 국가의 원호금으로 겨우 살게 했다. 그러나 이것 또한 군사적 약세를 불러왔고, 또한 이로 말미암은 궁핍은 명확히 필요없는 것이었으므로 그 반대운동이 불가피하게 일어났다. 문제는 세계의 부를 실제적으로 증가시키지 않으면서 어떻게 공업을 발전시키느냐 하는 것이다. 재화는 생산해야 하지만 분배해서는 안 된다. 그리고 실제적으로 이를 달성하는 유일한 방법은 계속적인 전쟁밖에 없다. 전쟁행위의 본질은 인간의 생명이 아니라 인간의 노동에 의한 생산품을 파괴하는 것이다. 대중을 안락하게, 따라서 장기적으로 보아 지혜롭게 하는 데 쓰일 물질을 하늘로 날리고 바닷속에 떨어뜨리며 산산이 부숴 놓는 것이 전쟁이다. 전쟁에 쓰이는 무기가 실제로 파괴되지 않더라도 무기 공장은 소비품 생산에 쓰일 노동력을 소모시킬 수 있는 것이다. 예를 들면 하나의 유동요새는 수백 척의 화물선을 만들 수 있는 노동력이 필요하다. 궁극적으로 아무에게도 물질적 혜택을 주지 않은 채 폐기되지만 또다시 엄청난 노동력을 들여 새 유동요새를 건조한다. 원칙적으로 전쟁 규모는 국민의 수요를 최소한도로 맞춰 주고 남아도는 물자를 완전 소모하는 범위로 늘 계획된다. 실제로는 국민의 수요량은 언제나 과소평가되고 그 결과 생활필수품의 반은 만성적인 부족 상태에 놓인다. 그러나 이것도 유리한 것으로 여겨진다. 정부의 혜택을 받는 집단들마저 곤궁한 상태로 붙들어 두는 것이 적절한 정책이다. 왜냐하면 전반적으로 궁핍한 상태여야 작은 특혜가 더욱 커 보이고 한 집단과 다른 집단 간의 차이가 확연해지기 때문이다. 20세기 초의 기준으로 보면 내부당원의 생활조차 근검하고 고되다. 하지만 구색을 갖춘 넓은 집이며 좋은 천으로 만든 옷, 질이 좋은 음식과 술, 담배, 두어 명의 하인, 개인 소유의 자동차나 헬리콥터 등 약간의 호사품 덕분에 그들의 처지는 외부당원과는 달라지게 된다. 외부당원은 또 그들대로 이른바 '노동자'란 최하층 대중들과 비교해서 특혜를 받고 있다. 사회 분위기는 마치 말고기 한 덩어리를 갖느냐 못 갖느냐에 따라 빈부가 결정되는 포위된 도시의 분위기와 같다.

   이와 동시에 전시라서 위험에 처해 있다는 인식은 모든 권력을 소수계급에 넘겨주는 것이 살기 위해 당연하고 불가피하다고 믿게끔 만든다.

   뒤에 가서 서술하겠지만, 전쟁은 필요한 파괴행위를 할 뿐 아니라 이를 심리적으로 용납하게끔 수행된다. 원칙적으로 세계의 남아도는 노동력을 성당이나 피라미드를 건설하거나, 구멍을 팠다가 도로 메우고, 방대한 재화를 생산했다가 소각하는 방법으로 허비하는 것은 너무 단순하다. 이 방법은 계급사회에 경제적 기반을 제공해 주기는 하겠지만 감정적 기반에는 도움이 되지 않는다. 여기에서 생각해야 할 것은 꾸준히 일하는 한 대중의 심리 상태는 조금도 중요하지 않다. 당 자체의 사기가 중요한 것이다. 일선 당원이라도 경쟁심과 근면성, 약간의 지성이 있어야 하지만 동시에 공포와 증오, 아첨, 승리에 도취된 경솔하고 맹목적인 열광이 필요하다. 다시 말하면 그들은 전쟁 상태에 어울리는 정신 상태를 가져야 한다. 전쟁이 일어나든 안 일어나든 실제로는 관계없으며 결정적인 승리가 불가능하므로 전쟁 상황이 좋든 나쁘든 상관없다. 필요한 것은 전쟁 상태가 유지되어야 한다는 것뿐이다. 보편적으로 당이 당원에게 요구하는 지성의 분열은 전쟁 분위기에서 더 쉽게 달성할 수 있으며 당원의 지위가 높아질수록 그 분열현상은 더욱 두드러진다. 따라서 전쟁을 하고자 하는 열망과 적에 대한 증오감이 가장 강렬한 곳이 내부당이다. 행정관 자격을 지닌 내부당원은 때때로 전쟁 뉴스의 어떤 기사가 가짜란 것을, 때로는 모든 전쟁이 가짜이고 실제로는 전쟁이 전혀 일어나지 않고 있다거나 공언(公言)된 목적과는 판이한 목적을 위한 전쟁이라는 것을 알게 된다. 그러나 이러한 지식은 이중사고라는 수법에 의해 쉽게 무력한 것이 되고 만다. 그 때문에 전쟁이 실제로 진행되고 있고 오세아니아가 전 세계의 진정한 주인이 되어 전쟁을 승리로 끝낼 것이란 신비한 신념에 대해 내부당원은 한시도 갈팡질팡한 적이 없다.

모든 내부당원은 다가올 세계 정복을 신조로 믿는다. 그리고 점진적인 영토확장, 그로 인한 압도적인 세력형성, 또는 새로운 무적 신무기 발명에 의해 달성될 것으로 생각한다. 끊임없이 이어지는 신무기 연구는 창조성이 있고 사변을 중시하는 인간들이 출구를 찾을 수 있는 몇 안 되는 활동부문 가운데 하나다. 오늘날 오세아니아에는 옛 의미의 과학이 존재할 수 없게 되었다. 신어에는 '과학'이란 단어조차 없다. 과거에 온갖 과학적 업적을 이루는 데 바탕이 되었던 경험을 중시하는 사고방식은 '영사'의 가장 기본 원칙과 반대된다. 기술의 진보도 거기에서 생긴 소득이 인간의 자유를 감소시키는 데 쓰일 수 있을 때에만 가능하다. 모든 유용한 기술은 멈춰 있거나 퇴보하고 있다. 책은 기계로 저술되는 반면 토지는 말에 쟁기를 매어 경작한다. 그러나 중요한 분야, 즉 전쟁과 경찰부문에서는 경험적 방법을 장려하거나 중요시하고 있다. 당의 2대 목표는 전 세계를 정복하고 모든 독립적인 사고의 가능성을 영원히 근절시키는 것이다. 그러기 위해 당이 해결해야 할 두 가지 큰 문제가 있다. 하나는 다른 사람이 생각하는 내용을 알아내는 것이고, 다른 하나는 감지당하지 않고 몇 초 안에 수억 만 명을 죽이는 것이다. 과학의 연구가 이어지는 한 이것이 그 주요한 과제이다. 오늘의 과학자는 얼굴의 표정, 태도, 음성을 면밀하게 조사하고 진실을 고백케 하는 약품, 충격 요법, 최면술, 고문을 실험하는 심리학자와 심문인(審問人)을 겸하고 있다. 아니면 인명을 빼앗는 수단을 개발하는 특수 분야에 종사하는 화학자나 물리학자, 또는 생물학자일 뿐이다. 평화부의 거대한 실험실에서 또는 브라질의 밀림이나 오스트레일리아의 사막, 남극의 고도(孤島)에 비밀리에 설치한 실험소에서 전문가 팀이 쉴 새 없이 연구하고 있다. 미래의 전쟁에 설치될 병참을 계획하기도 하고 더욱 큰 로켓탄이나 더욱 강력한 폭탄, 더욱 철통 같은 장갑판을 고안하기도 하며, 살상력이 뛰어난 새로운 독가스나 대륙의 모든 식물을 전멸시킬 수 있을 만큼 대량생산이 가능한 용해성 독극물, 모든 항독소에 면역되는 병균 배양을 연구하기도 한다. 잠수함처럼 땅속을 뚫고 다니는 차나, 배처럼 기지가 필요 없는 비행기 개발에 힘쓰기도 하고 수천 킬로미터 떨어진 우주공간에 설치하여 태양광선의 초점을 구하는 렌즈를 고안하거나 지구 중심부의 열에 자극을 주어 인공 지진이나 해일을 일으킨다는 원대한 계획까지 연구하고 있다.

  그러나 이러한 계획의 어떤 것도 아직 실현되지 못했고 세 개의 초국가 어디도 이 분야에서 뚜렷한 성과를 얻지 못하고 있다. 더욱 놀라운 것은 3대 열강이 모두 현재의 기술로 개발할 수 있는 무기보다 훨씬 파괴력이 강한 원자탄을 이미 소유하고 있다는 것이다. 당은 언제나 그렇다시피 자기들이 발명했다고 주장하지만, 원자탄은 이미 1940년대에 처음 나타나서 10년 뒤에 대규모로 쓰였다. 그 무렵 수백 개의 원자탄이 주로 러시아와 서유럽, 북아메리카의 공업중심지에 투하되었다. 그 결과 각국 지도자들은 원자탄을 계속 사용하는 것은 기존 사회, 즉 그들 자신의 권력마저 무너지게 된다고 확신하게 되었다. 그 후로 공식 협정이 맺어지거나 제안되지도 않았는데 폭탄을 더 떨어뜨리지 않았다. 세 열강 모두 원자탄을 잇따라 생산해 언젠가 닥쳐올 것임에 틀림없는 결정적 순간에 대비, 저장해 둘 뿐이다. 한편으로 전쟁 기술은 30~40년 동안 거의 답보 상태이다. 헬리콥터가 전보다 더 많이 쓰이고 폭격기는 대부분 자력추진분사기(제트기)로 대체되었으며 허술한 전함 대신 거의 어떤 공격에도 끄떡없는 유동요새가 나타났다. 하지만 다른 무기의 발전은 거의 없었다. 탱크, 잠수함, 어뢰 기관총, 그리고 소총과 수류탄마저 옛날 것이 여전히 쓰이고 있다. 그리고 신문이나 텔레스크린의 끊임없는 사살 보도에도 몇 주 동안에 수십만, 수백만이 피살된 초기 전쟁의 격렬한 전투는 다시 볼 수 없다.

　3대 초국가 가운데 어떤 나라도 치명적인 패배의 위험이 있는 기동작전을 한 번도 꽤하지 않았다. 방대한 작전을 실시하는 것은 대개 동맹국을 향한 기습공격이다. 3대 열강이 채택하는 전략은 모두 똑같다. 그들의 계획은 전투와 흥정, 그리고 기회를 잘 포착한 배신행위를 적당히 섞어 가며 교전 상대국을 완전히 포위하는 둥근 고리 모양의 기지를 획득한 뒤 그 나라와 우호조약을 맺고 의심의 싹을 자르기 위해 몇 년 동안 평화관계를 유지하는 것이다. 그사이에 원자탄을 실은 로켓을 모든 전략요지에 배치한다. 그리하여 이를 일제히 발사하면 보복할 수 없을 만큼 치명적인 타격을 가할 수 있다. 그런 다음 나머지 열강과 평화조약을 맺으면 새로운 공격을 준비할 수 있다는 계획이다. 그러나 이러한 계략은 말할 필요 없이 실현될 수 없는 백일몽일 뿐이다. 더구나 적도와 극지 부근의 분쟁지역 외에는 전투 자체도 없고 적국의 영토 침략을 기도하지도 않는다. 이 사실이 초국가 사이의 국경 일부가 제멋대로 결정되었음을 증명한다. 예를 들면 유라시아는 지리적으로 유럽에 속하는 영국을 쉽게 정복할 수 있고 오세아니아는 라인강이나 비스툴라까지 국경을 밀고 갈 수 있을 것이다. 이것은 한 번도 공식화되진 않았지만 서로가 따르는 문화 보전이라는 원칙을 침범하는 결과가 된다. 만약 오세아니아가 옛날 프랑스와 독일로 알려진 지역을 정복하고자 한다면 실제적으로 어려운 문제가 생긴다. 즉 이곳 주민을 몰살하거나 1억의 인구를 기술을 개발할 수 있는 오세아니아인의 수준으로 대략적이나마 동화시켜야 한다는 것이다. 이런 문제는 3대 초국가에 마찬가지로 해당된다. 외국인과는 전쟁포로나 유색인 노예와 같은 제한된 범위 외에 모든 접촉을 끊는 것이 그들의 체제상 반드시 필요하다. 공식적으로 동맹을 맺고 있는 순간에도 짙은 의혹의 눈초리로 바라보게 해야 한다. 전쟁포로를 제외하고는 오세아니아의 일반 시민은 유라시아나 동아시아의 시민을 한 번도 본 적이 없으며 외국어 공부도 금지되어 있다. 외국인과의 접촉을 허용하면 그들도 자기와 비슷한 인간이고 그들에 대해서 들어온 이야기의 대부분이 거짓이었음을 깨달을 것이다. 그리하여 그가 살고 있는 폐쇄된 세계가 깨지고 사기의 바탕이 되는 공포와 증오, 독선이 말라 버릴 것이다. 따라서 각국들은, 페르시아나 이집트, 자바나 스리랑카의 주인은 수없이 바뀔 망정, 주요 경계선에는 폭탄 이외의 어떠한 것도 절대 교류해서는 안 된다고 판단한다.

이러한 상태 아래 공공연히 언급하지는 않지만 암암리에 이해하고 또 그에 따라 펼쳐지는 한 가지 사실이 있다. 즉 3대 초국가의 생활조건이 매우 비슷하다는 것이다. 오세아니아의 주요한 철학(哲學)은 '영사(INGSOC, England Socialism)'라 하고, 유라시아의 그것은 '신볼셰비즘(Neo Bolshevism)'이라 한다. 동아시아는 '죽음숭배(Death Worship)'라고 번역되는 중국말이지만 더 정확히는 '자기말살(Obliteration of the Self)'이라고 하는 편이 나을 것이다. 오세아니아 시민은 다른 두 나라의 철학에 대해 조금이라도 알아서는 안 된다. 그리고 그것들은 도덕과 양식에 대한 야만적 폭행이니 저주하도록 교육받는다. 하지만 이 세 개의 철학은 거의 비슷하고 그것이 지탱하는 사회체제 또한 전혀 차이가 없다. 어디든 똑같은 피라미드형의 구조와 반신(半神) 같은 지도자에 대한 똑같은 숭배가 있고, 계속적인 전쟁에 의한, 또는 전쟁을 위한 똑같은 경제체제가 있다. 따라서 세 초국가는 다른 하나를 정복할 수 없을 뿐 아니라 그래 봤자 아무 이득도 없다는 결론이 나온다. 반대로 세 나라가 대립을 이어 간다면 마치 세 개의 솥발처럼 서로 의지해 서 있을 수 있다. 그리고 언제나 이 세 나라의 지도층은 자기들이 하고 있는 일에 대해 잘 알고 있거나 아니면 전혀 모르고 있다. 자신의 생명을 세계 정복에 바치는 한편 반드시 전쟁은 영원히, 그리고 승리 없이 이어져야 한다고 생각한다. 그러나 정복될 우려가 없다는 사실 때문에 '영사' 및 다른 두 사상 체계의 특징인 현실 부정이 가능하게 된다. 여기서 먼저 말한 내용을 되풀이할 필요가 있다. 전쟁은 끊임없이 이어짐으로써 그 성격이 근본적으로 바뀌었다는 것이다.

과거의 정의에 의하면 전쟁은 반드시 승패에 따라 조만간 끝장을 보는 것이었다. 또한 이것은 인간사회가 물리적 현실과 긴밀하게 접촉하는 주요 수단의 하나였다. 어떤 시대나 모든 통치자는 자기 백성들에게 그릇된 세계관을 가르치려 했지만 군사력을 약화시키기 쉬운 환상을 장려할 이유만큼은 없었다. 패배가 독립성의 상실이라든가 하는 바람직하지 못한 결과를 뜻하는 한 패배하지 않을 예방책을 깊이 강구해야 했다. 물리적 사실도 무시할 수 없었다. 둘 더하기 둘은 철학이나 종교, 윤리학이나 정치학에서 다섯이 될 수도 있지만 총이나 비행기를 설계하는 데는 넷이어야 한다. 무능한 나라는 조만간 정복되는 것이 보통이거니와 실력 투쟁은 환상에도 해를 줄 뿐이다. 게다가 실력을 쌓기 위해서는 과거로부터 배울 필요가 있었고, 과거에 일어난 일들에 대한 정확한 지식을 쌓아야 했다. 물론 신문과 역사책은 언제나 미화되고 사고가 한쪽으로 치우치는 경향이 있지만 오늘날처럼 날조는 할 수 없었을 것이다. 전쟁은 올바른 정신의 보루로서 지배계급에게는 아마 가장 중요한 방어막이었을 것이다. 전쟁에 승패가 따르는 한 모든 지배계급은 그에 대한 책임을 면할 수 없었다.

그러나 전쟁이 문자 그대로 끊임없이 이어진다면 전쟁은 더 이상 위험한 것이 아니다. 전쟁이 늘 이어지면 특별히 군사적 조치라는 것이 필요 없다. 기술 진보가 멈추고 가장 확실한 사실을 부정 또는 무시할 수도 있다. 위에서 보았듯이 과학적이라고 하는 연구는 여전히 전쟁의 목적을 위해 수행되고 있지만 이것은 근본적으로 백일몽일 뿐이고 아무런 소득 없이 실패한다고 하더라도 조금도 심각한 일이 아니다. 능력은 필요하지 않다. 설사 군사적 능력이라도 필요하지 않다.

오세아니아에는 사상경찰 외에 능력 있는 것이 없다. 세 개의 초국가는 각각 정복될 수 없는 것이므로 각 나라는 외부와 단절된 작은 우주이며, 그 안에서는 어떤 사상이든 탈 없이 악용될 수 있다. 현실은 다만 먹고 마시고, 보금자리와 옷을 얻고, 실수로 독약을 마시지 않고 위층 창문에서 발을 헛디디지 않기 위한 일상생활의 필요성을 통해 나타난다. 죽음과 삶, 육체적 쾌락과 고통 사이의 구별은 여전히 있지만 단지 그뿐이다. 외부 세계와 과거로부터 단절된 오세아니아 시민들은 우주의 무능력 속에 떠 있는 사람처럼 오르내리는 방향을 알 도리가 없다. 이런 나라의 지배자는 파라오나 황제들조차 비할 수 없는 절대자다. 이들은 불만을 호소하지 않을 만큼만 국민이 굶어 죽지 않도록 먹여 살리고, 경쟁국 수준만큼 군사기술을 갖도록 유념해야 하지만, 그 최소한도만 이루어지면 현실을 제멋대로 왜곡시킬 수 있다.

그러므로 옛날의 전쟁기준으로 판단한다면 오늘날의 전쟁은 한낱 협잡

질일 뿐이다. 그것은 뿔의 각도가 어긋나 상대방에 서로 상처를 줄 수 없는 반추동물의 싸움과 같다. 하지만그것이 현실성이 없다고 해서 의미 없는 것은 아니다. 전쟁은 남아도는 소비재를 소모시키고 계급사회가 필요로 하는 독특한 정신적 분위기를 조성한다. 뒤에 가서 서술하겠지만, 전쟁이란 단순한 국내 사건일 뿐이다. 과거에는 각국의 지배자들이 공동의 이해관계를 인정하여 전쟁의 파괴력을 제한하기도 했지만, 그래도 전쟁을 일삼았고 승자는 언제나 패자를 약탈했다. 우리 시대에는 결코 서로 싸우는 것이 아니다. 전쟁은 지배집단이 자국의 국민을 상대로 한 싸움이며, 전쟁의 목적은 영토 정복이나 방어가 아니라 사회구조를 그대로 유지하기 위한 것이다.

그리하여 '전쟁'이란 단어 자체가 오해를 불러일으키게 된다. 늘 전쟁이 계속되고 있기 때문에 전쟁이 없다는 말이 정확한 표현일 것이다. 신석기시대로부터 20세기 초에 이르기까지 전쟁이 인간에게 가한 압력이 사라지고 전혀 다른 것으로 대치되었다. 세 초국가가 서로 전쟁을 하는 대신 영구적인 평화에 동의하고 타국의 땅을 침범하지 않는다 하더라도 결과는 마찬가지일 것이다. 그럴 경우 외부 위험으로부터 오는 냉엄한 영향은 영원히 없어질지라도 각국은 여전히 자기폐쇄적인 세계에 갇히기 때문이다. 그러므로 진실로 영원한 평화는 영원한 전쟁과 같다. 대부분의 당원들은 비아냥거림으로밖에 이해하지 못하지만, 사실은 이것이 당의 구호인 '전쟁은 평화'란 말의 참뜻이다.

윈스턴은 잠시 읽기를 멈추었다. 어딘가 멀리서 로켓탄이 폭발하면서 땅을 울렸다. 그는 텔레스크린이 없는 방에서 금서를 들고 혼자 앉아 있다는 행복감에 여전히 젖어 있었다. 노곤한 육체, 안락한 의자, 창으로 들어와 뺨을 간질이는 시원한 바람이 어우러져 고독과 안온함을 주었다. 그는 책에 매혹당했고 거기에서 확신을 얻었다. 어떤 의미에서 이 책은 새로운 점이 없었지만 바로 그 때문에 마음이 이끌린 것이다. 이 책은, 그가 두서없는 생각들을 체계 있게 쓸 수 있다면 쓰고 싶었던 말들을 고스란히 담고 있다. 지은이는 그와 같은 생각을 갖고 있지만 그보다 훨씬 더 우수하고 체계 있고 두려움이 없다. 훌륭한 책은 독자가 이미 알고 있는 것을 말해 주는 것이리라. 마침 그가 1장으로 되돌아왔을 때 줄리아의 층계 올라오는 소리가 들렸고 그는 의자에서 일어나 그녀를 맞았다. 그녀는 갈색의 연장 상자를 마루에 집어 던지고 그의 가슴에 뛰어들었다. 서로 못 본 지 1주일이 넘었다.

"'그 책'을 구했어."

포옹을 풀고 그가 말했다.

"그래요? 잘됐어요."

그녀는 별다른 관심 없이 말을 받더니 커피를 끓이려고 석유난로 옆에 꿇어앉았다.

그들이 침대 속에 들어간 지 반 시간이 지나서야 '그 책' 이야기로 돌아왔다. 저녁 공기가 싸늘해서 침대 덮개를 당겨 덮었다. 아래에서 낯익은 노랫소리와 뜰 바닥을 끄는 신발 소리가 들렸다. 윈스턴이 처음 이 방에 왔을 때 본, 팔이 붉고 억센 여자는 아예 뜰 앞에서 자리잡고 사는 모양이었다. 그 여자는 날이면 날마다 물통과 빨랫줄 사이를 왔다 갔다 하며 입에 빨래집게를 물고 있지 않으면 활기차게 노래를 부르고 있었다. 줄리아는 옆으로 돌아누워 잠들려 했다. 그는 바닥에 떨어진 책을 주워 들고 윗몸을 일으켜 침대 머리판에 기대앉았다.

"이걸 읽어야 해, 당신도. 형제단의 모든 회원은 이걸 읽어야 해."

그가 말했다.

"당신이 읽어 보세요."

그녀는 눈을 감은 채 말했다.

"크게 읽으세요. 그게 가장 좋아요. 그러면 읽으면서 저한테 설명할 수 있잖아요."

시계는 오후 6시, 즉 18시를 가리키고 있었다. 아직 서너 시간 남았다. 그는 책을 무릎 위에 올려놓고 읽기 시작했다.

1장 무지는 힘

유사 이래, 아마도 신석기 말 이후로 인민은 상·중·하의 3계급으로 나뉘어 왔다. 그들은 여러 갈래로 세분화되고, 다른 이름으로 무수하게 태어나고, 그 상대적 인구수와 서로 간에 대한 태도 또한 시대마다 달랐다. 그러나 사회의 본질적인 구조만은 절대 바뀌지 않았다. 대규모의 동란이나 돌이킬 수 없는 변혁이 일어난 뒤에도 마치 팽이가 이리 기울고 저리 기울어도 언제나 균형을 되찾듯 동일한 유형이 재현되어 왔다.

"줄리아, 자?"
윈스턴이 물었다.
"아뇨, 당신도 참, 듣고 있어요. 계속하세요. 재미있네요."
그는 읽기를 계속했다.

 이들 세 집단의 목표는 결코 화해될 수 없는 것이다. 상층계급의 목표는 현재의 상태를 유지하는 것이고, 중간계급의 목표는 상층 지위로 오르는 것이다. 하층계급은, 만약 그들이 목표를 가지고 있다면(이들은 너무 고생에 찌들어 있으므로 일상생활 외에 다른 일을 거의 생각할 수 없는 특징이 있다), 그것은 모든 차별을 철폐하고 모든 인간이 평등한 사회를 건설하는 것이다. 그리하여 전 역사를 통해 본질적으로는 똑같은 투쟁이 끊임없이 되풀이된다. 상층계급은 장기간에 걸쳐 안전하게 권력을 장악하고 있는 듯이 보이지만 조만간 그들이 자신에 대한 신념이나 효과적인 통치 능력, 또는 그 두 가지를 다 잃어버릴 때가 반드시 온다. 그러면 자유와 정의를 위해 투쟁하고 있다고 가장한 중간층이 하층을 자기편으로 끌어들여 상층을 뒤집어엎는다. 그들은 목적을 이루자마자 하층을 다시 옛날의 종속 상태로 몰아넣고 스스로 상층계급이 된다. 그리고 새로운 중간층은 상하의 한 계층, 또는 그 두 계층에서 갈라져 나와 충당되고 투쟁은 처음부터 다시 시작된다. 이 세 계층 가운데에서 하층계급만이 일시적으로라도 자신의 목표를 이룰 수 없다. 역사를 통해 물질적인 진보가 없었다고 말하는 것은 과장일지 모른다. 쇠퇴기에 들어선 오늘날에도 인간은 물질적으로 몇 세기 전보다 훨씬 풍족하다. 그러나 부의 증가나 태도의 유연화에서는 아무런 진보도 없었고, 개혁이나 혁명도 없었으며, 따라서 인간은 평등에 한 치도 다가갈 수 없었다. 하층계급의 눈으로 보면 역사적 변화라는 것은 그들의 주인 이름이 바뀌었다는 것 외에는 아무것도 아니다.

19세기 말까지 많은 사람들이 이러한 역사 유형이 되풀이되고 있음을 명백히 알고 있었다. 그리하여 역사를 순환 과정으로 해석하고 불평등은 인간생활에서 바꿀 수 없는 법칙이라고 주장하는 학파도 생겨났다. 물론 이러한 주장에는 언제나 지지자가 있었지만 지금은 이 이론을 주장하는 태도에 놀라운 변화가 일어났다. 과거에는 사회에 계급구조가 필요하다고 주장한 것은 상층계급이었다. 왕과 귀족, 사제와 법률가, 그리고 이들에 빌붙어 사는 족속들이 이를 가르치고 다른 계급들은 피안의 세계에서 보상을 받으리란 약속으로 달래 왔다. 중간층은 권력을 잡기 위해 투쟁할 때는 언제나 자유, 정의, 동포애란 말을 썼다. 그러나 이제 사해형제라는 개념은 아직 지배계급에 속해 있지는 않지만 오래잖아 그렇게 되기를 희망하는 사람들이 공격하기 시작했다. 과거에 중간층은 평등의 깃발 아래에 혁명을 일으켰고 낡은 전제(專制)를 뒤집어엎자마자 새로운 전제를 수립했다. 새로이 생긴 중간층은 사실상 미리 그들 나름의 전제를 하겠다고 선언했다.

19세기 초에 나타난 사회주의는 고대의 노예반란으로 거슬러 올라가는 일련의 사상계열의 마지막 단계로서, 과거의 유토피아주의로부터 깊은 영향을 받았다.

하지만 1900년경 이후부터 사회주의는 변형되어 자유와 평등을 확립하겠다는 목표를 더욱더 노골적으로 포기했다. 금세기 중엽, 오세아니아의 '영사(英社)', 유라시아의 '신볼셰비즘', 동아시아의 이른바 '죽음숭배'로 나타난 새로운 운동은 '부자유'와 '불평등'을 영원히 이어지게 하자는 의식적인 목표를 세웠다. 이들 새로운 운동은 물론 과거의 운동에서 발전한 것으로 과거의 이름을 그대로 답습하며, 낡은 이념을 말로만 주장했다. 그러나 이들의 목적은 발전을 멈추게 하고 어느 특정한 순간으로 역사의 수레바퀴를 멈추게 하자는 것과 마찬가지이다. 진자운동이 다시 한 번 일어났다가 멈추는 것이다. 전처럼 중간계급이 상층계급을 밀어내고 스스로 상층계급으로 오른 다음 계획적인 전략을 통해 영원히 자기 지위를 유지할 수 있다는 것이다.

이 새로운 교리는 19세기 전에는 거의 없었던 역사지식의 축적과 역사의식의 성장에 의해 일어났다. 역사의 순환운동은 이제 이해하거나, 적어도 이해할 수 있는 것처럼 보인다. 만약 그것이 이해할 수 있는 것이라면 바뀔 수도 있다는 말이다. 하지만 원칙적이고 기본적인 문제는 20세기 초에 이미 인간의 평등이 기술적으로 가능해졌다는 것이다. 그래도 인간이 타고난 재능이 평등하지 않고 개인차에 따라 기능이 분화돼야 한다는 것은 여전히 타당했다. 그러나 곧 계급 분리나 부의 엄청난 격차가 이루어져야 하는 필요성이 사라졌다. 전에는 계급의 분리가 어쩔 수 없는 것일 뿐 아니라 바람직한 것이기도 했다. 불평등은 문명의 대가였다. 그렇지만 기계 생산의 발달에 따라 사정이 달라졌다. 여전히 인간이 서로 다른 종류의 직분에 종사한다고 해서 사회적, 경제적 수준마저 달라야 할 필요는 없었다. 그러므로 이제 권력을 잡으려는 새로운 집단의 관점으로는, 인간의 평등이란 추구해야 할 이상이 아니라 제지해야 할 위험이었다. 도덕적이며 평화로운 사회가 실제적으로 불가능했던 먼 원시시대에는 평등이란 것을 쉽게 믿을 수 있었다. 인간이 법과 혹독한 노동 없이 우애롭게 살 수 있는 '지상 낙원'에 대한 생각은 수천 년 동안 인간의 뇌리에서 떠나지 않았다. 역사적 변화로 혜택을 받는 집단까지도 이러한 바람을 가졌었다.

  프랑스와 영국, 미국의 혁명 후계자들도 인권, 언론의 자유, 법 앞에서의 평등 같은 그들 나름의 공약을 내걸고 이에 따라 어느 정도 실천했다. 그러나 20세기의 40년대에 와서 정치사상의 주류는 권위주의가 되었다. 지상 낙원은 바로 실현되려는 순간에 불신받은 것이다. 새로운 정치이론은 하나같이 계급과 통제로의 복귀를 주장했다. 그리고 1930년 전후의 전반적인 고난기에 수백 년 동안 사라진 행위들을 다시 공공연하게 저질렀을 뿐 아니라, 스스로 문화인이며 진보적이라 생각하는 사람이 묵인하고 옹호하기까지 했다. 재판 없는 투옥, 전쟁포로의 노예화, 공개처형, 자백을 강요하는 고문, 인질 사용, 주민 전체의 강제 이주 등이 바로 그 행위들이다.

  그 뒤 전 세계로 번진 전쟁과 내란, 혁명과 반혁명의 소용돌이가 10년이나 이어진 끝에 비로소 '영사' 및 그 부류의 정치이론이 완전한 형태로 나타났다. 그러나 이러한 이론들은 20세기 초에 생긴 이른바 전체주의라는 다양한 체제에서 그 낌새를 찾을 수 있고, 그 당시의 혼돈으로부터 나타날 세계의 윤곽 또한 훨씬 이전부터 자명했다. 새로운 귀족계급은 주로 관리, 과학자, 기술자, 노동운동가, 광고전문가, 사회학자, 교사, 언론인, 직업 정치가들로 이루어졌다. 독점산업과 중앙집권으로 세상이 살벌해지자 중산층 봉급생활자와 상급 노동자 출신인 그런 사람들이 모여서 나름대로의 세력을 형성한 것이다.

과거의 권력자들과 견주어 이들은 욕심이 적고 덜 사치스러웠으며 자신들이 하는 일을 잘 파악했다. 그러나 순수한 권력에 대한 갈망은 더 컸으며, 반대파를 타도하는 데 매우 적극적이었다. 이 마지막 차이점이 중요하다. 현재의 전제정치에 비해 과거의 그것들은 미온적이고 비능률적이었다. 지배집단들은 언제나 자유주의적 사상에 어느 정도 물들어 곳곳에 허술한 찌꺼기를 남겨 두고, 겉으로 나타난 행위만을 문제 삼으며, 국민이 생각하는 것에는 무관심했다. 중세의 가톨릭교회마저 오늘날의 기준으로 보면 너그러운 편이었다. 그 이유 가운데 하나는 과거의 어떠한 정권이든 시민들을 끊임없이 감시할 힘이 없었다는 점이다. 하지만 인쇄술의 발명으로 여론을 쉽게 조작할 수 있었고, 영화와 라디오로 이것은 더욱 촉진되었다. 텔레비전의 발전에 따라 하나의 기계로 송수신을 동시에 하는 기술적 진보가 이루어짐으로써 사생활은 마침내 종말을 고하게 되었다. 모든 시민, 적어도 요주의 인물들을 하루 24시간 동안 경찰이 감시할 수 있으며, 다른 소통 방식은 완전히 단절시키고 정부 선전만 듣게 할 수도 있었다. 그리하여 국가의 의사에 완전히 복종시키고 모든 국민의 의견을 만장일치로 만들 수 있는 가능성이 처음으로 나타난 것이다.

50년대와 60년대의 혁명기가 지나자 사회는 전처럼 상·중·하로 재편성되었다. 그러나 새로운 상층계급은 그들의 선배와는 달리 본능에 따라 행동하지 않았을 뿐 아니라 자신의 지위를 보장하는 데 필요한 것을 잘 알고 있었다. 오래전부터 과두정치를 유지하는 안전한 기반은 오직 집산주의(集産主義)뿐이라고 생각해 왔다. 부와 권력은 그 둘을 함께 소유할 때 쉽게 보호된다. 금세기 중엽에 행해진 이른바 '사유재산 폐지'란 사실은 전보다 더 소수의 사람들에게 재산을 집중시키자는 것이었다. 다만 새로운 소유자는 다수의 개인이 아니라 하나의 집단이란 점이 다르다.

당원들은 개인적으로는 약간의 사유물 외에 가진 것이 없다. 그러나 집단으로 보면 모든 것을 관리하고 내키는 대로 생산품을 이용할 수 있으므로 당은 오세아니아에 있는 모든 것을 소유하는 셈이다. 혁명 뒤 몇 년이 지나지 않아 당은 모든 정책을 공영화했기에 거의 저항을 받지 않고 이 지배의 자리에 오를 수 있었다.

자본주의 계급이 제거되면 사회주의가 오리라고 오래전부터 예측되어 왔다. 그리고 여지없이 자본주의자들이 제거되었다. 공장, 광산, 토지, 가옥, 교통 등 이 모든 것들이 자본가들로부터 몰수되었고, 이것들은 사유재산이 아니므로 공동재산으로 바뀌었다. 초기 사회주의에서 발생해 그 고유 용어까지 그대로 이어받은 '영사'는 실상 사회주의 계획 가운데 중요한 조항을 수행했다. 그 결과 미리 예측하고 준비해 온 대로 경제적 불평등이 영구히 고착되었다.

하지만 계급사회를 영속시키는 문제는 이보다 더 어렵다. 지배집단이 권력을 잃는 길은 네 가지가 있다. 외부로부터 정복당하든가, 무능한 통치로 대중이 봉기한다든가, 만족할 줄 모르는 중간계급의 강력한 세력 형성을 막지 못한다든가, 스스로 통치할 자신이나 의욕을 잃는 것이다. 이러한 동기는 어느 하나만 작용하지 않고 일반적으로 네 가지가 어느 정도씩 동시에 일어난다. 이 모든 동기들을 제압할 수 있는 지배집단만이 권좌를 영원히 유지할 수 있다. 즉 궁극적인 요소는 지배계급 자신의 정신적 태도이다.

금세기 중엽 이후 첫 번째 요인의 위험은 사실상 없어졌다. 지금 세계를 분할하고 있는 세 열강은 각기 정복될 수 없으며, 할 수 있다면 점차적인 인구 감소에 의한 것뿐인데 폭넓은 권력을 가진 정부라면 이를 쉽게 피할 수 있다. 또한 둘째 위험도 이론일 뿐이다. 대중이란 절대 제 스스로 봉기할 수 없으며 결코 그들이 압박당하고 있다 해서 봉기하지는 않는다. 사실 비교할 기준이 없는 한 그들은 압박당하고 있는 줄도 모른다. 과거에 자주 일어나던 경제 위기는 전적으로 필요치 않으며, 이제는 두 번 다시 일어나지 않을 것이다. 이와 비슷한 다른 대규모의 혼란은 일어나 봤자 대중의 불만을 효과적으로 나타낼 방도가 달리 없으므로 아무런 정치적 결과를 불러오지 않는다.

과잉생산 문제는 기계기술의 발전으로 인한 우리 사회의 잠재된 문제이긴 하지만 지속되는 전쟁이란 묘방에 의해 해결된다. 지속전은 또한 공공의 사기가 필요한 만큼 유지시키는 데에도 유용하다(제3장 참조). 따라서 현 지배층의 관점으로 유일한 진짜 위험은 유능하고 권력을 갈망하는 사람들이 새로운 집단으로 분리, 독립하는 것이며, 그들 진영에 자유주의와 회의주의가 성장하는 것이다. 즉 문제는 교육하는 것이다. 그것은 지도층과 바로 그 아래의 거대한 실무층의 의식을 끓임없이 조종하는 문제이다. 대중의 의식에는 소극적인 방법으로 영향만 주면 된다.

이러한 배경을 생각하면 누구든, 비록 아직 모르고 있는 사람이라 할지라도 오세아니아 사회의 전반적 성격을 추측할 수 있으리라. 피라미드의 정점에는 빅 브라더가 있다. 빅 브라더는 완전무결하고 전지전능한 존재이다. 모든 성공과 업적, 모든 승리와 과학적 발견, 모든 지식과 지혜, 모든 행복과 덕성이 그의 지도와 영감에서 나온다. 또한 아무도 빅 브라더를 본 적이 없다. 벽에 붙은 얼굴이며, 텔레스크린에서 나오는 목소리가 전부이다. 그는 결코 죽지 않을 것이라고 생각해도 무리가 아니다. 무엇보다도 그가 언제 태어났는지조차 확실치 않다.

사실 빅 브라더는 당이 세상에 자기를 나타내기 위해 세워 놓은 가공인물이다. 그의 역할은 집단보다는 개인에게 쉽게 느껴지는 사랑과 공포와 존경과 감동을 한데 모으는 것이다. 빅 브라더 아래에는 오세아니아 인구의 2퍼센트도 못 되는 600만으로 구성원이 제한된 내부당이 있다. 내부당 아래에는 외부당이 있다. 내부당이 국가의 머리라면 외부당은 그 손발과 같다. 그 아래에 우리가 습관적으로 '노동자(proles)'라고 부르는 어리석은 대중들이 있는데 그 수는 인구의 85퍼센트는 될 것이다. 앞에서 사용한 분류법에 따르면 노동자들은 하층계급이다. 적도지방은 지배자가 수시로 바뀌기 때문에 이곳의 노예 인구는 국가 구조의 영구적이거나 불가결한 존재가 아니다.

원칙적으로 이 세 계층은 세습되지 않는다. 내부당원의 자식이라 해서 원칙적으로 내부당원으로 태어난 것이 아니다. 내·외부당 가입은 16세 때 치르는 시험으로 결정된다. 인종차별이나 출신지역 차별도 없다. 당 고위직에는 유대인도, 흑인도, 남미인도, 순 인디언 혈족도 끼여 있다. 또한 지방의 행정가는 언제나 그 지방의 주민 가운데에서 뽑힌다. 오세아니아의 어디를 가든 현지인들은 자기들이 멀리 떨어진 수도로부터 통치되는 식민지 국민이라고 생각하지 않는다. 오세아니아에는 수도가 없으며 수도의 명목상의 지배자는 아무도 실제로 볼 수 없는 사람이다. 영어가 주로 쓰이고 신어가 공용어란 것 외에는 중앙집권적인 것이 없다. 각 지역의 통치자는 혈연으로 맺어진 것이 아니라 공통된 교리를 지지하는 것으로써 통합되어 있다. 우리 사회는 세습제도로 보일 만큼 엄격히 계층화되어 있다. 자본주의 시대 또는 산업화 전 시대보다 다른 집단 사이의 유동성이 훨씬 적다. 내·외부당 사이에는 어느 정도 교체가 있지만 그것은 내부당의 허약자를 내보내고 야심 있는 외부당원을 달래기 위해 진급시키는 정도일 뿐이다. 노동자들은 사실상 당에 가입하지 못하게 되어 있다. 그들 중 아주 유능한 사람들은 불만의 씨가 될 수 있으므로 사상경찰이 적발하여 제거해 버릴 뿐이다. 그러나 이러한 상태는 반드시 영구적인 것도 아니고 원칙적인 문제도 아니다. 당은 옛날 의미로의 계급이 아니다. 당은 자기 자손들에게 권력을 이양하는 것이 목적이 아니며, 상층에 유능한 사람이 없으면 노동자 계급에서 태어난 전혀 새로운 세대를 기용하는 데 조금도 망설이지 않는다. 위태로웠던 시대에는 당이 세습제가 아니라는 사실이 반대파를 진정시키는 데 상당한 작용을 했다. 이른바 '계급특권'이란 것과 투쟁하도록 훈련받아 온 옛날의 사회주의자는 세습되지 않는 것은 영구성이 없다고 생각했다. 그들은 과두정치의 지속성이 반드시 물리적일 필요가 없다는 점을 이해하지 못했고 세습 귀족사회는 언제나 단명했지만 가톨릭교회 같은 공인(公認)체제가 때로는 수백, 수천 년 동안 이어져 왔다는 사실도 생각하지 못했다. 과두지배의 진수는 아버지에서 아들에게로 세습되는 데 있는 것이 아니라, 죽은 이가 남겨 놓은 어떤 세계관이나 인생관을 굳게 유지하는 데 있다. 지배집단은 그 후계자를 지명할 수 있는 한 지배집단이다. 당은 혈통이 아니라 당 자체를 영속시키려는 것이다. 계급조직이 언제나 같이 유지되기만 하면 '누가' 권력을 장악하는가는 중요하지 않다.

 오늘날의 특징 신념, 습관, 취미, 감정, 지적 태도 등으로는 사실상 당의 비밀을 캐낼 수 없을 뿐만 아니라 현대 사회에 대한 참된 본질을 알 수도 없다. 물질적인 반란이나 그에 대한 어떠한 예비운동도 현재로서는 불가능하다. 노동자들을 두려워할 이유는 아무것도 없다. 그들 멋대로 놔두어라. 그러면 그들은 세대에서 세대로, 세기에서 세기로 끊임없이 일하고 번식하고 죽을 것이다. 반란을 일으킬 충동은 물론, 현실과 다른 세상이 있다는 사실을 의식할 힘도 없다. 산업기술의 발달로 그들을 더욱 교육시켜야 할 필요가 있을 때만 그들은 위험하다. 그러나 군사적, 경제적 경쟁이 더 이상 중요하지 않기 때문에 국민교육의 일반 수준은 실제로 떨어져 있다. 대중들이 어떤 의견을 갖든 말든 그것은 관심 둘 바 아니다. 그들한테는 지성이 없으므로 지적 자유를 허용해도 상관없다. 반면 당원 가운데에는 전혀 중요하지 않은 문제라도 조금이라도 이탈자가 생기면 결코 그냥 넘어가지 않는다.

당원은 태어나서 죽을 때까지 사상경찰의 감시 속에 놓인다. 혼자 있더라도 결코 혼자 있다고 확신할 수 없다. 자고 있든 깨어 있든, 일하든 쉬고 있든, 목욕탕에 있든 침대에 있든, 그는 감시받고 있다는 경고나 인식 없이 감시를 받고 있다. 그가 하는 짓은 무엇이든 당국의 관심에서 벗어날 수 없다. 교우 관계, 아내와 자식에 대한 태도, 혼자 있을 때의 얼굴 표정, 잠꼬대, 고유한 버릇 등 뭐든 낱낱이 조사받는다. 실질적인 비행뿐 아니라 마음속의 동요에 대한 낌새도 볼 수 있다는 이유로 아주 사소하고 기이한 버릇이라든가 습관의 변화, 신경의 흥분까지 간파당한다. 그는 어떤 쪽으로든 선택의 자유가 없다. 반면 법이나 명백히 공인된 어떤 행위규칙으로 규제받지는 않는다. 오세아니아에는 법이 없다. 들키면 사형감인 사상이나 행위마저 공식적으로는 금지된 것이 아니다. 끝없이 이어지는 숙청, 체포, 고문, 투옥, 증발 따위도 실제로 저지른 죄에 대한 벌이 아니라 앞으로 언젠가 죄를 지을지도 모르는 사람을 단순히 제거하는 것뿐이다. 당원은 올바른 사상뿐 아니라 올바른 본능을 갖도록 요구된다. 그러나 그에게 어떤 신념과 태도를 요구하는가는 대부분 명백하게 설명해 주지 않는다. 그것을 명백히 설명하자면 '영사' 자체 내에 포함된 모순이 드러날 것이다. 만약 그가 타고난 정통파(신어로 생각이 세련된 사람, goodthinker)라면 어떤 경우에도 무엇이 올바른 신념이며 바람직한 감정인가를 깊이 생각하지 않고도 알 수 있다. 그러나 어렸을 때부터 신어로 '죄 중지(crimestop)'니 '흑백(blackwhite)'이니 '이중사고(doublethink)'니 하는 말들을 중심으로 면밀한 정신훈련을 받다 보면 무슨 문제든 깊이 생각할 의욕이나 능력이 없어져 버린다.

당원은 사사로운 감정을 가져서도 안 되며 서슴지 않는 열성을 보여야 한다. 마땅히 외적과 국내 반역자를 증오하는 마음과 승리에 도취된 느낌, 당의 권력과 지혜에 대해 끊임없이 열광하며 열등감을 가져야 한다. 헐벗고 불만스러운 생활에서 생겨난 불평은 '2분증오'와 같은 방법으로 깨끗이 외부로 쏟아 털어 낸다. 회의 또는 반항하는 태도를 만들어 낼 법한 사색은 일찍 습득된 정신적 훈련으로 미리 없애 버린다. 어린이에게도 가르칠 수 있는 가장 단순한 정신적 훈련의 첫 단계는 신어로 '죄 중지(crimestop)'라 한다. '죄 중지'란 어떤 위험한 생각을 하려는 바로 그 직전에 본능적으로 멈춰서는 능력을 말한다. 이것은 유추능력이 없고, 논리적 오류를 깨닫지 못하며, '영사'에 해롭다면 아무리 단순한 견해라도 오해하고, 이단으로 끌고 갈 수 있는 사고를 무시 또는 혐오하는 능력을 말한다. 요컨대 '죄 중지'는 자기방어적인 우매함이다. 하지만 우매함만으로 충분치 않다. 완전한 의미의 정통성은 몸을 자유자재로 놀리는 곡예사처럼 자신의 사고 과정을 마음대로 지배할 수 있다. 오세아니아의 사회는 궁극적으로 빅 브라더는 전능하고 당은 잘못을 저지르지 않는다는 신념 위에 서 있다. 그러나 실상 빅 브라더는 전능하지도 않고 당은 반드시 잘못을 저지르기에 사태를 처리할 때 끊임없는 임시변통이라는 유연성이 필요하다. 이것을 해결하는 말이 '흑백'이다. 신어의 많은 단어처럼 이 말도 두 개의 반대개념을 갖고 있다. 적에게 쓸 때는 명백한 사실인데도 흑을 백이라고 뻔뻔스럽게 주장하는 습관을 뜻하고 당원에게 쓸 때는 당이 요구하면 흑이 백이라고 말할 수 있는 충성심을 뜻한다. 또한 더 나아가 이 말은 흑을 백이라고 '믿는' 능력이자, 흑이 백이라고 '인식하는' 능력이며, 전에 반대로 믿었다는 것을 잊어버리는 능력을 뜻한다. 이것은 과거의 끊임없는 변경을 요구하는데 실제로 다른 모든 것을 망라하는, 신어로 '이중사고'라는 사고체계에 의해 가능하다.

과거를 바꾸는 데는 두 가지 이유가 있다. 그중 하나는 보조적인, 이른바 예방 차원의 것이다. 보조적인 이유는 노동자처럼 당원에게도 견줄 기준이 없기에 현재의 상태를 묵인한다는 것이다. 당원은 선조들보다 훨씬 유복하고 물질적인 혜택도 평균적으로 향상되고 있다고 믿어야 하므로 과거로부터, 그리고 외국으로부터 절연해야 한다. 그러나 과거를 다시 조정하는 더욱 중대한 이유는 당의 완벽함에 대한 안전장치가 필요하기 때문이다. 당의 예언이 언제나 옳다는 것을 증명하기 위해서만 모든 연설과 통계, 기록을 끊임없이 현재에 맞추어 수정하는 것이 아니다. 강령이나 정치노선은 절대로 바꿀 수 없다는 뜻이다. 왜냐하면 마음을 바꾼다거나 정책을 수정한다는 것은 스스로 약점을 고백하는 셈이기 때문이다. 예를 들어 유라시아나 동아시아와(둘 중 어느 나라든 관계없다) 적대관계에 있다면 그 나라는 언제나 적으로 존재해야 한다. 사실이 다르다면 사실을 고쳐 써야 한다. 그리하여 역사는 끊임없이 다시 기록된다. 진리부가 맡는 이 일상적인 과거 날조행위는, 애정부가 소관하는 억압정책과 사찰행위만큼 정권의 안정에 불가결한 것이다.

 과거의 가변성은 '영사'의 중심 교의(敎義)다. 과거의 사건은 객관적으로 존재하는 것이 아니라 오직 기록된 자료와 인간의 기억을 통해 재생된 것일 뿐이라고 주장한다. 과거는 기록과 기억이 뭉친 것이다. 그리고 당은 그 모든 자료와 당원의 마음속까지 완전히 지배하고 있으므로 과거는 곧 당이 자유자재로 만들 수 있는 것이다. 또한 과거를 변조한다 해서 특별한 예외의 경우에만 변조하는 것은 결코 아니다. 왜냐하면 어떤 순간에 필요한 형태로 과거를 다시 창조했을 때 바로 이 신판(新版)이 과거요, 다른 과거는 있을 수 없기 때문이다. 흔히 있듯, 하나의 사건이 1년 사이에 몇 차례나 수정되는 경우도 마찬가지이다.

 언제나 당은 절대적인 진리를 소유하고 있고 그 절대자는 현재와 결코 다를 수 없다. 이를 보면 과거의 지배는 무엇보다 기억의 훈련에 달려 있었다. 모든 기록자료가 그 순간의 당의 교리와 일치하는지 확인하는 것은 단순한 기계적인 작업이다. 그러나 또한 과거의 사건이 현재 수정해 놓은 거짓 그대로 일어났다고 '기억'해야 한다. 사람이 기억을 재조정하고 기록된 자료를 변조하면 그다음에는 자기가 그렇게 변경했다는 사실마저 '잊어야' 한다. 이런 기술을 다른 정신훈련처럼 습득한다. 실제로 당원 대부분이, 그리고 정통적이며 지적인 사람도 모두 이를 습득했다. 오래된 말로는 노골적으로 '현실제어'라 하고 신어로는 다른 뜻도 있지만 '이중사고'라고 한다.

'이중사고'는 한 사람이 두 가지 모순된 신념을 동시에 가지며 그 두 가지 신념을 모두 받아들일 수 있는 능력을 말한다. 당의 지식층 인사들은 자기의 기억을 어느 쪽으로 변화시켜야 할지 알고 있다. 따라서 자기가 현실을 희롱하고 있다는 것도 잘 알고 있다. 그러나 그들은 또한 '이중사고'의 훈련에 의해 현실을 침해하지 않았다고 스스로를 이해시킨다. 이 과정은 의식적이야 한다. 그렇지 않으면 정확하게 수행될 수 없다. 하지만 동시에 이 과정은 무의식적이어야 한다. 그렇지 않으면 날조했다는 느낌이 들고, 그로 인해 죄를 지었다는 기분이 들 것이다. '이중사고'는 '영사'의 핵심이다. 당의 본질적인 행위는 한편으로 그 의도가 완전히 정직하게 수행된다는 확고부동한 신념을 가지면서 다른 한편으로 의식적인 기만 수단을 쓰기 때문이다. 고의적인 거짓말을 하면서 한편으로 이 거짓말을 진심으로 믿고 불필요해진 사실은 전부 잊어버렸다가 그것이 다시 필요할 때만 망각 속에서 도로 끄집어내고 객관적인 현실을 부정하면서, 자기가 부정한 현실을 고려하는 것—이 모든 것이 절대로 필요한 조건이다. '이중사고'란 말을 쓰는 경우에도 '이중사고'를 행해야 한다. 이 말을 쓰는 것만으로 현실을 왜곡한다는 사실을 인정하는 셈이기 때문이다. 여기에서 다시 '이중사고'를 해 이 생각을 지워 버리는 것이며, 그리하여 거짓은 늘 진실보다 한발 앞서 무한히 반복되는 것이다. 궁극적으로 당은 이 '이중사고'를 통해 역사의 흐름을 장악해 왔고 앞으로도 수천 년 동안 장악해 나갈 수 있을 것이다.

과거의 모든 과두정치는 지나치게 경직됐거나 연약하였기에 실권하고 말았다. 그들은 우매해지거나 오만해져서 변화하는 환경에 적응하지 못하고 몰락했다. 제멋대로 하도록 내버려 두거나 비겁해져서 강권을 행사해야 할 때 양보함으로써 다시 몰락했다. 즉 그들은 의식적이었기 때문에 망했고 무의식적이었기 때문에 망했다. 이러한 두 가지 조건을 동시에 존재시킬 수 있는 사고체계를 만들어 낸 것이 당의 업적이다. 다른 어떤 지적(知的) 기반으로도 당의 통치를 영속시킬 수 없을 것이다. 지배하려면, 그리고 그 지배를 이어 가려면 현실감각을 전환시킬 수 있어야 한다. 왜냐하면 지배의 비결은 과거의 잘못으로부터 배우는 힘과 자신은 절대로 잘못을 저지르지 않는다는 신념을 아우르는 것이기 때문이다.

'이중사고'를 만들어 내는 사람들이 그것을 가장 교묘하게 행하고, '이중사고'가 거대한 정신적 기만임을 알리라는 것은 말할 필요조차 없다. 우리 사회에서 현재 일어나고 있는 사건을 가장 잘 아는 사람이야말로 세계의 현실을 가장 볼 줄 모르는 사람이다.

일반적으로 이해력이 높을수록 미망(迷妄)이 크고, 많이 알면 알수록 착란이 심해진다. 이러한 좋은 예는 사회적으로 신분이 높아질수록 전쟁열이 심해진다는 사실에서 볼 수 있다. 전쟁에 가장 이성적인 태도를 보이는 사람들은 분쟁지역에 사는 예속민들이다. 이들에게 전쟁은 파도처럼 자기 몸 위로 덮쳐 오는 끊임없는 재앙이다. 어떤 편이 이기는가는 전혀 관심 밖의 일이다.

통치자가 바뀌더라도 전과 똑같은 대접을 받으며 새 주인을 위해 여전히 같은 일을 할 뿐이라는 것을 그들은 알고 있다. 이들보다 형편이 조금 나은 이른바 '노동자'들은 가끔 전쟁을 의식하는 정도이다. 필요할 때면 그들을 광적인 공포와 증오로 몰아넣으면 되지만 내버려 두면 전쟁이 벌어지고 있다는 사실조차 잊어버린다. 당원급, 특히 내부당원에 이르면 진짜 전쟁열에 휩싸인다. 세계 정복이 불가능하다는 것을 아는 사람들이 가장 굳게 믿는다. 이러한 상반된 개념의 결합—무지와 지식, 맹신과 냉소의 결합이 오세아니아 사회의 주요한 특징 가운데 하나이다. 공식적인 이념은 그럴 이유가 없는 데까지 모순투성이이다. 그리하여 당은 사회주의 운동이 본디 주장해 온 모든 원칙을 반박하고 비방하면서 바로 이런 행위를 '사회주의'란 이름으로 행한 것이다. 또한 과거 몇 세기 동안 그 유례를 찾을 수 없을 만큼 노동자를 경멸하면서 당원들에게는 한때 노동자들의 것이었던 작업복을 제복으로 입혔다. 조직적으로 가족 간의 유대를 약화시키면서 스스럼없이 충성을 호소할 수 있는 이름으로 당의 지배자를 부르게 했다.

정부는 뻔뻔스럽게도 네 개 관청의 이름마저 일부러 사실을 뒤집어서 붙였다. '평화부'는 전쟁을, '진리부'는 거짓말을, '애정부'는 고문을, '풍요부'는 기아를 담당하고 있다. 이러한 모순은 우연도 아니요, 일반적인 의미의 위선에서 나온 것도 아니다. 신중한 '이중사고'의 행위 결과이다. 왜냐하면 모순을 조화시킴으로써만 권력을 영원히 장악할 수 있기 때문이다. 다른 방법으로는 과거의 현상을 재현하게 될 뿐이다. 인간의 평등을 영원히 피하려면—소위 상층계급이 자신의 지위를 영구히 보존하려면—정신의 주조(主潮)를 광적인 상태로 통제해야 한다.

그러나 이 순간까지 우리가 거의 무시해 온 문제가 있다. 그것은 '왜' 인간의 평등을 막아야 하는가 하는 문제이다. 이제까지의 과정을 제대로 설명했다고 한다면, 굉장한 노력을 기울이고 면밀한 계획을 세워 역사를 어느 특정 순간에 동결시키는 동기는 무엇인가?

여기에서 우리는 핵심 비밀에 이르게 된다. 이제까지 본 것처럼 당의, 특히 내부당의 비의(秘義)는 '이중사고'에 의거하고 있다. 하지만 이보다 더 깊은 곳에 권력의 장악이니 '이중사고'니 사상경찰, 끊임없는 전쟁, 그리고 그 외의 모든 부수된 필수품들을 만든 근본 동기가, 한 번도 의심해 본 적 없는 본능이 있다. 이 동기는 실로…….

사람이 무언가 새로운 소리를 깨닫듯, 윈스턴은 사방이 조용하다는 것을 갑자기 깨달았다. 줄리아가 아까부터 아무 소리도 내지 않는 것 같았다. 그녀는 허리 위로 아무것도 걸치지 않은 채 뺨을 손바닥 위에 얹고 돌아누워 있었다. 검은 머리칼 한 웅큼이 그녀의 눈언저리에 드리워져 있다. 가슴이 천천히 규칙적으로 오르내렸다.

"줄리아."

대답이 없다.

"줄리아, 자?"

대답이 없었다. 그녀는 자고 있었다. 그는 책을 덮어 바닥에 조심스레 내려놓고 누워서 이불을 끌어 같이 덮었다.

아직 궁극적인 비밀을 읽지 못했다. 그는 '방법'은 이해했지만 '이유'는 이해 못했다. 3장처럼 1장도 그가 몰랐던 내용은 한마디도 없었다. 그가 이전부터 갖고 있던 지식을 체계화했을 뿐이다.

그러나 이것을 읽고 나니 자기가 미치지 않았다는 것을 전보다 더 잘 알게 되었다. 소수파라고 해서, 아니 오로지 혼자라 해서 그 때문에 미쳤다고 할 수는 없다. 이 세상에는 진실도 허구도 있지만, 전 세계에 대항하면서까지 진실에 집착한다고 해서 미친 것은 아니다. 석양의 노란빛이 창문으로 비껴 들어와 머리맡에 긴 그림자를 드리웠다. 그는 눈을 감았다. 그의 얼굴과, 그의 옆에 누운 그녀의 매끈한 육체를 비추는 햇빛에 마음이 평온해지면서 강한 졸음이 쏟아졌다. 그는 안전하다. 모든 일이 순조롭다. 심오한 진리가 숨어 있다는 듯, "제정신이란 통계로 결정할 게 아니야"라고 중얼거리면서 깊은 잠 속으로 빠졌다.

*

잠에서 깼을 때는 꽤 오래 잠을 잔 기분이었다. 그러나 구식시계를 얼핏 보니 겨우 20시 30분이었다. 그는 누운 채 한동안 깜박깜박 졸았다. 아래쪽 뜰에서 생기가 넘치는 노랫소리가 들려왔다.

> 덧없는 꿈이었다네.
> 4월의 꽃잎처럼 스러져 버렸다네,
> 눈짓으로 말과 꿈으로 흔들어 놓고
> 내 마음 앗아가 버렸다네!

이 시시한 노래는 아직도 인기가 있는 모양이었다. 여전히 곳곳에서 이 노래가 들린다. 〈증오가(憎惡歌)〉보다 수명이 길다. 노랫소리에 줄리아가 잠을 깨어 시원하게 기지개를 켜더니 침대에서 일어났다.
"배가 고파요. 커피를 좀 더 만들어야겠어."
줄리아가 말했다.
"아이, 정말! 난로가 꺼지고 물도 식어 버렸어요."
그녀는 난로를 들어 올려 흔들어 봤다.
"기름도 떨어졌네."
"채링턴 영감한테 좀 얻을 수 있을 거야."
"아까 가득 찬 걸 보았는데 이상하네. 옷을 입어야겠어. 좀 쌀쌀한 것 같아."
윈스턴도 일어나 옷을 입었다. 질리지도 않는지 노래가 이어졌다.

시간이 모든 걸 해결해 준다지만,
언제나 잊을 수 있다 말들 하지만
미소와 눈물은 세월이 흘러도
내 가슴을 여전히 쥐어짠다오!

　그는 바지 허리띠를 조이면서 창가로 갔다. 해가 집 뒤로 넘어가 버렸는지 뜰에는 볕이 없었다. 뜰에 깔린 자갈들은 막 물로 씻은 것처럼 젖어 있었고 하늘까지 씻어 낸 듯, 굴뚝 사이로 푸른 하늘이 맑고 투명하게 드리워져 있었다. 피곤하지도 않은지 그 여자는 바지런히 왔다 갔다 하면서 빨래집게를 물었다 뺐다 하며 노래를 부르다 멈추고 또 부르면서 기저귀를 널고 있었다. 그녀가 빨래로 먹고사는 건지 아니면 20~30명의 손자 시중 때문에 노예처럼 일하는지 알 수 없었다. 줄리아가 방을 가로질러 그의 옆으로 왔다. 그들은 저 아래 탄탄한 여자의 모습에 매료되어 내려다보고 있었다. 빨랫줄로 뻗치는 굵은 팔뚝이며 암말처럼 엉덩이가 풍만한 그녀의 독특한 몸짓을 바라보노라니 처음으로 그 여자가 아름답다는 생각이 들었다. 잦은 임신과 출산으로 엄청 뚱뚱하고 뻣뻣해진 데다가 지나친 노동으로 시든 홍당무처럼 쭈글쭈글해진, 쉰 살 먹은 여인의 몸뚱이가 아름다우리라곤 생각지도 못했다. 그러나 아무튼 그녀는 아름다웠고 당연한 일이었다. 화강암 덩어리처럼 단단하고 맵시라곤 없는 몸에 살결은 거칠고 붉지만 옛날 처녀 적에는 아름다웠을 것이다. 장미 열매도 옛날에는 아름다운 장미꽃이었듯이. 그렇다면 열매가 꽃보다 못할 게 무엇이겠는가?
　"아름답군."
　그가 중얼거렸다.
　"엉덩이가 1미터는 넘겠어요."
　줄리아가 말했다.
　"그게 저 여자의 아름다움이야."
　윈스턴이 대답했다.
　그는 줄리아의 탄력 있는 허리를 팔로 안았다. 그녀는 엉덩이에서 무릎까지를 그의 다리에 찰싹 붙였다. 그들은 아기를 낳을 수 없을 것이다. 이것만이 그들이 결코 할 수 없는 일이었다. 말없이 이심전심으로 비밀을 전할 뿐이다. 저 아래 여자는 아무 생각도 없다. 오직 튼튼한 팔과 따뜻한 가슴, 자식을 잘 낳는 배만 있을 뿐이다. 저 여자는 아기를 몇이나 낳았을까? 15명을 낳았을지도 모른다. 저 여자도 한때는 들장미처럼 활짝 피었을 것이다. 그러다 갑자기 잘 익은 열매처럼 부풀어 올라 단단하고 붉고 거칠어졌을 것이다. 빨래하고 설거지하고 바느질하고 밥 짓고 쓸고 닦고 고치면서, 처음에는 자식들, 그다음에는 손자들을 위해 30년을 조금도 쉬지 못했을 것이다. 그렇게 인생의 막바지를 향해 가면서도 그녀는 여전히 노래를 부르고 있다. 그녀에 대한 신비한 존경심이 솟아오르자 윈스턴은 굴뚝 뒤로 한없이 펼쳐진 구름 한 점 없이 맑은 하늘을 쳐다보았다. 여기처럼 유라시아나 동아시아에서도 누구에게나 하늘은 똑같다는 생각이 들자 기분이 야릇했다. 그리고 그 하늘 아래에 사는 사람들은 서로 얼마나 비슷한가. 전 세계에 퍼져 있는 수십억의 사람들, 서로의 존재도 모르고 증오와 허위의 벽으로 가로막혀 있지만 그래도 똑같은 사람들이다. 이들은 한 번도 생각하는 법을 익히지 못했지만 가슴과 배와 근육에 언젠가 이 세계를 뒤집어엎을 힘을 비축하고 있다. 희망이 있다면 그것은 노동자층이다! '그 책'을 끝까지 읽지 않아도 골드스타인의 마지막 말은 바로 이것이리라고 윈스턴은 생각했다. 미래는 노동자의 것이다. 그때가 오면, 그들이 세운 세계는 현재 당의 세계보다 윈스턴 스미스에게 더 나은 세상이라고 확신할 수 있을까? 그렇다! 적어도 그 세계는 제정신인 세계일 테니까. 평등이 있는 곳에 올바른 정신이 있다. 머잖아 그런 세계가 올 것이며 힘도 의식으로 바뀔 것이다.

    노동자는 죽지 않는다. 뜰에 있는 저 늠름한 부인의 모습을 보면 그걸 의심할 수 없으리라. 마침내는 그들도 각성할 것이다. 1000년이 걸릴지도 모르지만 그때까지 그들은 당이 갖지도 못하고 없앨 수도 없는 생명력을 몸에서 몸으로 불사조처럼 전하며 온갖 어려움을 견디고 살아갈 것이다.

    "기억해? 우리가 처음 만나던 날 나뭇가지에서 우리를 위해 노래 부르던 개똥지빠귀 말이야."

    그가 말했다.

    "그 새는 우릴 위해 노래 부른 게 아녜요. 저 혼자 좋아서 불렀지. 아니 그것도 아니야, 그저 부른 거지."

    줄리아가 말했다.

새는 노래 부른다. 노동자도 노래 부른다. 그러나 당은 노래 부르지 않았다. 세계 어디에서든, 런던과 뉴욕에서, 아프리카와 브라질에서, 국경 너머 있는 신비한 금역(禁域)의 나라에서도, 파리와 베를린 거리에서, 끝없는 러시아의 벌판에 있는 마을에서, 중국과 일본의 시장에서—어디든 저렇게 굳세고 정복당하지 않는 사람들이 우뚝 솟아 있다. 노동과 출산으로 괴상한 꼴을 하고, 태어나서 죽을 때까지 고생하면서도, 그래도 그들은 여전히 노래를 부른다. 저 굳센 허리에서 언젠가 의식을 가진 종족이 태어날 것이다. 나는 죽은 사람이다. 미래는 그들의 것이다. 그들이 육체를 잃지 않았듯, 나도 나의 정신을 잃지 않고 둘 더하기 둘은 넷이라는 비밀을 후세에 전할 수 있다면 나도 그 미래에 참여할 수 있으리라.

"우린 죽은 사람이야."

그가 말했다.

"우린 죽은 사람이에요."

줄리아도 그저 따라 뇌었다.

"너희들은 죽은 사람이다."

뒤에서 금속성의 소리가 들렸다. 그들은 후다닥 떨어졌다. 윈스턴의 배 속이 얼음장처럼 써늘해졌다. 줄리아는 눈동자가 풀리고 얼굴이 샛노래졌다. 두 뺨에 바른 연지가 살갗에서 떼어 놓은 듯 도드라져 보였다.

"너희들은 죽은 사람이다."

금속성의 소리가 되풀이했다.

"그림 뒤에서 났어요."

줄리아가 속삭였다.

"그림 뒤에서 났다. 거기에서 한 발짝도 움직이지 마. 지시를 내릴 때까지 꼼짝 말고 있어."

그 소리가 명령했다.

왔구나, 드디어 올 것이 왔구나! 그들은 꼼짝도 못 하고 서로의 눈만 보며 서 있었다. 더 늦기 전에 도망칠까—그런 생각은 털끝만큼도 일지 않았다. 벽으로부터 나오는 쇳소리에 거역하다니 상상도 할 수 없다. 못이 빠지는 소리가 나더니 이어 유리 깨지는 소리가 들렸다. 그림이 마룻바닥에 떨어지고 뒤에 있던 텔레스크린이 나타났다.

"이제 우리가 보이겠군요."

줄리아가 말했다.

"이제 너희들이 보인다."

그 소리가 말했다.

"방 가운데로 가서 서로 등을 대. 손을 머리 위에 올려. 서로 몸을 대지 마."

그들은 몸을 대지 않았지만 윈스턴은 줄리아의 몸이 떨리고 있음을 알 수 있었다. 아니, 어쩌면 그 자신이 떨고 있는지도 모른다. 이는 악물었지만 무릎이 떨리는 건 어쩔 수 없었다. 집 안팎에서 요란한 구두 소리가 들렸다. 뜰에 사람이 가득 들어찬 모양이다. 뜰의 자갈 위로 무언가 끌리는 소리. 그 여자의 노랫소리가 갑자기 그쳤다. 빨래통을 뜰 저편으로 던졌는지 굴리는 소리가 길게 나고 화난 소리가 찢어지게 나더니 고통스런 신음으로 바뀌고는 그쳐 버렸다.

"집이 포위됐어."

윈스턴이 말했다.

"집은 포위됐다."

그 소리가 받았다.

줄리아의 이가 덜덜 떨리는 소리가 들렸다.

"이제 작별 인사나 해야겠군요."

"이제 작별 인사나 해."

그 목소리가 받았다. 그러더니 전혀 다른 소리가 들려왔다. 윈스턴이 전에 들어 본 것 같은, 가늘고 점잖은 목소리였다.

"아무튼 그 이야기는 이렇지. '그대 침대를 비춰 주는 촛불이 오네, 그대 목을 뎅겅 자를 도끼가 오네!'"

윈스턴 등 뒤에서 침대 위로 무언가 떨어지며 우지끈 소리가 났다. 사다리 꼭대기가 창을 뚫고 들어와 창살을 부쉈다. 누군가 창문으로 들어왔다. 층계를 오르는 요란한 발소리. 방은 검은 제복에 징 박은 구두를 신고 손에 곤봉을 든 건장한 남자들로 가득찼다.

윈스턴은 이제 떨리지 않았다. 눈조차 깜빡이지 않았다. 움직이지 말아야지, 한 대 먹일 구실을 주지 말아야지―그 생각뿐이었다. 턱이 권투선수처럼 둥글고 입이 가늘게 째진 사내가 곤봉을 엄지와 검지로 잡고 무언가 생각하듯, 그의 바로 앞에서 멈춰 섰다. 윈스턴은 그의 눈을 마주 보았다. 양손을 뒤통수에서 깍지 낀 채 얼굴과 몸을 모두 드러내고 있자니 벌거벗은 몸을 보이는 것 같아 참을 수 없었다. 사내는 허연 혀끝을 내밀어 입술을 축이더니 그대로 지나갔다. 또다시 쾅 하는 소리가 들렸다. 누군가 탁자 위의 유리 문진을 집어 난로 받침돌에 던져 산산조각을 냈다.

케이크에서 떨어져 나온 설탕으로 만든 장미꽃 봉오리 같은 분홍색 산호 조각이 매트리스 위로 굴러갔다. 아주 조그맣구나, 윈스턴은 생각했다. 옛날부터 저렇게 작았겠지! 뒤에서 헐떡거리며 쿵쿵거리는 소리가 나더니 누군가 그의 발목을 호되게 걷어차 그는 자칫하면 넘어질 뻔했다. 한 사람이 줄리아의 명치를 쳤다. 그녀는 몸을 반으로 푹 접으며 고꾸라졌다. 그녀는 숨을 헐떡이며 바닥으로 나뒹굴었다. 윈스턴은 고개를 조금도 돌리지 않았지만 납빛으로 바뀌어 헉헉거리는 그녀의 얼굴이 살짝 보였다. 자기를 둘러싼 공포 속에서도 줄리아의 고통이 그에게까지 전해져 오는 것 같았다. 무시무시한 통증이었지만 숨을 쉬려고 바르작거리는 그녀만큼 절박하지는 않았다. 그는 그 고통이 어떻다는 걸 알고 있었다. 무엇보다 숨을 못 쉬어 아프다는 것조차 느낄 수 없을 만큼의 엄청난 괴로움. 이윽고 두 사람이 그녀의 무릎과 어깨를 들어올려 방 밖으로 자루처럼 내갔다. 윈스턴은 축 늘어진 그녀의 얼굴을 힐끗 보았다. 얼굴은 샛노랗게 변해서 일그러져 있었고 눈은 감긴 채 뺨에는 연지가 그대로 남아 있었다. 이것이 그녀를 마지막으로 본 모습이었다.

그는 죽은 듯 가만히 서 있었다. 아직 아무도 그를 때리지 않았다. 자질구레한 생각들이 그의 머릿속에 제멋대로 떠올랐다가 사라졌다. 채링턴 씨도 체포되었을까, 뜰에 있던 여자는 어떻게 되었을까. 오줌이 무척 마려웠다. 두어 시간 전에 갔다 왔는데 웬일일까. 벽난로 위의 시계가 9시, 즉 21시를 가리켰다. 그런 것 치고는 주위가 너무 밝았다. 8월이라지만 21시면 어둑해질 때가 아닌가? 줄리아와 그가 시간을 잘못 안 게 아닌가 싶었다. 시계가 한 바퀴 돌도록 잠을 자서 실제로는 다음 날 아침 8시 30분인데 20시 30분으로 착각한 게 아니었을까. 그러나 그 이상 생각하지 않았다. 쓸데없는 일이었다.

복도에서 다시 가벼운 발소리가 났다. 채링턴 씨가 방에 들어왔다. 검은 제복을 입은 사람들의 태도가 갑자기 점잖아졌다. 채링턴 씨의 모습도 완전히 달라져 있었다. 그는 깨진 유리 문진 조각을 보았다.

"저 조각들을 주워."

그는 엄하게 명령했다.

한 사람이 몸을 굽혀 주웠다. 채링턴 씨의 말투에서 런던 토박이 사투리가 사라졌다. 윈스턴은 그것이 좀 전에 텔레스크린에서 들은 목소리라는 것을 갑자기 깨달았다. 채링턴 씨는 여전히 그 낡은 벨벳 조끼를 입고 있었지만 거의 하얗던 머리털은 까맣게 바뀌었다. 안경도 끼지 않았다. 그는 확인하듯, 윈스턴을 한 번 쏘아보더니 다시는 관심을 보이지 않았다. 채링턴 씨의 모습이 남아 있기는 했지만 이제는 완전히 다른 사람이었다. 몸을 쭉 편 탓에 몸집이 훨씬 더 커 보였다. 얼굴도 바뀐 것은 조금밖에 없었지만 전혀 딴 모습이었다. 검은 눈썹은 예전처럼 진하지 않았고, 주름살도 없어져 얼굴의 윤곽이 완전히 달랐다. 코마저 짧아진 것 같았다. 서른다섯쯤 된 빈틈없고 냉정한 얼굴이었다. 윈스턴은 태어나서 처음으로 사상경찰관을 보고 있음을 깨달았다.

3부

1

그는 자신이 어디에 와 있는지 짐작조차 할 수 없었다. 아마 애정부인 듯했지만 확인할 길이 없었다. 그는 천장이 높고 사방이 번들거리는 하얀 타일의 벽으로 둘러싸인 창 하나 없는 감방 안에 있었다. 갓을 씌운 램프의 차가운 빛이 방 안을 비추고, 통풍구에서는 나지막이 웅웅거리는 소리가 끊임없이 들렸다. 문 쪽의 벽 외에 나머지 벽 둘레에는 겨우 앉을 만한 넓이의 의자가 죽 둘러져 있었고, 문 맞은편 끝에는 깔개도 없는 변기가 하나 있었다. 벽마다 하나씩, 네 대의 텔레스크린이 있었다.

그는 배가 아팠다. 사방이 막힌 수인호송차에 실려 이송될 때부터 줄곧 그랬다. 게다가 배도 고팠다. 너무 고픈 나머지 속이 쓰리기까지 했다. 식사를 못 한 지 24시간이나 36시간쯤 되었을 것이다. 그가 체포되던 때가 아침이었는지 저녁이었는지 알 수 없었고, 앞으로도 결코 알 수 없을 것 같았다. 그는 체포된 뒤로 아무것도 먹지 못했다.

그는 좁은 의자에 앉아 깍지 낀 손을 무릎 위에 올려놓고 되도록 움직이지 않았다. 가만히 앉아 있어야 한다는 것을 익히 알고 있었다. 무심코 조금만 움직여도 텔레스크린에서 왕왕거렸다. 그러나 음식을 먹고 싶은 마음은 더욱 커졌다. 무엇보다도 빵 한 조각이 절실했다. 제복 주머니 속에 빵부스러기가 몇 조각 남아 있으리란 생각이 머릿속을 스쳤다. 다리에 뭔가 닿는 것으로 보아 꽤 큰 빵 조각이 있을 것 같았다. 마침내 유혹이 앞서, 두려움도 잊어버린 채 주머니 속에 손을 넣었다.

"스미스!"

텔레스크린이 쩡쩡거렸다.

"6079 스미스 W! 감방에선 주머니에 손 넣지 마."

그는 다시 무릎 위에 손을 모으고 조용히 앉았다. 이리로 이송되기 전에 그는 일반 감옥인지 경찰의 임시 유치장인지 모르지만 다른 곳에 수용되어 있었다. 거기에서 얼마나 오래 갇혀 있었는지 정확히 알 수 없었으나 아마 몇 시간 쯤일 것이다. 시계도 없고 햇빛도 들지 않으니 시간을 추측할 수 없었다. 그곳은 시끄럽고 악취가 심했다. 그가 있던 곳은 지금 이 방과 비슷했는데 무척 더러운 데다가 한 방에 10명 내지 15명이 득실거렸다. 수감자들 대부분이 일반범이었지만 더러 정치범도 몇 명 끼어 있었다. 그는 지저분한 사람들에게 떠밀려 벽에 기댄 채 조용히 앉아 있었다. 그는 공포에 질린 데다 배까지 아파 주위에 관심을 가질 여유도 없었지만, 같은 죄인이라도 당원과 일반범들 사이에 있는 태도의 뚜렷한 차이점을 깨닫고 의아하게 생각했다. 당원들은 늘 조용하고 겁에 질려 있었지만, 일반범들은 조금도 거리낌이 없었다.

그들은 교도관에게 욕지거리도 하고 소지품을 압수당할 때는 빼앗기지 않으려고 버둥거렸고, 마룻바닥에 음란한 낙서를 긁적거리고 옷 속에 몰래 감춰둔 음식을 꺼내 씹고, 텔레스크린이 조용히 하라고 야단치면 오히려 거기에다 대고 악을 쓰고 소리를 질러 댔다. 그런가 하면 그들 가운데 몇몇은 교도관들과 친해져, 별명으로 그들을 부르며 문에 붙은 감시구멍으로 담배를 얻어 내려고 애썼다. 교도관들도 일반범에 대해서는 거칠게 다루어야 할 때도 어느 정도 너그러운 태도를 보였다. 이들은 대부분의 죄수가 이송될 강제노동수용소에 대한 이야기를 많이 했다. 그가 들은 바로는 연줄만 잘 잡으면 수용소에서도 '문제없다'는 것이었다. 별의별 뇌물, 특혜, 공갈 협박이 난무하거니와, 동성애와 매춘, 감자로 만든 밀주까지 얻을 수 있다는 것이다. 일반범 가운데 특히 강도범과 살인범이 중책을 맡아 하나의 귀족계급을 이루고 있으며, 온갖 지저분한 일은 모두 정치범의 몫이라 했다.

마약상, 도둑, 암시장 거래꾼, 술주정뱅이, 매춘부 등 별의별 죄수들이 감방을 들락날락했다. 어떤 술주정뱅이는 얼마나 난폭한지 죄수들 몇 명이 덤벼들어 진정시켜야 했다. 예순쯤 된 거구의 부인이 흰 머리칼을 풀어 헤친 채로 커다란 젖가슴을 덜렁거리며 악을 쓰고 끌려 들어오는데, 교도관 넷이 달려 들었음에도 발버둥치면서 소리를 질러 댔다. 교도관들은 발길질해 대는 노파의 신발을 벗기고 그녀를 번쩍 들어 윈스턴의 무릎에 내팽개쳤다. 그 바람에 그는 넓적다리가 부러지는 듯한 통증을 느꼈다. 노파는 몸을 일으키더니 교도관들 등에다 대고 "쌍놈의 새끼!"라고 욕을 퍼부었다. 그러더니 남의 무릎 위에 앉았다는 걸 알았는지 슬며시 의자에 내려앉았다.

"미안하오. 내가 당신 무릎에 앉으려고 한 게 아니라 저 자식들이 나를 패대기치는 바람에 그런 거라오. 그놈들은 숙녀를 어떻게 대접해야 하는지 모른단 말야. 안 그러오?"

그녀는 잠시 말을 멈춘 뒤 가슴을 두드리더니 트림을 했다.

"용서허하오. 내가 일부러 그런 건 절대로 아니니까."

그녀는 고개를 숙이더니 바닥에 음식물을 잔뜩 토해 냈다.

"이제야 좀 살 것 같군."

눈을 감고 몸을 뒤로 젖히며 말했다.

"어떻게 참았담. 토해 내니 배 속이 시원하네."

노파는 정신이 드는 듯, 윈스턴을 다시 한 번 돌아보았다. 그녀가 큰 팔로 그의 어깨를 끌어안아 당기는 바람에 술 냄새와 썩은 음식물 냄새가 풍겼다.

"이름이 뭐요?"

노파가 물었다.

"스미스입니다."

윈스턴이 대답했다.

"스미스? 우습구먼. 내 이름도 스미슨데."

그녀는 반갑다는 듯 덧붙였다.

"내가 당신 어머니일지도 모르겠네!"

그는 그럴지도 모른다고 생각했다. 나이도 몸집도 비슷하다. 강제노동수용소에 20년만 있으면 사람 인상이 얼마든지 바뀔 수 있다.

그녀를 제외하고는 아무도 그에게 말을 걸지 않았다. 일반범은 놀라울 만큼 정치범을 무시했다. 그들은 관심 없다는 듯 경멸하는 투로, 이들을 '정범(政犯)'이라 불렀다. 정치범들은 누구에게 말 걸기를 두려워했는데, 특히 자기들끼리 이야기하기를 더 두려워했다. 딱 한 번, 그는 두 여자당원이 의자에 바짝 붙어 앉아 주변의 소란을 틈타 급히 속삭이는 몇 마디를 엿들었을 뿐이다. 그들은

'101호실'에 대해 이야기했는데 그는 그게 무슨 말인지 이해할 수 없었다.

그가 이 방으로 끌려온 지 두어 시간이 지났다. 복통은 좀처럼 가라앉지 않았다. 좀 덜했다 더했다 하는 정도에 따라 그의 생각도 많아졌다 적어졌다 했다. 고통이 심하면 그 통증과 먹을 것만 생각했고, 좀 나아지면 공포가 그를 사로잡았다. 앞으로 자신에게 닥칠 일을 생각하면 가슴이 뛰고 숨이 멎을 것 같았다. 곤봉으로 팔꿈치를 얻어맞고 징 박힌 구두로 정강이를 걷어차인 느낌이었다. 바닥을 기어다니며, 부러진 치아 사이로 살려 달라고 울부짖는 자신을 보는 것 같았다. 줄리아 생각은 거의 할 수 없었다. 그녀에게 마음을 집중할 수 없었다. 그는 그녀를 사랑했으며 앞으로 그녀를 배반하지 않을 것이다. 그러나 이것은 수학 공식처럼 하나의 사실일 뿐이다. 그는 그녀에게 사랑을 느낄 수 없었고 그녀에게 무슨 일이 생겼는지도 궁금하지 않았다.

때때로 한 줄기 희망으로 오브라이언을 떠올리기도 했다. 자기가 체포된 사실을 오브라이언은 알 것이다. 형제단은 그 회원을 구하려 하지 않는다고 했다. 그러나 면도날이 있다. 가능하다면 면도날을 보내 줄지도 모른다. 교도관들이 감방에 들이닥치기까지 5초의 여유만 있으면 된다. 칼날이 짜릿하게 그를 베는 듯한, 그 칼날을 든 손가락의 뼈마디까지 잘리는 듯한 기분이 들었다. 그는 조금만 고통스러워도 몸을 움츠리고 떨었던 지난날을 떠올리며, 기회가 온다 해도 면도날을 쓸 수 있을지 자신은 없었다. 결국 고통뿐일지라도, 주어진 삶을 10분만 아니 한순간이라도 더 사는 것이 낫지 않을까.

그는 때로 벽의 타일 수를 세어 보려고 했다. 쉬울 것 같았지만 이유는 모르겠으나 언제나 도중에 셈을 잊어버렸다. 그는 자신이 어디에 있는지 또 몇 시쯤 되었는지 궁금했다. 한순간 바깥이 환한 대낮이라고 느꼈다가도, 다음 순간 캄캄한 밤일 거라는 생각이 들었다. 이곳은 절대로 전기가 나가지 않으리라고 그는 직감적으로 깨달았다. 어둠이 없는 곳이다. 그는 오브라이언의 암시를 그제야 깨달을 수 있었다. 애정부에는 창문이 없다. 감방이 빌딩 한가운데에 있을지, 바깥에 있을지, 지하 10층일지, 지상 30층일지 알 수 없다. 그는 머릿속으로 이곳저곳을 더듬으며 자신이 공중에 떠 있는지 땅속에 묻혀 있는지 가늠해 보았다.

밖에서 누군가 이리로 다가오는 구두 소리가 들렸다. 철문이 쾅 하고 열렸다.

말쑥한 검정 제복을 차려 입은 장교가 잽싸게 들어왔다. 윤이 나는 가죽 옷을 입어 온몸이 번쩍거렸고, 얼굴은 밀랍 마스크처럼 창백했고 이목구비가 반듯했다. 그는 밖에 있는 교도관들에게 죄수를 들여보내라고 명령했다. 시인 앰플포스가 휘청거리며 감방 안으로 들어왔다. 문이 다시 쾅 하고 닫혔다. 앰플포스는 빠져나갈 문이 있으리라고 생각한 듯, 옆을 두어 번 두리번거리더니 감방 안을 왔다 갔다 했다. 그는 아직 윈스턴을 보지 못한 채 넋 나간 표정으로 윈스턴의 머리 위 1미터쯤 되는 벽을 응시하고 있었다. 구두도 신지 않았는데, 커다란 더러운 발가락이 양말 구멍으로 삐져나와 있었다. 며칠 동안 면도도 하지 못한 모양인지 수염이 텁수룩했다. 그래서 약해 보이는 몸집에 신경질적인 몸짓과는 어울리지 않게 무법자 같은 인상을 풍겼다. 윈스턴은 기력이 없는 중에 약간 정신을 차렸다. 그는 텔레스크린이 고함을 치더라도 앰플포스에게 말을 걸어야 했다. 앰플포스가 면도날을 가지고 있을지도 모른다는 생각이 들었기 때문이다.

"앰플포스."

윈스턴이 불렀다.

텔레스크린은 조용했다. 앰플포스는 멈칫하더니 조금 놀라는 얼굴로 천천히 윈스턴에게 눈길을 돌렸다.

"아, 스미스! 자네도!"

앰플포스가 말했다.

"자넨 어쩌다 들어왔나?"

"사실을 말하자면……."

그는 윈스턴의 맞은편 의자에 앉으며 거북하게 말했다.

"죄라면 딱 하나뿐이지 않은가?"

"그럼, 그 죄를 저질렀단 말인가?"

"그런 거지."

그는 무언가를 기억해 내려는 듯, 손을 이마에 대더니 관자놀이를 눌렀다.

"이런 일이 일어났다네. 바로 그 때문인 것 같은데 말야. 물론 내가 경솔했지. 우린 키플링의 시(詩)를 결정판으로 발간하고 있었는데, 시 구절 끄트머리에 있는 'God(神)'란 단어를 그대로 놔두었거든. 도저히 어쩔 수 없었어."

그는 생각할수록 화가 난다는 듯이 윈스턴을 올려다보았다.
"그 행(行)을 고칠 수가 있어야지. 각운(脚韻)은 'Rod(회초리)'인데 그 운과 맞는 단어가 열두 개밖에 안 되잖아? 며칠 동안 고민했지만 다른 운이 없었단 말일세."

그의 얼굴빛이 변했다. 근심은 잠시 없어지고 한순간 즐거운 표정이 살아났다. 쓸데없는 사실을 발견한 현학자의 희열 같은, 어떤 지적인 너그러움이 지저분하고 볼썽사나운 그의 머리털 속에서 반짝였다.

"자네, 영국 시문학사에 영어의 운이 모자란다는 한계점이 있다는 생각을 해 본 적이 있나?"

그가 물었다.

없었다. 윈스턴은 그런 생각을 한 번도 해 본 적이 없었다. 게다가 지금 이런 상황에서 그것이 중요하지도 않거니와 흥밋거리도 못 되었다.

"지금 몇 시나 됐나?"

그가 물었다.

앰플포스는 다시 깜짝 놀랐다.

"그 생각은 해 보지도 못했네. 내가 체포된 게 이틀 전쯤이었을 거야. 아니, 사흘은 됐을지도 모르겠어."

그의 시선이 어딘가 있을지도 모르는 창문이라도 찾을 것처럼 벽을 두리번거렸다.

"여기선 밤낮의 차이가 없어. 시간을 어떻게 확인해야 할지 모르겠단 말이야."

그들은 몇 분 동안 이야기를 계속했는데, 갑자기 텔레스크린이 고함치며 조용히 하라고 했다. 윈스턴은 양손을 모으고 입을 다물었다. 앰플포스는 몸집이 커서 좁은 의자에 편히 앉질 못하고 몸을 이리저리 비틀었고, 안절부절못하며 여윈 손을 이쪽 무릎에 끼었다 저쪽 무릎에 끼었다 했다. 시간이 흘렀다. 20분이 지났는지 한 시간이 지났는지 알 수 없었다. 밖에서 다시 구두 소리가 들렸다. 윈스턴은 내장이 오그라드는 듯했다. 이제 곧 5분 안에, 아니 지금 당장, 저 구두 소리는 그의 차례를 알려 주려는 것 같았다.

문이 열렸다. 차갑게 생긴 그 젊은 장교가 감방 안으로 들어왔다. 재빠른 손짓으로 앰플포스를 가리켰다.

"101호실로."

그가 지시했다.

앰플포스는 교도관들 사이에 끼어 비틀거리며 걸어나갔다. 당혹스러워 이해가 가지 않는다는 표정이었다. 시간이 오래 지난 것 같았다. 윈스턴은 다시 복통을 느꼈다. 공을 제자리에 한 번 튕기면 그 튀는 높이가 차츰 낮아지듯이, 그의 생각도 한곳을 맴돌면서 갈수록 희미해져 갔다. 그가 생각할 수 있는 것은 복통, 빵 한 조각, 피와 비명, 오브라이언, 줄리아, 면도날 등 여섯 가지였다. 배 속에서 또 한차례 경련이 일어났다. 무거운 구두 소리가 다시 가까워졌다. 문이 열리더니 바람결에 식은땀 냄새가 물씬 풍겨 왔다. 파슨스가 감방 안으로 들어왔다. 그는 카키색 반바지와 스포츠 셔츠를 입고 있었다.

이번에는 윈스턴이 깜짝 놀랐다.

"자네가 여길 오다니!"

그가 말했다.

파슨스는 윈스턴을 흘낏 쳐다보았다. 그의 시선에는 관심도 놀라운 기색도 없이 고통뿐이었다. 그는 가만히 있을 수가 없는지 이리저리 왔다 갔다 했다. 땅딸막한 무릎을 펼 때마다 떨고 있었다. 그는 방 한가운데 있는 무언가를 응시하듯 눈을 크게 뜨고 쳐다보았다.

"어쩌다 들어왔나?"

윈스턴이 물었다.

"사상죄야!"

파슨스가 울먹이는 목소리로 말했다. 그의 목소리는 자기 죄를 완전히 시인하면서도 그런 죄목이 자기에게 적용된 사실을 믿을 수 없다는 듯, 공포에 사로잡혀 있었다. 그는 윈스턴 바로 앞에 서서 열렬히 하소연을 늘어놓기 시작했다.

"여보게, 그들이 나를 총살하지는 않을까? 단지 생각만 했고 실제로는 아무것도 안 했으니까 죽이지는 않겠지? 생각쯤이야 어쩔 수 없지 않나. 사정하면 잘 들어 주겠지? 난 그 사람들을 믿어. 그들도 내 경력을 알지 않겠어? 내가 어떤 사람인지 자네도 잘 알잖아. 난 절대로 나쁜 놈은 아니야. 물론 머리는 나쁘지만 열성적이지 않나? 난 당을 위해서 최선을 다했지. 5년쯤 치러야 할까? 아니면 10년쯤? 나 같은 친구는 노동수용소에서 아주 쓸모가 있을 거야. 한 번 탈선했다고 나를 총살하진 않겠지?"

"죄를 짓긴 했나?"

윈스턴이 물었다.

"물론 지었지!"

파슨스는 비굴한 표정으로 텔레스크린을 힐끗거리며 말했다.

"당이 아무 잘못이 없는 사람을 체포하겠나?"

그의 개구리 같은 얼굴이 평온해지더니 조금 엄숙한 표정으로 바뀌었다. 그는 점잔을 빼며 말했다.

"사상죄란 무서운 거야. 그건 음흉한 일이지. 자기도 모르는 사이에 거기 걸려든단 말이야. 내가 어떻게 사상죄를 저질렀는지 아나? 잠잘 때라네! 그래, 바로 그렇게 됐어. 나는 내 직분을 다하려고 열심히 일했지. 내 마음속에 나쁜 생각이 들어 있는 줄은 까맣게 모르고 말야. 그런데 내가 잠꼬대를 했다네. 뭐라고 한 줄 아나?"

그는 치료를 받기 위해 할 수 없이 치부(恥部)를 털어놓듯 목소리를 낮췄다.

"빅 브라더를 타도하라는 것이었네. 그래, 내가 그런 말을 다 하다니! 그것도 여러 번 외친 모양이야. 우리끼리니까 하는 말일세. 더 큰 죄를 짓기 전에 이렇게 체포되어 오히려 기쁘네. 내가 법정에서 뭐라고 할 건지 아나? 고맙다고, 너무 늦기 전에 날 구해 줘서 고맙다고 하겠네."

"누가 자네를 고발했나?"

윈스턴이 물었다.

"내 어린 딸이야."

파슨스가 자랑스러워하면서도 침울한 표정으로 말했다.

"그 아이가 열쇠 구멍으로 엿들었어. 내가 말하는 걸 듣고 바로 다음 날 경찰한테 달려갔지. 일곱 살치고는 꽤 똑똑하지? 이런 문제 때문에 딸년한테 무슨 앙심을 품진 않아. 사실 대견스럽지. 아무튼 내가 애는 제대로 키운 모양이야."

그는 볼일을 보고 싶은지 왔다 갔다 하면서 몇 번이나 변기를 쳐다보았다. 그러더니 갑자기 바지를 까 내렸다.

"미안하네, 참을 수가 없어. 너무 오래 참았다네."

파슨스의 커다란 궁둥이가 변기에 주저앉았다. 윈스턴은 손으로 얼굴을 가렸다.

"스미스!"

텔레스크린이 고함쳤다.

"6079 스미스 W, 손을 떼! 감방에서 얼굴을 가리면 안 돼."

윈스턴은 얼굴에서 손을 뗐다. 파슨스는 요란한 소리를 내더니 큰 볼일을 한 무더기나 싸 놓았다. 볼일을 보고 나서야 물 내리는 꼭지가 고장난 것을 알았다. 그 뒤 몇 시간 동안이나 감방에 악취가 가득했다.

파슨스도 옮겨 갔다. 많은 죄수들이 말없이 더 들어왔다가 나갔다 했다. 한 여자 죄수는 101호실로 이감됐는데 '101호실'이란 말을 듣자마자 몸을 부들부들 떨며 얼굴빛이 변했다. 그가 아침에 왔다면 지금 오후일 테고, 오후에 왔다면 지금 한밤중일 것이다. 감방에는 남녀 모두 죄수가 6명이었다. 모두 조용히 앉아 있었다. 윈스턴 맞은편에 커다란 토끼처럼 턱이 없고 앞니가 튀어나온 사내가 앉아 있었다. 그의 얼룩진 뺨은 축 늘어져 입안에 음식물을 한입 물고 있는 것처럼 보였다. 그는 이 사람 저 사람한테 잿빛 눈알을 굴리다가 눈이 마주치면 얼른 눈길을 돌리곤 했다.

문이 열리더니 죄수가 또 한 명 들어왔다. 윈스턴은 그 죄수의 모습을 보고 순간적으로 간담이 서늘해졌다. 그는 평범해 보이는 기술자 유형이었으나 얼굴은 놀랄 만큼 수척했다. 영락없이 해골 같았다. 너무 말라 입과 귀만 엄청 커 보였고, 눈에는 누군가나 무엇인가에 대한 살기와 증오가 가득했다. 그 사람은 윈스턴과 조금 떨어진 의자에 앉았다. 윈스턴은 그를 다시 바라보지 않았지만 그 일그러진 해골 같은 인상이 너무 생생한 게 눈앞에 어른거렸다. 그는 문득 왜 그런지 깨달았다. 그 사람은 굶어 죽기 직전의 상태였던 것이다. 온 감방 안에 있는 사람들이 동시에 모두 같은 생각을 한 모양이었다. 감방 안에서 약간의 동요가 일었다. 턱 없는 남자도 해골바가지 같은 얼굴을 보더니, 죄지은 것처럼 고개를 돌렸다가 다시 참을 수 없다는 듯이 쳐다보곤 했다. 그는 제자리에서 안절부절못하다가 마침내 뚜벅뚜벅 걸어오더니, 주머니를 뒤적거려 거무스레한 빵 조각을 꺼내 얼굴을 붉히며 해골 같은 사람에게 내밀었다.

그러자, 텔레스크린에서 귀청이 떨어질 것 같은 호통 소리가 들렸다. 턱 없는 사내가 펄쩍 뛰었고, 해골 같은 사내는 빵을 거절한다고 만천하에 시위하듯 얼른 손을 등 뒤로 숨겼다.
"범스테드!"
텔레스크린이 소리쳤다.
"2713, 범스테드 J! 당장 빵 조각을 버려."
턱 없는 사내는 빵 조각을 마루에 떨어뜨렸다.
"그 자리에 그대로 서 있어. 문 쪽을 보고, 움직이지 마."
텔레스크린이 명령했다.

턱 없는 사내는 순순히 복종했다. 주머니처럼 늘어진 커다란 뺨이 부들부들 떨리고 있었다. 문이 쾅 하고 열렸다. 젊은 장교가 들어와 옆으로 비켜 서자 어깨와 팔이 단단한 교도관 하나가 나타났다. 그는 턱 없는 사내 앞에 서더니, 젊은 장교의 신호가 떨어지기 무섭게 턱 없는 사내의 불룩한 입을 온 힘을 다해 한 대 후려쳤다.

그 한 대의 충격으로 그는 마룻바닥에 나뒹굴었다. 그의 몸은 감방을 가로질러 변기 쪽으로 나가떨어졌다. 그의 코와 입에서 검은 피가 흘러내렸으며 기절한 듯 잠시 동안 그대로 누워 있었다. 이따금 그의 입에서 자기도 모르게 끙끙거리는 신음이 흘러나왔다. 그러더니 몸을 뒤척여 손과 무릎으로 바닥을 짚고 비틀거리며 일어났다. 피와 침이 엉겨 붙은 부러진 틀니 조각을 뱉었다.

죄수들은 무릎 위에 손을 모으고 조용히 앉아 있었다. 턱 없는 사내는 엉금엉금 기어서 제자리로 돌아갔다. 얼굴 한쪽이 시커멓게 멍이 들었다. 입가가 벌겋게 부어올라 입이 시커먼 구멍처럼 보였다. 때때로 핏방울이 가슴 위로 떨어졌다. 이렇게 창피당한 걸 남들이 얼마나 경멸하는가 눈치라도 보듯, 그의 잿빛 눈은 아까보다 더 죄의식을 느끼는 것처럼 다른 사람들의 얼굴을 두리번거렸다.

문이 열렸다. 장교가 손가락을 까딱하며 해골 같은 사내를 가리켰다.
"101호실로."
윈스턴 옆에서 당황하는 소리가 났다. 그 사내는 마루에 풀썩 무릎을 꿇더니 두 손을 꼭 잡고 소리쳤다.
"동무! 장교동무! 제발 저를 그리로 보내지 마세요! 모든 걸 다 말했잖아요?

뭘 더 알려고 해요! 더 이상 자백할 게 없어요. 하나도 없어요! 무엇이든 말씀만 하세요. 다 자백할 테니. 조서도 쓰세요. 서명할 테니! 하지만, 101호실만은 제발!"

"101호실로."

장교가 다시 명령했다.

이미 창백해진 사내의 얼굴은 윈스턴이 차마 눈뜨고 볼 수 없을 만큼 안색이 변했다. 얼굴이 새파랗게 질려 있었다.

"마음대로 해!"

그는 체념한 듯 소리쳤다.

"몇 주 동안 나를 굶겼지. 이젠 그만하고 날 죽여. 총살시켜. 목을 매란 말야. 25년형을 선고하든지. 내가 또 불어 댈 사람이 있어? 누군지 말해 보란 말야. 다 불 테니까. 누구든지 말만 해. 그들을 어떻게 하든 상관없어. 난 마누라도 있고 자식도 셋이야. 맏이 놈이 여섯 살도 안 됐어. 그들을 데려와 내 눈앞에서 목을 따더라도 참고 보겠어. 그렇지만 제발, 101호실만은!"

"101호실로."

장교가 말했다.

그 사내는 자기 대신 희생시킬 사람이 없을까 싶어 미친 듯이 다른 죄수들을 둘러보았다. 그의 눈이 턱 없는 사내의 엉망이 된 얼굴에 고정되었다. 그가 기다란 팔을 내뻗었다.

"나 말고 저 사람을 끌고 가."

그가 소리쳤다.

"저 사람이 얼굴을 얻어맞고 무어라 했는지 알아? 나한테 한 번만 기회를 줘. 다 말할 테니. 저 사람이야말로 당의 적이야. 내가 아니고."

교도관이 앞으로 걸어왔다. 사내는 비명을 질렀다.

"저놈 얘기 못 들었어? 텔레스크린이 고장난 거요. 잡아갈 사람은 저자야. 나 말고 저놈을 데려가."

건장한 교도관들이 그의 팔을 잡으려고 몸을 굽혔다. 그 순간 그는 바닥에서 펄쩍 뛰어 쇠로 된 의자다리를 움켜쥐었다. 그는 짐승처럼 으르렁대기 시작했다. 교도관들은 그를 떼어 내려고 애를 썼지만 그는 엄청난 힘으로 버텼다.

아마 그들은 한 20초 동안 그를 잡아당겼을 것이다.

　죄수들은 마주 잡은 양손을 무릎 위에 놓고 앞만 똑바로 쳐다보며 조용히 앉아 있었다. 그가 더 이상 소리치지 않았다. 그는 겨우 매달려 있을 뿐, 움직일 힘조차 없었다. 잠시 뒤 또 한차례 외마디 소리가 났다. 교도관이 구둣발로 그의 손가락을 으스러뜨렸다. 그들은 그의 발을 끌어당겼다.

　"101호실로."

　장교가 지시했다.

　사내는 머리를 축 늘어뜨린 채 비틀거렸고, 짓이겨진 손을 어루만지면서 더 이상 저항도 못한 채 끌려갔다.

　시간이 꽤 흘렀다. 해골 같은 사내가 끌려간 게 한밤중이라면 지금은 아침일 테고, 그때가 아침이었다면 지금은 오후일 것이다. 윈스턴은 혼자였다. 혼자서 몇 시간을 보냈다. 좁은 의자에 앉아 있자니 몸이 저려 와서 때때로 일어나 걸어다녔다. 텔레스크린도 뭐라 하지 않았다. 턱 없는 사내가 떨어뜨린 빵 조각이 여전히 그대로 남아 있었다. 처음에는 그걸 외면하려고 무진 애를 썼지만 지금은 배가 고프기보다 목이 더 말랐다. 입안이 쓰고 텁텁했다. 머릿속이 멍하고 어지러운 가운데 웅웅거리는 소리만 들리고 흰 전깃불은 변함없이 환했다. 그는 뼛속을 쑤시는 통증을 더 참을 수 없어서 일어나려 했지만, 눈앞이 어지러워 서 있을 수 없어 다시 주저앉곤 했다. 몸이 어느 정도 안정되면 공포가 다시 살아났다. 사라져 가는 희망 속에서 오브라이언과 면도날을 생각했다. 음식이 들어온다면 그 속에 면도날을 숨겨 들어올 것이라는 생각이 들었다. 아주 희미하게나마 줄리아 생각도 났다. 어디선가 그녀는 자기보다 더 심한 고통을 당하고 있으리라. 이 순간 고통에 못 이겨 비명을 지르고 있을지도 모른다고 그는 생각했다. '내가 두 배의 고통을 받아 줄리아를 구할 수 있다면 나는 그렇게 할 수 있을까? 그럼, 그렇게 해야지.' 그러나 그것은 그렇게 해야 한다는 것을 알고 있기에 결심할 수 있는 다짐일 뿐, 실제로는 어떨지 몰랐고, 가슴에 와닿지도 않았다. 이 상황에서는 현재의 고통과 앞으로 닥칠 고통만 느낄 뿐이다. 게다가 지금 고통을 당하고 있는데 무슨 이유로든 그 고통이 더 늘어나길 바랄 수 있겠는가? 하지만 그 문제에 대해서는 아직 대답할 수 없었.

　구두 소리가 다시 가까워졌다. 문이 열렸다. 오브라이언이 들어왔다.

윈스턴은 벌떡 일어섰다. 그를 본 충격으로 주변 상황을 완전히 잊어버렸다. 그는 몇 년 만에 처음으로 텔레스크린의 존재까지 잊은 것이다.

"당신도 잡혔군요!"

윈스턴이 소리쳤다.

"난 오래전에 잡혔다네."

오브라이언이 친근하지만 유감스러운 비웃음을 띠며 말했다. 그가 옆으로 비켜섰다. 그 뒤에서 어깨가 쩍 벌어진 교도관이 손에 기다란 곤봉을 들고 나타났다. 오브라이언이 말했다.

"잘 알고 있었겠지, 윈스턴. 속이지 말게. 자넨 늘 이럴 줄 알고 있었어."

그렇다. 그는 지금 보고 있고 전에도 이런 일이 벌어질 줄 알고 있었다. 그러나 그걸 생각할 여유가 없었다. 그에게 보이는 것은 교도관의 손에 들린 곤봉뿐이었다. 어디든 내려치겠지. 머리나 귓바퀴, 팔이나 팔꿈치…….

팔꿈치다! 그는 얻어맞은 팔꿈치를 다른 손으로 감싼 채 맥없이 무릎을 꿇고 쓰러졌다. 노란빛이 눈앞에서 반짝거렸다. 한 대 맞았다고 이렇게 아프다니! 눈앞이 밝아지자 그를 내려다보는 두 사람이 보였다. 그가 몸을 비틀자 교도관이 비웃었다. 어쨌든 한 가지 의문은 풀렸다. 어떤 이유로든 극심한 고통을 더 늘릴 수는 없다. 고통에 대해 바라는 게 있다면 딱 한 가지, 고통이 멈추는 것이다. 세상에서 육체적 고통보다 더 나쁜 건 없다. 고통 앞에는 영웅도 없다. 쓸 수 없게 된 왼팔을 부둥켜안고 바닥에서 몸을 비틀며 계속 생각했다. 고통 앞엔 절대 영웅도 없다고.

2

그는 비교적 좀 높게 설치된 어떤 간이침대에 누워 있었다. 무언가에 묶여 있는지 몸을 움직일 수 없었다. 일반 램프보다 훨씬 강한 불빛이 그의 얼굴을 비추고 있었다. 오브라이언이 옆에 서서 그를 유심히 바라보고 있었고, 그 맞은편에서 흰 가운을 입은 남자가 주사기를 들고 서 있었다.

그는 눈을 뜨고 나서도 주위를 금방 알아볼 수 없었다. 바다의 깊숙한 밑바닥 같은 전혀 다른 세계에서 이 방으로 헤엄쳐 온 기분이었다. 그 아래에서 얼마나 오래 있었는지 알 수 없었다. 체포된 뒤부터 그에게 낮과 밤이 없었다. 게

다가 기억들도 이어지지 않았다.

잠잘 때 나타나는 그런 의식마저 완전히 끊어졌다가 진공 같은 공백의 시간이 지나간 뒤 다시 깨어나곤 했다. 그러나 이런 멍한 상태가 며칠, 몇 주, 또는 단 몇 초 동안 이어졌는지 알 길이 없었다.

처음 팔꿈치를 얻어맞을 때부터 악몽이 시작되었다. 나중에 알게 되었지만, 그때 일어났던 일들은 거의 모든 죄수들이 겪는 관례적인 예비 심문일 뿐이었다. 모든 죄수들이 마땅히 자백해야 하는 죄목에는 간첩행위, 태업 등 여러 가지가 있다. 자백은 형식이고 고문이 진짜였다. 얼마나 많이 몇 번이고 매를 맞았는지, 그 태형이 얼마나 오래 이어졌는지 기억할 수 없었다. 그의 옆에는 언제나 검은 제복의 사내들이 대여섯 있었다. 때로는 주먹과 곤봉이 날아오고, 쇠몽둥이로 때리거나 구둣발질도 했다. 그는 창피한 줄도 모르고 짐승처럼 마룻바닥을 뒹굴며 이리저리 매를 피해 한없이 몸을 비비 꼬았지만, 그럴수록 갈비뼈, 배, 팔꿈치, 정강이, 사타구니, 고환, 척추 끝에 매질만 더해졌을 뿐이다.

고문이 어찌나 혹독하게 한없이 이어지는지, 세상에서 가장 잔인하고 포악하고 용서할 수 없는 일은 교도관들이 자기를 계속 때리는 매질이 아니라, 그 매질에도 정신을 잃지 못하는 것이라고 여겨질 때도 있었다. 얼마나 얼이 빠졌던지 교도관들이 때리기도 전에 살려 달라고 애원하고, 주먹으로 때리는 시늉만 해도 진짜건 가짜건 자기 죄를 술술 털어놓기도 했다. 어떤 때는 절대로 자백하지 않겠다고 결심했다가도 고통으로 신음하며 억지로 한마디씩 토해 내야 할 때도 있었고, 혼자서 '자백하고 말 거다. 그러나 지금은 아니야. 참을 수 있는 데까지 좀 더 버텨 보자. 세 대만 더 맞고, 아니 두 대만 더 맞자. 그러면 저들이 원하는 대로 말해 주자'고 생각하며 마음속으로 타협하는 때도 있었다. 어떤 때는 일어설 수 없을 만큼 얻어맞다가 감자 포대처럼 감방의 돌바닥에 내팽개쳐져, 몇 시간 동안 정신을 잃고 있다가 의식을 회복하고는 다시 끌려가 얻어맞기도 했다. 회복되는 시간이 갈수록 더 길어졌다. 회복 기간에는 주로 잠자는 중이거나 혼수상태였으므로 그 시간은 희미하게 기억될 뿐이었다. 그는 감방의 벽에 붙은 선반처럼 생긴 널판 침대와 함석 대야, 뜨거운 수프와 빵, 때로는 커피가 곁들인 식사를 떠올렸다. 험상궂은 이발사가 턱수염을 밀고 머리를 깎아 주고, 무정하게 생긴 흰 가운을 입은 남자가 사무적으로 맥박을 재고 청진(聽診)하고 눈꺼풀을 뒤집어 보고 부러진 뼈를 찾듯 그의 몸을 거칠게 만지며 그의 팔에 수면제를 주사하던 일이 생각났다.

고문은 차츰 줄어들었으나 대신 대답이 시원찮으면 다시 때리겠다고 위협하고 공갈쳤다. 심문하는 사람도 이제는 검은 제복의 악당처럼 생긴 자들이 아니라 땅딸막한 당의 지식층이었다. 이들은 동작이 날렵하고 번쩍거리는 안경을 낀 채, 한 번에 열두어 시간 이어지는 심문을 교대로 했다. 이들 가운데 어떤 심문관은 심하지는 않았지만 그에게 약간의 고통은 반드시 주었다. 그들은 뺨을 때리고 귀를 비틀고 머리칼을 잡아 뜯고, 한 발로 서 있게 하고 오줌을 못 누게 하고 눈물이 철철 흐르도록 얼굴에 강렬한 빛을 쏘이기도 했다. 그의 자존심을 꺾어 주장하고 분별하는 힘을 없애기 위함이었다. 진짜 지독한 심문은 몇 시간이고 끊임없이 무자비한 질문공세를 퍼부어, 말끝마다 함정을 파 놓고 트집 잡아 따지고, 그가 하는 말을 모두 비꼬아 거짓말이며 모순이라고 윽박지르는 것인데, 그러면 그는 끝내 분노와 신경의 피로와 수치심으로 울음을 터뜨렸다. 어떤 때는 한 번의 심문에 여섯 번이나 울기도 했다. 그들은 심문 시간 대부분 그에게 욕을 퍼부었고, 대답을 어물거릴 때마다 다시 교도관들한테 넘기겠다고 위협했다.

그러다가도 어떤 때는 갑자기 말투를 바꾸어 그를 동무라 불렀고, '영사'와 빅 브라더의 이름으로 호소하면서 그가 지은 죄를 씻기 위해 이제라도 당에 충성하지 않겠냐고 애처롭게 묻기도 했다.

몇 시간의 심문으로 신경이 날카로워져 그는 이 정도의 호소에도 눈물을 쥐어짜며 울었다. 마침내 그는 교도관들의 주먹질과 구둣발질보다 이들의 집요하고 수다스런 말에 녹초가 되었다. 그는 그들이 요구하는 모든 것을 말하고 서명하게 되었다. 그의 유일한 관심은 그들이 원하는 게 무엇인가 간파해서 다시 괴롭히기 전에 재빨리 자백하는 것이었다. 그는 고위당원 암살, 불온문서 배포, 공금횡령, 군사기밀 누설, 각종 태업 행위를 자백했다. 오래전인 1968년 동아시아의 간첩으로 활동했다고 자백했다. 그는 신을 믿고 자본주의를 찬양하며 성도착자라고 거짓 자백했다. 아내가 살아 있다는 것을 그나 심문관도 알고 있는데, 자기 아내를 죽였다고 자백했다. 지난 몇 년 동안 골드스타인과 개인적인 친분 관계를 맺고, 그가 아는 사람들 대부분이 가담한 지하조직의 일원으로 활약했다고도 자백했다. 있는 것 없는 것 다 자백하고, 모든 사람을 끌어들이는 게 상책이었다. 게다가 어떤 의미에서 그것은 모두 사실이었다. 그가 당의 적이었던 것도 사실이었고 당의 관점에서는 사상과 행동에 차이가 없었다.

다른 것도 기억났다. 마치 어둠 속에 흩어져 있는 그림처럼 뒤죽박죽된 기억이 떠올랐다.

보이는 것이라고는 두 눈밖에 없었기에 그는 감방이 어두운지 밝은지 알 수 없었다. 손에 잡힐 듯이 가까운 곳에서 무슨 기계가 천천히 규칙적으로 똑딱거렸다. 그 눈은 더욱 커지면서 더욱 번쩍거렸다. 갑자기 그는 자리에서 붕 떠올라 그 눈 속으로 빨려 들어가 삼켜질 것 같았다.

그는 눈부신 불빛 아래에 있는, 다이얼로 둘러싸인 의자에 묶여 있었다. 흰 가운을 입은 한 남자가 다이얼을 보고 있었다. 밖에서 무거운 구둣발 소리가 들렸다. 문이 쾅 하고 열렸다. 밀랍 같은 얼굴의 장교가 교도관 둘을 데리고 들어왔다.

"101호실로."

장교가 지시했다.

흰 가운의 사내는 돌아서지도, 윈스턴을 쳐다보지도 않고 다이얼만 읽고 있었다.

윈스턴은 끌려가고 있었다. 황금색으로 빛나는 등불이 가득하고 폭이 1킬로미터나 될 것 같은 엄청난 복도에서 그는 낄낄거리고 목청껏 외치며, 모조리 자백하고 있었다. 그는 모든 것을, 고문 받으면서도 숨겨왔던 것까지 모두 자백했다. 이미 알고 있는 사람들에게 자기가 살아온 인생 역정을 늘어놓았다. 그와 함께 교도관들도, 다른 심문관들도, 흰 가운의 사내들도, 오브라이언도, 줄리아도, 채링턴 씨도, 모두 함께 복도에 발을 굴러 가며 깔깔거리고 소리 질렀다. 모든 것이 잘되었다. 더 이상의 고문도 없고 그의 평생 이야기도 낱낱이 밝혀져 이해되고 용서되었다.

윈스턴은 어렴풋이 오브라이언의 목소리를 들은 것 같아 침대에서 몸을 일으키려고 했다. 그는 심문을 받는 동안 오브라이언을 한 번도 본 적 없지만, 다만 보이지 않았을 뿐 그가 옆에 있는 기분이었다. 오브라이언이 모든 걸 지시한다. 윈스턴에게 교도관을 보내 그를 죽이지 않도록 한 자도 오브라이언이다. 윈스턴이 비명을 지르도록 언제 고통을 주는가, 언제 이를 멈추는가, 언제 식사를 시키는가, 언제 잠을 재우고, 언제 팔에 주사를 놓는가를 결정하는 사람이 바로 오브라이언이다. 질문을 하고 답변을 제시하는 사람이다. 그는 고문자이자 보호자며, 심문관이자 친구이다. 그리고 윈스턴이 수면제 때문에 잠든 것인지, 정상적인 잠이었는지, 깨어 있는 순간이었는지는 기억할 수 없지만, 누군가 그의 귀에 대고 이렇게 속삭이는 것이었다.

"걱정하지 마, 윈스턴. 내가 자네를 보호하고 있어. 7년 동안 자네를 관찰해 왔네. 이제 전환기가 왔어. 내가 자네를 구할 거야. 자네를 완전한 사람으로 만들어 줄게."

그것이 오브라이언의 목소리인지 아닌지 알 수 없었지만 7년 전 꿈속에서 "우리는 어둠이 없는 곳에서 만날 거야"라고 그에게 말한 목소리와 똑같았다.

그는 언제 심문이 끝났는지 기억할 수도 없었다. 어둠 속에서 얼마간의 시간이 흐른 뒤에야 그는 지금 자기가 있는 곳이 방인지 감방인지 서서히 알아볼 수 있었다. 그는 등을 대고 반듯이 누운 채 움직일 수 없었다. 온몸이 묶여 있었고 심지어 뒤통수에 무언가 끼워져 있었다. 오브라이언이 침울하게, 슬픈 표정으로 그를 내려다보고 있었다. 밑에서 보니 그의 얼굴은 꺼칠하고 지쳐 보였다. 눈 아래 살이 늘어지고 코에서 턱까지 주름살이 선명했다. 그는 윈스턴이 생각했던 것보다 늙어 보였다. 마흔여덟이나 쉰은 되었을 것이다. 그의 손은 위에 손잡이가 달리고 앞에 숫자판이 돌아가는 다이얼을 쥐고 있었다.

"자네에게 말했었지."

오브라이언이 말했다.

"우리가 다시 만난다면 여기에서라고."

"그랬지요."

윈스턴이 대꾸했다.

오브라이언이 손을 가볍게 움직이는가 싶더니 아무런 예고도 없이 윈스턴의 몸속으로 고통이 물밀듯이 밀려왔다.

무슨 일이 일어날지 생각할 사이도 없이 갑자기 당한 고통이라, 치명상을 입을 수도 있다는 느낌 때문에 그것은 정말로 더욱 끔찍했다. 정말 치명상을 입고 있는 건지, 아니면 전기로 그런 공포만 주는 건지 모르겠지만, 몸이 마구 뒤

틀리고 뼈마디가 조각조각 떨어져 나가는 것 같았다. 고통으로 이마에서 땀이 흘러내렸지만 무엇보다 참기 힘든 것은 등뼈가 부러질 것만 같은 공포였다. 그는 이를 악문 채 겨우 코로 숨을 쉬며 소리를 지르지 않으려고 안간힘을 썼다.

오브라이언이 그의 얼굴을 보며 말했다.

"곧 뭔가 부러질 것 같아 겁나지? 자네가 특히 두려운 게 등뼈일 거야. 척추가 뚝 부러져서 수액이 뚝뚝 떨어지는 모습이 눈에 선할 걸세. 그렇지 않나, 윈스턴?"

윈스턴은 대답하지 않았다. 오브라이언은 다이얼의 손잡이를 제자리로 돌려놓았다. 고통이 순식간에 사라졌다.

"이게 40도야."

오브라이언이 말했다.

"이 다이얼의 숫자를 100까지 올릴 수 있어. 자네와 이야기하는 중에도 언제든 내가 원하는 만큼 자네에게 고통을 안겨 줄 수 있다는 것을 기억해 두게. 거짓말을 하거나 적당한 말로 얼버무리거나, 영리하게 굴지 않으면 곧바로 고통을 당할 걸세. 내 말 알아듣겠나?"

"네."

윈스턴이 대답했다.

오브라이언의 태도가 조금 누그러졌다. 그는 생각에 잠긴 듯 안경을 고쳐 쓰고 몇 걸음 어슬렁거렸다. 그의 목소리는 점잖으면서도 여유가 있었다. 그는 마치 벌을 주기보다 설득을 시키려는 의사나 선생, 목사 같은 표정이었다.

"윈스턴, 자네 때문에 내가 고생하고 있네. 물론 자네는 충분히 그럴 만한 가치가 있는 사람이야. 왜 이렇게 됐는지는 자네가 잘 알 거야. 자네는 그렇지 않다고 부인하겠지만 사실은 몇 년 전부터 알고 있었어. 자네는 정신적으로 혼란에 빠져 있어. 불완전한 기억으로 고통받고 있지. 실제로 일어난 사건들은 기억하지 못하면서, 일어나지도 않은 사건들을 기억한다고 착각하는 거야. 자네는 거기에서 벗어나려고 생각하지 않기에 그 병을 고치지 못했어. 조금만 노력하면 될 텐데 안 했거든. 내가 알기로 자네는 지금도 그 병이 무슨 미덕이나 되는 양 집착하고 있단 말야. 예를 하나 들어 보세. 지금 이 순간 오세아니아는 어느 나라와 전쟁을 하고 있나?"

"제가 체포될 때는 동아시아와 전쟁 중이었습니다."

"동아시아라, 좋아. 그럼 오세아니아는 언제나 동아시아와 전쟁을 해 왔군. 그렇지 않나?"

윈스턴은 숨을 들이쉬었다. 그는 입을 열어 말을 하려다 그만두었다. 다이얼에서 눈을 뗄 수가 없었다.

"사실대로 말해 봐, 윈스턴. 자네가 믿는 사실을 자네가 기억하는 그대로 말해."

"제가 체포되기 일주일 전까지, 우리는 결코 동아시아와 전쟁을 하고 있지 않았습니다. 우리나라는 그 나라와 동맹관계였어요. 4년 동안 동맹이 이어졌습니다. 그 전에는……."

오브라이언이 손짓으로 말을 끊었습니다.

"다른 예를 들어 보세. 몇 년 전 자네는 정말 굉장한 몽상을 했었지. 한때 당원이었던 존스, 아론슨, 러더퍼드, 이 세 사람이 완전히 자백을 하고 반역과 태업의 죄명으로 처형되었는데 자네는 그들에겐 죄가 없다고 믿었어. 그들의 자백이 거짓이라고 증명할 문서상의 명백한 증거를 보았다고 믿고 있었어. 자네가 착각할 만한 사진이 있었지. 실제로 자네가 손으로 그걸 만져 봤다고 믿었지. 그건 바로 이 사진이었어."

직사각형의 신문조각이 오브라이언의 손에 들려 있었다. 그는 그걸 윈스턴에게 한 5초 동안 보여 주었다. 그것은 의심할 여지 없는 바로 그때 그 사진이었다. 그가 11년 전 우연히 손에 넣었다가 없애 버린 것으로, 존스, 아론슨, 러더퍼드 세 사람이 뉴욕의 한 당 집회에서 찍은 사진이었다. 그 사진은 잠시 그의 눈에 비쳤다가 사라졌다. 그러나 그는 틀림없이 보았다. 보았던 것이다! 그는 상반신을 움직이려고 안간힘을 썼으나 발버둥 친들 한 치도 움직일 수 없었다. 그 순간 그는 다이얼조차 잊어버렸다. 그가 바라는 것은 그 사진을 다시 한 번 잡아 보거나, 적어도 보기만이라도 하는 것이었다.

"그게 정말 있군요!"

그가 외쳤다.

"아냐."

오브라이언이 부인했다.

그는 방을 가로질러 걸음을 옮겼다. 맞은편 벽에는 기억통이 있었다. 오브라이언은 뚜껑을 열었다. 보이지는 않지만 그 가벼운 종잇조각은 뜨거운 기류에 휘말려 빙빙 돌다가 화염 속으로 사라질 것이다. 오브라이언은 벽을 등지며 돌아서서 말했다.

"재가 되었군. 도저히 알아볼 수도 없는 재야. 먼지지. 그런 건 존재하지 않아. 전에도 결코 존재한 적이 없었어."

"하지만 존재합니다! 전에는 있었어요! 기억 속에 존재해요. 난 기억합니다. 당신도 그걸 기억할 겁니다."

"난 기억 못 해."

오브라이언이 말했다.

윈스턴은 가슴이 철렁했다. 그것이 이중사고였다. 그는 완전히 무력감에 빠졌다. 오브라이언이 거짓말을 하고 있다면 그건 문제가 안 된다. 그러나 오브라이언이 정말로 그 사진의 실체에 대하여 잊어버렸을 수도 있다. 그렇다면 그는 그걸 기억했다는 걸 부인했다는 사실마저 벌써 잊어버렸을 것이고, 또 잊어버렸다는 것조차 잊었을 것이다. 그것이 단순한 속임수라고 어떻게 확신할 수 있단 말인가? 어쩌면 내 마음속에 정말 환각에 의한 혼란이 일어났을 지도 모른다. 이런 생각이 들자 그는 망연자실했다.

오브라이언은 생각에 잠겨 그를 내려다보았다. 전보다 더 제멋대로지만 앞날이 촉망되는 아이 때문에 골치를 앓는 선생님 같은 표정을 지었다.

"과거를 지배하는 것에 대한 당의 구호가 있어. 그걸 외워 보게."

"과거를 지배하는 자는 미래를 지배하고, 현재를 지배하는 자는 과거를 지배한다."

윈스턴은 순순히 외웠다.

"현재를 지배하는 자는 과거를 지배한다."

오브라이언은 동의한다는 듯이 천천히 고개를 끄덕이며 되풀이했다.

"과거가 실제로 존재한다는 게 자네 의견인가, 윈스턴?"

다시 무력감이 윈스턴을 내리눌렀다. 그는 다이얼 쪽으로 눈을 돌렸다. 고통을 당하지 않으려면 '그렇다'라고 대답해야 할지 '아니다'라고 대답해야 할지 알 수도 없었거니와, 그보다 어떤 대답이 옳은 것인지 스스로 판단할 수도 없었다.

오브라이언은 희미하게 미소 지으며 말했다.

"자네는 형이상학자가 아닐세, 윈스턴. 지금 이 순간까지 자네는 존재란 말이 무엇을 뜻하는지 생각해 본 적이 없어. 좀 더 상세히 이야기하세. 과거는 구체적으로 공간에 존재하나? 과거의 사건이 여전히 존재하는 어떤 구체적인 객체의 세계가 어딘가 있나?"

"없습니다."

"그럼 과거는 도대체 어디에 존재하나?"

"기록 속에 있습니다. 과거는 기록됩니다."

"기록된다. 그리고……?"

"마음속에요. 인간의 기억 속에 존재합니다."

"기억 속이라, 그럼 좋아. 우리가, 즉 우리 당이 모든 기록과 모든 기억을 지배한다면…… 그럼 우리는 과거를 지배하는 셈이 되지. 그렇지 않나?"

"그렇지만 사람들이 기억하는 걸 어떻게 멈추게 할 수 있단 말입니까?"

윈스턴이 순간적으로 다이얼을 잊고 소리쳤다.

"그건 억지로 할 수 없어요. 불가항력이에요. 어떻게 기억을 지배해요? 당신들은 내 기억을 지배할 수 없었어요!"

오브라이언의 태도가 다시 굳어졌다. 그는 다이얼에 손을 얹고 말했다.

"반대로, 자네도 그걸 지배하지 못했네. 그래서 자네는 여기까지 온 거야. 자넨 겸손하지도 않고, 자기 훈련도 못해 이 꼴이 되었어. 정상적인 사람이 마땅히 해야 할 복종을 하지 않았고, 정신이상자인 단 한 사람의 소수파가 되려고 했어. 오직 훈련된 사람만이 실재를 볼 수 있다네, 윈스턴. 자네는 실재란 객관적이고 외적이며, 그 자체로 존재하는 것이라고 생각하고 있어. 실재의 본질은 자명한 것이라 믿고 있어. 자네가 잘못 알고 무언가를 보고 있다고 생각할 때, 다른 사람들도 자네와 똑같은 것을 보고 있다고 생각하겠지. 그러나 윈스턴, 말해 두네만 실재는 외적인 것이 아니야. 실재는 인간의 마음속에 있지, 어디 다른 데 있는 게 아니야. 그것도 실수를 할 수 있고, 어떤 경우든 곧 없어져 버릴 개인의 마음속이 아니라 오직 집단적이고 불멸인 당의 마음속에 있어. 당이 진실이라고 주장하는 것은 무엇이든 진실이야. 당의 눈을 통하지 않고는 실재를 볼 수 없어. 윈스턴, 이것이 자네가 다시 배워야 할 것들일세. 여기에는 자기 파괴 행위와 의지의 노력이 필요하지. 자네가 제정신으로 돌아오려면 먼저 겸손해져야 해."

그는 자기가 한 말이 윈스턴에게 스며들기를 기다리는 것처럼 잠시 말을 멈추었다.

"자네 일기에 '자유란 둘 더하기 둘은 넷이라고 말할 수 있는 것이다'라고 쓴 걸 기억하나?"

"네."

윈스턴이 대답했다.

오브라이언은 왼손을 들어 손등을 윈스턴 쪽으로 돌려 엄지손가락을 감추고 네 손가락을 폈다.

"내가 지금 손가락 몇 개를 펴고 있지?"

"네 개입니다."

"그럼 당이 네 개가 아니라 다섯 개라고 말하면, 몇 개가 되나?"

"네 개입니다."

그 대답이 떨어지기도 전에 숨이 멎을 듯한 고통이 엄습해 왔다. 다이얼의 바늘이 55를 가리켰다. 윈스턴의 온몸에서 땀이 솟구쳤다. 숨이 가빠지고 이를 악물었는데도 신음 소리가 그치지 않았다. 오브라이언은 여전히 손가락 네 개를 펴 보이며 그를 지켜보고 있었다. 그는 손잡이를 늦추었다. 그러자 고통이 좀 누그러졌다.

"손가락이 몇 갠가, 윈스턴?"

"넷."

바늘이 60까지 올라갔다.

"손가락이 몇 갠가, 윈스턴?"

"넷! 넷! 틀림없잖아요? 네 개예요!"

바늘이 다시 올라갔지만 눈에 들어오지 않았다. 심각하게 굳은 얼굴과 손가락 네 개가 그의 시야를 가로막았다. 손가락은 커다란 기둥처럼 우뚝 서 있었다. 희미하게 떨리는 듯했지만 그것은 틀림없이 네 개였다.

"자, 손가락이 몇 갠가, 윈스턴?"

"넷! 멈춰요, 멈춰 줘요! 도대체 어쩔 참이에요? 네 개예요! 넷!"

"손가락이 몇 갠가, 윈스턴?"

"다섯! 다섯! 다섯 개요!"

"아냐, 윈스턴. 소용없어, 자넨 거짓말을 하고 있어. 여전히 네 개라고 생각하고 있단 말이야. 손가락이 몇 갠가?"

"넷! 다섯! 네 개예요! 마음대로 하세요. 멈춰요. 제발, 그만해요!"

갑자기 그는 오브라이언의 팔에 안겨 일어나 앉아 있었다. 아마 몇 초 동안 의식을 잃은 모양이었다. 그의 몸뚱이를 묶었던 끈이 느슨해졌다. 그는 너무 추워서 주체할 수 없을 만큼 몸이 떨렸고 이가 덜덜거리며 부딪쳤고 눈물이 뺨 위로 줄줄 흘러내렸다. 얼마 동안 그는 어린애처럼 오브라이언에게 매달려 있었는데, 어깨를 감싼 힘센 팔에 안겨 있자니 포근한 느낌마저 들었다. 그는 오브라이언이 자신의 보호자이고, 고통은 어디 다른 데서 오며, 자기를 그 고통에서 구해 줄 사람이 바로 오브라이언이라는 느낌이 들었다.

"자네는 배우는 게 느리군, 윈스턴."

오브라이언이 상냥하게 말했다.

"어쩔 수 없잖아요?"

그는 울면서 말했다.

"눈앞에 보이는 게 그런데 어떻게 해요? 둘 더하기 둘은 넷인데."

"때로는 말야, 윈스턴. 때로는 다섯일 수도 있어, 셋일 수도 있고. 때로는 한꺼번에 세 개도, 네 개도, 다섯 개도 될 수 있어. 훈련을 더 해야겠어. 정상인이 되기란 쉽지 않지."

그는 윈스턴을 다시 침대에 눕혔다. 사지를 묶은 끈이 다시 조여졌다. 고통이 사라지고 떨림도 멈췄지만 더 기운이 없어지고 추웠다. 오브라이언은 이제껏 꿈쩍 않고 서 있던 흰 가운을 입은 사내에게 고갯짓을 했다. 그러자 흰 가운을 입은 사내는 몸을 굽혀 윈스턴의 눈을 꼼꼼히 들여다보고 맥박을 재고, 가슴에 귀를 대고 여기저기 두드려 보더니 오브라이언에게 고개를 끄덕였다.

"다시."

오브라이언이 말했다.

고통이 윈스턴의 몸속을 휩쓸었다. 바늘이 70이나 75를 가리키고 있을 게 뻔했다. 그는 이번에는 눈을 감았다. 손가락이 여전히 거기에 있고, 여전히 네 개라는 걸 알고 있다. 이 발작이 끝날 때까지 어떻게든 살아 있어야 한다는 생각뿐이었다. 얼마나 고통스러운지 그는 자기가 소리를 지르는지 어쩌는지 분간이 안 갈 정도였다. 고통이 다시 누그러졌다. 그는 눈을 떴다. 오브라이언이 본디의 위치로 손잡이를 되돌린 것이다.

"손가락이 몇 갠가, 윈스턴?"

"네 개. 네 개 같아요. 할 수만 있으면 다섯 개로 보고 싶어요. 다섯 개로 보려고 애쓰고 있어요."

"어떤 거야? 나한테 다섯 개로 보인다고 말만 하고 싶은 거야, 아니면 정말 그렇게 보고 싶다는 거야?"

"정말 다섯 개로 보고 싶습니다."

"다시."

오브라이언이 말했다.

아마 바늘은 80에서 90 사이에 와 있을 것이다. 왜 이런 고통을 당해야 하는지 윈스턴은 가물가물했다. 꼭 감은 눈꺼풀 위에서 수많은 손가락들이 춤을 추며 이리저리 어울려 사라졌다가 다시 나타나곤 했다. 그는 왜 그런지 모르지만 그것들을 세어 보려 애를 썼다. 그는 네 개와 다섯 개가 이상하게 헷갈렸으므로 그걸 헤아릴 수 없다고 생각했다. 고통이 다시 없어졌다. 그가 다시 눈을 떴을 때 여전히 똑같은 것이 보였다. 수많은 손가락들이 흔들거리는 나무처럼 제멋대로 움직이며 서로 엇갈리고 나부끼곤 했다. 그는 다시 눈을 감았다.

"내가 지금 손가락 몇 개를 펴고 있나, 윈스턴?"

"모르겠어요. 정말 모르겠어요. 차라리 날 죽여요. 네 갠지, 다섯 갠지, 여섯 갠지…… 정말 모르겠어요."

"나아졌군."

오브라이언이 말했다.

윈스턴의 팔에 바늘이 꽂혔다. 그 순간, 구원의 손길이 다가오는 듯한 편안한 온기가 그의 온몸에 퍼졌다. 고통도 거의 잊었다. 그는 눈을 뜨고 감사하다는 듯이 오브라이언을 올려다보았다. 험상궂고 주름진 데다 못생겼으면서도 지성적인 그의 얼굴을 보자, 윈스턴의 마음이 누그러지는 것 같았다. 움직일 수만 있으면 손을 뻗어 오브라이언의 팔을 잡았으리라. 그는 지금 이 순간만큼 깊이 오브라이언을 사랑한 적이 없었다. 그가 고통을 멈춰 주었기 때문만은 아니다. 오브라이언이 친구이든 적이든 본질적으로 상관없다는 옛 생각이 다시 들었던 것이다.

오브라이언은 말이 통할 사람이다. 인간은 사랑받기보다 이해받기를 바라는 것 같다. 오브라이언은 윈스턴에게 미치기 직전까지 고통을 주고 얼마 후에는 틀림없이 사형장에 보낼 것이다. 그래도 아무 관계없다. 그들은 어떤 의미에서 친구보다 더 깊은 사이이다. 실제로 입 밖에 내지는 않았지만 그들은 어디에서든 만나 대화할 수 있을 것이다. 오브라이언도 그와 똑같은 생각을 하고 있다는 표정으로 윈스턴을 내려다보고 있었다. 그가 차분하게 말을 시작했을 때 편안한 대화를 나누는 듯한 투였다.

"어디에 와 있는지 알겠나, 윈스턴?"

"모르겠어요. 애정부라고 생각되는데요."

"여기에 온 지 얼마나 되었는지 아나?"

"모르겠어요. 며칠인지, 몇 주인지, 몇 달은 된 것 같아요."

"사람들을 왜 이리 데려오는지 알겠나?"

"자백을 받으려고요."

"아니야, 그 때문이 아니야. 다시 생각해 봐."

"벌주려고요."

"아냐!"

오브라이언이 다시 소리쳤다. 그는 목소리가 180도 바뀌었고 얼굴이 갑자기 굳어졌다.

"아냐! 자백을 받아 내려는 것도, 벌을 주려는 것도 아니야. 왜 자네를 이리 데려왔는지 이야기할까? 치료하기 위해서야! 제정신을 찾아 주려는 거야! 여기 들어온 사람 치고 우리가 치료하지 못한 사람이 없다는걸, 윈스턴, 이해할 수 있겠나? 우린 자네가 저지른 어리석은 범죄에는 관심이 없어. 당은 겉으로 나타난 행위에는 관심이 없다네. 우리의 관심은 사상뿐이야. 우리는 우리의 적을 분쇄할 뿐만 아니라 개조시키고 있어. 내 말이 이해되나?"

그는 윈스턴 쪽으로 몸을 굽혔다. 가까이에서 보니 오브라이언의 얼굴이 매우 커 보였고 밑에서 올려다봐서 그런지 꽤 못생겼다. 게다가 그 얼굴은 흥분과 광적인 정열이 넘쳐흐르고 있었다. 다시 윈스턴의 가슴이 철렁했다. 할 수 있다면 침대 밑으로 깊이 숨어 버리고 싶었다. 오브라이언이 흥분한 나머지 제멋대로 다이얼을 돌릴 것 같았다. 그러나 오브라이언은 몸을 돌려 두어 걸음 옮기더니 아까보다 침착하게 말을 이었다.

"자네가 먼저 알아 두어야 할 건 여기서는 순교(殉敎)가 없다는 점일세. 과거의 종교 박해 사건에 관해 읽어 보았겠지. 중세시대에는 종교재판이 있었지. 그러나 그건 실패작이야. 이교를 뿌리 뽑기 위해 시작된 종교재판은 오히려 이단을 영구화시키는 결과를 낳았어. 이교도 한 사람을 화형에 처할 때마다 다른 수천 명이 들고일어났어. 왜 그랬을까? 종교재판은 그들의 적을 공개적으로 죽였고 뉘우침을 받아 내지 못한 채 죽였기 때문이야. 사실은 뉘우치지 않는다고 죽인 거지. 그들은 자신의 진실한 신념을 포기하지 않았기에 죽어 갔어. 따라서 모든 영광은 희생자에게 돌아갔고 모든 비난은 그를 죽인 종교재판관에게 쏟아졌지. 그 뒤 20세기에 이르러 이른바 전체주의라는 게 있었어. 독일의 나치와 소련의 공산주의자들이지. 소련은 종교재판 때보다 더욱 참혹하게 이단자를 처형했어. 그들은 과거의 잘못으로부터 많은 것을 배웠다고 생각했고, 어쨌든 순교자를 만들어서는 안 된다는 걸 알고 있었어. 그들은 희생자들을 인민재판에 부치기 전에 먼저 용의주도하게 그들의 위엄을 완전히 벗겨 버렸지. 고문과 감금으로 그들을 녹초로 만들어 놓으면, 이들은 비열하고 비참한 존재로 전락해 무엇이든 다 자백하고 자기들끼리 서로 비난하고, 뒤에서 서로 고자질해 자기는 죄를 모면하려 하고 살려 달라 울고불고 난리치게 돼. 그러나 이것도 몇 년 뒤면 똑같은 결과가 나타나지. 죽은 사람은 순교자가 되어 그들을 경멸한 것도 잊히는 거야. 그럼 왜 그렇게 되었겠나? 첫째로 그들의 자백이 강요된 것으로 사실이 아니기 때문이야. 우리는 이런 실수를 저지르지 않아. 여기에서 얻은 모든 자백은 진실이야. 우리가 진실로 만들지. 무엇보다 죽은 사람이 우리에게 다시 반항하지 못하도록 하는 거야. 후손들이 억울하게 죽은 선조를 옹호해 주리라고 생각해서는 안 돼, 윈스턴. 후손들은 자네 이야기를 전혀 못 들어. 자네는 역사의 흐름에서 깨끗이 말살되는 거야. 공기로 바뀌어 먼 하늘로 사라져 버리는 거지. 선조에 대해서 남는 것은 아무것도 없어. 기록된 이름도, 살아 있는 사람들의 기억 속에도 없어. 미래뿐만 아니라 과거에서도 완전히 사라지는 거야. 결국 존재했던 적이 없는 거지."

'그렇다면 왜 힘들여 가며 나를 고문하고 괴롭히는가.'

윈스턴은 생각했다. 오브라이언은 윈스턴의 생각을 들은 것처럼 걸음을 멈췄고, 눈을 가느다랗게 뜨고 못생긴 얼굴을 들이댔다.

"자네는 생각하겠지. 우리가 자네를 완전히 파멸시켜 버리면 자네가 한 말이나 행동은 전부 쓸모없는데, 왜 이렇게 자네를 고문하고 심문하는가 하고 말야. 지금 그런 생각을 하고 있지, 안 그래?"

"그렇습니다."

윈스턴이 대답했다. 오브라이언은 희미하게 미소 지었다.

"자네는 견본에 난 흠과 같아, 윈스턴. 씻어 버려야 할 얼룩이지. 우린 과거의 처형자들과 분명 다르다고 지금 말하지 않았나? 우린 소극적인 복종이나 비굴한 굴복으로는 만족하지 않아. 결국 자네가 우리한테 항복한다 해도 그것은 반드시 자네의 자유의지여야 해. 우린 이단자들이 우리한테 반항한다고 해서 그들을 처형하는 게 아니야. 우리한테 반항하는 한 처형하지 않아. 우린 그들을 전향시켜 그의 속마음을 장악해서 새사람으로 만들어. 그로부터 모든 죄와 환상을 불태워 버리고, 겉모습만이 아니라 진짜로 그의 마음과 영혼까지 우리 편으로 만드는 거야. 그들을 죽이기 전에 우리와 같은 사람으로 만든다는 말이네. 비록 알려지지도 않고 무력하더라도 잘못된 생각이 이 세상 어딘가에 존재한다는 것은 참을 수 없으니까. 죽는 순간까지 어떤 탈선도 용납하지 않아. 옛날에는 이단자들이 여전히 이단자인 채 화형장으로 끌려가면서, 자기는 이단자라고 선언하고 환희에 차 처형당했어. 소련의 숙청 희생자들도 총살장으로 끌려가면서도 머릿속에 저항의식을 갖고 있었어. 그러나 우리는 없애기 전에 두뇌를 완전히 새로 만들어. 옛날 전제군주의 명령은 '너희들은 이렇게 해서는 안 된다'는 것이었고, 전체주의자의 명령은 '너희들은 이렇게 하라'는 것이지만, 우리의 명령은 '너희들은 이렇게 되어 있다'는 거야. 여기에 끌려온 사람치고 우리에게 끝까지 맞선 사람은 없었네. 모두가 깨끗이 세뇌되었어. 자네가 무죄라고 믿었던 존스, 아론슨, 러더퍼드 그 불쌍한 반역자들마저 결국 굴복하고 말았지. 나도 그들의 심문에 관여했어. 그들은 점점 약해져서 울고불고 설설 기더니, 결국은 고통이나 공포 때문이 아니라 정말 뉘우치더군. 심문이 끝났을 때 그들은 인간의 껍데기에 지나지 않았어. 자기들이 저지른 죄에 대한 슬픔과 빅 브라더에 대한 애정 외에는 아무것도 남은 게 없었어. 그들이 빅 브라더를 얼마나 사랑하게 되었던지 감탄할 정도야. 그들은 마음이 청결할 때 죽을 수 있도록 빨리 죽여 달라고 애걸했다네."

오브라이언의 음성은 갈수록 꿈꾸는 것 같았다. 흥분과 광적인 정열이 여전히 그의 얼굴에서 번뜩였다. 그가 거짓말을 하는 게 아니라고 윈스턴은 생각했다. 그는 위선자도 아니다. 자기가 한 말을 고스란히 믿고 있다.

무엇보다 윈스턴을 억누르는 것은 자신이 그보다 지적으로 모자란다는 열등감이었다. 그의 눈앞에 나타났다 사라졌다 하는 그 듬직하면서 우아하게 움직이는 오브라이언의 모습을 그는 지켜보았다. 오브라이언은 어떤 면으로나 자기보다 훨씬 뛰어난 사람이다. 그가 생각했고, 생각할 수 있는 사상치고, 오브라이언이 오래전에 이미 생각하고 검토해서 극복하지 않은 것이 없었다. 그의 마음은 윈스턴의 마음을 모두 포용하고 있다. 사정이 이러한데 어떻게 오브라이언이 미쳤다고 말할 수 있겠는가? 오히려 미친 사람은 윈스턴 자신이다. 오브라이언은 걸음을 멈추고 그를 내려다보았다. 그의 음성은 다시 굳어졌다.

"자네가 우리한테 완전히 항복한다 해서 살아남을 수 있을 거라 생각하지 말게, 윈스턴. 한 번 엇나갔던 사람은 결코 살려 두지 않네. 제 명대로 살도록 우리가 내버려 둔다 해도, 자네는 우리에게서 벗어날 수 없어. 여기에서 자네에게 일어난 일은 영원히 지속될 거야. 그걸 미리 알아 두게. 돌이킬 수 없을 만큼 자네를 파멸시킬 거야. 1000년을 산다 해도 다시는 돌이킬 수 없는 일이 자네에게 일어날 거야. 보통 사람들이 느끼는 감정을 다시는 갖지 못할 거야. 사랑이나 우정, 산다는 기쁨, 웃음이나 호기심, 용기나 충성심도 다시는 가질 수 없어. 텅 비는 거지. 우린 자네를 텅 비운 다음에 우리의 것으로 채울 거야."

그는 말을 멈추고 흰 가운을 입은 사내에게 신호했다. 윈스턴의 머리 뒤로 어떤 무거운 기계장치를 집어넣는 걸 알 수 있었다. 오브라이언이 침대 옆에 앉아 있어서, 그의 얼굴이 윈스턴의 얼굴과 같은 높이에 있었다.

"3000."

그는 윈스턴의 머리맡에 있는 흰 가운을 입은 사내에게 지시했다. 조금 축축하고 부드러운 패드 두 개가 윈스턴의 관자놀이에 와 닿았다. 그는 겁이 났다.

고통이, 새로운 고통이 다시 오는구나. 오브라이언은 안심시키듯 윈스턴의 손을 잡고 상냥하게 말했다.

"이번에는 아프지 않을 거야. 내 눈만 똑바로 보게."

그 순간 소리가 났는지 안 났는지 모르겠지만, 엄청난 폭발 같은 게 일어났다. 확실히 번갯불처럼 번쩍했다. 윈스턴은 상처는 없었지만 맥이 풀렸고 기진맥진했다. 줄곧 누워 있었는데도 마치 방금 세게 얻어맞아 몸이 뻗은 것 같은 묘한 기분이 들었다. 고통 없는 무시무시한 충격이 그를 녹초로 만들었다. 그리고 머릿속에서도 무슨 일이 일어났다. 눈의 초점이 잡히자 자기가 누구이고 어디 와 있고 자기를 쳐다보는 사람이 누구인가 기억할 수는 있었지만, 마치 머릿속의 일부가 빠져나간 듯 큼직한 구멍이 뚫린 듯했다.

"오래 걸리지 않을 걸세. 내 눈을 보게. 오세아니아는 어느 나라와 전쟁을 하고 있나?"

오브라이언이 물었다.

윈스턴은 생각했다. 그는 오세아니아가 무엇인지도, 자기가 오세아니아의 시민이라는 것도 알 수 있었다. 유라시아와 동아시아도 기억할 수 있었다. 그러나 누가 누구와 전쟁을 하는지 알 수 없었다. 사실 전쟁이 벌어지고 있다는 것조차 몰랐다.

"생각이 안 나요."

"오세아니아는 동아시아와 전쟁을 하고 있네. 이제 기억하겠나?"

"네."

"오세아니아는 언제나 동아시아와 전쟁을 해 왔어. 자네가 태어난 뒤부터, 당이 출범한 뒤부터, 역사가 시작된 이래로 전쟁은 한 번도 멈추지 않고 일정하게 이어져 왔어. 기억하겠나?"

"네."

"11년 전 자네는 반역죄로 사형이 언도된 세 사람에 대한 전설을 하나 꾸며 냈어. 자네는 그들의 무죄를 증명할 수 있는 신문조각을 보았다고 했어. 그렇지만 그런 신문은 없었어. 자네가 그걸 꾸며 냈고 결국 그게 있었다고 믿었단 말이야. 이제, 자네가 그 이야길 처음 꾸며 냈던 때를 기억하고 있어. 그렇지?"

"네."

"아까 내가 자네에게 손가락을 펴 보였어. 자네는 다섯 개로 보았지. 기억하나?"

"네."

오브라이언은 엄지손가락을 감춘 채 왼손을 들어 보였다.

"손가락이 다섯 개지. 다섯 개로 보이나?"

"네."

그는 틀림없이 그렇게 보았다. 그의 정신 상태가 바뀌기 전에 한순간 다섯 개로 보인 것이다. 기형적이라는 생각도 들지 않았다. 그러더니 모든 것이 다시 정상으로 돌아왔다. 예전의 공포와 증오, 당혹감이 다시 몰려들었다. 그러나 30초쯤 지났을까. 얼마나 오래되었는지 확신할 수 없지만 빛이 나는 확고한 순간이, 오브라이언의 새로운 가르침이 그의 텅 빈 머리를 채워 절대적인 진리를 믿게 되고 둘 더하기 둘이 필요에 따라 셋도 다섯도 되던 그런 순간이 있었다. 이런 상태는 오브라이언이 손을 내리기 전에 벌써 사라졌다. 하지만 그런 순간이 다시 오지는 않겠지만, 사람들이 먼 옛날 자기 머리가 실제로 돌아 버렸던 생생한 체험을 제정신으로 돌아와 기억하는 것처럼 그도 그 순간을 기억할 수 있었다.

"아무튼 이제 그런 것이 가능하다는 걸 알겠지."

"네."

윈스턴이 대답했다.

오브라이언은 만족스러운 표정으로 일어섰다. 윈스턴은 흰 가운을 입은 사내가 왼쪽에서 주사약병의 주둥이를 깨뜨리고 약을 주사기에 넣는 것을 보았다. 오브라이언이 미소를 띠면서 윈스턴 쪽으로 돌아섰다. 그는 버릇처럼 콧등의 안경을 고쳐 썼다.

"자네가 일기장에 쓴 걸 기억하나? 자네를 이해할 수 있고 자네와 대화할 수 있는 사람이라면 내가 적이든 친구든 관계없다고 했지. 자네가 옳았어. 난 자네와 이야기하는 게 즐거워. 나는 자네의 정신에 공감해. 자네에게는 나의 관심을 끄는 게 있어. 자네가 제정신이 아니라는 것만 빼면 자네 생각은 나와 비슷해. 이제 이것으로 마치기 전에 하고 싶은 질문이 있으면 해 보게."

"아무거나 괜찮습니까?"

"아무 거라도."

그는 윈스턴이 다이얼을 주시하는 것을 보았다.

"저건 꺼 버렸네. 첫 질문은 뭐지?"

"줄리아는 어떻게 됐어요?"

윈스턴이 물었다. 오브라이언은 다시 미소를 지었다.

"그 여자는 자네를 배신했네, 윈스턴. 쉽게, 조금도 망설임 없이 말이야. 그렇게 빨리 우리 편으로 오는 사람은 나도 처음 보았네. 자네가 그녀를 본다 해도 거의 알아볼 수 없을 걸세. 그녀의 반항하는 태도나 기만, 어리석음과 불결한 정신, 이 모든 것이 깨끗이 사라져 버렸어. 완전히 전향했지. 모범적인 예야."

"고문했군요."

오브라이언은 대답하지 않았다.

"다음 질문은?"

"빅 브라더는 존재합니까?"

"물론 존재하지. 당도 존재한다네. 빅 브라더는 당의 구현체(具現體)야."

"제가 이렇게 존재하는 것처럼 존재합니까?"

"자네는 존재하지 않아."

오브라이언이 말했다.

다시 한 번 무력감이 그를 엄습했다. 그가 존재하지 않는다고 증명하는 논점을 그는 알고 있었다. 적어도 상상할 수 있었다. 그러나 그건 개수작이다. 말장난일 뿐이다. "당신은 존재하지 않는다"는 말 자체가 논리적으로 모순되지 않는가? 하지만 그렇게 말한들 무슨 소용이 있는가? 오브라이언이 대답할 수 없는 희한한 논리로 그를 꼼짝 못 하게 할 것이라 생각하니 마음은 위축되어 버렸다.

"저는 제가 존재하고 있다고 생각합니다."

그는 힘없이 말했다.

"저는 제 자신을 의식하고 있어요. 전 태어났고 언젠가 죽을 겁니다. 팔다리도 있고, 전 공간의 한 부분을 차지하고 있어요. 어떤 다른 물체도 제가 차지한 부분을 동시에 차지할 수 없어요. 빅 브라더도 그런 의미로 존재합니까?"

"그런 건 중요하지 않아. 빅 브라더는 존재하고 있어."

"빅 브라더도 죽을까요?"

"물론 죽지 않지. 어떻게 죽겠나? 다음 질문."

"형제단은 존재합니까?"

"윈스턴, 자네는 영원히 그걸 알 수 없을 걸세. 자네가 조사를 마치고 풀려나 아흔 살까지 산다 해도 그 질문에 대한 답은 여전히 얻을 수 없을 거네. 자네가 살아 있는 한 그것은 자네 마음속에 풀리지 않는 수수께끼로 남을 거야."

윈스턴은 입을 다물었다. 심장의 고동이 좀 빨라졌다. 그는 맨 먼저 떠올랐던 것을 아직 묻지 않았다. 이제 그걸 물어봐야만 했으나 혀가 굳어 버린 것 같았다. 오브라이언의 얼굴에 유쾌한 표정이 서려 있었다. 안경마저 비웃는 듯 번뜩였다. 윈스턴은 자기가 무얼 물어보려는지 오브라이언이 알고 있으리라는 생각이 들었다. 그 생각에 미치자 갑자기 질문이 튀어나왔다.

"101호실에는 무엇이 있습니까?"

오브라이언의 얼굴빛은 조금도 바뀌지 않았다. 그는 쌀쌀맞게 대답했.

"자네는 101호실의 정체를 알고 있어. 모두 다 알고 있단 말이야."

그는 흰 가운을 입은 사내에게 손가락을 들어 보였다. 분명히 이 심문은 끝났다. 갑자기 주삿바늘이 윈스턴의 팔에 꽂혔다. 곧 그는 깊은 잠에 빠져들었다.

3

"자네가 회복되려면 세 단계를 거쳐야 하네. 학습, 이해, 수용의 순서지. 이제 자네는 2단계로 접어들었네."

오브라이언이 말했다.

언제나처럼 윈스턴은 등을 대고 반듯이 누워 있었다. 그러나 요즘 들어 끈이 좀 헐거워졌다. 그는 여전히 침대에 묶여 있었지만 무릎을 좀 움직일 수 있고, 고개도 옆으로 돌릴 수 있고, 팔도 팔꿈치까지 들어 올릴 수 있었다. 다이얼판에 대한 공포도 조금씩 줄어들었다. 요령만 잘 피우면 충격적인 고통도 피할 수 있었다. 그가 바보처럼 굴면 오브라이언이 손잡이를 잡아당겼다. 때로는 다이얼을 한 번도 쓰지 않고 심문을 마치기도 했다. 그는 심문이 몇 번이나 있었는지 기억할 수 없었다. 심문의 전 과정은 꽤 오랫동안 아마 몇 주쯤 이어진 것 같았다. 그리고 다음 심문까지의 간격은 며칠이 될 때도 있었고 한두 시간으로 끝날 때도 있었다.

"거기 누워 있노라면, 나한테 물어보기도 했네만 왜 애정부가 그렇게 오래 시간을 끌면서 자네를 괴롭히는지 때때로 궁금할 걸세. 그리고 자네가 풀려나도 본질적으로 똑같은 문제로 고민할 거야. 자네는 자네가 살고 있는 사회의 구조는 이해할 수 있지만 그 근본 동기는 알 수 없어. 자네가 일기에 쓴 걸 기억하나? '나는 방법은 안다. 그러나 이유는 모른다.' 자네가 자신의 정신 상태가 온전한지 의심하는 때는 바로 그 '이유'에 대해서 생각하는 순간이네. 자넨 골드스타인의 '그 책'을 적어도 일부분이나마 읽었어. 그 책이 자네가 모르는 걸 가르쳐 주던가?"

"당신도 읽었습니까?"

윈스턴이 물었다.

"내가 그걸 썼지. 말하자면 그걸 쓰는 데 협력했다고 해야겠지. 자네도 알겠지만, 어떤 책이든 한 사람이 쓸 수는 없지 않나?"

"거기에 씌어 있는 게 사실입니까?"

"해설은 옳지만 그 책이 내놓은 정치강령은 엉터리야. 비밀리에 지식을 쌓고 차츰 계몽활동을 확장해, 궁극적으로 노동자의 반란이 일어나 당이 전복된다는 계획 말야. 그 책이 말하려는 게 무엇인지 자네도 예측했겠지만 허튼소리야. 노동자는 천년만년이 지나도 절대 반란을 일으키지 못하네. 할 수가 없지. 그 이유를 설명하지 않아도 자네는 벌써 잘 알고 있어. 언젠가 폭동이 일어나리라고 기대해 왔다면 이제 단념하게. 당을 전복시킬 방법은 없어. 당의 지배는 영원해. 이쯤에서 자네 사상의 기점을 잡게."

그는 침대로 가까이 다가와 "영원히 말일세!" 하고 덧붙였다. 그리고 윈스턴이 침묵을 지키자 이어서 말했다.

"그럼 이제 '방법'과 '이유'의 문제로 돌아가세. 자네는 당이 '어떻게' 권력을 유지하는지 잘 알고 있을 거야. 그럼 우리가 '왜' 권력에 집착하는지 말해 보게. 우리의 동기는 무엇인가? 왜 우리는 권력을 원하는가? 자, 말해 보게."

윈스턴은 한동안 입을 다물고 있었다. 피로감이 엄습했다. 광기 어린 열정의 빛이 오브라이언의 얼굴에 희미하게 떠올랐다. 오브라이언이 무얼 말하려는지 이미 알고 있었다. 당이 권력을 추구하는 것은 그 자체에 목적을 두어서가 아니고 다수의 행복을 위해서다. 대부분의 인간이란 약하고 비겁한 동물이라 자유를 감당하고 진리와 마주할 힘도 없으므로 더 강한 집단에 의해 지배당하고 조직적으로 기만당해야 살아갈 수 있다. 인간은 자유와 행복 가운데에서 어느 하나를 선택해야 하는데, 인류 대다수에게는 행복이 더 좋을 것이다. 당은 약자의 영원한 수호자로 선(善)을 구현하기 위해 악을 행하고, 다른 사람을 위해 자기의 행복을 희생하는 헌신적인 집단이다. 윈스턴은 무서운 일이라고 생각했다. 오브라이언이 이렇게 말하면, 그도 어쩔 수 없이 당장이라도 그대로 믿어야 하기 때문이었다. 얼굴을 보면 알 수 있다. 오브라이언은 모든 걸 다 알고 있다. 세상이 어떻게 돌아가는지, 인류 대다수가 얼마나 타락한 삶을 살고 있는지, 당이 얼마나 많은 거짓과 야만적인 행위로 그들을 그 상태로 붙잡아 두는지, 오브라이언은 윈스턴보다 수천 배나 더 잘 알고 있다. 그는 모든 것을 이해하고 심사숙고했겠지만 그래도 아무런 차이는 없었다. 모든 것을 궁극의 목적이 정당한 것으로 만든다. 우리보다 더 지성적이고 우리 이야기도 잘 들어 주면서 자신의 광적인 사상을 고집하는 이 광인을 어떻게 상대할 수 있겠는가.

"당신들은 우리의 행복을 생각하면서 우리를 지배하고 있습니다."

윈스턴은 힘없이 말했다.

"당신들은 인간이 스스로를 통치할 수 없다고 믿고 있어요. 그래서……."

그는 흠칫해 소리를 지를 뻔했다. 극심한 고통이 온몸을 엄습했다. 오브라이언은 다이얼의 손잡이를 당겨 35까지 올렸다.

"바보 같으니라고! 윈스턴, 설마 자네가 그만큼 한심할 줄은 몰랐어."

그는 손잡이를 제자리에 돌려놓은 채 말을 이었다.

"그럼 내가 그 질문에 대신 대답하지. 바로 이거야. 당은 오직 권력 자체를 위해 권력을 추구해. 우리는 타인의 행복에는 흥미 없고 권력에만 관심을 둘 뿐이야. 재산, 사치, 장수(長壽), 행복을 위해서도 아니야. 오직 권력, 순수한 권력을 위해서지. 그럼 순수한 권력이란 무엇인가? 자네도 이걸 이해하게 될 거네. 우리가 무얼 하고 있는지 알고 있다는 점에서 우리는 과거의 과두정치와 다르네. 우리와 비슷한 사람들마저 옛날 독재자들은 비열하고 위선적이었지. 독일 나치와 소련 공산당이 그 수법에서는 우리와 매우 비슷하지만, 그들은 권력 추구의 동기를 인정할 용기가 없었어. 그들은 마지못해 잠시 동안 권력을 장악했어. 게다가 머지않아 인간이 자유롭고 평등하게 살 수 있는 천국이 펼쳐질 것이라고 가식을 떨거나 또는 진심으로 믿었지. 우리는 그렇지 않아. 이 세상에 누구든 권력을 포기할 생각으로 권력을 장악하는 사람은 없을 거야. 권력은 수단이 아니야. 목적 그 자체지. 혁명을 보장하기 위해 독재를 하는 게 아니라 독재를 하기 위해 혁명을 하는 법이야. 박해의 목적은 박해야. 고문의 목적도 고문이고, 권력의 목적은 권력 그 자체야. 이제 내 말을 알아듣겠나?"

윈스턴은 오브라이언의 얼굴에 또다시 피로의 기색이 도는 걸 보고 전처럼 다시 한 번 놀랐다. 그의 얼굴은 억센 짐승처럼 보이면서 지성과 절제된 정열로 충만해, 그 앞에 서면 무력감을 맛보아야 했다. 그러나 피로한 기색이다. 눈 밑은 어두웠고 살가죽이 광대뼈 아래로 축 늘어졌다. 오브라이언은 그에게 몸을 굽혀 피로에 찌든 얼굴을 가까이 댔다.

"자네는 내 얼굴이 늙고 피로해 보인다고 생각하는구먼. 내가 권력에 대해 운운하면서 자신의 육체가 쇠멸해 가는 것을 막지 못한다고 생각하고 있어. 윈스턴, 인간은 하나의 세포일 뿐이라다는 것을 모르나? 세포의 쇠멸은 그 유기체의 활력을 의미해. 손톱을 깎는다고 해서 목숨이 끊기던가?"

그는 침대로 돌아서서 한 손을 주머니에 찌르고는 왔다 갔다 하기 시작했다.

"우리는 권력의 성직자야, 신은 권력이지. 그러나 지금 자네에게 권력은 단순히 말일 뿐인 거야. 이제 슬슬 자네도 권력의 의미에 대해 생각해 볼 때가 되었군. 먼저 알아야 할 것은 권력이란 집단적이란 사실일세. 개인은 개인임을 포기할 때만 권력을 갖게 돼. '자유는 예속'이란 당의 구호를 알고 있겠지. 하지만 그 반대도 성립한다고 생각해 보았나? 예속은 자유라고. 혼자서 자유로이 있으면 인간은 언제나 패배해. 그도 그럴 것이 모든 인간은 죽을 운명이고 죽음은 패배 가운데에서도 가장 커다란 패배이기 때문이야. 하지만 인간이 완전하고 확실한 복종을 할 때, 즉 자기를 버리고 당에 합류해 자신이 곧 당이 된다면 그는 전능하고 불멸의 존재가 되는 거야. 둘째로 알아 둘 것은 권력이란 인간을 멋대로 할 수 있는 힘이란 점일세. 그건 인간의 육체뿐 아니라 특히 정신을 지배할 수 있는 힘이야. 사물, 자네식으로 하자면 외적인 실재에 대한 권력은 중요하지 않아. 이미 우리는 사물을 절대적으로 지배하고 있어."

윈스턴은 잠시 동안 다이얼을 무시했다. 상체를 일으켜 세우려고 힘을 주었으나 몸을 비트는 바람에 고통만 더해질 뿐이었다.
"어떻게 사물을 지배할 수 있단 말인가요?"
그는 갑자기 부르짖었다.
"당신들은 날씨도, 인력의 법칙도 지배할 수 없지 않습니까. 그리고 병과 고통과 죽음도……."
오브라이언은 손을 들어 그의 말을 막았다.
"우리는 정신을 지배하므로 사물을 지배해. 실재란 우리 뇌 안에 있어. 자네도 조금씩 알게 될 거야. 우리가 못하는 건 없어. 눈에 보이지 않게 할 수도 있고 공중을 날 수도 있지. 무엇이든 할 수 있어. 내가 원하면 비눗방울처럼 이 위를 떠다닐 수도 있지. 당이 원하지 않으니 내가 안 할 뿐이야. 자연의 법칙에 대한 19세기적인 사고방식을 버려야 해. 우리가 자연의 법칙을 창조하는 거야."
"그럴 수 없어요! 이 지구의 지배자도 되지 못하고 있잖아요. 유라시아와 동아시아는 뭐예요? 아직도 이 나라들을 정복하지 못했잖아요."
"시답잖은 소리. 때가 오면 언제든 정복할 수 있어. 설사 정복 못 한대도 무슨 관계가 있나? 우린 그들을 전멸시킬 수 있어. 오세아니아야말로 세계야."
"하지만 그 세계도 하나의 티끌에 지나지 않아요. 그리고 인간은 연약하고 무력합니다! 인간이 존재한 지 얼마나 됐지요? 수백만 년 동안 지구에는 사람이 살지 않았어요."
"헛소릴하는군. 지구는 인류와 동시에 만들어졌어. 어떻게 우리보다 더 오래 됐겠나? 인간의 의식을 통하지 않고 아무것도 존재할 수 없어."
"그렇지만 인간이 태어나기 훨씬 전에 지구상에 살았던 맘모스니 마스토돈이니 하는 거대한 파충류 따위 멸종된 동물들의 화석이 남아 있습니다."
"자넨 그 뼈를 본 적 있나, 윈스턴? 물론 없겠지. 그건 19세기 생물학자들이 날조한 거야. 인간 이전에는 아무것도 없었어. 인간이 멸종된다면 역시 아무것도 존재하지 않게 돼. 인간을 떠나서는 아무것도 있을 수 없어."
"그렇지만 지구 밖에 우주가 있죠. 별을 보세요! 어떤 별은 백만 광년이나 떨어져 있어요. 그것들은 영원히 인간이 닿을 수 없는 곳에 있어요."
"별이란 게 무언가? 그것들은 강 건너 불이야. 가려고 마음만 먹으면 일도 아냐. 간단히 없애 버릴 수도 있지. 지구는 우주의 중심이야. 해와 별이 지구 주위를 돌고 있을 뿐이야."

오브라이언이 차갑게 말했다.

윈스턴은 또다시 움직이려 했다. 이번에는 아무 말도 하지 않았다. 오브라이언은 마치 반박을 받은 데 대답하듯 말을 이었다.

"물론 어떤 점에서 그건 진실이 아닐 수도 있어. 항해할 때나 일식을 예보할 때는 지구가 태양 주위를 돌고 별이 수백억 킬로미터나 떨어진 걸로 생각하는 것이 편리하기도 해. 하지만 그게 다 뭔가? 우리가 천문학의 이원적 체계를 이룩할 수 없다고 보는가? 필요에 따라 별은 가까이 있을 수도, 멀리 있을 수도 있어. 수학자들이 그런 계산을 할 수 없을 줄 아나? 자넨 '이중사고'란 말을 잊었나?"

누워 있던 윈스턴은 맥이 쭉 빠지는 것을 느꼈다. 무슨 말을 해도 오브라이언은 마치 몽둥이처럼 재빨리 그의 반론을 부숴 놓는다. 그러나 그는 자신이 옳다는 것을 알고 있었다. 인간의 의식을 떠나면 아무것도 존재하지 않는다는 생각이 거짓임을 증명할 방도가 틀림없이 있을 것이다. 그것은 오래전에 잘못된 것이라고 밝혀지지 않았는가? 잊었지만 그에 대한 명칭까지 있었다. 오브라이언은 그를 내려다보면서 입가에 야릇한 미소를 지었다.

"윈스턴, 자넨 형이상학에 약하다고 내가 말했었지. 자네가 지금 생각해 내려는 말은 유아론(唯我論)이라는 거야. 그러나 자네가 틀렸어. 이건 유아론이 아닐세. 자네 방식대로라면 집단적 유아론인 셈이군. 하지만 그건 본질적으로 달라. 사실은 정반대지, 여담이지만."

그는 어조를 바꾸어 말을 이었다.

"진정한 권력, 우리가 밤낮으로 추구해야 하는 권력은 사물이 아니라 인간에 대한 권력이야."

그는 잠시 말을 멈추고 재주 있는 학생에게 질문하는 학교 선생님 표정으로 돌아왔다.

"인간은 어떻게 타인에 대한 권력을 과시하지, 윈스턴?"

윈스턴은 생각 끝에 대답했다.

"타인을 괴롭힘으로써요."

"맞았어. 타인을 괴롭힘으로써야. 복종으로는 충분치 않아. 괴로움을 주지 않는다면 그가 내 뜻에 복종하는지 어떻게 알겠나? 권력은 고통과 모욕을 주는 데 있어. 권력은 인간의 마음을 갈기갈기 찢어 우리가 원하는 새로운 모양으로 다시 뜯어 맞추는 거야. 자네도 이제 우리가 창조하는 세계가 어떤지 좀 알겠지? 이건 옛날 개혁자들이 상상한 어리석은 쾌락주의적 유토피아와 정반대되는 거지. 공포와 반역과 고뇌의 세계야. 짓밟고 짓밟히는 세계, 정련될수록 더욱더 무자비해지는 세계야. 우리 세계에서의 진전이란 고통을 향한 진전이야. 옛 문명은 사랑과 정의에 기초한다고 주장했지. 우리는 증오를 바탕으로 삼아. 우리 세계에 감정은 공포와 분노와 승리감과 열등감밖에 없어. 그 나머지는 모두 우리가 부숴 버리지. 우린 이미 혁명 전부터 내려오는 사고의 습성을 부수고 있어. 우린 부모와 자식, 사람과 사람, 남자와 여자 사이의 유대를 끊어 왔어. 이젠 아무도 마누라나 자식이나 친구를 믿지 않아. 미래에는 어머니와 자식 사이의 관계도 없어질 거야. 암탉 둥지에서 달걀을 꺼내 오듯 태어나자마자 아이들을 어머니한테서 빼앗아 오는 거야. 성본능도 없어져. 성관계는 매년 배급 카드를 갱신하듯 1년에 한 번 할 예식일 뿐이야. 우린 오르가슴도 없앨 거야. 신경학자들이 지금 연구하고 있어. 충성심도 당에 대한 것 이외에는 없어져. 빅브라더에 대한 사랑 외에 어떤 사랑도 사라질 거야. 웃음도 적을 패배시키고 승리감에 취해 웃는 웃음밖에 없어. 미술도, 문학도, 과학도 없어질 거야. 우리가 전능해지면 과학은 더 이상 필요 없어. 아름다움과 추함의 구별도 없어지고, 호기심뿐만 아니라 살아가다 보면 느끼는 즐거움도 없어져.

방해되는 모든 기쁨을 부숴 버릴 거야. 그리고 이걸 잊지 말게, 윈스턴. 끊임없이 커지고 끊임없이 예민해지는 권력에 대한 도취감만 있을 뿐일세. 언제 어느 순간이나 승리감이 주는 전율, 무력한 적을 짓밟는 쾌감만이 있을 거야. 미래상을 그려 보려면 영원히 인간의 얼굴을 짓밟고 있는 구둣발을 상상하게."

그는 윈스턴이 말하기를 기다리는 듯 이야기를 중단했다. 윈스턴은 다시 침대 속으로 머리를 처박고 싶었다. 아무것도 말할 수 없었다. 가슴이 얼어붙은 것 같았다. 오브라이언은 말을 이었다.

"그리고 그 구둣발은 영원하다는 걸 기억하게. 예부터 얼굴이란 짓밟히기 위해 있는 거야. 이단자와 사회의 적은 언제나 존재하니까 끊임없이 패배하고 수

모를 당할 거야. 자네가 체포된 뒤에 겪은 모든 일들이 앞으로 더욱 이어지고 심해질 걸세. 간첩행위, 배신, 체포, 고문, 처형, 소멸의 순환은 끝이 없어. 그것은 승리의 세계이자 공포의 세계야. 당의 권력이 강하면 강해질수록 관용은 사라지고 반대파가 약하면 약할수록 전체주의는 더욱 철저해져. 골드스타인과 그를 좇는 이단자들도 영원히 남아 있어야지. 날마다, 매순간 그들은 패배당하고 불신·조소·모욕당하지만 그래도 그들은 언제나 남아 있을 거야. 지난 7년 동안 내가 자네를 상대로 꾸민 이 연극도 다시 거듭되어 대대로 더욱더 교묘하게 되풀이될 거야. 이단자의 목숨은 언제나 우리 손에 달려 있어. 그들은 고통으로 비명을 지르고 만신창이가 되어 애걸복걸하다 마침내 완전히 참회하고 자신에게서 벗어나 스스로 우리 발밑으로 기어 들어와 엎드릴 걸세. 윈스턴, 이것이 바로 우리가 준비하고 있는 세계야. 승리에 이은 승리, 개선에 개선을 거듭하는 개선, 권력욕을 더욱 단단히 다져 주는—이런 세계야. 그 세계가 어떤 것이라는 걸 이제 자네도 깨닫기 시작하는 것 같군. 그러나 마지막엔 이해하는 정도로는 부족해. 제대로 받아들이고 환영하고 그것과 하나가 되는 거야."

윈스턴은 어느 정도 기운을 차려 말했다.

"그럴 수는 없어요!"

그는 힘없이 말했다.

"그게 무슨 말이지, 윈스턴?"

"당신이 지금 묘사한 그런 세계는 이루어지지 않아요. 그건 꿈이에요. 불가능합니다."

"왜지?"

"공포와 증오와 잔인성 위에 문명을 세운다는 건 불가능해요. 오래갈 리 없습니다."

"왜 불가능하지?"

"생명력이 없을 겁니다. 무너지고 말 거예요. 자멸하게 될 겁니다."

"천만에. 자네는 증오가 사랑보다 사람을 더 피곤하게 만든다는 생각을 하고 있어. 어째서지? 설령 그렇다 하더라도 그게 뭐 그리 대단한가? 우리가 더 빨리 늙는다고 생각해 보게. 생명의 속도를 촉진시켜 서른 살에 노쇠한다고 생각해 봐. 그렇다고 달라지는 게 있을까? 개인의 죽음은 단순한 죽음이 아니란 걸 이해할 수 없나? 당은 영원히 없어지지 않는 존재야."

언제나처럼 그의 음성은 윈스턴을 무력감 속으로 몰아넣었다. 더구나 반대 의견을 고집하면 오브라이언이 다시 다이얼을 돌릴까 봐 겁이 났다. 그러나 가만히 있을 수는 없었다. 오브라이언의 말에서 오는 막막한 공포에 쫓겨 그는 토론이라기보다 그저 무력한 항의에 가까운 반박에 나섰다.

"모르겠어요, 생각하고 싶지 않아요. 아무튼 당신들은 실패할 거예요. 무엇인가가 당신들을 좌절시킬 거예요. 삶이 당신들을 패배시킬 거예요."

"윈스턴, 우리는 삶을 완전히 지배하고 있어. 자네는 우리가 하는 일에 분노해서 우리에게 반항할 어떤 인간성이 있다고 떠올리고 있지만, 우린 그 인간성까지 창조한단 말이야. 인간이란 무한한 신축성이 있어. 설마 자네, 노동자나 노예가 들고일어나 우리를 무너뜨릴 거란 고지식한 생각으로 되돌아간 건가? 그런 생각은 아예 말게. 그들은 짐승처럼 무력해. 인간적인 것은 당뿐이야. 그 외에는 문제가 안 돼."

"상관없어요. 하지만 끝내 그들은 당신들을 쳐부술 거예요. 머잖아 당신들의 정체를 깨닫고 당신들을 산산조각 낼 거예요."

"그런 일이 일어나리란 증거가 있나? 아니면 그럴 이유라도 있나?"

"없어요. 그저 그러리라 믿을 뿐이에요. 당신들이 실패하리라는 걸 난 알아요. 이 세상에는 당신들이 정복할 수 없는, 뭐랄까, 영혼이나 원칙 같은 게 있어요."

"자네는 신을 믿나?"

"안 믿습니다."

"그럼 우리를 패배시키리라는 그 원칙이란 무엇인가?"

"난 모르겠어요. 인간의 정신이라 할까."

"자네는 자네 자신을 인간이라 생각하나?"

"네."

"자네가 자신을 인간이라고 생각한다면, 윈스턴, 자네는 마지막 인간이야. 자네 같은 인간은 멸망하고 우리가 그 후계자야. 자네 '혼자' 남은 걸 알겠나? 자네는 역사 밖에 있고 더 이상 존재하지 않는 인간이야."

그의 태도가 바뀌고 어조도 거칠어졌다.

"그런데도 우리가 거짓말하고 잔인하다 해서 자네가 우리보다 도덕적으로 뛰어나다고 생각하나?"

"그렇습니다. 내가 도덕적으로 더 낫다고 생각합니다."

오브라이언은 더 이상 말하지 않았다. 다른 두 목소리가 들려온다. 한참 뒤에야 윈스턴은 그중 한 목소리가 자기 것임을 깨달았다. 그것은 그가 '형제단'에 가입한 밤 오브라이언과 나눈 대화를 녹음한 것이었다. 그는 거짓말하고 훔치고 위조하고 살인하고 마약 사용과 사창을 장려하고 성병을 퍼뜨리고 어린이들 얼굴에 초산을 뿌리겠다고 약속한 자기 음성을 들었다. 오브라이언은 이 따위 시위는 필요 없다는 듯 약간 짜증스러움을 드러냈다. 스위치를 끄자 목소리도 그쳤다.

"침대에서 일어나."

그가 지시했다.

그를 묶은 끈이 저절로 풀렸다.

윈스턴은 바닥으로 내려와 휘청거리며 섰다.

"자네는 마지막 인간이다."

오브라이언이 말했다.

"자네는 인간 정신의 수호자이다. 자네의 모습을 있는 그대로 보여 주지. 옷을 벗어."

윈스턴은 옷을 맨 끈을 풀었다. 지퍼는 벌써 망가져 있었다. 그러고 보니 수감된 이래 한 번도 옷을 벗어 본 적이 없었던 것 같았다. 겉옷을 벗고, 그는 속옷이라는 흔적만 남았을 만큼 더럽고 누래진 누더기를 걸치고 몸을 웅크렸다. 옷을 마저 벗어 바닥에 내려놓고 나서 그는 방구석에 삼면거울이 있는 것을 보았다. 그는 그쪽으로 다가가다 흠칫 멈추었다. 저도 모르게 비명이 새어 나왔다.

"더 가. 거울 가운데 서. 양옆도 잘 봐."

그는 놀라 걸음을 멈추지 않을 수 없었다. 꾸부정한 잿빛 해골 같은 게 그의 앞으로 다가오고 있다. 그 몰골이 자신이란 걸 깨닫기 앞서 그 생생한 겉모습 자체가 너무나 무서웠다. 거울 앞으로 더 가까이 갔다. 꾸부정한 몸 때문에 얼굴이 툭 튀어나온 것 같았다. 널찍한 이마, 머리 꼭지까지 훤한 대머리, 휘어진 코, 찌그러져 보이는 광대뼈, 경계하며 번득이는 눈매—어딜 보나 초라한 죄수의 몰골이었다. 볼은 쑥 들어가고 입이 옴팡했다. 틀림없이 자기 얼굴이긴 했지만 겉모습은 마음속보다 더 심하게 바뀐 것 같았다. 얼굴에 나타난 감정은 내부에 품고 있는 감정과 전혀 다를 것이다. 그는 반쯤 대머리가 되어 있었다. 처음에는 머리도 하얗게 센 줄 알았지만 다시 보니 벗겨진 부분만 잿빛이었다. 손과 얼굴만 빼고는 쌓이고 쌓인 묵은 때 때문에 온몸이 잿빛이었다. 밑으로 여기저기 뻘건 상처가 나고 발목 근처의 정맥류성 궤양은 곪아 터져 살갗이 허옇게 벗겨져 있었다. 그러나 무엇보다 놀라운 것은 몹시 수척해진 그의 몸뚱이였다. 갈빗대는 해골처럼 바싹 말랐고 다리는 말라비틀어져 넓적다리가 무릎보다 얇았다. 그는 그제야 오브라이언이 옆모양도 보라고 한 말이 무엇 때문인지 알았다. 척추가 기막히게 꾸부정했다. 가냘픈 어깨는 앞으로 굽어 가슴이 움푹 패였고 뼈만 남은 목은 머리통 무게를 못 이겨 비틀린 것 같았다. 무슨 무서운 질병에 시달리는 60세 노인의 몸뚱이 같았다.

"내부당원인 내 얼굴이 늙고 피로해 보인다고 자네는 몇 번이나 생각했었지. 그런 자네 자신의 얼굴은 어떤가?"

오브라이언이 물었다.

그는 윈스턴의 어깨를 잡고 빙 돌려 자신의 앞에 맞세웠다.

"자네 꼴을 봐. 그 온몸의 더러운 때를 봐. 발가락 사이의 때를 봐. 발목 종기에서 흘러나오는 역겨운 고름을 봐. 자네가 염소 냄새를 풍기는 줄 알고는 있나? 분명 알지도 못했을 거야. 바싹 마른 꼴을 봐. 알겠나? 팔은 한 줌밖에 안 되고 자네 모가지쯤은 홍당무처럼 뚝 분지를 수도 있어. 자네가 체포된 뒤 몸무게가 25킬로그램이나 준 걸 아나? 머리털까지 한 움큼씩 빠지네, 봐!"

그는 윈스턴의 머리털을 잡고 한 움큼 뽑았다.

"입을 벌려 봐. 아홉, 열, 열하나, 이가 열한 개 남아 있네. 붙잡히기 전에는 몇 개였지? 몇 개 안 남은 것마저 빠지기 직전이야. 이걸 보게!"

그는 굵직한 엄지와 검지로 윈스턴의 남은 앞니 하나를 쥐었다. 턱이 떨어질 것 같은 아픔이 내달렸다. 오브라이언은 흔들거리는 이를 뿌리째 뽑아 던져 버렸다.

"자네는 썩어 문드러지고 있어. 만신창이지. 그런 자네는 도대체 무언가? 한 자루의 오물 덩어리야. 돌아서서 거울을 다시 봐. 자네와 맞선 형체가 보이나? 그게 마지막 인간이야. 자네가 인간이라면 바로 저게 인간의 모습일세. 이제 됐어, 옷을 입어."

윈스턴은 천천히 서투른 동작으로 옷을 입기 시작했다. 지금까지 그는 자기가 얼마나 여위고 약해졌는지 주의해 보지 않았다. 오직 한 가지 생각만이 떠올랐다. 그가 여기 들어온 지 생각보다 퍽 오래된 것 같다는 것. 남루한 옷을 입는 순간 갑자기 망가진 자기 육체에 대한 연민의 정이 왈칵 솟았다. 자기도 모르는 사이 침대 옆에 있는 작은 의자에 풀썩 주저앉아 울음을 터뜨렸다. 그는 자기가 더러운 속옷 바람으로 뼈와 가죽만 남은 몸뚱이를 가리고 하얀 불빛 아래에 앉아 추악하고 비루한 꼴로 울고 있다는 것을 알고 있었다. 그러나 울음을 멈출 수가 없었다. 오브라이언이 그의 어깨에 한 손을 얹고 친절하게 말했다.

"언제까지나 이런 상황이 이어지는 건 아냐. 자네가 원하면 얼마든지 빠져나갈 수 있어. 모든 게 다 자네한테 달렸어."

"당신이 그랬어요! 당신이 날 이 꼴로 만들었어요."

윈스턴이 흐느끼면서 말했다.

"아냐, 윈스턴. 자네 스스로 선택한 거야. 자네가 당에 반역을 결심했을 때 이미 이렇게 되리라고 각오했었어. 제1막부터 이 모든 게 포함돼 있었어. 다 자네가 예상한 대로야."

그는 말을 잠시 멈추었다가 다시 이었다.

"우린 자네를 때렸어, 윈스턴. 초주검으로 만들었지. 자네 몸꼴이 어떤지 봤지? 자네 마음도 그와 똑같은 상태야. 자네한테 이젠 자부심도 그리 남지 않았을 걸세. 우리가 자네를 차고 매질하고 모욕하면 자네는 아프다고 비명을 지르고 피와 토사물로 뒤범벅이 되어 바닥을 나뒹굴었어. 살려 달라고 애원하고 누구든, 무슨 일이든 다 팔아먹었어. 자네가 품위를 지켰다고 말할 건더기가 하나라도 있나?"

윈스턴은 울음을 그쳤지만 눈물은 여전히 흘러내리고 있었다. 그는 오브라이언을 올려다보았다.

"난 줄리아를 배신하지 않았어요."

오브라이언은 생각에 잠긴듯 그를 내려보며 말했다.

"그래, 그건 정말 사실이야. 자네는 줄리아를 배신하지 않았지."

어떻게 하든 오브라이언을 쓰러뜨릴 수 없다는 존경심이 다시 윈스턴의 가슴속에 퍼져 갔다. 얼마나 지성적인가! 실로 지성적이다! 오브라이언은 그가 말한 것을 전부 이해했다. 그가 줄리아를 배신하지 않았다고 오브라이언 외에 누가 그처럼 바로 대답할 수 있는가. 고문으로 짜내지 못하는 건 없다. 그는 그녀에 대해 알고 있는 모든 것을 털어놓았다. 그녀의 습성, 성격, 과거의 생애까지 다 말했다. 그들의 데이트 중에 일어난 세세한 일들, 그녀와 주고받은 모든 이야기, 암시장에서 산 식료품이며 정사며 당에 대한 은근한 증오감까지 모두 털어놓았다. 그러나 그가 말하려는 의미로는 여전히 그녀를 배신하지 않았다. 그는 그녀를 여전히 사랑하고 그녀에 대한 감정도 전혀 달라지지 않았다. 오브라이언은 설명을 듣지 않고도 그가 무얼 말하는지 알았다.

"언제 날 총살하려는지 말해 주세요."

그가 물었다.

"오래 있어야 할 거야. 자네는 매우 골치 아픈 경우거든. 그러나 희망을 버리지 말게. 머잖아 완치될 걸세. 마지막에 자네를 총살할 거야."

오브라이언이 대답했다.

4

그의 몸 상태는 퍽 좋아졌다. 나날이 살이 오르고 건강해졌다.

백열등 불빛과 웅웅거리는 소리는 여전했지만 이 감방은 전에 있던 곳보다 제법 편했다. 딱딱한 침대에는 베개와 요가 있고 앉을 의자도 있었다. 목욕도 한 번 했으며 놋대야에 물을 받아 몸을 씻을 수도 있었다. 따뜻한 물까지 제공되었다. 새 내복과 깨끗한 겉옷도 주었다. 정맥류성 궤양에 약도 발라 주고, 남은 이도 마저 뽑고 새 틀니를 맞춰 주었다.

몇 주, 또는 몇 달이 지났을 것이다. 규칙적으로 식사를 하므로 마음만 먹으면 시간이 흐르는 것도 재 볼 수 있었으리라. 그의 생각으로는 24시간 동안 세 번 식사를 하는 듯했다. 가끔 낮에 식사를 하는지 밤에 하는지 궁금하긴 했다.

음식은 꽤 좋아서 세 끼에 한 번씩 반드시 고기가 나왔다. 한 번은 담배까지 한 갑 딸려 나왔다. 성냥이 없었지만 식사를 날라 주는 교도관이 불을 붙여 주었다. 처음 한 모금을 빨았을 때는 머리가 핑 돌았지만 참아 가며 계속 피웠다. 그리하여 식후마다 절반씩 태우도록 주의해 그 한 갑으로 꽤 오래 지냈다.

그는 연필이 달린 하얀 석판도 받았다. 처음에는 아무 짝에도 쓸모가 없었다. 깨어 있을 때마저 완전한 무감각 상태였던 것이다. 식사 시간 외에는 주로 누운 채로 지냈는데, 잠에 빠져 있거나 깨어 있더라도 눈을 감고 몽상에 묻혀 꿈쩍하지 않았다. 얼굴에 강렬한 불빛을 받으면서 자는 데도 익숙해졌다. 꿈이 더 일관성 있게 펼쳐지는 것 외에 아무런 차이도 없었다. 그는 꿈을 꽤 많이 꾸었고 언제나 행복한 꿈이었다. 어머니나 줄리아 또는 오브라이언과 함께 '황금의 나라'나 햇빛이 쏟아지는 거대한 유적지에 앉아 그저 가만히 햇볕을 쬐며 평화로운 대화를 나누었다. 깨어 있을 때 한 생각들은 보통 꿈에 대한 것이었다. 고통이라는 자극이 없어지자 의식적으로 머리를 쓰는 힘도 잃어버린 것 같았다. 지루하지도 않았다. 대화나 오락도 바라지 않았다. 그저 혼자인 채로 구타나 심문을 당하지 않고 먹을 게 충분하고 깨끗하게 있다는 것으로 그는 완전히 만족했다.

차차 잠들어 있는 시간이 줄어들었지만 침대에서 일어날 생각은 전혀 없었다. 조용히 누워 자기 몸에 근력이 생겨 가는 것에만 관심을 두었다. 그는 몸 여기저기를 눌러 보며 근육이 나오고 피부가 팽팽해지는 것이 꿈이 아닌가 확인해 보곤 했다. 분명히 살이 오르고 있었다. 넓적다리도 이제 무릎보다 굵어졌다. 그러자 그는 처음에는 쉽지 않았지만 규칙적인 운동을 시작했다. 얼마 뒤에는 감방 안을 왔다 갔다 하며 3킬로미터까지 걸을 수 있게 되었고 굽은 등도 곧게 펴졌다. 좀 더 복잡한 운동을 시도해 보고 자기가 할 수 없는 게 있으면 놀라며 창피스럽게 생각했다. 뜀박질을 하지 못했고 한 팔로 의자를 높이 들 힘도 없었으며 한 발로 서면 버티지 못해 곧 넘어져 버렸다. 쭈그려 앉았다 몸을 일으키면 넓적다리와 장딴지가 무척 당기고 아팠다. 엎드려 팔굽혀펴기도 해 보았지만 1센티미터도 몸을 올릴 수 없었다. 그러나 며칠이 지나고 식사를 여러 번 더 하자 재주가 좀 더 늘었다. 팔굽혀펴기를 여섯 번이나 할 수 있게 된 것이다. 차츰 자기 몸에 자신이 생기고 얼굴도 정상으로 돌아가고 있다는 희망을 품게 되었다. 벗어진 머리를 어쩌다 쓰다듬을 때면 거울에 비치던 해골처럼 말라비틀어진 주름투성이 얼굴이 생각날 뿐이었다.

그의 마음도 차츰 적극성을 띠게 되었다. 딱딱한 침대에 앉아 등을 벽에 기댄 뒤 석판을 무릎 위에 올려놓고 자신을 재교육시키는 일에 의욕적으로 돌입했다.

그는 항복한 것이다. 다른 뜻이 있을 리도 없었다. 사실 그러한 결단을 내리기 전부터 마음속으로는 이미 항복했었다. 애정부에 들어올 때부터, 아니 그와 줄리아가 텔레스크린의 금속성 소리가 내리는 지시에 따라 맥없이 서 있던 그 순간부터 당의 권력에 반항하겠다고 나선 것이 경박하고 무의미함을 깨닫고 있었다. 7년 전부터 사상경찰이 확대경 속에 든 딱정벌레처럼 자기를 감시해 왔다는 것을 이제야 알았다. 모든 행동과 말을 그들은 남김없이 알고 있었고, 어떤 생각을 하고 있는가까지 추측했다. 그들은 일기장 표지에 살짝 떨어뜨려 놓은 먼지까지 제자리에 고스란히 놓아둘 정도였다. 그들은 그에게 도청한 녹음을 틀어 주고 도촬한 증거 사진을 보여 주었다. 줄리아와 그가 함께 있는 사진도 있었다. 그렇다. 그런 것까지…… 그는 더 이상 당에 맞서 싸울 수 없었다. 게다가 당은 언제나 옳았다. 그럴 것이다. 불멸의 집단적 두뇌가 어떻게 잘못을 저지를 수 있겠는가? 그 외에 무슨 기준으로 그들의 결정에 시비를 걸 수 있는가? 그들이 말하는 제정신이란 통계에 의한 것이다. 그들이 생각한 대로 생각하는 법을 배우는 문제일 뿐이다. 그것뿐이다! 손가락 사이의 연필이 투박하고 거북하게 여겨졌다. 그는 머릿속에 떠오르는 생각들을 적기 시작했다. 먼저 커다란 대문자로 서툴게 써 나갔다.

자유는 예속

거침없이 그 아래에 또 썼다.

둘 더하기 둘은 다섯

그는 갑자기 멈칫했다. 머릿속에서 무언가를 거부하는 것처럼 생각을 집중할 수 없었다. 그다음에 무엇이 오는지 알고 있으면서도 그게 무언지 도무지 생각나지 않았다. 그것이 무엇인지 논리적으로 따져 보고서야 생각이 났다. 저절로 떠오른 것이 아니었다. 그는 썼다.

신은 권력

그는 모든 걸 받아들였다. 과거는 바꿀 수 있다. 오세아니아는 동아시아와 전쟁하고 있다. 오세아니아는 언제나 동아시아와 교전해 왔다. 존스와 아론슨과 러더퍼드는 그들의 죄목대로 유죄였다. 그들의 죄를 부인하는 사진은 한 번도 본 적이 없다.

그런 것은 있지도 않았고 있다면 그가 꾸며 낸 것이다. 그는 이와 상반되게 기억하고 있었지만 모두 틀린 기억이고 자기기만의 산물이다. 이렇게 생각하면 얼마나 쉬운가! 항복하기만 하면 다른 모든 것은 저절로 해결된다. 처음에는 열심히 물결을 거슬러 헤엄치다가, 문득 마음을 돌려 물결이 흐르는 대로 헤엄치는 것과 같다. 오직 자세만 바꾼 것이다. 어떤 경우든 이렇게 되는 법이다. 이제 그는 왜 반항했는지조차 알 수 없었다. 모든 것이 이렇게 쉽다. 다만……!

무엇이든 진실일 수 있다. 이른바 자연법칙이란 엉터리이다. 인력의 법칙도 그렇다.

"마음만 먹으면 공중으로 비누거품처럼 떠오를 수 있다"라고 오브라이언은 말했다. 윈스턴은 이 말의 의미를 풀어냈다. "그가 공중으로 떠오른다고 '생각'하고 동시에 나도 그가 그렇게 한 것을 보았다고 '생각'하면 그것이 사실이 되는 것이다." 그때 갑자기 난파선 꼬리가 물 위로 불쑥 솟아나듯 '이건 실제로 일어나는 일이 아니다. 우리가 그걸 상상할 뿐이다. 그건 환각이다'라고 생각했다. 그는 곧 그 생각을 억눌렀다. 잘못 생각한 게 불 보듯 뻔했다. 이 세상 밖의 어딘가에 '진짜' 일이 일어나는 '진짜' 세계가 있다는 전제에서 나온 것이다. 어떻게 그런 세계가 있을 수 있는가? 자기 의식을 떠나 어떻게 사물을 알 수 있겠는가? 모든 일은 자기 마음속에 있다. 마음속에서 일어나는 일이야말로 진짜로 일어나는 일이다.

그는 어렵지 않게 그 잘못을 없앨 수 있었다. 거기에 이끌려 갈 걱정도 하지 않았다. 그렇지만 이런 생각마저 두 번 다시 해서는 안 된다고 생각했다. 위험한 생각이 들 때마다 의식은 공백 상태에 있어야 한다. 이런 과정은 의식과 무관하고 본능에 충실한 것이어야 한다. 이걸 신어로는 '죄 중지'라고 한다.

그는 스스로 죄 중지하는 훈련을 시작했다. 자기에게 '당은 지구가 평평하다고 말한다', '당은 얼음이 물보다 무겁다고 말한다'는 명제들을 제시하고 그와 반대되는 의견을 보지도 생각하지도 않도록 시험했다. 그러나 쉽지 않았다. 합리화하는 힘과 임기응변력이 상당히 필요했다. 예를 들면 '둘 더하기 둘은 다섯'이란 말의 수학적 문제는 그의 지능으로 해결할 수 없었다. 또한 가장 교묘한 논리를 사용한 다음 순간 떠오르는 가장 뚜렷한 논리적 모순을 의식하지 않는 능력의 연습, 즉 어떤 정신작용이 필요했다. 반드시 지성을 갖춘 만큼 어리석어야 하는데, 그것이 정말 어려웠다.

이러는 동안, 그의 마음속엔 자신이 언제 총살될 것인지에 대한 궁금증이 늘 일었다. "모두 자네한테 달렸어"라고 오브라이언이 말했었다. 하지만 그는 총살을 앞당길 만한 행동을 의식적으로 할 수 없다는 것을 알고 있었다. 10분 뒤일지 10년 뒤일지 알 수 없다. 독방에 몇 년이고 감금당할지도 모르고 강제 노동수용소에 보내질지도 모른다. 가끔씩 그러하듯 한동안 석방해 줄지도 모른다. 총살당하기 전에 체포부터 심문까지의 드라마가 다시 되풀이될 수도 있다. 한 가지 확실한 점은 죽음이 결코 예기된 순간에 오지 않으리란 것이다. 아무도 말하진 않지만 어쩌다 알게 된 비공식적인 상식에 의하면 감방 사이의 복도를 걷는 중에 아무런 예고 없이 뒤에서 머리를 쏘아 총살한다고 한다.

어느 날—그러나 '어느 날'이란 것은 정확한 표현이 아니다. 한밤중일지도 모르니까—기묘하고도 행복한 몽상에 빠진 일이 있었다. 그는 총알이 날아올 것을 기대하면서 복도를 걷고 있었다. 당장이라도 총알이 올 것을 알고 있었다. 모든 것이 해결되고 정돈되었으며 화해되었다. 의심과 논란, 고통과 공포도 없다. 그는 건강하고 힘도 있었다. 몸을 움직인다는 즐거움에 햇빛 속을 걷는 기분으로 가볍게 걸었다. 어느덧 그는 애정부의 좁고 흰 복도를 걷고 있지 않았다. 넓이가 1킬로미터는 충분히 될 넓은 길을 햇빛이 환히 내리비치는 가운데 아편에 취한 듯 걷고 있었다. '황금의 나라'였다. 토끼가 풀을 뜯어먹은 들판의 오솔길을 걸었다. 발바닥은 짧은 잔디에 사뿐거리고 얼굴엔 햇빛이 부드러웠다.

들판 끝에 느릅나무가 살며시 흔들리고 그 너머 어디엔가 시냇물이 흐르고 버드나무 아래 푸른 물속에 황어 떼가 놀고 있었다.

갑자기 그는 극도의 충격으로 침대에서 벌떡 일어났다. 등줄기에 땀이 흘렀다. 그는 자신이 크게 외치는 소리를 들은 것이다.

"줄리아! 줄리아! 줄리아 내 사랑! 줄리아!"

한순간 그녀가 거기 있는 걸로 착각했던 것이다. 그녀는 그와 함께 있을 뿐 아니라 그의 안에 있는 것 같았다. 그녀가 그의 살갗을 뚫고 들어온 것 같았다. 그 순간에 그는 그들이 함께 자유로이 있었던 어느 때보다 더 그녀를 사랑했다. 또한 그녀가 어디선지 살아 있어 그의 도움을 바라고 있다는 걸 알았다.

그는 침대에 드러누워 진정하려 애썼다. 뭘 한 거지? 순간 약한 모습을 드러낸 것 때문에 이 굴종의 생활이 몇 년이나 더 연장될 것인가? 곧 밖에서 구두 소리가 들려올 것이다. 이와 같은 감정의 격발에 아무런 벌이 없을 리 없다. 설사 지금까지 몰랐다고 해도, 이제는 그가 그들과 맺은 약속을 깨뜨렸음을 알 것이다. 그는 당에 복종했지만 여전히 당을 미워하고 있었다. 전에는 겉으로만 복종하는 척하고 이단적인 마음을 감추었다. 그런데 이제는 또 한 걸음 물러났다. 머리로는 굴복했지만, 마음 깊숙이는 침범당하지 않겠다고 다짐했다. 자기가 정통파가 아니라는 건 알고 있었다. 그는 정통파가 아니기를 바랐다. 그들은 이를 이해해 줄 것이다. 오브라이언이라면 이해해 줄 것이다.

이 모든 게 그 바보 같은 외마디 소리에 다 고백되어 있다.

덕분에 처음부터 다시 시작해야 할지도 모른다. 몇 년은 걸릴 것이다. 그는 한 손을 얼굴에 가져가 자기 새 모습을 익혀 두려고 했다.

뺨에 깊은 주름이 생기고 광대뼈가 솟고 코가 낮아졌다. 게다가 거울을 본 뒤에 의치도 완전히 새로 끼웠다. 자기 얼굴이 어떻게 생겼는지도 모르고 무표정을 가장하기란 어려운 일이다. 감정을 겉으로 나타내지 않으려는 통제력만으로는 충분치 않다.

처음으로 그는 비밀을 간직하려면 자신에게도 숨겨야 한다는 것을 깨달았다. 비밀이 있다는 걸 늘 알아 두면서도 필요할 때까지는 뚜렷한 모습으로 의식하지 않도록 해야 한다. 지금부터는 정통파처럼 생각할 뿐 아니라 정통파처럼 느끼고 정통파처럼 꿈꾸어야 한다. 그리고 자기의 일부분이면서 다른 부분과는 아무런 관계가 없는, 방광 같은 것처럼 자신의 증오심을 마음속 깊이 감추어야 했다.

언젠가 그들은 자기를 총살할 것이다. 언제일지 모르지만 총살되기 몇 초 전이를 직감할 수는 있으리라. 언제고 복도를 걷고 있을 때 뒤에서 쏜다. 10초면 충분하다. 그때 그의 마음속 세계는 뒤집혀 버릴 것이다. 말도 없이 꼼짝도 않고 얼굴 주름살 하나 움직이지 않고 있다가 갑자기 가면이 벗겨지고 빵! 하며 증오심이 폭발할 것이다. 증오가 거대한 불길처럼 그를 휩쓴다. 너무 늦거나 빨리, 빵! 하고 총알이 날아오리라. 그의 머리통이 개조되기 전에 산산이 부숴질 것이다. 이단적인 사상은 벌받지도, 회개당하지도 않은 채 영원히 그들의 손에서 멀어질 것이다. 그들의 완전성에 구멍이 뚫리는 거다. 그들을 증오하면서 죽는 것, 그것이 곧 자유다.

그는 눈을 감았다. 그러나 그것은 지적 훈련을 받아들이는 것보다 더 어려웠다. 이건 자신을 퇴화시키고 불구로 만드는 짓이다. 그는 말 그대로 오물 구덩이 속으로 뛰어들어야 했다. 세상에서 가장 참을 수 없고 혐오스러운 것은 무엇인가? 그는 빅 브라더를 생각했다. 커다란 검정 수염을 달고 눈알이 이리저리 따라다니는 거대한 그 얼굴(언제나 포스터로 봐 왔으므로 그 너비가 1미터는 되리라고 늘 생각했다)이 마음속에 떠올랐다. 빅 브라더에 대한 그의 진정한 감정은 뭘까?

복도에서 묵직한 구두 소리가 들렸다. 철문이 쾅 하고 열렸다. 오브라이언이 감방으로 들어왔다. 그의 뒤에 밀랍인형 같은 장교와 검은 제복을 입은 교도관들이 들어왔다.

"일어나, 이리 와."

오브라이언이 명령했다.

윈스턴은 그의 앞에 섰다. 오브라이언은 억센 두 손으로 윈스턴의 양어깨를 잡고 그를 꼼꼼히 들여다보았다.

"자넨 나를 속여 먹을 생각을 했어. 어리석은 짓이야. 똑바로 서. 내 눈을 봐."

그는 말을 멈추더니 상냥한 투로 다시 이어 갔다.

"자넨 많이 나아졌어. 지성적으로 잘못된 건 아주 조금밖에 없어. 오직 감정적으로만 발전하지 못했어. 윈스턴, 말해 봐. 거짓말하지 말고. 자네도 내가 거짓말을 알아채는 데 도사라는 걸 알 거야. 빅 브라더에 대한 자네의 진정한 감정을 말해 봐."

"그를 증오해요."

"그를 증오한다. 됐어. 그럼 자네가 마지막으로 밟아야 할 단계가 왔어. 자네는 빅 브라더를 사랑해야 해. 그에게 복종하는 것만으론 모자라. 그를 사랑해야 해."

그는 윈스턴을 교도관에게 밀치면서 말했다.

"101호실로."

5

감방이 바뀔 때마다 그는 이 창문 없는 애정부의 어디쯤 와 있는지 알 것 같았다. 기압이 조금씩 다른 탓인지도 모른다. 교도관들이 그를 구타한 감방은 지하실이었다. 오브라이언이 그를 심문하던 방은 지붕 근처일 것이다. 지금 있는 곳은 땅속 아주 깊숙이 수십 미터 아래였다. 이 방은 전에 있던 감방들보다 훨씬 컸다. 그러나 그는 자기 주위를 거의 볼 수 없었다. 그가 알 수 있는 것은 바로 앞에 녹색 천을 덮은 작은 탁자 두 개가 놓여 있다는 것뿐이다. 탁자 하나는 그의 앞에서 1, 2미터쯤 떨어져 있고, 또 하나는 멀찍이 문가에 있었다. 그는 의자에 꼿꼿이, 단단히 묶여 있어 몸은 물론 머리조차 움직일 수 없었다. 어떤 받침대 같은 것이 뒷머리를 꽉 조이고 있어 앞만 똑바로 볼 수밖에 없었다.

얼마 동안 그 혼자 놔두더니 문이 열리고 오브라이언이 들어왔다.

오브라이언이 말했다.

"자네가 언젠가 101호실에 뭐가 있냐고 나한테 물어본 적이 있었지. 난 자네가 이미 알고 있고, 모든 사람이 다 알고 있다고 대답했었어. 101호실에 있는 것이 세상에서 가장 두려운 것일세."

문이 다시 열리더니 교도관 한 명이 철사로 만든 우리 비슷한 것을 가지고 들어와 멀리 있는 탁자 위에 올려놓았다. 오브라이언이 가리고 있었으므로 윈스턴은 그게 무엇인지 볼 수 없었다.

"세상에서 가장 두려운 것은 사람마다 다 다르지."

오브라이언이 말했다.

3부 243

"산 채로 땅에 묻거나 불에 태워 죽이거나 물속에 빠뜨려 죽이거나 말뚝을 박아 죽이거나, 별의별 사형 방법이 오십 가지나 돼. 치명적이지 않고 아주 시시한 것도 있지."

그가 몸을 조금 옆으로 움직여서 윈스턴은 탁자 위에 있는 물건을 잘 볼 수 있었다. 그것은 꼭대기에 손잡이가 달린 철사로 만든 계란형의 우리였다. 앞쪽으로 펜싱 마스크 같은 것이 붙어 있고 옆면은 볼록하게 튀어나왔다. 3, 4미터 떨어져 있었지만 그 우리가 두 부분으로 나뉘어 양쪽에 동물이 들어 있음을 알 수 있었다.

"자네의 경우 세상에서 가장 두려운 게 쥐일 걸세."

오브라이언이 말했다.

윈스턴이 그 상자를 처음 보았을 때도 왠지 모를 예고 같은 전율이 몸을 스쳤다. 그러나 이 말을 듣자 그 앞에 붙어 있던 마스크처럼 생긴 것이 무엇이란 생각이 들어 가슴이 철렁했다. 배 속이 얼어붙는 것 같았다.

"안 돼요!"

그는 찢어지는 소리로 절규했다.

"안 돼요! 안 돼요! 그럴 수 없어요."

"자네 꿈속에서 곧잘 보던 공포의 순간을 기억하나?"

오브라이언이 말했다.

"자네 앞에는 시커먼 벽이 있고 짐승 우는 소리가 들려왔지. 벽 건너편에 무언가 무시무시한 게 있어. 그게 뭔지 알고 있었지만 감히 그걸 끄집어낼 용기가 없었지. 벽 저편에 있던 건 쥐였어."

"오브라이언!"

윈스턴은 떨리는 목소리를 가다듬으려고 애쓰면서 그를 불렀다.

"이럴 필요까진 없잖아요? 나한테 원하는 것이 뭐예요?"

오브라이언은 바로 대답하지 않았다. 그는 말을 할 때는 곧잘 학교 선생님 같은 표정을 짓는다. 그는 윈스턴 뒤에 있는 청중에게 연설하는 듯 생각에 잠겨 멀리 바라보았다.

"고통만으로 충분치 않은 경우가 있어. 인간이란 고통으로 죽을 고비에 부딪치더라도 견디어 낼 때가 있거든. 그러나 누구든 참을 수 없는, 생각지도 못한 약점이 하나쯤은 있는 법이야. 용기와 비겁이란 문제가 아냐. 절벽에서 떨어질 때 줄을 잡으려는 것은 비겁한 게 아니지. 물속에서 나와 숨을 크게 들이마시는 것도 비겁한 게 아니고. 그건 어쩔 수 없는 본능이지. 이 쥐도 마찬가지야. 자네는 쥐를 견딜 수 없어. 자네가 아무리 발버둥쳐 봤자 이것만은 참을 수 없는 하나의 압력이지. 자네는 우리가 시키는 대로 해야 돼.”

“그게 뭐예요, 뭔데요? 뭔지도 모르는데 어떻게 할 수 있단 말예요?”

오브라이언은 그 우리를 들어 가까운 탁자로 가지고 와 조심스레 올려놓았다. 윈스턴의 귓가에 피가 끓는 소리가 들렸다. 그는 철저하게 혼자 앉아 있는 기분이었다. 마치 아득한 들판 한가운데, 햇빛이 쏟아지는 끝없는 사막 한가운데 혼자 앉아 아주 먼 곳에서 들려오는 소리들을 듣는 것 같았다. 그러나 쥐가 든 우리는 2미터도 떨어져 있지 않다. 엄청 큰 쥐였다. 나이가 꽤 들어 주둥이에 송곳니가 날카롭게 솟고 털도 회색이 아니라 갈색이었다.

“쥐는 설치류지만 육식이야. 자네도 알고 있을 거야. 이 도시 빈민가에서 일어나고 있는 사건들에 대해 들은 적이 있을 걸세. 어떤 데서는 집에 아기를 5분도 혼자 놔두지 못해. 쥐란 놈이 덤벼들거든. 순식간에 뜯어 먹고 뼈만 남기지. 병자나 죽어 가는 사람한테도 덤벼들지. 그놈들은 사람이 언제 힘이 없는지를 알아내는 데 놀라운 재주가 있단 말야.”

오브라이언은 여전히 보이지 않는 청중에게 연설하듯 말했다.

우리 속에서 찍찍거리는 소리가 났다. 윈스턴에게는 먼 곳에서 들리는 것 같았다. 쥐들이 칸막이를 뜯어내고 서로 잡아먹으려고 싸우고 있었다. 그는 절망에 찬 신음을 깊이 내쉬었다. 자기가 아닌 다른 사람의 한숨 소리 같았다.

오브라이언은 우리를 들어 올리면서 무언가를 눌렀다. 찰칵하는 날카로운 소리가 났다. 윈스턴은 의자에서 몸을 빼려고 안간힘을 썼다. 소용없었다. 몸 전체가 머리까지 움직이지 못하도록 고정되어 있었다. 오브라이언은 우리를 가까이 들이댔다. 윈스턴의 얼굴에서 1미터도 빠져들어 있지 않았다.

“첫 번째 빗장을 열었네. 자넨 이 우리의 구조를 알고 있겠지. 마스크가 자네 얼굴을 덮으면 달리 나갈 구멍은 없어. 다른 빗장을 밀면 우리 문이 열리지. 이 굶주린 짐승들이 총알처럼 튀어나올 거야. 자네는 쥐가 공중으로 날아오르는 걸 본 적 있나? 그놈들은 자네 얼굴로 덤벼들어 곧장 파먹어 들어갈 걸세. 때로는 눈부터 노리고 달려들기도 하지. 때로는 뺨으로 구멍을 파서 혓바닥을 잘라 먹기도 하고."

오브라이언이 말했다.

상자가 더 가까워졌다. 벌써 눈앞까지 왔다. 끊임없이 찍찍거리는 소리가 머리 위에서 들려왔다. 그러나 그는 자신의 공포감과 맹렬히 싸웠다. 다른 것을 생각하자, 다른 것을 생각하자. 단 1초 동안이라도 생각하는 것만이 유일한 희망이었다. 갑자기 썩은 짐승 냄새가 코를 쑤셨다. 구역질이 왈칵 치밀어 오르며 실신할 지경이었다. 눈앞이 새까매졌다. 윈스턴은 순간 짐승처럼 미친 듯이 비명을 질러 댔다. 하지만 어둠 속에서도 그는 한 가지 생각에 매달렸다. 나를 구하는 데는 한 가지, 단 한 가지 길밖에 없다. 다른 사람을, 나와 쥐 사이에 다른 사람의 '몸뚱이'를 갖다 놔야 한다!

마스크가 어찌나 큰지 다른 것은 아무것도 볼 수 없었다. 철창문이 얼굴에서 두 뼘 거리 앞으로 다가왔다. 쥐는 무엇이 다가오고 있는지 잘 알고 있었다. 한 놈은 펄쩍펄쩍 뛰고 또 한 놈은 시궁창에서 사는지 물때가 덕지덕지 낀 분홍색 발톱으로 창살을 그러쥐고 일어서서 코를 킁킁거렸다. 그 수염과 노란 이빨이 보였다. 다시 시커먼 공포가 그를 휩쌌다. 그는 눈앞이 어찔하고 기운이 빠져 생각할 힘조차 남아 있지 않았다.

"이건 제정시대의 중국에서 잘 쓰던 형벌이야."

오브라이언은 여전히 설교조로 말했다.

마스크가 그의 얼굴에 접근해 왔다. 철창이 그의 뺨에 닿았다.

그리고 그때, 구원은 아니지만 희망이, 한 조각 희망이 나타났다. 너무, 너무 늦었을지도 모른다. 그는 세상에 자기 형벌을 떠넘길 꼭 '한' 사람이, 그와 쥐 사이에 밀어 넣을 수 있는 몸뚱이가 딱 하나 있다는 걸 갑자기 깨달았다. 그는 미친 듯이 마구 소리를 질렀다.

"줄리아한테 하세요! 줄리아한테! 난 싫어요! 줄리아예요! 그 여자한테 무슨 짓을 해도 상관없어요. 얼굴을 갈가리 찢고 살갗을 벗기고 뼈를 추리세요. 나는 안 돼요! 줄리아예요! 나는 안 돼요!"

그는 뒤로 쓰러져 한없이 깊은 심연으로 떨어져 갔다. 여전히 의자에 묶여 있었지만 그는 바닥을 뚫고, 건물의 벽을 뚫고, 땅과 바다를 뚫고, 대기를 뚫고 우주 속으로, 별과 별 사이의 머나먼 저편으로 한없이 한없이, 쥐로부터 멀어졌다. 그는 몇 광년이나 떨어져 있었지만 오브라이언은 여전히 그의 옆에 서 있었다. 뺨에는 여전히 철사의 차가운 감촉이 남아 있었다. 그러나 그를 둘러싼 어둠 사이로 다시 찰각하는 금속성 소리를 들었다. 그는 우리 문이 열리는 것이 아니라 닫히는 소리임을 깨달았다.

6

카페 밤나무는 거의 비어 있었다. 창문으로 들어온 햇살이 먼지가 뽀얀 탁자 위에 노랗게 비쳤다. 손님이 뜸한 15시였다. 양철 소리 같은 음악이 텔레스크린에서 흘러나왔다.

윈스턴은 늘 앉던 구석진 자리에 앉아 빈 잔을 바라보고 있었다. 그리고 때때로 맞은편 벽에서 그를 노려보는 커다란 얼굴을 올려다보았다. '빅 브라더는 당신을 지켜보고 있다'는 문구가 씌어 있다. 시키지 않아도 웨이터가 와서 그의 잔에 승리주를 따르고 다른 병에서 코르크 마개에 끼운 빨대를 통해 액체 몇 방울을 떨어뜨렸다. 이것이 이 카페의 특제품인 정향(丁香)으로 맛을 내는 사카린이다.

윈스턴은 텔레스크린에 귀를 기울였다. 지금은 음악만 나오고 있지만 곧 평화부 특별 공지 사항이 있을지 몰랐다. 아프리카 전선에서 오는 뉴스가 극도로 불안정했다. 그는 온종일 틈만 나면 이걸 걱정했던 것이다. 유라시아 군대(오세아니아는 유라시아와 전쟁 중이다. 오세아니아는 언제나 유라시아와 전쟁을 해 왔다)가 무서운 속도로 남진해 왔다. 정오의 특보에는 어떤 지역이라고 명확히 언급하지 않았으나 벌써 콩고 입구에서 전쟁이 벌어지고 있을 것 같았다. 그렇다면 브라자빌과 레오폴드빌이 위험하다. 그게 무슨 의미인지 알기 위해 지도까지 볼 필요는 없다. 중앙아프리카를 잃는다는 문제만이 아니다. 전쟁이 일어난 뒤 처음으로 오세아니아 영토 자체가 위협받고 있는 것이다.

공포라기보다 하나의 유례없는 흥분이라 할 격렬한 감정이 타올랐다가 사라졌다. 그는 전쟁에 대한 생각을 더 하지 않았다. 요즘 그는 한 가지 문제에 대해 몇 분 이상 계속 생각을 집중할 수 없었다. 그는 잔을 들고 단숨에 들이켰다. 언제나처럼 술을 마시자 몸이 움츠러들고 메스꺼웠다. 이 술은 독하다. 정향을

3부   247

넣은 사카린은 구역질이 나도록 기름 냄새가 물씬했다. 무엇보다 싫은 것은 밤낮으로 그에게 붙어 있는 진 냄새가 마음속의 뭐라 할 수 없는 것들과 뒤엉키는 것이었다.

그는 그 뭐라 할 수 없는 것들을 캐 보거나 생각해 보려고 하지 않았다. 되도록 마음속에서 떠올리려 하지 않았다. 그것은 그가 어렴풋이 알 것 같기도 하고 그의 얼굴 근처에서 맴돌아 늘 맡을 수 있는 냄새 같은 것이었다. 진이 배 속에서 끓어오르자 퍼런 입술 사이로 트림이 나왔다. 그는 풀려난 뒤로 살이 찌고 예전의 혈색도 되찾았다. 몸이 뚱뚱해지고 코와 뺨의 거친 피부가 벌겠다. 까진 대머리도 분홍색이었다.

웨이터가 시키지도 않았는데 체스판과 《타임스》 최신호를 가지고 왔다. 그 신문은 체스 문제가 실린 쪽이 펼쳐 있었다. 웨이터는 윈스턴의 잔이 빈 것을 보고 진을 병째 가져와 잔에 가득 채웠다. 주문할 필요가 없었다. 그의 습성을 잘 알기 때문이다. 체스판을 늘 그의 옆에 놔두고 구석에 놓는 삼각형 탁자도 마련해 주었다. 자리가 만원일 때도 그는 혼자 있을 수 있었다. 아무도 그와 가까운 좌석에 앉으려 하지 않았기 때문이었다. 그는 술을 몇 잔이나 마셨는지 셀 필요도 없었다. 때때로 그에게 계산서라고 지저분한 종이쪽지를 갖다 주긴 하지만 언제나 술값을 덜 받는 것 같았다. 비싸다 하더라도 상관없었다. 그는 요즘 돈이 많았다. 한직이지만 직장이 있고 옛날 자리보다 보수도 훨씬 많이 받았다.

텔레스크린에서 음악이 멈추고 목소리가 흘러나왔다. 윈스턴은 고개를 들어 귀를 기울였다. 그러나 전선 소식은 아니었다. 풍요부에서 보내는 짧막한 공지 사항이었다. 지난 4분기에 제10차 3개년 계획 중 구두끈 생산이 할당량보다 98퍼센트나 더 늘었다는 것이다.

그는 체스 문제를 들여다보다가 말을 놓았다. 말 두 개를 쓰는 어려운 문제였다. '백(白)이 먼저 수를 두고 두 수 만에 장군을 부를 것.' 윈스턴은 빅 브라더의 초상을 올려다보았다. 백이 언제나 장군을 부른다는 것이 풀 수 없는 신비한 문제로 느껴졌다. 언제나 예외 없이 그렇게 되어 있다. 체스 문제가 생긴 이래 흑이 이겨 본 적이 없다. 이것은 선(善)이 영원히, 그리고 예외 없이 악(惡)에게 승리한다는 상징이 아닐까? 빅 브라더의 커다란 얼굴이 위엄에 가득 찬

눈길로 그를 보고 있다. 흰말이 언제나 장군을 부른다…….

텔레스크린에서 흘러나오던 목소리가 그치고 더 굵직한 다른 목소리가 흘러나왔다.

"15시 30분에 중대 발표가 있을 것입니다. 15시 30분! 가장 중요한 뉴스입니다. 이 뉴스를 놓치지 마십시오. 15시 30분!"

음악이 다시 짤랑거리며 나왔다.

윈스턴의 가슴이 두근거렸다. 이건 전선에서 오는 특보다. 직감적으로 나쁜 소식일 거라는 예감이 들었다. 하루 종일 아프리카에서 치명적인 패배를 당했으리란 생각이 떠나지 않았다. 유라시아 군대가 철벽 같은 전선을 넘어 개미 떼처럼 아프리카 대륙으로 물밀듯이 휩쓰는 것을 실제로 보는 것 같았다. 어떻게 그놈들을 위로 몰아쳐 섬멸할 수 없을까? 서아프리카 연안의 지도가 머릿속에 생생히 떠올랐다. 그는 흰말을 집어 들어 체스판 위로 움직였다. '여기'가 알맞은 자리다. 그는 적군이 시커멓게 남쪽으로 진격하는 것을 떠올렸다. 그러자 다른 군대가 집결해서 적의 후방에 불쑥 나타나 육지와 바다의 통신망을 끊는 모습이 떠올랐다. 그렇게 되기를 바라자니 적의 배후에 나타나야 할 우군이 실제로 존재하는 기분이었다. 그러나 빨리 움직여야 한다. 그놈들이 아프리카 전역을 장악하고 케이프타운에 비행장과 해군기지를 세운다면 오세아니아는 둘로 나뉠 것이다. 이렇게 되면 패배, 붕괴, 세계의 재분할, 당의 몰락! 어떤 일이 일어날지 모른다.

그는 숨을 깊이 들이마셨다. 착잡한 기분이 들었다. 아니 착잡하다기보다 너무 겹겹이 쌓여 있어 어떤 것이 가장 밑바닥에 있는지 모를 감정이 들끓어 오른 것이다.

경련이 일었다. 그는 흰말을 제자리에 갖다 놓았지만 한동안 체스 문제에 집중할 수 없었다. 그의 생각이 다시 헤매고 있었다. 거의 무의식적으로 그는 탁자 위 먼지에 손가락으로 글씨를 썼다.

$2+2=5$

"그놈들이 당신 속마음까지 어떻게 할 수는 없어요"라고 그녀가 말했었다. 그러나 그들은 마음속까지 파고들 수 있었다. "여기서 자네한테 일어난 일은 '영원'하다"고 오브라이언이 말했었다. 그것은 사실이다. 그가 돌이키지 못한 일과 행동이 있었던 것이다. 가슴속의 뭔가가 죽어 버렸고 불타오르고 마비되었다.

그는 그녀를 만났고 대화까지 했었다. 그래도 아무런 위험은 없었다. 윈스턴은 이제 그들이 자신에게 거의 관심을 두지 않는다는 것을 알고 있었다. 그러므로 둘이 서로 원했다면 또 한 번 만날 약속을 할 수도 있었다. 사실 그들은 우연히 만난 것이다. 3월의 어느 구질구질하고 쌀쌀한 날, 공원에서였다. 얼음장 같은 땅에 잔디는 모두 말랐으며 바람에 흔들리는 크로커스 꽃 몇 송이 외에는 나무에 싹도 돋지 않았다. 그는 추위에 손이 얼고 눈물까지 흘리면서 급히 걷다가 10미터도 되지 않는 곳에서 그녀를 발견했다. 그는 그녀가 좀 추하게 변해 있어 충격을 받았다. 그들은 아는 체도 하지 않고 서로 지나쳤다. 그런 다음 그는 썩 내키지 않았지만 발길을 돌려 그녀를 따라갔다. 위험도 없을뿐더러 아무도 그들한테 관심을 갖지 않는다는 것을 알고 있었다. 그녀는 아무 말도 하지 않았다. 처음에는 그를 피하려는 듯 풀밭을 비스듬히 걷더니 다시 생각한 듯 그와 나란히 걸었다. 그들은 곧 잎사귀 하나 없는 앙상한 나무숲을 지났다. 몸을 감출 수도, 바람을 막을 수도 없는 숲이었다. 그들은 걸음을 멈추었다. 몹시 추웠다. 바람이 나뭇가지 사이로 불면서 드문드문 핀 지저분한 크로커스 가지를 흔들었다. 그는 그녀의 허리를 팔로 안았다.

텔레스크린은 없지만 마이크는 분명히 숨어 있을 것이다. 그렇지 않아도 남들이 훤히 볼 수 있는 곳이다. 그래도 상관없다. 꺼릴 것이 없었다. 그들이 땅바닥에 누워 하고 싶다면 '그 짓'도 할 수 있으리라. 그 생각을 하자 공포로 살이 얼어붙는 것 같았다. 그가 팔로 그녀를 안는데도 그녀는 아무런 반응을 보이지 않았다. 심지어 벗어나려고도 하지 않았다. 그녀가 변했음을 그는 이제야 알 수 있었다. 누렇게 뜬 그녀의 얼굴에는, 머리카락으로 한쪽을 가리긴 했지만 이마에서 관자놀이까지 기다란 상처자국이 있었다. 그러나 변한 것은 그뿐이 아니었다. 허리도 굵어지고 놀랄 만큼 뻣뻣해진 것이다. 오래전, 로켓탄이 떨어진 뒤 무너진 짚더미에서 시체를 꺼내 본 적이 있었다. 그 시체는 무척 무거웠을 뿐 아니라 얼마나 뻣뻣한지 살덩이라기보다 바위처럼 느껴진 일이 기억났다. 그녀의 몸은 바로 그때의 그 시체 같았다. 그녀의 피부도 옛날과 무척 달라졌으리란 생각이 들었다.

그는 그녀에게 키스를 하려고도 하지 않았고 이야기도 하지 않았다. 그들이 문을 지나 되돌아올 때에야 그녀가 처음으로 그를 똑바로 쳐다보았다. 경멸과 혐오로 가득 찬 순간적인 시선이었다. 그 경멸이 순전히 과거의 일 때문에 생긴 건지, 누렇게 뜬 얼굴과 매서운 바람이 불어 흘러내린 눈물 때문에 그렇게 된 건지 알 수 없었다. 그들은 철제 의자에 서로 조금 떨어져 나란히 앉았다. 그는 그녀가 무슨 말을 할 것임을 알아챘다. 그녀는 뭉툭한 구두를 몇 센티미터 움직이더니 나뭇가지 하나를 밟아 으스러뜨렸다. 발이 더 넓적해진 것 같았다.

"전 당신을 배신했어요."

그녀가 또박또박 말했다.

"나도 당신을 배반했어."

그가 말했다.

그녀는 다시 혐오의 빛을 띠고 그를 흘끗 쳐다보았다.

"가끔씩 그 사람들이 견딜 수 없을 만큼 위협했겠죠. 생각도 할 수 없을 만큼요. 그리고 당신은 '나한테 이러지 마세요. 다른 사람한테 그러세요. 이러이러한 사람한테 그렇게 하세요'라고 말했을 거예요. 그다음엔 그게 하나의 속임수였고, 고문을 멈추게 하느라 지껄인 거라고 합리화했을 테죠. 하지만 그건 사실이 아니에요. 거짓말이죠. 그런 일이 닥치면 그럴 수밖에 없을 거예요. 목숨을 구하려면 다른 방도가 없으니 그렇게라도 하는 거지요. 차라리 다른 사람한테 그 고통이 옮겨 가길 '바라게' 되거든요. 다른 사람이 고통스럽게 되는 건 개의치도 않고 자기 생각밖에 하지 않게 되지요."

"자기 생각만 하게 돼."

그가 그대로 따라 말했다.

"그러고 나면 나중에 그 사람에 대한 감정이 달라져요."

"그래, 같을 수 없지."

더 할 말도 없는 것 같았다. 바람이 얇은 옷 안으로 스며 들어와 몸이 떨렸다. 묵묵히 그러고 앉아 있는 게 갑자기 괴로워졌다. 게다가 너무 추워 가만히 있을 수가 없었다. 그녀는 지하철을 타야겠다며 몇 마디를 더 하더니 가겠다고 일어섰다.
"다시 만나겠지."
그가 말했다.
"그래요. 다시 만나겠지요."
그녀가 말했다.

그는 반 걸음쯤 뒤에 처져 우물쭈물 그녀를 따라갔다. 그들은 더 이야기하지 않았다. 그녀는 그를 확실히 뿌리치지는 않았지만 그와 나란히 가지 않을 만큼 빨리 걸었다. 그는 지하철 정류장까지 그녀를 바래다줄 작정이었지만 갑자기 이 추위 속에서 졸졸 따라가는 게 싱겁고 견딜 수 없어졌다. 줄리아로부터 떨어지고 싶어서가 아니라 카페 밤나무로 돌아가고 싶은 생각이 왈칵 솟았기 때문이었다. 이때처럼 그곳을 매력 있게 느껴 본 적이 없었다. 신문과 체스판, 언제나 따라 주는 술이 있는 그 구석 자리의 탁자가 그리웠다. 무엇보다 그곳은 따뜻할 것이다. 다음 순간, 우연만은 아닌 듯, 사람들이 사이에 끼어들어 그녀와 좀 떨어져 따라가게 되었다. 그는 그녀를 따라잡으려고 애를 쓰다가 다시 걸음을 늦췄다. 그리고 돌아서서 반대쪽으로 걸었다. 50미터를 가다가 돌아보았다. 사람들이 많지 않았지만 그녀를 알아볼 수는 없었다. 급하게 걸어가는 10여 명 가운데 그녀가 끼어 있을 것이다. 그녀의 뚱뚱하고 뻣뻣해진 몸을 이젠 더 이상 뒤에서 알아볼 수 없었다.

그녀가 말했다.
"그런 일이 닥치면 그럴 수밖에 없을 거예요."
그도 그럴 수밖에 없었다. 말로만 그렇게 했을 뿐 아니라 정말 그렇게 원했었다. 그 고문이 자신이 아니라 그녀한테 옮겨지기를 원했다.

텔레스크린에서 나오는 음악이 바뀌었다. 깨어지는 듯, 비웃는 듯한 선정적인 곡이 흘러나왔다. 그러더니—실제가 아니라 곡이 비슷해서 착각한 기억이리라—노랫소리가 들려왔다.

　우거진 밤나무 아래에서
　나 그대를 팔고 그댄 나를 팔았네.

눈물이 솟았다. 지나가던 웨이터가 그의 잔이 빈 것을 보고 진이 든 병을 들고 다시 왔다.

그는 잔을 들고 냄새를 맡았다. 그 술은 마실수록 기분은 더 나빠진다. 그러나 마셔야만 했다. 술은 그의 생명이고 죽음이자 부활이었다. 밤마다 그가 혼수상태로 잠들 수 있는 것도, 다음 날 아침 다시 일어날 수 있는 것도 모두 술 덕분이었다. 거의 11시가 지나 깨어나면 눈꺼풀은 들러붙고 입이 타 들어가고 등은 부러질 것 같았다. 밤새 침대 옆에 놔둔 술병과 컵이 없다면 일어날 수도 없었을 것이다. 그는 벌건 대낮에도 종일 얼굴이 벌겋게 올라 술병을 옆에 두고 텔레스크린에 귀를 기울이며 앉아 있었다. 15시부터 문을 닫을 때까지 카페 밤나무에 처박혀 있었다.

그가 뭘 하든지 아무도 신경 쓰지 않았다. 어떤 호루라기 소리도 그를 깨우지 못했고 텔레스크린도 그를 야단치지 않았다. 때때로 1주일에 두 번쯤 그는 잊어버리다시피 한 진리부의 지저분한 사무실에 가서 일이라고도 할 수 없는 일을 했다. 그는 신어사전 제11판을 편찬하는 데 생기는 여러 사소한 문제들을 다루는 많은 위원회 가운데 한 위원회에서 갈라져 나온 분과위원회의 분과위원이었다. 그들은 '중간보고서'라는 것을 작성하는 데 뭘 보고하는 건지 그는 뚜렷이 알 수 없었다. 그것은 쉼표를 괄호 안에 넣어야 하는가, 밖에 넣어야 하는가 하는 문제를 다루는 것이다.

그 분과위원회에는 그와 비슷한 사람들이 있었다. 그들은 모여서 할 일이 없다는 것을 솔직히 인정하고는 바로 헤어지는 날도 많았다. 그러나 어떤 날은 주저앉아 열심히 일하고 세부적인 데까지 파고들어 결코 끝나지도 않을 긴 비망록을 작성하는 등 열과 성의를 다했다. 그런 때는 토의할 문제를 토의에 상정할 것인가를 정하는 토의 자체가 갈수록 더 복잡하고 난해해지곤 했다. 그러면 정의(定義) 문제를 놓고 다투고 엇나간 주장을 하고 논쟁을 하다가 상부에 호소하겠다는 위협까지 했다. 그러다 갑자기 긴장이 풀리면 닭 우는 소리를 들으면 사라지는 유령처럼 퀭한 눈으로 탁자 주변에 둘러앉아 서로의 얼굴을 쳐다보았다.

텔레스크린이 잠시 멈췄다. 윈스턴은 다시 고개를 들었다. 특보다! 그러나 아니었다. 그저 음악이 바뀐 것이다. 그는 눈앞에 아프리카 지도를 그렸다. 군대의 움직임이 도표처럼 떠올랐다. 검은 화살표가 세로로 남진하고 하얀 화살표가 가로로 동진해 검은 화살표의 꼬리를 끊는다. 그는 다시 확인이라도 하듯 초상화 속의 그 태연자약한 얼굴을 올려다보았다. 하얀 화살이 없어질 수도 있을까?

흥미가 다시 사그라졌다. 그는 술을 한 모금 마시고 흰말을 집어 시험적으로 움직여 봤다. 장군. 그러나 잘못 움직였다. 왜냐하면······.

문득 한 가지 기억이 떠올랐다. 촛불을 켠 방에 하얀 시트를 깐 넓은 침대가 놓여 있었다. 그리고 아홉 살이나 열 살쯤 된 윈스턴이 마룻바닥에 앉아 주사위 통을 흔들며 깔깔거리며 웃어 댔었다. 어머니도 그 맞은편에 앉아 웃고 있었다.

어머니가 사라지기 한 달 전쯤이었던 것 같다. 심한 배고픔도 잊고 어머니에 대한 애정도 잠시 되살아난 화목한 순간이었다. 비가 억수같이 퍼붓고 창살로 물이 흘러내렸는데도 방 안의 불빛이 어두워 그것도 잘 몰랐다. 그는 그날을 잘 기억하고 있었다. 두 아이들은 어둠 속에서 비좁은 방에 있기가 참을 수 없이 지루했다. 윈스턴은 칭얼거리며 보채고 먹을 것을 달라고 졸랐다. 또 방 안을 뛰어다니며 전부 다 끌어내 팽개치고 벽을 걷어차기도 했다. 마침내 이웃 사람이 벽을 쾅 치며 조용하라고 욕을 퍼부었다. 동생은 때때로 가냘프게 울었다. 마침내 어머니가 말했다.

"이제 얌전히 해. 장난감을 사 줄게. 아주 멋있는 거야. 네가 좋아할 거야."

그러더니 빗속으로 나가 드물게 그때까지 문을 열어 놓은 잡화점에서 '뱀과 사다리'가 한 벌 든 마분지 상자를 사 가지고 왔다. 그는 그 축축한 마분지 상자의 냄새를 여전히 기억했다. 초라한 장난감이었다.

상자를 찢어 꺼내 보니 판은 깨져 있었고 나무 주사위는 엉성하게 만든 것이어서 똑바로 서 있지도 못했다. 윈스턴은 샐쭉해서 부루퉁하게 그걸 보았다. 그러나 어머니는 촛불을 켰고 그들은 바닥에 둘러앉아 게임을 시작했다. 그는 곧 신이 나서 말이 기운 좋게 사다리를 올랐을 때는 커다란 소리로 웃다가 뱀을 만나 다시 출발점 근처로 떨어지면 웃음이 사그라졌다. 그들은 여덟 번 시합해서 저마다 네 판씩 이겼다. 어린 누이동생은 이 게임을 이해할 수 없었지만 베개 위에 올라앉아 다른 사람이 웃으면 따라서 웃어 댔다. 그날 오후 내내 그들은 그가 아주 어렸던 시절처럼 모두 행복했었다.

그는 그 장면들을 마음속에서 모두 지웠다. 이런 것은 잘못된 기억이다. 그는 때때로 잘못된 기억으로 고생했다. 하지만 그것들이 잘못된 것임을 알고 있기 때문에 그다지 상관은 없다. 어떤 것이 일어났고 어떤 것이 안 일어난 것인지 알 수 있었다. 그는 체스판으로 돌아가 흰말을 다시 집었다. 그러나 그 순간 집어 들었던 것이 덜컥 소리를 내며 떨어졌다. 그는 바늘에 찔린 듯 깜짝 놀랐다.

날카로운 트럼펫 소리가 울려 퍼졌다. 특보다! 승리다! 뉴스 전에 트럼펫이 울리면 곧 전승을 의미한다. 전율 같은 것이 전파처럼 카페 안에 흘렀다. 웨이터마저 놀라서 귀를 기울였다.

트럼펫 소리로 꽤 시끄러워졌다. 벌써 흥분한 목소리가 텔레스크린에서 들려왔지만 장내의 환호성 속에 묻혀 버렸다. 그 뉴스는 마술처럼 거리에도 퍼져 나갔다. 텔레스크린에서 방송되는 것을 듣자 그가 예상한 그대로라는 것을 알 수 있었다. 바닷속에서 솟아난 거대한 함대가 비밀리에 모여서 적의 뒷부분을 급습했다. 흰 화살표가 검은 화살표의 꼬리를 끊은 것이다. 승전 뉴스가 왁자지껄한 분위기 속에서 간간이 들려왔다. "일대 기동작전―완전한 합동작전―패주(敗走)―포로 50만―완전한 사기 저하―아프리카 전역 장악―눈앞에 다가온 전쟁의 종결―승리―인간 역사상 최대의 승리―승리, 승리, 승리!"

탁자 밑에서 윈스턴의 다리가 후들후들 떨렸다. 그는 자리에서 움직이지도 못했지만 마음으로는 펄쩍펄쩍 뛰면서 바깥의 군중들과 함께 달리고 귀가 멍할 만큼 환호성을 지르고 있었다. 그는 다시 빅 브라더의 초상을 바라보았다. 세계를 장악한 거인! 아시아 유목민들의 공격을 깨끗이 막아 내는 거석(巨石)! 10분 전, 그렇다. 겨우 10분 전까지 그는 전선의 소식이 승리일까 패배일까 마음속을 졸이고 있던 것을 생각했다. 아, 패배하는 것은 유라시아의 군대뿐이 아니다. 애정부에서 첫날을 보낸 뒤로 그는 많이 바뀌었지만, 이 순간에 결정적이면서도 불가피한 변화가 일어나 구원이 찾아오게 된 것이다.

텔레스크린의 방송은 여전히 포로와 노획품, 사살자에 대한 이야기를 하고 있었지만 바깥의 환호성은 조금 잦아들었다. 웨이터들도 다시 일로 돌아갔다. 웨이터 하나가 술병을 들고 그에게 다가왔다. 윈스턴은 잔에 술이 차는 줄도 모르고 행복한 몽상에 잠겨 있었다. 그는 이제 달리며 환호성을 지르지 않았다. 애정부에 돌아가 모든 걸 용서받고 그의 영혼을 눈처럼 깨끗이 정화했다. 피고석에 앉아 모든 걸 자백하고 모든 사람을 연루시켰다. 그는 햇빛 속을 걷는 기분으로 하얀 타일 복도를 걷고 있었다. 그때 뒤에서 무장한 교도관이 나타났다.

오랫동안 소망해 오던 총알이 그의 머리에 박혔다.

그는 거대한 얼굴을 쳐다보았다. 그는 저 검은 수염 속에 숨은 미소의 의미를 알아내는 데 40년이 걸렸다. 아, 잔인하고 부질없는 오해여! 오, 사랑이 가득한 품 안을 떠나 고집부리며 제멋대로 살아온 유랑의 세월이여! 술 냄새 나는 두 줄기 눈물이 코 옆으로 흘러내렸다. 그러나 모든 것이 잘되었다. 싸움은 끝났다. 그는 자신과의 투쟁에서 승리를 얻었다. 그는 빅 브라더를 사랑했다.

APPENDIX
신어법의 원리

　신어법은 《1984년》에 나오는 나라 '오세아니아'의 공용어로, '잉속'(Ingsoc : 英社), 즉 영국사회주의(English Socialism)의 이념적 요구에 따라 만들어 낸 언어이다. 《1984년》에는 신어법을 읽고 쓰는 용도의 유일한 전달수단으로 쓴 사람이 한 사람도 없었다. 《타임스》의 사설은 신어법으로 쓰였지만, 그것은 전문가들이 실행할 수 있는 '어려운 재주'에 지나지 않았다. 신어법은 2050년 무렵에 이르러 마침내 구어법(舊語法 : 우리가 표준영어라고 일컫는 것으로서)에 대체될 것으로 기대되고 있었다. 그사이에 신어법은 꾸준히 보급되어, 모든 당원들은 일상 대화에서도 신어법의 단어나 문법적 구문을 더욱더 쓰는 경향이 나타나기 시작하였다. 《1984년》에 쓰던 표현, 또 신어법 사전 제9판, 제10판에 실린 언어 형태는 말하자면 잠정적인 것으로, 쓸데없이 많은 단어나 낡은 문체를 포함하고 있어서 뒷날 폐기처분될 예정이었다. 여기에서 우리가 다루는 것은 신어법 사전 제11판에 실린 그 최종 완성어이다.
　신어법의 목적은, 영국사회주의의 열광적인 지지자들에게 고유한 세계관이나 정신적 관습에 대한 일정한 표현수단을 부여할 뿐만 아니라, 그 밖의 모든 사고방법을 적용할 수 없게 만든다는 것이었다. 그것이 의도하는 바는 신어법이 최종 언어로 쓰여 구어법이 잊힐 때야말로, 영국사회주의 여러 원칙으로부터 벗어나는 이단 사상은, 그것이 적어도 문학에 의존하는 한 언어활동으로서 성립시키지 않겠다는 것이었다. 신어법의 어휘는, 당원이 표현하고자 하는 어떤 뜻도 매우 정확하고 미묘하게 표현할 수 있도록 꾸며져 있었고, 다른 한편으로는 그러한 뜻을 간접 방법으로 이끌어 내려고 하는 모든 가능성을 물리치고 있었다. 이것은 어느 정도 신어를 만들어 냄으로써 이루어지기도 했으나, 주로 바람직하지 않은 단어나 남은 단어가 갖는 전통적 의미가 아닌 모든 뜻을 없애 버림으로써 이루어진 것이다.

  한 가지 예를 들어보자. 'free'라는 단어는 여전히 신어법 안에 남아 있었는데, 그것은 예컨대 '이 개는 이가 없다' 또는 '이 들판에는 잡초가 없다'라고 하는 것과 같은 사용법만이 허락되었다. 낡은 뜻으로서의 '정치적으로 자유로운'이나 '지적으로 자유로운'과 같은 사용법은 허락되지 않았다. 왜냐하면 '정치적으로 자유로운', '지적으로 자유로운'은 이미 개념으로도 존재하지 않았고, 따라서 그러한 용법은 필요 없기 때문이다. 뚜렷하게 이단적인 말이 없어진 것과는 별도로 어휘를 줄이는 방법도 쓰였다. 신어법은 사고의 범위를 넓히기 위해서가 아니라 오히려 좁히기 위해 만들어진 것으로, 용어 선택을 최소한 줄임으로써 간접적으로 이루어졌던 것이다.

  이제 우리가 알고 있는 바와 같이, 신어법은 영어에 바탕을 두었지만, 많은 신어법 문장은, 비록 새로 만든 단어를 포함하고 있지 않아도 영어를 말하는 시대에 사는 우리로서도 이해하기 힘들다. 신어법 용어는 A어휘, B어휘(일명 합성어), C어휘라고 하는 뚜렷한 세 어휘군으로 나뉜다. 각 어휘군별로 검토하는 편이 간단할 것이지만, 신어법의 문법상 특징에 대해서는 A어휘군 항목에서 다룰 수 있다. 이와 똑같은 규칙이 세 어휘군 전체에도 적용되기 때문이다.

A어휘군

  A어휘군은 일상생활의 볼일에 필요한 어휘들로 구성되어 있었는데, 음식, 노동, 옷입기, 계단 오르내리기, 승차, 정원 손질, 요리, 그 밖의 것들이다. 그것은 우리가 이미 쓰고 있는 용어의 대부분으로 이루어져 있었다. '친다', '달린다', '개', '나무', '설탕', '집', '들판' 따위인데 요즈음 영어 어휘와 견주어 보면, 그 수는 매우 적고, 그 의미도 훨씬 엄격하게 제한되어 있었다. 모든 모호함과 의미의 미묘한 차이는 모두 추방되었다. 이 어휘군에 속하는 신어는 하나의 분명하고 이해된 개념을 나타내는 하나의 단순하면서도 짧고 날카로운 소리일 뿐이었다. A어휘군은 문학적인 목적이나 정치적, 철학적 논의에 쓰려 해도 거의 불가능했을 것이다. 그것은 단순하고 목적이 뚜렷한 관념을 나타내고, 일반적으로는 구체적인 사물이나 육체적인 행동 따위를 나타내기 위해서 만들어 낸 것이다.

신어법의 문법은 두 가지 뚜렷한 특징을 가지고 있었다. 제1 특징은, 거의 자유자재로 서로 다른 품사로도 돌려쓸 수 있다는 점이다. 신어법의 모든 단어는 (원칙적으로 이 법칙은 '만약에' 또는 '언제'와 같은 아주 추상적인 단어에도 적용되었지만) 동사나 명사로도, 또는 형용사나 부사로도 돌려쓸 수 있었다. 동사와 명사의 어형은, 그것이 똑같은 어근에서 나온 것이라면 아무런 차이가 없었다. 이 법칙은 그 자체가 많은 낡은 어형을 파괴하는 결과가 되기도 했다. 예를 들어, '사상'이라는 말이 신어법에는 존재하지 않았다. 이를 대신해 '생각한다'고 하는 말이 명사나 동사에도 쓰인 것이다. 신어법에서 어원상 원칙은 받아들여지지 않았다. 곧 다른 말로 선택되는 것은 원형 명사이기도 하고 동사이기도 한 경우가 흔했다. 비슷한 뜻을 가진 명사와 동사는, 비록 어원상 관련성이 없더라도, 어느 하나가 없어지는 경우가 흔했다. 예컨대 '자르다'라는 단어는 존재하지 않았다. 그 뜻을 '나이프'라는 명사나 동사가 충분히 전달했기 때문이다. 형용사는 명사나 동사에 'ful'이라는 뜻을 더해서 만들어지고, 부사는 'wise'를 덧붙임으로써 만들어졌다. 예컨대 'speedful'은 '빠르다', 'speedwise'는 '빠르게'를 뜻하게 되었다. 오늘날 우리가 쓰는 형용사 가운데, 예컨대 '좋은' '강한' '검은' '부드러운' 따위는 그즈음에도 남아 있었는데, 그 수량은 전체적으로는 매우 적었다. 거의 필요 없었기 때문이었다. 왜냐하면, 그 어떤 형용하는 뜻이건 'ful'이란 어미만 붙이면 명사나 동사로 돌려쓸 수 있었기 때문이다. 현재 쓰이고 있는 부사는 이미 'wise'로 끝나는 적은 수의 말을 빼고는 하나도 남아 있지 않다. '-wise'로 끝나는 것은 부사의 경우 바뀌지 않았다. 예를 들어, '좋게'라는 부사는 'goodwise'로 대체되었다.

또 어떤 말이라도―이것도 신어법의 모든 말에 적용되는 원칙이지만 'un-'이라는 접두어를 붙이면 부정어로 만들 수 있었고, 'plus-'라는 접두어를 붙이면 강조어, 더 강하게 하려면 'doubleplus-'라는 접두어를 붙이면 되었다. 예컨대 'uncold'는 '따뜻한', 'pluscold'나 'doublepluscold'는 각각 '매우 추운' '가장 추운'이 된다. 또 요즘 영어와 마찬가지로 'ante-', 'post-', 'up-', 'down-' 따위와 같은 전치사 성격을 지닌 접두어를 붙임으로써 대부분 어휘의 뜻을 바꿀 수도 있었다. 이런 방법에 따르면 어휘 수를 양적으로 줄이는 것은 쉬운 일이었다. 예를 들어 'good'이라는 한 단어만 있으면 'bad'라는 단어는 필요 없었다. 왜냐하면 필요한 뜻은 'ungood'에 의해서 충분히—아니 훨씬 적절하게—나타낼 수 있었기 때문이다. 두 개의 용어가 정반대 뜻을 가지면서 자연스러운 한 쌍을 이룰 경우에 취해야 할 조치로는 그중 어느 것을 금지할 것인가 하는 결정뿐이었다. 예컨대 'dark'(어두운)는 'unlight', 'light'(밝은)는 'undark'와 같은 방식으로 좋아하는 정도에 따라 대체할 수 있었다.

예를 들어, 그 어떤 동사도 과거형과 과거분사형은 같았고 '-ed'라는 어미만 붙이면 좋았던 것이다. 'steal'(훔치다)의 과거형은 'stealed'이고, 'think'의 과거형은 'thinked'였다(표준영어에서는 'steal'의 과거형은 'stole', 'think'의 과거형은 'thought'). 이 방식에 따라 신어법 전체를 통해서 'swam' 'gave' 'brought' 'spoke' 'taken' 따위의 과거형은 폐지되었다. 모든 복수형은 '-s' 또는 '-es'라는 어미를 붙여서 만들었다. 'man' 'ox' 'life'와 같은 복수형은 'mans'(표준영어에서는 men), 'oxes'(oxen), 'lifes'(lives)였다. 형용사의 비교급과 최상급은 똑같이 '-er, -est'라는 어미를 붙여서 만들어졌고(good, gooder, goodest), 종래의 불규칙형(good의 경우 better, best)이나 more, most를 붙이는 용법은 없어졌다.

불규칙한 어형변화가 여전히 인정된 어군은 명사·관계대명사·지시형용사·조동사뿐이었다. 이들 품사는 모두 예부터의 용법을 따랐는데, 다만 whom은 필요 없는 것으로 폐기되었고, 또 shall이나 should는 will과 would로 대치될 수 있다고 해서 없어져 버렸다. 또 빠르고 편한 회화를 할 필요성에서 생긴 어형에는 어느 정도까지의 불규칙성이 있었다. 발음이 어렵고 정확하지 못하게 들릴 염려가 있는 말은, 오로지 '그것만이 사실'로서 나쁜 어휘로 여겨졌다. 따라서 자주, 음성의 울림이 좋다는 이유만으로, 그 단어에 여분의 문자가 들어가거나 예부터의 어형이 그대로 남아서 쓰이기도 했다. 그러나 이 필요성은 주로 B어휘군과의 관련에서 절실하게 느껴졌다. 발음의 단순화에 매우 큰 중요성을 둔 이유는 이 글 후반에서 밝혀질 것이다.

B어휘군

B어휘군은 정치적 목적을 위해 의도적으로 만들어진 단어들로 구성되어 있다. 곧, 어떠한 경우라도 정치적 의미를 지니고 있을 뿐만 아니라, 그것을 쓰는 사람들에게도 바람직한 정신적 태도를 심어 주기 위해 만들어진 말이었다. 영

국사회주의 여러 원칙에 대해서 전면적인 지식을 가지지 못하면 이들 용어를 정확하게 쓰기가 어려웠다. 어떤 경우에는 이 단어들은 구어법으로 번역할 수 있었고, 또는 A어휘군으로 바꾸어 말할 수도 있었다. 그러나 이것은 대부분의 경우 이해를 더 쉽게 하기 위해 다른 말로 바꾸어 길게 나타냈을 뿐만 아니라 언제나 어느 정도는 함축된 뜻을 잃어버리게 되었다. B어휘군은 하나의 속기용 문자로, 사상의 범위 전체를 소수 음절로 가끔 줄임과 동시에 일반 언어보다 훨씬 정확하고 박력이 있었다.

B어휘군은 어느 경우에나 합성어였다. 그것은 둘이나 그 이상 어휘 또는 단어의 일부를 손쉽게 발음할 수 있는 어형으로 결합시켰다. 그 결과 여기에서 생긴 합성어는 언제나 명사와 동사이고, 일반 규칙에 따라서 변화했다. 예컨대 'goodthink'라는 말은 대충 말해서 '정통성'을 뜻했는데 만일 이것을 동사로 보면 '정통적인 태도로 생각한다'는 뜻이었다. 이 말은 다음과 같이 변화했다—명사형 및 동사형 goodthink, 과거형 및 과거분사형 goodthinked, 현재형 goodthinking, 형용사형 goodthinkful, 부사형 goodthinkwise, 동명사형 goodthinker.

B어휘군은 일부러 어원상 원칙에 따라 만들어진 것은 아니었다. 이들 용어를 합성하는 말은 어떤 품사라도 좋았고, 가능하면 그 어원(語源)을 나타내면서 발음하기 쉽게 자유롭게 끊을 수도 있었다. 예를 들어 'crimethink'(사상범죄)에서 'think'는 두 번째에 위치했지만 'thinkpol'(사상경찰)에서는 첫 번째에 위치하여 'police'라는 뒷단어는 제2음절을 잃게 된다. 이와 같은 경우, 발음상의 아름다움을 나타내는 일이 매우 어려우므로 불규칙한 어형은 A어휘군의 경우보다도 B어휘군 쪽이 일반 경향이 되었다. 예를 들어 'Minitrue'(진리부), 'Minipax'(평화부)나 'Miniluv'(애정부) 따위의 형용사는 각각 'Minitruthful', 'Minipeaceful'이나 'Minilovely'이지만 그것을 'trueful', 'paxful'이나 'loveful'로 하면 조금 어색한 발음이 되기 때문이다. 그러나 원칙적으로 말하면 B어휘군은 모두 어미변화를 할 수 있었고, 더욱이 모든 변화는 똑같이 이루어졌다.

B어휘군 안에는 고도로 미묘한 뜻을 갖는 용어가 포함되어 있어서, 신어법 전체에 익숙한 사람이 아니면 거의 그 뜻을 이해할 수 없었다. 예를 들어 《타

임스》의 사설 Oldthinkers unbellyfeel Ingsoc이라는 전형적인 한 문장을 생각해 보기로 하자. 이것을 구어법(舊語法)으로 되도록 짧게 바꾸어 말하면 다음과 같이 될 것이다.

Those whose ideas were formed before the Revolution cannot have a full emotional understanding of the principles English Socialism(혁명 전에 사상이 이루어진 자는 영국사회주의 여러 원칙을 감정적으로 충분히 이해할 수 없다). 그러나 이것도 적절한 번역이라고 할 수 없다. 우선, 앞에 인용한 신어법 문장의 뜻을 충분히 파악하려고 하면, '잉속(Ingsoc)'의 개념을 명확하게 이해해야만 한다. 더욱이 '잉속'에 대해서 완전한 교육을 받은 사람만이 bellyfeel이라는 말이 갖는 박력을 모두 이해할 수 있다. 그것이 요즘에는 상상을 뛰어넘는 맹목적, 열광적인 요인을 뜻하고 있다. 또 oldthink라는 말도 사악(邪惡)이나 타락이라는 뜻으로 해석할 수 있을 만큼 서로 떼려야 뗄 수 없게 뒤얽혀 있다. 그러나 어떤 종류의 신어법의 특수한 기능은, oldthink도 그 하나이지만, 여러 가지 뜻을 나타내는 것보다는 그것들을 파괴하는 결과가 되었다. 이런 어휘는 필연적으로 수가 적었으나 그 어휘가 갖는 뜻이 확대되어 많은 일정한 말까지 내포하게 되었다. 이 수많은 말들은 포괄하는 하나의 말에 의해서 각각의 뜻이 충분히 전달되었으므로 그 여세에 따라 무용지물이 되고 말았다. 신어법 사전의 편찬자가 당면한 가장 곤혹스러운 점은 신어를 만들어 내는 것이 아니라 신어를 만들어 낸 뒤에 그 뜻을 확인하는 것이었다. 즉 신어의 등장으로 기존의 남은 구어는 어느 범위까지 없애 버릴 것인가 하는 것이었다.

우리가 이미 'free'라는 어휘에서 본 것처럼, 이전에 이단적인 뜻을 가진 일이 있던 말들도 경우에 따라 편의적으로 남아서 쓰였던 것인데 그것도 바람직하지 않을 경우에는 추방한다는 조건이 붙었다. 그 밖에 '명예'나 '정의', '도덕', '국제주의', '민주주의', '과학', '종교'와 같은 많은 말이 그 모습을 감추었다. 다만 몇 가지 포괄하는 말이 그 대체어가 되었고, 또 대체어가 됨으로써 이 말들을 없애 버렸다. 예를 들어 자유나 평등이라는 개념을 중심으로 모여 있던 용어는 '범죄사상'이라고 하는 한 단어에 포함되고, 객관성이나 합리주의라는 개념을 중심으로 모여 있던 용어는 '옛 사상'이라는 말에 포함되고 말았다. 사물을 정밀하게 생각하려고 하는 것은 위험한 행위였을 것이다.

당원에 요구된 조건은 고대 히브리 사람과 같은 사고방식을 갖는 것이었다. 그들은 그다지 다른 일을 알지 못했으므로 자기 나라 말고 모든 나라들은 요사스런 신(神)을 믿고 있다고 생각하였다. 그들은 요사스런 신이 저마다 바알(고대 페니키아·가나안인이 숭배한 번식과 자연의 신), 오시리스(고대 이집트의 대지의 신), 몰록(가나안의 태양과 하늘의 신) 아스다롯(바알의 배우자) 등으로 불리고 있다는 것을 몰랐다. 아마도 다른 신들에 대해서 조금도 모르는 것이 그들의 정통 신앙으로 보아서는 좋았을 것이다. 그들은 야훼와 야훼의 십계명(十誡命)을 알고 있었다. 따라서 그들은 다른 이름이나 속성을 가진 요사스런 신이라는 것도 알고 있었다. 이와 비슷하게 당원들은 무엇이 올바른 행동을 이루는가를 잘 알고 있었고, 또 매우 막연한 일반 말투로 하자면 어느 정도까지 모호하게 될 수 있는가도 잘 알고 있었다. 예컨대 당원의 성생활은 '성범죄'(성적 부도덕)와 '건전성'(순결)이라고 하는 새로운 두 말이 완전히 규제하고 있었다. 성범죄는 모든 성적 비행을 포함하고 있었다. 그것은 사통(私通)·간통·동성애·성도착에서 성관계를 위한 정상적인 성관계에까지 미치고 있었다. 하나하나 개별적으로 죄를 헤아릴 필요도 없었다. 왜냐하면 그것은 모두가 똑같이 죄와 허물이고 원칙적으로 사형에 해당되었기 때문이다. 과학적, 기술적인 용어로 이루어진 C어휘군에서는 특정한 성일탈에 대한 학명이 필요했을지도 모르지만, 일반 시민에게는 그럴 필요가 없었다. 당원들은 좋은 성(性)으로 모든 것을 생각한 것이다. 다시 말하면 그것은 부부 간의 정상적인 성관계를 뜻하고 그것도 아이를 만드는 것이 유일한 목적이며 아내 쪽은 육체적인 쾌감을 느껴서는 안 된다는 것이다. 그 밖에는 모두 성범죄에 해당되었다. 신어법에서는 이단 사상을, 그것이 이단이라고 인식한 뒤, 그것을 믿는다는 것은 거의 불가능했다. 인식 단계를 넘으면 그러한 표현에 필요한 용어가 없었기 때문이다.

B어휘군에서는 이념적 관점에서 중립성을 띠는 용어는 하나도 없었다. 그 대다수는 에둘러서 나타낸 것이었다. 예를 들어 '환희캠프'(강제노동수용소)나 '미니팩스'(평화부 곧 전쟁부)와 같은 말은 글자와는 정반대 뜻을 가지고 있었다. 한편 《1984년》에 나오는 '오세아니아' 사회의 본질을 솔직하게 또 모욕적으로 이해하고 있다는 것을 엿보게 하는 몇 가지 용어도 있다. 예컨대 'prolefeed'는 당이 대중에게 제공하는 시시한 오락이나 가짜 뉴스를 뜻한다. 또 이중의 뜻을

가진 용어도 몇 가지가 있어서, 그것이 당에 적용되면 '선'(善)이 되고 적에 적용되면 '악'이 된다는 함축된 뜻을 가지고 있었다. 그러나 여기에 더해 글자로 보아서는 준말처럼 보이지만 그 이념적인 색채가 이끌어 내는 것은 말뜻으로부터가 아니라 그 구조로부터라는 말도 많이 있었다.

가능한 한 창의연구에 입각해서 다소나마 정치적 뜻을 갖는, 또는 가질지도 모르는 용어는 모두 B어휘군에 편입시켰다. 모든 조직·단체·교리·국가·공공기관·공공건물 따위의 이름은 모든 사람들의 입에 오르내릴 수 있도록 단축되었다. 즉 쉽게 발음할 수 있고, 어원을 남긴 최소한의 음절을 갖는 한마디로 만들어 낸 것이었다. 예를 들어 진리부에서는 윈스턴 스미스가 근무했던 기록국이 Recdep, 창작국은 Ficdep, 텔레스크린 프로그램 제작국은 Teledep하는 식으로 불렸다. 이것은 다만 시간을 아끼기 위해서 실시된 것이 아니었다. 20세기 초 몇십 년 동안에도 어구의 단축은 정치용어 특성의 하나였다. 더욱이 이런 종류의 준말을 쓰는 경향은 전체주의 국가나 전체주의 단체에서 뚜렷했다.

예를 들어 Nazi(국가사회주의 독일 노동자당), Gestapo(비밀국가경찰), Comintern(공산주의 국제 연합), Inprecor(공산주의 국제 연합의 기관지 인터내셔널 프레스 코레스폰던스), Agitprop(아지테이션 프로파간다 ; 선전과 선동) 따위가 그것이었다. 이 관습은 처음에 말하자면 무의식적으로 쓰였던 것인데, 신어법에서는 목적의식을 가지고 쓰였던 것이다. 이와 같이 명칭을 생략하면 그 명칭에 다른 모양으로 붙은 연상의 대부분을 버리게 되어 저절로 그 뜻을 한정해 미묘하게 수정할 수 있다고 여겨진 것이다. 예를 들어 '공산주의 국제 연합'은 전 인류의 형제애, 붉은 깃발, 방어막, 카를 마르크스, 파리 코뮌의 합성사진을 생각나게 했다. 그런데 코민테른이 되면 단지 단결이 굳은 조직체와 엄밀하게 정의된 교의체계를 암시하는 데에 지나지 않았다. 그것은 간단하게 인식할 수 있는 것, 예컨대 의자나 탁자 따위와 같이 목적이 한정되어 있는 것을 가리키고 있었다. 코민테른이라고 하는 말은 무심코 발음할 수 있지만, 공산주의 국제 연합이 되면 적어도 순간적으로나마 생각하지 않을 수 없는 말이었다. 그와 마찬가지로 미니트루 같은 말에 의해서 일어나는 연상은 미니스트리 오브 트루스에 의해서 일어나는 연상보다 적고 또 훨씬 조절하기가 쉬웠다. 이것은 가능한 경우에 언제라도 준말을 만들고자 하는 관습뿐 아니라, 각 용어를 발음하기 쉽도록 하는 과장된 노력까지도 이야기하고 있는 것이다.

　신어법에서는 의미의 정확성을 제외한 모든 고려에 못지않게 발음하기 쉬운 것에 중점을 두었다. 필요하다고 여겨질 경우에는 문법 규칙까지 언제라도 바꿨다. 그리고 그것을 옳다고 여긴 것이다. 왜냐하면 요구했던 것은 특히 정치적 목적이었고, 또 빠르게 발음해서, 더욱이 말하는 사람의 심리에 미미한 반향만 일으키는, 무엇보다도 뜻이 확실한 압축어였기 때문이다. B어휘군은 대부분의 용어가 성질이 아주 비슷하다는 사실로서도 한층 박력을 갖기에 이르렀다. 예를 들어 굿싱크, 미니팩스, 프롤레피드, 섹스크라임, 조이캠프, 잉속, 벨리필, 싱크폴 등의 수많은 용어는 거의 모두 두서너 음절이고, 제1음절과 마지막 음절에는 강세가 똑같이 배분되어 있었다. 이들 용어를 쓰면 발음이 시원하고 단조롭고 빠르게 되는 것이었다. 더욱이 그것이 이루려고 하는 목적이었다. 그것이 의도하는 바는 특히 이념이라는 관점에서 중립적이 아닌 화제를 입에 담을 때, 모든 이야기는 되도록 의식과는 상관없이 말하게 하려는 의도에서였다. 일상생활을 꾸려 갈 때 무엇인가 이야기를 하기 전에 반드시 생각해야 하고 어쩌면 필요한 일이지만 정치적 판단, 또는 윤리적 판단을 해야 하는 당원은 기관총이 총알을 뿜어 대는 것처럼 옳은 의견을 토해 내야만 했던 것이다. 당원은 그것을 할 수 있도록 훈련이 되어 있었고, 언어 또한 거의 실수할 수 없는 도구를 제공하고 있었다. 그리고 귀에 거슬리는 발음과 '잉속'의 정신에 합치하며 추한 면을 가진 언어구조는 이러한 어법을 더욱 부추겼던 것이다.

　또 선택해야 할 용어가 매우 적다는 사실도 힘이 되었다. 우리의 말과 견주었을 경우, 신어법의 어휘는 매우 적고, 그 수를 더욱 줄이려는 새로운 방법이 끊임없이 연구되고 있었다. 신어법은 바로 해마다 어휘가 늘어나는 것보다도 줄어든다는 점에서 다른 모든 언어체계와 달랐다. 한 단어가 줄면 그만큼 효과가 커지는 것이다. 선택의 범위가 좁아지면 그만큼 사물을 생각하려는 유혹이 줄기 때문이었다. 궁극적으로는, 고도의 두뇌중추의 활동을 번거롭게 하지 않고 다만 목으로부터 명쾌한 말을 하는 것만이 기대되었던 것이다. 이런 목적을 솔직하게 인정한 것이 신어법의 *duckspeak*라는 한마디였다. '오리처럼 꽥꽥 지껄인다'는 뜻이다. B어휘군에 속하는 다른 말과 마찬가지로 덕스피크는 이중의 뜻을 가지고 있었다. 꽥꽥 시끄럽게 쏟아내는 의견이 정통적인 것이라면 그것은 칭찬할 만한 것일 수밖에 없었고, 《타임스》가 당의 연설가에 대해서 doubleplusgood duckspeaker(더욱더 좋은 오리말을 쓰는 사람)라고 평하면 그것은 열광적이고 가치 있는 칭찬을 보낸다는 뜻이었다.

C어휘군

C어휘군은 다른 두 어휘군을 보충하는 것으로, 전면적으로 과학·기술용어로 성립되어 있었다. 이들 용어는 오늘날 널리 쓰이고 있는 과학용어와 비슷해, 같은 어근에서 만들어져 있었는데, 예와 같이 엄격하게 정의되어 바람직하지 않은 뜻을 빼앗도록 주의를 기울이고 있었다. 또 다른 두 어휘군과 마찬가지로, 같은 문법 규칙이 적용되어 있었다. C어휘군에서 일상회화 또는 정치논쟁에서 유행하는 말은 매우 적었다. 과학방면의 관계자나 기술자는, 자기 전문분야에 따라서 작성된 용어표를 훑어보면 자기에게 필요한 용어를 찾아 낼 수 있었다. 그러나 다른 용어표에 나오는 말에 대해서는 기껏해야 겉핥기식 정도의 지식밖에 없었다. 각 용어표에 공통되는 어휘 수는 얼마 되지 않고, 과학이 기능을 정신적 관습으로서, 또는 사고방법으로서, 특정 분야에 관계없이 표현하는 용어는 하나도 없었다. 사실 '과학'이라고 하는 단어에 해당하는 말은 없었고, 그런 용어가 가질 것이라고 여겨지는 뜻은 모두 이미 '잉속'이라는 한마디 말에 들어 있었다.

이상과 같은 설명으로 보자면, 신어법에서 비정통적인 의견의 표시는 매우 낮은 차원의 경우는 별도로 하고 거의 불가능했었다는 것을 짐작할 수 있다. 물론 매우 거친 이단적인 말, 어떤 모독하는 발언을 할 수는 있었다. 예를 들어 "위대한 형제는 언굿(ungood)이다"라고 말할 수 없는 것도 아니었다. 그러나 이 발언은 정통을 중시하는 사람에게는 터무니없는 말로만 들렸고, 논리가 통한 논의로 뒷받침되지 않은 것이었다. 왜냐하면 논증에 필요한 용어가 모자랐기 때문이다. '잉속'에 해로운 사상은 막연한, 언어의 형태를 취하지 않는 방법으로 담을 수밖에 없었고, 또 그것을 일괄해서 대충적인 용어로 지적해, 더욱이 이단적인 설을 이렇다 하고 뚜렷하게 정의하지 않은 채 싸잡아 비난하는 수밖에 없었던 것이다.

사실 신어법을 비정통적인 목적으로 쓰려고 하면, 그 말의 약간을 구어법으로, 비합법적으로 번역할 수밖에 없었다. 예컨대 "All mans are equal"(모든 인간은 평등하다)라는 문장은 신어법에서 성립할 수 있었다. 그러나 그것은 "All men are redhaired"(모든 사람은 머리털이 빨갛다)라고 하는 문장이 구어법에서 성립할 수 있는 것과 마찬가지로 성립된 것이다. 문법상의 잘못을 포함하고 있지 않지만 확실한 거짓을 표현하고 있었다. 즉 모든 인간은 체중이나 체력 면에서 똑같다고 말하는 것과 같은 것이었다. 정치적 평등이라는 개념은 이미 존재하지 않았고, 이 곁달린 뜻은 따라서 '평등'이라는 말로부터는 쫓겨났던 것이다. 《1984년》에는 구어법이 아직 의사전달의 정당한 수단이었으므로, 신어법을 쓸 때 말의 낡은 뜻을 상기할 염려가 있다고 하는 이론적 위험성은 존재하고 있었다. 실제로 '이중사고'에 숙달된 사람이라면 누구나 이 위험성은 피할 수 있었다. 신어법을 유일한 언어로 삼고 자란 사람은, 평등이라고 하는 말에 '정치적 평등'이라는 곁달린 뜻도 있었다는 것, 또는 'free'가 한때 '지적으로 자유'를 뜻했었다는 것도 모르게 될 것이었다. 예를 들어 체스의 존재도 모르는 사람이 '퀸'이나 '루크'의 곁달린 뜻(퀸·루크는 모두 체스의 말 이름)을 모르는 것과 같다. 또 당사자가 도저히 저지를 수 없는 범죄나 잘못도 많이 있었을 것이다. 왜냐하면 그러한 범죄나 잘못에 특정한 명칭이 없었고, 따라서 전혀 생각할 수 없었기 때문이다. 이렇게 보면 시간이 지남에 따라서 신어법의 뚜렷한 특징은 더욱더 눈에 띌 것이라는 전망이었다. 용어는 더욱 그 수가 줄어들고, 그 뜻은 더욱더 엄격하게 한정되어 불합리한 목적에 이용하려는 기회는 언제나 줄어들 것이라는 점이었다.

구어법이 일단 신어법으로 전면 교체되면 과거와의 마지막 연결도 단절되도록 되어 있었다. 역사는 이미 고쳐 쓰이고 있었지만, 과거의 단편 문헌은 제대로 검열받지도 않은 채 여기저기에 남아 있었고, 또 구어법의 지식을 유지하고 있는 한, 그들 문헌을 읽을 가능성도 충분히 있었다. 이러한 단편 문헌은 앞으로 모처럼 살아남을 기회가 있었다고 해도, 판별도 번역도 할 수 없을 것임에 틀림없었다. 구어법 문장이라고 하는 것은, 무엇인가 기술적인 처리나 매우 단순한 일상 행동을 말한 것이나, 또는 이미 정통적인 (신어법에서는 'goodthinkful'이라고 한다) 경향을 가진 것이 아닌 한 번역할 수 없었을 것이다. 현실 문제로

서 대체로 1960년 이전에 쓰인 책은 번역할 수 없을 것이라는 뜻이었다. 혁명 이전의 문헌은 이념이라는 면에서의 번역에 한정할 수밖에 없었을 것이다. 즉 의미와 마찬가지로 용어를 바꾸는 번역만 할 수 있다는 것이었다. 예를 들어 미국의 〈독립선언〉에서 유명한 한 구절을 보자.

> 우리는 다음과 같은 진리를 자명한 이치라고 믿는다. 즉 모든 인간은 평등하게 만들어졌고, 그들은 조물주에 의해서 특정한 절대적 권리가 부여되었으며, 이들 여러 권리에는 생명과 자유와 행복의 추구가 포함되어 있다는 것을 믿는다. 이들 여러 권리를 확보하기 위해 정부가 조직되었고, 권력은 피통치자의 동의로써 생긴 것이며, 그 어떠한 형태의 정치체제이건, 이들 여러 목적을 파괴하게 될 경우에는, 국민이 이를 바꾸거나 폐지하거나 새로운 정부를 조직할 권리가 있다는 것을 믿는다……

이 글을 원문의 뜻을 손상시키지 않고 신어법으로 표현할 수는 없었을 것이다. 원문에 가장 가까운 형태라고 하는 것은 기껏해야 전문을 일괄해서 범죄사상이라고 하는 한마디에 담는 일이었을 것이다. 모두 번역하려고 하면, 이념이라는 면에서의 번역만 할 수 있었을 것이고, 제퍼슨(제3대 미국 대통령으로 독립선언의 기초자)의 말은 절대 정부를 칭찬하는 말이 되었을 것이다.

사실 지난날 문헌의 대다수는 이런 방식에 따라서 이미 변질되었다. 위신이라는 점에서 보자면, 어떤 특정한 역사적 인물의 추억을 간직하는 것은 바람직한 일이었다. 그러나 그때에는 반드시 그들의 업적을 '잉속'의 철학과 일치시켜야만 했다. 예를 들어 셰익스피어나 밀턴, 스위프트, 바이런, 디킨스와 같은 여러 문학자의 작품들은 모두 번역하고 있었다. 이 작업이 완성되면 그들의 원작이나 그 시점 이전의 문학 가운데 남아 있는 다른 작품들과 함께 파기되도록 되어 있었다. 이들 번역은 지지부진하고 매우 곤란한 작업으로, 21세기에 들어서도 10년이나 20년 동안 마무리될 가능성은 전혀 없었다. 또 단순한 실용 문헌, 곧 필수불가결한 기술편람 따위와 같은 것이 많았고, 이것들은 같은 방법으로 처리되어야만 했다. 신어법의 최종 실시 연도가 2050년으로 미루어진 것도 바로 예비 번역작업의 시간을 벌기 위한 것이었다.

Animal Farm
동물농장

동물농장

1

그날 밤 매너 농장의 존스 씨는 닭장에 자물쇠를 채웠다. 그러나 술이 너무 취한 나머지 쪽문 닫는 것을 깜빡 잊어버렸다. 그는 동그랗게 비추는 손전등을 흔들면서 비틀거리며 뜰을 지나 뒷문에 이르자 장화를 벗어 던졌다. 그리고 부엌방에 있는 큰 맥주통에서 마지막으로 한 잔을 따라 쭉 마시고는 침실로 올라갔다. 아내는 이미 코를 골며 잠들어 있었다.

침실의 불이 꺼지자마자 농장 건물 전체가 웅성웅성 술렁거리기 시작했다. 상을 받은 미들 화이트 품종의 수퇘지인 메이저 영감이 간밤에 이상한 꿈을 꾸었는데, 그 꿈 이야기를 다른 동물들한테 전하고 싶어 한다는 소문이 하루 내내 떠돌았었다. 동물들은 존스 씨가 들어가고 나면 큰 헛간에 모두 모이기로 했었다. 메이저 영감(공식적 이름은 윌링던 뷰티였지만 평소에는 메이저 영감으로 불렸다)은 농장에서 매우 존경을 받았으므로, 그가 하는 말을 듣기 위해서라면 모든 동물들이 한 시간쯤은 잠자지 않을 각오가 되어 있었다.

큰 헛간 한구석 서까래에 손전등이 하나 매달려 있었는데, 그 아래 높직한 단상에 메이저가 밀짚 위에 편히 자리 잡고 있었다. 열두 살인 그는 요즘 살이 많이 쪘지만 여전히 위엄 있어 보이는 돼지였으며, 송곳니를 자른 적이 없음에도 겉모습은 현명하고 인정 많게 보였다. 얼마 지나지 않아 동물들이 들어와 저마다 편안하게 자리를 잡았다. 맨 먼저 블루벨, 제시, 핀처라는 개 세 마리가 들어왔고 이어서 돼지들이 들어와 곧장 단상 앞쪽에 있는 짚 위에 앉았다. 암탉들은 창턱에 홰를 치고 앉았고 비둘기들은 서까래 위로 날아가 앉았다. 양들과 암소들은 돼지 뒤쪽에 엎드려 새김질을 하기 시작했다. 마차를 끄는 말 복서와 클로버는 밀짚 속에 작은 동물들이 다칠까 봐 아주 조심스레 털이 덥수룩한 발굽을 내려놓으면서 천천히 걸어갔다. 클로버는 중년이 되어 가는 튼튼한 암말이었는데 네 번째 새끼를 낳은 뒤에는 예전 모습을 되찾지 못했다. 복서는 키가 백팔십 센티미터가 넘는 매우 큰 짐승이었고 평범한 말 두 마리를 합한 것만큼이나 힘이 셌다. 코까지 내려온 흰 줄무늬 때문에 그는 조금 어리석게 보였다. 사실 지능이 아주 뛰어난 편은 아니었지만 한결같은 성격으로 엄청나게 많은 일을 하므로 존경 받는 편이었다. 말들 다음으로 뮤리엘이란 흰 염소와 벤자민이란 당나귀가 들어왔다. 벤자민은 농장에서 나이가 가장 많고 성질이 무척 고약한 동물이었다. 그는 거의 말을 하지 않았지만 입만 열면 늘 비꼬는 투로 말을 했다. 예를 들면 신이 그에게 파리를 쫓으라고 꼬리를 주었지만 차라리 꼬리도 파리도 없었으면 좋겠다고 말하곤 했다. 농장에 있는 동물들 가운데 웃지 않는 이는 그밖에 없었다. 이유를 물으면 그는 그저 웃을 일이 없다고 대답하곤 했다. 그럼에도 그는 공개적으로 인정하지는 않지만 복서에게만은 충실했다. 둘은 으레 일요일마다 과수원 너머 작은 방목장에서 아무 말 없이 나란히 풀을 뜯으며 시간을 보냈다.

두 마리 말이 앉고 나서 엄마를 잃은 한 무리의 새끼 오리들이 헛간으로 들어와서 가녀린 소리로 삐악거리며 밟히지 않을 자리를 찾느라 이리저리 헤매고 다녔다. 클로버는 큰 앞다리로 그들 주위에 울타리를 만들어 주었고 새끼 오리들은 그 안에 편안히 앉아 이내 잠에 빠져 버렸다. 마지막 순간에 존스 씨의 이륜 경마차를 끄는, 어리석지만 예쁜 하얀 암말 몰리가 각설탕을 씹으며 우아하게 종종걸음으로 들어왔다. 그녀는 앞쪽 가까이에 자리를 잡고는 갈기를 땋아 매듭지은 빨간 리본으로 주의를 끌고 싶어서 그 흰 갈기를 앞뒤로 흔들기 시작했다. 맨 마지막으로 암고양이가 들어왔는데 여느 때처럼 가장 따뜻한 곳을 찾아 주위를 살피다가 마침내 복서와 클로버 사이로 비집고 들어갔다. 그녀는 메이저가 연설하는 동안 그가 하는 말은 한마디도 듣지 않고 기분 좋게 목을 가르랑거리고 있었다.

뒷문 뒤쪽 횃대에 앉아 잠을 자는 길들인 갈까마귀 모세말고는 이제 모든 동물들이 참석했다. 그들 모두가 편안하게 자리를 잡고 귀담아듣기 위해 기다리는 것을 보고 메이저는 목소리를 가다듬은 뒤 연설을 시작했다.

"동지 여러분, 내가 지난밤 꾸었던 이상한 꿈에 대해서는 이미 이야기를 들었을 겁니다. 그러니 꿈 이야기는 나중에 하고 다른 이야기부터 먼저 하겠습니다. 동지 여러분, 나는 많은 시간을 여러분과 함께할 수 있으리라곤 생각지 않습니다. 그래서 죽기 전에 내가 배운 지혜를 여러분에게 전해주는 것이 나의 의무라고 느낍니다. 나는 오래 산 데다, 축사 안에 혼자 누워 있을 때가 많아서 생각할 시간도 많았습니다. 그 때문에 나는 감히 이 땅에서의 삶의 본질과 지금 살아 있는 모든 동물들을 이해한다고 말할 수 있습니다. 내가 여러분에게 말하고 싶은 것은 바로 이 점에 대해서입니다.

자, 동지 여러분. 우리들 삶의 본질은 무엇입니까? 그 본질을 똑바로 헤아려봅시다. 우리의 삶은 비참하고 힘들고 짧습니다. 우리는 태어나서 목숨을 유지할 만큼의 식량만을 받아먹고, 우리 가운데 할 수 있는 자는 힘이 다할 때까지 일을 해야 합니다. 그리고 쓸모없어지는 그 순간 우리는 끔찍할 만큼 잔인하게 도살됩니다. 영국의 어떤 동물도 한 살이 된 뒤부터는 행복이나 여가의 의미를 알지 못합니다. 영국의 어떤 동물도 자유롭지 못합니다. 동물의 삶은 고통과 속박입니다. 그것은 명백한 사실입니다.

그런데 이것이 자연 질서의 일부이기 때문일까요? 우리가 사는 이 땅이 너무 가난해서 여기에 살고 있는 자들이 버젓한 삶을 누릴 수 없기 때문입니까? 아닙니다. 동지 여러분. 절대로 아닙니다. 영국의 땅은 기름지고 기후도 좋아서 지금 여기에 살고 있는 엄청나게 많은 동물들에게 많은 식량을 제공할 수 있습니다. 우리가 사는 이 단 하나의 농장으로도 열두 마리의 말과 스무 마리의 암소와 수백 마리의 양을 먹여 살릴 것입니다. 그리고 그들 모두가 지금 우리가 떠올리는 것 이상으로 편안하고 품위 있게 살아갈 것입니다. 그렇다면 우리는 왜 이런 비참한 상태에서 계속 살아야 합니까? 왜냐하면 우리가 일해서 생산한 것의 대부분을 인간들이 빼앗아 가기 때문입니다. 하지만 동지 여러분, 우리 문제에 대한 해답이 있습니다. 그 답은 한마디로 간추릴 수 있습니다. 바로 인간입니다. 인간은 우리의 유일한 적입니다. 인간을 없애 버리십시오. 그러면 배고픔과 과로의 근본적인 원인이 사라질 것입니다.

인간은 생산은 하지 않고 소비만 하는 유일한 동물입니다. 인간은 우유도 만들지 못하고 달걀을 낳지도 못하고 너무 약해서 쟁기를 끌지도 못하며 토끼를 잡을 만큼 빨리 달리지도 못합니다. 하지만 모든 동물들의 주인입니다. 동물들에게 일을 시키면서도 굶어 죽지 않을 만큼의 식량만을 주고 나머지는 자기가 차지합니다. 우리 동물의 노동으로 땅을 일구고 우리의 똥으로 땅에 비료를 주지만, 가죽만 빼고 나면 더 가진 자는 우리 가운데 아무도 없습니다. 내 앞에 있는 암소 여러분, 지난해 동안 여러분은 얼마나 많은 우유를 생산했습니까? 튼튼한 송아지를 기르는 데 먹여야 할 그 우유는 다 어떻게 됐습니까? 그 우유는 모조리 우리의 적인 인간들의 목구멍으로 넘어가 버렸습니다. 그리고 암탉 여러분, 여러분은 지난해 얼마나 많은 달걀을 낳았고 그중에서 얼마가 부화되어 닭이 되었습니까? 그렇지 않은 나머지는 모두 시장으로 팔려 가서 존스와 그의 일꾼들에게 돈을 벌어다 주었습니다. 그리고 클로버, 나이가 들었을 때 의지가 되고 위안이 될 당신이 낳은 새끼 네 마리는 어디 있습니까? 모두가 한 살 때 팔려 갔지요. 다시는 그들을 보지 못할 것입니다. 네 번의 분만과 들판에서의 노동에 대한 대가로 먹고살기 빠듯한 식량과 마구간 말고는 무엇을 받았습니까?

    우리는 지금의 비참한 생활 때문에 타고난 수명을 다 누릴 수가 없습니다. 나 자신에 대해서는 불평하지 않습니다. 나는 운이 좋은 자니까요. 나는 열두 살이고 사백 마리 이상의 자식을 낳았습니다. 그게 돼지의 자연스런 삶입니다. 그러나 어떤 동물도 끝내 잔인한 칼을 피하지 못합니다. 내 앞에 앉아 있는 어린 돼지 여러분, 여러분 모두가 일 년 내에 도살장에서 비명을 지르며 죽게 될 것입니다. 그런 무서운 일이 우리 모두에게 반드시 닥쳐옵니다. 암소, 돼지, 암탉, 양 모두에게 말입니다. 말과 개라고 운명이 더 낫지는 않습니다. 복서, 당신의 그 대단한 근육이 힘을 못 쓰게 되는 바로 그날 존스는 당신을 도살업자에게 팔아 버릴 것이고 그 사람은 당신의 목을 베어 죽이고는 끓여서 여우 사냥개한테 먹일 것입니다. 개에 대해 말하자면 그들이 늙고 이빨이 빠지게 되면 존스가 그들의 목에 벽돌을 달아 가까운 연못에 빠져 죽게 할 것입니다. 그러니 동지 여러분, 우리들 삶의 이 모든 불행이 인간의 독재로부터 비롯된다는 것이 분명하지 않습니까? 인간을 없애 버리기만 하면 노동을 통한 우리의 생산물은 바로 우리의 것이 될 것입니다. 거의 하룻밤 사이에 우리는 부자가 되고 자유로워질 것입니다. 그렇다면 우리는 무엇을 해야 할까요? 물론 밤낮으로 몸과 마음을 바쳐 인간들을 타도하기 위해 노력해야 합니다. 이게 여러분에게 내가 하고 싶은 말입니다. 동지 여러분, 반란을 일으킵시다! 언제가 될지는 모릅니다. 일주일 안에 될지 백 년 만에 될지 말입니다. 그러나 나는 발밑에 이 지푸라기를 보듯이 정의가 곧 실현되리라는 것을 확실히 알고 있습니다. 동지 여러분, 여러분의 짧은 여생 동안 그것을 기억하십시오. 그리고 무엇보다도 나의 이 메시지를 여러분의 후손에게 전해주십시오. 그래서 미래의 세대들이 승리하는 날까지 투쟁을 이어 가도록 말입니다.

그리고 동지 여러분, 여러분의 결심이 결코 흔들려서는 안 된다는 것을 명심하십시오. 어떠한 반대 주장 때문에도 흔들려서는 안 됩니다. 인간과 동물은 서로 통하는 이해를 가지고 있어서 인간의 번영이 동물의 번영이라는 인간들의 말에 귀를 기울여서도 안 됩니다. 그건 모두 거짓말입니다. 인간은 자신들을 제외한 그 어떤 동물의 이해를 위해 노력하지 않습니다. 그러니 우리 동물들 사이에는 완전한 결속과 투쟁을 위한 굳건한 동지애가 있어야 합니다. 인간은 모두 적이고 동물은 모두 동지입니다."

그 순간 엄청난 소란이 일었다. 메이저가 연설을 하는 동안 네 마리 큰 쥐가 구멍에서 기어 나와 뒷다리와 엉덩이로 앉아서 그의 말을 듣고 있었다. 개들이 쥐들을 보고 덮치자 쥐들은 재빨리 구멍으로 뛰어들어 목숨을 구했다. 메이저는 발을 들어 조용히 하라고 했다.

"동지 여러분," 그가 말했다. "지금 해결되어야 할 문제가 하나 있습니다. 쥐나 토끼 같은 야생동물들은 우리의 친구입니까 적입니까? 표결에 부칩시다. 나는 모임에서 이 문제를 제안합니다. 쥐가 동지입니까?"

곧바로 투표가 행해졌고 다수가 압도적으로 쥐도 동지라는 점에 동의했다. 오직 네 마리가 반대했는데, 개 세 마리와 고양이였다. 나중에 그들은 양쪽에 다 투표를 한 것으로 드러났다. 메이저가 다시 말을 이었다.

"더 이상 할 말은 없습니다. 단지 되풀이해서 말할 뿐입니다. 인간과 인간의 모든 방식에 적대감을 언제나 의무적으로 가질 것을 잊지 마십시오. 두 발로 가는 자는 적이고 네 발로 가거나 날개를 가진 자는 친구입니다. 그리고 인간과 싸울 때 인간을 본뜨게 되어서는 안 된다는 점 또한 기억하십시오. 여러분이 인간을 정복했을 때도 인간의 나쁜 점을 배워서는 안 됩니다. 동물은 집에서 살아도 안 되고, 침대에서 자도 안 되며, 옷을 입거나 술을 마셔서도 안 되고, 담배를 피우거나 돈을 만지거나 장사를 해서도 안 됩니다. 인간의 습관은 모두 나쁩니다. 그리고 무엇보다도 동물은 자신의 동족을 결코 지배해서는 안 됩니다. 약하든 강하든, 똑똑하든 똑똑하지 못하든, 우리 모두는 형제입니다. 동물은 다른 동물을 죽여서는 안 됩니다. 모든 동물은 평등합니다.

 자, 동지 여러분, 이제 지난밤 내 꿈에 대해 여러분에게 이야기하겠습니다. 나는 그 꿈을 여러분에게 묘사할 수는 없습니다. 그 꿈은 인간이 사라졌을 때 다가올 이 땅을 그린 꿈이었습니다. 하지만 그 꿈은 무언가 내가 오랫동안 잊어버렸던 것을 일깨워 주었습니다. 수년 전에 내가 어렸을 때 내 어머니와 다른 암퇘지들은 어느 옛 노래를 부르곤 했는데, 그들은 그 곡조와 첫 세 마디 가사밖에 알지 못했습니다. 나도 새끼 때는 그 곡조를 알고 있었습니다. 그러나 그 뒤로 곡조마저 기억에서 사라져 버렸습니다. 그러나 지난밤 내 꿈속에서 그 곡조가 되살아났습니다. 더욱이 그 노래의 가사도 되살아났습니다. 오래전에 동물들이 불렀고 여러 세대 동안 기억에서 사라졌던 가사라고 믿습니다. 자, 내가 여러분에게 그 노래를 불러주겠습니다. 동지 여러분, 나는 늙고 목소리는 쉬었습니다. 그러나 여러분에게 그 곡조를 가르쳐 주면 여러분은 더 잘 부를 수 있을 겁니다. 노래 제목은 〈영국의 동물들〉입니다."

 메이저 영감은 목청을 가다듬고 노래를 부르기 시작했다. 말할 때처럼 목소리는 쉬어 있었지만 노래를 꽤나 잘 불렀다. 그 노랫가락은 〈클레멘타인〉과 〈라쿠카라차〉의 중간쯤으로 감동적이었다. 그 가사는 다음과 같았다.

> 영국의 동물들, 아일랜드의 동물들,
> 모든 나라의 동물들이여,
> 내 즐거운 노래를 들어 보라,
> 행복한 미래를 그린 노래를.
>
> 머잖아 그날이 오고
> 폭군같은 인간은 타도되며
> 영국의 비옥한 들판은
> 동물들만 밟는 땅이 될 것이다.

우리 코에서 코뚜레가 사라지고
우리 등에서 멍에가 사라지며
재갈과 박차가 영원히 녹슬어 버리고
가혹한 채찍은 더 이상 소리를 내지 못할 것이다.

마음속으로 상상할 수 있는 것보다 더 많은 부와
밀과 보리, 귀리와 건초,
토끼풀과 콩, 그리고 사탕무는
그날 우리 것이 될 것이다.

영국의 들판은 환하게 빛나고
영국의 강과 호수는 더 맑아지며
바람은 훨씬 더 부드럽게 불어
그날 우리를 자유롭게 해 줄 것이다.

그날을 위해 우리는 모두 노력해야 한다,
그날이 오기 전에 우리가 죽는다 하더라도.
암소와 말, 거위와 칠면조
모두가 자유를 위해 애써야 한다.

영국의 동물들, 아일랜드의 동물들이여,
모든 나라의 동물들이여,
내 노래를 잘 듣고 퍼뜨려라,
행복한 미래를 그린 노래를.

 이 노래를 부르자 동물들은 몹시 흥분했다. 메이저가 연설을 끝내기도 전에 그들은 스스로 노래를 부르기 시작했다. 가장 어리석은 동물조차 곡조와 가사 몇 마디를 벌써 외워 버렸고, 돼지나 개와 같은 똑똑한 동물들은 몇 분 안에 노래를 모두 외워 버렸다. 시험 삼아 몇 번 불러 보더니 전 농장의 동물들은 〈영국의 동물들〉을 일제히 엄청나게 큰 소리로 부를 수 있게 되었다. 암소는 나지막하게, 개들은 구슬프게, 양들은 매 하고 우는 소리로, 말들은 히잉 우는 소리로, 오리는 꽥꽥 하며 노래를 불렀다. 그들은 그 노래가 너무 좋아서 다섯 번을 연달아 불렀는데, 방해를 받지 않았다면 밤새 이어졌을지도 모른다.

그 소란 때문에 존스 씨는 잠에서 깨어 뜰에 여우가 나타났다고 생각하고는 침대에서 벌떡 일어났다. 그는 침실 한구석에 세워 놓은 총을 거머쥐고 어둠 속에서 장전된 여섯 발을 다 쏘았다. 총알은 헛간 벽에 가서 박혔고 동물들의 모임은 끝이 났다. 모든 동물들은 자기 잠자리로 급히 돌아갔다. 새들은 횃대 위로 훌쩍 날아 올라갔고, 동물들은 지푸라기 위에 자리를 잡았고, 농장의 모든 동물들은 곧 잠이 들었다.

2

사흘 뒤 메이저 영감은 자는 동안 평온하게 숨을 거두었다. 그의 시신은 과수원 아래쪽에 묻혔다.

삼월 초였다. 삼 개월 동안 은밀한 활동이 많았다. 메이저의 연설로 인해 농장에 있는 똑똑한 동물들은 삶에 대한 완전히 새로운 시각을 갖게 되었다. 그들은 메이저가 예견했던 그 반란이 언제 벌어질지 알지 못했고, 그들의 생애 동안 일어날 것이라고 생각하지도 않았지만 준비를 해야 하는 것이 자신들의 의무라는 것은 분명히 알았다. 다른 동물들을 가르치고 조직하는 일은 자연히 돼지들의 몫이 되었는데, 돼지는 일반적으로 동물들 가운데 가장 똑똑한 동물로 인식되었다. 돼지들 가운데 가장 뛰어난 돼지는 스노볼과 나폴레옹이라고 불리는 젊은 두 마리의 수퇘지였는데, 존스 씨는 그 돼지들을 팔려고 키우고 있었다. 나폴레옹은 덩치가 크고 무척 사나워 보이는 돼지로 농장에서는 유일한 버크셔 종이었다. 그는 살이 별로 없었고 제멋대로인 성격으로 정평이 나 있었다. 스노볼은 나폴레옹보다 더 활발한 돼지로 능변이었고 창의성이 있었지만 나폴레옹처럼 속이 깊지는 못한 것으로 여겨졌다. 농장에 있는 그 외의 다른 수퇘지들은 식용이었다. 그중 가장 잘 알려진 돼지는 스퀼러라고 하는 작은 몸집의 살진 돼지였는데, 볼이 매우 둥글고 눈은 반짝거리며 동작이 빠르고 목소리는 날카로웠다. 그는 어려운 문제를 논할 때마다 꼬리를 흔들며 이리저리 뛰는 버릇이 있는 달변가로서, 매우 설득력 있어 보였다. 다른 돼지들은 스퀼러가 검은색을 흰색으로 바꾸어 놓을 수도 있을 거라고 말했다.

이 돼지 세 마리는 메이저의 가르침을 다듬어 완벽한 사상 체계로 만들었다. 그들은 거기에 '동물주의'라는 이름을 붙였다. 일주일에 며칠은 존스 씨가 잠이 든 밤마다 헛간에서 은밀히 모여 다른 동물들에게 동물주의의 원리를 설명했다. 처음에 그들은 어리석을 만큼 무관심한 반응에 부닥쳤다. 몇몇 동물들은 맡은 바 직분에 충실하게 존스 씨에게 반드시 충성을 다해야 한다고 이야기했다. 그들은 존스 씨를 '주인님'이라고 불렀고 "존스 씨가 우리에게 먹을 것을 줍니다. 그가 없어지면 우리는 굶어 죽을 겁니다"라는 식의 유치한 말을 했다. 또 다른 동물들은 "우리가 죽은 뒤에 벌어질 일을 왜 걱정합니까?" 아니면 "어쨌든 이러한 반란이 일어난다면, 그것을 위해 우리가 애를 쓰든 안 쓰든 무슨 차이가 있습니까?" 하는 질문을 했다. 그게 동물주의의 정신과 어긋난다는 점을 그들에게 이해시키는 데는 많은 어려움이 있었다. 무엇보다도 어리석은 질문은 흰 암말인 몰리가 하는 질문이었다. 그녀가 한 첫 번째 질문은 "반란 뒤에도 여전히 설탕이 있을까요?"였다.

"아니오." 스노볼이 단호하게 대답했다. "이 농장에서 설탕을 만들 방법은 전혀 없어요. 게다가 설탕을 먹을 필요는 없잖아요. 귀리와 건초는 원하는 대로 먹게 될 거예요."

"그러면 전처럼 내 갈기에 리본을 달아도 괜찮을까요?" 몰리가 물었다.

"동지, 당신이 열심히 달고 다니는 그 리본은 노예의 상징입니다. 자유가 리본보다 더 가치가 있다는 것이 이해되지 않습니까?" 스노볼이 말했다.

몰리는 동의는 했지만 이해한 것처럼 보이지는 않았다. 돼지들은 길들여진 갈까귀 모세가 퍼뜨린 거짓말을 없애기 위해 훨씬 더 애를 썼다. 존스 씨가 특히 좋아하는 애완동물인 모세는 간첩에다 나쁜 소문을 퍼뜨리는 자였지만 말을 할 줄 아는 똑똑한 새였다. 그는 슈거캔디 마운틴이라고 불리는 신비한 지방의 존재를 알고 있다고 주장하면서 모든 동물은 죽고 나면 그 산으로 간다고 했다. 그 산은 구름 위의 먼 하늘 어딘가에 있다고 모세가 말했다. 슈거캔디 마운틴에는 일주일이 모두 일요일이며 토끼풀이 일 년 내내 자라고 산울타리 위에는 각설탕과 아마 씨로 만든 케이크가 자란다고 말했다. 동물들은 모세가 이야기만 하고 일은 하지 않았으므로 미워했다. 그러나 일부는 슈거캔디 마운틴이 있다고 믿었으므로 돼지들은 그런 곳이 없다는 점을 이해시키기 위해 열심히 반대 주장을 해야 했다.

돼지들의 가르침을 가장 잘 받아들이는 동물은 짐마차 말인 복서와 클로버였다. 이 두 말은 스스로 뭔가를 생각해 내는 데는 어려움이 많았지만, 돼지들을 스승으로 받아들인 뒤로는 무엇이든지 수용하고 단순한 논법으로 다른 동물들에게 그 말을 전했다. 그들은 헛간에서의 비밀 모임에 빠진 적도 없었고 모임이 끝날 때마다 부르는 〈영국의 동물들〉을 선창했다.

반란은 예상했던 것보다 더 일찍 그리고 더 쉽게 이루어졌다. 그동안 존스 씨는 혹독한 주인이긴 했지만 능력 있는 농부였는데 최근에는 불운이 겹쳤었다. 소송에서 돈을 날리고 나서는 무척 낙심해 몸이 상할 만큼 습관처럼 술을 마셨다. 며칠씩이나 부엌의 등 높은 의자에 앉아 신문을 읽고 술을 마시며 때로는 맥주에 적신 빵 껍질을 모세에게 먹이면서 빈둥거리기도 했다. 그의 일꾼들은 게으르고 정직하지 못해, 밭에는 잡초가 무성하고 건물의 지붕이 새고 울타리는 방치되었고 동물들은 충분히 먹지 못했다.

유월이 오자 건초는 베어야 할 만큼 자랐다. 토요일이었던 하지 전날 밤 존스 씨는 윌링던으로 갔다가 레드 라이언 술집에서 술을 너무 많이 마셔 일요일 정오까지 집에 돌아오지 않았다. 일꾼들은 아침 일찍 우유를 짜고는 동물들에게 먹이도 주지 않고 토끼 사냥을 나가 버렸다. 마침내 존스 씨가 돌아왔지만, 오자마자 거실의 소파 위에서 〈세계의 뉴스〉지로 얼굴을 덮은 채 잠들었다. 그래서 저녁이 되었는데도 동물들은 밥을 먹지 못했다. 그들은 더 이상 참을 수가 없었다. 암소 한 마리가 뿔로 곡물 창고 문을 부수자 다들 통에 든 곡물을 배불리 먹기 시작했다. 바로 그때 존스 씨가 잠에서 깨어났다. 곧바로 그와 네 명의 일꾼은 채찍을 들고 곡물 창고로 들어가 사방팔방으로 채찍질을 해댔다. 그들의 행동은 배고픈 동물들이 참을 수 없을 정도였다. 미리 계획한 것은 아니었지만 그들은 일제히 그들을 괴롭히는 자들에게 달려들었다. 갑자기 존스와 일꾼들은 사방으로부터 들이받히고 차였다. 도저히 통제할 수 없는 상황이었다. 그들은 동물들이 이런 식으로 행동하는 것을 본 적이 없었던 것이다. 마음대로 때리고 혹사시킨 동물들이 느닷없이 반항하니 무서워서 정신을 차릴 수가 없었다. 잠시 뒤에 그들은 방어를 포기하고 달아났다. 다섯 사람은 큰길로 이어지는 짐마차 길을 전속력으로 달아나고 동물들은 의기양양하게 그들을 뒤쫓았다.

존스 부인은 침실 창문으로 밖을 내다보다가 무슨 일이 벌어지고 있는지를 알아차리고는 급히 몇 가지 소지품을 가방에 집어넣고 집에서 몰래 빠져나와 다른 길로 달아났다. 모세는 깍깍 소리를 내며 날갯짓하여 그녀를 쫓아갔다. 그동안 동물들은 큰길까지 존스와 일꾼들을 뒤쫓아 갔다가 그들이 나간 다섯 개의 가로대가 쳐진 문을 세게 닫았다. 그래서 무슨 일이 벌어지고 있는지 미처 알아채기도 전에 반란은 성공적으로 실현되었다. 존스는 쫓겨나고 매너 농장은 그들의 것이 되었다.

처음 몇 분 동안 동물들은 그들의 행운을 믿을 수가 없었다. 그들이 한 첫 번째 행동은 농장 곳곳을 다 함께 뛰어다니는 것이었다. 농장 내 어디에도 숨어 있는 인간이 없다는 것을 확인이라도 하려는 것처럼 말이다. 그리고 나서는 존스의 혐오스런 지배의 마지막 흔적까지 지워 버리기 위해 농장 건물로 돌아왔다. 마구간 끝에 있는 마구를 넣어 두는 방을 부숴 열었다. 그리고 재갈, 코뚜레, 개목걸이, 존스 씨가 돼지와 양을 거세하기 위해 썼던 잔인한 칼을 모두 우물에 던져 버렸다. 고삐, 말 눈가리개, 비열한 꼴 자루 따위도 안뜰에서 쓰레기를 태우던 불 속에 던져 버렸다. 채찍도 마찬가지였다. 채찍이 타오를 때는 모든 동물들이 기뻐서 뛰어다녔다. 스노볼은 장날마다 말의 갈기와 꼬리에 꾸며지던 리본도 불 속에 내던졌다.

"리본도 인간의 표시인 옷으로 여겨져야 합니다. 모든 동물은 옷을 입어서는 안 됩니다." 그가 말했다.

복서는 이 말을 듣고 여름날 귀에 붙는 파리를 쫓기 위해 그가 썼던 작은 밀짚모자를 가져와서 나머지 것들과 함께 불 속에 던져 넣었다.

이어 동물들은 존스 씨를 떠올리게 하는 모든 것들을 없애 버렸다. 나폴레옹은 그들을 곡물 창고로 데리고 가서 개들에게는 비스킷을 두 개씩 주고, 모두에게 식량을 두 배로 나누어 주었다. 그리고 나서 그들은 〈영국의 동물들〉을 처음부터 끝까지 일곱 번 잇따라 부른 다음, 자리에 누워 생전 처음으로 편안하고 깊은 잠을 잤다.

그러나 그들은 평상시처럼 동틀 녘에 잠에서 깨어 전날 일어난 영광스런 일을 떠올리고는 다 같이 목초지를 뛰어다녔다. 목초지를 조금 내려가다 보면 농장의 전경이 보이는 작고 둥근 언덕이 하나 있었다. 동물들은 꼭대기로 달려 올라가 산뜻한 아침 햇빛을 받으며 주위를 둘러보았다. 그렇다, 농장은 그들의 것이었다. 그들이 보고 있는 모든 것이 그들의 것이었다. 이런 생각에 도취되어 그들은 빙빙 돌며 뛰어놀았고 몹시 흥분되어 공중으로 뛰어오르기도 했다. 이슬 위에 구르고 달콤한 여름풀을 한입 가득 뜯어먹기도 하며 검은 흙을 차 올리고 향기로운 흙내를 맡기도 했다. 그러고 나서 농장 전체를 조사하기 위해 한 바퀴 돌면서 논밭과 풀밭, 과수원과 물웅덩이, 그리고 덤불을 이루 말할 수 없을 만큼 감탄하며 둘러보았다. 전에 한 번도 이런 것들을 보지 못했던 것 같은 느낌이 들었고 지금도 그것들이 자신들의 것이라는 점이 도무지 믿기지가 않았다.

그러고 나서 그들은 농장 건물로 돌아와서 집 문밖에 말없이 멈춰 섰다. 그 집도 그들의 것이었지만 그 안으로 들어가기가 두려웠다. 그러나 잠시 뒤 스노볼과 나폴레옹이 어깨로 문을 밀쳐 열었고, 동물들은 아무것도 어지럽히지 않으려고 조심스럽게 한 줄로 들어갔다. 큰 소리로 말하기를 두려워하면서 이 방 저 방을 발끝으로 걸어 다녔다. 으리으리한 사치품들과 그들의 깃털로 만든 매트리스가 얹힌 침대, 거울, 말총으로 만든 소파와 브뤼셀산 카펫, 그리고 거실의 벽난로 선반 위에 놓인 빅토리아 여왕의 석판화를 경외의 눈길로 바라보았다. 그들은 계단을 내려오다가 몰리가 없어진 것을 알았다. 동물들이 다시 돌아가 보니 몰리는 가장 좋은 침실에 남아 있었다. 그녀는 존스 부인의 화장대에서 파란 리본을 꺼내 어깨에 대고는 거울에 비친 자신의 모습에 감탄하고 있었는데 너무나 어리석어 보였다. 다른 동물들은 그녀를 호되게 비난하고는 밖으로 나가 버렸다. 부엌에 걸려 있는 햄은 땅에 묻어 버렸고, 식기실에 있는 맥주가 든 통은 복서가 발굽으로 차서 구멍을 내 버렸지만 그 외에 집 안에 있는 것은 아무것도 건드리지 않았다. 이 집이 박물관으로 보존되어야 한다는 의견이 즉석에서 만장일치로 결정이 되었다. 어떤 동물도 거기에서 살아서는 안 된다는 점에도 모두 동의했다.

동물들이 아침을 먹자 스노볼과 나폴레옹은 그들을 다시 불러 모았다.

"동지 여러분," 스노볼이 말했다. "이제 여섯 시 삼십 분입니다. 아직 긴 하루가 남아 있습니다. 오늘 우리는 건초 걷이를 시작합니다. 그러나 먼저 처리해야 할 문제가 있습니다."

돼지들은 지난 삼 개월 동안, 존스 씨의 아이들이 버린 낡은 철자법 책으로 읽고 쓰기를 공부해 왔다고 밝혔다. 나폴레옹은 검은색과 흰색 페인트가 든 통을 가져오라고 한 뒤 큰길로 통하는 다섯 개의 가로대가 쳐진 문으로 동물들을 인도했다. 그리고 스노볼은 (스노볼이 글을 가장 잘 썼기 때문에) 발가락 사이에 붓을 끼우고는 페인트로 맨 위 가로대에 쓰인 '매너 농장'을 지우고 그 자리에 '동물농장'이라고 썼다. 이때부터 그것이 농장의 이름이 되었다. 농장으로 다시 돌아오자 사다리를 가져오게 해서 그 사다리를 큰 헛간 뒷벽에 기댔다. 그들은 지난 삼 개월 동안 돼지들이 성공적으로 동물주의 원리를 칠계명으로 축약시켜 놓았다고 말했다. 그러고는 이 칠계명을 벽에다 적어 놓을 것이며 그것은 동물농장에 있는 모든 동물들이 살아 있는 동안 지켜야 할 불변의 법칙이 될 것이라고 설명했다. 다소 힘들게(돼지가 사다리 위에서 균형을 잡기란 쉬운 일이 아니었다) 스노볼이 사다리에 올라가 글을 쓰기 시작했다. 스퀄러는 스노볼보다 사다리의 몇 칸 아래에서 페인트 통을 들고 있었다. 칠계명은 타르를 바른 벽에 삼십 미터쯤 떨어진 곳에서도 볼 수 있도록 하얀 글씨로 큼지막하게 씌었다. 칠계명은 다음과 같았다.

칠계명
1. 두 발로 걷는 자는 적이다.
2. 네 발로 걷거나 날개를 가진 자는 친구다.
3. 동물은 옷을 입지 말라.
4. 동물은 침대에서 자지 말라.
5. 동물은 술을 마시지 말라.
6. 동물은 다른 동물을 죽이지 말라.
7. 모든 동물은 평등하다.

"친구"라는 단어에서 모음 철자가 뒤바뀐 것(friend→freind)과 "S" 가운데 하나가 반대로 쓰인 것 외에는 모두 정확하고 말끔하게 씌었다. 스노볼이 다른 동물들을 위해 큰 소리로 읽었다. 모든 동물들은 전부 동의한다는 뜻으로 고개를 끄덕였다. 똑똑한 동물들은 곧바로 칠계명을 외우기 시작했다.

"자, 동지 여러분." 스노볼이 붓을 아래로 던지면서 말했다. "건초 밭으로 갑시다. 존스와 일꾼들이 할 수 있는 것보다 더 빨리 수확을 해서 체면을 세웁시다."

그러나 이때 한동안 불편해 보였던 암소 세 마리가 큰 울음소리를 냈다. 그들은 지난 스물네 시간 동안 젖을 짜지 않아서 젖통이 거의 터질 지경이었다. 돼지들은 잠시 생각하더니 양동이를 가져오게 해서 매우 성공적으로 젖을 짰다. 그들의 발은 이 일을 하기에 아주 적절했다. 곧 다섯 개의 양동이에 거품이 이는 크림색의 우유가 채워졌고 많은 동물들은 이를 상당히 흥미롭게 지켜보았다.

"저 많은 우유를 어떻게 할 거예요?" 누군가가 말했다.

"존스는 우리 사료에 조금씩 섞어 주곤 했는데요." 암탉 가운데 한 마리가 말했다.

"우유는 신경 쓰지 마세요, 동지 여러분!" 나폴레옹이 양동이 앞에 나서서 큰 소리로 말했다. "나중에 처리할 겁니다. 추수가 더 중요합니다. 스노볼 동지가 길을 안내할 겁니다. 몇 분 내로 저도 따라가겠습니다. 앞으로 가십시오, 동지 여러분! 건초가 기다리고 있습니다."

그래서 동물들은 떼 지어 건초 밭으로 가서 추수를 시작했다. 저녁에 돌아온 그들은 우유가 없어진 것을 알았다.

3

그들은 건초를 거둬들이기 위해 매우 부지런히 땀 흘려 일했다. 그러나 기대 이상으로 성공적인 수확을 거두었기에 그들의 노력은 보람이 있었다.

때로는 일이 무척 힘들었다. 농기구는 동물이 아니라 인간에게 맞도록 설계된 것이었다. 뒷다리로 서는 동물이 그것들을 쓸 수 없는 것은 무척 아쉬운 점이었다. 그러나 돼지들은 너무나 똑똑해서 모든 어려움을 거꾸로 이용했다. 말들은 들판의 구석구석을 알고 있었으므로 풀을 베고 긁어모으는 일을 존스나 그 일꾼들보다 더 잘 이해하고 있었다. 돼지들은 실제로 일을 하지 않고 다른 동물들에게 지시만 내리고 감독을 했다. 뛰어난 지식을 갖고 있었으므로 그들이 지휘하는 것은 마땅하게 여겨졌다. 복서와 클로버가 풀 베는 도구나 써레를 차고(물론 재갈이나 고삐를 찰 필요는 없었다) 꾸준히 들판을 빙빙 돌며 걸어 다니면 돼지는 뒤를 따라 걸어가며 상황에 따라서 "빨리, 동지!" 또는 "뒤로, 동지!" 하며 소리쳤다. 가장 작은 동물에 이르기까지 모든 동물이 건초를 옮겨 모았다. 오리나 암탉들조차 뙤약볕 아래에서 부리로 작은 건초 부스러기를 이리저리 나르느라 고생했다. 마침내 그들은 존스와 일꾼들이 소비한 시간보다 이틀이나 앞당겨 추수를 마쳤다. 게다가 이제까지 농장에서 얻은 가장 많은 수확이었다. 낭비도 전혀 없었다. 암탉들과 오리들은 그들의 날카로운 눈으로 마지막 한 가닥까지 주워 모았다. 농장의 동물 가운데 한 입이라도 몰래 훔쳐 간 동물은 아무도 없었다.

여름 내내 농장의 일은 규칙적으로 진행되었다. 동물들은 자신들이 행복하리라고 생각해 본 적이 없었으므로 더욱 행복했다. 한 입 한 입 먹는 음식은 인색한 주인이 조금씩 나누어 주는 음식이 아니라, 자신들이 스스로를 위해 생산한 자신들의 음식이었으므로 정말 큰 즐거움이었다. 쓸모없는 기생충 같은 인간이 사라지고 나니 그들 모두가 먹고도 많은 양의 식량이 남았다. 이전에는 없던 여가도 더 많이 생겼다. 한편 그들은 많은 어려움에 맞닥뜨리기도 했다. 예를 들어, 곡물을 수확할 때는 옛날 방식으로 곡물을 발로 밟은 다음 불러서 겨를 까불러야만 했다. 왜냐하면 농장에 탈곡기가 없었기 때문이다. 그러나 돼지들의 영리함과 복서의 엄청난 근력으로 늘 어려움을 헤쳐 나갔다. 복서는 모든 동물들의 감탄의 대상이었다. 그는 존스가 있던 시절에도 열심히 일했지만 이제는 말 세 마리 이상의 역할을 하는 것 같았다. 농장의 모든 일이 전적으로 그의 강력한 어깨에 달려 있는 날들도 있었다. 아침부터 저녁까지 그는 밀고 당겼으며 가장 힘든 일이 있을 때마다 늘 그 자리에 있었다. 그는 한 수탉에게 아침에 어느 누구보다도 삼십 분 먼저 깨워 달라고 부탁을 해 놓았다. 그래서 정규 일과가 시작되기 전에 가장 일손이 필요한 일을 스스로 찾아서 하곤 했다. 문제가 생기거나 곤란한 일이 있을 때마다 그는 "더 열심히 일할 거야!"라고 말했는데, 그것이 그의 좌우명이었기 때문이다.

그러나 모두는 자신의 능력에 맞게 일을 했다. 예를 들어, 암탉과 오리들은 주수 때 흩어진 낟알을 주워서 151리터 분량을 모았다. 아무도 곡식을 훔치거나 자신의 할당량에 대해 불평하지 않았다. 일상이었던 시샘과 싸움도 거의 없어졌다. 아무도, 아니 거의 아무도 게으름을 부리지 않았다. 몰리가 아침에 잘 일어나지 못하고 발굽에 돌이 끼었다는 핑계로 일을 일찍 끝내는 버릇이 있었던 것은 사실이다. 또 고양이의 행동이 특이한 것도 사실이었다. 고양이는 해야 할 일이 있을 때면 모습을 감추어 버렸다. 그녀는 내리 몇 시간을 사라졌다가 식사 시간이나 일이 끝난 저녁 시간에 아무 일도 없었다는 듯 다시 나타났다. 그러나 언제나 그럴 듯한 변명을 하는 데다 너무나 다정하게 목을 가르랑거리기 때문에 그녀의 선의를 인정하지 않을 수가 없었다. 당나귀 벤자민 영감은 반란 뒤에도 그다지 변함이 없었다. 그는 존스가 있던 시절에 하듯이 고집스럽게 느린 방식으로 일을 했지만, 그렇다고 게으름을 부리지는 않았으며 자진해서 일을 더 하는 법도 없었다. 반란이나 그 결과에 대해서도 자기 생각을 말하지 않았다. 존스가 없어졌으므로 더 행복한지를 물으면 그는 "당나귀는 오래 산다. 너희들 가운데 아무도 죽은 당나귀를 본 적이 없을 거다." 하고 말하곤 했을 뿐이다. 그래서 다른 동물들은 이런 아리송한 대답에 만족해야만 했다.

일요일엔 일을 하지 않았다. 평소보다 한 시간 늦게 아침을 먹었고 식사 뒤엔 매주 어김없이 의식을 치렀다. 먼저 깃발을 높이 올렸다. 이 깃발은 스노볼이 마구를 넣어 두는 방에서 찾아낸 것인데, 존스 부인이 쓰던 낡은 초록색 식탁보에 흰색 페인트로 발굽과 뿔을 그린 것이었다. 깃발의 초록색은 영국의 들판을 나타내고 발굽과 뿔은 마침내 인간을 타도했을 때 다가올 미래의 동물 공화국을 뜻하는 것이라고 스노볼이 설명했다. 이 식탁보는 일요일 아침마다 집 앞뜰에 있는 깃대에 매달렸다. 깃발을 높이 올린 뒤 모든 동물은 모임이라고 공표된 전체 집회를 위해 큰 헛간으로 떼를 지어 들어갔다. 여기에서 다음 주의 작업계획을 세우고 결의사항을 제안하고 논의했다. 언제나 돼지들이 결의안을 제안했다. 다른 동물들은 투표하는 법은 이해했지만 결의안을 제안할 수준은 아니었다. 스노볼과 나폴레옹은 이러한 논의에서 가장 적극적이었다. 그러나 이들의 의견은 서로에 대해 전혀 일치하지 않았다. 그들 중 하나가 무엇이든지 제안을 하면 다른 쪽이 그 제안에 반대했다. 과수원 뒤편의 작은 방목장을 노쇠한 동물들을 위한 쉼터로 확보하자는 안건이 결의될 때조차도, 물론 아무도 반대하지 않은 안건이었지만 각각의 동물 부류의 정확한 은퇴 나이를 두고서 격렬하게 논쟁했다. 모임은 언제나 〈영국의 동물들〉을 부르면서 끝이 났고 오후 시간은 오락을 하면서 보냈다.

  돼지들은 마구를 넣어 두는 방을 자신들의 본부로 만들었다. 저녁이면 여기에서 그들은 집에서 가져온 책을 읽으며 대장장이일, 목공일, 기타 필요한 기술들을 배웠다. 스노볼은 자신이 '동물 위원회'라고 이름 붙인 조직으로 동물들을 편성하느라 바쁘게 일했지만 지칠 줄을 몰랐다. 그는 암탉들을 위해 달걀 생산 위원회, 암소들을 위해 깨끗한 꼬리 동맹, 야생동물 재교육 위원회(이 모임의 목적은 쥐와 토끼를 길들이기 위한 것이었다), 양들을 위한 양모 백색화 운동, 그리고 읽고 쓰기 교실을 설치하는 것 이외의 여러 다른 조직들을 만들었다. 대체로 이러한 계획들은 실패했다. 예를 들어 야생동물들을 길들이려는 시도는 곧바로 실패했다. 야생동물들은 이전처럼 행동했고 너그럽게 대해 주면 오히려 그 점을 악용했다. 고양이는 재교육 위원회 일을 떠맡아 며칠 동안 아주 적극적으로 참여했다. 어느 날은 지붕 위에 앉아서 손이 닿지 않는 곳에 있는 참새 몇 마리하고 이야기를 나누기도 했다. 그녀는 참새들에게 이제 동물들은 모두가 동지이니까 원하면 와서 자기 발 위에 앉아도 좋다고 말했지만 참새들은 여전히 거리를 두었다.

  그러나 읽고 쓰기 교실은 큰 성공을 거두었다. 가을이 될 무렵에는 농장에 있는 거의 모든 동물들이 어느 만큼 글을 읽고 쓸 수가 있었는데, 돼지들은 이미 완벽하게 깨우친 뒤였다.

  개들은 읽기를 매우 잘했지만 칠계명 외에는 읽는 데 관심이 없었다. 염소 뮤리엘은 개보다 좀 더 잘 읽을 수 있어서 가끔씩 저녁이면 쓰레기 더미에서 찾은 신문 조각의 내용을 다른 동물들에게 읽어 주곤 했다. 벤자민은 돼지만큼 잘 읽을 수 있었지만 자신의 능력을 발휘하지 않았다. 자신이 아는 한에서는 읽을 만한 것이 하나도 없다고 말했다. 클로버는 낱글자는 다 익혔지만 낱말을 구성하지 못했다. 복서는 D 이상을 넘어가지를 못했다. 그는 커다란 발굽으로 땅바닥에 철자 A, B, C, D를 써보고 나서 귀를 뒤로 젖힌 채 서서 그 철자들을 바라보았다. 그리고 이따금 이마 갈기를 흔들면서 다음 철자를 생각해 내려고 갖은 애를 썼지만 결코 기억해 내지 못했다. 사실 여러 번이나 E, F, G,

H를 배웠지만 그 철자들을 기억할 때쯤 되면 늘 A, B, C, D를 잊어버렸다. 마침내 그는 첫 네 글자에 만족하기로 마음먹고는 기억을 새롭게 하기 위해 날마다 한두 번씩 써 보곤 했다. 몰리는 자신의 이름자인 여섯 글자 이상을 배우려고 하지 않았다. 그녀는 그 철자들을 나뭇가지로 가지런히 나열하고 꽃 한두 송이로 장식을 하고는 감탄해 마지않으면서 그 주위를 걸어다녔다.

이외에 농장의 다른 동물들 가운데는 철자 A 이상을 아는 동물이 아무도 없었다. 양이나 암탉, 오리 같은 어리석은 동물들은 칠계명도 외울 수 없다는 것이 드러났다. 많은 생각 끝에 스노볼은 칠계명을 요컨대 "네 발 짐승은 좋고 두 발 짐승은 나쁘다"라는 하나의 좌우명으로 간추릴 수 있다고 밝혔다. 이 말에 동물주의의 주된 원리가 들어 있다고 말했다. 이 말을 충분히 이해하는 자는 누구든지 인간의 영향으로부터 무사하리라는 것이었다. 새들이 먼저 반대했다. 왜냐하면 그들은 자신들도 두 발을 가진 것으로 생각했기 때문이었다. 그러나 스노볼은 그렇지 않다고 설명했다.

"동지 여러분, 새의 날개는 조작하는 기관이 아니라 추진하는 기관입니다. 그러므로 날개는 다리로 여겨야 합니다. 인간을 구별짓는 특징은 손입니다. 그 손으로 인간은 온갖 나쁜 짓을 합니다."

새들은 스노볼의 장황한 말을 이해하지 못했지만 그의 설명을 받아들였고 어리석은 동물들은 새로운 좌우명을 외우기 시작했다. "네 발 짐승은 좋고 두 발 짐승은 나쁘다"는 말이 헛간 끝 쪽 벽 칠계명 위에 더 큰 글씨로 쓰였다. 그 말을 다 외우자 양들은 이 좌우명을 무척 좋아하게 되었다. 가끔 들판에 누워 있을 때면 그들 모두가 "네 발 짐승은 좋고 두 발 짐승은 나쁘다! 네 발 짐승은 좋고 두 발 짐승은 나쁘다!"라고 몇 시간 동안 외치면서도 지칠 줄 몰랐다.

한편 나폴레옹은 스노볼의 위원회에 전혀 관심이 없었다. 그는 어린 동물들을 교육하는 것이 이미 다 큰 어른들을 위해 할 수 있는 일들보다 더 중요하다고 말했다. 마침 건초 수확이 끝나자마자 제시와 블루벨이 아홉 마리의 튼튼한 새끼를 낳았다. 새끼들이 젖을 떼자 나폴레옹은 그들의 교육을 자신이 책임지겠다며 어미로부터 새끼들을 데려갔다. 그는 마구를 넣어 두는 방에서 사다리로만 오를 수 있는 다락으로 새끼들을 데려가서 격리시켰다. 그래서 농장에 있는 다른 동물들은 그들의 존재를 곧 잊어버렸다.

우유가 어디로 갔는지 그 비밀이 곧 밝혀졌다. 그 우유는 날마다 돼지들의 사료 속에 첨가되고 있었던 것이다. 그때 맏물 사과가 익어 가고 있었고 과수원의 풀밭에는 바람에 떨어진 사과들이 흩어져 있었다. 동물들은 당연히 이 과실들을 똑같이 나누어 가져야 한다고 생각했다. 그러나 어느 날 돼지들을 위해 떨어진 과실을 모두 주워서 마구를 넣어 두는 방으로 가져오라는 명령이 내려졌다. 스노볼과 나폴레옹을 포함한 모든 돼지들이 여기에 동의했다. 이에 대해 다른 동물들 가운데 일부가 불평을 했지만 소용이 없었다. 그래서 돼지들은 스퀼러를 보내 다른 동물에게 필요한 설명을 하도록 했다.

"동지 여러분!" 그가 큰 소리로 말했다. "우리 돼지들이 이기심이나 특권 의식으로 이렇게 한다고 생각하지 않기를 바랍니다. 실제로 많은 돼지들은 우유나 사과를 좋아하지 않습니다. 저 자신도 싫어합니다. 이것들을 가져간 유일한 목적은 우리의 건강을 유지하기 위한 것입니다. 우유와 사과에는 (이 점은 과학적으로 입증이 되었습니다, 동지 여러분) 돼지의 건강에 절대 필요한 물질이 들어 있습니다. 우리 돼지들은 정신노동자입니다. 이 농장의 전반적인 운영과 조직은 우리에게 달려 있습니다. 밤낮으로 우리는 여러분의 복지를 돌보고 있습니다. 그러므로 우리가 그 우유를 마시고 저 사과를 먹는 것은 여러분을 위한 것입니다. 만약 우리가 우리의 임무를 다하지 못한다면 어떻게 될지 아십니까? 존스가 돌아올 것입니다! 그렇습니다. 존스가 돌아올 것입니다! 확실합니다, 동지 여러분." 스퀼러는 이리저리 깡충깡충 뛰면서 꼬리를 흔들며 거의 간청하듯이 큰 소리로 말했다. "확실히 존스가 돌아오는 것을 보고 싶은 분은 여기 안 계시겠지요?"

지금 동물들이 전적으로 확신하는 것이 하나 있다면 그것은 존스가 돌아오는 것을 원하지 않는다는 것이었다. 그것을 그들에게 상기시키자 동물들은 더 이상 할 말이 없었다. 말을 듣고 보니 돼지들을 건강하게 유지시키는 것은 정말 중요한 것 같았다. 그래서 더 이상의 논란 없이 우유와 바람에 떨어진 사과는 (아니, 다 익었을 때 수확한 사과까지) 돼지들만을 위해 확보해 두어야 한다는 데 의견이 모아졌다.

4

늦여름이 되자 동물농장에 대한 소식이 전국의 반 정도에까지 퍼져 나갔다. 스노볼과 나폴레옹은 날마다 이웃 농장에 있는 동물들과 어울려서 반란에 대한 이야기를 들려주고, 비둘기를 통해 〈영국의 동물들〉을 가르쳐 주겠다는 내용을 전하게 했다.

이러는 동안 존스 씨는 윌링던에 있는 레드라이언의 바에 앉아서 자신의 얘기에 귀를 기울여 주는 사람들에게 하소연하곤 했다. 어리석은 동물들에 의해 자신의 농장에서 부당하게 쫓겨난 것에 대한 불평이었다. 다른 농장주들은 동정했지만 처음에는 그에게 많은 도움을 주지 못했다. 오히려 마음속으로는 존스의 불행을 자신들에게 유리하게 돌릴 방법이 없을까 생각하고 있었다. 그러므로 동물농장에 인접한 두 농장의 주인들이 사이가 좋지 않다는 사실은 그나마 다행이었다. 그중 폭스우드라는 농장은 크지만 관리가 엉망인 구식 농장이었다. 삼림이 너무 우거진 데다 목초지에는 풀이 없고 울타리의 상태는 형편없었다. 그 주인인 필킹턴 씨는 유유자적하는 신사풍의 농부였고 대부분의 시간을 계절에 따라 낚시와 사냥으로 보냈다. 핀치필드라는 또 다른 농장은 규모는 작지만 잘 관리된 농장이었다. 그 주인은 프레더릭 씨였는데 강인하고 빈틈없는 사람으로 끊임없이 온갖 소송에 연루되면서도 유리한 조건으로 거래한다는 명성을 갖고 있었다. 이 두 사람은 서로를 너무나 미워했으므로 자신들의 이익을 보호하기 위한 합의조차 이끌어 내기 어려웠다.

그럼에도 그들은 둘 다 동물농장의 반란 소식을 듣고 두려움에 떨며 자신의 가축들이 이 사실을 알지 못하게 하려고 몹시 애를 태웠다. 처음에 그들은 동물들이 스스로 농장을 운영한다는 생각에 대해 콧방귀를 뀌며 웃는 척했다. 모든 일이 보름 사이에 끝장날 것이라고도 했다. 매너 농장(그들은 매너 농장이라고 부르기를 고집했는데 '동물농장'이란 명칭을 참을 수가 없었다)의 동물들은 끊임없이 자기들끼리 싸우고 있고 곧 굶어 죽을 것이라고 소문을 퍼뜨렸다. 시간이 흘러 동물들이 굶어 죽지 않는 것이 분명해졌을 때 프레더릭과 필킹턴은 자신의 논조를 바꿔 동물농장에서 횡행하는 엄청난 사악함에 대해 말하기 시작했다. 그곳의 동물들은 살육을 자행하고 광포한 발굽으로 서로를 괴롭히고 암컷들을 서로 공유하고 있다고 소문을 냈다. 자연의 법칙을 거스를 때 그렇게 되는 것이라고 프레더릭과 필킹턴은 말했다.

그러나 이 이야기는 전혀 받아들여지지 않았다. 인간들은 내쫓기고 동물들이 자신의 일을 관리하고 있는 훌륭한 농장에 대한 소문이 아리송하고 왜곡된 채로 퍼져 나가고 있었다. 그해 내내 반란의 물결이 그 지방에 퍼져 나갔다. 언제나 유순하기만 했던 황소들이 갑작스레 사나워졌고, 양들은 울타리를 부수고는 토끼풀을 먹어 버렸으며, 암소들은 들통을 걷어차 버렸고, 사냥 말들은 위험을 피해 제 등에 올라앉은 사람을 울타리 저편으로 내동댕이쳐 버렸다. 무엇보다도 〈영국의 동물들〉의 곡조와 가사는 놀랄 만한 속도로 퍼져 나가 곳곳에 알려지게 되었다. 인간들은 이 노래를 들을 때면 비웃는 척했지만 분노를 참을 수가 없었다. 그들은 아무리 동물이라도 어떻게 그런 말도 안 되는 노래를 부르고 싶은 마음이 생길 수 있는지 이해할 수 없다고 말했다. 그 노래를 부르다 들킨 동물은 그 자리에서 매질을 당했다. 그러나 그 노래를 막을 수는 없었다. 지빠귀는 산울타리에서 그 노래를 불렀고 비둘기는 느릅나무 위에서 구구구 하며 불렀다. 그 노랫소리는 시끄러운 소리가 나는 대장간이나 종소리가 울리는 교회까지 흘러들어 갔다. 인간들은 그 노래를 들을 때면 몰래 떨면서 거기서 자신들의 미래에 대한 예언을 듣고 있었다.

10월 초, 추수한 곡식을 쌓아 두고 일부는 탈곡도 했을 무렵 몹시 흥분한 한 떼의 비둘기가 공중을 빙 돌며 동물농장의 안뜰에 내려앉았다.

존스와 그의 일꾼들은 폭스우드 농장과 핀치필드 농장에서 온 여섯 사람과 함께 다섯 개의 가로대가 쳐진 문으로 들어온 뒤 농장으로 이르는 마찻길을 올라오고 있었다. 그들은 모두 막대기를 들고 있었고 존스는 손에 총을 들고 앞서 걸어오고 있었다. 농장을 되찾기 위해 시도를 할 태세였다.

하지만 이미 오랫동안 예상된 것이었으므로 만반의 준비가 되어 있었다. 스노볼은 집에서 찾아낸 율리우스 카이사르의 전략에 대한 낡은 책을 공부해 방어 작전을 세워 두고 있었다. 그는 재빨리 명령을 내렸고 이삼 분 안에 모든 동물들은 자기 위치로 갔다.

인간들이 농장 건물에 다가왔을 때 스노볼은 첫 공격을 시작했다. 서른다섯 마리에 이르는 모든 비둘기들이 인간의 머리 위를 이리저리 날아다니며 상공에서 그들에게 똥을 갈겼다. 인간들이 여기에 대처하고 있는 동안 산울타리 뒤에 숨어 있던 거위들이 돌진해 나와서 그들의 종아리를 아프게 쪼았다. 그러나 이것은 약간의 혼란을 일으키기 위한 가벼운 전초전일 뿐이었고 인간들은 막대기로 거위를 쉽게 쫓아냈다. 스노볼은 이제 두 번째 공격을 시작했다. 뮤리엘과 벤자민, 그리고 모든 양들이 스노볼을 앞세우고 앞으로 돌진해 측면에서 인간들을 찌르고 받았다. 벤자민은 돌면서 자신의 작은 발굽으로 그들을 찼다. 그러나 막대기를 들고 징을 박은 구두를 신은 인간은 동물들에게는 너무도 강한 상대였다. 그리고 갑자기 꿀꿀 하는 스노볼의 퇴각신호에 맞춰 모든 동물들은 돌아서 문을 지나 안뜰로 달아났다.

    인간들은 승리의 함성을 질렀다. 그들은 예상했던 대로 그들의 적이 혼비백산해 달아나는 것을 보고는 힘차게 쫓아갔다. 스노볼이 의도했던 그대로였다. 그들이 모두 안뜰로 들어왔을 때 외양간에서 숨어 있던 말 세 마리와 암소 세 마리, 나머지 돼지들은 갑자기 인간들의 뒤쪽에서 나타나서 그들을 포위했다. 스노볼이 돌격 신호를 보냈다. 그 자신은 존스에게로 곧장 돌진했다. 존스는 그가 오는 것을 보고 총을 들어 발사했다. 발사된 산탄으로 인해 스노볼의 등에는 여러 줄의 피가 흘렀고 양 한 마리가 즉사했다. 한순간도 늦추지 않고 스노볼은 존스의 다리 쪽으로 백 킬로그램에 육박하는 몸을 날렸다. 존스는 똥 더미 속으로 나가떨어지고 총은 손에서 사라졌다. 그러나 무엇보다도 가장 무시무시한 장면은 복서가 뒷다리로 서서 종마처럼 자신의 편자를 단 커다란 발굽을 휘두르는 모습이었다. 그의 첫 번째 발길질은 폭스우드 농장에서 온 젊은 마부의 머리를 가격했고 마부는 진창에 기절한 채 뻗어 버렸다. 이 광경을 보고 다른 사람들은 막대기를 내던진 채 힘껏 달아났다. 공포가 그들을 사로잡았다. 모든 동물들이 함께 안뜰을 빙빙 돌면서 인간들을 쫓고 있었다. 그들은 뿔에 찔리고 발에 차이고 이빨에 물리고 발에 짓밟혔다. 동물들은 모두가 자기 식대로 복수를 하고 있었다. 고양이마저 갑자기 지붕에서 소 치는 사람의 어깨에 뛰어내려 발톱으로 그의 목을 찔렀다. 그러자 그 남자는 깜짝 놀라 비명을 질렀다. 틈이 생기자 인간들은 재빨리 앞뜰에서 뛰어나가 큰길로 내달렸다. 그들은 쳐들어 온 지 오 분만에 자기들이 왔던 길로 굴욕적으로 물러갔다. 한 떼의 거위가 그들 뒤를 쉿 소리를 내며 쫓아가서 달아나는 동안 그들의 종아리를 쪼아 댔다.

한 사람만 빼고 모두가 달아났다. 안뜰로 돌아와 보니 복서가 진창에 엎어져 있는 젊은 마부를 발로 뒤집으려고 하고 있었다. 그 젊은이는 움직이지 않았다.

"죽었어." 복서가 슬퍼하면서 말했다. "그럴 생각은 없었는데. 편자를 달고 있다는 걸 잊었어. 고의로 한 짓이 아니라는 것을 아무도 안 믿겠지?"

"감상적인 생각을 할 때가 아니에요, 동지!" 스노볼이 말했다. 그의 상처에서는 아직도 피가 흘러나오고 있었다. "전쟁은 전쟁이에요. 착한 인간은 죽은 인간뿐입니다."

"나는 생명을 죽이고 싶지는 않아. 인간이라도 말이야." 복서가 되풀이해서 말했고 그의 눈에는 눈물이 그득했다.

"몰리는 어디 있지?" 누군가가 소리쳤다.

몰리가 보이지 않았다. 잠시 동안 동물들은 상당한 불안감이 들었다. 인간들이 몰리에게 어떤 식으로 해를 가했을 수도 있고 심지어는 그녀를 데리고 갔을지도 몰랐다. 그러나 결국 여물통 안의 건초 속에 머리를 파묻은 채 마구간에 숨어 있는 것이 발견되었다. 총이 발사되는 순간 달아났던 것이다. 다른 동물들이 몰리를 찾다가 돌아왔을 때, 죽은 줄로만 알았던 그 젊은 마부가 실제로는 기절했을 뿐이어서 그동안 정신을 차리고 달아났다는 사실을 알게 되었다.

동물들이 다시 모였을 때 그들은 몹시 흥분되어 있었는데, 저마다 목소리를 높여 이번 싸움에서 자신의 공훈에 대해 이야기했다. 즉석에서 승리의 축하연이 열렸다. 깃발이 올라가고 〈영국의 동물들〉을 여러 차례 불렀고, 죽은 양을 위한 엄숙한 장례식이 치러졌으며 그녀의 무덤에는 산사나무가 심어졌다. 무덤가에서 스노볼은 짧은 연설을 했는데 모든 동물들은 필요하다면 동물농장을 위해 죽을 각오가 되어 있어야 한다고 강조했다.

동물들은 '동물 영웅 일등 훈장'이라는 무공훈장을 제정할 것을 만장일치로 결정하고, 바로 그 자리에서 스노볼과 복서에게 내렸다. 놋쇠로 된 그 메달은 일요일과 공휴일마다 달 수 있도록 했다(그것들은 마구를 넣어 두는 방에서 찾아낸 오래된 놋쇠 장식이었다). 죽은 양에게는 '동물 영웅 이등 훈장'을 내렸다.

이번 싸움의 이름에 대한 많은 논의가 있었다. 결국 '외양간의 전투'라고 이름 붙여졌는데 그곳에서 매복이 있었기 때문이었다. 존스 씨의 총이 진흙 속에서 발견되고 집 안에 여러 개의 탄약통이 있는 것으로 밝혀졌다. 그 총은 대포처럼 깃대 밑부분에 세워 두고 외양간 전투 기념일인 10월 12일과 반란 기념일인 6월 24일에 한 번씩 일 년에 두 번 발사하기로 결정되었다.

5

겨울이 다가오자 몰리는 점점 더 다루기 힘들어졌다. 날마다 아침 늦게 일하러 나와서는 늦잠을 잤다고 둘러댔으며, 식욕은 왕성했지만 알 수 없는 통증을 호소했다. 온갖 종류의 변명으로 일을 않고 달아나서는 식수용 물웅덩이에 가서 물에 비친 자신의 모습을 바보같이 내려다보면서 서 있곤 했다. 그러나 뭔가 더 심각한 일이 벌어질 것이라는 이야기가 돌았다. 어느 날 몰리가 긴 꼬리를 흔들고 건초 한 가닥을 씹으면서 마당을 걷고 있을 때 클로버가 그녀를 옆으로 불러냈다.

"몰리," 클로버가 말했다. "너한테 할 아주 중대한 얘기가 있어. 오늘 아침에 네가 동물농장과 폭스우드 농장 사이의 울타리 앞에 서 있는 걸 봤어. 필킹턴 씨의 일꾼 하나가 건너편에 서 있었지. 내가 멀리 떨어져 있긴 했지만 확실히 봤어. 근데 그 사람이 너한테 이야기를 하면서 네 코를 쓰다듬는데도 넌 가만히 있더라. 몰리, 어떻게 된 거야?"

"그 사람은 그러지 않았어! 나도 안 그랬단 말이야! 사실이 아니라고!"

몰리가 이리저리 껑충껑충 뛰고 앞발로 땅을 차면서 소리쳤다.

"몰리! 나를 똑바로 쳐다봐. 그 사람이 네 코를 쓰다듬지 않았다고 맹세할 수 있어?"

"사실이 아니라니까!" 몰리는 재차 대답을 하면서도 클로버를 똑바로 쳐다볼 수가 없었다. 그녀는 몸을 돌려 들판으로 급하게 달려가 버렸다.

클로버에게 어떤 생각이 문득 떠올랐다. 다른 동물들에게는 아무 말도 하지 않고 그녀는 몰리의 마구간으로 가서 발로 밀짚을 뒤집어 살폈다. 밀짚 아래에 각설탕이 조금 쌓여 있었고 색색의 리본이 여러 다발 있었다.

사흘 뒤 몰리가 없어졌다. 그녀의 행방은 오리무중이었지만, 며칠 뒤 비둘기들이 윌링던에서 그녀를 보았다고 말했다. 그녀는 술집 밖에 세워 놓은 검고 붉게 칠한 멋진 마차의 끌채 사이에 있었다. 술집 주인처럼 보이는, 체크무늬의 짧은 바지를 입은 얼굴이 벌겋고 뚱뚱한 남자가 그녀의 코를 쓰다듬으면서 설탕을 먹이고 있었다. 몰리는 털을 최근에 깎았고 이마 갈기에는 진홍색 리본이 달려 있었다. 비둘기들은 그녀가 즐겁게 지내고 있는 것 같아 보였다고 말했다. 어떤 동물도 다시는 몰리에 대해 말하지 않았다.

1월의 날씨는 매우 혹독했다. 땅이 쇠처럼 단단하여 들판에서는 아무 일도 할 수 없었다. 큰 헛간에서 많은 회의가 열렸고 돼지들은 다가오는 계절에 할 일을 계획하느라 바빴다. 다른 동물들보다 똑똑한 돼지들이 농장의 정책에 대한 모든 문제를 결정하기로 했지만 그 결정은 과반수의 찬성으로 인정받아야 했다. 이러한 합의는 스노볼과 나폴레옹 사이의 논쟁만 없다면 매우 잘되어 나갔을 것이다. 이들 둘은 의견이 다를 때마다 싸웠다. 하나가 더 넓은 곳에 보리 뿌리기를 제안하면 다른 쪽은 귀리를 뿌리자고 주장했고, 한쪽이 이러이러한 밭은 양배추를 심기에 적합하다고 말하면 다른 쪽은 뿌리채소 말고는 아무것도 심을 수 없는 땅이라고 단언했다. 둘 다 자기 지지자들이 있었기에 격렬한 논쟁이 몇 번이나 있었다. 모임에서 스노볼은 훌륭한 연설로 과반수 이상의 지지자를 얻었지만 나폴레옹은 틈틈이 자기를 지지해 줄 것을 간청하고 다녔다. 그는 특히 양들에게서 호응이 좋았다. 최근에 양들은 "네 발 짐승은 좋고 두 발 짐승은 나쁘다"라는 구호를 더욱 자주 떠들었고 이 때문에 가끔 회의가 중단되었다. 특히 스노볼의 연설 도중 중요한 순간에 갑자기 그 구호를 외치는 것을 의무처럼 느낀다는 것을 알 수 있었다. 스노볼은 농가에서 찾아낸 〈농부와 목축업자〉라는 묵은 잡지 몇 권을 면밀히 연구해 개혁과 개량을 위한 계획을 많이 세웠다. 그는 밭의 배수와 야채 신선 보존법, 그리고 비료의 혼합 재료인 염기성 광재에 대해 박식하게 이야기했고, 짐수레로 운송하는 수고를 덜기 위해 날마다 동물들이 밭에다 다른 곳에 직접 똥을 싸도록 하는 복잡한 계획을 세웠다. 나폴레옹은 자신의 계획을 만들지는 못했지만 스노볼의 계획이 실패할 것이라고 몰래 말을 퍼뜨리면서 때를 기다리고 있는 것 같았다. 그러나 모든 논쟁 가운데서 풍차 논쟁만큼 격렬했던 적은 없었다.

농장 건물에서 그리 멀리 떨어져 있지 않은 기다란 목초지에는 이 농장에서 가장 높은 지점인 작고 둥근 언덕이 하나 있었다. 터를 살펴본 뒤 스노볼은 그곳이 풍차를 설치하기에 가장 알맞은 곳이라고 단언했다. 그리고 풍차로 발전기를 돌려 농장에 전기를 공급할 수 있다고 말했다. 이렇게 하면 외양간에 불을 밝힐 수 있고 겨울에는 따뜻하게 지낼 수도 있으며, 둥근 톱과 작두, 사료용 곡식을 써는 기계와 전기 착유기를 돌릴 수 있다고 말했다. 동물들은 전에 이런 얘기를 들어본 적이 없었다(왜냐하면 이 구식 농장에는 매우 유치한 기계밖에 없었기 때문이다). 그들이 한가롭게 들판에서 풀을 뜯어먹거나 독서와 대화로 그들의 정신을 함양하는 동안 자신들의 일을 대신해 줄 환상적인 기계를 스노볼이 설명하자 깜짝 놀라 귀를 기울였다.

 몇 주에 걸쳐 스노볼은 풍차에 대한 충분한 계획을 세웠다. 기계적인 세부사항들은 대부분 존스 씨가 가지고 있었던 세 권의 책에서 나왔는데, 그 책은 《가옥 관리를 위한 천 가지 유용한 일》, 《모든 사람이 쌓는 자신만의 벽돌》, 그리고 《전기 입문》이었다. 스노볼은 한때 부화장으로 쓰이던 헛간을 자신의 서재로 이용했다. 마룻바닥이 매끄러워 그림을 그리기에 적합했던 것이다. 책을 펼쳐서 돌로 눌러놓은 다음 발가락 사이에 분필을 끼운 채 이리저리 재빠르게 움직여 선을 그리다 보면 절로 흥분한 나머지 소리를 내기도 했다. 그 계획은 많은 수의 복잡한 크랭크와 톱니바퀴들로 이루어져 마룻바닥의 반 이상을 차지하는 설계도가 되어 가고 있었다. 다른 동물들은 그림을 이해하지 못했지만 매우 깊은 인상을 받았다. 동물들은 적어도 하루에 한 번은 스노볼의 그림을 보러 왔다. 심지어 암탉들과 오리들도 왔고 분필로 그려진 부분을 밟지 않으려고 애를 썼다. 나폴레옹만이 초연해 있었다. 그는 처음부터 풍차에 반대했었다. 그러나 어느 날 예기치 않게 그가 설계도를 조사하기 위해 왔다. 그는 헛간 안을 무거운 발걸음으로 걸으면서 설계도의 세부사항을 모두 꼼꼼히 살핀 뒤 한두 번 코를 킁킁거렸다. 그리고 한동안 멈춰 서서 곁눈질로 찬찬히 보더니 갑자기 다리를 들어 설계도에다 오줌을 누고 아무 말없이 걸어 나갔다.

 농장 전체가 풍차 문제로 극심하게 분열되었다. 스노볼은 풍차를 세우는 것이 어려운 일이라는 점을 부인하지는 않았다. 돌을 파내어 그 돌로 벽을 쌓아야 하고 풍차의 날개를 만들어야 하며 발전기와 전선이 있어야 할 것이었다. (이러한 것들을 어떻게 조달할지 스노볼은 말하지 않았다.) 그러나 일 년 안에 이 모든 것을 할 수 있다고 주장했다. 그렇게 되면 많은 노동을 하지 않아도 되므로 일주일에 세 번만 일하면 될 것이라고 단언했다. 반면 나폴레옹은 현재 가장 필요한 일이 식량 생산을 늘리는 것이라며 풍차에 시간을 허비한다면 동물들은 모두 굶어 죽을 것이라고 주장했다. 동물들은 두 파로 나뉘어 저마다 "스노볼에 투표, 주 3일 노동하자"는 표어과 "나폴레옹에 투표해 배불리 먹자"라는 표어를 외쳐 댔다. 벤자민은 어느 쪽 파에도 편들지 않는 유일한 동물이었다. 그는 식량이 더 풍부해질 것이라는 것도, 풍차로 인해 일이 줄어들 것이라는 것도 믿으려 하지 않았다. 풍차가 있든 없든 삶은 예전처럼 좋지 않은 쪽으로 이어진다고 말했다.

풍차 논쟁 이외에도 농장 방어 문제가 있었다. 인간들이 외양간 전투에서는 패했지만 농장을 탈환하고 존스 씨를 복권시키기 위해 더 과격한 시도를 하리라는 것은 예상된 바였다. 인간들이 그렇게 할 거라는 뚜렷한 증거도 있었다. 왜냐하면 존스 일행이 패했다는 소식이 지방 전체에 퍼지자 이웃 농장에 있는 동물들이 더욱 저항을 하게 되었기 때문이었다. 여느 때처럼 스노볼과 나폴레옹은 의견이 맞지 않았다. 나폴레옹에 따르면 동물들이 해야 할 일은 무기를 구해서 쓸 수 있도록 훈련하는 것이었다. 스노볼에 따르면 더 많은 비둘기를 날려 보내서 다른 농장에 있는 동물들이 반란을 일으키도록 선동하는 것이었다. 나폴레옹은 동물들이 자신을 방어하지 못하면 정복될 수밖에 없다고 주장했고, 스노볼은 모든 곳에서 반란이 일어나면 그들은 방어를 할 필요가 없어질 것이라고 주장했다. 동물들은 먼저 나폴레옹의 말을 들었고 다음에 스노볼의 말을 들었으므로 누구 말이 옳은지를 결정할 수가 없었다. 사실 그들의 의견은 말하는 이가 바뀔 때마다 함께 바뀌곤 했다.

마침내 스노볼의 계획이 완성되는 날이 왔다. 다음 일요일의 모임에서 풍차를 세우는 일을 시작할 것인가 하는 문제를 표결에 부쳤다. 동물들이 큰 헛간에 모이자 스노볼이 일어서서, 양들의 울음소리에 방해를 받으며 풍차의 건설을 주장하는 이유를 설명했다. 그다음에 나폴레옹이 응수하기 위해 일어섰다. 그는 풍차는 말도 안 되는 것이고 아무도 거기에 투표하지 말기를 권한다며 나지막이 말한 뒤 곧바로 앉았다. 그가 말한 시간은 고작 삼십 초도 되지 않았고 자기가 한 말의 효과에 대해서도 거의 무관심한 듯 보였다. 이 말에 스노볼이 벌떡 일어서서 다시 울음소리를 내는 양들에게 멈추라고 소리치고는 풍차의 건설을 지지한다며 강렬히 호소했다. 지금까지 동물들은 거의 반반으로 나뉘어 표를 던졌지만 스노볼의 달변으로 인해 순식간에 모든 동물들이 찬성 쪽으로 돌아서게 되었다. 스노볼은 동물들이 하고 있는 비천한 일들이 사라질 때 동물농장의 모습이 어떻게 될지 정열적으로 생생하게 묘사했다. 그의 상상력은 작두나 순무 써는 기계를 넘어 그 이상으로 뻗어 나갔다. 전기로 탈곡기, 쟁기, 써레, 롤러, 수확기, 짚을 베어 단으로 묶는 기계를 돌릴 수 있고, 게다가 모든 외양간에 전깃불을 밝힌 뒤 찬물과 더운물을 공급할 수 있으며 전기 난방을 할 수 있다고 스노볼이 말했다. 그가 연설을 끝낼 때쯤에는 표가 어느 쪽으로 갈지 의심의 여지가 없었다. 그러나 바로 그 순간 나폴레옹이 일어나서 곁눈질로 야릇하게 스노볼을 흘겨보고는 모두가 처음 듣는 고음의 훌쩍이는 소리를 냈다.

이때 바깥에서 엄청나게 짖어대는 소리와 함께 징이 박힌 목걸이를 찬 거대한 개 아홉 마리가 헛간으로 뛰어왔다. 그들은 곧장 스노볼에게로 달려들었지만, 스노볼은 때맞춰 자기 자리에서 뛰어나와 그들의 날카로운 이빨을 피할 수 있었다. 순식간에 스노볼은 문밖으로 나갔고 개들이 그를 뒤쫓았다. 너무 놀라고 무서운 나머지 동물들은 아무 말도 하지 못한 채 문밖으로 몰려 나가 쫓는 광경을 지켜보았다. 스노볼은 큰길로 이어지는 긴 목초지를 가로질러 달렸다. 그는 돼지가 달릴 수 있는 속도로밖에는 달리지 못했으므로 개들은 스노볼의 뒤를 바짝 따라가고 있었다. 갑자기 스노볼이 미끄러져 넘어지는 바람에 개들이 그를 확실히 잡을 것 같았다. 그때 스노볼이 다시 일어서 전보다 더 빨리 달렸고 개들은 다시 그를 거의 따라붙었다. 개들 가운데 한 마리가 거의 스노볼의 꼬리를 물 뻔했지만 스노볼은 때맞춰 꼬리를 마구 흔들었다. 그러고는 더 힘차게 달려 가까스로 울타리 속의 구멍으로 미끄러지듯 들어갔고 더 이상 보이지 않았다.

말없이 벌벌 떨던 동물들은 헛간으로 슬며시 도로 들어갔다. 개들은 재빠르게 다시 달려오고 있었다. 처음에는 아무도 그 짐승들이 어디에서 왔는지 생각할 수 없었지만 그 문제는 곧 풀렸다. 그 개들은 나폴레옹이 어미로부터 데려가서 몰래 키웠던 강아지들이었다. 아직 다 자라지는 않았지만 몸집이 무척 크고 늑대만큼이나 사나운 모습이었다. 그들은 나폴레옹 옆에 바짝 붙어 있었다. 그들은 다른 개들이 존스 씨에게 했던 것처럼 나폴레옹에게 꼬리를 흔들었다.

나폴레옹은 그를 따르는 개들을 데리고 단상으로 올라갔다. 그곳은 메이저가 이전에 연설을 하기 위해 서 있었던 곳이었다. 그는 지금부터 일요 모임은 없을 것이라고 발표했다. 필요 없을 뿐 아니라 시간 낭비이기 때문이라고 말했다. 앞으로는 농장 일에 대한 모든 문제는 자신이 주재하는 돼지들로 이루어진 특별위원회에서 해결될 것이다. 이 돼지들은 몰래 모이고 그들의 결정을 나중에 다른 동물들에게 전달할 것이다. 동물들은 여전히 일요일 아침에 모여서 깃발에 경의를 표하고 〈영국의 동물들〉을 부른 뒤 한 주 동안에 처리해야 할 일에 대한 지시를 받을 것이다. 하지만 더 이상의 논의는 없을 것이라고 말했다.

스노볼의 추방으로 충격을 받았음에도 동물들은 이러한 발표에 당혹해 했다. 그들 가운데 몇몇은 적절한 이의를 찾을 수 있었다면 항의를 했을 것이다. 심지어 복서도 막연한 불안감을 가졌다. 그는 귀를 뒤로 젖히고 이마 갈기를 여러 차례 흔들면서 자신의 생각을 정리하려고 애썼다. 그러나 끝내 할 말이 생각나지 않았다. 그러나 앞줄에 앉은 젊고 살진 돼지 네 마리가 날카로운 소리를 내어 반대 의사를 밝혔다. 네 마리 모두 벌떡 일어서서 말하기 시작했다. 그러나 갑자기 나폴레옹 주위에 앉아 있던 개들이 굵고 위협적인 으르렁거리는 소리를 내자 돼지들은 잠잠해지더니 제자리에 앉았다. 그때 갑자기 양들이 엄청나게 큰 소리로 "네 발 짐승은 좋고 두 발 짐승은 나쁘다"라는 구호를 외쳐대기 시작해 거의 십오 분간 이어졌으므로 논의할 기회가 사라지고 말았다.

후에 농장을 돌아다니며 다른 동물들에게 새로운 결정 내용을 설명하도록 스퀼러가 파견되었다.

"동지 여러분," 스퀼러가 말했다. "나폴레옹 동지가 자신을 희생하면서 이 특별한 고역을 스스로 떠맡았다는 점을 여기 있는 모든 동물들은 고맙게 여기리라 믿습니다. 지도자의 임무가 즐거운 것이라고 생각하지 마십시오, 동지 여러분. 오히려 무겁고 강한 책임이 따릅니다. 모든 동물들이 동등하다는 점을 나폴레옹 동지보다 더 확고하게 믿는 자는 아무도 없습니다. 그도 여러분이 스스로 결정하는 것을 너무나도 좋아할 것입니다. 그러나 동지 여러분, 때로 여러분은 잘못된 결정을 할 수도 있을 텐데 그러면 우리는 어떻게 되겠습니까? 풍차라는 쓸데없는 공상을 가진 스노볼을 따르기로 결정했다고 생각해 보십시오. 스노볼은 이제 우리가 알다시피 죄인이나 다름없지 않습니까?"

"그는 외양간 전투에서 용감하게 싸웠어요." 누군가가 말했다.

"용감한 것만으로는 충분하지 못합니다." 스퀼러가 말했다. "충절과 복종이 더 중요합니다. 그리고 외양간 전투에 대해서 말하자면 그 전쟁에서 스노볼의 역할이 너무 부풀려졌다는 사실을 우리가 알게 될 날이 올 것이라고 나는 믿습니다. 규율! 동지 여러분, 매우 엄격한 규율, 바로 그것이 오늘을 위한 표어입니다. 한 번 걸음을 잘못 내딛으면 적들이 우리에게 닥쳐올 것입니다. 분명히 동지 여러분은 존스가 돌아오는 것을 원하지 않을 텐데요?"

또다시 이 주장에 반박할 수는 없었다. 확실히 동물들은 존스가 돌아오는 것을 원하지 않았다. 일요일 아침의 토론을 유지함으로써 존스가 돌아오게 된다면 그런 토론은 멈춰져야 한다. 이제 사태를 숙고해 볼 시간을 가졌던 복서는 "나폴레옹 동지가 말하면 그것은 옳은 것이다"라고 말함으로써 전반적인 지지를 드러냈다. 그때부터 줄곧 그는 "더 열심히 일할 거야"라는 개인적인 좌우명 이외에 "나폴레옹은 언제나 옳다"라는 말도 좌우명으로 삼았다.

계절이 바뀌고 봄 농사가 시작되었다. 스노볼이 풍차 설계도를 그렸던 헛간은 폐쇄되었다. 바닥에 그려진 설계도도 지워졌으리라고 여겨졌다. 일요일 아침 열 시마다 동물들은 한 주 동안에 처리해야 할 일에 대한 지시를 받기 위해 큰 헛간에 모였다. 뼈만 남은 메이저 영감의 두개골을 과수원에서 파내어, 총과 깃대 아래에 있는 그루터기 위에 올려놓았다. 깃발을 올린 뒤에 동물들은 경건한 자세로 줄을 지어 두개골을 지나 헛간으로 들어가도록 명해졌다. 이제는 예전처럼 모두가 함께 앉지 않았다. 나폴레옹은 스퀼러와, 노래와 시를 짓는 데 뛰어난 재능을 지닌 미니머스라는 돼지와 함께 연단 앞쪽에 앉았다. 어린 개 아홉 마리가 반원 모양으로 그들을 둘러싸고 앉았으며 다른 돼지들이 그 뒤에 자리 잡았다. 나머지 동물들은 헛간의 중심부에 그들을 마주보며 앉았다. 나폴레옹은 그 주 동안에 처리해야 할 일에 대한 지시 사항을 퉁명스럽고 군인 같은 어조로 크게 읽었고 〈영국의 동물들〉을 한 번 부르고 모든 동물들은 해산했다.

스노볼의 추방 뒤 세 번째 일요일 날 동물들은 풍차를 건설해야 된다는 나폴레옹의 발표를 듣고 조금 놀랐다. 그는 자신의 마음을 바꾸게 된 이유를 전혀 말하지 않았지만 이 특별 사업은 매우 힘든 일이 될 것이고 식량 배급량을 줄이게 될지도 모른다고 동물들에게 경고할 뿐이었다. 그러나 그 계획은 마지막 세부 사항에 이르기까지 모두 준비되었다. 돼지들로 구성된 특별위원회가 지난 삼주 동안 그 작업을 해 왔었다. 풍차의 건설은 다른 개량사업과 함께 이 년이 걸릴 것으로 예상되었다.

그날 저녁 스퀄러는 나폴레옹이 실제로는 풍차에 반대한 것이 아니라고 다른 동물들에게 몰래 해명했다. 도리어 처음에 그것을 주장했던 자는 바로 나폴레옹이었으며, 부화장 헛간의 바닥에 스노볼이 그렸던 설계도는 사실 나폴레옹의 서류 가운데서 훔쳐간 것이었다. 사실상 풍차는 나폴레옹이 창안한 것이라고 했다. 그때 누군가가 나폴레옹이 왜 그렇게 강력히 반대를 했었는지 물었다. 이때 스퀄러는 아주 교활하게 보였다. 그게 바로 나폴레옹의 잔꾀였다고 스퀄러가 말했다. 그가 풍차에 반대하는 것처럼 보였던 것은 위험한 인물인 데다가 나쁜 영향을 끼치는 스노볼을 없애기 위한 책략이었다. 스노볼이 없어졌으므로 이제 계획은 그의 방해 없이 진행될 수 있을 것이었다. 이게 바로 이른바 작전이라고 스퀄러가 말했다. 그는 유쾌하게 웃고 깡충깡충 뛰며 꼬리를 흔들면서 빙글빙글 돌았다. 그리고 "작전이라고요, 동지 여러분. 작전이요."라고 여러 차례 되뇌었다. 동물들은 그 말이 무슨 뜻인지 뚜렷이 알지는 못했지만, 스퀄러가 무척 설득력 있게 말한 데다 함께 있던 개 세 마리가 위협적으로 으르렁댔으므로 그의 설명을 순순히 받아들였다.

6

그해 내내 동물들은 노예처럼 일했다. 그러나 그들은 자신의 노동에 만족스러워했다. 그들은 자신들이 하는 일이, 도둑질만 하는 게으른 인간들을 위한 것이 아니라 자신들과 후손들을 위한 것이라는 점을 잘 알고 있었으므로 어떠한 노력이나 희생도 아깝지 않았다.

봄여름 내내 그들은 일주일에 육십 시간을 일했는데, 팔 월이 되자 나폴레옹은 일요일 오후에도 작업이 있을 것이라고 발표했다. 이 작업은 자유롭게 참여할 수 있지만 이 일에 참여하지 않는 동물들은 식량배급을 반만 받을 것이었다. 그렇게 일했는데도 어떤 일을 마치지 못한 채 내버려 둘 수밖에 없었다. 이번 추수는 작년보다 수확량이 줄었다. 초여름에 뿌리채소를 심어야 했던 두

들판에 씨를 뿌리지 못했기 때문이었다. 밭갈이를 제때 마치지 못한 탓이었다. 다가올 겨울이 힘들 것임을 예상할 수 있었다.

풍차 건설에서도 뜻밖의 어려움이 나타났다. 농장에는 훌륭한 석회암 채석장이 있었고 헛간에서 많은 모래와 시멘트를 찾아냈다. 그래서 풍차 건설을 위한 모든 재료들이 준비되었다. 그러나 동물들이 해결할 수 없었던 문제는 어떻게 바위를 적당한 크기로 자르느냐 하는 것이었다. 동물들은 뒷발로 설 수 없었으므로 동물들이 쓸 수 없는 곡괭이와 쇠지레 말고는 자를 방법이 없었다. 몇 주 동안 헛수고만 하고 난 뒤 누군가 중력의 힘을 이용하는 방법을 고안해 냈다. 너무 커서 쓸 수 없는 거대한 바위는 채석장 바닥에 잔뜩 깔려 있었다. 이런 바위에 밧줄을 매고 암소, 말, 양 등 밧줄을 붙잡을 수 있는 모든 동물들(심지어 돼지들도 때때로 중요한 순간에 가담을 했다)이 채석장의 비탈길을 따라 필사적으로 끌어올렸다가 꼭대기에서 떨어뜨렸다. 일단 바위가 부서지면 그 부서진 돌을 옮기는 것은 비교적 간단했다. 말들은 돌을 짐마차에 실어 날랐고 양들은 하나씩 끌어서 옮겼으며 심지어 뮤리엘과 벤자민도 낡은 이륜 경마차를 끌어서 자기 몫을 했다. 늦여름까지 충분한 양의 돌이 모였고 돼지들의 감독 아래 건축이 시작되었다.

그러나 풍차의 건설은 느리고 힘들게 진행되었다. 지치도록 일해도 큰 바위 하나를 채석장 위로 끌어올리는 데 온종일 걸리는 경우가 잦았고, 때로는 끌어올린 바위를 떨어뜨렸을 때 부서지지 않는 일도 있었다. 복서가 없었다면 아무 일도 할 수 없었을 것이다. 그의 힘은 나머지 동물 전부를 합쳐 놓은 것이나 마찬가지였다. 바위가 미끄러지기 시작해 동물들이 자신들도 언덕 아래로 끌려 내려가고 있다는 것을 알고 절망감에 비명을 질렀을 때 밧줄을 잡아당겨 멈추게 했던 것도 바로 복서였다. 굳건한 양쪽 옆구리에 땀이 얼룩진 복서가, 숨을 헐떡이며 발굽 끝에 힘을 주어 비탈을 힘껏 오르는 것을 보고 모두 감탄해 마지않았다. 클로버가 때로 복서에게 너무 무리하지 말고 조심하라고 주의를 주었지만 그는 말을 듣지 않았다. "더 열심히 일할 거야"와 "나폴레옹은 언제나 옳다"라는 두 표어는 그에게 모든 문제를 해결하기에 충분한 해답 같았다. 아예 그는 수탉에게 삼십 분 전이 아니라 사십오 분 전에 깨워 줄 것을 부탁해 놓았다. 그즈음에는 남는 시간이 그리 많지 않았지만, 그때마다 혼자 채석장에 가서 부서진 돌을 한 차 분량이나 모아서 풍차 자리에 옮겨 놓기도 했다.

동물들은 여름 동안 일이 힘들긴 했지만 궁핍하지는 않았다. 존스 시절에 먹은 양만큼은 아니지만 덜 먹지도 않았다. 터무니없이 다섯이나 되는 인간들까지 먹여 살리지 않고 자신들만 먹으면 됐기 때문에, 많은 실패를 거치지 않고도 인간을 먹여 살려야 할 때보다 사정이 더 나았다. 여러 면에서 동물들의 일하는 방법은 더 효과적이고 노력이 적게 들었다. 예를 들어 제초 작업 같은 일은 인간들에게는 불가능한 만큼 철저하게 할 수 있었다. 그리고 훔치는 동물이 하나도 없었으므로 농경지와 목초지 사이에 울타리를 칠 필요가 없어서 울타리와 문을 유지하는 데 드는 많은 노력을 덜 수 있었다.

그럼에도 여름이 끝나 갈 무렵에는 여러 가지 물건이 부족하다고 느끼기 시작했다. 등유, 못, 끈, 개먹이 비스킷, 말발굽용 쇠 따위가 모자랐는데 그것들은 농장에서 생산할 수 없는 것들이었다. 나중에는 씨앗과 인조 비료, 여러 가지 연장 외에 풍차를 위한 기계마저 모자라게 되었다. 이러한 것들을 어떻게 조달할지 아무도 생각해 낼 수 없었다.

어느 일요일 아침 동물들이 지시를 받기 위해 모였을 때 나폴레옹이 새로운 방침을 발표했다. 앞으로 동물농장은 이웃 농장들과 거래를 시작할 것이다. 물론 상업 목적을 위해서가 아니라 긴급하게 필요한 재료들을 구하기 위해서였다. 나폴레옹은 무엇보다도 풍차에 필요한 물건들이 우선이라고 말했다. 그러므로 그는 많은 건초와 금년의 밀 수확량 가운데 일부를 팔기로 협정을 맺었고, 나중에 돈이 더 필요하게 된다면 언제나 시장이 열리는 윌링던에서 계란을 팔아서 충당해야 될 것이라고 말했다. 그리고 암탉들은 풍차의 건설에 특별히 기여할 수 있는 기회로서 이러한 희생을 받아들여야 한다고 했다.

다시 한 번 동물들은 막연한 불안감을 느끼게 되었다. 인간들과는 어떠한 거래나 장사를 하지 않으며 돈도 쓰지 않는다는 것이, 존스가 쫓겨난 뒤 승리를 축하하는 첫 모임에서 통과된 최초의 결의 사항이 아니었던가? 모든 동물들이 그러한 결의 사항들을 통과시킨 것을 기억하고 있었다. 아니면 적어도 그들은 그것을 기억하고 있다고 생각했다. 나폴레옹이 모임을 폐지했을 때 항의한 적이 있었던 젊은 돼지 네 마리가 두려움을 무릅쓰고 이의를 제기했지만 엄청나게 큰 소리로 으르렁거리는 개들 때문에 이내 잠잠해졌다. 그리고 여느 때처럼 양들이 갑자기 "네 발 짐승은 좋고 두 발 짐승은 나쁘다"는 구호를 말하자 순간적으로 어색했던 분위기는 사라졌다. 마침내 나폴레옹은 발을 들어 조용히 시키고는 이미 모든 준비가 다 되었다고 선언했다. 동물들은 인간들과 접촉할 필요가 없을 것이다. 그것은 분명히 너무도 바람직하지 못한 일이기 때문이었다. 그는 그 짐을 모두 자기 혼자서 짊어질 생각이었다. 윌링던에 사는 변호사 휨퍼 씨가 동물농장과 바깥세상 사이에 중개 역할을 맡아주기로 합의를 했고 나폴레옹의 지시를 받기 위해 월요일 아침마다 농장에 오기로 했다. 나폴레옹은 "동물농장 만세!"를 평소처럼 외치고는 연설을 마쳤고 동물들은 〈영국의 동물들〉을 부른 뒤 흩어졌다.

나중에 스퀼러는 농장을 돌아다니면서 동물들을 안심시켰다. 그는 동물들에게 거래를 하거나 돈을 쓰는 데 반대하는 결정은 통과된 적도 없고 심지어 제안된 적도 없었다고 말했다. 그것은 바보 같은 공상이고, 아마 처음에 스노볼이 퍼뜨린 거짓말에 기인한 것인지도 모른다는 것이었다. 몇몇 동물들은 여전히 믿을 수 없다고 느꼈지만 스퀼러가 약삭빠르게 물었다. "동지 여러분, 그 결의 사항이란 것이 여러분이 꿈속에서 상상했던 것이 아니라고 확신할 수 있습니까? 그러한 사항을 결의했다는 기록을 가지고 있습니까? 어딘가에 적혀 있기라도 합니까?"

그런 내용이 글로 남아 있지 않은 것은 사실이었으므로 동물들은 자신들이 잘못 생각한 것으로 수긍할 수밖에 없었다.

약속한 대로 월요일마다 휨퍼 씨가 농장을 방문했다. 그는 구레나룻을 기르고 교활해 보이는 작은 남자였는데, 소규모 사업을 하는 변호사였다. 동물농장에 중개인이 필요하리라는 것과 그 수수료가 짭짤할 것이라는 것을 어느 누구보다도 일찍 알아차릴 만큼 약삭빨랐다. 동물은 그가 오가는 것을 어떤 두려움을 가지고 지켜보았고 가능한 한 그를 피했음에도 네 발로 서 있는 나폴레옹이 두 발로 서 있는 휨퍼에게 명령을 내리는 모습에서 그들은 자부심을 느꼈으므로 이 새로운 협정에 어느 정도 만족했다. 인간과 그들의 관계는 예전과 매우 달랐다. 동물농장이 성공적으로 운영됐으므로 그들에 대한 인간들의 증오는 전보다 더욱 거세졌다. 모든 인간은 동물농장이 조만간 파산할 것이며, 특히 풍차 건설은 반드시 실패할 것이라는 생각을 하나의 신념처럼 지니고 있었다. 술집에서 대화하는 인간들은 풍차가 무너질 것이고, 혹 세워진다 해도 제대로 작동하지 않을 것이라고 그림을 그려 서로에게 보여 주곤 했다. 그러나 마음속에선 일을 잘해 나가는 동물들에 대한 존경심이 갈수록 커져 갔다. 이러한 낌새는 인간들이 동물농장을 더 이상 매너 농장이라고 하지 않고 동물농장이라고 부르기 시작했다는 데서도 드러났다. 그들은 더 이상 존스를 감싸지 않았고 존스는 자신의 농장을 되찾는 것을 단념하고 다른 고장에서 살기 위해 떠나 버렸다. 휨퍼를 빼놓고는 아직까지 동물농장과 바깥세상 사이에 별 다른 접촉은 전혀 없었다. 그러나 나폴레옹이 폭스우드의 필킹턴 씨나 핀치필드의 프레더릭 씨와 사업 계약을 곧 맺을 것이라는 소문이 내내 돌고 있었다. 그러나 두 사람과 동시에 계약하지는 않을 것이라고들 했다.

이때쯤 돼지들이 갑자기 집으로 들어가서 그곳을 거처로 정했다. 동물들은 그렇게 하지 않기로 한 결의가 일찍이 통과되었던 것을 떠올렸다. 그러나 스퀼러는 다시 그것이 사실이 아니라고 하여 이해시켰다. 농장의 두뇌 역할을 하는 돼지들에겐 일을 할 조용한 장소가 꼭 필요하다고 했다. 게다가 돼지우리보다 집에서 사는 것이 지도자의 품위에 적절하다고도(최근에 그는 버릇처럼 나폴레옹을 '지도자'라는 호칭으로 부르곤 했다) 했음에도 돼지들이 식사를 부엌에서 하고 거실을 오락실로 쓰고 침대에서 잔다는 소리를 들었을 때 일부 동물들은 마음이 흔들리지 않을 수 없었다. 복서는 평소처럼 "나폴레옹은 언제나 옳다!"라고 하면서 신경 쓰지 않았다. 그러나 클로버는 침대에서 자는 것에 분명히 반대하는 결정을 했던 것을 기억해 내고는 헛간 끝 쪽으로 가서 거기에 쓰인 칠계명에서 찾아보려고 했다. 한 글자씩밖에 읽을 수 없었던 그녀는 뮤리엘을 데려왔다.

"뮤리엘." 그녀가 말했다. "네 번째 계명을 읽어 봐. 절대로 침대에서 자면 안 된다는 말이 있어?"

뮤리엘은 힘들게 한 자 한 자 더듬어 읽었다.

"'동물은 시트를 덮고 침대에서 자지 말라'고 씌어 있어." 그녀가 마침내 말했다.

클로버는 네 번째 계명에 시트란 말이 있었는지 기억나지 않는 것이 정말로 이상했다. 그러나 벽에 그렇게 씌어 있다니 틀림없을 것이다. 이때 개 두세 마리를 데리고 지나가고 있었던 스퀼러가 그 문제를 뚜렷하게 설명할 수 있었다.

"동지 여러분. 우리 돼지들이 지금 안방의 침대에서 잔다는 소리를 들었습니까?" 그가 말했다. "그런데 왜 안 됩니까? 침대에서 자는 것에 반대하는 결정이 있었다고 생각하는 겁니까? 침대는 그저 잠자는 자리를 말합니다. 정확히 따지자면 외양간에 있는 짚더미도 침대입니다. 규정은 인간의 발명품인 시트에 반대한다는 것이었습니다. 우리는 침대에서 시트를 치워 버리고 담요를 덮고 잡니다. 그래도 아주 편안한 침대라고요! 하지만 요즈음 우리가 해야 하는 머리 쓰는 일임에도 정말 우리에게 필요한 만큼 편안하지는 않습니다. 우리한테서 휴식을 빼앗고 싶지는 않겠지요, 동지 여러분? 우리가 너무 피곤해서 임무를 수행할 수 없게 하고 싶지는 않겠지요? 분명히 여러분 가운데 아무도 존스가 돌아오기를 바라지는 않겠지요?"

곧바로 동물들은 그 점에 대해서 스퀼러에게 재차 동의를 해 주었고 집 안의 침대에서 자는 돼지들에 대해서도 더 이상 아무 말 하지 않았다. 그리고 며칠 뒤 이제부터 돼지들은 다른 동물들보다 아침에 한 시간 늦게 일어날 것이라고 발표했을 때 어떤 불평도 하지 않았다.

가을이 되었을 때 동물들은 피곤했지만 행복했다. 힘든 한 해를 보냈고 건초와 곡물 일부를 팔고 난 뒤라 겨울을 위해 비축된 식량은 결코 충분치는 않았지만 풍차에 대한 희망이 모든 것을 보상해 주었다. 이제 풍차는 반쯤 지어졌다. 추수가 끝난 뒤 한동안 맑고 건조한 날이 이어졌다. 동물들은 하루 종일 돌덩이를 끈기 있게 나른다면 벽을 한 자는 더 쌓을 수 있기에 가치 있는 일이라 생각하면서 전보다 더 열심히 일했다. 복서는 밤늦도록 가을 달빛 아래 혼자 한두 시간 일을 더 했다. 남는 시간에 동물들은 반쯤 지어진 풍차 주위를 빙빙 돌면서 쌓은 벽의 튼튼하고 반듯한 모습에 뿌듯해 했고, 하려고만 하면 너무도 당당한 건물을 지을 수 있을 것이라는 데 놀랐다. 늙은 벤자민만이 풍차에 열광적이지 않았고 평소처럼 당나귀는 오래 산다는 아리송한 말 말고는 아무 말도 하지 않았다.

11월이 되자 거센 갈마파람이 불어왔다. 비가 너무 많이 와서 시멘트를 갤 수가 없었으므로 건축을 멈춰야 했다. 마침내 어느 날 밤 돌풍이 너무 세게 불어 농장의 건물들은 기초부터 흔들렸고 헛간 지붕의 기와가 여러 장 날아가 버렸다. 암탉들이 잠결에 멀리서 나는 총소리를 일제히 들었으므로 두려워하며 잠에서 깨어나 꼬꼬댁 소리를 냈다. 아침에 동물들이 축사에서 나왔을 때는, 깃대가 바람에 쓰러지고 과수원 발치에 있던 느릅나무가 무처럼 뽑혀 버린 것을 볼 수 있었다. 동물들은 이 모습을 보고 모두 절망의 울음소리를 냈다. 그때 그들의 눈에 더 무시무시한 광경이 보였다. 풍차가 형편없이 무너져 있었다.

그들은 일제히 그곳으로 달려갔다. 거의 걸어 다니기만 하던 나폴레옹이 다른 동물보다 먼저 달려갔다. 그들의 모든 노력의 결실이 바닥까지 무너져 내린 데다 힘들게 부숴 옮겨 놓은 돌들도 곳곳에 흩어져 있었다. 처음엔 말문이 막혀 어수선하게 흩어져 있는 돌들을 애처롭게 바라보았다. 나폴레옹은 말없이 이리저리 왔다 갔다 하면서 때로 땅바닥에 코를 킁킁거렸다. 꼬리는 빳빳해져 이쪽저쪽으로 씰룩씰룩 움직였는데, 이는 그가 온 정신을 집중하고 있다는 표시였다. 갑자기 그는 결심한 듯 멈춰 섰다.

"동지 여러분," 그가 나지막이 말했다. "이 일에 책임을 져야 할 자가 누군지 압니까? 밤에 와서 풍차를 무너뜨린 자가 누군지 압니까? 스노볼입니다!" 그는 갑자기 우레 같은 목소리로 소리쳤다. "스노볼이 한 짓입니다! 순전히 원한에 차서 우리의 계획을 방해하고 자신의 수치스러운 추방에 보복할 생각으로 이 반역자가 어두운 밤을 틈타 거의 일 년에 걸친 우리의 작업을 파괴했습니다. 동지 여러분, 나는 지금 바로 스노볼에게 사형을 선고합니다. 법에 따라 그를 처벌하는 자에게 '동물 영웅 이등 훈장'과 한 말의 사과를 주겠습니다. 그를 생포하는 자에게는 두 말의 사과를 주겠습니다."

동물들은 스노볼이 그러한 짓까지 저지를 수 있다는 사실에 엄청난 충격을 받았다. 분노에 찬 고함 소리가 났고 모든 동물은 스노볼이 돌아왔을 때 잡을 수 있는 방법을 궁리하기 시작했다. 언덕에서 조금 떨어진 곳에 있는 풀밭에서 돼지의 발자국이 발견되었다. 발자국은 몇 미터에 걸쳐 나 있었고 울타리 속의 구멍까지 이어지는 것 같았다. 나폴레옹은 발자국에서 냄새를 맡더니 스노볼의 발자국이라고 단언했다. 그리고 스노볼이 폭스우드 농장 쪽에서 온 것 같다고 자신의 견해를 말했다.

"더 이상 미룰 수가 없습니다. 동지 여러분!" 발자국을 조사하고 나서 나폴레옹이 말했다. "할 일이 있습니다. 바로 오늘 아침 풍차를 다시 짓기 시작할 것이고 겨울 내내 날씨에 관계없이 지을 것입니다. 우리는 이 야비한 반역자가 우리의 작업을 그리 쉽게 망쳐 놓을 수 없다는 것을 깨닫게 해 줄 것입니다. 동지 여러분, 우리 계획에는 변화가 없다는 점을 기억하십시오. 이 계획은 꼭 실행될 것입니다. 앞으로 갑시다, 동지 여러분! 풍차 만세! 동물농장 만세!"

<h2 style="text-align:center">7</h2>

혹한의 겨울이었다. 폭풍우가 몰아치더니 진눈깨비와 눈으로 바뀌고 얼어붙는 추위가 2월까지 풀리지 않았다. 동물들은 할 수 있는 한 철저하게 풍차 재건축을 계속해 나갔다. 바깥세상이 그들을 지켜보고 있으니 풍차가 제때 완성되지 않으면 시샘하는 인간들이 기뻐 날뛸 것이라는 점을 잘 알고 있었기 때문이었다.

인간들은 풍차를 무너뜨린 자가 스노볼이라는 것을 믿지 않으려고 했으며 벽이 너무 약해서 무너진 것이라고 말했다. 동물들은 그게 사실이 아니라는 것을 알고 있었다. 그러나 전처럼 46센티미터가 아니라 이번에는 90센티미터 두께로 벽을 쌓기로 결정되었는데 이는 더 많은 양의 돌을 모아야 한다는 것을 뜻했다. 채석장에는 오랫동안 눈이 가득 쌓여 있어서 아무 일도 할 수 없었다. 혹한의 건조한 날씨가 이어지는 동안에 진척이 조금 있었지만 너무도 힘든 일이어서 동물들은 이전에 느꼈던 것만큼 그 일에 대해 낙관할 수는 없었다. 그들은 언제나 춥고 늘 배가 고팠다. 복서와 클로버만이 낙담하지 않았다. 스퀼러가 봉사의 즐거움과 노동의 존엄성에 대해 훌륭한 연설을 했지만, 동물들은 복서의 체력과 "더 열심히 일할 거야!"라고 변함없이 외치는 목소리에 더 많이 고무되었다.

1월에는 식량이 모자랐다. 곡물 배급량이 꽤 줄었고 모자람을 메우기 위해 여분의 감자가 배급될 것이라고 발표되었다. 하지만 흙을 두툼하게 덮어 놓지 않았던 감자 더미 가운데 많은 양이 얼어 있었다. 무르고 색이 변해 먹을 수 있는 양이 얼마 되지 않을 정도였다. 며칠씩 동물들은 왕겨와 근대 같은 여물 외에는 아무것도 먹지 못했다. 굶주림이 눈앞에 바로 보이는 것 같았다.

그러나 이러한 사실을 바깥세상에는 반드시 비밀로 해야 했다. 풍차가 무너지는 바람에 용기가 생긴 인간들은 동물농장에 대해 새로운 거짓말들을 지어내고 있었다. 동물들이 굶주림과 병으로 죽어 가고 있고 자기들끼리 끊임없이 싸움을 하며 서로 잡아먹고 새끼를 죽이는 만행을 저지른다는 소문이 나돌았다. 나폴레옹은 식량사정에 대한 사실이 알려지면 나타나게 될 결과를 너무도 잘 알고 있어서 정반대의 소문을 퍼뜨리기 위해 휨퍼 씨를 이용하기로 마음먹었다. 휨퍼가 매주 방문할 때마다 동물들은 그를 거의 만난 적이 없었다. 그러나 이제 대부분 양으로 구성된 동물 몇 마리한테 휨퍼가 들을 수 있게 식량 배급이 늘었다는 소리를 가끔씩 하도록 지시를 했다. 게다가 나폴레옹은 식량 창고에 있는, 거의 비어 가는 통에 모래를 가득 채우고 그 위에 남은 곡물을 얹어 놓으라고 명령했다. 적당한 핑계를 대어 휨퍼를 곡물 창고로 데리고 가서 그 통들을 보게 했다. 여지없이 속아 넘어간 그는 바깥세상에다 동물농장은 식량이 모자라지 않다고 전했다.

그렇지만 1월 말 즈음에는 분명히 좀 더 많은 식량을 조달해야만 했다. 요즈음 나폴레옹은 거의 동물들 앞에 나서지 않고 사나운 개들이 문마다 지키고 있는 집 안에서 시간을 보냈다. 간혹 나타날 때면 개 여섯 마리의 호위를 받는데, 이 개들은 그를 바짝 에워싸고 누구든지 가까이 다가가면 으르렁댔다. 일요일 아침에도 자주 모습을 드러내지 않았고 다른 돼지들, 특히 스퀼러를 통해 자신의 지시 사항을 전달했다.

어느 일요일 아침 스퀼러가 알을 낳으려던 암탉들에게 계란을 내어 달라고 말했다. 나폴레옹이 휨퍼를 통해 매주 4백 개의 계란을 파는 계약을 했다는 것이었다. 그 값으로 여름이 되어 사정이 나아질 때까지 농장을 운영하기에 충분한 곡물을 받게 되리라고 했다.

암탉들은 이 말을 듣고 거칠게 항의를 했다. 그들은 일찍이 그러한 희생이 필요하게 될지도 모른다는 말을 듣긴 했지만 그런 일이 정말 벌어질 거라고는 믿지 않았다. 봄에 부화시키기 위해 품을 준비가 된 알들을 움켜잡고는 지금 이 알들을 가져가는 것은 살해라고 주장했다. 존스의 추방 이래 처음으로 반란 비슷한 일이 벌어졌다. 젊은 검은색 미노르카 암탉 세 마리가 주도해 암탉들은 나폴레옹의 요청을 철회시키기 위해 단호하게 노력했다. 그들의 방법은 서까래 위로 날아 올라가 거기에서 알을 낳아 그 알이 바닥에 떨어져 박살나게 하는 것이었다. 나폴레옹은 곧바로 무자비하게 대응했다. 그는 암탉들의 식량 배급을 끊으라고 명령했고 암탉에게 낟알 하나라도 주는 동물은 사형에 처할 것이라고 공포했다. 개들은 이 명령이 실행되는지 살폈다. 암탉들은 닷새 동안 버티다가 끝내 항복을 하고 자신의 보금자리로 돌아갔다. 그동안 아홉 마리 암탉들이 죽었다. 그들의 시체는 과수원에 묻혔고 콕시듐증에 걸려 죽은 것으로 발표되었다. 휨퍼는 이 일에 대해 아무것도 몰랐고 계란은 제때 인도되어 식료품상의 마차가 매주 한 번씩 농장으로 와서 계란을 실어 갔다.

    스노볼은 더 이상 보이지 않았다. 그가 이웃 농장 가운데 하나인 폭스우드나 핀치필드에 숨어 있다는 소문이 있었다. 이때까지 나폴레옹은 다른 농부들과 전보다 좀 더 나은 사이로 지냈다. 앞뜰에는 10년 전 너도밤나무 숲을 벌목할 때 쌓아 두었던 목재더미가 잘 마른 채 놓여 있었다. 휨퍼는 나폴레옹에게 매도를 권했다. 필킹턴 씨와 프레더릭 씨 둘 다 그 목재를 사고 싶어 했다. 나폴레옹은 둘 중 누구에게 팔지 망설이면서 결정을 내리지 못했다. 그가 프레더릭과 계약을 할 것 같은 순간마다 스노볼이 폭스우드에 숨어 있다는 말이 들렸고, 그가 필킹턴 쪽으로 기울 때는 스노볼이 핀치필드에 있다는 소문을 듣게 되었다.

    갑자기 이른 봄에 놀라운 사실이 밝혀졌다. 스노볼이 밤에 몰래 농장을 자주 드나든다는 것이었다. 동물들은 불안한 나머지 축사에서 거의 잠을 잘 수가 없었다. 스노볼이 밤마다 어둠을 틈타 몰래 와서는 온갖 나쁜 짓을 한다고 했다. 곡물을 훔치고 우유통을 엎고 계란을 부수고 모판을 짓밟고 과수나무의 껍질을 갉아 놓았다고들 했다. 무슨 일이든 잘못되면 으레 스노볼의 탓으로 돌렸다. 유리창이 깨지거나 하수구가 막히면 반드시 누군가가 스노볼이 밤에 들어와서 그렇게 했다고 말했고 저장 창고의 열쇠를 잃어버리면 농장의 동물들은 스노볼이 그 열쇠를 우물에 던져 버렸다고 믿었다. 잃어버린 열쇠를 곡물 자루 아래에서 찾아낸 뒤에도 그들이 줄곧 그렇게 믿었다는 것은 매우 이상한 일이었다. 암소들은 모두 자신들이 자는 동안에 스노볼이 외양간으로 들어와서 젖을 짰다고 말했다. 그해 겨울 골칫거리였던 쥐들이 스노볼과 결탁하고 있다는 소문도 있었다.

    나폴레옹은 스노볼의 행동에 대한 철저한 조사가 있을 것이라고 발표했다.

나폴레옹은 개들을 데리고 농장 건물들을 돌면서 면밀한 조사에 착수했고 동물들은 그로부터 조금 거리를 둔 채 뒤를 따랐다. 나폴레옹은 몇 걸음마다 멈춰 서서 스노볼의 발자국이 있는 바닥의 냄새를 맡았는데, 그 냄새로 모든 것을 알 수 있다고 말했다. 헛간, 외양간, 닭장, 채소밭 등 구석구석에서 냄새를 맡았고 거의 모든 곳에서 스노볼의 발자국을 찾았다. 그는 코를 땅바닥에 대고 여러 번 깊이 냄새를 맡고는 무서운 소리로 외쳤다. "스노볼이야! 여기에 왔었군! 분명히 냄새가 난단 말이야!" "스노볼"이란 말에 개들은 등골이 오싹할 만큼 으르렁거리는 소리를 내면서 송곳니를 드러냈다.

동물들은 너무나도 무서웠다. 그들에겐 스노볼이 보이지 않는 힘을 이용하여, 주위의 공기 중에 퍼져서 온갖 방법으로 위협하는 것 같았다. 저녁에 스퀼러가 동물들을 모두 불러 모으더니 알려줄 심각한 소식이 있다고 말했다.

"동지 여러분!" 그는 좀 불안한 듯 폴짝폴짝 뛰면서 큰 소리로 말했다. "너무도 무서운 일이 밝혀졌습니다. 스노볼이 핀치필드 농장의 프레더릭에게 제 몸을 팔았고, 프레더릭이 우리를 공격해서 우리 농장을 빼앗으려고 지금도 음모를 꾸미고 있다는 것입니다! 스노볼은 공격이 시작될 때 그의 안내 역할을 할 것입니다. 그러나 그 정도가 아닙니다. 우리는 스노볼이 자신의 허영심과 야심 때문에 반란을 일으켰다고 생각을 했습니다. 그러나 그게 아니었습니다, 동지 여러분. 진짜 이유를 아십니까? 스노볼은 처음부터 존스와 결탁한 사이였다. 그는 그동안 존스의 비밀 첩보원이었습니다. 그 사실은 우리가 방금 찾아낸, 그가 남기고 간 문서에 의해 입증되었습니다. 제 생각에 이 사실로 많은 것이 분명해집니다, 동지 여러분. 외양간 전투에서 우리를 쳐부수고 파멸시키기 위해 그가 어떻게 했는지 보지 않았습니까? 다행히 성공하지는 못했지만 말입니다."

동물들은 멍해졌다. 사실이라면 풍차를 무너뜨린 것보다 훨씬 더 나쁜 짓이었다. 그러나 시간이 조금 지나자 어리둥절해졌다. 그들은 모두 외양간 전투에서 스노볼이 누구보다 먼저 돌진했으며, 어려울 때마다 그가 동료들을 어떻게 격려했고, 총알 파편이 등에 맞았을 때조차 멈추지 않았음을 기억하거나 기억하고 있다고 여겼다. 처음에는 이 사실들이 스노볼이 존스 편이라는 것과 어떻게 들어맞는지 알기가 다소 어려웠다. 거의 의문을 품지 않았던 복서조차도 의아해 했다. 그는 엎드려 앞발을 몸 아래로 구부려 넣은 채 눈을 감고 차근차근 생각해 보려고 애썼다.

"믿지 못하겠어." 복서가 말했다. "스노볼은 외양간 전투에서 용감하게 싸웠어. 내가 봤단 말이야. 전쟁 뒤 바로 그에게 우리가 '동물 영웅 일등 훈장'을 주었잖아?"

"그건 우리의 실수입니다, 동지 여러분. 왜냐하면 이제 알다시피 그가 우리를 파멸시키려 했다는 사실이, 우리가 찾아낸 비밀문서에 모두 적혀 있기 때문입니다."

"그런데 그는 다쳤어." 복서가 말했다. "그가 피를 흘리며 뛰어가는 것을 우리 모두가 봤단 말이야."

"그것도 계약의 일부였습니다." 스퀼러가 큰 소리로 말했다. "존스의 총알은 그를 스치고 지나갔을 뿐입니다. 여러분이 읽을 수 있다면 그가 쓴 이 문서를 보여 드릴 수 있습니다. 그 계획은 위급한 순간에 스노볼이 도주하라는 신호를 보내고 싸움터를 버리고 적에게로 가는 것이었지요. 그리고 그는 거의 성공했습니다. 만약 우리의 용감한 지도자 나폴레옹 동지가 없었다면 그는 성공했을 것입니다. 동지 여러분, 존스와 그의 일꾼들이 마당으로 들어왔을 때 스노볼이 어떻게 돌아서서 달아났는지, 많은 동물들이 어떻게 그를 뒤쫓아 갔는지 기억이 안 납니까? 공포감이 퍼져 가고 모두가 어쩔 줄 몰라 하던 바로 그 순간 나폴레옹 동지가 '인간들을 죽여라!' 하고 함성을 지르며 뛰어나와 존스의 다리를 그의 이빨로 문 것을 기억하지 못합니까? 그걸 분명히 기억하지요, 동지 여러분?" 스퀼러는 이리저리 폴짝폴짝 뛰면서 큰 소리로 말했다.

스퀼러가 너무나도 사실적으로 그 장면을 묘사했으므로 동물들은 그 장면이 되살아나는 것 같았다. 어쨌든 그들은 그 전투에서 위급한 순간에 스노볼이 돌아서서 도망친 일을 기억하고 있었다. 그러나 복서는 여전히 꺼림칙했다.

"난 스노볼이 처음부터 반역자였다고 생각하지 않아." 마침내 복서가 말했다. "그 뒤에 그가 한 짓은 다르지만 말이야. 그러나 외양간 전투에서 그는 훌륭한 동지였다고 생각해."

"우리의 지도자. 나폴레옹 동지가 단호하게 말했습니다. 동지 여러분, 단호하게 말입니다. 스노볼이 처음부터, 그래요, 반란을 생각하기 오래전부터 존스의 첩보원이었다고 말입니다." 스퀼러가 매우 천천히 확고하게 말했다.

"아, 그건 다르지!" 복서가 말했다. "나폴레옹 동지가 말하는 것은 반드시 옳지."

"그게 진정한 마음입니다, 동지 여러분!" 스퀼러가 큰 소리로 말했다. 그러나 그가 반짝이는 작은 눈으로 복서를 험악하게 흘겨보는 것을 알 수 있었다. 스퀼러는 가려고 돌아섰다가 발을 멈추고는 덧붙여 말했다. "이 농장에 있는 모든 동물들은 경계를 늦추지 않도록 주의하기 바랍니다. 왜냐하면 스노볼의 비밀 첩보원들이 이 순간에도 우리 가운데 숨어 있다고 생각할 근거가 있기 때문입니다."

나흘 뒤의 늦은 오후 나폴레옹은 모든 동물들에게 앞뜰에 모이라고 명령했다. 그들이 모두 모였을 때 나폴레옹은 두 개의 메달을 걸고(최근에 그는 '동물 영웅 일등 훈장'과 '동물 영웅 이등 훈장'을 자신에게 수여했다) 집 안에서 나타났다. 그는 모든 동물의 등골을 오싹하게 할 만큼 으르렁대는 개 아홉 마리를 데리고 있었다. 동물들은 모두 자기 자리에 조용히 웅크리고 있었고 무언가 무시무시한 일이 벌어질 것이라는 느낌이 들었다.

나폴레옹은 엄숙하게 서서 동물들을 살펴보았다. 그러고는 고음의 훌쩍이는 소리를 냈다. 곧장 개들이 앞으로 뛰어나가 돼지 네 마리의 귀를 물었고 곧이어 고통과 공포로 비명을 지르는 돼지들을 나폴레옹의 발아래로 끌고 왔다. 돼지들의 귀에서는 피가 흘렀는데 개들은 피 맛을 보았으므로 한동안 미친 듯이 날뛰었다. 모든 동물들은 개 세 마리가 복서에게 달려드는 것을 보고 깜짝 놀랐다. 복서는 개들이 오는 것을 보고 커다란 앞발을 내밀어 공중에서 개 한 마리를 잡아채 땅바닥에다 움직이지 못하게 꼭 눌렀다. 그 개는 살려 달라고 비명을 질렀고 다른 두 마리는 다리 사이에 꼬리를 감춘 채 달아났다. 복서는 그 개를 밟아 죽여야 할지 놓아줘야 할지 알려 달라는 듯 나폴레옹을 쳐다보았다. 나폴레옹은 표정이 바뀌는 것 같더니 복서에게 놓아주라고 엄하게 명령했고, 복서가 발을 들자 그 개는 다친 몸으로 신음 소리를 내면서 슬그머니 달아났다.

이윽고 소동이 가라앉았다. 돼지 네 마리가 죄를 지은 게 분명한 듯 벌벌 떨면서 기다리고 있었다. 나폴레옹은 그들에게 자신들의 죄를 자백하라고 요구했다. 그들은 나폴레옹이 일요 집회를 폐지했을 때 항의했던 바로 그 돼지들이었다. 더 이상의 추궁 없이도 그들은 스노볼의 추방 뒤로 몰래 그와 접촉해 왔고 그를 도와 풍차를 무너뜨렸으며 동물농장을 프레더릭 씨에게 넘겨 줄 약속을 맺었었다는 사실을 털어놓았다. 그들은 스노볼이 지난 수년 동안 존스의 비밀 첩보원이었다는 사실을 은연중에 자신들에게 인정했다고 덧붙였다. 그들이 자백을 다 마치자마자 개들이 돼지들의 목을 물어 죽였고 나폴레옹은 무시무시한 목소리로 자백할 동물이 또 있는지 물었다.

달걀을 놓고 반란을 주도했던 주모자인 암탉 세 마리가 곧바로 앞으로 나와서는 스노볼이 꿈에 나타나서 나폴레옹의 명령을 듣지 말라고 부추겼다고 말했다. 그들도 도살되었다. 이번에는 거위 한 마리가 앞으로 나와서 작년 추수 때 낟알 여섯 개를 숨겨 놓았다가 밤에 먹었다고 털어놓았다. 다음에는 양 한 마리가 식수용 물웅덩이에 오줌을 쌌다고 털어놓았는데 스노볼이 그렇게 하라고 시켰다고 말했다. 그리고 다른 양 두 마리가 나폴레옹을 특별히 따르던 늙은 숫양이 기침으로 괴로워할 때 모닥불 주위로 빙글빙글 몰아넣어 죽게 했다고 자백했다. 그들은 모두 그 자리에서 처형되었다. 자백과 처형이 그런 식으로 잇따르자 결국 나폴레옹의 발 앞에는 시체가 산더미처럼 쌓이고 피 냄새가 진동했다. 존스의 추방 이래 처음 있는 일이었다.

처형이 다 끝나고 나자 돼지와 개를 제외한 동물들은 모두 함께 가만히 자리를 떠났다. 몸은 덜덜 떨리고 참담한 심정이었다. 스노볼과 결탁한 동물들의 반역과 그들이 목격했던 무자비한 징벌 가운데 어느 쪽이 더 무서운 일인지 알지 못했다. 옛날에도 똑같이 무시무시한 유혈 참사가 있었지만 이번 일은 동물들끼리 일어난 일이므로 훨씬 더 무서운 것 같았다. 존스가 떠난 이래로 지금까지 동물들 가운데 누구도 다른 동물을 죽인 적은 없었다. 심지어 쥐 한 마리도 죽이지 않았다. 그들은 반쯤 지어진 풍차가 있는 작은 언덕으로 올라가서 몸을 따뜻하게 하기 위해 모여든 것처럼 떼를 지어 앉았다. 나폴레옹이 모든 동물들을 모이라고 명령을 내리기 직전에 갑자기 사라져 버린 고양이를 제외하고 클로버, 뮤리엘, 벤자민, 암소들, 양들, 그리고 거위와 암탉 전체가 앉아 있었다. 한동안 아무도 말이 없었다. 복서만이 선 채로 있었다. 그는 안절부절못해 왔다 갔다 하면서 기다란 검은 꼬리로 양 옆구리를 번갈아 치고 때로 놀라운 듯 울음소리를 냈다. 마침내 그가 말했다.

"이해가 안 돼. 내 눈으로 보지 않았다면 그러한 일이 우리 농장에서 벌어질 수 있으리라고 생각도 하지 못했을 거야. 우리한테 무언가 잘못이 있어서 그렇게 된 것이 틀림없어. 나는 더 열심히 일하는 것이 해결책이라고 생각해. 이제부터는 아침마다 한 시간 더 일찍 일어날 거야."

그는 빠른 걸음으로 쿵쿵거리며 채석장으로 갔다. 거기에 이르자 그는 잇따라 마차 두 대 분량의 돌을 모아서 풍차 있는 곳까지 끌어다 놓고는 잠자리에 들었다.

동물들은 아무 말 없이 클로버 주위로 모여들었다. 그들은 앉아 있던 작은 언덕에서 주변을 두루 내려다보았다. 동물농장의 대부분이 그들의 시야에 들어왔다. 큰길까지 뻗어 있는 긴 목초지와 건초 밭, 잡목 숲과 식수용 물웅덩이, 초록색 어린 싹이 빽빽하게 자라고 있는 밀밭과 굴뚝에서 꾸불꾸불 연기가 피어오르는 농장 건물들의 빨간 지붕이 보였다. 맑은 봄날 저녁이었다. 풀들과 싹이 트는 산울타리는 고르게 비치는 햇빛을 받아 반짝였다. 동물들에게는 결코 바람직한 곳이 아니었던 농장이 지금은 자신들의 소유였다. 그 모든 것이 다 자신들의 재산이라는 것을 떠올리자 새삼 놀랍기까지 했다. 언덕 아래를 내려다보는 클로버의 눈에 눈물이 가득 고였다. 클로버가 자신의 생각을 말할 수 있었다면, 수년 전 인간들을 몰아내자고 마음을 정했을 때 그들의 목표는 이런 것이 아니었다고 말했을 것이다. 이러한 공포와 살육 사건은 메이저 영감이 반란을 일으키도록 선동하던 그날 밤 그들이 기대했었던 것이 아니었다. 그녀는 동물들이 배고픔과 채찍으로부터 벗어나고 모두가 평등하며 자신의 능력에 따라 일하는 미래를 꿈꾸었다. 메이저의 연설이 있던 날 밤 그녀가 자신의 앞다리로 한 떼의 새끼 오리들을 보호해 주었던 것처럼 강자가 약자를 보호해 주는 그런 사회를 꿈꾸었던 것이다. 그러나 으르렁대는 사나운 개들이 사방을 돌아다니고 동지들이 무서운 범죄를 자백한 뒤 갈가리 찢겨 죽은 모습을 지켜보아야 하며, 아무도 자신의 생각을 함부로 말할 수 없는 시대가 되어 버린 것이었다. 그녀는 반란이나 불복종의 생각은 전혀 없었다. 그리고 그들이 존스가 있던 시절보다 훨씬 잘 지내고 있으며, 무엇보다도 인간들이 돌아오는 것을 막을 필요가 있다는 점은 알고 있었다. 무슨 일이 벌어지더라도 그녀는 신의를 지키고 열심히 일하며 자신에게 주어진 명령을 수행하고 나폴레옹의 통솔을 인정할 것이었다. 그러나 여전히 그녀나 다른 동물들이 희망을 갖고 애써 일해 왔던 것이 이렇게 되기 위해서는 아니었다. 그들이 풍차를 건설하고 존스의 총알에 용감하게 맞섰던 것이 이렇게 되자고 한 것은 아니었다. 어떻게 말로 나타내야 할지 몰랐지만 이게 그녀가 품고 있는 생각이었다.

마침내 그녀는 자신이 나타낼 수 없는 말을 대신하듯 〈영국의 동물들〉을 부르기 시작했다. 그녀 주위에 앉아 있던 다른 동물들도 함께 그 노래를 세 번 이상 불렀는데, 이전에는 불러본 적이 없는 방식으로 느리고 애처롭게 불렀다.

그들이 세 번째로 그 노래를 불렀을 때 스퀄러가 개 두 마리를 데리고 중요한 말을 할 듯이 그들에게 다가왔다. 그는 나폴레옹 동지의 특별한 명령으로 〈영국의 동물들〉은 폐지되었다고 말했다. 앞으로는 그 노래를 부르는 것이 금지되었다는 것이다.

동물들은 놀랐다.

"왜요?" 뮤리엘이 큰 소리로 말했다.

"더 이상 필요가 없습니다, 동지 여러분." 스퀄러가 딱딱한 소리로 말했다. "〈영국의 동물들〉은 반란의 노래였습니다. 그러나 반란은 성취되었습니다. 오늘 오후에 있었던 반역자들의 처형이 그 마지막 단계였습니다. 내부의 적과 외부의 적이 모두 타도되었습니다. 〈영국의 동물들〉에서 우리는 다가올 더 나은 사회에 대한 열망을 표현했습니다. 그러나 그런 사회는 이제 수립이 되었습니다. 이 노래가 더 이상 필요 없다는 것이 분명합니다."

비록 겁이 나더라도 아마 일부 동물들이 항의를 할 수 있었겠지만, 이 순간 양들이 평소대로 "네 발 짐승은 좋고 두 발 짐승은 나쁘다"라고 떠들기 시작해서 이 소리가 몇 분 동안 이어지는 바람에 논의가 끝나 버렸다.

그래서 〈영국의 동물들〉은 더 이상 들을 수 없게 되었다. 대신에 시인인 미니머스가 다음과 같이 시작되는 다른 노래를 지었다.

동물농장, 동물농장
나 때문에 불행을 겪지 말지어다!

일요일 아침마다 깃발을 올린 다음 이 노래를 불렀다. 그러나 동물들에게는 그 노래의 가사나 곡조가 〈영국의 동물들〉과는 비길 수 없는 듯이 보였다.

8

며칠 뒤 처형으로 인한 공포감이 조금 누그러졌을 때 몇몇 동물들은 "동물은 다른 동물을 죽이지 말라"고 정해진 여섯 번째 계명을 기억했고 아니 기억한다고 생각했다. 아무도 돼지들이나 개들이 들을 수 있게 함부로 발설하지는 않았지만 처형이 그 계명에 어긋난다고들 느꼈다. 클로버는 벤자민에게 여섯 번째 계명을 읽어 달라고 부탁을 했지만 벤자민이 여느 때처럼 그러한 문제에 끼어들고 싶지 않다고 말했다. 그래서 클로버는 뮤리엘을 데려왔다. 뮤리엘은 클로버를 위해 그 계명을 읽어 주었다. 그 계명은 "동물은 다른 동물을 이유 없이 죽이지 말라"고 되어 있었다. 웬일인지 '이유 없이'란 말이 동물들의 기억에는 없었다. 아무튼 동물들은 그 계명이 위반되지 않았음을 알 수 있었다. 왜냐하면 분명히 스노볼과 결탁했던 반역자들을 죽일 만한 충분한 이유가 있었기 때문이었다.

그해 동물들은 전년에 했던 것보다 훨씬 더 열심히 일했다. 농장의 일상 작업을 하면서 이전보다 두 배 두께의 벽을 쌓아 풍차를 건설하고 지정된 기일 내에 마치는 것은 엄청난 노동이었다. 존스 시절보다 더 오랜 시간 일하고 더 잘 먹지도 못하는 때도 있었다. 일요일 아침마다 스퀼러는 발로 긴 종잇조각을 들고 각 종류의 식량 생산이 이백 퍼센트, 삼백 퍼센트, 오백 퍼센트씩 늘어났다는 것을 입증하는 수치들이 쓰인 목록을 그들에게 읽어 주었다. 동물들은 반란 이전의 상태가 어땠는지 더 이상 뚜렷하게 기억할 수가 없었으므로 스퀼러를 믿지 않을 이유가 없었다. 그래도 수치는 더 작더라도 식량을 더 많이 가졌으면 하고 느끼는 날들이 없지 않았다.

이제 모든 명령은 스퀼러나 다른 돼지를 통해 발표되었다. 나폴레옹은 동물들 앞에 보름에 한 번쯤 나타났다. 그는 나타날 때마다 개들과 검은 수탉 한 마리를 데리고 나타났는데, 그 수탉은 그의 앞에서 걸으며 큰 소리로 널리 알리는 역할을 했고 나폴레옹이 말하기 전에 크게 '꼬끼오 꼬꼬' 하고 큰 소리로 외쳤다. 나폴레옹은 집 안에서조차 다른 돼지들로부터 독립된 방에서 살고 있다고들 했다. 그는 시중드는 개 두 마리를 두고 혼자서 밥을 먹었는데, 언제나 거실의 유리 찬장 속에 있던 영국 더비산 정찬용 도자기로 식사를 했다. 해마다 두 번의 기념일뿐만 아니라 나폴레옹의 생일에도 총이 발사될 것이라고 발표되었다.

이제 나폴레옹은 그저 '나폴레옹'이라고만 불리지 않았다. 그는 언제나 의례적으로 '우리의 지도자, 나폴레옹 동지'라고 불렸고 돼지들은 동물의 아버지, 인간들의 공포의 대상, 양 축사의 보호자, 새끼 오리의 친구 따위의 호칭을 만들어 냈다. 스퀼러는 말을 할 때 구슬 같은 눈물을 흘려 가며 나폴레옹의 지혜와 착한 마음씨, 모든 곳의 동물들, 특히 다른 농장에서 아직도 무지와 노예 상태에서 살고 있는 불행한 동물들에 대해 그가 갖고 있는 깊은 사랑에 대해 이야기했다. 모든 성공적인 위업과 온갖 운 좋은 일들을 나폴레옹의 공으로 돌리는 것이 통례가 되었다. 때때로 암탉들 사이에 다음 말이 오가곤 했다. "우리의 지도자 나폴레옹 동지의 지도로 엿새 동안에 다섯 개의 알을 낳았어." 웅덩이에서 물을 마시고 있던 암소 두 마리가 큰 소리로 말했다. "나폴레옹 지도자 동지 덕분에 여기 물맛이 너무 좋군!"

농장에서의 전체적인 감정은 미니머스가 지은 〈나폴레옹 동지〉라는 제목의 시에서 잘 표현되어 있었다. 그 시는 다음과 같았다.

> 아비 없는 자들의 친구!
> 행복의 원천!
> 식량의 지배자!
> 하늘의 태양 같은
> 당신의 고요하고 당당한 눈을 바라볼 때
> 내 영혼이 불타오른다.
> 나폴레옹 동지여!
>
> 당신은 당신의 동물들이 좋아하는
> 모든 것을 주고
> 하루에 두 번 배불리 해 주고
> 잠자리를 위해 깨끗한 짚을 준다.

상하귀천의 구별 없이 모든 동물은
축사에서 마음 편히 잠을 자고
당신은 모두를 보살펴 준다.
나폴레옹 동지여!

내게 젖먹이 새끼가 있다면
세 홉들이 병이나 밀방망이 크기만큼
자라나기도 전에
그는 당신에게 충실하고 정직하게
되었을 것이다.
그래, 그가 처음 배운 말은
"나폴레옹 동지!"

　나폴레옹은 이 시에 만족하고 큰 헛간의 칠계명이 있는 맞은편 벽에 쓰도록 명령했다. 스퀼러가 흰 페이트로 쓴 그 시 위에 나폴레옹의 옆모습을 그린 초상이 놓여졌다. 한편 휨퍼의 중개로 나폴레옹은 프레더릭 및 필킹턴과 복잡한 협상을 했다. 그 많은 목재를 아직 팔지는 않았다. 두 사람 가운데 프레더릭이 그 목재를 더 손에 넣고 싶어 했지만 그는 적당한 가격을 제시하지 않았다. 하지만 프레더릭이 그의 일꾼들과 함께 동물농장을 공격해서 풍차를 파괴할 음모를 꾸미고 있다는 새로운 소문도 있었는데, 그가 풍차의 건설을 지독하게 시새움하고 있었기 때문이었다. 스노볼은 여전히 핀치필드 농장에 숨어 있는 것으로 알려졌다. 한여름에 동물들은 암탉 세 마리가 앞으로 나와 스노볼이 시켜서 나폴레옹을 살해할 음모를 꾸몄다고 자백하는 소리를 듣고 놀랐다. 그들은 곧장 처형되었고 나폴레옹의 안전에 대한 새로운 예방책이 강구되었다. 밤마다 나폴레옹 침대 각 모서리에 한 마리씩 개 네 마리가 지켰고 핑크 아이라는 어린 돼지는 나폴레옹이 독살되지 않도록 그가 먹기 전에 먼저 그의 음식을 모두 맛보는 임무를 맡았다.
　동시에 나폴레옹이 많은 목재를 필킹턴 씨에게 팔기로 결정했다고 발표했다. 또 그는 동물농장과 폭스우드 사이에 몇 가지의 생산물을 교환하는 데 정식으로 합의할 것이었다. 나폴레옹과 필킹턴 사이의 관계는 비록 휨퍼를 통해서만 이루어지긴 했지만 우호적인 관계가 유지되었다. 동물들은 인간인 필킹턴을 믿지는 않았지만 프레더릭보다는 좋아했고, 프레더릭을 두려워하고 미워했다. 여름이 끝나가고 풍차가 거의 완성될 무렵 위험한 공격이 임박했다는 소문이 갈수록 더 커졌다. 프레더릭이 총으로 무장한 스무 명의 사람을 데리고 그들을 공격하기 위해 올 작정이고, 그가 동물농장의 권리 증서를 손에 넣기만 하면 매수된 치안판사와 경찰들이 눈감아 줄 것이라는 말이 돌았다. 게다가 프레더릭이 동물들에게 저지른 가혹한 행위에 대한 무시무시한 이야기들이 핀치필드에서 새어 나왔다. 그는 늙은 말을 죽도록 매질했고 암소들을 굶어 죽게 했으며 아궁이에 개를 던져 넣어 죽였고 저녁마다 나무 가시를 수탉들의 며느리발톱에 달아놓은 채 싸우는 광경을 즐겼다. 동물들은 자신의 동지들에게 가해진 이러한 행위들에 대한 이야기를 듣고 격분한 나머지 핀치필드 농장을 공격해서 인간들을 몰아내고 동물들을 해방하러 가게 해 달라고 외쳐 대곤 했다. 그러나 스퀼러는 동물들에게 성급한 행동을 피하고 나폴레옹 동지의 계획을 믿으라고 말했다.

그럼에도 프레더릭을 적대하는 감정은 더욱 격해졌다. 어느 일요일 아침 나폴레옹이 헛간에 나타나서는 목재를 프레더릭에게 팔 생각을 한 번도 해 본 적이 없었다고 설명했다. 그는 그러한 부류의 불한당들과 거래를 하는 것은 품위를 떨어뜨리는 일이라고 생각한다고 말했다. 반란 정보를 퍼뜨리기 위해 여전히 날려 보내지고 있던 비둘기들은 폭스우드 농장에 발을 들여놓는 것이 금지되었고, '인간을 죽여라'는 이전의 표어 대신 '프레더릭을 죽여라'로 바꾸도록 명령이 내려졌다. 늦여름 동안에 스노볼의 또 다른 음모가 폭로되었다. 수확한 밀에 잡초 씨가 가득했는데 스노볼이 밤에 와서 씨앗용 곡물에 잡초 씨앗을 섞어 놓았었다는 것이 밝혀졌다. 이 음모 사건에 몰래 관여했던 거위가 스퀼러에게 자신의 죄를 자백하고는 곧바로 치명적인 벨라도나 열매를 먹고 스스로 목숨을 끊었다.

동물들은 이제까지 다수가 믿었던 것과는 다르게 이제야 스노볼이 '동물 영웅 일등 훈장'을 받은 적이 없다는 것을 알게 되었다. 이는 외양간 전투가 끝나고 얼마 후 스노볼 본인이 퍼뜨린 단순히 전설 같은 이야기였다. 훈장을 받기는커녕 그는 전투에서 비겁함을 보였다고 비난을 받아 왔었다. 다시 어떤 동물들은 조금 당혹해 하며 이 말을 들었지만 스퀼러가 그들의 기억이 잘못되었음을 바로 이해시킬 수 있었다.

가을에 풍차 건설이 너무나도 힘들게 완료되었는데, 이와 거의 동시에 추수가 진행되어야 했기 때문이었다. 아직 기계를 설치할 일이 남아 있었고 휨퍼가 여전히 기계 구입을 위해 협상하고 있었지만 어쨌든 구조물은 완성이 되었다. 미숙함과 원시적인 도구, 불운과 스노볼의 반역이 있었음에도 그 작업은 어김없이 바로 지정된 날에 끝이 났다. 몸은 비록 지쳤지만 자랑스럽게 동물들은 그 훌륭한 작품 주위를 돌고 돌았고 그 작품은 처음에 세워졌을 때보다 그들의 눈에는 훨씬 더 훌륭하게 보였다. 더욱이 벽은 전보다 두 배나 두터웠다. 이번에는 폭발물이 아니라면 그 어떤 것도 그 벽들을 무너뜨리지 못할 것이었다. 그들이 얼마나 힘들여 일했고 어떤 고난을 극복했는지는 말로 표현할 수 없을 정도였다. 그래서 풍차의 날개가 돌면서 발전기가 작동하면 자신들의 생활에 미칠 엄청난 효과에 대해 생각하느라 피로를 잊었다. 그들은 성취감에 들뜬 환성을 지르며 풍차 주위를 빙빙 뛰어다녔다. 나폴레옹 자신도 개들과 수탉을 데리고 완성된 건축물을 살펴보기 위해 왔다. 그는 직접 동물들의 공로를 치하했으며 풍차의 이름을 '나폴레옹 풍차'라고 명명할 것이라고 발표했다.

이틀 뒤 동물들은 특별 모임을 위해 헛간에 소집되었다. 거기에서 나폴레옹이 그 목재를 프레더릭에게 팔았다고 발표했을 때 동물들은 놀라 어안이 벙벙했다. 다음 날 프레더릭의 마차가 와서 그 목재를 실어갈 것이라고 했다. 나폴레옹은 필킹턴과 겉으로 우호적인 관계에 있는 것처럼 보이면서 실제로는 프레더릭과 은밀한 협의를 하고 있었던 것이다.

그 전까지 폭스우드와의 모든 관계가 깨어졌고 모욕적인 메시지가 필킹턴에게 보내졌다. 비둘기들은 핀치필드 농장을 피하고 '프레더릭을 죽여라'라는 표어를 '필킹턴을 죽여라'라는 내용으로 바꾸라는 명령을 받았다. 동시에 나폴레옹은 동물농장으로의 공격이 임박했다는 이야기가 전혀 사실이 아니고, 프레더릭이 동물들에게 한 가혹 행위에 대한 이야기는 너무나 부풀려진 것이었다고 동물들에게 확신시켰다. 이러한 소문들은 모두 스노볼과 그의 앞잡이들한테서 비롯되었던 것 같았다. 스노볼은 핀치필드 농장에 숨어 있는 것이 아닌 것 같고 실제로도 그는 거기 있던 적이 결코 없었다. 그는 폭스우드에 살고 있었고 그것도 꽤 호사스럽게 살고 있다고 했다. 그리고 사실 그는 지난 여러 해 동안 필킹턴의 고용인이었다.

　돼지들은 나폴레옹의 간교함에 푹 빠져 있었다. 나폴레옹은 필킹턴과 겉으로 우호적인 척하면서 프레더릭이 값을 12파운드 올리게끔 만들었던 것이다. 그러나 나폴레옹의 생각이 뛰어난 점은 그가 아무도 믿지 않고 심지어 프레더릭도 믿지 않았다는 사실에서 드러난다고 스퀼러가 말했다. 프레더릭은 목재 값을 수표라는 것으로 지급하기를 원했는데, 수표는 지급할 약속을 적어 놓은 종이쪽지인 것 같았다. 그러나 나폴레옹은 너무도 영리했다. 그는 목재를 가져가기 전에 진짜 화폐인 5파운드 지폐로 지급하기를 요구했던 것이다. 프레더릭이 돈을 지급했고 그가 낸 돈은 풍차를 위한 기계를 사기에 충분한 액수였다.

　그동안 목재가 빠른 속도로 실려 갔다. 다 실려 갔을 때 동물들은 프레더릭의 지폐를 조사하기 위해 헛간에서 특별 모임을 열었다. 두 개의 훈장을 건 나폴레옹은 기쁜 미소를 짓고 단상에 있는 잠자리 짚 위에 누워 있었다. 그의 옆에는 부엌에서 가져온 자기 접시 위에 차곡차곡 쌓아 놓은 돈이 있었다. 동물들은 줄을 지어 천천히 지나가면서 그릇에 쌓인 돈을 보았다. 복서는 코를 내밀어 지폐의 냄새를 맡았고 그의 콧김에 흰색의 얇은 돈들이 움직이면서 바스락거렸다.

　사흘 뒤 엄청나게 큰 소란이 있었다. 죽은 사람처럼 얼굴이 창백한 휨퍼가 자전거를 타고 전속력으로 달려오더니 자전거를 마당에 내던지고는 집으로 곧장 달려 들어갔다. 곧바로 나폴레옹의 방에서 숨 막힐 듯한 분노의 고함 소리가 들려왔다. 일어난 사건에 대한 소식이 삽시간에 농장에 퍼졌다. 그 지폐가 위폐였다! 프레더릭이 그 목재를 거저 얻은 셈이었다!

　나폴레옹은 곧바로 동물들을 모두 불러 모아서 무서운 목소리로 프레더릭에게 사형을 선고했다. 그는 프레더릭을 붙잡으면 산 채로 끓일 것이라고 말했다. 동시에 그는 이렇게 신뢰를 배반하는 짓이 벌어졌으니 최악의 경우도 예상할 수 있다고 동물들에게 주의를 주었다. 프레더릭과 그의 일꾼들이 오랫동안 예상되었던 공격을 해 올지도 모른다고 말이다. 농장의 모든 입구에 보초를 세웠다. 게다가 필킹턴과 좋은 관계를 회복하고 싶다는, 회유하는 듯한 서신과 함께 돼지 네 마리를 폭스우드로 보냈다.

바로 다음 날 아침 공격이 시작되었다. 동물들이 아침을 먹고 있을 때 망을 보던 동물들은 프레더릭과 그의 부하들이 다섯 개의 가로대가 있는 문으로 이미 들어섰다는 소식을 가지고 달려왔다. 동물들은 아주 대담하게 그들과 맞서기 위해 출격했지만 이번에는 외양간 전투에서처럼 쉽게 승리를 거두지는 못했다. 열다섯 사람이 있었는데 그중 여섯 명이 총을 가지고 있었고 약 오십 미터 이내로 근접하자 총을 쏘기 시작했다. 무서운 폭발과 날카로운 총알에 맞설 수는 없었다. 나폴레옹과 복서가 동물들을 다시 모으려고 노력했음에도 그들은 곧 격퇴되었다. 많은 동물들이 다쳤다. 그들은 농장 건물에 피신을 해서 틈새와 옹이구멍을 통해 조심스럽게 엿보았다. 풍차를 포함해 넓은 목초지 전부가 적들의 수중에 떨어졌다. 한동안은 나폴레옹조차 어찌할 바를 모르는 것 같았다. 그는 빳빳해진 꼬리를 씰룩씰룩 움직이면서 아무 말 없이 서성거렸. 아쉬운 듯한 눈길이 폭스우드 농장 쪽을 향했다. 필킹턴과 그의 일꾼들이 그들을 도와준다면 이길지도 몰랐다. 그러나 이 순간 전날 보냈던 돼지 네 마리가 돌아왔는데 그중 한 마리에게 필킹턴으로부터 받은 종잇조각이 들려 있었다. 그 종이에는 "꼴좋다"라고 씌어 있었다.

그동안 프레더릭과 그의 부하들은 풍차 주변에 멈춰 섰다. 동물들은 그들을 지켜보았고 놀라서 중얼거리는 소리가 퍼져 나갔다. 프레더릭의 부하 가운데 두 사람이 쇠지레와 큰 망치를 꺼냈다. 풍차를 무너뜨리려고 하고 있었다.

"안 될 거야!" 나폴레옹이 소리쳤다. "우리가 너무 두껍게 벽을 쌓아서 무너뜨리지 못할 거야. 일주일이 걸려도 무너뜨리지 못할 거야. 기운을 내시오, 동지 여러분!"

그러나 벤자민은 그 사람들의 행동을 유심히 지켜보고 있었다. 큰 망치와 쇠지레를 들고 있던 두 사람은 풍차의 기초 근처에 구멍을 내고 있었다. 벤자민은 재미있다는 듯이 천천히 긴 주둥이를 끄덕였다.

"그럴 줄 알았어." 벤자민이 말했다. "저들이 뭘 하는지 모르겠어? 곧 저 구멍에 폭약을 채워 넣을 거야."

두려움에 떨며 동물들은 기다렸다. 이제 피신해 있던 건물 밖으로 위험을 무릅쓰고 나갈 수도 없었다. 몇 분 뒤에 사람들이 온 사방으로 뛰어가는 것이 보였다. 그때 귀청이 터질 것 같은 큰 소리가 났다. 비둘기들은 공중으로 소용돌이치며 올라갔고 나폴레옹을 제외한 모든 동물들은 바닥에 배를 대고 납작 엎드리고 얼굴을 묻었다. 다시 그들이 일어섰을 때 풍차가 있었던 곳에는 거대한 구름 같은 검은 연기가 드리워져 있었다. 불어오는 산들바람에 그 연기는 서서히 사라졌다. 풍차는 더 이상 존재하지 않았다.

이것을 보고 동물들은 다시 용기를 얻게 되었다. 조금 전에 그들이 느꼈던 두려움과 절망은 이러한 야비하고 비열한 행위에 느끼는 분노 속에 묻혀 버렸다. 복수를 외치는 힘찬 함성이 들려왔고 더 이상의 명령을 기다리지도 않고 그들은 곧장 적들을 향해 힘차게 나아갔다. 이번에 그들은 우박처럼 그들 위로 날아가는 잔혹한 총알을 무시했다. 잔인하고 격렬한 전투였다. 사람들은 계속 총을 쏘았고 동물들이 바싹 접근했을 때 막대기를 휘두르고 구둣발로 걷어찼다. 암소 한 마리와 양 세 마리와 거위 두 마리가 살해되었고 거의 모든 동물들이 다쳤다. 뒤쪽에서 작전을 지휘하던 나폴레옹까지도 총알에 꼬리 끝이 떨어져 나가는 상처를 입었다. 그러나 인간들이라고 다치지 않은 것은 아니었다. 세 사람은 복서의 발굽에 의해 머리가 깨졌고, 다른 한 사람은 암소 뿔에 배가 들이받혔다. 또 한 사람은 제시와 블루벨에 의해 바지가 거의 다 찢겨 나갔다. 나폴레옹을 호위하는 개 아홉 마리가 산울타리 뒤에 숨어서 우회를 하도록 지시를 받고는 갑자기 인간들의 측면에서 나타나 사납게 짖어 대자 인간들은 두려움에 사로잡혔다. 그들은 포위될 위험에 놓였다는 것을 알았다. 프레더릭은 그의 부하들에게 상황이 불리해지기 전에 달아나라고 소리쳤고 곧바로 비겁한 적들은 죽을힘을 다해서 달아났다. 동물들은 들판 아래쪽까지 쫓아가서 그들이 가시나무 울타리 사이를 억지로 헤치며 나아갈 때 마지막으로 몇 번 걷어찼다.

동물들은 이겼지만 지쳤으며 피도 흘렸다. 그들은 절뚝거리며 농장으로 천천히 돌아오기 시작했다. 풀밭에 뻗어 있는, 죽은 동지들의 모습에 일부 동물들은 눈물을 흘렸다. 그리고 한때 풍차가 서 있었던 곳에 이르자 얼마 동안 비탄에 잠긴 채 말없이 멈춰 섰다. 풍차는 흔적도 없이 사라졌다. 그들 노력의 마지막 흔적마저 거의 사라져 버렸다. 심지어 그 기초도 일부 부서져 있었다. 그래서 다시 짓는다면 이번에는 전처럼 떨어진 돌을 쓸 수 없을 정도였다. 게다가 이번에는 돌들 또한 사라지고 없었다. 폭발의 위력으로 돌들이 수백 미터 밖으로 날아가 버렸던 것이다. 전혀 풍차가 있었던 곳처럼 보이지 않았다.

그들이 농장에 가까이 왔을 때, 싸움이 벌어지는 동안 왠지 보이지 않았던 스퀼러가 꼬리를 흔들고 환히 미소를 지으며 그들 쪽으로 폴짝폴짝 뛰어왔다. 그 순간 동물들은 농장 건물 쪽에서 나는 무거운 총성을 들었다.

"총이 왜 발사된 거지?" 복서가 물었다.

"승리를 기념하기 위해서지요." 스퀼러가 큰 소리로 말했다.

"무슨 승리?" 복서가 되물었다. 그의 무릎에서는 피가 나고 있었고 편자가 떨어져 나갔으며 발굽은 쪼개지고 뒷다리에는 열두 개의 총알이 박혔다.

"무슨 승리냐구요, 동지? 우리 땅인 신성한 동물농장에서 적들을 몰아내지 않았습니까?"

"하지만 적들이 풍차를 무너뜨렸어. 그것을 세우는 데 2년이 걸렸다고!"

"그래서 어떻단 말인가요? 풍차는 또 지을 겁니다. 우리가 원한다면 풍차는 여섯 개도 지을 수 있을 거예요. 동지는 우리가 엄청난 일을 해냈다는 것을 이해하지 못하는군요. 적들이 우리가 서 있는 바로 이 땅을 점령했었어요. 그리고 지금은 나폴레옹 동지의 지휘 덕분에 이 땅을 다시 되찾았단 말예요!"

"그런 식으로 말한다면 우리가 전에 갖고 있던 것을 되찾은 거지." 복서가 말했다.

"그게 우리의 승리인 거지요." 스퀼러가 말했다.

그들은 절뚝거리며 마당으로 들어갔다. 살 속으로 총알이 박힌 복서의 다리는 욱신욱신 쑤시고 아팠다. 그는 풍차를 다시 짓기 위한 앞으로의 모진 노동을 생각하며 마음의 준비를 단단히 했다. 그러나 처음으로 자신이 열한 살이고 근력도 옛날만큼 좋지 않을지도 모른다는 생각이 떠올랐다.

그러나 동물들은 펄럭이는 초록 깃발을 보고 다시 일곱 번의 총성이 울리는 것을 듣고, 나폴레옹이 그들의 용맹을 치하하는 연설을 듣고 나자 자신들이 대단한 승리를 거둔 것처럼 느끼게 되었다. 전투에서 죽은 동물들에게는 장엄한 장례를 치러 주었다. 복서와 클로버는 영구차 대용의 마차를 끌었고 나폴레옹은 장례행렬 맨 앞에서 걸어갔다.

승리를 축하하는 데 이틀을 꼬박 보냈다. 노래와 연설과 더 많은 축포가 이어졌다. 또 특별선물로 모든 동물에게 사과가 한 개씩 주어졌으며 새들에게는 각각 60그램쯤의 곡물이, 개들에게는 비스킷 세 개씩이 주어졌다. 이번 전투는 '풍차 전투'로 명명될 것이라고 발표되었다. 나폴레옹은 새로운 훈장인 '초록 깃발 훈장'을 만들고 자기 자신에게 수여했다. 이런 축제 분위기 속에서 위조지폐와 관련된 불행한 사건은 곧 잊히게 되었다.

이틀 뒤, 돼지들은 집의 지하실에서 위스키 상자를 발견했다. 집에 입주했을 때는 알지 못했던 것이었다. 그날 밤 농가에서 시끄러운 노랫소리가 들려왔는데 놀랍게도 그 곡조에는 〈영국의 동물들〉이 뒤섞여 있었다. 아홉 시 반 무렵에 나폴레옹이 존스 씨의 중산모를 쓰고 뒷문에서 나와서 마당을 빠른 걸음으로 돌아 다시 집 안으로 들어가는 것이 뚜렷이 보였다. 그러나 아침이 되자 집 안은 아주 조용했다. 돼지 한 마리도 움직이는 것 같지 않았다. 거의 아홉 시가 되어서야 스퀼러가 모습을 드러냈는데 기운 없이 느릿느릿 걸으며 눈은 흐릿하고 꼬리는 뒤로 축 늘어져 어느 모로 보나 매우 아파 보였다. 그는 동물들을 모아 놓고 좋지 않은 소식이 있다고 말했다. 나폴레옹 동지가 죽어 가고 있다는 것이었다!

비탄의 함성이 커졌다. 집 문밖에 지푸라기가 깔렸고 동물들은 발소리를 죽이고 걸었다. 동물들은 눈물을 흘리며 자신들의 지도자가 죽으면 어떻게 될지 서로에게 물었다. 결국 스노볼이 나폴레옹의 음식에 독을 넣었다는 소문이 돌았다. 열한 시에 스퀼러가 나와서 또 다른 발표를 했다. 이 세상에서의 마지막 행동으로서 나폴레옹 동지는 술을 마시면 사형에 처할 것이라는 중대한 명령을 공표했다는 것이었다.

그러나 저녁쯤에 나폴레옹은 조금 나아 보였고 다음 날 아침 스퀼러는 나폴레옹이 잘 회복하고 있다고 동물들에게 말할 수 있었다. 그날 저녁 무렵 나폴레옹은 일을 다시 시작했으며 다음 날에는 휨퍼에게 윌링던에서 양조와 증류에 대한 책자를 구입해 달라고 지시했다는 사실이 알려졌다. 일주일 뒤, 은퇴할 동물들을 위한 쉼터로 두기로 했던 과수원 너머의 작은 방목장을 갈아 일구라는 나폴레옹의 명령이 떨어졌다. 그 목초지가 못 쓰게 되어 씨를 다시 뿌릴 필요가 있게 되었다는 것이었다. 나폴레옹이 보리씨를 뿌리려 한다는 것이 곧 알려지게 되었다.

이때쯤 누구도 이해할 수 없는 이상한 사건이 일어났다. 어느 날 밤 열두 시 무렵 앞뜰에서 뭔가 부서지는 시끄러운 소리가 나서 동물들이 축사에서 달려 나갔다. 달빛이 비치는 밤이었다. 칠계명이 씌어 있는 큰 헛간의 끝 쪽 벽 아래에 있던 사다리가 두 동강이 나 있었다. 스퀼러는 일시적으로 정신을 잃은 채 쭉 뻗어 있었고 바로 가까이에 랜턴과 그림붓, 뒤집힌 흰 페인트 통이 있었다. 개들이 곧장 스퀼러 주위를 둥글게 에워싸고는 그가 걸을 수 있을 만하게 되자 호위하며 집으로 데려갔다. 동물들은 아무도 이 사건이 무엇을 말하는지 이해할 수 없었다. 그러나 늙은 벤자민은 알겠다는 듯이 고개를 끄덕였고 실제로도 뭔가를 알고 있는 것같이 보였지만 아무 말도 하지 않았다.

며칠 뒤 뮤리엘이 혼자 칠계명을 읽고 있다가 그중에 동물들이 잘못 기억하고 있는 것이 또 하나 있다는 것을 알았다. 그들은 다섯 번째 계명이 '동물들은 술을 마시지 말라'라고 생각했었지만 그들이 기억하지 못하는 두 개의 단어가 있었다. 실제로 그 계명은 '동물들은 정도가 지나치게 술을 마시지 말라'라고 씌어 있었다.

9

복서의 쪼개진 발굽은 낫는 데 오래 걸렸다. 동물들은 승리를 기념하는 축제가 끝난 다음 날부터 풍차를 다시 짓기 시작했다. 복서는 일을 하루 쉬는 것조차 거부하고 자신이 괴로워하는 모습을 남에게 보이는 것을 명예롭지 못한 것으로 생각했다. 저녁에 그는 클로버에게 발굽이 너무 아프다고 몰래 털어놓았다. 클로버는 약초를 씹어서 만든 약을 복서의 발굽에 붙여 주었고 벤자민과 함께 일을 좀 덜 하라고 권고했다. "말의 허파가 영구히 견딜 수는 없다"고 클로버가 말했다. 그러나 복서는 듣지 않았다. 그에게는 진정으로 바라는 열망이 하나 있는데 그것은 자신이 일을 그만둘 나이가 되기 전에 풍차가 잘 돌아가는 것을 보는 것이라고 말했다.

처음에 동물농장의 법이 최초로 만들어졌을 때, 정년이 말과 돼지는 열두 살, 암소는 열네 살, 개는 아홉 살, 양은 일곱 살, 암탉과 거위는 다섯 살로 정해져 있었다. 후한 양로 연금에 대해서도 합의가 되었었다. 아직까지는 정년을 맞아 연금을 받는 동물이 아무도 없었지만 최근에 그 문제가 더욱더 논란이 되었었다. 과수원 너머에 있는 작은 밭에 보리를 재배하기로 했으므로 큰 목초지 한 귀퉁이에 울타리를 쳐서 노령으로 퇴직한 동물들을 위한 방목장을 만들 것이라는 소문이 돌았다. 말을 위한 연금은 하루에 곡물 약 2.5킬로그램이고 겨울에는 건초가 약 7킬로그램, 공휴일에는 당근이나 사과 한 개가 지급될 것이라고들 했다. 복서의 생일은 이듬해 늦여름이었다.

그동안 생활은 무척 고됐다. 이번 겨울은 지난 겨울만큼이나 추웠고 식량은 훨씬 더 모자랐다. 돼지들과 개들을 위한 배급을 제외하고 다시 한 번 모든 배급량이 줄어들었다. 식량을 너무 엄격하게 균등 배급하는 것은 동물주의 원칙에 어긋나는 일이라고 스퀼러가 설명했다. 겉으로는 어떻게 보이든 간에 실제로 식량이 모자라지 않다는 것을 동물들에게 입증하는 데 그는 전혀 어려움이 없었다. 당분간 배급량을 재조정하는 것이 확실히 필요했었지만(스퀼러는 언제나 배급량에 대해 말할 때 '감소'라는 말을 쓰지 않고 '재조정'이란 말을 썼다) 존스의 시절과 견주어 보면 크게 향상된 것이라고 말했다. 그는 날카로운 목소리로 수치를 빠르게 읽으면서 상세하게 말했다. 존스 시절보다 귀리와 건초와 순무의 생산량이 훨씬 늘어났고 더 적은 시간 동안 일했다고 했다. 또한 식수도 질이 좋아졌고 수명도 더 길어졌다는 것이었다. 대부분의 어린 동물들이 유아기를 넘도록 살았고 축사에는 더 많은 짚이 푹신하게 깔리고 벼룩 때문에 하던 고생도 줄었다고 말했다. 동물들은 그 말을 모두 믿었다. 실은 존스와 존스를 나타내는 모든 것이 그들의 기억 속에서 거의 사라져 버렸다. 그들은 요즈음의 생활이 모질고 빠듯하며 때때로 춥고 배고팠고 잠을 자지 않을 때는 늘 일을 하고 있다는 것을 알았다. 그러나 옛날이 더 좋지 않았다는 것은 의심의 여지가 없었다. 그렇게 믿으니 행복해졌다. 게다가 그 시절에 그들은 노예였고 지금은 자유로운 몸이었으므로 스퀼러가 지적했던 대로 큰 차이가 있었다.

지금은 먹여 살려야 할 더 많은 식구가 있었다. 가을에 암퇘지 네 마리가 모두 동시에 새끼를 낳았는데 모두 서른한 마리였다. 새끼 돼지들은 잡종이었는데 나폴레옹이 농장에서 유일한 수퇘지였으므로 그 새끼들의 혈통을 가히 짐작할 수 있었다. 나중에 벽돌과 목재를 사들였을 때 농장의 정원에 교실이 세워질 것이라고 발표되었다. 한동안 어린 돼지들은 집 안의 부엌에서 나폴레옹이 직접 가르쳤다. 그들은 정원에서 운동을 했고 다른 동물들과 놀지 못하도록 했다. 또 이맘때 돼지와 다른 동물이 길에서 만나면 다른 동물이 비켜야 한다는 규정이 세워졌다. 그리고 돼지들은 모두 지위가 어떠하든 일요일마다 꼬리에 초록색 리본을 달 특권이 있다는 규정도 만들어졌다.

농장의 동물들은 매우 성공적인 한 해를 보냈지만 여전히 돈이 모자랐다. 교실 건축을 위해 벽돌과 모래와 석회를 구입해야 했고 또한 풍차용 기계 구입을 위해 다시 돈을 모아야 할 필요가 있었다. 게다가 가정용 등유와 초, 나폴레옹만을 위한(나폴레옹이 살찐다는 이유로 다른 돼지들이 설탕을 먹는 것을 금지시켰기 때문에) 식탁용 설탕, 그리고 연장과 못, 끈과 석탄, 철사와 고철, 개먹이 비스킷 등 부족분을 채울 일상의 물건들도 사야 했다. 건초를 베어 낸 밑동 줄기와 수확한 감자의 일부를 팔았고 계란 판매 계약을 주당 육백 개로 늘였다. 그래서 그해 암탉들은 그들의 수를 같은 수준으로 유지하기에 충분한 병아리를 거의 부화하지 못했다. 12월에 줄어든 식량 배급은 2월에 다시 또 줄었고, 등유를 아끼기 위해 축사에서 등을 켜는 것이 금지되었다. 그러나 돼지들은 매우 편안한 것 같았고 사실상 어느 정도는 살이 찌고 있었다. 늦은 2월 어느 날 오후, 동물들이 한 번도 맡아 보지 못했던 구수하고 식욕을 돋우는 짙은 냄새가 앞뜰로 풍겨 왔다. 존스 시절에 폐기된 부엌 너머에 있는 작은 양조장에서 흘러나오는 냄새였다. 누군가가 보리를 삶는 냄새라고 말했다. 동물들은 배고파서 코를 킁킁대며 숨을 들이쉬었고 저녁으로 보리를 섞은 따뜻한 사료가 준비되고 있지나 않을까 생각했다. 그러나 따뜻한 사료는 나오지 않았다. 그다음 일요일에 지금부터 모든 보리는 돼지들을 위해 비축될 것이라고 발표되었다. 과수원 너머의 밭에는 이미 보리씨가 뿌려졌다. 그리고 모든 돼지들은 날마다 서 홉의 맥주를 배급받고 나폴레옹 자신은 약 반 갤런의 맥주를 마시는데, 늘 영국 더비의 뚜껑 있는 수프 그릇으로 쓴다는 정보가 곧 흘러나왔다.

참아야 할 어려움이 많았지만, 그것들은 요즈음 생활이 전보다 더 품위 있다는 사실에 의해 일부 상쇄되었다. 더 많이 노래를 불렀고, 더 많이 연설했으며, 더 많이 행진을 펼쳤다. 나폴레옹이 동물농장의 투쟁과 승리를 경축하기 위해 자발적인 시범이라고 부르는 행사를 일주일에 한 번 개최하라고 명령했기 때문이었다. 정해진 시간에 동물들은 일을 그만두고 군대 대형으로 농장 주위를 돌며 행진했는데 돼지들이 맨 앞에 서고 그다음에 말, 그다음에 암소,

그다음에 양, 그다음에 조류가 섰다. 개들은 그 행렬의 측면에 섰고 나폴레옹의 검은 수탉이 모든 동물의 맨 앞에서 행진을 했다. 복서와 클로버는 발굽과 뿔이 그려져 있고 '나폴레옹 만세!'라는 글자가 쓰인 녹색 휘장을 늘 둘이서 들고 다녔다. 그다음엔 나폴레옹에게 경의를 표하기 위해 지어진 시의 낭송과 최근의 식량 생산의 증가를 낱낱이 설명하는 스퀼러의 연설이 있었고 때로 축포를 쏘았다. 양들은 자발적인 시범에 가장 열성적으로 임하는 동물들이었는데, 누군가가 양들이 시간을 낭비하고 추위에 오래 서 있게 한다고 불평(돼지나 개들이 옆에 없을 때면 불평하는 동물들도 가끔 있었다)을 하면 양들은 "네 발 짐승은 좋고 두 발 짐승은 나쁘다!"라는 구호를 큰 소리로 외쳐 댐으로써 불평을 가라앉혔다. 그러나 대체로 동물들은 이 축제를 즐겼다. 그들은 어쨌든 스스로를 정말로 주인이고 그들이 하는 일은 자신들을 위한 것이라는 사실에 위안을 받았다. 노래와 행진, 스퀼러의 수치 목록과 우레 같은 축포 소리, 수탉의 울음소리와 펄럭이는 깃발 따위로 인해 적어도 그 시간 중 얼마 동안은 배고픔을 잊을 수 있었다.

　4월에 동물농장은 공화국임을 선포했으므로 대통령을 선출해야만 했다. 나폴레옹이 단일 후보였으므로 만장일치로 선출되었다. 그날 스노볼이 존스와 공모했음을 구체적으로 보여 주는 새로운 문서가 발견되었다고 발표되었다. 동물들이 전에 알게 된 것처럼 스노볼이 전략적으로 외양간 전투에서 패하려고 시도했을 뿐만 아니라 공공연히 존스 편에서 싸웠다는 사실이 드러났다. 인간의 공격을 지휘하고 자신의 입으로 "인간 만세!"라고 말하면서 전투로 뛰어든 자가 스노볼이라는 것이었다. 몇몇 동물들이 아직도 보았다고 기억하는 스노볼의 등에 입은 부상은 나폴레옹의 이빨에 의해 생긴 상처였다고 했다.

　한여름에 몇 년간 사라졌던 갈까마귀 모세가 갑자기 농장에 다시 나타났다. 그는 전혀 바뀐 것이 없었고 아직도 일을 하지 않았으며 전처럼 같은 투로 슈거캔디 마운틴에 대해 이야기했다. 그는 나무 그루터기에 앉아서 검은 날개를 퍼덕거리며 귀를 기울이는 자에게 몇 시간이고 계속해서 이야기했다. "동지 여러분!" 그가 큰 부리로 하늘을 가리키면서 진지하게 말했다. "저 높은 곳, 여러분이 볼 수 있는 저 검은 구름 바로 반대편에 우리같이 불쌍한 동물들이 일하지 않고 영원히 쉴 수 있는 행복한 나라인 슈거캔디 마운틴이 있어요!" 그는 심지어 높이 날아서 거기 간 적도 한 번 있으며, 토끼풀이 끊임없이 자라나는 들판과 산울타리에서 자라는 아마씨 케이크와 각설탕을 본 적이 있다고 주장했다. 많은 동물들이 그의 말을 믿었다. 그들의 생활은 굶주리고 고되었다. 더 나은 세상이 다른 어딘가에 있다는 말이 당연히 맞지 않을까? 판단하기 힘든 것은 모세를 대하는 돼지들의 태도였다. 돼지들은 모두 슈거캔디에 대한 그의 이야기가 거짓말이라고 경멸하듯 말했지만, 일을 하지 않는 그에게 날마다 반 컵 정도의 맥주를 줘 가면서 그를 농장에 머물게 했다.

복서는 발굽이 다 낫자 전보다 더 열심히 일했다. 사실 모든 동물들이 그해 내내 노예처럼 일했다. 농장의 일상 작업과 풍차를 다시 세우는 일 외에도 3월에 시작된 어린 돼지들의 교사를 건축하는 일이 있었다. 때로 배불리 먹지 못하고 오랜 시간 동안 일하는 것이 참기 어려웠지만 복서는 결코 기운을 잃지 않았다. 하는 말이나 행동에서는 그의 힘이 예전 같지 않다는 것을 전혀 눈치챌 수 없었다. 바뀐 것이 있다면 그것은 오로지 그의 외모였다. 그의 피부가 예전만큼 윤기가 없었고 커다랗던 엉덩이는 쪼그라든 것 같았다. 다른 동물들은 "봄에 풀이 새로 자라면 복서도 살이 붙을 것이다"라고 말했다. 그러나 봄이 되었는데도 복서는 살이 찌지 않았다. 채석장의 꼭대기로 오르는 비탈에서 커다란 바위의 무게를 자신의 근력으로 떠받치고 있을 때, 굳건한 의지 말고는 그의 발을 버티게 해 주는 것이 아무것도 없는 것 같았다. 그럴 때마다 그의 입은 "더 열심히 일할 거야"라고 말하는 듯했다. 그에게는 어떠한 소원도 남아 있지 않았다. 다시 한 번 클로버와 벤자민이 복서에게 건강을 돌보라고 주의를 주었지만 그는 듣지 않았다. 복서의 열두 번째 생일이 다가오고 있었다. 그는 연금을 받고 퇴직하기 전에 많은 돌을 모아 놓기만 하면 어떻게 되어도 상관없었다.

그해 어느 여름날 저녁 늦게 갑자기 복서에 무슨 일이 일어났다는 소문이 돌았다. 그는 혼자서 바위 한 무더기를 풍차 있는 곳으로 끌어다 놓으려 가고 없었다. 그런데 아니나 다를까 그 소문은 사실이었다. 몇 분 뒤에 비둘기 두 마리가 그 소식을 가지고 급히 날아 들어왔다.

"복서가 쓰러졌어요! 옆으로 쓰러져 있는데 일어나지를 못해요!"

농장의 동물들 가운데 절반이 풍차가 있는 작은 언덕으로 달려갔다. 복서는 수레의 끌채 사이에 목을 쭉 뻗은 채 쓰러져 있었고 고개도 들지 못했다. 그의 눈은 생기가 없이 흐릿하고 옆구리는 땀에 젖어 있었다. 입에서는 한 줄기 피가 흘러나왔다. 클로버는 그의 옆에 무릎을 꿇고 앉았다.

"복서!" 클로버가 소리쳤다. "괜찮아?"

"폐 때문이야." 복서가 힘없이 말했다. "별일 아니야. 나 없이도 네가 풍차를 완성할 수 있을 거야. 돌이 꽤 많이 모였어. 어쨌든 은퇴가 한 달밖에 남지 않았잖아. 사실 난 은퇴를 기다리고 있었어. 벤자민도 나이가 들어가고 있으니까 그들이 그도 같이 은퇴를 시켜서 나와 같이 지내게 해 주겠지."

"곧바로 도움을 요청해야 되겠어." 클로버가 말했다. "누가 가서 스퀼러한테 이야기를 좀 해 줘."

다른 동물들 모두가 즉시 농가로 다시 달려가서 스퀼러에게 그 소식을 전했다. 클로버와 벤자민이 남았다. 복서 옆에 앉아 있던 벤자민은 긴 꼬리로 파리를 쫓고 있었다. 십오 분 뒤에 스퀼러가 동정과 근심 가득찬 모습으로 나타났다. 그는 나폴레옹 동지가 이 농장에서 가장 성실한 일꾼이 이러한 화를 당한 것을 알고 매우 슬퍼했으며, 윌링던에 있는 병원에서 치료를 받도록 복서를 보내기로 이미 준비하고 있다고 말했다. 이 말에 동물들은 조금 걱정이 되었다. 지금껏 몰리와 스노볼을 제외하고는 농장을 떠나간 동물이 아무도 없었던 데다 아픈 동지를 인간들의 손에 맡긴다는 것을 생각하고 싶지 않았던 것이다. 그러나 스퀼러는 농장에서보다 윌링던에 있는 수의사가 복서의 병을 더 잘 치료해 줄 것이라고 동물들을 쉽게 이해시켰다. 복서는 삼십 분쯤 뒤 몸이 좀 회복되자 겨우 일어서서 자신의 마구간으로 느릿느릿 걸어갔다. 거기에는 이미 클로버와 벤자민이 그를 위해 짚으로 자리를 잘 마련해 놓았다.

다음 이틀간 복서는 마구간에 있었다. 돼지들은 욕실에 있는 약상자에서 찾아낸 커다란 분홍색 약병을 보냈고 클로버는 그 약을 하루에 두 번 식후에 복서에게 먹였다. 저녁에 클로버는 복서의 마구간에 누워서 그와 이야기를 나누었고 벤자민은 그에게서 파리를 쫓아 주었다. 복서는 이미 벌어진 일을 후회하지 않는다고 말했다. 회복이 잘 되면 삼 년을 더 살 기대가 없지 않으며 넓은 목초지 한 귀퉁이에서 편안한 날을 보내고 싶다고 말했다. 처음으로 한가하게 공부를 해서 지적으로 향상될 수도 있을 테니 아직 다 못 배운 알파벳 스물두

자를 배우는 데 여생을 바칠 생각이라고 말했다.

벤자민과 클로버는 작업 시간 이후에만 복서와 함께 있을 수 있었는데, 대낮에 복서를 데려가기 위한 마차가 왔다. 동물들은 모두 돼지의 감독 아래 순무 밭에서 풀을 뽑는 일을 하고 있었는데 벤자민이 농가 건물 쪽에서 목청껏 외치면서 전속력으로 달려오는 것을 보고 놀랐다. 그들은 처음으로 벤자민이 흥분한 모습을 보았고, 사실 그가 전속력으로 달리는 모습을 본 것도 처음이었다. "빨리, 빨리!" 그가 소리쳤다. "어서 와보라니까! 복서를 데려가고 있어!" 동물들은 돼지의 명령도 기다리지 않은 채 하던 일을 그만두고 농장 건물로 달려갔다. 앞뜰에는 말 두 마리가 끄는 큰 마차가 있었는데, 지붕을 씌우고 측면에는 글자가 씌어 있었다. 층이 낮은 중산모를 쓴 교활하게 보이는 남자가 마부석에 앉아 있었다. 그리고 복서의 마구간은 이미 텅 비어 있었다.

동물들은 마차 주위로 몰려들었다.

"잘 가, 복서!" 그들이 일제히 말했다.

"바보들! 바보 같으니라고!" 벤자민이 그들 주위를 뛰어다니며 작은 발굽으로 땅바닥에 쿵쿵 발을 굴렀다. "바보들! 저 마차 옆구리에 뭐라고 써졌는지 모르겠어?"

그 말에 동물들은 주춤하고는 잠시 잠잠해졌다. 뮤리엘이 적힌 글자를 읽기 시작했다. 그러나 벤자민은 그녀를 제치고 죽은 듯 고요한 가운데 읽었다.

" '앨프레드 시먼즈, 말 도살자 및 아교 제조자, 윌링턴. 가죽 및 골분 장수. 개집 공급함.' 저게 무슨 뜻인지 모르겠어? 저들이 복서를 도살장으로 데려가는 거라고!"

모든 동물한테서 두려움의 탄식이 터져 나왔다. 이때 마부석에 앉은 남자가 말들에게 채찍질을 했고 마차는 빠른 속도로 앞뜰에서 나갔다. 동물들이 모두 목청껏 소리치면서 뒤쫓아 갔다. 클로버가 앞으로 힘껏 나아갔다. 마차는 속도를 높이기 시작했다. 클로버는 튼튼한 다리를 움직여 전속력으로 달려서 마차를 따라잡았다. "복서!" 그녀가 소리쳤다. "복서! 복서! 복서!" 이때 복서는 밖에서 나는 소리를 들은 것처럼 코에 흰 줄무늬가 있는 얼굴이 마차 뒤편의 작은 창문으로 보였다.

"복서!" 클로버가 매우 큰 소리로 외쳤다. "복서! 나와! 빨리 나오라고! 저들이 너를 죽이려고 데려가는 거야!"

동물들이 모두 따라서 "나와, 복서! 나와!" 하고 소리쳤다. 그러나 마차는 이미 속력을 내고 있었고 그들로부터 멀어지고 있었다. 클로버가 한 말을 복서가 알아들었는지 확실하지 않았다. 그러나 잠시 뒤에 창문에서 그의 얼굴이 사라지더니 마차 안에서 발을 구르는 큰 소리가 들렸다. 그가 발로 차서 나오려고 하고 있었다. 예전 같으면 복서가 발길질 몇 번 하는 것만으로 마차는 산산조각이 났을 것이다. 그러나 슬프게도 이제 그에게는 힘이 없었다. 잠시 뒤에 발을 구르는 소리가 차츰 약해지더니 잠잠해졌다. 동물들은 마차를 멈추도록 마차를 끄는 말들에게 필사적으로 호소하기 시작했다. "동지들, 동지들!" 그들이 소리쳤다. "그대들의 형제를 데려가서 죽게 하지 마시오!" 그러나 그 어리석은 짐승들은 무슨 일이 벌어지고 있는지 전혀 깨닫지 못하고 그저 전속력으로 달렸다. 복서의 얼굴은 창문에서 사라졌다. 너무 늦었지만 누군가가 먼저 달려가서 다섯 개의 가로대가 쳐진 문을 닫아야 한다는 생각을 했다. 그러나 순식간에 마차는 문을 지나쳐 곧 길 아래쪽으로 사라져 버렸다. 복서는 다시 보이지 않았다.

사흘 뒤 복서가 윌링던에 있는 병원에서 말이 받을 수 있는 모든 치료를 받았지만 죽었다고 발표되었다. 스퀼러가 그 소식을 다른 동물들에게 전하러 왔다. 그는 자신이 복서의 임종을 지켜보았다고 말했다.

"그런 애처로운 광경을 본 적이 없었어요!" 스퀼러가 발을 들어 눈물을 닦았다. "저는 그 마지막 순간에 그의 머리맡에 있었어요. 마지막에 그는 말을 못할 만큼 기운이 없었는데 제 귀에 대고 풍차가 완성되는 것을 보지 못하고 죽게 되어 슬플 뿐이라고 작은 소리로 말했어요. '앞으로, 동지들이여!' 그가 속삭이듯 말했지요. '반란을 위해 앞으로. 동물농장 만세! 나폴레옹 동지 만세! 나폴레옹은 언제나 옳다.' 이게 그가 남긴 마지막 말이었어요, 동지 여러분."

이때 스퀼러의 태도가 갑자기 바뀌었다. 그는 한동안 말이 없다가 의심이 가득한 작은 눈초리로 이리저리 살폈다.

스퀼러는 복서를 이송할 때 어이없는 나쁜 소문이 돌았다는 것을 알게 되었다고 말했다. 일부 동물들이 복서를 데려간 마차에 '말도살자'라고 써진 것을 보고 복서가 도살장으로 끌려가고 있다고 지레짐작을 한 것이라고 했다. 어떤 동물이 그리도 어리석을 수 있는지 믿기 어렵다는 것이었다. 분명히, 그들은 분명히 친애하는 지도자 나폴레옹 동지가 그럴 리 없다는 것을 잘 알고 있었을 것이라고 꼬리를 흔들며 이리저리 폴짝폴짝 뛰면서 화가 나서 소리쳤다. 전에 도살장의 소유였던 그 마차를 수의사가 사들였지만 아직 예전 이름을 지우지 않은 것이라고 말했다. 그래서 그렇게 오해하게 된 것 같다고 말했다.

동물들은 이 말을 듣고 꽤 안심이 되었다. 스퀼러는 복서의 임종과 그가 받은 훌륭한 보살핌, 비용은 생각지도 않고 나폴레옹이 지급한 값비싼 약에 대해 하나하나 생생하게 설명했다. 그러자 마지막 의심마저 사라지고 그가 행복하게 죽었다는 생각에 동료의 죽음으로 그들이 느낀 슬픔도 누그러졌다.

나폴레옹은 다음 일요일 아침 모임에 나타나서 복서에게 경의를 표하는 짧은 연설을 했다. 농장에 묻기 위해 죽은 동지의 유해를 가져올 수는 없었지만, 복서의 묘지 위에 올려놓기 위해 정원에 있는 월계수로 큰 화환을 만들어 보내도록 명령했다고 말했다. 그리고 며칠 내로 돼지들이 복서에게 경의를 표하는 추모 연회를 베풀기로 했다고 말했다. 나폴레옹은 복서가 선호하던 좌우명이었던 '더 열심히 일할 거야'와 '나폴레옹 동지는 언제나 옳다'라는 표어를 상기시키고, 모든 동물이 그것을 자신의 신조로 삼는 것이 좋겠다면서 연설을 마쳤다.

연회를 열기로 정해진 날 윌링던으로부터 식품점 마차가 와서 농가에 커다란 나무상자를 배달했다. 그날 밤 소란스런 노랫소리가 나더니 곧이어 싸움이라도 벌어진 양 격렬한 소리가 들렸고, 열한 시쯤에는 유리컵 부딪히는 엄청난 소리와 함께 잠잠해졌다. 다음 날 정오가 될 때까지 집에서는 아무도 일어나지 않았는데, 돼지들이 어딘가에서 돈을 구해 위스키 한 상자를 샀다는 소문이 퍼졌다.

10

여러 해가 지나갔다. 계절이 잇따라 바뀌었고 동물의 짧은 생애는 빨리 지나갔다. 클로버와 벤자민, 갈까마귀 모세와 다수의 돼지를 제외하면 반란 전의 옛일을 기억하는 동물이 하나도 없는 시절이 되었다.

뮤리엘이 죽었고, 블루벨과 제시와 핀처가 죽었다. 존스도 죽었는데 다른 지방에 있는 주정뱅이 보호소에서 죽었다. 스노볼은 잊혔다. 복서를 알았던 몇몇 동물을 제외하면 아무도 그를 기억하지 못했다. 클로버는 아직 정정했지만 늙어서 관절이 뻣뻣하고 눈에는 점막이 끼는 증세가 있었다. 사실 정년을 이 년이나 넘겼지만 실제로 정년을 맞은 동물은 아무도 없었다. 목초지 한구석을 정년퇴직한 동물을 위해 마련해 둘 것이라는 이야기는 오래전에 흐지부지됐다. 나폴레옹은 150킬로그램의 성숙한 수퇘지였다. 스퀼러는 너무 살이 쪄서 눈을 뜨기가 힘들 정도였다. 복서가 죽은 뒤 더 침울하고 말이 없어진 벤자민만이 코 부분이 좀 더 희어진 것 외에는 달라진 게 없을 따름이었다.

이제 농장에는 더 많은 동물들이 있었지만 초기에 예상했던 숫자만큼 늘지는 않았다. 그리고 많은 동물들이 태어났지만 그들에게 반란은 오로지 말로 전해지는 희미한 전설에 지나지 않았다. 사들여 온 다른 동물들은 오기 전에 그런 일에 대해 들어 본 적도 없었다. 이제 농장에는 클로버 말고도 말 세 마리가 더 있었다. 그들은 늘씬하고 멋진 짐승이었고 자진해서 일하는 착한 동지였지만 매우 어리석었다. 그들은 모두 B 이상의 알파벳을 기억할 수 없는 것으로 드러났다. 그들은 반란과 동물주의의 원리에 대해서 들은 것을 모두 믿었는데, 특히 부모처럼 존경하는 클로버로부터 들은 것은 더욱 그러했다. 그러나 그들이 제대로 이해했는지는 의심스러웠다.

농장은 이제 더 잘 운영되고 조직화되었다. 필킹턴 씨로부터 밭 두 뙈기를 매입해 확장까지 했다. 풍차는 마침내 성공적으로 완공되었다. 농장에는 전용 탈곡기와 건초 운반기가 놓였고 새로운 건물들도 여러 채 들어섰다. 휨퍼는 이륜마차를 샀다. 그러나 풍차는 끝내 전력을 생산하기 위해 쓰이지 않고 곡물 제분용으로 쓰여 많은 이윤을 벌어들였다. 동물들은 풍차를 하나 더 건설하기 위해 힘써 일했다. 그 풍차가 완성되면 발전기가 설치될 것이라고 했다. 그러나 스노볼이 한때 동물들에게 꿈꾸게 했던, 전등이 달리고 냉온수가 나오는 축사와 주당 3일 근로 같은 화사로운 생활은 더 이상 논의되지 않았다. 나폴레옹은 그러한 생각이 동물주의 정신에 어긋난다고 비난했다. 그는 진정한 행복은 열심히 일하고 검소하게 사는 데 있다고 말했다.

어쩐지 동물들은 바뀐 게 없는데 농장만 더 부유해진 것 같았다. 물론 돼지와 개는 예외였다. 그 이유는 아마 너무 많은 돼지와 너무 많은 개가 있었기 때문이었는지 모른다. 이들도 나름대로는 일을 하고 있었다. 스퀼러가 결코 싫증 내지 않고 언제나 설명했듯이 농장을 감독하고 조직하는 일도 끊임없었다. 그 많은 일은 다른 동물들이 너무 무식해서 이해를 못 하는 것이었다. 예를 들어 스퀼러는 동물들에게 돼지들은 날마다 '자료', '보고서', '메모', '기록' 같은 설명할 수 없는 것들에 대해 엄청난 수고를 해야 한다고 말했다. 이런 것들은 글이 빽빽이 씐 큰 종이로 되어 있었는데 다 채워지면 아궁이에서 불태워졌다. 이 일은 농장의 복지를 위해 매우 중요한 일이라고 스퀼러가 말했다. 그러나 여전히 돼지와 개들은 자신의 노동으로 식량을 생산하지 못했다. 게다가 그런 돼지와 개가 많이 있었고 그들의 식욕은 언제나 좋았다.

다른 동물들의 삶은 언제나 예전 그대로였다. 그들은 대체로 배가 고팠고 짚 위에서 잠을 자고 웅덩이에서 물을 마시고 밭에서 일을 했다. 겨울에는 추위로 고통 받고 여름에는 파리 때문에 고생했다. 때로 늙은 동물들은 희미한 기억을 더듬으면서, 존스가 추방된 지 얼마 안 된 반란 초기의 사정이 지금보다 나았는지 아니면 못했는지 떠올리려고 애를 썼다. 그들은 기억할 수가 없었다. 현재의 생활과 견줄 수 있는 것이 아무것도 없었다. 모든 것이 차츰 더 나아지고 있음을 변함없이 입증해 주는 스퀼러의 수치 목록 말고는 판단할 근거가 아무것도 없었다. 동물들은 그 문제를 해결할 수 없는 것으로 생각했다. 어쨌든 지금 그들에게는 그런 것에 대해 깊이 생각할 시간이 없었다. 늙은 벤자민만이 그의 긴 생애 동안의 세세한 일들을 기억하고 있었는데, 그는 사정이 더 낫지도 않고 더 나쁘지도 않았고 더 나아질 수도 없고 더 나빠질 수도 없다는 것을 알고 있다고 말했다. 배고픔과 고생과 실망은 변하지 않는 삶의 법칙이라고 했다.

그러나 동물들은 결코 희망을 버리지 않았다. 게다가 한 순간도 자신들이 동물농장의 일원이라는 명예심과 자부심을 결코 잃지 않았다. 아직도 그들의 농장은 영국 전체에서 동물들이 소유하고 운영하는 유일한 농장이었다. 그들 가운데 누구나, 심지어 어린 동물들이나 이삼십 킬로미터 떨어진 곳에서 데려온 새로운 동물들까지도 이 사실에 놀랐다. 그리고 총성이 울려 퍼지는 것을 듣고 깃대 꼭대기에서 초록 깃발이 펄럭이는 것을 보노라면 그들의 마음은 끝없는 자부심으로 벅차올랐다. 언제나 이야기는 영웅적인 시절과 존스의 추방, 칠계명의 작성과 인간 침입자들을 물리친 위대한 전투로 흘러갔다. 동물들은 오랜 꿈들을 하나도 버리지 않았다. 영국의 전원이 인간의 발에 짓밟히지 않는, 메이저가 예견했던 동물 공화국을 여전히 믿고 있었다. 언젠가 그런 날이 올 것이라고 말이다. 곧바로는 아닐지라도, 지금 살아 있는 동물들의 생전은 아닐지라도 여전히 그런 날이 올 것이라고 믿었다. 여기저기서 〈영국의 동물들〉을 몰래 흥얼거리기도 했다. 아무도 함부로 큰 소리로 그 노래를 부르지는 못했지만 동물들은 모두 그 노래를 알고 있었다. 그들의 삶은 고되고 꿈은 하나도 실현되지 않았는지도 모른다. 그러나 그들은 자신들이 다른 동물들과 다르다는 점은 알고 있었다. 그들은 배가 고팠지만 포악한 인간을 먹여 살리느라 그런 것이 아니고, 힘들지만 적어도 자신들을 위해 일하는 것이라고 여겼다. 그들 가운데 두 발로 다니는 짐승은 아무도 없었다. 다른 동물을 '주인님'이라고 부르는 동물도 없었다. 동물들은 모두 평등했다.

어느 초여름 날 스퀄러가 양들에게 그를 따라오라고 명령해, 농장 맞은편 끝에 있는 자작나무 묘목이 무성한 땅으로 그들을 데리고 갔다. 양들은 거기서 스퀄러의 감독 아래 하루 종일 어린 잎을 먹으면서 보냈다. 저녁에 스퀄러는 양들에게 날이 따뜻하니 거기에 머물라고 하고 혼자 농장으로 돌아왔다. 마침내 양들은 일주일 내내 그곳에 있어서 다른 동물들은 그들을 전혀 보지 못했다. 스퀄러는 매일 대부분의 시간을 그들과 함께 보냈다. 그는 양들에게 새로운 노래를 가르치고 있는데 그러기 위해서는 몰래 할 필요가 있다고 말했다.

양들이 돌아온 어느 상쾌한 저녁, 동물들이 일을 마치고 농장 건물로 돌아가고 있을 때였다. 앞뜰에서 놀란 말의 울음소리가 들려왔다. 동물들은 너무 놀란 나머지 걸음을 멈췄다. 클로버의 목소리였다. 그녀가 다시 울음소리를 내자 동물들은 모두 전속력으로 달려서 마당으로 들어갔다. 그들은 클로버가 보았던 것을 보게 되었다. 그것은 돼지 한 마리가 뒷다리로 걷고 있는 모습이었다. 그는 커다란 몸을 버텨 내는 데 익숙하지 않은 듯 조금 어색하긴 했지만, 완전히 균형을 유지한 채 앞뜰을 가로질러 어슬렁어슬렁 걸어가고 있었다. 잠시 뒤, 집 문에서부터 한 줄로 길게 늘어선 돼지들이 모두 뒷다리로 걸어 나왔다. 어떤 돼지들은 다른 돼지들보다 더 잘 걸었지만 한두 마리는 좀 불안정하여 지팡이가 있었으면 하는 표정이었다. 그러나 그들 모두 성공적으로 걸어서 마당을 돌았다. 마침내 개들이 짖어대는 큰 소리와 검은 수탉의 날카로운 울음소리가 나면서 나폴레옹이 나타났다. 그는 위엄 있게 똑바로 서서 거만한 눈길로 사방을 흘끗거렸고 그 주위로 개들이 뛰어다녔다. 나폴레옹은 앞발에 채찍을 들고 있었다.

죽은 듯이 고요했다. 동물들은 놀라고 무서운 나머지 바짝 모여들고는 돼지들이 마당 주위를 길게 줄지어 천천히 걸어가는 것을 지켜보았다. 세상이 거꾸로 된 것 같았다. 처음의 충격이 가시자, 개들을 두려워하는 것이나 무슨 일이 벌어지더라도 불평하고 비난하지 않던 것이 오랜 습관이었음에도 동물들은 항의하기 위해 입을 열었다. 그러나 바로 그 순간 마치 신호를 받은 것처럼 갑자기 모든 양들이 엄청나게 큰 소리로 울기 시작했다.

"네 발 짐승은 좋고 두 발 짐승은 더 좋다! 네 발 짐승은 좋고 두 발 짐승은 더 좋다! 네 발 짐승은 좋고 두 발 짐승은 더 좋다!"

이 소리는 멈추지 않고 5분간 이어졌다. 양들이 잠잠해졌을 때는 돼지들이 이미 집 안으로 사라져 항의할 기회가 지나가 버렸다.

벤자민은 누가 자기 어깨에 코를 들이미는 것을 느꼈다. 돌아보니 클로버였다. 늙은 그녀의 눈은 전보다 더 흐릿해 보였다. 말없이 그녀는 그의 갈기를 살살 잡아당겨서 칠계명이 쓰여 있는 큰 헛간 끝 쪽으로 그를 데려갔다. 그들은 1, 2분 동안 서서 타르가 칠해진 벽 위의 흰 글자를 쳐다보았다.

"시력이 약해졌어." 클로버가 마침내 말했다. "어릴 때도 저기 쓰인 글자를 읽을 수 없긴 했지만 저 벽이 다르게 보여. 칠계명이 예전과 똑같아, 벤자민?"

벤자민은 이번만 자신의 규칙을 깨기로 하고 벽에 써진 글을 그녀에게 읽어 주었다. 지금 거기에는 한 개의 계명밖에 없었다. 그 계명은 다음과 같았다.

모든 동물은 평등하다. 그러나 어떤 동물은 다른 동물보다 더 평등하다.

그런 다음 날 농장의 일을 감독하던 돼지들이 모두 채찍을 가지고 있음에도 이상하게 보이지 않았다. 돼지들이 라디오 수신기를 사고 전화를 설치할 준비를 하며 〈존 불〉지와 〈티트비츠〉지, 〈데일리 미러〉지를 구독 신청했을 때에도 그러했다. 나폴레옹이 파이프를 입에 물고 정원을 거니는 모습이 보였을 때도 낯설지 않았다. 돼지들이 옷장에서 존스 씨의 옷을 꺼내 입고, 나폴레옹이 검은 코트와 약식 사냥복 바지에 가죽 행전을 차고 나타났을 때에도, 그가 가장 좋아하는 암퇘지가 존스 부인이 일요일에 입던 물결무늬 비단 드레스를 입고 나타났을 때에도 전혀 이상하게 보이지 않았다.

일주일 뒤 오후 몇 대의 마차가 농장으로 달려왔다. 이웃에 사는 농부들이 초대를 받고 시찰하기 위해 온 것이었다. 그들은 농장 전체를 둘러보고 자신들이 본 모든 것들, 특히 풍차에 대해 대단한 찬사를 표했다. 동물들은 순무 밭에서 풀을 뽑고 있었다. 그들은 땅에서 고개도 거의 들지 않고, 돼지들과 방문한 인간들 가운데 어느 쪽이 더 무서운지 모른 채 부지런히 일했다.

그날 저녁 시끄러운 웃음소리와 떠들썩한 노랫소리가 집 안에서 들렸다. 여러 목소리가 함께 뒤섞인 소리를 듣고 동물들은 갑자기 호기심에 사로잡혔다. 처음으로 동물들과 인간들이 대등하게 만나고 있었으므로 거기서 무슨 일이 벌어질지 궁금했다. 동물들은 일제히 정원을 향해 가능한 한 조용히 살금살금 걸어가기 시작했다.

그들은 문 앞에서 계속 가기가 좀 무서워 주춤했지만 클로버가 앞장서서 들어갔다. 그들은 집 앞까지 발소리를 죽여 걸어갔고 키가 큰 동물들은 식당 창문으로 들여다보았다. 긴 탁자 주위에 여섯 명의 농부와 돼지들 가운데 가장 뛰어난 돼지 여섯 마리가 앉아 있었고 나폴레옹은 탁자 끝의 상석을 차지하고 있었다. 의자에 앉은 돼지들은 무척 편안해 보였다. 그들은 카드놀이를 하고 있었는데 건배를 하기 위해 카드놀이를 잠시 멈춘 듯했다. 모두들 큰 주전자를 돌려 가면서 잔에 맥주를 채우고 있었다. 창문으로 들여다보는 놀란 동물들의 얼굴을 아무도 보지 못했다.

폭스우드의 필킹턴 씨가 맥주잔을 손에 들고 일어서서 동석자들에게 건배하기를 제안하며 그 전에 몇 마디 하겠다고 말했다.

그는 오랜 불신과 오해가 이제 끝이 났다고 생각하니 대단히 만족스럽고 자리를 같이한 다른 이들도 그러리라 확신한다고 말했다. 그러한 생각을 서로 갖지 못하고, 이웃의 인간들로선 적의는 아니지만 조금 염려하는 마음으로 동물농장의 훌륭한 소유자들을 대했던 적이 있었다. 불행한 사건들이 일어났고 그릇된 생각들이 퍼졌었다. 돼지들이 소유하고 운영하는 농장이 있다는 사실이

왠지 정상이 아니고 이웃에 불안한 영향을 미치기 쉽다고 생각되었었다. 수많은 농부들이 적절한 조사도 하지 않고 그러한 농장에는 방종과 무질서가 지배할 것이라고 생각했었다. 그들은 자신들이 데리고 있는 동물들이나 고용인들에게까지 미칠 영향 때문에 불안해 했었다. 그러나 이제 그런 의혹은 모두 없어졌다. 오늘 그와 친구들이 동물농장을 방문해서 자신들의 눈으로 구석구석까지 살펴보았다. 그들이 무엇을 보았겠는가? 최신식 방법뿐만 아니라 모든 농장주들에게 모범이 되는 규율과 질서를 보았다. 동물농장에 있는 미천한 동물들이 부근에 있는 어떤 동물들보다 더 많이 일하면서 더 적은 식량을 받는다고 말해도 그것이 적절하다고 생각했다. 그와 동료들은 오늘 관찰한 특별한 점을 자신들의 농장에 곧바로 도입할 생각이라고 말했다.

그는 동물농장과 그 이웃 사이에 존재하는 우호적인 감정이 앞으로도 이어져야 한다고 다시 한 번 강조하면서 연설을 마치겠다고 말했다. 돼지들과 인간들 사이에 이해의 충돌이 조금도 없고, 있어서도 안 된다고 했다. 그들이 노력해야 할 일과 어려움은 같은 것이다. 노동 문제는 어디에서도 똑같지 않은가? 필킹턴 씨는 동석한 이들을 향해 어떤 익살스런 재담을 던지려고 했지만, 잠깐 동안 웃음 때문에 그 말을 할 수 없었다. 겨우 참고는 그 말을 했는데 그 바람에 겹겹이 포개진 턱이 시뻘게졌다. "여러분에게 싸워야 할 열등한 동물이 있다면 우리에게도 열등한 인간들이 있습니다"라고 그가 말했다. 이러한 명언에 탁자 주변에 둘러앉은 이들은 와자하게 웃었다. 필킹턴 씨는 다시 한 번 돼지들에게 그가 동물농장에서 관찰한 적은 양의 식량 배급과 긴 근로 시간, 제멋대로 구는 동물이 거의 없다는 점에 찬사를 보냈다.

이제 그는 마지막으로 동석한 이들에게 일어나서 잔을 가득 채워 건배하자고 말했다. "신사 여러분, 여러분께 건배를 제의합니다. 동물농장의 번영을 위하여!" 필킹턴 씨는 연설을 마쳤다.

그들은 발을 구르며 열광적으로 환호했다. 나폴레옹은 너무나 만족한 나머지 자기 자리에서부터 탁자를 돌아가서 필킹턴 씨와 잔을 부딪치고는 술을 마셨다. 환호 소리가 잠잠해졌을 때 서 있던 나폴레옹은 자기도 한마디 하겠다고 넌지시 말했다.

나폴레옹의 연설이 언제나 그랬다시피 이번 연설도 간결하고 요령이 있었다.

그도 그동안의 오해가 해소돼서 기쁘다고 말했다. 오랫동안 자신과 동료들이 파괴적이고 혁명적인 견해를 가지고 있다는 소문이 돌았는데 이는 어떤 적의를 품은 자가 퍼뜨린 것이었다. 그들이 이웃 농장에 있는 동물들을 선동해 반란을 일으키게 하려 한다고 여겨졌지만 그것은 전혀 사실이 아니다. 그들의 유일한 소망은 옛날이나 지금이나 이웃과 사이좋게 지내고 정상적인 사업 관계를 유지하는 것이다. 그가 영광스럽게 관리하고 있는 이 농장은 협동하는 기업이라고 덧붙여 말했다. 그 자신이 가지고 있던 부동산 권리 증서는 돼지들이 공동으로 소유하고 있다고 말했다.

그는 예전의 의혹이 아직 남아 있다고 믿지는 않지만, 최근에 이 농장의 관례에 약간의 변화가 일어났는데 이는 훨씬 더 자신감을 높이는 결과를 가져올 것이라고 말했다. 이제까지 농장에 있는 동물들은 서로를 '동지'라고 부르는 매우 어처구니없는 관습을 가지고 있었지만, 지금은 금지되었다. 또 그 기원은 알 수 없지만 일요일 아침마다 정원 기둥에 매달아 놓은 어느 수퇘지의 해골 앞을 줄지어 걸어가는 매우 이상한 관습도 있었다. 이 또한 금지될 것이며 그 해골은 이미 땅에 묻어 버렸다. 그리고 그의 방문객들도 깃대에 펄럭이는 초록 깃발을 보았을 것이다. 그렇다면 전에 그 깃발에 흰색으로 그려 놓은 발굽과 뿔이 지금은 없다는 것을 알아챘을 것이다. 이제부터는 무늬가 없는 초록색 깃발일 것이다.

그는 필킹턴 씨의 훌륭하고 우호적인 연설에 대해 바로잡을 것이 한 가지 있다고 말했다. 필킹턴 씨는 시종일관 동물농장이라고 불렀다. 물론 그는 몰랐을 것이다. 왜냐하면 나폴레옹 그 자신이 지금 처음으로 '동물농장'이란 이름은 폐지되었다고 공표를 하고 있기 때문이었다. 지금부터 이 농장은 '매너 농장'으로 통하게 될 것이고 그는 그것이 본디의 정확한 이름이라고 말했다.

"신사 여러분." 나폴레옹이 마지막으로 덧붙였다. "이름이 좀 다르기는 하지만 전과 같이 건배를 제의합니다. 여러분의 잔을 넘치도록 채우십시오. 신사 여러분, 건배합시다. 매너 농장의 번영을 위하여!"

전처럼 열렬하게 환호했고 다들 한 방울도 남기지 않고 마셨다. 그러나 밖에서 이 광경을 지켜보던 동물들에게는 무언가 이상한 일이 벌어지고 있는 것처럼 보였다. 돼지들의 얼굴에서 달라진 것이 무엇인가? 늙은 클로버는 흐릿한 눈으로 돼지들의 얼굴을 하나씩 스치듯 바라보았다. 돼지 몇 마리는 턱이 다섯 개고 몇 마리는 네 개고 몇 마리는 세 개였다. 그러나 차츰 사라지면서 바뀌고 있는 것처럼 보이는 것은 무엇 때문일까? 그때 갈채가 끝나고, 식당에 모인 이들은 카드를 집어 들고 멈춰졌던 놀이를 이어 갔다. 동물들은 소리 없이 살금살금 걸어 나왔다.

 그러나 그들은 20미터도 못 가서 갑자기 멈춰 섰다. 집에서 소란스런 목소리들이 들려왔다. 그들은 도로 달려가서 창문을 다시 들여다보았다. 격렬한 싸움이 벌어지고 있었다. 고함을 지르고 탁자를 치며 매섭게 의심스런 눈길을 주고받고 격노한 나머지 부정하는 말이 오갔다. 나폴레옹과 필킹턴 씨가 동시에 스페이드의 에이스를 쓴 것이 그 싸움의 원인이 된 것 같았다.

 열둘의 동석자들은 분노에 차서 고함치고 있었는데 모두 똑같았다. 이제 돼지의 얼굴이 어떻게 되었는지 의심의 여지가 없었다. 밖에 있던 동물들은 먼저 돼지를 보고 그다음에 인간을, 그러고는 먼저 인간을 그다음에 돼지를, 그러고 나서 다시 먼저 돼지를 그다음에 인간을 쳐다보았다. 그러나 누가 돼지고 누가 인간인지 분간할 수 없었다.

Revenge is Sour
복수는 괴로워라

코끼리를 쏘다

미얀마 남부에 위치한 몰멘 마을에서 많은 사람들이 나를 증오했다. 어쩌면 내 생애에 처음 있는 일이었으며, 이런 씁쓸한 일이 일어날 만큼 나는 중요한 위치에 있었다. 그때 나는 이 마을 한 파출소의 경찰관이었는데, 마을 사람들은 특별한 이유도 없이 하찮은 반(反)유럽 감정이 유난히 강했다. 누구 하나 폭동을 일으킬 만한 배짱도 없으면서, 유럽인 부인이 혼자 시장을 지나가면 누군가가 입안에 머금고 있던 구장즙을 그녀 옷에 뱉어 버리곤 했다. 경찰관인 나 또한 그들의 표적이 되었고, 그들은 자기에게 별 다른 해가 없으리라 생각되는 범위 안에서 언제나 나를 못살게 굴었다. 발 빠른 미얀마인이 축구장에서 내 발을 걸어 넘어뜨리면 심판(물론 미얀마인이다)은 보고도 못 본 체했고, 군중은 엄청나게 웃어 댔다. 이는 한두 번 일어나는 일이 아니었다. 결국 가는 곳마다 나를 만나는 젊은이들은 누런 얼굴에 비웃음을 머금다가 안전한 거리까지 떨어지면 뒤에서 내 신경을 거스르는 온갖 모욕하는 말을 퍼붓곤 했다. 젊은 승려들이 가장 심했다. 마을에는 수천 명의 승려들이 있었는데, 그다지 할 일이 없는지 길모퉁이에 서서 유럽 사람들을 비웃곤 했다.

이런 모든 일들에 나는 당혹스러웠고 또 비위가 거슬렸다. 그 무렵 나는 이미, 제국주의는 죄악이므로 되도록 빨리 이 직업을 집어치워야겠다는 결심을 하고 있었기 때문이다. 이론적으로는—물론 비밀이었지만—나는 오롯이 미얀마 사람들 편이었고, 억압자인 영국 사람들에게 반감을 느끼고 있었다. 내가 하는 일도 말로 나타낼 수 없을 만큼 심하게 증오하고 있었다. 제국주의 경찰관 노릇을 하게 되면 제국주의의 추악한 수법을 바로 눈앞에서 보게 된다. 악취가 풍기는 감방 안에 웅크리고 있는 죄수들, 장기수들의 창백하고 겁에 질린 얼굴, 대나무 몽둥이로 흠씬 얻어맞은 남자들의 시퍼렇게 멍든 엉덩이…… 이런 것들이 모두 견딜 수 없는 죄의식으로 나를 괴롭혀 왔다. 그러나 나는 대체로 균형 잡힌 판단을 할 수 없었다. 그때 나는 젊었고, 또 교육도 제대로 못 받았다. 나는 동양에 와 있는 모든 영국인들에게 부과된 절대 침묵 속에서 내 문제를 곰곰이 생각해 봐야 했다. 나는 대영제국이 망하고 있는 줄도 몰랐으며, 그 자리를 대신 차지하려고 하는 신생 제국주의 국가들보다는 그래도 영국이 더 낫다는 생각은 더욱 들지 않았다. 내가 아는 것이라곤 그저 자신이 봉사하고 있는 제국주의를 증오하는 것과 경찰관으로서의 내 일을 훼방 놓으려고 하는 사악한 작은 짐승들에게 분노하는 것, 그리고 내가 그 사이에 끼어 옴짝달싹 못하게 되었다는 사실이었다. 나는 한편으로는 영국의 식민 통치를 타파할 수 없는 전제(專制)로서, 억압 받는 식민지 사람들의 의지를 영원히 꺾어 버리는 완강한 어떤 것으로 여겼고, 또 한편으로 이 세상에서 가장 큰 기쁨은 승려들의 창자 속으로 총검을 찔러 넣는 일일 것이라고 생각했다. 이런 감정은 흔히 생겨나는 제국주의의 부산물이다. 하루 근무를 마친 인도의 영국 공무원들 가운데 아무나 붙잡고 물어보라.

  어느 날 그것을 좀 돌려서나마 설명해 줄 만한 사건이 하나 일어났다. 작은 사건이었지만, 제국주의의 실상—전제정부가 행하는 일들의 진짜 동기—을 조금이나마 전보다 더 잘 들여다볼 기회가 되었다. 어느 이른 아침 마을의 한쪽 끝에 있는 경찰서의 부서장에게서 전화가 왔다. 코끼리 한 마리가 시장을 부수고 있으니 거기에 가서 무슨 조치를 좀 강구해야 되지 않겠느냐는 것이었다. 도대체 어떤 조치를 강구해야 하는지 잘 몰랐지만, 어쨌든 무슨 일이 일어나고 있는지 한번 가 봐야겠다고 작정하며 조랑말을 타고 떠났다. 나는 구식 0.44구경 윈체스터 총을 휴대하고 있었는데, 이 총은 코끼리를 죽이기에는 너무 작았지만 위협하는 데는 쓸모가 있다고 생각했다. 많은 미얀마 사람들이 현장으로 가고 있는 나를 불러 세우고는 코끼리의 폭행에 대해 말해 주었다. 물론 야생 코끼리가 아니고 '발정기'에 접어든, 사육되는 코끼리였다. 발정기가 시작된 코끼리는 보통 쇠사슬로 묶어 놓는데, 전날 밤에 사슬을 끊고 달아나 버린 것이었다. 난폭해진 이런 코끼리를 다룰 수 있는 유일한 사람은 그 코끼리의 사육사뿐이다. 그러나 사육사는 코끼리의 행방을 찾아 나섰다가 방향을 헛짚어, 그만 걸어서 열두 시간이나 걸리는 곳까지 가 버렸다. 그런데 오늘 아침 그 코끼리가 갑자기 이 마을에 나타난 것이었다. 미얀마 사람들은 무기가 없어 속

수무책이었다. 그놈은 이미 대나무로 만들어진 누군가의 오두막집을 박살냈고, 소를 죽이고, 노점 과일가게를 습격해 과일을 다 먹어 치웠다. 또 마을 쓰레기차를 만나서는 운전사가 뛰어내려 달아나는 순간에 차를 뒤엎고 난폭하게 뭉개 버렸다는 것이다.

미얀마인 부서장과 인도인 경찰관 몇 사람이 좀 전에 코끼리가 나타난 지역에서 나를 기다리고 있었다. 그곳은 매우 가난한 구역으로, 종려나무 잎으로 이엉을 엮어 덮은 대나무 오두막집이 가파른 언덕을 따라 늘어서서 미로처럼 구불구불하게 뻗어 있었다. 우기가 시작될 무렵이었고 구름이 낀 후텁지근한 아침이었다고 기억한다. 코끼리가 어느 쪽으로 갔는지 사람들에게 물어보았지만, 보통 그렇듯 확실한 정보는 얻지 못했다. 이는 동양에선 흔한 일이었다. 떨어진 곳에서 이야기를 들으면 분명한 것 같은데, 현장에 가 보면 내용이 모호해진다. 코끼리가 이쪽으로 갔다는 사람이 있는가 하면 저쪽으로 갔다고 하는 사람도 있고, 또 코끼리 따위는 아예 보지도 못했다고 말하는 사람도 있었다. 이런 이야기들이 모두 꾸며 낸 것이라고 단정을 내리려고 할 때, 좀 떨어진 곳에서 고함 소리가 났다. "애들은 가라, 썩 꺼지거라!" 하는 욕지거리가 들리고는, 손에 회초리를 든 노파가 한 떼의 벌거숭이 아이들을 몰아내며 오두막집 모퉁이에서 나타났다. 몇몇 여자들이 혀를 차고 무어라 말하면서 그 뒤를 따랐다. 분명히 아이들이 봐서는 안 될 것이 있는 모양이었다. 오두막집 뒤로 돌아가 보니 남자의 시체 하나가 진흙탕 속에 뻗어 있었다. 피부가 검은 드라비다족 인도인 막노동꾼으로 거의 벌거벗은 상태였다. 죽은 지 몇 분 되지 않은 것처럼 보였다. 사람들의 말에 따르면, 코끼리가 갑자기 집 모퉁이에서 나오더니 그를 코로 휘어 감고 다리로 등을 눌러서 땅바닥에 짓뭉갰다는 것이다. 때는 우기라 땅이 물러서, 그의 몸은 깊이 1피트, 길이 2야드의 움푹한 자국을 만들어 놓았다. 양팔은 열십자로 벌려졌고, 머리는 한쪽으로 홱 돌아간 채로 그는 땅에 엎드려 있었다. 얼굴은 온통 진흙으로 뒤덮여 있고, 두 눈을 부릅뜨고 이빨을 드러낸 채 고통을 참지 못하는 표정을 짓고 있었다(죽은 자의 얼굴이 평온하다고 말하지 말라. 내가 지금까지 본 시체는 대부분 악마 같은 표정을 짓고 있었다). 거대한 짐승의 발로 짓뭉개진 탓에 등가죽은 벗겨 놓은 토끼 가죽처럼 깨끗이 벗겨져 있었다. 나는 죽은 사람을 보자마자 가까운 친구 집에 사람을 보내 코끼리 사냥총을 가져오게 했다. 코끼리 냄새를 맡고서 겁에 질려 나를 내동댕이칠까 봐 내가 타고 온 조랑말은 이미 돌려보내 버렸다.

  심부름을 보낸 사람이 몇 분 뒤에 총과 다섯 개의 탄알을 가지고 돌아왔다. 그러는 동안에도 몇몇 미얀마인이 다가와, 코끼리가 바로 몇 백 야드 떨어진 아래쪽 논바닥에 있다고 말해 주었다. 내가 준비를 하고 떠나자, 그 일대의 모든 주민이 집에서 나와 내 뒤를 따랐다. 그들은 내 총을 보고서는, 내가 코끼리를 쏠 것이라고 서로들 흥분해 외쳐 댔다. 코끼리가 자기네 집을 부술 때는 별 관심도 보이지 않더니, 이제 코끼리가 사살된다고 이렇게 야단법석을 떠는 것이었다. 영국의 군중에게도 그렇지만 이들에겐 이것이 하나의 구경거리였다. 게다가 코끼리 고기도 탐이 났을 것이다. 나는 다소 걱정이 되었다. 나는 코끼리를 쏠 생각이 없었다. 그저 필요하면 내 몸을 보호하려고 총을 가져오게 했던 것이다. 그리고 사람들이 졸졸 뒤따라오는 것도 당연히 피곤하게 느껴졌다. 나는 머릿속이 뒤죽박죽되어 생각에 잠긴 채 어깨에 총을 메고 언덕 아래로 내려갔다. 사람들은 수가 갈수록 불어나 서로 밀치면서 따라왔다. 언덕 아래 오두막집 구역을 벗어난 곳부터 자갈로 다져진 길이 나왔고, 그 너머에는 몇 차례 내린 비로 수렁이 되고 군데군데 억센 잡초가 난 너비 1천 야드쯤의 황폐한 진흙탕 논이 펼쳐져 있었다. 코끼리는 도로에서 8야드쯤 떨어진 곳에서 왼쪽 배를 우리 쪽으로 향한 채 서 있었다. 다가가는 군중에게는 아무런 관심도 없어 보였다. 그놈은 풀 뭉텅이를 뜯어 무릎에 대고 흙을 비벼 털고는 입안으로 부수어 넣고 있었다.

  나는 길에서 멈추었다. 코끼리를 목격한 순간, 쏘아서는 안 되겠다는 생각이 분명히 들었다. 부려 먹는 코끼리를 죽인다는 것은 중대한 문제였다. 그것은 값비싼 거대한 기계를 파괴하는 것과 같은 행위이다. 그러므로 피할 수만 있다면 절대로 죽이지 말아야 한다. 게다가 멀리서 저렇게 평온하게 풀을 뜯어먹고 있으니 황소보다도 위험해 보이지 않았다. 그때 나는 '발정기'의 난폭성도 이미 누그러지고 있으니 사육사가 돌아와서 붙들어 매어 놓을 때까지 코끼리를 마음대로 돌아다니게 해도 별 피해가 없을 것이라고 생각했으며, 지금도 그렇게 생각하고 있다. 어쨌든 나는 코끼리를 죽일 마음이 조금도 없었다. 나는 당분간 그놈을 지켜보고 있다가 다시 난폭해질 기미가 없는지를 확인한 뒤 집으로 갈

작정이었다.

그 순간 나는 내 뒤를 따라오던 군중을 돌아보았다. 적어도 2000명은 충분히 되어 보였으며 심지어 계속 불어나고 있었다. 군중은 길 양쪽을 저 멀리까지 꽉 채우고 있었다. 나는 번쩍거리는 색색 옷들 위에 떠 있는 누런 얼굴들의 바다를 보았다. 이 조그만 구경거리에 들떠 있는 행복한 얼굴들, 그들은 코끼리가 곧 사살될 것이라고 믿고 있었다. 그들은 마술을 시작하려는 마술사를 보듯 나를 지켜보았다. 그들은 나를 좋아하지 않았지만, 마술과도 같은 총을 든 덕분에 나는 그들에게 잠시 동안 지켜볼 가치가 있는 사람이 되었다. 나는 결국 코끼리를 쏘지 않을 수 없음을 갑자기 깨달았다. 사람들이 나에게 기대를 걸고 있으니 그 일을 수행해야만 했다. 나는 2000여 명의 사람들이 나에게 쏘라고, 쏘라고 압박을 가하는 기운을 실감할 수 있었다. 그 순간 나는 총을 든 채 공허함, 다시 말해 동양에서의 백인 지배의 무익함을 처음으로 깨달았다. 총을 든 백인인 내가 무장하지 않은 원주민들의 무리 앞에 서 있다. 나는 겉으로는 이 연극 한 토막의 주인공을 맡고 있다. 그러나 사실은 내 뒤에 있는 누런 얼굴의 무리에 좌우지되는 어리석은 꼭두각시에 지나지 않았다.

나는 이 순간 백인이 전제군주가 되면 파괴되는 것은 백인 자신의 자유라는 사실을 인식했다. 백인은 속이 텅 빈 채 거드름을 피우는 허수아비, 즉 인습에 충실한 인물인 나리(sahib)가 되어 버린다. 원주민들에게 특별한 인상을 심어 주면서 평생을 보내야 하고, 또 위기에 처할 때는 원주민들이 기대하는 바를 수행해야 하는 것이 백인들이 그들을 지배하는 조건이다. 백인들이 가면을 쓰면, 예컨대 그 가면이 크다 해도 이윽고 얼굴이 가면에 맞도록 커지는 것이다. 좋든 싫든 코끼리를 쏴야 한다. 총을 가져오라고 시켰을 때, 나는 이미 이 일을 수행하기로 약속해 버린 셈이다. 영국 나리는 나리답게 행동해야 한다. 단호하게 보여야 하고, 결심을 하면 확고하게 일을 수행해야 한다. 손에 총을 쥐고 2000여 군중을 이끌고 여기까지 와서 아무것도 하지 않고 그냥 물러선다? 그것은 불가능한 일이다. 군중은 마치 기다렸다는 듯이 나를 비웃을 것이다. 나를 위시해 동양에 와 있는 모든 백인들의 삶이란, 원주민들의 비웃음을 사지 않으려고 내내 발버둥치는 것이었다.

그러나 나는 코끼리를 쏘고 싶지 않았다. 나는 그놈이 할머니 같은 자태로

코끼리를 쏘다 **351**

코끼리 특유의 일에 여념이 없는 듯 풀더미를 무릎 위에 놓고 비비는 모습을 지켜보았다. 코끼리를 쏘는 것은 어쩐지 학살을 저지르는 느낌이었다. 그 나이에 동물을 죽이는 일이 그리 꺼림칙하지는 않았지만, 그때까지 나는 코끼리를 쏜 일도 없었고 쏘고 싶지도 않았다(하여튼 큰 동물을 죽이면 죄를 짓는 느낌이 들었다). 게다가 코끼리의 주인 생각도 해야 한다. 살아 있는 코끼리는 적어도 100파운드의 값은 나가지만, 죽으면 엄니 값으로 기껏해야 5파운드밖에 받을 수 없다. 그러나 이제 더 이상 망설이고 있을 순 없었다. 우리가 도착하기 전 이미 그곳에 있었던, 경험이 많아 보이는 몇몇 미얀마인들에게 코끼리의 행동이 어떨지를 물어보았다. 그들은 이구동성으로 말했다. 그냥 내버려 두면 아무 일도 없을 테지만, 너무 가까이 다가가면 덤벼들 것이라고 했다.

내가 취해야 할 행동은 아주 뚜렷했다. 코끼리 쪽으로 25야드쯤 다가가서 놈의 반응을 시험해 보는 것이었다. 놈이 덤벼들면 총을 쏠 수 있다. 그러나 아무런 반응이 없으면 사육사가 돌아올 때까지 내버려 두어도 될 것이다. 하지만 그런 일은 절대 불가능하리란 것도 나는 알고 있었다. 나는 사격이 서툴렀고, 게다가 땅은 진창이어서 한 발 내디딜 때마다 발이 빠졌다. 만일 그놈이 덤벼들고 내가 실수라도 한다면, 증기 롤러 밑에 깔린 두꺼비 꼴이 되고 말 것이다. 그러나 이런 순간에도 나는 나 자신의 안전보다는 뒤에서 지켜보는 누런 얼굴들을 생각했다. 군중이 나를 지켜보는 순간에는, 내가 혼자 있을 때 느끼는 것과 같은 보통 의미의 공포심은 느껴지지 않았다. 백인은 '원주민들' 앞에서 겁을 내서는 안 된다. 그래서 백인은 실제로도 대개 겁을 먹지 않는다. 내 마음속에는 오로지 이 한 가지 생각뿐이었다. 만일 내가 실패하면, 저 2000여 명의 미얀마인들은 내가 쫓기고 잡히고 짓밟혀서, 언덕 위에 죽어 있는 그 인도인처럼 이빨을 드러낸 시체로 바뀌는 꼴을 볼 것이다. 그런 일이 일어나더라도 몇몇 사람들은 그저 웃고만 있을 것이다. 그래서는 안 된다. 선택할 길은 하나밖에 없었다. 나는 총알을 장전하고 조준하기 좋게 땅바닥에 엎드렸다. 군중은 물을 끼얹은 듯이 조용해졌다. 마침내 연극의 막이 오르기를 지켜보고 있는 관중처럼, 나직하고 행복한 깊은 한숨이 수없이 많은 목구멍에서 새어 나왔다. 드디어 좋은 구경거리가 눈앞에 나타날 참이었다. 총은 열십자 조준기가 붙어 있는 훌륭한 독일제였다. 그때는 알지 못했지만, 코끼리를 쏠 때는 이쪽 귓구멍에서부터 저쪽 귓구멍을 잇는 선 하나를 마음속에 그어야 한다. 코끼리가 옆을 보고 있었으므로 곧바로 귓구멍을 겨냥했어야 했다. 그런데 나는 놈의 뇌가 좀 더 앞쪽에 있다고 생각하고 귓구멍보다 몇 인치 앞쪽을 겨냥했다.

  방아쇠를 당겼을 때, 나는 총소리도 듣지 못했고 충격도 없었다. 명중할 때는 아무것도 못 느끼는 법이다. 그러나 군중이 토해 내는 악마와 같은 환성을 들었다. 총알이 코끼리에 명중되는 데 걸리는 것보다도 짧은 순간에 이상하고도 무서운 변화가 코끼리의 온몸을 엄습했다. 놈은 쓰러지지도 않았고 꿈쩍도 하지 않았는데, 몸뚱이의 모든 윤곽선이 바뀌어 갔다. 놈은 갑자기 얻어맞은 충격에 한없이 오그라들고 노쇠해 버린 것이다. 마치 총탄의 무서운 충격이 그를 넘어뜨리지 않고 그대로 마비시켜 버린 것 같았다. 한참 뒤라고 생각되는데—사실은 5초쯤 되었을 것이다—마침내 코끼리는 흐느적거리다가 무릎을 꿇었다. 놈의 입에서 침이 흘러내렸다. 무시무시한 노쇠가 그를 집어삼킨 것같이 보였다. 한꺼번에 수천 살의 나이를 먹은 듯했다. 나는 다시 한 번 같은 곳을 쏘았다. 두 방을 맞고도 놈은 쓰러지지 않고, 머리를 축 떨어뜨린 채 비틀거리며 필사의 힘을 다해 서서히 다리를 펴고 일어섰다. 세 번째로 총을 쏘았다. 그 한 방이 모든 것을 끝냈다. 그 고통이 온몸을 흔들어 사지의 마지막 남은 힘까지 다 빠진 것을 뚜렷이 볼 수 있었다. 그러나 쓰러지면서도 그놈은 한순간 일어나는 듯 보였다. 뒷다리가 몸뚱이에 깔려 무너지자, 상체는 넘어지는 큰 바위처럼 솟아오르고 코는 한 그루 나무같이 하늘로 치솟았던 것이다. 코끼리는 처음으로 단 한 번 울부짖었다. 그러고는 배를 내 쪽으로 향하고 내가 엎드려 있는 땅을 뒤흔들듯 '쿵' 하고 쓰러졌다.

  나는 일어섰다. 이미 미얀마인들은 내 옆을 스쳐 지나 진흙탕으로 뛰기 시작했다. 코끼리는 다시 일어나지 못할 것은 분명했지만, 아직 죽지 않았다. 산더미 같은 옆구리가 고통스럽게 기복을 그리면서 오르락내리락했다. 놈은 규칙적으로 호흡하며 길게 헐떡거리는 소리를 내고 있었다. 입은 딱 벌어져 있었다. 창백해진 연분홍빛 목구멍의 깊은 동굴이 들여다보였다. 나는 오랫동안 그가 죽기를 기다렸지만, 숨소리는 가늘어지지 않았다. 결국 나는 심장이라고 생각되는 곳에 남은 두 발을 발사했다. 뻑뻑한 피가 붉은 벨벳처럼 솟아 나왔지만, 여전히 숨은 끊어지지 않았다. 놈은 총알을 맞고 꿈쩍도 하지 않았고, 거친 숨결만이 끊임없이 흘러나왔다. 놈은 엄청난 고통 속에 서서히 죽어가고 있었다. 총탄도 더는 상처를 줄 수 없는, 동떨어진 아득한 또 하나의 세계 속에서 죽어 가고 있었다. 나는 그 무서운 신음 소리를 그치게 해야만 한다고 생각했다. 움직일 힘도 없고, 그렇다고 죽을 힘도 없이 축 늘어져 누워 있는 거대한 동물을 보면서 완전히 죽여 주지도 못하는 것은 끔찍한 일이었다. 나는 내 소총을 가져오게 해 그의 심장과 목덜미 밑을 잇따라 쏴 버렸다. 그러나 별 효과가 없었다. 고통을 참지 못해 헐떡거리는 소리가 벽시계의 똑딱거리는 소리처럼 이어졌다.

결국 나는 더 지켜볼 수 없어 그 자리를 떠나 버렸다. 나중에 들은 바이지만, 놈은 반 시간이 지나서야 완전히 죽었다고 한다. 미얀마인들은 내가 그곳을 떠나기 전부터 칼과 소쿠리를 가져와 오후까지 살을 완전히 발라내 뼈만 앙상하게 남겨 놓았다는 말을 들었다.

물론 그 일이 일어난 뒤 코끼리를 쏜 데 대한 끝없는 논의가 이어졌다. 코끼리 주인은 화가 머리끝까지 났지만, 인도인이라서 별 수 없었다. 게다가 내가 한 일은 법적으로도 정당했다. 왜냐하면 미친 코끼리는 주인이 다루지 못하면 미친 개와 마찬가지로 죽이기로 되어 있었기 때문이다. 유럽 사람들 사이에서도 의견이 분분했다. 나이 든 사람들은 내 행동이 옳았다고 했으며, 젊은 층은 코끼리가 막노동꾼 하나를 죽였다고 해서 코끼리까지 쏴 죽인 것은 남사스러운 짓이라고 말했다. 왜냐하면 코끼리 한 마리는 텔루구족 출신 막노동꾼보다 값이 더 많이 나가기 때문이었다. 나로선 그 막노동꾼이 살해되었단 사실이 그렇게 다행일 수 없었다. 그의 죽음은 내가 코끼리를 쏜 행위의 충분한 구실이 되었고, 내 행동은 법적으로 정당화되었기 때문이다. 그때 내가 다만 바보처럼 보이지 않기 위해 코끼리를 쐈다는 사실을 과연 누군가가 알아차렸는지 그렇지 않은지는, 지금 생각해도 알 수 없다.

교수형

장소는 미얀마였다. 비에 흠뻑 젖은 어느 아침. 노란 은박지 같은 희미한 빛이 높은 담을 넘어 감옥 뒤뜰을 비스듬히 비추고 있었다. 우리는 사형수 감방 밖에서 기다리고 있었다. 작은 짐승 우리처럼 정면에 이중 창살이 쳐진 방이 한 줄로 늘어서 있다. 가로세로 각각 10피트의 감방 안에는 널빤지로 된 침대 하나와 물주전자만이 휑뎅그렁하게 놓여 있었다. 어떤 감방에는 유색인들이 창살 안쪽에서 담요를 몸에 두르고 말없이 웅크리고 앉아 있다. 일주일이나 이 주일 뒤에 처형될 사형수들이다.

한 죄수가 감방에서 끌려나왔다. 작달막하고 매우 연약해 보이는 힌두교도로서 머리는 깎여 있고 흐리멍덩한 두 눈에는 눈물이 고여 있었다. 그는 뻣뻣한 콧수염을 삐죽 튀어나오도록 기르고 있었는데, 꼭 영화 속 희극배우처럼 몸집에 비해 너무 커서 어색했다. 여섯 명의 건장한 인도 교도관들이 그를 호송해서 교수대로 데려갈 준비를 하고 있었다. 그들 가운데 두 명은 총검을 꽂은 총을 메고 있고, 나머지 교도관들은 그에게 수갑을 채우고 포승줄을 그 수갑 안으로 돌려넣어 자신들의 벨트에 묶고는 사형수의 양팔을 옆구리에 딱 붙들어 맸다. 그들은 그가 거기에 있다는 것을 손으로 더듬어 확인이라도 하듯 그에게 바짝 붙어 조심스럽고 부드럽게 그를 다루었다. 마치 다시 살아나 물속으로 뛰어들지도 모르는 물고기를 다루는 것 같아 보였다. 그러나 사형수는 곧 무슨 일이 벌어질지 전혀 모르는 듯 힘없이 포승줄에 굴복한 채 자포자기 상태로 서 있었다.

8시 정각에 나팔 소리가 먼 막사에서부터 젖은 아침 공기를 가르며 힘없이 울려 퍼졌다. 우리와는 꽤 멀리 떨어진 곳에서 지휘봉으로 이유 없이 자갈을 탁탁 내리치고 있던 교도소 소장이 나팔 소리를 듣고 고개를 치켜들었다. 그는 회색 칫솔 같은 뻣뻣한 콧수염을 기른 거친 목소리의 군의관이었다.

"빨리 서둘러, 프랜시스."

그는 짜증스러운 목소리로 말했다.

"그 놈은 벌써 끝냈어야 했는데, 아직도 준비가 안 됐나?"

굵은 무명 능직의 흰 작업복을 입고 금테 안경을 낀 뚱뚱한 드라비다인 선임 교도관 프랜시스가 검은 손을 흔들었다.

"예, 예, 소장님."

그는 흥분해서 말했다.

"모든 준비가 다 되었습니다. 사형수도 기다리고 있습니다. 집행할 수 있습니다."

"좋아, 가자. 집행을 끝내기 전엔 죄수들에게 아침을 먹일 수도 없는 노릇이니까."

우리는 교수대로 떠났다. 교도관 두 명이 어깨에 총을 메고 사형수 양쪽 옆에서 나란히 걸었다. 나머지 두 명은 그의 팔과 어깨를 붙잡고 뒤에 바싹 붙어 걸었다. 그리고 나머지 교도관들과 치안 판사 등 여러 명이 그 뒤를 따랐다. 10야드쯤 갔을 때, 아무 명령이나 경고도 없이 행렬이 갑자기 멈추었다. 끔찍한 일이 벌어졌다. 어디서 왔는지 모를 개 한 마리가 뜰에 나타난 것이었다. 그 개는 모여 있는 사람들을 보고 기뻐 날뛰며 미친 듯이 짖어대며, 우리 주위에서 몸을 비비 흔들며 뛰어다녔다. 북슬북슬한 털에 반은 에어데일종(種), 반은 들개 피가 섞인 대형견이었다. 개는 한동안 우리 주위를 껑충거리며 뛰어다니다가 사형수에게로 달려가더니 뛰어올라 그의 얼굴을 핥으려고 했다. 모두 아연실색해 개를 잡을 엄두도 내지 못하고 멍하니 서 있었다.

"누가 저놈의 개를 이곳에 들여보냈나?"

소장이 화를 내며 소리쳤다.

"누구든 저놈을 잡아!"

사형수를 호송하던 교도관 한 명이 대열을 떠나 어설프게 잡으려고 했으나, 개는 그의 손에서 아슬아슬하게 벗어나 장난이라도 치듯 주위를 뛰어다녔다. 한 젊은 유라시안 교도관이 자갈을 한 움큼 던져 보았지만, 그놈은 돌을 피하더니 다시 우리 뒤를 따라왔다. 놈이 짖어대는 소리가 교도소 담에 부딪쳐 울려 퍼졌다. 사형수는 이런 소동도 사형 집행의 한 가지 의식이라고 생각한 듯 무관심한 얼굴로 바라보고 있었다. 몇 분이 지난 뒤에야 누군가가 겨우 개를 잡았다. 우리가 개의 굴레에 손수건을 집어넣어 끌고 가려 하자 놈은 겁에 질려 낑낑거렸다.

교수대까지는 40야드쯤 남았다. 내 앞에서 걸어가는 사형수의 벌거벗은 갈색 등이 보였다. 손이 묶여 있어서 걸음걸이는 조금 어색했지만, 머리를 까딱거리며 절대로 무릎을 똑바로 펴지 않는 인도인 특유의 꾸부정한 자세로, 그는 야무지게 걸었다. 발걸음을 옮길 때마다 근육이 매끈하게 튀어나왔으며, 정수리에 동여맨 머리 타래가 아래위로 나불거렸고, 젖은 자갈길 위에 그의 발자국이 도장처럼 새겨졌다. 교도관들이 그의 어깨를 죄고 있었지만 그는 길 위의 조그만 웅덩이를 피하기 위해 딱 한 번 발걸음을 가볍게 옆으로 옮겼다.

이상하게도, 그 순간까지 나는 건강하고 의식 있는 한 인간을 죽이는 것이 어떤 일인지 한 번도 생각해 보지 못했다. 그런데 지금 사형수가 웅덩이를 피하기 위해 발걸음을 딴 데로 옮기는 것을 본 순간, 나는 절정에 다다른 생명을 앗는 부당함과 그 말할 수 없는 사악함을 보았다. 이 사람은 죽어 가고 있는 것이 아니라 우리처럼 펄펄하게 살아 있다. 육체의 모든 기관이 살아 움직이고 있다. 창자는 음식물을 소화해 내고, 피부는 스스로를 재생시키고, 발톱은 자라고, 세포도 계속 형성되고 있다. 모든 것이 어리석을 만큼 악착같이 작용하고 있다. 그가 교수대 발판에 세워지고, 공중에 매달려서 생명이 붙어 있는 10분의 1초 그 순간에도 그의 발톱은 여전히 자랄 것이다. 그의 두 눈은 누런 자갈과 회색 담을 응시하고 있고, 그의 뇌는 여전히 기억하고 예견하고 추리한다. 비켜간 웅덩이에 대해서까지 생각하고 있다. 그와 우리는 함께 걷고 똑같은 세상을 보고 듣고 느끼고 이해하는 일행이었다. 그러나 2분 뒤에는 덜컹하는 소리와 함께 순식간에 우리 가운데 한 명이 가 버릴 것이다. 정신이 하나 줄어들고 세상이 하나 사라진다.

교수대는 교도소 앞의 넓은 뜰에서 좀 떨어진 조그만 뒷마당에 있으며, 주위에 키 큰 가시덤불이 무성하게 나 있다. 교수대는 가축우리처럼 3면이 벽돌로 쌓여 있고, 두꺼운 판자로 된 상층부에 두 개의 기둥이 세워져 있으며, 그 사이를 가로지르는 가로장에 교수형 밧줄이 매달려 있었다. 또 다른 죄수로서 흰색 죄수복 차림을 한 회색 머리칼의 사형집행인이 교수대 옆에서 기다리고 있었다. 우리가 들어가자, 그는 머리를 굽실거리며 인사했다. 프랜시스가 한차례 지시를 내리자, 두 명의 교도관이 사형수를 더욱 꽉 잡고는 교수대로 떠밀다시피 데리고 가 그가 어설프게 층계를 오르는 것을 도와 주었다. 그리고 사형집행인이 올라가서 사형수의 목에 올가미를 둘렀다.

우리는 5야드쯤 떨어져 서 있었다. 교도관들이 교수대 주위를 에워싸고 있었다. 그리고 고리를 낸 매듭이 채워지자, 사형수는 신에게 기도를 올리기 시작했다.

"람! 람! 람! 람!"

구원을 바라는 다급하고 공포에 질린 절규가 아니라 마치 조종(弔鐘)처럼 일정한 박자로 되풀이되는 날카로운 외침이었다. 개가 애처롭게 낑낑거리며 그 외침에 가락을 맞췄다. 교수대 위에 서 있던 사형집행인이 사형수의 얼굴에 밀가루 포대 같은 작은 면 자루를 뒤집어씌웠다. 사형수의 목소리는 자루를 덮어씌우는 바람에 작아졌지만 끊임없이 되풀이되었다.

"람! 람! 람! 람!"

사형집행인은 교수대에서 내려와 지렛대를 당길 준비를 하고 있었다. 몇 분이 흘러간 것 같았다.

"람! 람! 람! 람!" 하는 그의 일정한 부르짖음은 잠시도 더듬거리지 않고 거듭되었다. 소장이 지휘봉으로 땅을 천천히 탁탁 쳤다. 어쩌면 그는 사형수가 외치는 소리를 세면서, 그에게 50이나 100 같은 어떤 제한된 숫자까지만 허용하는 듯 보이기도 했다. 모든 사람들의 얼굴빛이 바뀌었다. 인도인들의 얼굴은 싸구려 커피 같은 잿빛으로 변했으며, 총검을 찬 한두 명이 부들부들 떨고 있다. 우리는 포박되어 두건이 씌워진 채 교수대 발판에 선 사형수를 보며, 그의 부르짖음을 들었다. 그 외침 하나하나는 그가 1초 1초 살아 있다는 증거였다. 우리 모두의 가슴속에는 똑같은 생각이 들었다.

'오! 그를 빨리 죽여라, 빨리 끝내라, 저 구역질 나는 소리를 멈추게 해라!'

갑자기 결심한 듯 소장이 머리를 치켜들고 지휘봉을 재빨리 움직였다.

"찰로(집행)!"

그는 격렬하게 외쳤다.

덜컹하는 소리가 들렸다. 그러고는 쥐 죽은 듯 고요했다. 사형수의 모습이 사라지고, 밧줄은 저절로 흔들거리며 꼬였다. 나는 잡고 있던 개를 놓아 주었다. 개는 곧장 교수대 뒤쪽으로 뛰어갔다. 그러나 거기서 갑자기 멈춘 뒤 짖어대다가 잡초가 무성한 뒤뜰 구석으로 달아난 뒤 슬금슬금 우리 눈치를 살폈다. 우리는 사형수가 완전히 죽었는지 확인하기 위해 교수대 뒤로 돌아갔다. 발가락이 아래로 힘없이 축 늘어져 있고 돌처럼 매달려 천천히 빙빙 돌고 있었다.

소장이 지휘봉을 들어 죽은 사형수의 몸을 찔러보자 조금 흔들거렸다.

"제대로 됐군."

그가 말했다. 그리고 교수대 밑에서 뒷걸음질치더니 깊은 숨을 내쉬었다. 그의 얼굴에 침울한 기색이 싹 가시었다. 그는 손목시계를 힐끗 보았다.

"8시 8분이군. 좋아, 오늘 아침은 이걸로 끝낸다. 수고했다."

교도관들은 총검을 빼고 다시 행진해 갔다. 개도 제정신이 들어 자기 행동이 엉뚱했다는 것을 알아차린 듯 우리 뒤를 살금살금 따랐다. 우리는 교수대가 있는 뒤뜰에서 나와 사형수 감방 앞을 지나 교도소의 중앙 뜰로 갔다. 쇠테를 두른 곤봉으로 무장한 교도관들의 명령에 따라 죄수들은 이미 아침식사를 배급받는 중이었다. 그들은 함석 접시를 들고 길게 쭈그리고 앉아 있었다. 그 앞으로 교도관 두 명이 양동이의 밥을 국자로 퍼주며 지나갔다. 교수형 집행 뒤에 보는 이 모습은 참으로 아늑하고 즐거운 광경이었다. 큰일을 무사히 치르고 나자 깊은 안도감이 몰려왔다. 우리는 노래 부르며 뛰쳐나가 킬킬거리며 웃고 싶은 충동을 느꼈다. 갑자기 모두가 유쾌하게 지껄이기 시작했다.

내 옆에서 걷고 있던 그 유라시안 청년이 싱글벙글 웃으며 우리가 왔던 길 쪽으로 턱짓을 해 보였다.

"그 친구(아까 사형수를 말한다)는 항소가 기각되자 감방 마룻바닥에 오줌을 쌌다니까요. 두려웠겠지요. 선생님, 담배 한 대 드릴까요? 은을 입힌 저의 새 담배갑이 멋지지 않습니까? 행상한테서 2루피 8아나를 주고 샀습니다. 고급스러운 유럽식 갑이죠."

우리는 웃었다. 하지만 왜 웃었는지는 알 수 없었다. 소장 옆에서 걷고 있던 프랜시스는 수다스럽게 지껄였다.

"소장님, 모든 것이 만족스럽게 끝났습니다. 일사천리로 휙 하고 말이지요. 그렇지만 매번 그렇게 순조로운 건 아닙죠. 아니고말고요! 저는 의사 선생님이 사형수를 완전히 죽이기 위해 교수대 밑으로 가서 그의 다리를 끌어당기는 경우도 가끔 봤답니다. 정말 할 짓이 아니예요!"

"뭐라고……몸이 꿈틀거렸나? 그것 참 끔찍하군."

소장이 말했다.

"예, 소장님, 하지만 그들이 저항하면 더 골치 아픕니다. 감방에서 끌고 나오려고 하자 창살에 죽을힘을 다해 매달리던 한 사형수도 있었지요. 교도관 여섯 명이 매달려서 세 명이 다리 한 짝씩 잡고 낑낑대며 겨우 끌어냈다면 믿으시겠습니까? 우리는 그를 설득했습니다. '이보게, 자네가 지금 우리를 얼마나 난처하게 하고 고생시키는지 조금이라도 생각해 보게나!' 하지만 그는 귓등으로도 안 듣는 겁니다. 예, 우리는 그를 끌고 가는 데 매우 힘들었답니다!"

어느새 나는 유쾌하게 웃고 있었다. 다른 사람들도 웃었다. 심지어 소장도 억지로 웃음을 참고 있는 기색이 뚜렷했다.

"다 같이 나가 술이나 한 잔씩 마시게."

그는 매우 부드럽게 말했다.

"내 차에 위스키가 한 병 있네. 가져가 마시게."

우리는 교도소의 높은 이중문을 지나 도로로 나왔다. 한 미얀마인 치안판사가 갑자기 "그의 다리를 잡아당기다니!" 라고 외치고선 큰 소리로 낄낄거리며 웃었다. 우리 모두 웃었다. 그 순간, 조금 전에 들은 프랜시스의 이야기가 너무 재미있게 느껴졌다. 우리는 원주민이나 유럽인 할 것 없이 다 함께 어울려 술을 마셨다. 사형수의 사체는 100야드 떨어진 곳에 뉘어 있었다.

가난한 자들은 어떻게 죽는가

1929년 나는 파리의 제15구에 있는 X병원에서 몇 주를 보냈다. 병원 직원들은 접수대에서 가혹하게 신문하듯 나를 철저히 검사했다. 나는 20분 동안 그들의 질문에 대답을 하고 나서야 병원 안으로 들어갈 수 있었다. 라틴어 국가에서 서류를 작성해 본 적이 있는 사람이라면 그들의 질문이 어떤 식인지를 이해할 것이다. 얼마 동안 열씨를 화씨로 바꾸는 데 익숙하지는 못했지만, 내 체온이 대략 103도쯤이라는 것은 알고 있었다. 질문이 끝나갈 때쯤 되자 나는 서 있는 것조차 무척 힘들었다. 내 뒤에는 고분고분해 보이는 환자들이 한 무리 있었는데, 서로 다른 빛깔의 손수건으로 싼 꾸러미를 들고 기다리고 있었다.

질문이 다 끝나면 목욕이 기다리고 있는데, 교도소나 빈민 수용 시설처럼 병원에 처음 오는 사람은 반드시 목욕을 해야 했다. 옷을 벗고 깊이가 5인치쯤밖에 되지 않는 미지근한 물에서 몇 분 동안 덜덜 떨며 목욕을 마치자, 아마 섬유로 짠 잠옷용 셔츠와 짧은 푸른색 플란넬 실내복으로 된 환자복이 나왔다. 발에 맞는 것이 없어 슬리퍼는 신지 못했다. 그리고 나는 바깥으로 내보내졌다. 때는 2월 밤이었으며, 게다가 나는 폐렴으로 고생하고 있었다. 병동은 200야드 정도 떨어져 있었으며, 그곳으로 가려면 병원 마당을 가로질러야만 했다. 내 바로 앞에서 누군가가 손전등을 든 채 비틀거렸다. 발아래의 자갈길에는 서리가 내려 있었으며, 바람이 세차게 불어 벌거벗은 내 장딴지 주변에 환자복이 펄럭거렸다. 병동에 도착했을 때, 나는 그곳이 매우 친숙한 것 같은 이상한 느낌을 받았다. 그곳이 나에게 왜 그렇게 친숙해 보였는지 그날 저녁이 되어서야 깨닫게 되었다. 그곳은 긴 방으로, 희미한 빛을 내는 전등이 낮게 드리워져 있고 중얼거리는 듯한 소리로 가득했다. 병실 안에는 서로 거의 붙어 있다시피 한 수많은 침대가 세 줄로 줄지어 있었다. 똥 냄새 같기도 한 달짝지근한 냄새가 났는데, 토할 것 같았다. 침대에 누우려고 할 때, 덩치가 작고 붉고 누런 머리카락에 등이 굽은 사람이 거의 벌거벗은 채로 내 맞은편 침대에 앉아 있는 것을 보았다. 의사와 학생 한 명이 그에게 어떤 낯선 처치를 해 주고 있었다. 우선 의사가 검은 가방에서 포도주 잔처럼 생긴 10여 개의 조그만 유리컵을 꺼냈다. 그리고 학생이 유리컵 안에 성냥불을 켜 공기를 빼낸 뒤 컵들을 그 사람의 등과 가슴에 얹어놓자, 진공 때문에 노란색의 커다란 물집이 빨려나왔다. 얼마간의 시간이 지난 다음에야 비로소 나는 그들이 그에게 무엇을 하고 있는지를 알게 되었다. 그것은 부항요법이라 부르는 것으로 오래된 의학 교과서에서나 볼 수 있는 치료법이다. 그때까지 나는 이 치료법이 말(馬)에게나 하는 것이라고 어렴풋이 생각하고 있었다.

바깥의 찬 공기 탓인지 체온이 더 떨어진 것 같았다. 나는 이 야만스러운 치료법을 무관심한 체하면서도 흥미롭게 지켜보았다. 그런데 다음 순간 그 의사와 학생이 내 침대로 다가와 누워 있는 나를 일으켜 똑바로 앉히고는, 한마디 말도 없이 그 유리 기구를 소독도 하지 않은 채 나한테 갖다대기 시작했다. 이런 치료는 받기 싫다고 힘없이 저항해 보았지만, 마치 동물 대하듯 아무런 대꾸도 하지 않았다. 나는 이 두 남자가 나에게 하고 있는 무례한 행동을 보고 적잖이 놀랐다. 나는 이제껏 병원의 공동병실에는 한 번도 입원해 본 적이 없었는데, 이것은 내가 환자에게 한마디 말도 없이 아니, 그러기는커녕 인간적 관점에서 어떠한 주의도 기울임 없이 사람을 다루는 의사를 처음으로 겪은 것이었다. 그들은 내 몸 위에 여섯 개의 유리컵을 올려놓았다. 그런 다음 내 피부에 난 물집 부위를 바늘 같은 것으로 콕콕 찌르고 나서는 유리컵을 다시 올려놓았다. 그러자 유리컵은 시꺼먼 피를 디저트 스푼으로 한가득 될 만큼 빨아냈다. 나는 너무나 놀랐고 치욕스럽고 역겹기까지 했다. 다시 누우면서 이제는 나를 편안하게 내버려둘 것이라고 생각했다. 그러나 아니었다. 절대 아니었다. 또 다른 치료가 기다리고 있었다. 겉으로 보기에는 그저 뜨거운 목욕을 하는 것과 같은 겨자를 이용하는 찜질제 치료였다. 게을러 보이는 두 명의 간호사가 이미 찜질제를 준비하고 있었는데, 그들은 찜질제를 정신병자나 흉포한 죄수에게 입히는 옷처럼 내 가슴 주변에 단단히 붙였다. 그러는 동안 셔츠와 바지만 입고 병실을 돌아다니던 사람들이 측은하다는 듯 씩 웃음을 지으면서 내 옆으로 몰려들었다. 환자에게 겨자 찜질제를 붙이는 광경을 보는 것이 병실에서는 아주 재미있는 볼거리라는 것을 나중에야 알았다. 이런 치료는 보통 15분 동안 이어지는데, 당사자만 빼고는 재미있는 구경거리였다. 처음 5분 동안은 마치 살을 에는 듯한 참기 힘든 고통을 느끼지만 그래도 참을 수 있을 것이라고 믿는다. 그러나 이후 5분 동안 이런 믿음은 사라져 버린다. 찜질제는 등에 달라붙어 절대로 이 과정을 피할 수 없다. 이 시간은 구경꾼들이 가장 재미있어 하는 시간이다. 마지막 5분 동안 감각이 없는 듯한 어떤 현상이 나타나는 것을 느꼈다. 찜질제가 제거된 뒤 얼음이 들어 있는 방수 베개가 내 머리맡에 넣어지고 나면, 그제야 나는 혼자 남게 된다. 그날 저녁 내내 나는 잠을 이루지 못했는데, 내가 아는 한 그날 밤은 내 인생에서—침대에서 잠을 잔 경우에—잠을 한숨도, 단 1분도 잘 수 없었던 그런 밤이었다.

나는 X병원에 입원한 첫날부터 이상하고 말도 안 되는 치료를 모두 받았는데, 이것은 잘못된 것이다. 아무리 의사들에게 흥미롭고 의대 학생들의 임상교육에 유익한 것이라도 환자에게 반드시 필요한 것이 아니라면, 좋든 나쁘든 그런 치료는 결코 하지 말아야 한다. 새벽 5시에 간호사들이 들어와 환자를 깨워 체온을 쟀지만 환자의 몸은 씻겨주지도 않았다. 우리는 상태가 좋으면 스스로 몸을 씻는데 그렇지 않으면 걸을 수 있는 환자의 호의에 기대야 했다. 오줌통과 '찜냄비'라고 부르는 더러운 변기통을 들고 다니는 사람도 환자들이었다. 8시에 아침식사가 나왔다. 얇은 빵 조각이 군데군데 둥둥 떠다니는 군대식 채소 수프였다. 그날 늦게 키가 크고 턱수염을 기른, 근엄하게 생긴 의사가 회진을 돌았는데 수련의 한 사람과 한 무리의 의대 학생들이 그의 뒤를 따르고 있었다. 우리 병실에만 해도 60여 명의 환자들이 있었고, 또 다른 병실에도 여럿 있었다. 그 의사는 날마다 환자들이 애원하는 소리를 흘려들으면서 그저 스쳐 지나가기만 하는 침대들이 셀 수 없이 많았다. 다시 말해, 만약 우리가 의대 학생들이 실제로 보고 싶은 그런 질병에 걸려 있다면 그제야 우리들을 관찰하는 것이다. 나의 경우 기관지에서 나는 가르랑대는 소리가 훌륭한 표본이 되어 10여 명 이상의 의대 학생들이 내 가슴에서 나는 이상한 소리를 듣기 위해 줄을 서서 기다렸다. 나는 참으로 이상한 느낌이 들었다. 의대 학생들은 배우고자 하는 열의는 대단했지만, 무엇보다 환자들도 인간이라는 인식은 없어 보였기 때문이다. 내 말이 이상하게 들릴지 모르지만, 가끔 어떤 젊은 의대 학생은 자기 차례가 되어 앞으로 다가와 몸을 꼼꼼이 살펴볼 때면 갖고 싶던 값비싼 장난감을 처음으로 손에 쥔 어린아이처럼 흥분한 나머지 벌벌 떨기도 했다. 젊은 남학생들, 여학생들, 흑인 학생들이 잇따라 우리의 등을 엄숙하지만 서툴게 손가락으로 누르고 두들겨 보았다. 그런데 그들 가운데 누구 한 사람도 우리에게 한마디 말을 건네거나 우리 얼굴을 똑바로 쳐다보는 이는 없었다. 환자복을 입은 무료 환자로서 우리가 첫 실험용 표본이 되는데, 나는 그것에 대해 괘씸하게 생각하지는 않았지만 결코 익숙해질 수 있는 성질의 것은 아니었다.

며칠 지나자 상태가 많이 좋아졌으므로 나는 침대에 앉아서 주위 사람들과 이야기를 나누기 시작했다. 좁은 침대가 서로 다닥다닥 붙어 있어 옆 침대에 있는 사람의 몸에 쉽게 손이 닿는 냄새나고 숨 막히는 병실에는 급성 전염병을 제외한 모든 종류의 질병이 다 모여 있었다. 내 오른쪽에 있는 환자는 머리카락이 조금 붉은 구두 수선공인데 한쪽 다리가 다른 쪽보다 짧고 몸집이 작았다. 그는 다른 환자들의 죽음(이런 일은 자주 일어나며, 그는 언제나 이런 이야기를 가장 먼저 들었다)을 우리에게 알려주곤 했는데, 휘파람을 불면서 양팔을 머리 위로 내뻗으며 "43번!"이라고 외쳤다. 이 남자는 상태가 그리 나쁘지 않았지만, 대부분의 다른 침대에서는 비참한 비극이나 어떤 끔찍한 일들이 일어났다. 내 침대와 거의 붙어 있는 옆 침대에는, 어떤 질병에 걸렸는지는 모르지만 아무튼 너무나 민감한 몸 때문에 이리저리 조금만 움직여도, 심지어 이불의 무게조차도 자기를 고통스럽게 하는 병을 앓는 야윈 사람이 누워 죽어가고 있었다(그가 다른 침대로 옮겨갔으므로 죽는 것을 보지는 못했다). 그가 가장 심하게 고통을 호소하는 때는 소변을 볼 때였다. 간호사가 그에게 오줌통을 갖다 주고는 마부가 말을 대하는 것처럼 그의 침대 옆에 서서 휘파람을 불며 한참 동안 기다리고 있다. 마침내 그는 "나 오줌 누겠소!"라고 하며 고통스런 비명과 함께 오줌을 누기 시작했다.

그의 옆 침대에는 일전에 부항 치료를 받는 것을 본 적이 있는, 머리카락이 모래빛인 남자가 하루 종일 기침을 해댔는데 가래에서 피가 섞여 나왔다. 내 왼쪽 침대에는 파리하고 연약해 보이는 키 큰 젊은이가 누워 있었는데, 정기적으로 등에 튜브를 꽂아 그의 몸 어딘가에서 엄청난 양의 거품 같은 액체를 뽑아냈다. 또 그 너머 침대에는 1870년 전쟁에 참전했던 노인이 죽어가고 있었다.

그는 하얀 카이저수염을 길렀으며, 남자다운 얼굴이었다. 면회 시간이 되면 나이 든 남자 친척 네 명이 검은 옷을 차려입고, 정확히 말해 유산에 대한 유언이라도 받아 내기 위해 음모라도 꾸미는 듯 까마귀처럼 그 옆에 줄곧 앉아 있었다. 다음 줄 맞은편 침대에는 나이 든 대머리 남자가 콧수염을 축 늘어뜨리고 얼굴과 몸은 통통 부은 채로 누워 있었다. 그는 쉬지 않고 오줌이 나오는 질병을 앓고 있었다. 그의 침대 옆에는 언제나 오줌을 받을 수 있는 큰 유리병이 놓여 있었다. 어느 날 그의 아내와 딸이 병원에 왔다. 그들을 보자 그 나이 든 사람의 부은 얼굴에서 놀랄 만큼 달콤한 미소가 흘러나왔다. 스무 살쯤 되어 보이는 그의 딸이 침대로 다가갔을 때, 나는 그의 손이 침대 이불 밑에서 서서히 움직이는 것을 보았다. 앞으로 벌어질 상황이 머릿속에 그려졌다. 그 소녀가 침대 옆에서 무릎을 꿇으면 늙은 남자는 희미하게 미소를 머금은 채 그녀의 머리를 쓰다듬으리라. 그러나 내 예상은 빗나갔다. 그는 소녀에게 오줌통을 건네기만 했고, 그녀는 재빨리 그것을 받아 큰 유리병에 오줌을 비웠다.

내 침대에서 대략 열두 개쯤의 침대 너머에 '57번' 환자가 있었는데, 아마 이 번호가 맞을 것이다. 그는 간경변을 앓고 있었다. 그는 이따금씩 학생들의 의료 실습 대상이 되었으므로 우리 병실에 있는 환자들은 모두 그를 알고 있었다. 일주일에 두 번 오후 시간에 키가 크고 근엄해 보이는 의사가 우리 병실에서 한 무리의 학생들에게 강의를 하는데, 이따금씩 57번 환자를 일종의 환자 운반차에 눕혀 병실 중간에 데려다 놓았다. 거기에서 의사는 그 환자의 옷을 걷어올려 손가락으로 환자의 배 부분에 불룩 튀어나온 큰 혹 같은 것─짐작건대 앓고 있는 간이다─을 주물럭거리면서, 이 경우는 포도주를 마시는 국가에서 흔히 생기는 알코올 중독에 의한 질병이라고 근엄하게 설명했다. 언제나 그는 환자에게는 한마디 말도 하지 않고 미소도 짓지 않는 등 알은체도 하지 않았다. 그는 매우 엄숙하게 직설적으로 강의를 하면서 마치 여자가 밀대를 가지고 반죽을 미는 것처럼 그 죽어가는 몸을 양손으로 잡은 채 이리저리 부드럽게 밀었다. 57번 환자는 의사의 이런 행동에 개의치 않았다. 분명히 그는 입원 환자였는데, 그의 죽어가는 간은 병리학 실험실에 약물을 넣은 병 속에 오랫동안 담겨 학습 도구로 쓰이는 전시물 같아 보였다. 자기에 대해 이러쿵저러쿵 말하는 것에 전혀 흥미를 느끼지 못하는 듯이 그는 의사가 마치 고대 도자기를 다루듯 자랑스럽게 그를 학생들에게 보여 주는 동안에도 생기 잃은 눈만 멍하니 멀뚱멀뚱 뜬 채 누워 있었다. 그 환자는 나이가 예순쯤 되었으며, 몸은 비쩍 말라 있었다. 송아지 가죽처럼 창백한 그의 얼굴은 초췌했으며, 얼굴은 인형 얼굴만큼이나 작아 보였다.

어느 날 아침이었다. 내 옆 침대의 구두수선공이 간호사가 오기 전에 내 베개를 쏙 빼서 자고 있던 나를 깨웠다.

"57번 환자야!"

그는 양손을 머리 위로 내뻗으며 외쳤다. 병실에는 불이 약하게 켜져 있었지만 볼 수 있었다. 나는 57번 환자가 옆으로 쪼그리고 누워 있는 것을 보았다. 그의 얼굴은 침대 옆으로 튀어나와 내 쪽을 향해 있었다. 밤에 아무도 모르는 사이에 죽었던 것이다. 간호사들이 들어와서 그가 죽었다는 것을 알았지만, 얼굴색 하나 바뀌지 않은 채 일을 시작했다. 한두 시간이 흐른 뒤, 다른 두 명의 간호사가 군인들처럼 어깨를 나란히 하고 나막신을 신고 쿵쿵거리며 들어와 시체를 시트 위에서 묶어 매듭을 지어놓고는, 치우지도 않고 얼마 동안 그대로 내버려 두었다. 그러는 사이 날이 완전히 밝아 나는 57번 환자를 똑똑히 볼 수 있었다. 사실 나는 그의 모습을 보기 위해 옆으로 누워 있었다. 이상하게도 죽은 유럽 사람을 본 것은 이번이 처음이었다. 전에도 죽은 사람을 본 적이 있지만 언제나 동양인이었으며, 그것도 처참하게 죽은 모습만 보았다. 57번 환자는 눈을 뜨고 있었고, 입은 벌어진 채 작은 얼굴은 일그러져 고통과 번민의 표정을 짓고 있었다. 그런데 가장 놀라운 것은 백지장처럼 흰 그의 얼굴이었다. 조금 전까지만 해도 창백했지만 지금은 시트만큼 하얗게 변해 버렸다.

그 조그맣고 일그러진 얼굴을 보았을 때, 나는 들것에 아무렇게나 실려 해부학 실험실의 수술대 위에 털썩 떨어지게 될 저 구역질 나는 쓰레기 조각이 영국 국교회 기도서에서 기도하는 대상 가운데 하나인 자연사(自然死)의 전형이라는 생각이 들었다. 저기에 우리가 있다. 저것은 바로 20년, 30년, 40년 뒤에 우리를 기다리는 것이기도 하다. 저것은 운 좋은 사람이 죽는, 다시 말해 살만큼 다 살고 죽는 방법이다. 물론 인간은 누구나 살고 싶어 한다. 실제로 죽음에 대한 공포만으로 살고 있는 경우도 있지만, 나는 그 무렵 생각했던 것처럼 너무 늙지 않고 갑자기 죽는 것이 더 좋다는 생각이 든다. 사람들은 전쟁에 대한 공포에 대해 이야기하곤 하는데, 이런 흔한 질병이 가져다주는 잔혹함에 맞설 만한 무기란 이제껏 없었다. '자연사'의 정의를 내려보자면, 악취를 풍기며 고통스럽게 천천히 죽어가는 것이다. 그래도 공공시설이 아니라 집에서 죽음을 맞이할 수 있다면 이야기는 달라진다. 촛불처럼 희미하게 깜빡거리는 이 가련한 늙은이는 임종 때 자신을 지켜볼 사람이 하나도 없을 만큼 하찮은 존재였다. 그는 살아서는 다만 '번호'였고, 죽어서는 의대 학생들이 해부용 칼을 가지고 실험할 '실험 대상'일 뿐이었다. 이런 곳에서 비참하게 죽어가는 것은 과연 어떤 심정일까? X병원에는 침대가 서로 가까이 붙어 있고 침대와 침대 사이에 천도 드리워져 있지 않다. 이불이 몸에 닿으면 고통을 참지 못해 끙끙대는, 내 침대에서 조금 떨어져 있는 저 자그마한 사람처럼 죽어가는 것을 떠올려 보라! 그가 신음하듯 뱉어낸 "오줌 좀 누겠소!"는 그의 마지막 말이 되었다. 이 말은 적어도 그가 제정신이 들었을 때 한 말이었으리라. 죽어가는 사람들은 흔히 죽기 전 하루나 이틀 동안은 마음 상태가 평온하다.

저소득층 사람들에게만 주로 생기는 질병이 있는 것처럼 병원의 공동 병실에는 자신들의 집에서 죽어가는 사람들에게는 볼 수 없는 어떤 공포 같은 것이 있다. 그러나 내가 X병원에서 목격한 것은 영국 병원에서는 절대로 볼 수 없는 것들도 있었던 게 사실이다. 예를 들어 이런 부류의 사람들은 임종을 지켜보는 사람도 없고, 아무도 거들떠보지도 않는 동물처럼 죽어가며, 또 죽은 사실도 아침이 되어서야 비로소 알려진다. 게다가 한두 번이 아니다. 영국에서는 분명히 볼 수 없는 일이고, 더구나 다른 환자들이 보도록 시체를 오랫동안 방치하는 일은 절대로 있을 수 없다. 영국에 있을 때, 상주하는 의사가 없었던 한 마을의 작은 병원에서 있었던 일이 생각난다. 우리가 차를 마시고 있는 동안에 어떤 사람이 죽었는데, 병실에는 나와 함께 여섯 명이 있었지만 간호사들이 일을 능숙하게 처리했으므로 우리는 차를 다 마실 때까지 그 사람이 죽었으며 시체가 깨끗이 옮겨졌다는 사실조차 몰랐다. 어쩌면 우리는 영국에서 제대로 교육 받은 수많은 간호사들에게서 받는 혜택을 낮게 평가하고 있는지도 모른다. 분명히 영국 간호사들은 말수가 적고, 찻잎으로 점을 치고, 영국 국기가 새겨진 배지를 가슴에 달고, 자기 집 벽난로 선반 위에 여왕 초상화를 걸어 놓고 있기는 하지만, 적어도 우리를 씻기지도 않은 채 엉성한 침대 위에 변비라도 걸린 사람처럼 굼뜨게 누워 있도록 내버려 두지는 않는다. X병원 간호사들의 모습에선 갬프 부인이 떠오르며, 그 뒤 스페인의 육군 병원에서 나는 체온도 재 주지 않을 만큼 거만한 간호사들을 본 적이 있다. X병원 같은 그런 불결함은 영국에서는 볼 수 없다. 그 뒤 내가 욕실에서 세수를 할 수 있을 만큼 좋아졌을 때 나는 그곳에 있는 큰 포장 상자 하나를 보게 되었는데, 거기에는 음식물 찌꺼기와 병실에서 나온 더러운 거즈나 붕대 같은 것들이 어지러이 들어 있었다. 그 상자 모서리 밑에는 귀뚜라미 같은 곤충들이 우글거리고 있었다.

나는 걸을 수 있을 정도가 되자마자 의사의 퇴원 지시도 없었지만 내 옷을 다시 돌려받고는 X병원을 도망치듯 빠져나왔다. 나는 이 병원 말고 다른 병원에서도 도망쳐 본 적이 있지만, 우중충하고 더럽고 냄새나고 무엇보다도 이 병원만이 가지고 있는 독특한 분위기가 머릿속에 아직까지 뚜렷이 남아 있다. 내가 그 병원으로 가게 된 이유는 그 병원이 내가 살고 있던 구역에 속했기 때문인데, 그 병원의 평판이 아주 나쁘다는 사실을 입원할 때까지 전혀 몰랐다. 1년인가 2년 뒤, 유명한 사기꾼인 마담 하나우드가 수감 중에 몸이 아파 X병원으로 이송되었고, 거기에서 며칠을 보낸 뒤 감시인 몰래 병원을 빠져나와 택시를 타고 교도소로 돌아왔는데, 그녀는 교도소가 훨씬 지내기 편하다고 말했다. 물론 나는 그 무렵 프랑스에 있던 병원들이 모두 X병원과 똑같은 것은 아니라고 생각하며, X병원이 보기 드물게 독특한 병원인 것 같다. 대부분이 노동자들인 그 병원의 환자들은 삶의 의욕도 없이 무기력해 보였다. 오히려 괜찮은 곳이라고 생각하는 사람까지 있을 정도였다. 가난한 꾀병 환자가 두 명 있었는데, 그들에게 이 병원은 겨울을 나기에 안성맞춤의 장소였기 때문이다. 간호사들도 그들이 병원의 허드렛일을 잘하므로 눈감아 주었다. 그러나 대부분의 분위기는 어땠는가? 물론 이곳은 비열한 장소로 그 밖에 어떤 것도 기대할 수 없었다. 그들은 아침 5시에 일어나 세 시간을 기다리고 난 뒤 멀건 수프로 아침을 먹은 뒤 하루를 시작했고, 곁에서 지켜보는 사람도 없이 쓸쓸히 죽어 가야 했으며, 그곳에서 의사의 치료를 받아볼 기회를 얻는 것은 오로지 그가 지나갈 때 그와 눈을 마주쳐야 가능하다는 사실은 전혀 낯설지 않았다. 그들의 전통에 따르면 모든 병원은 으레 그렇다는 것이었다. 중병에 걸렸지만, 너무 가난해 집에서 치료를 받을 형편이 못 되면 그때 병원에 가야 한다. 일단 병원에 가면 군대

생활처럼 규율과 불편함을 감수해야 한다. 지금 내 기억에서 거의 사라져 가는 옛날이야기지만 무엇보다 재미있는 대목을 하나 이야기하겠다. 예컨대 단순한 호기심 때문에 우리의 배를 가르는 의사가 있는가 하면, 마취가 덜 된 상태에서 수술하는 것을 재미있어 하는 의사가 있다는 점이다. 또 욕실 바로 옆에 있는 한 작은 수술실에 대한 우울한 이야기가 하나 있다. 끔찍한 비명 소리가 이 방에서 흘러나오곤 했다는 것이다. 이런 이야기는 확인할 길도 없지만 또 있을 수도 없는 일이라고 생각한다. 나는 두 명의 의대 학생이 의료비를 내는 환자에게는 절대로 하지 않을 짓궂은 실험 따위를 열여섯 살 먹은 어떤 소년에게 실시해 그를 죽이는 것, 아니, 죽음으로 몰고가는 것(내가 병원에서 나올 때 그 소년은 죽어가고 있었지만 어쩌면 나중에 나왔을지도 모르겠다)을 목격한 적은 있다. 사람들이 아직 기억하는 최근의 일이지만, 런던에서도 큰 병원에서는 해부 실습을 위해 환자를 죽이는 일이 벌어진다고 하는 소문이 떠돈 적은 있었던 것 같다. X병원에서 이런 소문을 듣지는 못했지만, 이 병원에 입원해 있던 일부 사람들은 이 이야기를 그대로 믿는 것 같았다. 왜냐하면 의료 기술은 발달했는데도 19세기의 분위기가 그대로 배어 있는 듯해 특별한 흥미를 불러일으키는 곳이 이 병원이기 때문이었다.

   지난 50여 년 동안 의사와 환자 사이의 관계에는 커다란 변화가 있었다. 19세기 후반 이전의 모든 문학작품을 살펴보면, 병원이라는 곳이 거의 낡은 성과 같은 교도소로 여겨지고 있다는 것을 알 수 있을 것이다. 병원은 죽음에 이르는 어떤 대기실과 같이 더러움, 고문, 죽음을 떠올리게 하는 장소였다. 정도의 차이는 있어도, 가난하지 않은 사람은 병 치료를 위해 그런 장소에는 절대 가지 않았다. 특히 의학이 어느 때보다 괄목할 만하게 성장했지만 성공률은 그다지 높지 않았던 18세기 초에, 일반 사람들은 의사들이 하는 전반적인 일들을 끔찍스럽고 무서움을 자아내는 것으로 여겼다. 특히 수술을 소름 끼치는 가학증의 한 형태로 여겼고, 시체 처리업자의 도움으로나 가능한 해부는 강신술과 혼동되기까지 했다. 19세기부터 의사와 병원에 관련된 공포문학을 광범위하게 수집할 수 있을 정도이다. '기절할 때까지 피를 뽑기' 위해 자신에게 다가오는 담당 의사를 보고 살려달라고 비명을 지르는, 망령이 들고 늙고 가련한 조지 3세를 생각해 보자! 결코 패러디가 아닌 밥 소여와 벤자민 에일리언의 대화나, 《패주》와 《전쟁과 평화》에 나오는 야전병원, 또는 허먼 멜빌의 《하얀 재킷》에 나오는 신체를 절단하는 끔찍스러운 대목을 생각해 보자. 슬래셔, 카버, 소여, 필그레이브 등과 같이 19세기 영국 소설에 등장하는 의사의 이름들이나 의사를 일컫는 흔한 별명인 '뼈를 자르는 사람(sawbones)'은 희극적이면서도 끔찍함을 자아낸다.

수술을 반대하는 전통은 어쩌면 알프레드 테니슨의 시 《아동병원》에 가장 잘 묘사되어 있다. 이 시는 바로 1880년에 쓴 것으로 추정되지만, 마취를 이용해서 수술하기 이전의 수술 형태를 잘 보여 주는 중요한 문서이다. 게다가 테니슨이 이 시에 기록해 놓은 견해는 마취에 대한 논란거리를 제공해 주었다. 마취 없이 수술하는 것이 얼마나 야만스러운 행위인가를 생각하면 그런 수술을 하는 의사의 동기를 의심하지 않을 수 없다. 의대 학생들이 그렇게 열렬히 바라마지 않는 이 끔찍스러운 공포심(슬래셔가 그것을 한다면 멋진 광경이리라!)은 그다지 중요하지 않았다. 겁에 질려 죽지 않은 환자는 어차피 수술 뒤의 당연한 결과로서 괴저(壞疽)로 죽기 때문이다.

심지어 오늘날에도 의사들의 동기가 의심스러울 때가 있다. 중병에 걸려 본 적이 있거나 의대 학생들이 이야기하는 것을 들어본 사람이라면 누구라도 내 말을 이해할 것이다. 그러나 마취제와 살균제의 등장이 전환점을 이루었다. 지금은 세계 어디에서도 《성 미카엘 이야기》에서 악셀 문테가 묘사하는 그런 장면은 볼 수 없을 것이다. 실크해트를 쓰고 프록코트를 입은 사악한 의사가 빳빳하게 풀을 먹인 셔츠의 가슴받이에 피와 고름을 잔뜩 묻히고는 똑같은 칼로 이 환자 저 환자의 몸을 가르고 잘려 나간 수족을 수술대 옆 통에 던져 버리는 것이다. 게다가 국민건강보험 제도로 노동계층의 환자들이 보험 혜택을 받을 가치가 없는 극빈자라는 인식이 부분적으로 사라지기 시작했다. 금세기에는 '공짜' 환자들이 큰 병원에서 마취 없이 이를 뽑는 것을 당연한 것으로 받아들였다. 돈도 내지 않는데 왜 그들에게 마취제를 써야 하는가. 이러한 생각이 흔한 관행이었으나 그것 또한 바뀌었다.

그러나 모든 시설은 언제나 과거의 좋지 못한 기억을 간직하고 있다. 군대 막사와 같은 병실은 여전히 키플링의 망령에 사로잡혀 있고 구빈원에 들어가면 반드시 《올리버 트위스트》가 생각난다. 병원은 한센병 환자들을 평생 수용하기 위한 하나의 빈민구호소로 시작되어 의과대학 학생들이 가난한 사람들의 신체를 통해 의학 지식을 배우는 장소로 유지되었다. 병원만이 지닌 특유의 암울한 건축 구조를 통해서도 그 역사에 대해 어렴풋이나마 알 수 있다. 나는 영국의 병원에서 받은 모든 치료에 대해서는 불평하지 않는다.

다만 사람들에게 가능하면 병원을 멀리하라고 권하고 싶다. 특히 공립병원은 안 가는 게 좋다. 법적 견해는 어떻든지 간에 '의대 학생들이 있는' 병원에서는 스스로의 치료에 대해 마음대로 통제할 수 없고, 성가신 검사를 하지 못하게 할 수도 있다. 그리고 뜻밖의 사고로 죽는 것이 가장 좋을지도 모르겠지만, 자신의 침실에서 죽는 것이 병원에서 죽는 것보다는 좋다. 아무리 친절하고 효율적이라 하더라도 병원에서 죽는 것은 잔인하고 비참하다. 다시 말해, 너무 사소하여 무시해 버릴지 모르지만, 서두름, 복잡함, 그리고 이방인들 사이에 섞여 날마다 사람들이 죽어나가는 장소에 밴 비인간성이 만들어 내는 지독히 고통스런 기억을 뒤에 남기는 것이 병원에서의 죽음이다. 가난한 사람들에게는 어쩌면 병원에 대한 두려움이 지금도 남아 있을 것이다. 대부분의 사람들에게 그런 두려움은 최근에야 사라졌다. 그것은 우리 정신계 바로 밑에 있는 검은 파편이다. 나는 X병원의 병실에 들어섰을 때 이상할 만큼 친숙함을 느꼈다고 말한 바 있다. 지독한 악취를 내뿜는, 고통으로 가득 찬 19세기의 병원이 머릿속에 떠올랐기 때문이다. 물론 19세기의 병원을 직접 보지는 못했지만, 전해 들어 알고 있다. 어쩌면 더러운 검은 상자를 들고 있는 검은 옷을 입은 의사, 아니면 특유의 역겨운 냄새가 20년 동안 까마득히 잊고 있었던 테니슨의 시 《아동병원》을 다시 생각나게 만들었는지도 모른다. 어린아이였을 때 간호사가 내 옆에 앉아 그 시를 큰 소리로 읽어 주었는데, 그 간호사는 테니슨이 그 시를 썼던 무렵에도 어쩌면 간호사 일을 했을 것이다. 구식 병원에서의 공포와 고통은 그 간호사에게 생생한 기억으로 남아 있었다.

우리는 그 시를 함께 읽으며 벌벌 떨었는데, 그 뒤 나는 시의 내용을 다 잊어버렸다. 어쩌면 그 시의 제목조차 생각나지 않았을 수도 있었다. 그러나 침대가 서로 다닥다닥 붙어 있는 어두침침한 병실을 처음 보았을 때, 과거의 기억이 갑자기 내 머릿속에 떠올랐다. 그날 밤 나는 그 시의 전체 내용과 분위기가 모두 생각났으며, 거의 그 문구 그대로 다시 외울 수 있었다.

구빈원

늦은 오후였다. 여자 한 명을 포함 우리 49명은 구빈원(救貧院)의 문이 열리기를 기다리면서 잔디밭에 누워 있었다. 너무 지쳐 말할 기력도 없었다. 우리는 털이 숭숭 난 얼굴에 삐죽 튀어나온 것처럼 집에서 만든 담배를 문 채, 피곤에 찌들어 아무렇게나 누워 있었고, 머리 위에는 밤꽃이 나뭇가지를 뒤덮었으며, 그 너머 큰 뭉게구름이 조금도 움직이지 않은 채 쾌청한 하늘에 떠 있었다. 잔디에 여기저기 어지럽게 누운 우리는 도시의 초라한 극빈자들처럼 보였다. 마치 해변에 마구잡이로 버려진 빈 정어리 통조림 깡통이나 종이봉투처럼, 주변 풍광을 해치고 있었다.

구빈원 감독관에 대한 이야기가 떠돌았다. 그는 악마고 난폭한 독재자며, 사납게 짖어대 불경스러운 데다 동정 받지 못할 개라는 소문이었다. 그가 우리 주변에 있으면 우리의 영혼조차 온전히 우리의 것이라고 부를 수 없을 정도이고, 말대꾸를 했다는 이유로 부랑자들을 한밤중에 쫓아내기도 했다는 것이다. 또 그가 몸수색이라도 할라치면 당신을 완전히 거꾸로 세워 흔들어 버린다고 했다. 담배를 피우다 들키면 지옥 같은 벌이 기다리고, 돈을 갖고 있는 것이 발각되면 신의 은총을 빌 뿐이다.

나는 8펜스를 갖고 있었다. 한 나이 지긋한 노동자가 내게 "친구여, 그리스도의 사랑을 위하여!" 말하고는, "그 돈을 버리게. 그걸 가지고 구빈원으로 들어가려면 족히 이레는 걸릴 걸세!" 충고해 주었다.

그래서 나는 산울타리 밑구멍에다 그 돈을 숨겨 놓은 뒤 한 움큼의 자갈로 표시를 해 두었다. 그리고 우리는 성냥과 담배를 몰래 숨기기 시작했다. 이러한 물건들은 구빈원 안으로 갖고 들어갈 엄두조차 낼 수 없었다. 구빈원 정문에서 몸수색을 해 그것들을 압수해 버리기 때문이었다. 양말 속에 담배를 넣고, 양말을 신지 않은 극빈자들은 신발 안에 담배를 숨겼으며, 심지어 발가락 사이에 감추기도 했다. 발목 근처를 밀수품들로 가득 채웠으므로, 마치 상피병(象皮病)이라도 걸린 사람처럼 보일 정도였다. 그러나 아무리 엄격한 감독관이라 해도 무릎 아래는 수색할 수 없다는 것이 관습이었다.

몸에 털이 많은 스코티라는 부랑자가 있었다. 글래스고 출신으로, 런던 사투리가 섞인 이상한 영어로 말했다. 그는 실수로 담배꽁초가 들어 있는 양철통을 신발에 떨어뜨려 담배를 압수당하고 말았다.

여섯 시에 문이 열리자, 우리는 다리를 질질 끌며 구빈원으로 향했다. 문 앞에 서 있던 직원 한 명이 우리의 이름과 기타 특이 사항들을 명부에 적어 넣은 다음, 가지고 들어간 짐 꾸러미를 압수했다. 여자들은 구빈원에 들어갈 수 없어서, 그녀들을 제외하고 안으로 들어갔다. 그곳은 침침하고 으스스한 분위기를 자아냈다. 회반죽 벽이 에워싼 욕실과 식당, 1백여 개의 폭이 좁은 돌방이 있을 뿐이었다. 끔찍한 감독관이 우리를 맞아 문에서 옷을 벗겨 몸수색을 한 뒤 욕실로 몰아넣었다. 그는 부랑자들에게 어떤 인간적인 대접도 하지 않았고, 무뚝뚝한 군인처럼 보이는 사십대 남자는 우리의 눈앞에 욕설을 퍼부어댔다. 그러나 내 앞에 왔을 때, 그는 나를 보고 얼굴이 굳어진 채 말했다.

"당신은 신사요?"
"그런 것 같습니다."

나는 대답했다. 그는 나를 다시 한 번 훑어보았다.

"매우 운이 나쁘군요, 선생. 지독하게 말이요, 지독하게."

그 뒤로 그는 동정에, 심지어는 존경으로 나를 대접해 주었다.

욕실의 광경은 보기 역겨울 정도였다. 우리가 입고 있던 내의의 모든 추잡한 비밀이 다 벗겨졌다. 묵은 때와 해진 헝겊 조각들, 단추 대용으로 쓰인 약간의 실, 덕지덕지 꿰매어 붙인 천 조각들, 여기저기 구멍이 나 있는 더러운 옷들이 한군데 쌓여 있었다. 부랑자들의 땀냄새는 코를 찌르는 배설물 냄새만큼이나 지독했다. 어떤 부랑자들은 욕실 가기가 싫어서 발을 감싸는 번질번질한 천 조각인 '발싸개'만을 빨았다. 목욕하는 데는 각각 3분씩밖에 걸리지 않았다. 수건은 때가 묻어 미끌미끌한 여섯 개의 롤러 수건이 전부였다.

목욕을 하고 있을 때 구빈원 측에서 우리 옷을 다 가져갔다. 그 대신 우리는 구빈원이 제공하는 잠옷 같은 회색 면 셔츠를 입었는데 장딴지 중간까지 내려왔다. 목욕을 대충하고 난 다음, 송판때기로 만든 탁자에 저녁 식사가 준비된 식당으로 갔다. 식사는 간단했다. 아침, 점심, 저녁 모두 똑같은 음식이었다. 예컨대 반 파운드의 빵, 약간의 마가린과 1파인트의 형편없는 차가 전부였다. 이런 맛없고 역겨운 음식을 먹어치우는 데 5분이면 충분했다. 식사시간이 끝나자 감독관은 우리에게 각각 석 장의 면 담요를 나누어주었고, 잠을 재우기 위해 작은 방으로 몰아넣었다. 각 방의 문은 저녁 일곱 시가 되면 밖에서 잠기는데, 이후 열두 시간 동안 밖으로 나갈 수 없었다. 방은 가로 8피트, 세로 5피트로, 조그만 빗장이 쳐진 창문과 하나의 감시구멍을 제외하면 실내를 밝혀주는 어떤 시설도 없었다. 방에는 뼈대만 남은 침대와 그 위에 짚을 넣은 이불이 있었는데, 벌레가 없어서 그런대로 덮을 만했다. 그러나 다른 곳의 많은 구빈원에서 사람들은 나무 선반 같은 곳에서 잠을 자고, 어떤 구빈원에서는 맨땅에 눕기도 한다. 나는 침대가 놓인 작은 방을 혼자 차지했으므로 잠을 푹 잘 수 있을 것이라고 생각했다. 그러나 구빈원이라는 곳에는 뜻밖의 일이 언제나 존재하므로 그렇게 잠을 푹 잘 수는 없었다. 금방 알게 되었지만, 여기서 가장 불편한 것은 추위였다. 계절의 여왕이라는 5월이 시작되어 구빈원 당국이 난방을 끊었기 때문이었다. 면 담요는 거의 쓸모가 없었다. 사람들은 몸을 오른쪽 왼쪽으로 번갈아 쪼그려 누워 10여 분 동안 잠이 들었다가, 몸이 반쯤 언 상태로 다시 돌아눕기를 거듭하면서 밤을 보내야만 했다.

구빈원에선 흔한 일인데, 나는 아침에 일어날 시간이 되어서야 편한 잠에 빠졌다. 감독관은 둔탁한 발소리로 통로를 걸어 다니면서 방문의 자물쇠를 열고는 "기상하라!"고 외쳐댔다. 통로는 곧 더러운 셔츠를 걸치고 욕실로 향하는 사람들로 붐볐는데, 아침 내내 우리가 쓸 수 있는 물이라곤 한 통밖에 없었다. 따라서 먼저 차지하는 사람이 임자였다. 내가 세수하러 갔을 때는 이미 20여 명의 부랑자들이 얼굴을 씻고 있었다. 나는 물 표면에 둥둥 떠 있는 검은 찌꺼기를 힐끗 쳐다보고선 세수하지 않고 하루를 지내보겠다고 마음먹었다. 우리는 서둘러 옷을 갈아입고 아침을 먹기 위해 식당으로 갔다. 빵은 감독관처럼 군대 기질이 있는 멍청이가 밤새도록 잘라 놓았는지, 가게의 비스킷만큼이나 딱딱해져 맛이 형편없었다. 그러나 우리는 밤새도록 추위에 떨고 난 뒤라 차를 마실 수 있다는 한 가지만으로도 아주 기뻤다. 나는 차 없이 부랑자들이 할 수 있는 일이란 아무것도 없다는 사실을 알았다. 그만큼 차는 그들에게 음식이고 약이며, 모든 악마를 물리치는 만병통치약이었다. 하루에 마실 반 갤런 정도의 차가 없다면, 그들은 분명 살아남을 수 없을 것이다.

아침 식사가 끝난 뒤 우리는 천연두 예방 검진을 받기 위해 다시 한 번 옷을 벗어야 했다. 45분이 지나서야 의사가 도착했는데, 이제 우리가 그를 살펴보고 우리의 상태가 어떠한지 보여줄 차례였다. 그것은 유익한 장면이었다. 우리는 통로에 두 줄로 길게 늘어서서, 윗옷을 벗은 채 추위에 떨면서 차례를 기다렸다. 푸르스름하고 차갑게 빛나는, 걸러낸 불빛이 무자비할 만큼 우리를 비추고 있었다. 우리의 벗은 모습을 직접 보지 않고는, 우리가, 배가 올챙이처럼 생긴 타락한 똥개라고 누구도 상상하지 못할 것이다. 헝클어진 머리카락, 털이 나 있는 쭈글쭈글한 얼굴, 움푹 들어간 가슴, 야윈 발, 축 늘어진 근육 등 모든 기형과 육체적 부패가 거기에 존재하고 있었다.

부랑자들은 마치 햇볕에 탄 것처럼 무기력하고 해쓱해 보였다. 옷을 벗고 서 있던 두세 명의 사람들이 내 머릿속에 오래도록 남았다. 탈장 증세가 있고 붉은 눈에서 분비액이 흐르는 74세의 '올드 대디'는 마치 어떤 예스러운 구식 그림에나 나오는 나사로의 시체처럼, 수염은 드문드문 나 있고 두 뺨은 햇빛에 그을렸으며, 너무 굶주려 창자가 몸 밖으로 튀어나올 만큼 야위었다. 바지가 언제나 흘러내려 수줍어하면서도 미묘하게 킬킬 웃으며 여기저기 돌아다니던 정신박약 노인이었다. 그러나 우리들 가운데 그보다 더 나은 사람은 별로 없었다. 건강이 매우 좋은 사람은 10명도 채 안 되었고, 반쯤은 병원 신세를 져야 하는 사람들이었다.

그날은 일요일이라 우리는 주말 내내 구빈원에 갇혀 있어야만 했다. 의사가 돌아가자마자 우리는 다시 식당으로 내몰렸고 곧 식당 문이 닫혔다. 식당 벽은 회반죽으로 칠해져 있었고, 돌이 깔린 바닥에는 나무 식탁과 의자가 놓여 있었으며, 감옥에서나 날 듯한 냄새가 배어 있어 말할 수 없을 만큼 쓸쓸했다. 창문은 너무 높아 밖을 내다볼 수 없었고, 비행을 저지른 자에게는 끔찍한 형벌을 가한다고 위협하는 일련의 규칙을 늘어놓은 액자 하나가 장식품처럼 걸려 있을 뿐이었다. 게다가 너무 비좁아서 우리는 팔꿈치로 옆 사람을 칠 만큼 붙어 앉았다. 아침 8시경, 이미 우리는 포로 마냥 지쳐 있었다. 우리는 길거리의 하찮은 소문거리, 좋은 구빈원과 나쁜 구빈원, 혜택을 많이 받는 지역과 그렇지 않은 지역, 경찰과 구세군의 사악함 따위에 대한 이야기 외에는 어떤 말도 하지 않았다. 부랑자들의 대화에는 이런 이야기가 좀처럼 빠지는 법이 없다. 그들은 이른바 일자리에 대한 이야기만 나누었는데, 대화라고 부를 가치조차 없어 보였다. 배고픈 상태에서는 사색할 수 없기 때문이다. 세상은 그들에게 너무 가혹했다. 그들은 다음 끼니를 때울 수나 있을지 결코 장담할 수 없었다. 따라서 다음 끼니에 대한 것 외에 다른 어떤 것도 생각할 수 없었다.

두 시간이 지루하게 지나갔다. 나이 때문에 우둔해진 올드 대디가 활처럼 몸을 굽히고 마룻바닥에 두 눈을 붙박은 채 앉아 있었다. 모자를 푹 눌러 쓰고 잠자는 이상한 버릇이 있는 나이 든 부랑자 조지는 빵 한 봉지를 길에서 잃어버렸다고 투덜거렸다. 구빈원 내에서 개봉한 지 12시간이나 지나버린 김 빠진 맥주 냄새도 맡을 수 있고, 우리들 가운데 가장 신체가 건장하고 힘센 좀도둑이자 거지인 빌은, 도둑질한 이야기, 술집에서 마신 술, 목사가 자신을 경찰에 밀고해 며칠 동안 구류된 일 따위를 이야기해 주었다. 노퍽 출신 어부였던 윌리엄과 프레드는 배신을 당하고 눈 속에서 얼어 죽은 가엾은 벨라에 대한 노래를 구슬프게 불렀다. 지능이 떨어지는 친구는 일전에 그에게 257개의 금화를 주었다는 상상 속의 거만한 자에 대해 지껄이고 있었다. 이렇듯 우리는 재미없고 음란한 말만 지껄이면서 시간을 때웠다. 부랑자들은 모두 담배를 피웠는데 스코터는 담배를 압수당해 피우질 못했다. 담배가 없는 그의 모습이 너무 애처로워서 나는 그에게 말아서 피울 담배를 조금 집어 주었다. 그는 감독관의 발소리를 들을 때마다 마치 중학교 학생처럼 담배를 숨겼다가 다시 꺼내어 몰래 피워 댔다. 왜냐하면 다소 묵인은 되지만 공식적으로 흡연은 금지되어 있었기 때문이다.

대부분의 부랑자들은 지루한 방에서 10시간을 보냈다. 얼마나 참기 힘든지 상상조차 어렵다. 나는 지루함이야말로 배고픔과 불편함보다 더 지독하고, 사회적으로 푸대접 받는 감정 상태보다 훨씬 더 참기 어렵다고, 부랑자의 악 가운데에서 최악이라고 생각하게 되었다. 무식한 사람들을 하루 종일 아무 일도 시키지 않고 가둬 두는 것은 잔인한 짓이다. 그것은 마치 개집에 개를 묶어 놓는 것과 똑같다. 스스로의 내부에서 위안을 찾을 수 있는 교육 받은 사람들만

이 이런 감금을 참을 수 있다. 글을 거의 읽지 못하는 대다수 부랑자들은 그저 아무런 대책 없이 공허한 생각만으로 그들의 가난에 맞선다. 그들은 불편한 긴 의자에 10시간씩 꼼짝 않고 앉아, 스스로를 몰두시킬 어떠한 것도 찾아내지 못한다. 그리고 조금이나마 생각을 한다면, 그것은 바로 그들의 곤경에 대해 슬퍼하고, 하고 싶은 일을 바라는 것뿐이었다. 그들은 지루함의 공포를 참을 수 있는 재주가 없다. 그래서 아무 일도 하지 않고 대부분의 인생을 보내므로 지루함의 고통을 당한다.

나는 다른 사람들보다 훨씬 운이 좋았다. 감독관은 구빈원의 모든 일 가운데에서 부랑자들이 가장 탐내는 일을 나에게 맡겼다. 그 일이란 10시에 구빈원의 닭장을 청소하는 것이었다. 거기엔 할 일이 그다지 없어서, 나는 일요예배를 가지 않으려고 이곳으로 숨어든 사람들과 함께 감자 창고에서 숨바꼭질을 했다. 거기엔 또 난로와 앉을 만한 상자, 묵은 《패밀리 헤럴드》지와 구빈원 도서관에서 나온 《래플스》 한 권도 있었다. 그곳은 구빈원에서 다다를 수 있는 유일한 천국이었다.

또한 나는 구빈원 직원들이 먹는 밥을 먹었는데, 이는 내가 지금까지 먹어보았던 것 가운데 최고의 식사였다. 부랑자들은 그런 밥을 구빈원 안이나 밖에서 1년에 두 번도 구경하지 못한다. 극빈자들은 언제나 일요일 같은 날은 배가 터질 듯이 많이 먹었고, 나머지 엿새 동안에는 배가 고팠다고 했다. 식사가 끝날 때 주방의 요리사가 내게 설거지를 시키면서, 남은 음식은 버리라고 했다. 버리는 음식이 엄청났다. 소고기, 빵, 야채 따위가 쓰레기처럼 버려져 차 잎사귀와 함께 더럽게 뒤범벅이 되었다. 나는 이 가운데에서 먹을 만한 음식을 골라 다섯 개의 쓰레기통에 가득 채웠다. 내가 그렇게 하는 동안 나의 다정한 부랑자들은 언제나 똑같이 빵과 차, 그리고 어쩌면 두 개의 차가운 찐 감자로 허기진 배를 겨우 달랜 채, 여기서 2백 야드 떨어진 곳에 쭈그리고 앉아 있을 것이다. 이런 남은 음식들은 부랑자들에게 나누어주지 않고 의도된 방침에 따라 모두 버리는 것 같았다.

나는 오후 3시쯤 주방에서 나와 다시 구빈원으로 돌아갔다. 복잡하고 불편한 방에서의 지루함을 더는 참을 수 없었다. 한 부랑자가 간직해 둔 마지막 담배도 다 떨어져 이제 흡연조차 할 수 없었다. 구빈원이 그를 받아주지 않는다면 그는 마치 목초지에서 이탈한 초식동물처럼 굶어 죽을 것이다. 나는 시간을 때우기 위해, 셔츠를 입고 타이를 매어 다소 상황이 나아 보이는 한 젊은 부랑자와 이야기를 나누었다. 그는 목수인데 연장이 없어서 이렇게 떠돌아다닌다고 했다. 그는 다른 부랑자들과는 말도 않고 지냈으며, 구빈원의 구호대상자가 아닌 자유인처럼 행세했다. 그는 또한 문학적 취향도 있었는데, 월터 스콧의 소설 한 권을 들고 어슬렁어슬렁 돌아다녔다. 그는 지독한 배고픔에 시달리지 않았더라면, 산울타리나 건초더미 아래에서 잠을 자더라도 결코 이 구빈원에 들어오지 않았을 것이라고 했다. 그는 남쪽 해안을 따라 걸으며 낮에는 구걸을 했고, 한 번은 수주일 동안 해수욕장의 이동식 탈의실에서 잠을 잔 적도 있다고 말했다. 우리는 떠돌이 시절에 대한 이야기를 나누었다. 그는 구빈원에서 하루 14시간이나 갇혀 지내고, 나머지 10시간은 경찰을 피해 이리저리 돌아다녀야만 하는 제도를 비난했다.

그는 3파운드짜리 목수 연장이 없어 6개월째 국가 구호대상자로 전전하고 있다고 자신의 처지를 이야기하면서, 이런 제도는 아주 어리석은 것이라고 흥분했다. 나는 그에게 구빈원 식당에 남아도는 음식이 있다는 것과 또 그것에 대한 나의 생각을 말했다. 그러자 그는 갑자기 말투를 바꾸었다. 나는 내가 모든 영국 근로자들의 마음속에 잠재되어 있는 영국 국교의 정신을 깨뜨렸음을 알았다. 그는 자신 또한 다른 사람들처럼 굶주림에 시달리는 처지이면서도, 음식이 부랑자들에게 곧바로 제공되지 않고 버려지는 이유를 알아챈 뒤 나를 심하게 꾸짖는 투로 말했다.

"그렇게 해야지요. 만약 이런 장소를 너무 편안하게 만들면, 우리나라의 쓰레기 같은 인간들은 모조리 이곳으로 모여들 겁니다. 모든 찌꺼기를 멀리 내다 버려야 하는 것처럼, 그들은 그저 나쁜 음식에 지나지 않습니다. 그자들의 문제는 너무 게을러 일을 할 수 없다는 것입니다. 일깨우려 해봤자 아무 소용이 없습니다. 쓰레기 같은 인간들이니까요."

나는 그의 생각이 잘못된 거라고 설득하려 했지만, 그는 들으려 하지 않고 계속 말했다.

"쓰레기 같은 부랑자들을 동정할 필요는 없어요. 당신은 이들을 당신이나 나 같은 사람의 기준으로 판단하길 원치 않을 겁니다. 그들은 인간 쓰레기, 그저 인간 쓰레기니까요."

흥미롭게도 그는 동료 부랑자들과 자신을 교묘하게 차별화했다. 그는 6개월 동안이나 떠돌아다녔으면서, 하느님의 눈으로 볼 때 자신만은 부랑자가 아니라고 여기는 듯했다. 그의 몸은 비록 구빈원에 있지만 정신만은 하늘 높이 솟아 중산층에 속해 있었다.

시간은 고문을 가하는 것처럼 천천히 지나갔다. 더 이상은 이야깃거리가 없었고, 지루하고 싫증이 나서 기껏 욕설만을 내뱉으며 하품만 연신 해댔다. 시계에서 억지로 눈을 떼었다가 시간이 한 1년은 충분히 지나갔을까 해서 다시 시계를 보면, 고작 3분 정도밖에 지나지 않았다. 그만큼 우리에게 시간은 더디게 흘렀다. 차가운 양고기의 지방질처럼 권태가 우리의 정신을 꽉 막아 버렸다. 시간이 너무 더뎌 우리는 뼛속까지 가려웠다. 시곗바늘은 4시를 가리켰고, 저녁 식사는 6시가 되어야 나온다. 떠오르는 달 아래에 남아 있는 어떤 것도 눈에 잘 들어오지 않을 지경이었다.

마침내 6시가 되어 감독관과 직원들이 저녁 식사를 가져왔다. 하품을 해대던 부랑자들은 식사시간이 되자 사자처럼 움직였다. 그러나 음식은 형편없었다. 아침에 먹었던 아주 형편없는 빵이 이제는 먹을 수조차 없게 되어 있었다. 너무 딱딱해서 턱이 아무리 강한 사람도 먹지 못할 정도였다. 나이 든 사람들은 거의 먹을 수 없었으며, 모두들 배가 몹시 고팠지만 단 한 사람도 자신의 몫을 다 먹질 못했다. 우리는 식사를 다 끝내자마자 담요를 지급받고 곧장 그 형편없는 싸늘한 방으로 갔다.

13시간이 흘렀다. 우리는 아침 7시에 일어나 욕실에 있는 세숫물을 먼저 차지하려고 싸움질을 해대고는, 식당에서 빵과 차를 집어삼켰다. 구빈원에서의 시간도 마지막이었지만, 우리는 의사가 우리 몸을 다시 검사할 때까지 나갈 수 없었다. 왜냐하면 정부는 부랑자가 천연두를 옮기고 다닐까 봐 전전긍긍했기 때문이다. 의사는 이번엔 2시간이나 우리를 기다리게 했는데, 10시가 되어서야 검진이 다 끝났다. 마침내 구빈원을 나갈 때가 되었고 우리는 마당으로 나갔다. 을씨년스럽고 악취가 나는 구빈원을 벗어나니, 모든 것이 얼마나 밝고 또 바람은 얼마나 달콤하게 부는지! 우리는 이틀 전에 몰수당한 소지품과 점심용 빵 한 덩어리와 치즈를 받아들고 구빈원을 빠져나와 그곳이 보이지 않을 때까지 재빨리 걸어갔다. 이것은 잠깐 동안의 일시적인 자유다. 우리는 하루나 이틀 저녁을 할 일 없이 보낸 뒤, 기분전환도 하고, 담배꽁초를 찾기 위해 길거리를 샅샅이 뒤지고, 구걸도 하고, 일자리를 찾기 위해 8시간쯤 길거리를 헤집고 다닌다. 또한 우리는 새로 시작되는 다음 구빈원으로 가기 위해 10마일이나 15마일, 심지어 20마일까지도 걸어야 한다.

나는 구빈원에 들어오기 전에 땅에 묻어 두었던 8펜스를 파내 주머니에 넣은 다음, 여분의 구두 한 켤레를 들고 있고 점잖지만 기가 죽은 부랑자 노비와 함께 길거리로 나와 공립 직업소개소를 찾아다녔다. 우리 동료들은 마치 벌레가 매트리스 안으로 숨어들어 가듯이 사방으로 흩어졌다. 정신박약 노인만은 감독관이 쫓아버릴 때까지 구빈원 문 앞에서 어슬렁거렸다.

노비와 나는 크로이던 구역으로 갔다. 가는 길은 조용했는데, 지나가는 차도 없고, 밤나무는 큰 밀랍 양초처럼 온통 꽃으로 뒤덮여 있었다. 모든 것이 고요했으며 냄새도 상큼했다. 우리는 단지 몇 분 전만 해도 하수구와 연성비누의 고약한 냄새가 나는 곳에서 죄수들의 무리에 엉켜 있었다는 사실을 기억할 수 없었다. 다른 사람들은 모두 사라졌고, 걷고 있는 부랑자는 우리 둘뿐이었다. 그런데 누군가 급히 달려오는 소리가 저쪽에서 들렸다. 스코터가 숨을 헐떡거리면서 뒤쫓아와 내 팔을 붙잡았다. 그는 주머니에서 녹슨 양철통을 꺼내면서 빚을 갚으려는 사람처럼 빙그레 미소를 지었다.

"여기 있소, 친구."

그는 다정하게 말했다.

"당신에게 담배꽁초 몇 개를 신세졌소. 어제 나에게 담배를 말아 주었잖소. 구빈원을 나올 때 감독관이 담배꽁초 통을 다시 돌려주었다오. 호의를 받았으면 보답을 해야 되겠지요. 이거 받으시오."

그러더니 그는 물에 젖어 뭉개진 더러운 담배꽁초 네 개비를 내 손에 꼭 쥐어 주었다.

복수는 괴로워라

 '전범재판', '전범처벌' 같은 말을 듣거나 떠오를 때마다, 올해 초 독일 남부의 어느 포로수용소에서 내가 보았던 일이 떠오른다.
 나는 특파원 한 사람과 포로수용소를 둘러보고 있었다. 안내를 해준 이는 죄수들의 심문을 맡으며 미군 파견대에 복무 중인 작은 몸집의 유대인이었다. 빈 태생의 그는 스물다섯쯤 되어 보이는 금발의 미남으로 매우 침착했다. 정치적으로 표현하자면 보편적인 미군 장교들보다 훨씬 지적으로 보여, 함께 있는 것이 즐거웠다. 포로수용소는 비행장 안에 있었다. 우리는 수용소를 다 돌아본 뒤 안내원을 따라 격납고로 갔는데, 거기에는 많은 죄수들이 여러 죄목으로 분류되어 있었다.
 격납고 한쪽 끝에는 십여 명이 넘는 사람들이 콘크리트 바닥에 한 줄로 누워 있었다. 그들은 다른 죄수들과 격리된 나치 독일 친위대 장교들이었다. 이들 가운데 거무튀튀한 사복을 걸친 사나이가 팔로 얼굴을 괸 채 엎드려 자고 있었다. 그의 두 발은 이상할 만큼 끔찍하게 뒤틀려 있었다. 양쪽 발은 서로 대칭을 이루고 있었지만 가운데가 불룩 튀어나온 비정상적인 공 모양의 형태라, 사람의 발이라기보다는 마치 말발굽처럼 보였다. 우리가 다가가자 유대인 안내원은 극도로 흥분한 듯 격렬하게 소리쳤다.
 "저자들은 진짜 돼지들이오!"
 그는 갑자기 무거운 군화를 휘둘렀는데, 엎드려 있던 그 사나이의 뒤틀린 발 중간 부풀어오른 부분을 정확히 가격했다.
 "일어나, 이 돼지 같은 놈아!"
 그가 소리를 지르자 남자는 잠에서 깨어났다. 독일어로 뭐라고 연신 지껄였다. 그 죄수는 벌떡 일어나 주위를 두리번거리며 꼴사납게 서 있었다. 유대인은 짐짓 화를 내는 듯한 태도로—그는 거의 춤을 추듯이 왔다 갔다 하면서 말을 내뱉었다—그 죄수의 기록을 우리에게 들려준다. 그 사나이는 '진짜' 나치였다. 당원번호를 보아하니 아주 어렸을 때부터 나치의 당원이었음이 분명했다. 나치 독일 정치국에서 장군급에 해당하는 고위급 인사로 포로수용소를 여러 군데 책임졌으며, 고문과 처형을 주관했었다. 간단히 말해, 그는 우리가 지난 5년 동안 맞서 싸웠던 모든 것을 대표하는 인물이었다. 나는 얼마 동안 그의 표정을 살폈다. 그는 포로수용소에 지금 막 들어온 죄수들처럼 굶주리고 세수하지 못해 초라한 일반적인 모습이 아닌, 혐오감이 드는 흉측한 몰골이었다. 그렇다고 짐승처럼 보이진 않았지만 어쨌든 그의 모습은 놀라웠다. 단순한 신경증 환자처럼 보이기도 했지만 한편으론 지성적으로 보이기도 했다.

   도수가 높은 안경 너머 그의 창백하고 간교한 두 눈은 찌그러져 있었다. 그는 성직복을 벗은 성직자, 술 때문에 파멸한 배우, 또는 심령주의자 같은 모습을 보이기도 했다. 나는 런던의 여인숙과 대영도서관의 열람실에서도 그와 비슷한 사람을 본 적이 있었다. 그는 분명히 정신 상태가 불안정해 보였는데, 사실은 한 대 더 맞을까 봐 겁에 질려 있었다. 하지만 달리 보면 의심스러울 만큼 정신이 멀쩡해 보이기도 했다.

   유대인 안내원이 내게 말한 그의 모든 기록은 사실이 아닐지도 모른다. 그러나 사실일 가능성이 훨씬 높았다. 우리가 그렇게 오랫동안 싸워 왔던 상상 속의 괴물 같은 나치 고문기술자들은 이렇게 비참한 모습으로 전락해 있었다. 그들에게 필요한 것은 형벌이 아니라 어떤 정신임이 분명하다. 얼마 뒤 나는 이보다 더 심한 굴욕스러운 장면을 목격했다. 덩치가 크고 뼈대가 억센 어떤 나치 친위대 장교가 윗옷을 벗기자, 겨드랑이 밑에 문신으로 새긴 혈액형 번호가 보였다. 또 다른 나치 장교는 어떻게 나치 친위대원의 신분을 숨긴 채 일반 독일군 행세를 했는지 자백하라는 강요를 받고 있었다.

   유대인 안내원이 지금 행사하는, 그 새로 얻게 된 권력을 정말 즐기고 있는지 어떤지 나는 잘 모른다. 하지만 그가 실제로 그것을 재미있어 하는 것은 아니리라 생각했다. 사창가에 있는 남자나, 처음 담배를 피우는 소년처럼, 또는 화랑을 어슬렁거리는 관광객의 기분처럼 오로지 들떠 있고, 독일군에게 박해받던 시절에 언젠가 복수하리라고 마음먹었던 그런 행동을 지금 하는 것뿐이라고, 스스로 다짐하고 있을 것만 같았다.

독일이나 오스트리아의 유대인들이 나치에게 복수하려는 그 행위를 비난할 수는 없다. 얼마나 많은 복수를 해야 하는지는 하느님만이 안다. 그 젊은 유대인 가족은 모두 살해당했다. 죄수 하나를 무자비하게 한 대 갈기는 것쯤은 히틀러 정권이 자행한 잔학함에 비하면 그야말로 아무것도 아니다. 그러나 이 장면뿐만 아니라 내가 독일에서 목격했던 다른 많은 광경들을 보면서, 나는 '복수'와 '처벌'이라는 전반적 개념이 어린아이 장난에 지나지 않는다는 생각이 들었다. 적절히 표현하자면 복수 같은 것은 없다. 복수는 우리가 힘이 없을 때, 그리고 힘이 없으므로 행하기를 원하는 행동인 것이다. 무력감이 사라지면 그런 욕망 또한 없어지리라.

1940년 그때였다면 나치의 장교들이 얻어맞고 굴욕을 당하는 모습을 보면서 기뻐하지 않을 사람이 누가 있겠는가? 그러나 그 일이 실제 가능해질 때는 오로지 측은하고 역겨운 것이 되어 버린다. 무솔리니의 시체가 대중 앞에 전시되자, 늙은 여자가 권총을 뽑아들고 그 시체를 향해 다섯 발을 쏘면서 "내 아들 다섯을 죽인 대가야!" 크게 외쳤다는 소문이 있다. 언론이 꾸며 낸 이야기일 수도 있지만, 사실일 수도 있다. 나는 그녀가 다섯 발을 쏘면서 얼마나 만족했는지는 모르겠다. 분명히 그녀는 오래전부터 그렇게 총 쏘기를 꿈꾸어 왔을 것이다. 그녀가 무솔리니에게 가까이 다가가 총을 쏠 수 있는 것은, 무솔리니가 시체가 되어서야 비로소 가능했다.

독일에 강요하는 터무니없는 평화 체결에 이 나라의 대중이 어느 정도 책임이 있다면, 그것은 적을 처벌해도 어떠한 만족감도 느끼지 못한다는 사실을 미리 내다보지 못해서가 아닌가. 독일인들은 우리를 분노하게 했고, 놀라게 만들었다. 우리는 패전국에 어떠한 동정도 하지 말아야 한다고 확신했으므로 동독에서 모든 독일인들을 추방하는 것과 같은 범죄—우리가 막을 수는 없지만 적어도 반대할 수 있는—를 묵인했다. 우리는 독일인들을 계속 처벌해 왔다는 이유로, 또 앞으로도 이런 행위를 계속 실행해야 한다는 막연한 기분 때문에 이런 정책을 고집한다. 또는 다른 사람들이 우리를 위해 그런 일을 지속해 나가기를 바라는 것이 아닐까.

사실 독일에 대한 직접적 증오는 우리나라에 거의 남아 있지 않다. 군대 조직에서조차도 차츰 줄어들고 있다고 기대하고 싶다. '잔학한 행위'의 근원을 또 다른 곳으로 옮기는 소수집단의 가학적 변태성욕자들만이 전범과 배신자를 색출하는 데 혈안이 되어 있다. 만약 보통 사람들에게 괴링과 리벤트로프 같은 자들이 어떤 범죄를 저질러 재판을 받게 되었는가를 묻는다면, 그들은 아무 대꾸도 할 수 없을 것이다. 아무튼 이런 잔학한 괴물들에 대한 처벌은 그것이 가능할 때는 매력적으로 보이지 않는다. 실제로 먼저 자물쇠로 잠가 가두기만 하면 그들은 이제 괴물이 아닌 것이다.

불행히도, 사람들은 자신의 진정한 감정을 알기 위해 가끔 어떤 구체적인 사건을 목격할 필요가 있다. 독일에 대한 또 다른 기억이 하나 떠오른다. 슈투트가르트가 프랑스 군대에 점령되고 몇 시간 뒤에, 나는 한 벨기에인 저널리스트와 아직 혼란에 빠져 있는 그 도시로 들어갔다. 벨기에인은 전쟁 기간 동안 BBC 유럽 방송에 기사를 보내고 있었다. 그리고 거의 모든 프랑스인이나 벨기에인처럼, 그 또한 '독일사람'에 대해 영국인이나 미국인보다 더한 증오심을 갖고 있었다. 도시로 들어가는 모든 다리가 폭격을 맞아 우리는 독일군이 방어하려 애썼던 조그만 인도교를 이용해 들어가야만 했다. 죽은 독일 병사 하나가 계단 아래에 반듯이 누워 있었다. 그의 얼굴은 밀랍처럼 누랬다. 누군가 들판에 활짝 피어 있는 라일락꽃 한 다발을 만들어다 그의 가슴에 얹어놓았다.

그 죽은 독일 병사 옆을 지나갈 때 벨기에인은 얼굴을 돌려 버렸다. 다리 위로 올라서자, 그는 죽은 사람을 처음 보았다고 털어놓았다. 그는 서른다섯 살쯤 되었으며 4년 동안 라디오 방송에서 전쟁 선전활동을 해오고 있었다. 이런 일을 겪은 다음 며칠 동안 그의 태도는 이전과는 아주 달랐다. 폭격으로 부서진 도시와 독일인들이 겪는 굴욕을 안타깝게 지켜보았으며, 심지어 독일인들에게 가해지는 약탈 행위를 예방하는 일에 참여하기도 했다. 그리고 도시를 떠날 때, 남은 커피를 우리가 묵었던 집 독일인 주인에게 주었다. 일주일 전만 해도 '독일인'에게 커피를 건넨다는 것은 그에게 상상도 할 수 없는 일이었다.

그러나 그는 다리 옆에 누워 있던 '비참한 시체'를 보고 난 뒤부터 심경의 변화를 겪었다고 말했다. 그 사건은 그에게 전쟁의 의미를 절실히 깨닫게 하는 한 계기가 되었던 것이다. 만약 우리가 다른 길로 그 도시에 들어갔더라면, 그는 전쟁이 빚은 2백만 명의 희생자 가운데 한 구의 시체도 보지 못했으리라.

나는 왜 글을 쓰는가

아주 어렸을 때부터, 아마 다섯 살이나 여섯 살 때였을까. 나는 어른이 되면 작가가 될 것임을 알고 있었다. 열일곱 살에서 스물네 살 사이에는 그 생각을 포기하려고 노력도 해 보았지만, 결국 그것이 나의 진정한 본성에 어긋남을 깨닫게 되었고, 안정을 찾아 글을 써야 한다는 의식이 갈수록 커져 갔다.

나는 삼남매 중 가운데로 저마다 다섯 살 터울이 졌으며, 여덟 살 때까지 아버지를 거의 보지 못했다. 나는 여러 가지 이유로 다소 외로운 편이었던 데다, 무뚝뚝한 면이 있어 학창 시절 학우들 사이에서 그다지 인기가 없었다. 외로운 아이가 흔히 그러하듯, 나는 이야기를 지어내고 상상으로 만들어 낸 인물들과 대화를 나누는 버릇이 있었다. 그러니까 처음부터 나의 문학적 포부는 외톨이라 무시당하고 제대로 평가받지 못한다는 느낌과 뒤섞인 것이었다. 나는 스스로 단어를 구사하는 재주와 불쾌한 사실들과 맞닥뜨릴 수 있는 능력이 있음을 알고 있었다. 덕분에 나만의 비밀스런 세계를 만들고 그 세계로 들어가, 내가 일상의 삶에서 겪은 실패에 대해 보복할 수 있었다. 그러나 유년기와 소년기를 통틀어 내가 썼던 진지한—이를테면 진지한 의도로 쓴—글은 다 합쳐 봐야 여섯 장도 되지 않았다.

나는 네 살인가 다섯 살 때 처음으로 시를 썼는데, 그것은 내가 읊조리고 어머니가 받아 적은 시였다. 그 시는 호랑이에 대한 내용이었는데, '걸상처럼 생긴 이빨'(제법 그럴 듯한 표현이지 않은가?)이라고 묘사한 것을 제외하고는 기억나는 게 없다. 아마 윌리엄 블레이크의 〈호랑이, 호랑이〉라는 시를 베낀 것이 아니었나 싶다. 제1차 세계대전이 일어났던 1914년, 열한 살 때 내가 쓴 한 편의 애국시가 지방 신문에 실렸고, 그 2년 뒤에는 호레이쇼 키치너의 죽음에 대한 시도 실렸다. 좀 더 나이가 들면서 나는 이따금 조지 시대 스타일로 서툰 미완의 '자연시'를 썼다. 열두 살 때는 단편소설을 시도해 보았지만 보잘것없는 실패작으로 끝났다. 이런 것들이 그 시절 내가 종이에 확실히 남겨놓았던 자칭 '진지한' 작품의 전부였다.

그러나 이 기간 동안 나는 어떤 의미에서 볼 때 문학활동을 했다고도 볼 수 있다. 우선 나 자신도 그다지 큰 즐거움은 느끼지 못했지만 주문에 맞춰 빠르고 쉽게 쓸 수 있는 글이 있었다. 나는 학교 공부와는 별도로 희극시 비슷한 행사용 기회시(機會詩)를 썼는데, 지금 생각해도 엄청난 속도로 써낸 것 같다. 열네 살 때는 아리스토파네스를 본떠서 희곡 한 편을 일주일 만에 쓰기도 했고, 또 학교의 여러 잡지 인쇄물 및 원고 교정일을 도왔다. 그 잡지들은 보잘것없는 광대극 수준을 넘지 못했는데, 지금의 값싼 싸구려 잡지에 비해서도 훨씬 적은 수고와 노력을 들여 만든 것 같았다. 그러나 나는 이런 것들에 힘입어 열다섯 살 때부터 완전히 다른 종류의 문학 연습을 하기 시작했다. 말하자면 그것은 오로지 내 마음속에만 존재하는 하나의 일기 같은 것으로 나 자신에 대한 '이야기'를 잇따라 지어내는 일이었다. 이것은 보통 어린아이와 청소년에게 흔히 있는 버릇이라고 생각한다. 어린 시절 나는 내가 로빈 후드라고 상상했고, 또 스릴 넘치는 모험담의 주인공이라고 꿈꾸기도 했다. 하지만 나의 '이야기'는 곧 형식 면에서 솔직한 자기도취가 되지 못했고 내가 한 일과 본 것을 단순히 묘사하는 일에 차츰 더 열중하게 되었다. 한 번 생각날 때마다 몇 분씩은 다음과 같은 것이 내 머릿속에 맴돌곤 했다.

'그는 문을 밀치고 방에 들어왔다. 노란빛이 모슬린 커튼을 투과해 탁자 위에 비스듬히 내리비추고 있었다. 탁자 위에는 반쯤 열린 성냥갑 하나가 잉크병 옆에 놓여 있었다. 오른손을 주머니에 찔러넣은 채 그는 창문으로 갔다. 길에는 얼룩고양이 한 마리가 떨어진 나뭇잎 하나를 물고 있었다……'

이 버릇은 정확히 말해 나의 비문학적 연대라 할 수 있는 스물다섯 살 때까지 이어졌다. 묘사를 위해 나는 알맞은 단어를 찾아야 했고 또 찾아보기도 했지만, 거의 나의 의지와는 별개로 외부로부터의 어떤 충동 때문에 하려고 했던 것 같다. 생각하면 이런 나의 '이야기'는 저마다 다른 나이 때의 내가 존경했던 여러 작가들의 문체를 반영한 것 같지만, 지금 기억해 보니 늘 뭔가를 꼼꼼하게 묘사하려고 했던 그런 따위의 것이었다.

열여섯 살 때 나는 단순한 어휘의 재미, 예컨대 단어의 소리와 연상이 주는 즐거움을 발견해 냈다. 다음은 《실낙원》의 한 구절이다.

> So hee with difficulty and labour hard
> Moved on : with difficulty and labor hee,
> 그래서 그는 힘들게 고난의 역경을 이겨내면서
> 나아갔다, 힘들게 고난의 역경을 이겨내면서 그는,

이 두 행은 지금 보면 그렇게 대수롭지 않은 것 같지만, 그때는 나에게 짜릿한 몸서리를 치게 했다. '그'라는 대명사의 철자가 'he' 대신 'hee'로 되어 있는 것도 큰 즐거움이었다. 나는 어떤 사물을 그려낼 필요성에 대해서는 이미 꽤 알고 있었다. 그래서 그 무렵 내가 책을 쓰고 싶었다고 감히 말할 수 있을지 모르겠지만, 내가 쓰고 싶었던 책이 어떤 종류의 것이었는지는 분명하다. 나는 불행한 결말로 끝나고, 상세한 묘사와 인상 깊은 직유로 가득찬, 또 말이 부분적으로 소리 그 자체를 위해 쓰이는 화려한 문장들의, 그런 거창한 자연주의 소설을 쓰고 싶었다. 그리고 서른 살 때 썼지만 그보다 훨씬 이전에 구상했던, 사실상 나의 첫 장편소설 《버마의 나날(Burmese days)》이 다소 그런 종류의 작품이다.

내가 나의 모든 배경 정보를 여기에 털어놓은 까닭은, 한 작가의 초기 발전 과정을 어느 정도 알지 못하고는 그를 지배하고 있는 창작동기를 제대로 이해할 수 없기 때문이다. 작가의 문학적 주제는 그가 살고 있는 시대에 의해 결정된다. 적어도 우리 시대처럼 격동적이고 혁명적인 시대는 특히 그러하다. 그러나 작가는 뭔가를 쓰려고 시작하기 전에 이미, 거기에서 완전히 벗어날 수 없는 자신만의 독특한 정서적 태도를 얻게 된다. 자신의 기질을 길들이고, 미숙한 단계나 어떤 왜곡된 방법에 빠지지 않도록 자기를 훈련시키는 것은 명백히 작가가 해야 할 일이다. 그러나 만약 작가가 자신의 초기 영향으로부터 완전히 벗어난다면, 그는 글을 쓰고자 하는 자신의 충동 자체를 죽이는 꼴이 될 것이다. 생계비를 벌어야 하는 필요가 있을 때를 제외하고, 나는 글, 특히 산문을 쓰는 데는 네 가지 큰 동기가 있다고 생각한다. 이 동기들은 모든 작가들에게 정도에 따라 서로 다르게 나타날 수 있고, 또 같은 작가의 경우도 그가 살고 있는 환경에 따라 때때로 다를 수 있다. 그 네 가지 동기란 다음과 같다.

1. 순전한 이기심

남들보다 똑똑해 보이고, 사람들의 입에 오르내리며, 죽은 뒤에도 기억되고, 어린 시절 자기를 놀렸던 사람들에게 보복하려는 욕망이다. 이것이 작가에게 강한 동기가 아니라고 말한다면 거짓말이다. 작가들은 이런 특징적 욕망을 과학자, 예술가, 정치가, 법률가, 군인, 성공한 사업가들, 간단히 말해 인류의 꼭대기 부분을 차지하고 있는 상류층 사람들과 공유한다. 대부분의 사람들은 지나칠 만큼 이기적이지는 않다. 대충 서른 살이 넘으면 사람들은 개인적 야심을 포기한다. 실제로 많은 경우에 이들은 개인적 야심을 거의 포기하며, 주로 다른 사람들을 위해 살거나 단조롭고 일상적인 일에 짓눌려 살아간다. 그러나 또한 자신의 삶의 방식을 끝까지 지키려는 소수의 재능 있고 의지 굳은 사람들이 있는데, 바로 작가들이 이 부류에 속한다. 진지한 작가들은 저널리스트들보다 돈에는 관심이 적을지 모르지만, 대체로 허영심이 더 강하고 더 자기중심적이다.

2. 미학적 열정

외부 세계의 아름다움에 대한 인식, 또는 말의 아름다움과 그것들의 적절한 배열의 아름다움에 대한 인식. 하나의 소리가 또 다른 소리에 미치는 영향, 다시 말해 괜찮은 산문의 단단함이나 좋은 이야기의 리듬을 아는 즐거움 등이 이에 해당한다. 가치 있다고 느껴 놓쳐서는 안 된다고 생각되는 어떤 경험을 공유해 보고자 하는 욕망. 이런 미학적 동기는 많은 작가들에게 주된 것은 아니지만, 작은 책자 저자나 교과서 집필자조차도 공리적 목적을 넘어 자신들이 좋아하는 단어와 관용어법을 가질 수 있다. 또는 활자체, 여백의 폭 따위에 대해서도 큰 관심을 보일 수 있다. 철도 안내 책자의 수준을 넘는 책이라면, 어떤 책도 이런 미학적 고려로부터 자유로울 수 없다.

3. 역사적 충동

사물을 있는 그대로 보고자 하는 욕망, 진실을 발견해서 후손들을 위해 그것들을 보존하려는 욕망이다.

4. 정치적 목적

되도록 넓은 의미에서 '정치적'이라는 단어를 썼다. 세계를 특정 방향으로 몰고 가려는 욕망, 다시 말해 이루고자 애써야만 하는 그런 사회를 위해 다른 사람들의 생각을 바꿔보려는 욕망이다. 다시 한 번 말하지만, 어떠한 책도 정치적 편견으로부터 자유로울 수 없다. 예술이 정치와 무관해야 한다는 의견 자체도 하나의 정치적 태도이다.

이 다양한 충동들이 서로 함께할 수 없을 만큼 얼마나 어긋나는지, 또 이것들이 사람마다 시대에 따라 어떻게 달라지는지, 우리는 잘 알고 있다. 성격상—흔히 성격은 우리가 처음 어른이 되었을 때 이루어지는 상태를 말한다—나는 위의 네 가지 동기 가운데 처음 세 가지 동기를 네 번째보다 더 중요하게 여겼던 사람이다. 평화로운 시기에 살았다면 나는 화려한 문체나 단순히 묘사 위주의 책을 썼을 것이고, 나의 정치적 충성심에 대해서도 거의 인식하지 못하고 살았을 것이다. 사실 나는 하나의 작은 책자 저자가 될 수밖에 없었다. 우선 나는 미얀마에서 대영제국의 경찰이라는, 나에게 바람직하지 못한 직업을 5년 동안이나 수행했고, 그 뒤 가난을 겪었으며, 실패를 맛보기도 했다. 이런 경험 덕분에 더욱더 권위를 증오하고, 노동계급의 존재를 처음으로 충분히 인식할 수 있었다. 또 미얀마에서의 내 직업 덕분에 나는 제국주의의 본성을 상당하게 이해할 수 있게 되었다. 그러나 그런 경험들이 나에게 정치적 성향을 이루어 주지는 못했다. 그러는 사이 히틀러의 독재가 시작되었고, 스페인내전이 일어났다. 1935년 끝 무렵까지 나는 여전히 어떤 확고한 결정을 내리지 못했다. 그 무렵 나는 내 정신적 고뇌를 표현한 짧은 시 한 편을 썼던 기억이 난다.

> 행복한 교구 목사가 될 수 있었으리라.
> 2백 년 전이었다면,
> 영원한 운명에 대해 설교하고
> 호두나무가 자라는 모습이나 보면서.
>
> 그러나 사악한 시대에 태어나

나는 그 행복한 안식처를 놓쳤다.
나의 코 밑 위에는 수염이 자라고
목사들은 모두 깨끗이 면도한다.

뒷날 시절이 다시 좋았던 한때,
우리는 무척 즐거운 일이 많았고
심란한 생각들을 달래서 잠재웠다,
나무들 가슴 위에.

아무것도 모른 채 우리는 감히 가지려고 했지,
지금 우리가 숨기는 즐거움들을.
그리고 믿었지, 사과나무 가지 위의 방울새가
내 적들을 떨게 하리라고.

그러나 여인들의 배, 살구들,
그늘진 개울의 물고기들,
말들, 새벽에 날아오르는 오리 떼,
이 모든 것은 꿈이다.

꿈을 다시 꾸는 것은 금지되었다.
우리는 즐거움을 망가뜨리거나 감춘다.
말들은 크롬 강철로 만들어지고
살진 작은 남자들이 그 말들 위에 오른다.

나는 결코 꿈틀거릴 수 없는 벌레,
규방의 여인도 없는 환관
목사와 인민위원 사이에서
나는 유진 아람처럼 걷는다.

인민위원은 내 운명의 점괘를 봐 주고 있다.
　　라디오가 켜 있는 동안.
　　그러나 목사는 오스틴 세븐 차(車) 한 대를 약속했다.
　　목사일은 수지가 맞으니까.

　　나는 차가운 대리석 저택에 살고 있는 꿈을 꾸었다.
　　깨어보니 꿈은 현실로,
　　나는 이런 시대에 살려고 태어난 것이 아니다.
　　스미스는? 존스는? 그대는?

　스페인내전과 1936년에서 1937년 사이에 일어난 사건들은 세상을 완전히 바꿔 놓았고, 그로 인해 나는 내가 서 있는 위치를 비로소 알게 되었다. 1936년 뒤부터 내가 쓴 진지한 작품들의 모든 구절은 하나같이 직접적으로나 간접적으로 전체주의에 반대하고, 내가 이해하고 있는 민주적 사회주의를 옹호하는 글이었다. 지금 우리 시대와 같이 혼란스러운 상황에서 작가가 이러한 주제를 회피하는 것은 불가능한 일이다. 작가들은 누구나 다 이런저런 이유로 그 주제를 다룬다. 그것은 작가가 어느 쪽에 설 것인지, 또 어떤 방식을 따를 것인지의 문제다. 작가는 자신의 정치적 편견을 더 많이 의식하면 할수록, 미학적이고 지적인 자신의 성실성을 희생시키지 않으면서 정치적으로도 행동할 기회를 더 많이 갖게 된다.

　내가 과거 10년 동안 가장 하고 싶었던 것은 정치적 글쓰기를 예술작품으로 승화시키는 일이었다. 나는 언제나 당파의식, 즉 불의(不義)에 대한 인식에서 출발했다. 글을 쓰려고 책상에 앉을 때, '나는 예술작품을 만들어 내겠다'고 다짐하지 않는다. 나는 폭로하고 싶은 어떤 거짓말과, 다른 사람들의 관심을 끌고 싶은 어떤 사실이 있으므로 글을 쓴다. 그래서 나의 최초의 관심은 사람들이 내 말에 귀를 기울이도록 하는 것이다. 그러나 글을 쓴다는 것이 동시에 미학적 경험이 아니라면, 나는 책은 말할 필요도 없고 잡지의 기삿거리도 쓸 수 없을 것이다. 내 작품을 검토하는 사람들은 내 글이 확실히 선동적인 경우조차도 본격 정치인이 보기엔 부적절한 요소들이 있다는 것을 알 것이다. 나는 어린 시절에 가진 세계관을 완전히 버릴 수도 없고, 또 버리고 싶지도 않다. 살아 있는 한, 나는 산문 스타일에 강한 매력을 느끼고, 세상을 사랑하며, 확고한 대상과 소용없어 보이는 정보에도 지속적으로 즐거움을 느낄 것이다. 나의 이런 면을 억누른다는 것은 소용없는 짓이다. 내가 할 일은 천성적으로 내가 좋아하는 것과 싫어하는 것들을, 이 시대가 우리 모두에게 강요하는 본질적으로 대중적이고 평범한 활동들과 서로 조화를 이루는 것이다.

쉽지 않은 일이다. 이것은 구조와 언어의 문제를 일으키며, 또한 새로운 각도에서 진실함의 문제도 제기한다. 이런 어려운 문제들 가운데 뚜렷한 예를 한 가지 들어 보겠다. 스페인내전에 대한 소설 《카탈로니아 찬가》는 물론 나의 정치적 견해를 털어놓은 책이지만, 대체로 공정한 시각과 형식을 염두에 두고 쓴 것이다. 나는 이 작품에서 내 문학적 본능을 해치지 않는 범위에서 전반적인 진리를 말하려고 애썼다. 우선 이 소설에는 신문기사 등을 인용한 긴 장(章)이 하나 있는데, 그 무렵 프랑코와 공모했다고 비난 받았던 트로츠키주의자들을 감싸는 내용이다. 1, 2년 지나면 독자들의 관심 밖에 있을 이런 내용은 분명 소설을 망칠 것이 확실했다. 존경했던 한 비평가가 나에게 이 문제에 대해 충고를 해 준 적이 있다.

"왜 그런 장을 집어넣었습니까? 당신은 좋은 소설 한 권을 저널리즘으로 만들어 버렸습니다."

그의 말은 옳았지만, 나로선 달리 어떻게 할 수가 없었다. 나는 영국 사람들이 잘 모르고 있었던 한 가지 사실을 알고 있었는데, 그것은 스페인에서 무고한 사람들이 이유 없이 투옥되고 있다는 것이었다. 만약 내가 이러한 사실에 분노하지 않았더라면, 나는 결코 그 소설을 쓰지 않았을 것이다. 이런 문제는 여러 가지 형태로 끊임없이 대두된다. 언어의 문제는 훨씬 미묘한 것이라 그것에 대해 논의하자면 시간이 적잖이 걸릴지도 모른다. 최근에 나는 덜 화려하지만 보다 정확하게 글을 쓰려고 노력한다고 말하고 싶다. 어쨌든 글쓰기의 어떤 방법을 완벽하게 터득하고 나면, 그 순간 우리는 그 방법을 넘어서 언제나 또 다른 방법을 찾게 된다. 《동물농장》은 정치적 목적과 예술적 목적을 하나로 융합시키기 위해, 내가 뭘 하고 있는지 완벽히 인식하고 쓴 맨 처음 소설이다. 나는 7년 동안 소설에 손도 대지 않았지만, 곧 다시 쓰려고 생각하고 있다. 물론 실패작이 될 것이고 모든 소설이 실패작이지만, 내가 어떤 종류의 책을 쓰고 싶은지 나는 분명히 알고 있다.

이 글의 마지막 한두 페이지를 다시 살펴보니 내 글쓰기 동기가 마치 투철한 공공심에 바탕을 둔 것처럼 비친다. 그러나 나는 그것을 이 글의 마지막 인상으로 남기고 싶지는 않다. 모든 작가들은 헛되고 이기적이며, 게으르고 동기의 밑바닥엔 어떤 수수께끼가 놓여 있다. 소설을 쓰는 것은 장기간의 고통스러운 질병에 시달리듯 끔찍한 극도의 투쟁이 요구되는 작업이다. 저항할 수도 이해할 수도 없는 어떤 악마에 씌지 않고는 이런 작업을 결코 떠맡을 수 없을 것이다. 왜냐하면 이 악마는 마치 아기가 자기에게 관심을 가져달라고 우는 것처럼 단순한 본능 같은 것일지 모른다. 그러나 만일 작가가 자신의 개성을 끊임없이 없애 버리려는 투쟁을 하지 않는다면 남들이 읽을 만한 어떤 글도 쓸 수 없다는 것 또한 사실이다.

좋은 산문은 창유리와 같다. 나는 글을 쓰는 동기 가운데 어떤 것이 나에게 가장 강하게 작용했는지 확실히 말할 수는 없지만, 그 여러 동기들 가운데 어떤 것을 추구해야 하는지 알고 있다. 그리고 나의 작품들을 돌이켜보건대, 정치적 목적이 결여되었을 때일수록 한결같이 화려한 문체, 의미 없는 문장, 쓸모없는 장식적 형용사 등에 이끌렸으며, 생명력 없는 소설을 썼다는 사실도 잘 알고 있다.

조지 오웰의 생애와 사상

조지 오웰의 생애와 사상

유년 시절

뼈가 앙상하게 드러난 가냘픈 체구. 깎아내린 것처럼 양볼 아래 깊이 팬 팔자주름이 한 쌍의 활을 그린다. 긴 검은 수염에 가려진 얇은 입술은 자못 비정한 인상을 주는데, 한 번 싱긋 미소를 지으면 생각지도 못했던 인간다운 온기가 얼굴 전체에 감돈다. 눈 안쪽 깊숙한 곳에서부터 들여다보는 듯한 시선은 한없이 슬픔에 잠긴 듯한 느낌을 주고, 곤두선 검은 머리만이 뭔가 의지 같은 것을 느끼게 한다—생전 그와 막역했던 사람들이 술회한 말년의 조지 오웰의 모습이다.

'(그 무렵) 지식인은 사고하지도 않았고, 마음에서 진실을 사랑하지도 않았다…… 그러나 오웰만은 진실을 말하는 것밖에는 관심이 없었다.' 미국의 비평가 라이오넬 트릴링은 오웰로부터 받은 감동을 이렇게 솔직히 말했다. 이 평가는 예기치 않게 그러한 작가활동을 정치와의 대결에 걸어 온 조지 오웰의 문학을 간결하게 특징 지은 것이라 해도 될 듯싶다.

조지 오웰의 본명은 에릭 아서 블레어(Eric Arthur Blair)로, 1903년 6월 25일, 인도 벵골주(오늘날 비하르주) 모티하리에서 태어났다. 아버지 리처드 웜슬리 블레어(Richard Walmesley Blair)는 스코틀랜드계 영국인으로 인도 행정부 아편국 행정관으로 근무 중이었고, 어머니 이다 블레어는 미얀마 재목상인의 딸로, 영국인과 프랑스 양국의 피를 이어받았다. 에릭은 다섯 살씩 차이 나는 누나와 여동생이 있었다.

에릭이 한 살 때, 일가는 아버지를 인도에 남겨둔 채 영국으로 돌아오는데, 그가 8세가 되었을 무렵, 아버지는 퇴직하고 귀국해 보잘것없는 연금생활자가 된다. 유년 시절 그는 내성적이고 신경질적이며 열등감에 사로잡힌 자신감 없는 아이였다. 그것은 그의 성장과정의 기록이라 할 만한 에세이 《크나큰 기쁨 *Such, Such Were the Joys*》에도 잘 나타나 있다.

'내 어린 시절을 돌이켜보면, 어머니 이외의 어른에게 사랑을 느낀 적이 전혀 없었던 것 같다. 어머니에 대해서조차 타고난 내성적인 성격 탓에 내 마음을 거의 고백한 적이 없다. 그 의미는 어머니조차도 신뢰하지 않았다는 뜻이다. ……아버지는 정말 너무 싫었다. 여덟 살이 될 때까지 얼굴을 본 적도 거의 없었고, 내가 볼 때마다 "이놈, ……하지 마라!" 언제나 굵고 낮은 목소리로 고래고래 소리 지르는 그저 중년을 넘어선 남자라는 느낌이었다.'

그는 나이 차이가 너무 나서 누나와 여동생과 함께 노는 일도 없었고, 자기만의 세계에 틀어박히기 일쑤였다. 그리고 홀로 사물에 대한 상상의 나래를 펼치거나 가공의 인물을 만들어 말을 걸어, 따돌림당하는 외톨이의 슬픔을 달래곤 했다.

8세 때 영국 남동부 이스트본 근교에 있는, 상류사회 자제들이 다니는 기숙형 사립 예비학교 세인트 시프리언즈 스쿨에 진학했다. 이러한 예비학교의 대부분은 유명한 사립중학교로 진학하기 위한 준비기관으로서 성격이 짙었는데, 그가 들어간 예비학교도 그들 가운데 하나로 해로스쿨(Harrow School)에 진학하기 위한 준비학교였다. 그가 처한 위치로 볼 때 그가 속한 계급은 '상류층 중간계급의 하부'로, 이른바 하층계급은 아닐지라도 앞서 말한 예비학교나 사립중학교의 입학을 당연시할 만큼 부유한 상류 특권계급은 결코 아니었다.

그가 이렇듯 어울리지 않는 학교에 다니게 된 이유는 첫째, 오웰 부모의 허영심을 들 수 있다. 그즈음 영국 중간계급의 부모들 가운데에는 비록 상당한 희생을 치르고, 학자금으로 고통을 받는다 해도 아들만큼은 훌륭한 교육을 받아 어떻게든 상류사회에 얼굴을 내밀 수 있기를 바라는 일종의 간절한 소원을 품는 사람들이 많았다. 한편 사립 예비학교 측에서도 중간계급 아래의 자제들을 받아들일 방도가 없었던 것은 아니었다. 알다시피 사립 예비학교는 오로지 상류 특권계급 자제들의 교육기관이었다. 그러나 장래성 있는 학생, 즉 앞으로 이튼스쿨(Eton School)이나 해로스쿨 등 일류 사립중학교의 장학생 시험에 보란 듯이 합격해 학교 평판을 높여줄 수 있는 소질 있는 학생이라면, 비록 중류계급 이하의 자제라도 수업료 할인이나 그 밖의 특전을 마련해 입학을 허가했다. 그것은 학교의 평판을 위한 하나의 전시효과였다. 그리고 오웰은 이러한 전시효과 성격의 학생 일원으로 입학했다.

사립 예비학교 생활

대체로 내성적인 성격의 아이는 특별히 뚜렷한 원인 없이도, 단체생활에 들어가 자칫하면 비굴해지거나 열등감에 사로잡히기 쉽다. 하물며 오웰처럼 타고나기를 남들보다 갑절로 내성적이고, 더욱이 감수성 예민한 소년이 사회·경제적으로 자신과는 도저히 견줄 수 없을 만큼 유복한 가정의 아이들뿐인 곳에, 충분히 자

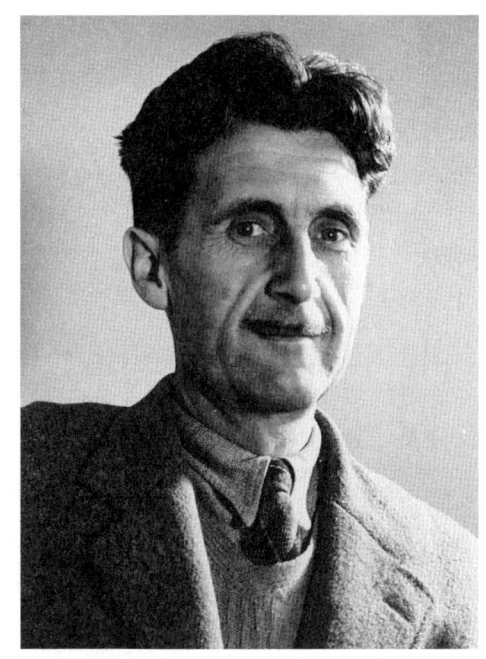

조지 오웰(1903~1950)

기를 낮추거나 비굴해질 만한 원인을 내포한 환경에 갑자기 던져진 것이다. 게다가 초등학교 정도의 소년들이란 아직 열등한 사람에 대한 배려나 동정을 지닐 여유도 없이, 우월감이나 경멸을 노골적으로 드러낼 나이일 뿐만 아니라 학교 당국에서는 단순히 부유한 가정의 아이들은 특권계급의 아이라는 이유로 편애하고, 가난한 전시효과의 성격의 아이들은 노골적으로 차별하고 냉대했다. 그렇기 때문에 그의 하루하루는 상당한 고통의 연속이었음을 미루어 짐작할 수 있다. 시간이 흘러 그가 여러 부분에서 그때의 고뇌와 굴욕을 떠올리는 것을 보아도 그때 받은 깊은 마음의 상처가 엿보인다.

예컨대 《크나큰 기쁨》에서는 이렇게 고백하고 있다.

'나는 돈이 없고, 허약했으며, 용모 또한 잘생기지 않아 인기가 없었다. 늘 기침을 달고 살았고, 겁쟁이에다 냄새도 났다. ……성공 따위는 어차피 될 성싶지도 않을 거란 확신이 내 마음에 지나치게 스며들었기 때문에, 어른이 되어서도 한동안 나의 행동은 그런 영향을 받을 정도였다. 서른 살이 될 때까지 나는 어

떤 대사업을 일으킬 마음을 먹어도 사업은 반드시 실패로 끝날 거란 가정, 아니 실패는커녕 내 수명은 앞으로 2, 3년밖에 남아 있지 않을 거라는 예측 아래, 생활 설계를 하고 있었다.'

또한 소설 《엽란을 날려라 Keep the Aspidistra Flying》(1936) 안에서는 그의 분신이라고 할 만한 주인공 고든의 입을 빌려 다음과 같이 술회하고 있다.

'사람이 자녀에게 할 수 있는 가장 잔혹한 처사는 아이를 부자 자제들이 다니는 학교에 넣는 것이다. 가난함을 의식한 아이는 그야말로 어른들이 상상할 수 없을 만큼 참을 수 없는 불쾌감이나 아니꼬운 근심에 휩싸인다.

그 무렵 특히 예비학교 재학 시절, 고든의 나날은 어떻게든 체면치레하려고, "우리 부모가 너희들 부모보다 부자라니까" 라며 그럴싸하게 보이려는 책략의 연속이었다. 아, 그때의 참담함이란! 예컨대 학기 초마다 모든 이들이 보는 앞에서 집에서 받아온 돈을 교장에게 내밀어야만 했을 때의 그 끔찍한 추억. 10실링이 넘기는커녕 10실링조차 내밀 수 없었을 때, 다른 아이들이 바보라고 생각해서 잔혹하게 낄낄거렸고, 더욱이 고든이 입고 있던 옷이 35실링의 기성복임을 다른 친구들이 눈치 챈 바로 그때라니!'

마침내, 이 예비학교에서의 6년은 오로지 유년 시절의 고독감과 소외감, 열등감을 더욱 드높여 계급제도의 모순을 뼈저리게 느끼게 할 뿐이었지만, 한 가지 잊어서는 안 될 것이 있다. 그것은 이런 학교생활이 오웰에게 조직화나 통제에 대한 강한 혐오감을 심어 주었다는 점이다. 운동경기가 있는 여름날의 합숙 분위기, 기숙사 침실, 지독한 식사, 좀처럼 하기 힘든 목욕, 규정된 것이든 합의에 따른 것이든 이래라저래라 생활을 얽매는 수많은 규칙들—이러한 것들을 참고 견뎌야 하는 학교생활은 그로선 매우 견디기 힘들었다. 이런 학교생활을 꺼리는 마음이, 차츰 조직화나 대부분의 통제를 증오하는 마음으로 옮겨간 것은 오히려 당연하다고 할 수 있다. 다만 이것은 그가 들어간 학교의 잘못도 물론 있겠지만, 반드시 그렇다고 할 수만도 없다. 한편으론 남달리 내성적이고 신경질적인 그의 성격에 따른 부분도 적지 않은 듯싶다. 본디 온통 규칙뿐인 단체생활에 곧장 융화되는 유형도 아니었고, 어느새 마음에 맞는 친구가 생기는 사교성을 타고난 소탈한 성품 또한 아니었기 때문이다.

그러나 그 시절 친구들의 회상에 따르면, 에릭은 그가 생각했던 것만큼 인기

사립 예비학교 세인트 시프리언즈 스쿨 이튼스쿨 또는 해로스쿨을 가기 위한 예비학교로 6년제였다. 오웰은 1911년(8세)에 입학해 유년 시절을 보냈다.

없는 소년이 아니라 학업성적도 우수하고, 운동경기에도 뛰어난 실력을 발휘한 소년이었다고 한다. 어설픈 시를 썼고, 그들 가운데 몇 편이 지방신문에 실린 적도 있다고 한다. 만약 친구들의 증언이 사실이라면 앞서 예를 든 그의 고백과는 꽤 엇갈리는 면이 있어, 그가 조금은 피해망상에 사로잡혀 있지 않았을까 하는 의문마저 생긴다. 학업성적이 우수했다는 것은 나중에도 언급하겠지만 이튼스쿨뿐만 아니라, 다른 학교의 장학생 시험에도 합격한 사실이 뚜렷한 증거다. 그리고 운동선수로서의 소질이 빼어났다는 것은, 미얀마에서 경찰관 시절에 그가 속한 팀과 풋볼 경기를 한 적이 있는 어느 미얀마인의 증언에서도 엿볼 수 있다. 그는 말했다.

"그는 몰메인 경관 팀을 위해서 적잖은 점수를 따낸, 스포츠맨다운 숙련된 센터 포워드였다."

게다가 처음부터 사립중학교의 준비기관으로 볼 수 있는 사립 예비학교가 출신계급을 가리지 않고, 그곳에 다닌 학생들에게는 결코 쾌적한 곳이 아니라 곧 감옥이었음은 그곳에서 학습 경험이 있는 여러 유명인이 증언한 그대로다.

장학생 자격을 얻다

예컨대 영국이 낳은 위대한 정치가 윈스턴 처칠도 해로스쿨에 진학하기 전에 이런 예비학교에 들어간 적이 있으며, 그때 일을 자서전 《나의 청춘 *My Early Life*》 속에서 다음과 같이 이야기했다.

'부모님이 나를 교육하기 위해 선택한 학교는 영국 안에서도 가장 귀족적이고 가장 돈이 많이 드는 학교였다. 이튼스쿨을 본보기로 삼아, 무엇보다 이튼스쿨의 예비학교라는 점이 선전구호였다. ……난 이 학교가 얼마나 싫었는지 모른다. 그리고 2년이 넘는 동안, 그곳에서 얼마나 불안한 나날을 보냈던가. 학업은 거의 따라가지 못했고, 운동경기 실력은 전혀 나아지지 않았다. 나는 학기마다 이 무시무시한 노예생활에서 벗어날 수 있는, 학기가 끝나는 날까지의 일수를, 아니 시간수를 그야말로 손꼽아 헤아렸다. ……나는 성 제임스 스쿨 재학 중에 건강이 나빠졌고, 끝내 중병에 걸려 부모님은 나를 자퇴시켰다.'

처칠은 귀족 자제로 여러 특권을 받아 사회적이고 경제적으로 오웰과는 도저히 견줄 수 없을 만큼 혜택을 누렸을 텐데도 결국 자퇴할 수밖에 없을 만큼 괴로움을 겪었다. 이에 반해 오웰이 겪은 모든 괴로움은 가난한 계급 출신인 데다 얼마간 피해망상적인 그의 비뚤어진 생각에 따른 점도 있었음을 고려해야 한다.

아무튼 앞서 말한 대로 그는 두 곳에서 장학생 자격을 얻었다. 즉 예비학교의 교장선생님 및 부모의 기대에 충분히 부응했고, 전시효과의 의무를 훌륭히 완수했음을 뜻한다. 그리고 두 곳의 장학생 자격 중에서 더 나은 사립중학교 가운데 명문인 이튼스쿨을 선택해 1917년(14세)부터 1921년(18세)까지 그곳에서 공부한다. 이튼스쿨은 수많은 사립중학교 가운데에서도 최고의 특권·부유 계층의 자제가 몰리는 가장 귀족적인 학교로 가난한 집안의 자제는 거의 없는 상태였기에, 그곳에서의 생활은 그에게 예비학교 시절보다도 더욱 견디기 힘든 나날의 연속이었을 것이다. 그는 말 그대로 따돌림의 대상이었다. 나날이 계급제도에 대한 그의 반감은 더욱 강해졌다. 뒷날 이튼스쿨 시절을 돌이켜 보며 "재학 중 나는 전혀 공부를 하지 않았고, 지식이나 기술을 내 것으로 받아들인 적도 거의 없으므로, 이튼스쿨이 내 생애에 대단한 영향력을 끼쳤다는 생각은 들지 않는다"고 말할 정도였다. 그러나 말은 그렇게 했지만, 이튼스쿨에서 자유와 독립의 생활을 누리고, 적으나마 친구도 사귀고, 자기가 좋아하는 독서에 열중해 공부도 했다. 무엇보다도 그가 처음으로, 뒷날 평생토록 간직한 민중 중심의 자유주의의 영향을 받은 사회주의 사상의 세례를 받은 것이 바로 이튼스쿨 재학 중이었음을 감안하면 "그리 대단한 영향력을 끼쳤다고는 생각하지

이튼스쿨(Eton School) 오웰은 1917년(14세)에 장학생으로 입학했다.

않는다"는 그의 회상을 액면 그대로 받아들이기는 어렵다.

 귀족주의적 색채가 가장 짙은 이튼스쿨에서 공부하며 사회주의 사상의 세례를 받는다는 것은 조금 묘한 기분이 들기는 하지만, 그즈음엔 러시아혁명 직후로 혁명을 미화하는 풍조가 한 시대를 풍미하고, 이튼스쿨 학생들 사이에서조차 레닌을 위인으로 여기는 학생들이 많았다고 하니, 이전부터 이러한 방면에 민감했던 그가 그런 풍조에 강하게 영향을 받은 것은 오히려 자연스러운 추세라고 할 수 있다.

 또한 이튼스쿨에서 그는 문어체 공부를 하며 학식을 넓혀 갔다. 그 또한 유익한 것이었다. 그 밖에 시를 짓거나 희곡이나 단편소설을 쓰며 학교신문을 창간해 편집을 맡기도 했다. 그런 까닭에 객관적으로 보면 이튼스쿨 시절은 오웰 자신이 말한 것처럼 무의미하고 삭막한 것만은 아니었다. 《조지 오웰을 기억하며》를 쓴 영국의 언론인이자 작가 T. 홉킨슨은 이렇게 말한다.

 "'재학 중, 나는 조금도 공부하지 않았고, 지식이나 기술을 내 것으로 받아들인 적도 거의 없으므로, 이튼스쿨이 내 생애에 그리 대단한 영향력을 끼쳤다고는 생각지 않는다.' 오웰의 이 짧은 문장엔 하나의 논리적 모순이 있다. 오웰이 이튼스쿨에서 거의 공부하지 않았다는 것 자체가 오히려, 그 학교가 그에게 영향을 끼쳤다는 증거이다. 영국에서는 대학 시절에 '공부하지 않고,' 오히려 여러 가지 복잡한 문제를 해결하기 위해 넓은 식견과 지성의 힘에 대한 자신감을 익히는 청년이 적지 않은데, 이러한 식견이나 힘이야말로 대학의 학문보다 훨씬 귀중하다. 확실히 오웰은 이러한 재능을 어딘가에서 익힌 것이다. 이튼스쿨은 개인에 대한 너그러운 태도와 지적 자유에 깊은 배려를 한다는 점에서, 학교라기보다는 오히려 대학에 가깝기 때문에 어쩌면 그가 인정하는 것 이상으로 기여했다고 봐도 무방하다. 다른 학교라면 장학생임에도 공부도 하지 않는 학생은 오래전에 퇴학 처분을 내렸을 것이다."

1921년 그는 이튼스쿨을 졸업했다. 다음은 어느 학교든 대학 진학이 당연한 과정으로, 우선은 케임브리지 정도가 가장 타당한 선이었다. 그러나 이튼스쿨까지 거친 실력을 볼 때 대학에서도 분명 장학생 자격을 차지할 수 있었음에도 그는 이 길을 고르지 않았다. 그 이유에 대해서는 온갖 추측이 난무하다. 그 대학에 진학할 경제적인 여유가 없었기 때문이라고 말한다. 그것도 생각해 볼 수 있다. 또 어떤 교사에게서 다음과 같은 충고를 받았기 때문이라고도 전해진다.

"넉넉지 못한 가정형편에 부유한 녀석들 사이에서 살아가는 건 마음이 내키지 않을 테니, 이참에 그런 생활은 접고 취직을 하는 것이 어떤가. 40세쯤까지 근무하면 웬만큼 돈도 모을 것이고, 상당한 연금도 받게 될 테니 그 뒤에 자신이 진정으로 희망하는 인생을 생각해도 좋을 걸세."

물론 드넓은 세계로 나가서 시야를 넓히고 싶어 한 의도도 있었을지 모른다.

미얀마의 나날

이래저래 망설이고 있을 때, 그는 우연히 인도제국의 경찰 경사 자리를 알아내 인도로 건너가 취직을 한다. 그리고 1922년부터 1927년까지 5년 동안 미얀마(버마)에서 생활했다. 이처럼 대학진학의 길을 제 발로 걷어찬 격이 되었는데, 그 일에 대해서는 그도 미련이 전혀 없지는 않았는지 대학에 진학한 친구들이 그저 대학에 진학했다는 이유만으로 자기보다 우위에 서는 것에 불만을 토로하기도 했다.

미얀마에서는 확실히 심한 열등감에 시달리지는 않았지만 이튼스쿨 시절의 열등감을 보상받는 처지에 서자, 오히려 새로운 종류의 계급적 상황을 지나치게 의식하게 되었다. 그것은 원주민을 함부로 교수형에 처하거나 감옥에 가두는 '압정'으로서, 그 또한 거기에 가담해야 한다는 뼈아픈 자각이었다.

어쨌든 미얀마에서 5년 동안의 경험은 뒷날 오웰의 정신적 성숙에 커다란 영향을 끼치게 되는데, 그것을 한 권의 책으로 정리한 것이 얼마 뒤인 1934년, 뉴욕에서 간행한 소설 《버마의 나날 Burmese Days》이다. 이 작품은 영국의 식민지 지배에 대한 비판서이며 또한 어떤 사회

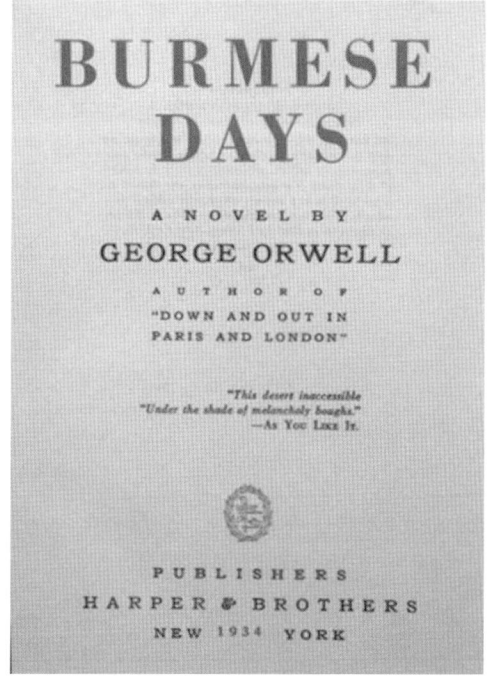

소설 《버마의 나날》(1934) 초판 속표지   미국에서 발간

적 환경에 놓이건 늘 괴로워하는 그 자신과 꼭 닮은 내성적이고 예민한 청년의 기록이다. 그는 미얀마에서 영국제국주의의 실태를 눈으로 보고, 그러한 포학에 의문을 품으며, 스스로 그들 일부가 되어 원주민 탄압의 앞잡이가 된 것에 강한 자기혐오를 느낀다. 인간이 인간을 차별하거나 압박하는 추악함을 사무치도록 통감한 것이다. 그가 이처럼 감정을 몰아붙인 것은, 그렇게 생각하지 않고서는 견딜 수 없는 객관적 현실이 존재했기 때문이며 그런 주관적 원인의 측면을 그냥 지나칠 수 없어서였다. 그런 주관적 원인으로 생각해 볼 수 있는 것은 예비학교, 이튼스쿨을 거쳐 그곳에 이르기까지의 그의 인생이다. 즉 철이 든 뒤로 청년 시절에 이르기까지 그의 인생은 말 그대로 부유한 특권계급이 보인 경멸, 모욕과 그에 대한 반발, 굴복, 인고의 연속이었다.

단적으로 말해 그 무렵 그는 유년 시절부터 머릿속에 박혀 있던 피해의식과 본의 아니게 대학진학을 포기할 수밖에 없었던 원통함이 뒤섞인, 어떤 욕구

불만으로 가득 차 있었다. 이 욕구불만이 그의 시각을 지배자 대 피지배자라는 관계에 대해 비정상적으로 예민하게 만든 것이다. 그런 그가 지배와 피지배의 관계가 더욱 노골적인 형태로 드러난 식민지라는 장소에서, 더욱이 자신이 그 지배자 측에 서서 실제로 지배기구의 일부가 되어 있음을 깨달았을 때, 그런 식민지 지배의 실태가 그에게 얼마만큼 무시무시하고 혐오스럽게 느껴지고, 얼마나 견디기 힘든 자책감이 엄습했을지 쉽게 헤아려진다. 그즈음 그의 눈에는 일상의 어떤 하찮은 것이라도, 보고 들은 대부분이 인간에 의한 인간 지배의 불합리와 불법을 통감케 하는 씨앗이 되었던 셈이다.

이처럼 그는 식민지의 경찰로 원주민 학대를 이어가는 동안 자신의 일에 차츰 염증을 느끼고, 끝내는 도저히 참기 힘든 죄악감이 들어 마음을 옥죄었던 것이다. 마침내 1927년, 그는 건강이 나빠져 휴가를 받고 귀국했다. 그는 뒷날 쓴 소설 《위건 부두로 가는 길 *The Road to Wigan Pier*》(1937)에서 그때의 심경을 다음과 같이 고백한다.

'1927년 휴가를 얻어 귀국했을 때 일을 그만두리라 이미 반쯤 결정짓고 있었는데, 영국의 공기를 한 모금 마시자마자 완전히 결심했다. 그런 잔인한 독재체제의 선봉에 서는 자리로 되돌아가는 건 정말 진절머리난다고 생각했다. 그러나 내 마음은 일을 그만두기만 하면 끝나는 것이 아니었다. 지난 5년 동안 탄압기구의 일원으로 일해 온 나는 그 때문에 양심의 가책을 느끼고 있었다. 잊을 수 없는 많은 사람들의 얼굴이—피고인석에 선 죄수의 얼굴, 감방에서 처형을 기다리던 사형수 얼굴, 내가 호통쳤던 부하의 얼굴, 푸대접하며 냉대했던 늙은 농민들의 얼굴, 분노에 찬 주먹으로 후려갈긴 머슴이나 노동자들의 얼굴—늘 날 따라다녀 도무지 참을 수 없었다. 속죄해야만 하는 죄의 무거움을 나 스스로 의식하고 있었다. 이런 표현은 허풍이라고 생각할지도 모르겠으나, 시험삼아 전혀 자신의 뜻과 걸맞지 않은 임무를 5년 동안이나 했다고 보면 된다. 반드시 내 심정을 이해하리라 믿는다.'

아울러 이렇게 덧붙인다. '제국주의에서 벗어난 것만으로는 충분하지 않으므로 모든 형식의, 인간에 의한 인간의 지배에서도 벗어나지 않으면 안 된다는 마음이 들었다. 나 자신이 몰락해 학대받은 사람들 속으로 직접 파고들어가 그들의 일원이 되고, 그 사람들 편이 되어 학대하는 패거리와 싸우고 싶다.'

지금까지 식민지에서 민중을 압박하는 데 한 역할을 맡았으므로, 그 속죄로 본국에서 학대받는 사람들과 한데 어울려 서로 협력해 압박하는 패거리들과 맞서 싸우려 했던 것이다.

파리에서의 부랑자 생활

이런 주장은 조금만 들어보면 실로 모든 이치에 맞는 듯하나, 곰곰이 생각해 보면 거기엔 짐짓 논리의 비약이 있다. 그 말은, 속죄하고 싶은 심정은 이해한다 해도 그 속죄가 굳이 식민지 현장을 위해, 꼭 본국에서 해야 한다는 이유도 없을 뿐더러, 또한 예컨대 본국에서 속죄한다 한들 굳이 최하층으로까지 내려가지 않아도 될 듯하기 때문이다. 그러나 무언가 강렬한 감명을 받아 한 번 생각에 빠져들면, 그것을 어떻게든 행동으로 옮겨야만 직성이 풀리는 오웰의 성격을 감안하면 나름대로 이치에 맞을 듯싶다. 다만 오웰은 사물을 이성적·객관적으로 파악하고 논리적으로 사색해 결론을 내는 것이 아니라, 사물을 감각적으로 인식해 정서적·주관적으로 파악한다. 또한 파악한 내용을 고찰하는 방식도 대체로 감각적·주관적이다. 그리고 그 주관적 결론을 기동력으로 삼아 의지적 행동으로 옮기는 유형의 사람이라는 점은 눈여겨볼 만하다.

어쨌든 지금까지 말한 이유 때문에 그는 미얀마의 경찰 노릇을 그만두고 귀국한 뒤, 먼저 파리로 향했다. 그가 파리에 간 이유에는 여러 추측이 나돈다.

예컨대 지금까지 멀리하라고 배워 온 가장 천하고 더러운 생활 속으로 몸을 던짐으로써 재학 시절 유복한 동급생들의 금전만능적 사고에 거리낌 없이 저항하기 위함이었다든지, 취직하기 어려워서 그랬다거나, 어떻게든 신분 상승을 이루려고 부모와 가족까지 많은 희생을 치르고 자신도 힘들고 괴로운 노력을 이어왔건만, 끝내 식민지 경찰이라는 도저히 참기 힘든 곳에 이르렀고 사회적 신분을 높이려한 노력이 이른바 좌절을 불러왔기에 이참에 포기하고 물러나는 것이 어떨까라는 심경에 이르렀기 때문이라거나, 또는 절망적으로 여겨질 만한 극적 환경의 변화에는 작품을 만들어 낼 수 있을 거라는 작가로서 계산이 있었다라는 풍문이 나돌았다. 그러나 분명한 것은 그가 단순히 식민지 시절의 '속죄'의 감정만으로 영락해 일부러 빈궁한 사람들과 뒤섞여 부랑자처럼 밑바닥 생활을 시작했다는 뜻이 아니라, 그 동기가 복잡한 데다 그런 밑바닥 생활을 오히려 그가 유쾌한 것으로 받아들였다는 점이다.

이 무렵의 심경을 그는 이렇게 말했다. "결국 밑바닥 끝까지 영락한 것이라고 자각하니 마음이 놓인다. 아니 사무치도록 유쾌한 기분마저 든다. 누구나 영락한다. 영락한다고 보통 입버릇처럼 말한다. 그런데 이렇게 확실하게 영락하고 보니 특별히 이렇다 할 것도 없다. 이런저런 걱정거리 따윈 순식간에 날아가 버린다."

그는 퇴직금으로 겨우 살아가며 영어 가정교사를 하는 동안에는 그나마 괜찮았지만, 얼마 지나지 않아 도둑이 드는 바람에 얼마 남지 않은 돈을 몽땅 잃어버리는 쓰라림을 겪으며 순식간에 가난의 구렁텅이에 빠져들었다. 호텔에서 설거지를 하거나 러시아 식당에서 일해 보았지만 노동조건이 너무도 열악해 오래 버티지 못했고, 한때는 런던의 친구에게 도움을 청해 일자리를 부탁하기도 했다. 그러나 그 친구가 알선한 일이 늦춰지자 그는 부랑자들의 무리에 들어가 빈민굴이 있는 부랑자들의 싸구려 숙소에서 함께 숙박을 하며 지낸다. 오웰의 말을 빌리자면 "마침내 밑바닥 끝까지 굴러 떨어졌다"는 뜻이다. 파리에서 이러한 부랑자 생활을 18개월쯤 한 뒤, 그는 다시 영국으로 돌아온다. 귀국한 뒤에도 켄트주에서 홉 수확일꾼, 가정교사, 서점점원 등 이리저리 일자리를 옮겨 다녔지만 파리 시절과 그리 다를 바 없는 궁핍한 생활을 이어간다. 한때 방랑하는 부랑자 무리에 들어가 지방을 떠돌아다닌 적도 있었다. 방랑자는 어느 마을에서건 하룻밤 머무는 것은 허락되었지만, 이튿날 아침에는 반드시 그곳을 떠나야 했으므로 원치 않아도 떠돌아다녀야만 하는 신세였다.

그러나 이렇듯 불안정한 생활을 하는 한편 여러 신문과 잡지, 특히 이튼스쿨 시절의 친구 리처드 리스 경과 J.M. 마리가 발간한 계간지 〈뉴 아델피〉에 글을 기고하게 되었다. 1933년 골란츠사에서 간행된 그의 첫 작품인 르포르타주 《파리와 런던의 밑바닥 생활 *Down and Out in Paris and London*》은 그 무렵 그의 적나라한 생활 기록이다. 주의해야 할 것은 이제까지 에릭 블레어라는 본명으로 기고했지만, 이 작품의 출판을 계기로 '조지 오웰'이라는 필명을 쓰기 시작한 점이다. 그가 필명을 쓰기 시작한 이유에 대해서는 여러 설이 있다. 그가 끔찍이 싫어했던 예비학교의 교장부인에게 접시닦이를 한 일이나 부랑자가 되었던 일을 알려서, '내 그럴 줄 알았지'라고 비웃음당하는 꼴을 참기 힘들어서라는 견해가 있다.

필명 '조지 오웰'

그는 예비학교 시절에 동창인 부유한 집 자제들이 우쭐대며 휴가 때 스코틀랜드의 별장에서 사냥에 나설 거라는 이야기를 듣고, 스코틀랜드에 관계된 건 뭐든지 반발심을 가지게 되었다. 스코틀랜드계의 성인 블레어라는 이름을 쓰면 싫어도 자신에게 스코틀랜드인의 피가 흐르고 있음을 사람들에게 알리게 된다. 그 점이 너무나 견디기 힘들어서라는 설도 있다. 또 에릭이라는 이름도 고대 스칸디나비아의 전설에 등장하는 영웅을 떠올리게 했으므로 싫어했다는 설도 있다. 어찌

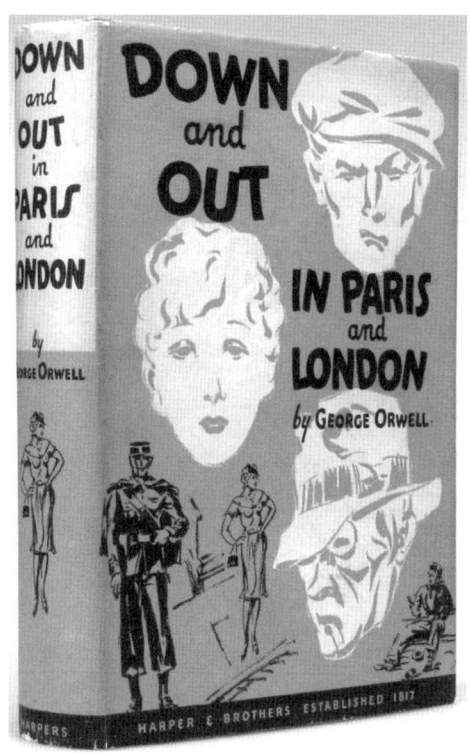

르포 《파리와 런던의 밑바닥 생활》(1933) 초판본 표지

되었건 이래저래 본명을 버리고 '조지 오웰'이라는 필명을 쓰게 되었다. '조지'는 오랜 옛날 영국의 전설적 수호성인으로 용을 물리치고 디오클레티아누스 황제 시대에 순교했다고 전해지는 세인트 조지의 '조지'를 따오고, '오웰'은 그가 이전에 살았던 서퍽주의 강 이름에서 비롯되었다고 한다. 다만 이 '조지 오웰'이 필명으로 마음에 썩 들었던 것은 아니었고, 이름 짓기에 대한 그 나름의 타산이 작용했다. 즉, 만일 《파리와 런던의 밑바닥 생활》의 평판이 좋지 않으면 곧바로 '조지 오웰'을 버리면 된다. 그리하면 작가로서 자신의 이력에 흠이 가는 일은 없다는, 나름대로 신중한 태도였다. 그런데 이 소설의 평판은 그럭저럭 괜찮았으므로 그 뒤의 저서와 평론뿐만 아니라 일상생활에서도 이 필명을 쓰게 된 것이라고 한다.

《파리와 런던의 밑바닥 생활》은, 판매는 신통치 않았지만 비평가들 사이에

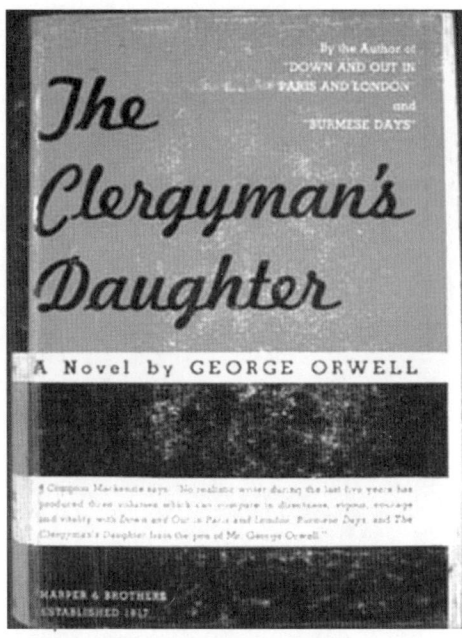

소설 《목사의 딸》(1935) 초판 표지   미국에서 발간

서는 높이 평가되어 널리 알려졌다. 이를테면 T. 홉킨슨은 "이 작품은 매우 매력적이다. 조금 산만하긴 하지만 호기심을 자극하는 묘사가 이어지고 부랑자의 생활에 대해서도 실제적인 견해가 넘쳐흐른다"고 칭찬했다. 연이어 한 해가 지난 1934년에는 앞서 다룬 미얀마 시절의 체험을 엮어낸 소설 《버마의 나날》을, 그 이듬해인 1935년에는 그 무렵 근무한 적 있는, 지독하게 급료가 적었던 사립학교 교사로서 생활체험을 담아낸 소설 《목사의 딸 A Clergyman's Daughter》을, 아울러 1936년에는 서점 점원 시절을 쓴 소설 《엽란을 날려라》를 각각 세상에 내놓았다.

《목사의 딸》은 믿음이 있든 없든 사람에게는 신앙이 필요하다는 '신앙'의 문제와 '성(섹스)에 대한 공포'를 주제로 한 소설이다. 그 속에서 켄트주에서 했던 홉 수확의 경험과 런던에서의 부랑자생활, 싸구려 숙소생활, 비천한 사립학교의 내막 등, 작자의 생활체험을 한껏 살렸다. 뒷날 오웰 자신은 이 작품을 끔찍이 싫어해 생전에 재판을 허락하지 않았으며, 자신의 저서 목록에서 삭제했고 발견하는 즉시 구입해 파기했다는 일화가 있다.

그다음 작품 《엽란을 날려라》는 《버마의 나날》의 주인공 플로리와 마찬가지로 신경질적인 청년 고든 콤스톡을 중심으로 한 이야기이다. 다만 고든은 플로리와 달리, 런던의 어느 서점(그즈음 작가 자신이 근무했던 햄스테드[런던 북서부의 주택지역]의 서점)에서 일한다. 그리고 돈에 아등바등하는 중산계급 생활에서 어떻게든 벗어나 문필생활에 들어가려고 시를 써 보는(오웰이 지향하던 프랑스의 대 시인 프랑수아 비용이나 보들레르를 모방했다) 등 갖은 노력을 기울이지만, 끝내 그 어느 하나 잘되지 않자 결혼해서 취직하고, 아이를 얻어 검소하고 견실한 중산계급의 생활에 안주한다는 이야기이다. 튼튼한 화분에 심은 엽란을 견실하고 굳건히 인내하는 중산계층의 가정생활의 상징으로 본 것이다. 오웰 자신이 시 짓기를 단념한 것도 마침 이 무렵으로 우연일지 모르나, 그런 면을 대조해 생각해 보면 흥미롭다.

《엽란을 날려라》도 금전적으로는 크게 성공했다고 볼 수 없었다. 하지만 여자아이를 데려왔으나 고작 2, 3실링밖에 없어 과연 돈이 될까 안 될까 하루 종일 마음 졸이는 가

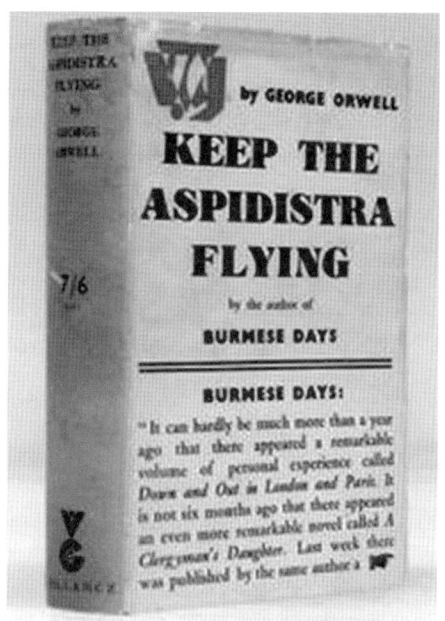

소설 《엽란을 날려라》(1936) 초판본 표지

난한 주인공의 체험은 너무나 측은하다는, 많은 젊은이들에게서 공감하는 편지가 쇄도해 오웰은 기뻐했다고 한다. 순서가 조금 바뀌었지만 《파리와 런던의 밑바닥 생활》에 이어 《버마의 나날》과 《목사의 딸》이 세상에 나왔을 때, 그즈음 소설가이자 비평가인 콤프턴 매켄지(Compton Mackenzie)는 "리얼리즘 작가들 가운데에서 지난 5년 동안 솔직함과 강력함과 활력이라는 점에서 조지 오웰이 쓴 이들 3권에 필적하는 책을 낸 이는 단 한 명도 없다"고 그를 칭찬했다.

모두 과거의 체험을 바탕으로 한 상상력이 모자란 작품이라고 하지만 작품 곳곳에 나타난 신선하고 강력한 자연묘사는 역시 빅토리아 시대 문학의 정통을 이은 것으로 평가되었다. 이 자연묘사는 풍토적이고, 영국적이며, 더욱이 '인간의 자연적 생존방식'에 대한 강한 동경이 배어 나와 있다. 그러나 비평가에게 호평을 받아도 그다지 돈벌이가 되지 않아 생활은 여전히 궁핍했다. 1930년부터 1940년에 이르는 10년 동안 저술로 인한 수입을, 그는 고작 주당 3파운드도 되지 않는다고 어림잡았다. 그런 가난한 생활은 11년 뒤 《동물농장 *Animal Farm*》으로 큰 성공을 거두기 전까지 이어진다.

《위건 부두로 가는 길》

그는 진작부터 런던 생활에 싫증이 나 있었는데, 1936년 결혼해 아내와 함께 하트퍼드셔주로 이사한다. 아내는 아일린 오쇼네시(Eileen O'Shaughnessy)로, '예쁘고 총명한 여성'이었다. 그들은 집 한 채를 장만해, 그곳에 만물상을 차렸다. 오웰에 따르면 오전에는 글을 쓰고, 오후에는 가게를 지키는 방법을 구상했다. 가게 수입은 주당 1파운드에 못 미친다고 하니 장사로는 결코 성공적이라 할 수 없지만, 그에게는 진정 생애의 즐거운 시기였다.

그러나 한곳에 정착해 조용한 생활을 즐기는 것도 잠시, 그는 얼마 지나지 않아 차츰 사회주의로 기울어져 갔다. 그가 사회주의자가 된 원인은 여러 가지로 생각해 볼 수 있는데, 먼저 미얀마 시절부터 그의 뇌리에 박혀 떨쳐 버리지 못한, 학대한 사람들에 대한 '속죄'의 의식을 그냥 지나칠 수 없었기 때문이었다. 본디 식민지의 압박당한 원주민에 대한 '속죄'가 굴절돼, 그 대상이 식민지 원주민으로부터 사회 밑바닥에서 실업에 허덕이는 비참한 노동자계급 사람들로 이동한 태도에 대한 비판은 차치하고서라도, 그 심정을 수긍 못할 바는 아니다. 그리고 그것을 주관적 요인으로 한다면, 객관적 요인도 생각해 볼 수 있다. 그것은 그즈음 세계정세였다.

1929년 10월 24일의 뉴욕 주식시장 대폭락을 계기로 발단이 된 대공황은 순식간에 전 세계로 번지더니 나날이 심각해져, 1932년에는 마침내 세계 실업자 총 수가 2600만에 이르렀다. 그때 상황의 여파로 영국에도 심각한 불황의 폭풍이 휘몰아쳐 거리에 실업자가 쏟아지고, 1931년에는 웨일즈 탄광에서 대규모 파업이 일어났다. 차츰 자본주의체제의 위기를 주장하는 소리가 높아져 사회주의로 기울어지는 지식인들이 늘어나고, 마르크스주의에 이끌리는 이도 적지 않았다. 예전부터 이 분야에 관심이 많았던 오웰이 이러한 형세 아래에서 사회주의에 심취한 것은 오히려 마땅한 결과였다.

한편, 이러한 시대적 풍조를 반영해 1936년 5월, 빅토르 골란츠는 '좌파 북 클럽'(Left Book Club)을 창설했다. 이 클럽은 '파시즘에 반대하고 세계평화와 사회·경제 질서의 개선이라는 긴급한 투쟁을 지원하기 위해, 이 투쟁에 참가하는 결의를 지닌 모든 사람들에게, 그들의 활동을 크게 넓히기 위한 지식을 제공한다'는 신조를 받들고 만들어져, 월 2실링 6펜스라는 매우 적은 회비로 클럽이 선정한 도서를 다달이 한 권씩 회원에게 나눠 주게 되어 있었다. 선정위원은 창설자인 골란츠 외에 해럴드 라스키,[1] 존 스트레이치[2]로서, 클럽 회원수가 1937년에는 3만 8000명을 넘어섰다고 한다.

1935년 끝 무렵 오웰은 골란츠에게서 불황에 빠진 잉글랜드 북부의 탄광·공업지대의 실업자 실태에 대한 르포를 써달라는 500파운드의 준비금이 딸린 의뢰를 받는다. 그가 이러한 의뢰를 받은 것은 주재자 골란츠가 그의 초기 작품을 출판해 서로 잘 알기 때문이기도 하지만, 무엇보다도 《파리와 런던의 밑바닥 생활》이 선정위원들 눈에 들어, 르포 작가로서 그의 재간을 높게 평가했기 때문일 것이다.

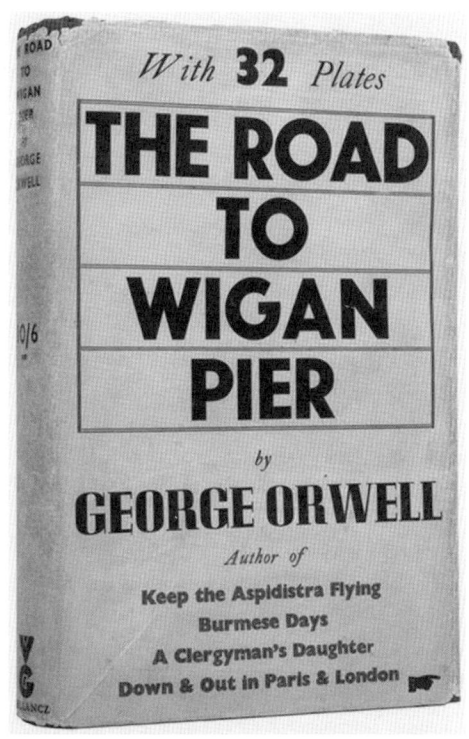

르포 《위건 부두로 가는 길》(1937) 초판본 표지

오웰은 1936년 1월 런던을 떠나 셰필드,[3] 맨체스터, 위건 등 북부공업도시를 차례로 방문하고, 약 2개월 동안 가난한 노동자의 가정에서 함께 지내며 노동자의 비참한 생활실태를 빠짐없이 관찰하며 기록했다. 그 무렵 그들은 대부분이 일자리를 잃어 겨울인데도 난방이 되지 않는 폐가에서 살고 있었다. 이 탐방여행의 결정체가 《위건 부두로 가는 길》이다. T. 홉킨슨에 따르면 이 책의 제목은 북부지역의 농담에서 따온 것이다.

---

1) 1893~1950. 영국 사회주의자, 경제학자.
2) 1901~1963. 영국 사회주의자. 노동당원이었으나, 이 무렵에는 탈당하여 공산주의자에 접근했다.
3) 잉글랜드 서부, 랭커셔주의 도시.

부두란 해안이나 휴일 등 활기차고 생동하는 기운을 떠올리게 하는데 위건은 그런 것과는 거리가 먼, 인구가 많지 않은 내륙마을이다. 물론 부두의 형태를 갖춘 부두가 있을 리 없고, 부두라 해도 고작 운하의 선착장만 있을 뿐이라는 뜻이다. 즉 위건 부두가 될 만한 곳은 실재하지 않는다는 것이다. 이런 점에서 거꾸로 그가 이 책에 그러한 의미가 있을 법한 표제를 붙인 것은, 그가 추구하는 사회주의가 실재하지 않음을 이야기하고 싶었던 거라는 식으로 추측하는 비평가도 있다. 《위건 부두로 가는 길》은 2부로 나뉘어져, 1부는 북부지방(주로 위건 지구)의 빈곤한 탄광노동자의 생활실태 보고가 담기고, 2부는 오웰 자신이 매우 개성 강한 사회주의의 관점에서, 영국인의 계급의식과 자칭 사회주의자들에 대한 통렬한 비판을 시도했다. 이 비판에서도 그 자신의 유년시절의 고뇌와 굴욕의 체험이 밑바닥에 흐르고 있음은 두말할 나위 없다.

이 책에 대한 대부분의 비평은 그다지 좋지 않았다. 우선 1부에 대한 비평으로는, 그가 선택한 육체노동자의 계급이 '탄광노동자의, 그것도 실업 중인 사람들이며 그중 일부는 가장 심한 빈민굴에 살고 있는 사람들'로, 노동자 전반을 포함하지 않았다는 비판이나, 그가 위건에서 생활체험을 쓸 때 노동자 계급 사람들에 대해, 너무나 극단적 표현으로 자칫하면 품위 없다는 생각이 들만큼 비굴한 태도를 보이며, 자신이 중류계급인 것에 강한 양심의 가책을 느낀 점을 노골적으로 드러냈다는 비판 따위가 있다.

그러나 좌파 북클럽의 주재자 골란츠 등은 '소위 의식 낮은 사람들의 무관심을 깨부수려면 이 책의 일부를 한번 읽게 하는 편이 제일이다'라며 오히려 그 실제 가치를 높이 평가하고 있었다. 그런데 물의를 일으킨 것은 2부였다. 그는 이 가운데에서 영국의 사회주의운동이 가진 결함에 대해 혹독한 비판을 가했다. 즉 지식인 사회주의자라고 일컫는 자들이 사회는 개인에게 성립한다는 현실을 잊고, 조직이나 추상적 주의를 농락한다는 점을 통렬하게 비판한 것이다. 다만 이는 특별히 영국에만 한정된 현상은 아니었는데, 그의 비판은 다분히 주관적이고 개인적 색채가 무척 짙었으며 게다가 너무 과격한 투로 표현되었다.

그처럼 자신의 체험에서 출발해 자신의 눈으로 보고, 귀로 듣고, 피부로 느낀 것을 판단 근거로 삼지 않으면 한마디도 하지 않는 작가—그 점 또한 그의 매력이나 특징이라는 뜻인데—의 경우, 그의 입론이 적잖이 주관적으로 흘러

탄광노동자들 르포 《위건 부두로 가는 길》 1부는 탄광노동자의 생활실태 보고가 담겼다.

가 객관적 타당성이 결여되는 부분도 어느 정도 불가피할지 모르나, 그러한 입론을 기초한 비판이 상대의 거센 반론을 불러오는 것 또한 당연하다.

어쩌면 골란츠는 그 비판의 대상이 된 좌파 지식인들의 의도를 심사숙고했겠지만, "한편 이 제2부는 전반적인 논지뿐만 아니라 개개인의 세목에 이르기까지 전면적으로 매우 도발적이다. 솔직히 말해 머리말 가운데 내가 오웰씨와 토론을 벌이고 싶은 곳에 표시를 단 세세한 부분은, 백 군데가 넘는다"고 한 머리말을 달고, "일일이 그리 했던 것은, 머리말의 페이지가 곧 없어지기 때문에"라고 미리 양해를 구해, 몇 가지 주된 점에 대한 반론만을 담아 굳이 간행을 단행한 것이다. 그렇지만 이 작품의 출판에 대해서는 그 내용 면에서 볼 때, 과연 골란츠가 출판을 단행하느냐 마느냐에 저자인 오웰 자신도 무척 염려하고 두려운 마음을 품었던 것으로 보인다. 한 친구에게 보낸 편지에서 "골란츠가 이것을 좌파 북클럽의 선정도서로 선택할 가능성은 그리 없어 보인다. 여러모로 아주 단편적이고, 게다가 겉으로 보면 그다지 좌파적으로 보이지 않기 때문"이라고 말하고 있다. 이 책의 원고를 골란츠 앞으로 보낸 뒤, 그는 바로 내전지역인 스페인으로 떠났으므로 골란츠가 말한 대로 오웰과의 논쟁의 기회는 잃고 말았다.

한편 그즈음 유럽 정세를 보면, 1930년대 초기부터 독일 내에서 서서히 전시체제로 개조하며 실력을 키워 온 히틀러를 지도자로 하는 나치스 독일과 무솔리니를 수반으로 독재체제를 확립한 파시스트 이탈리아는 끝내 행동을 개시, 독일은 1936년 3월, 로카르노 조약, 베르사이유 조약에 따른 비무장 지대로 지정된 라인란트에 진주하고, 이탈리아는 그보다 1년 앞선 1935년 10월에 에티오피아 침입을 개시했다.

그렇지만 이러한 나치즘과 파시즘(소비에트를 포함)이 여러 자유주의 국가와 분명한 대립의 형태로 나타난 것은 1936년 7월 18일에 시작된 스페인 시민전쟁이었다. 2년 8개월 동안 광란의 내전으로 유럽의 정치세력은 크게 움직이며, 제2차 세계대전의 발발은 바로 시간문제라는 것을 사람들은 인식하기에 이르렀다. 그런 뜻에서 이 내전은 모든 유럽의 지식인들에게 뚜렷한 태도결정과 행동을 강요한 것이었다. 여러 자유주의 국가의 지식인들이나 노동자들은 자유와 문화를 지키기 위해 '문명세계의 양심'의 담당자로서, 스페인 공화정부를 지지하며 너도나도 의용군에 가담해, 나치스 독일과 파시즘 이탈리아의 원조 아래 내란을 일으킨 프랑코 장군의 파시스트군과 맞섰다.

프랑스의 철학자 시몬 베유(Simone Weil)처럼 여성의 몸으로 종군한 용맹스런 사람도 있을 정도였다. 영국에서만도 4천 명 가까운 노동자와 지식인들이 의용군에 가담, 공산당계인 '국제여단'(International Brigades)에 가입한 2천 명 가운데 500명 가까이 전사했고, 500명이 중상을 입었다. 전사한 사람들 가운데에는 앞날이 밝은 시인이나 비평가도 속속 있었다. 오웰이 스페인에 건너간 것은 1936년이 저물 무렵이었는데, 처음부터 총대를 멜 결의를 한 것은 아니었다.

그 무렵 그는 출판사를 골란츠사에서 세커 앤드 워버그(Secker & Warburg)로 옮겼는데, 그 출판사의 도움을 받으며 내전의 실정을 보고할 목적으로 바르셀로나를 향해 건너갔다. 그때는 스페인 공화정부의 내정도 인민전선을 둘러싼 여러 정치적 당파의 대립도, 그 배후관계도 일반에게 온전히 전해지지 않았다. 알려진 것이라곤 공화정부 측이 유럽의 여러 자유주의 국가의 진보적 지식인, 노동자, 공산주의자와 소비에트 연방에 의해 지원을 받고, 프랑코파의 반란군은 주로 나치스 독일이나 파시즘 이탈리아에 의해 지원 받고 있다는 정도였다. 오웰은 스스로 현지로 가 자신의 눈으로 직접 실태를 파악하고, 그 진실을 발표하려 한 것이다.

스페인 시민군(POUM) 가담

그러나 바르셀로나에 도착, 긴박한 혁명적 기운이 넘쳐흐르는 현장에 뛰어들어가자마자 오웰은 분위기에 완전히 휩쓸려 무슨 일이 있어도 행동을 취해야 한다는 다급한 마음이 엄습해, 스스로 시민군에 가담하고 만다. 그때의 심경을 그는 이렇게 고백한다. "난 뭔가 신문기사라도 쓸 작정으로 스페인에 갔지만, 거의 도착할 무렵이 되었을 때 시민군에 가담했다. 그 무렵 그런 분위기 속에서는 다른 행동은 조금도 생각할 수 없는 마음이 들었기 때문이다."

다만 여기서 결코 놓치면 안 될 중요한 사실이 있다. 그것은 그가 대부분의 외국인처럼 공산당이 지배하는 국제의용군인 '국제여단'에 참가하지 않고, 무정부주의자의 흐름을 이어받은 비교적 작은 단체인 POUM(마르크스주의통일노동자당)에 참여했다는 점이다. 사실 그가 처음부터 공산당을 피했던 것은 아니다. 그즈음 스페인에 가서 시찰하기 위해서는 좌익단체의 소개장이 필요했는데, 떠나기 직전에 알게 된 그는 처음엔 영국 공산당을 통해 소개를 받으려고 했다. 그러나 공산당은 어째서인지 그를 기피했다.

그래서 그는 할 수 없이 영국 독립노동당의 소개를 받아 그 계열인 POUM 시민군에 입대했다. 공산당이 그를 기피한 이유는, 그의 사상 가운데 공산당과 모순되는 점이 있음을 느꼈기 때문이라고 추측된다. 어쨌든 그가 스페인 공화정부 지지 진영의 주류파라 할 수 있는 공산당과는 다른 경로로 스페인에 들어갔고, 또 의용군 가운데에서도 주류파가 아닌 POUM 시민군에 참가했다는 사실은 매우 커다란 의의를 지닌다.

만약 그가 공산당의 경로를 통해 '국제여단'에 들어갔다면, 과연 공산당의 음모와 기만과 탄압의 실태를 그토록 통렬하게 겪고 들추어 낼 수 있었을까. 이때 공산당에게 외면을 받아 할 수 없이 주류가 아닌 POUM군에 소속되었으므로, 그는 그 시대의 스탈린주의적 공산당의 본성을 코앞에서 보고 또 피부로 느껴서 그에 대한 환멸과 비판과 반발을 늘 가슴속에 품을 수 있었던 것이 아닐까. 이 스탈린주의에 대한 비판과 반발이 뒷날 그의 최대 걸작 《동물농장 Animal Farm》과 《1984년 Nineteen Eighty-Four》을 낳는 주요 동기가 되었다는 걸 생각한다면, 그의 POUM 시민군 참가는 우연이라곤 하지만 그의 인생을 결정지은 하나의 커다란 전기(轉機)였다 해도 과언이 아니다.

이리하여 POUM 시민군에 입대한 그는 바로 전선으로 떠났고, 1937년 1월 초부터 아라곤 전선에서 전투에 참가했다. 그런데 5월 어느 날 새벽, 우에스카 부근의 전투에서 그는 목에 관통상을 입었다. 스페인 군의관들의 말에 따르면, 총알이 겨우 1mm 차이로 경동맥을 빗나가 목구멍 한가운데를 꿰뚫었다고 한다. 이 부상 때문에 그는 2개월 동안 모기 만한 소리밖에 낼 수 없었지만, 그 뒤에는 다른 쪽 성대가 마비된 쪽을 보충해 줘서 목소리가 제대로 나오게 되었다. 그러나 이 부상으로 그때까지는 평범했던 오웰의 목소리는 갈라진 소리로 변해 버렸다. 이런 중상 탓에 그는 더 이상 전선에 설 수 없게 되었다. 그는 POUM 시민군 안에서, 각자가 한 인간으로서 자신에게 책임을 지면서 행동하고 누구에게도 강제도 속박도 받지 않고 모두가 같은 위치에서 생활하는 사회, 즉 계급 없는 이상적 사회가 실현되고 있음을 보고 크게 감동했다. 그는 이것이야말로 '계급 없는 사회의 살아 있는 본보기'라고 확신했다. 그는 다음과 같이 썼다.

'그 조직 집단의 본질적 특징은, 장교와 병사가 사회적으로 평등하다는 점이었다. 위로는 장교부터 아래로는 일개 병졸에 이르기까지 모두 똑같은 급여를 받고, 똑같은 식사를 하고, 똑같은 옷을 입고, 대등한 인간관계를 맺었다. 사단장의 어깨를 두드리며 담배 한 대 달라고 부탁한들 무슨 문제가 생기는 것도 아니었고, 이상하다고 생각하는 사람은 한 명도 없었다.'

어릴 때부터 마음속에 달라붙어 떨어지지 않는 계급의식 때문에 괴로워했던 오웰도 아마 이번에야말로 그 의식을 깨끗이 떨쳐 버릴 수 있었을 것이다. 다음과 같은 그의 고백은 그 단적인 표명이 아니었을까.

"이 전쟁에서 나는 정말로 보잘것없는 역할을 맡았을 뿐이지만, 추억만큼은 많이 만들었다. 그 추억은 대부분 그리 대단하지도 않지만, 그래도 그런 체험을 후회할 마음은 없다. ……참으로 묘하게도 이 전쟁 체험은, 인간의 품위에 대한 나의 확신을 무너뜨리기는커녕 더욱 강하게 만들어 주었다."

스페인 시민군에 입대한 조지 오웰(왼쪽) 1937년 5월, 우에스카 전투에서 목에 관통상을 입었다. 그는 시민군에서 계급 없는 이상적 사회가 실현되고 있음을 보고 크게 감동했다.

전쟁터에서 그는 넘치는 책임감과 뛰어난 지도력을 갖춘 용감한 전사였다. 하지만 "이 전쟁에선 누가 누구를 노리고 쏴도, 인간 능력으로는 빗나갈 수밖에 없다고 느껴질 경우에는 분명 빗나갔기" 때문에 그 자신도 몇 번인가 적병을 쏘기를 망설였다고 한다.

그런데 얼마 뒤 반(反)파시즘 인민전선의 내부에서 세력다툼이 일어나 각파의 대립·충돌이 나날이 격해졌다. 그중에서도 소비에트 공산당의 지지를 받는 공산주의자들의 악랄한 모략과 거짓 선전은 눈 뜨고 볼 수 없을 정도였다. 그는 전투에 몸과 마음을 다하는 동안에도 조금은 그 점을 눈치 채고 있었다. 특히 휴가를 받아 바르셀로나에서 지내던 무렵에는, 공산주의자들이 비열하게도 정부군의 주도권을 쥐려고 허위 선전 공작부터 암살에 이르기까지 온갖 간계를 부리면서 음모를 꾸미고 몰래 활동하는 모습을 똑똑히 보았다. 이는 틀림없이 혁명에 대한 배신이었으며, 공화정부의 전력을 약하게 만들어 파시스트파의 승리에 크게 공헌하는 반역행위였다. 이윽고 스탈린주의자들은 POUM 조직에 탄압을 가하기 시작했다. 사무소는 그들에게 접수되고 지도자들은 차례로 체포돼 감옥에 갇히거나 숙청되었다. 트로츠키주의자(Trotskyist)라는 낙인이 찍힌 오웰도 하마터면 체포될 뻔했지만 겨우히 프랑스로 도망쳐 나왔다.

공산주의자들 모략에 반발

오웰은 "진리와 개인적 자유가 망각되는 사회에서 개인은 고뇌하지 않을 수 있을까" 하는 의혹을 자주 품었는데, 스페인에서 전쟁을 겪은 뒤 이런 의혹은 더욱 깊어졌다. 그와 더불어 당연하게도 그는 공산주의를 몹시 싫어하게 되었다. 이때까지 그는 우익 폭력에 반발해 왔지만, 이제 좌익 폭력에도 강한 반발심을 느끼게 되었다. 그에게 공산주의는 사회주의도 무엇도 아닌, 사회주의의 가면을 쓴 파시즘으로 느껴졌다.

르포 《카탈로니아 찬가》(1938) 초판본 표지 1936년 조지 오웰은 스페인 내전에 뛰어들었다.

이미 말했듯이 그는 스페인에서 공산주의자들이 꾸민 모략에 반발심을 품었다. 특히 그에게 충격을 준 것은, 공산당 지지 신문이 이 전쟁에 대해 얼마나 진실을 은폐하고 왜곡해서 거짓된 보도를 하고 있는가를 경험함으로써, 우익이든 좌익이든 전체주의 국가에서는 방법에 따라 진실이 얼마나 일그러지고 숨겨지고 바뀌치기 되는지를 깨달은 것이었다. 그는 이 스페인 내전에서 말 그대로 생명을 걸고 얻은 귀중한 전쟁 체험을 세상에 알리고자 1938년에 책을 냈다. 바로 르포 《카탈로니아 찬가 Homage to Catalonia》이다.

이 작품은 정치 면에서는 부분적으로 조금 지나치게 주관적이라는 비난이 있긴 하지만, 그래도 매우 극적이며 비정하리만치 객관적이고 상세한 일급 르포르타주이다. 그러나 많이 팔리진 않았다. 초판 1500부 가운데 그가 세상을 떠난 1950년까지 팔린 것은 겨우 900부였다. 게다가 미국에서는 그의 사후

1952년까지 출판조차 되지 못했다고 한다.

귀국한 오웰 부부는 런던에서의 도시생활을 피하려고, 결혼할 무렵 빌렸던 하트퍼드셔주 월링턴에 있는 조그만 잡화점에 틀어박혔다. 그리고 제2차 세계대전이 시작될 때까지 2년 동안은 조용히 살았다. 그저 가끔 찾아오는 손님을 상대하고, 채소밭을 가꾸고 닭과 염소를 키울 뿐이었다. 앞서 언급한 《카탈로니아 찬가》는 이 휴식기에 쓰인 작품이다. 또한 스페인에서 입은 부상과 전쟁터에서 겪은 고생 때문에 지병인 폐결핵이 더욱 악화되자, 겨우내 추위를 피해 모로코에서 지내기도 했다.

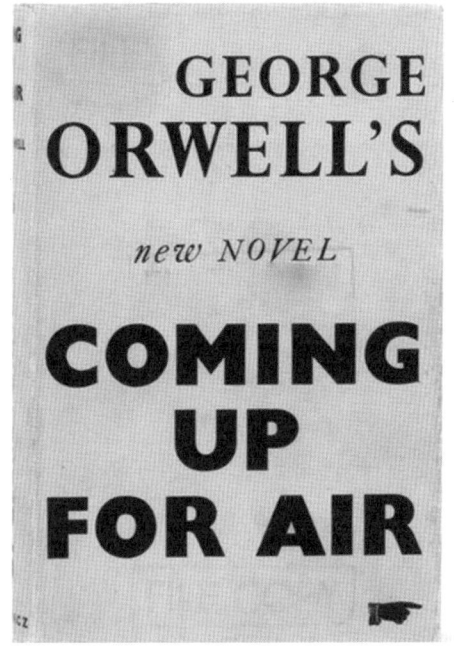

소설 《숨 쉬러 나가다》(1939) 초판본 표지

1939년에 그는 소설 《숨 쉬러 나가다 *Coming Up for Air*》를 출판했다. 이 책은 어느 정도 성공적으로 팔린 첫 번째 작품이었고 재판도 나왔다. 소설의 주인공은 보험 외판원 조지 볼링이라는 뚱뚱한 중년 남자인데, '고독을 즐길 줄 아는' 성품 좋은 사람이다. 경마로 돈을 번 주인공 볼링은 자신의 고향 리틀 빈필드를 방문했다가 우연히 사고에 의한 폭탄 투하로 파괴된 집을 바라본다. 이 폭격된 집을 묘사한 그의 속마음 뒤편에는, 느긋한 영국 국민에게 "전쟁이 코앞에 다가와 있다"라고 경고하는 의미가 있었다. 오웰은 1940년 전쟁 일기에서 이렇게 말했다.

"미래에 틀림없이 파국을 맞게 될 것임을 나는 1931년부터 이미 알고 있었다. ……1934년 이래 나는 영국과 독일 사이에 전쟁이 조만간 일어나리라 생각했는데, 1936년 뒤로는 반드시 일어날 거라는 확신으로 발전했다. 마음속 깊이 진심으로 느낀다."

제2차 세계대전이 일어나자 그는 육군에 입대하려고 여러 번 노력했다. 그러나 건강이 몹시 나빠서 입대 허락을 받지 못했다. 대신 그는 국방 시민군에 지원해 중사가 되어 열심히 근무했다. 국방 시민군이란 현역으로 전쟁터에 갈 수 없는 사람들로 편성된 비전문적 군대조직인데, 만약 독일군이 실제로 영국 본토에 상륙한다면 조국 방위를 맡게 될 단체였다.

1941년 가을 무렵에는 더 이상 전업작가로서 생계를 거의 꾸릴 수 없게 되었으므로, 그는 영국방송협회(BBC)에 들어갔다. 그는 말레이로 보내는 방송을 거의 혼자 도맡아 할만큼 열심히 일했다. 선전의 영향력이 얼마나 엄청난지 스페인에서 절실히 깨달았기 때문이었다.

전쟁 내내 그는 과로했다. 평범한 사람에게조차 벅찼던 그 시대의 조건이 그에게는 특히 괴롭게 다가왔다. 사무소의 창은 폭격에 대비해 전부 벽돌로 막혀 있었다. 그래서 그는 환기가 잘 되지 않는 실내에서 인공조명 아래에서 일해야 했다. 밤늦게까지 일하는 건 기본이었고, 아예 밤을 새우거나 겨우 2~3시간쯤 간이침대에서 쪽잠을 자고는 다시 근무하는 날도 적지 않았다. BBC에서의 근무는 보람차긴 했지만, 그는 너무 바빠서 창작을 할 시간 따윈 도저히 낼 수 없었다.

그는 1943년 11월에 일을 그만두고, 영국(사회주의) 노동당을 지지하는 주간지 〈트리뷴〉의 문예 담당 편집자가 되었다. 1939년 이후 그가 문필활동을 할 시간을 얻은 것은 이때가 처음이었다. 그는 바로 집필에 전념해 드디어 《동물농장》을 쓰기 시작했다. 이 이야기의 구상을 그는 마음속에 여섯 달 동안이나 품고 있었다. 《동물농장》은 이듬해인 1944년 2월에 완성되었다. "내 저서 가운데 내가 정말로 고심해서 쓴 유일한 작품"이라고 스스로 말했을 만큼 본인도 이 작품에 무척 자신이 있었던 듯하다. 실제로 이 작품은 처음부터 끝까지 플롯의 전개도 문장의 흐름도 그야말로 막힘없이 물 흐르듯 진행되었다.

정치와 예술

그런데 이 걸작도 막상 출판 단계에서는 벽에 부딪쳤다. 출판사 네 군데에서 모두 거절했던 것이다. 물론 전쟁 중이라 종이가 바닥난 탓도 있었다. 그러나 무엇보다 주된 이유는, 설령 우화 형식을 빌렸다 해도 《동물농장》은 너무나

BBC 라디오 방송 진행자 오웰은 제2차 세계대전 중인 1941~43년까지 뉴스나 문예방송 제작 진행을 맡았다.

통렬하게 스탈린 독재 아래의 소비에트를 공격했기 때문이었다. 그 시대에 소비에트는 영국이 보기엔 연합국 측의 유력한 일원으로, 많은 피를 흘리면서 나치스 독일과 싸워 그 거대한 병력을 동부 전선에 붙잡아둠으로써 히틀러의 영국 본토 상륙 작전을 견제해 주고 있는 든든한 동맹국이었다. 1944년의 사정이 이러했으니, 그처럼 통렬하게 소비에트를 비판하는 책을 출판사가 내지 않으려 한 것도 마땅한 일이다. 그래도 이듬해인 1945년에 《동물농장》은 겨우 햇빛을 보았다.

《동물농장》은 일단 간행되자 영국이나 미국에서도 큰 호평을 받았다. 방법적으로는 《걸리버 여행기》 등 고전적인 전통을 이은 작품으로서, 작가의 체험으로 치자면 음산하고 참혹하기 짝이 없는 주제를 밝고 환한 우화로 완성해낸 점이 이렇듯 매우 정치적인 작품을 성공시킨 것이다. 《동물농장》에 이르러서야 오웰은 가까스로 '정치적 사실을 예술적 문장으로 승화하기'라는 염원을 이뤘다고 하겠다. 특히 미국에서는 '이달의 책 클럽(Book of the Month Club)'의 추천

도서로 정해졌고 여러 나라에서 번역되었다. 그러나 오웰은 이런 외국어 번역으로 인한 수입은 전혀 받지 않았다고 한다. 《동물농장》이 그토록 호평을 받은 것은 출판된 시기가 매우 적절했기 때문이다. 즉 제2차 세계대전이 끝나자마자 이른바 자유주의 진영[4]과 사회주의 진영[5]의 대립이 갑자기 첨예해져서, 소비에트에 대한 의혹과 반(反)소비에트 분위기가 사회에 급속도로 퍼졌기 때문이다.

《동물농장》은 말하자면 그런 시대 흐름을 잘 타서 베스트셀러가 되었고, 그 인세 덕분에 그는 처음으로 경제적 안정과 국제적 명성을 손에 넣을 수 있었다. 그는 오랜 소망대로 대중에게도 주목받고 평가받는 작가가 됐다.

조금 앞으로 되돌아가 보자. 1945년 초에 오웰은 〈트리뷴〉지의 일을 그만두었다. 그러나 그와 〈트리뷴〉지의 관계가 아예 끊어진 것은 아니었다. 그는 그만둔 다음에도 이따금 비정치적인 논평을 기고하곤 했다. 그 뒤 종군기자로서 그는 제2차 세계대전의 최종 작전이 펼쳐지고 있던 유럽으로 건너갔다. 그리고 6월에는 나치스 독일의 붕괴를 눈앞에서 보았다.

그동안 영국에서는 그의 아내가 수술 뒤 상태가 악화되어 세상을 떠났다. 그는 찾아온 친구에게 아내가 죽은 것은 아마도 체력이 떨어진 탓이 아닐까 한다고 말했다. 그도 아내도 다른 사람들에게 많이 주기 위해 계속 배급을 받지 못하고, 때로는 그 일부분을 거절해 왔던 것이다.

아내가 죽고 나서 귀국한 오웰은 나중에 그의 이름을 일약 유명하게 만든 소설 《1984년》의 구상을 다듬기 시작했다. 본디 좋지 못했던 건강상태는 전쟁 뒤 식량, 의료 부족으로 더 악화되었지만, 그래도 집필에 들어갔다. 이것은 전쟁의 원인이나 인간이 다른 인간에게 가한 비인간적 잔학행위나 독재 정치체제가, 정권을 유지하기 위해 구사한 악랄한 선전 따위에 대해 목소리를 높여 주의를 환기시켰기 때문이다. 특히 세계가 사회주의 가면을 쓴, 폭력이 지배하는 전체주의적 세계에 시시각각 옮겨 가는 현실을 지적하고, 세상 사람들에게 경고를 주어야만 한다는 사명감에 불탔다.

끝내 무리한 탓에 결핵이 더욱 악화되어 1946년 봄, 논설과 평론 집필을 모두 그만두고 런던 아파트를 나와 스코틀랜드 서해안 앞바다 부근의 주라(Jura)

---

[4] 영국, 미국.
[5] 소비에트 및 그 위성국가들.

섬의 '반힐'(Barnhill) 농장으로 옮겼다. 그곳에서 방해받지 않고 안정되게 《1984년》 집필을 이어갔다.

그러나 이 섬은 아름다운 경치가 정말 뛰어났지만, 결핵환자의 휴양지로서는 최악이었다. 그의 집은 섬에 있는 유일한 상점에서 25마일이나 떨어져 있고, 게다가 그 가운데 8마일은 자동차도 다닐 수 없는 길이었다. 생활환경은 거의 원시적이고, 비가 많이 오는 계절에는 집에 비가 샜다. 이러한 참혹한 환경에서 그는 나날이 쇠약해져 가는 병든 몸에 채찍을 가하듯, 마치 홀린 것처럼 오로지 《1984년》 집필만 계속했다. 하지만 《1984년》이 거의 완성된 1947년 말에 병이 더 악화되어 잠시 글래스고 근처 병원에 입원해야만 했다. 퇴원 뒤에도 정기적으로 검진을 받기 위해 병원에 다녀야만 했지만, 주라섬에서 멀리 나가는 것은 정말 큰일이었다.

저주의 책《1984년》

1949년에는 좀 더 남쪽으로 가라는 의사의 지시에 따라 먼저 글로스터셔주(Gloucestershire)의 스트라우드(Stroud)[6] 근처 요양소에 들어갔지만, 자주 보러 오는 친구들의 충고에 따라 바로 런던 유니버시티 칼리지 병원으로 옮겼다. 그동안 노력을 다해 대작 《1984년》을 완성했다. 그는 "만약 내가 다니는 병원이 그토록 참혹하지 않았다면 이야기가 저렇게 우울하지는 않았을 텐데"라고 말한 적이 있다.

《1984년》은 하나의 미래기로 《동물농장》이 끝나는 부분에서 이야기가 시작된다. 즉 1984년 세계에서는 이미 혁명이 실패로 끝나고, 독재체제가 부동의 정치체제로서 확립되어 있다. 오웰은 이 이야기 속에서 독재 정치 아래에서 지낸 모든 자신의 체험을 담았다. 어리석은 혁명은 오히려 독재 정치체제를 낳은 원인이 되었으며, 권력을 얻어 유지하기 위해 독재체제는 스파이의 장려, 보도·오락의 통제, 생활의 획일화 등, 모든 수단을 구사해 진실을 왜곡하고, 은폐하고, 말살하는 것 따위를 그렸다. 그는 자신의 논점을 강조하고자 이야기 속 가공의 독재 정치체제의 특징을 극단적으로 강조하고, 말이나 사상, 개인의 사생활까

---

[6] 서부영국, 글로스터셔의 남쪽 약 11마일쯤에 있고, 템스 앤드 세번 운하와 이웃해 있는 준(準) 자치도시이자 상공업도시, 면직물공업의 중심지.

소설 《동물농장》 삽화　랄프 스테드먼, 1995.

지 철저히 통제하는 형태를 취하고 있다.

　《1984년》에서 보이는 미래에 대한 단 하나의 희망이라 할 수 있는 것은 일반 민중의 에너지와 그 가족적 기반이다. 이른바 고풍의 미덕을 찬미하는 태도를 보이고, 신뢰하는 점은 오웰에게는 보수주의라고도 할 수 있다. 이 이야기의 끝부분에 정신적으로 파멸되고 육체적으로도 말살되는 운명을 짊어진 주인공 윈스턴은, 마지막에는 일반 민중이 일어나서 독재체제를 타도할 거라고 예언하지만, 이 예언은 《동물농장》을 이해하는 경우에도 하나의 중요한 실마리를 준다.

　확실히 작자는 앞으로 동물들이 독재자의 압박에서 벗어날 수 있으리라 말하고 있는 것은 아니다. 또한 동물들이 영원히 독재자의 질곡에 허덕이는 운명이라고 생각했다는 것도 아니다. 내용적으로 말하면 《1984년》은 《동물농장》이 끝난 부분에서 시작하는 이야기이다. 아니 오히려 《1984년》은 《동물농장》의 '속편' 또는 '해결 편'이라고 해석해야 한다. 그렇게 되면 《1984년》에서 오웰이 주인공 윈스턴의 입을 빌려 이야기하는 일반 민중에게 건 미래에 대한 희망은 물

영화 〈동물농장〉 포스터 감독 존 핼러스·조이 배첼러, 주연 모리스 더넘. 1954.

론《동물농장》을 이해하는 데 적합하게 되고, 그 동물들에게도 언젠가는 힘을 모아 일어나서 독재체제를 물리치는 날이 반드시 올 거라는 내용으로 작자는 이야기를 결말짓고 있다고 생각해도 좋을 것이다.

《동물농장》과《1984년》가운데 과연 미래에 대한 희망이 보이는가 하는 문제에 대해서 비평가 사이에서도 여러 견해가 있고, 반드시 그 견해가 일치하지는 않았다.

요컨대《1984년》은 앞으로 꼭 일어날 거라고 오웰이 느낀 것을 예언했다는 식으로 말할 수도 있다. 아니면 만약 인류가 민주주의적 신념이나 정치체제, 예를 들면 개인의 자유나 언론의 자유 등의 원칙이나 민주주의적 정치수단 따위를 방치하는 어리석은 짓을 한다면 그 결과, 어떤 중대한 사태가 일어날지에 대한 경고가 될 수도 있을 것이다.

《1984년》을 완성한 뒤, 그는 기적적으로 건강이 좋아졌다. 그동안 명성을 날려 차츰 인기를 얻기 시작한 저서 재판 준비로 매우 바빠져 가만히 앉아 있을 틈도 없을 정도였다. 결국 그는 입원 중에 소니아 브라우넬(Sonia Brownell)과 재혼했다. 그녀는 〈호라이즌〉지 편집조수로서 그의 에세이 출판에 관여한 일도 있던 몇 년 전부터 오웰과는 친구 사이였다. 그는 새로운 소설 한 편과 여러 편의 문학 평론을 쓰려고 마음먹고 집필을 하기 시작했다. 1950년 1월(결혼을 한 뒤 8개월이 지났다), 비행기로 여행할 수 있을 만큼 체력을 회복하자 스위스의 어떤 요양소에서 쉬려고 했다. 그러나 여행 계획을 세우기 불과 2, 3일 전 1950년 1월 23일(일설에 따르면 21일) 유니버시티 칼리지 병원에서 심한 각혈을 하고 몇 분 뒤 갑작스럽게 세상을 떠났다. 아직 47세의 젊은 나이였다. 스페인 전쟁때 입은 목의 부상도 급사의 원인 가운데 하나였다고 한다. 유언에 따라 영국 시골의 한 교회 묘지에 묻혔다.

《1984년》은 분명 '스탈린의 소비에트'에 촉발된 반 유토피아의 권력세계이다. 그것은 모든 인간성의 수탈 위에서 성립하는 불모의 세계—인간을 인간으로 있지 않게 하는 권력집중을 고발한 것이었다. 허버트 리드가 적절하게 지적했듯이, 유토피아를 가장한 체제 가운데에서 하나의 악몽을 구축한 것으로《1984년》전체를 풍자한 것이다.

예컨대 진리국은 현대를 지배하는 거대한 매스컴 조직이고, 골드슈타인의 철학은 마르크스주의의 역사관,[7] 뉴스피크는 영어의 간략화를 꾀한 베이직 잉글리쉬,[8] 장수풍뎅이와 같은 당원은 이를테면 당 관료나 기술 관료를 우스꽝스럽게 그린 것이다. 물론, 작품 전체가《동물농장》과 비슷한 풍자극이라는 뜻이 아니라, 정치적인 유토피아가 풍자의 대상이 되기가 얼마나 어려운지를 거듭 이야기한다.

하여간 여기에서는 권력집중이 자기목적으로 바뀐 권력욕이야말로《1984년》의 주인공이자, 우스꽝스럽게 그려진 당 간부 오브라이언의 광신적 욕망으로 뒤틀린 그 인간상이야말로 현재 우리를 에워싼 정치적 세계의 전형이다. 미국의 비평가 어빙 하우가《정치와 소설》에서 말했듯이 거기에 그려진 공포가 '인간 상황'의 고유한 것이기는커녕 현대 특유의 것이기 때문에, 우리는 이 책에 놀라워한다. 이것은《1984년》이 단순한 반공 선전활동이 아니었음을 가리

---

7) 트로츠키의《배반당한 혁명》을 모방했다고 말들 하지만, 이것은 오웰이 홀로 깨달은 권력관을 펼친 에세이이다.
8) 언어에 대해 일가견이 있던 오웰은 문화 자체인 언어의 간략화가 갖는 위험성을 경고한다.

키며, 여러 지배 형태가 지닌 일상적인 가능성의 두려움을 간파했음에 틀림없다. 이 작품이 발표되고 20년 하고도 몇 개월이 지난 1970년대에도 유럽과 미국, 특히 미국에서 20년 전과는 다른 방식으로 이해·해석된 '오웰적 세계'라는 말이 지식인과 저널리즘의 관용어로서 다시 등장한다. 이는 적어도 그 시대의 정치 상황에서[9] 어빙 하우의 지적처럼 《1984년》의 공포가 존재하기 때문이다.

존 웨인은 말했다. "그는 변변한 소설도 쓰지 못한 소설가이자, 직업적 능력을 올바로 습득하지 못한 비평가이며, 모순투성이 사관을 가진

소설 《1984년》 제2부 삽화 조나단 버튼. '그는 그녀 앞에 무릎을 꿇고 앉아 그녀의 손을 잡았다.'

사회학자였다. 그럼에도 그는 중대한 인물이다." 조지 오웰의 《1984년》은 현재 우리에게도 중요하다. 왜냐하면 거기엔 인간의 존엄을 위협하는 실체가 보편적 문제로 예언되어 있으며, 미래에 내포된 위험과 현대의 정치적 황폐함이 권력의 구조 또는 논리를 생략하고는 전혀 생각할 수 없기 때문이다.

《동물농장》 대성공

《동물농장》은 오웰의 수많은 소설 가운데 최고 걸작으로, 그는 이 작품으로 작가로서 지위를 확립하고 경제적으로 안정을 얻었다. 이것은 일반적으로 오웰

---

9) 예컨대 일시적으로 존슨 대통령이나 마오쩌둥이 '위대한 형제'로 야유를 받은 것처럼.

이 '확실한 자각을 가지고 정치적 목적과 예술적 목적을 융합시키고자 한 최초의 작품'이라고 할 수 있다. 그는 스페인 시민전쟁에 무정부주의자 POUM 시민군의 일원으로서 종군 중, 악랄한 유언비어나 비열한 탄압과 테러 등으로 진실을 왜곡하고, 은폐하고, 마지막에는 없애 버리려 하는 공산주의자들의 음험한 모략을 통감한다. 더욱이 공산주의자, 스탈린 독제체제 아래 소비에트 연방의 수법에 깊은 의혹과 반감을 가지고, 공산주의는 결코 사회주의가 아니라 오히려 사회주의라는 가면을 쓰고 있지만, 그 실태는 전체주의라고까지 확신하게 되었다. 이 소비에트의 전체주의 실태를 더욱 널리 세계에 호소하고, 경고를 주고 싶은 의도에서 쓴 것이 《동물농장》이다.

그러나 이러한 정치적 주제를 실은 이상, 되도록 많은 사람에게 알리고자 하는 목적에서 소설을 쓰려고 한다면 결국 우화 형식을 취하게 되는 까닭은 당연하게 생각될 것이다. 그 일부에는 그 무렵 소비에트 연방이 영국의 중요한 연방인만큼 솔직하고 신랄한 풍자로 자극하는 것은 바람직하지 않다는 정치적 배려에서 오웰이 우화 형식을 선택했다고 보는 비평가도 있다.

우화 형식 문학의 특징 가운데 하나는 그 가운데 들어 있는 교훈, 즉 우화를 여러 가지 다른 차원에서 해석할 수 있다는 것이다. 예를 들면 영문학에서 우화라고 한다면 누구라도 바로 스위프트의 《걸리버 여행기》를 떠올리지만, 읽는 사람의 나이나 교양, 인생관의 차이에 따라 받아들이는 방법도 다르고, 거기에서 일어나는 흥미도 다르다. 아이들은 작품을 단순한 하나의 이야기로 받아들이고, 줄거리만을 따라가면서 흥미 있게 읽어갈 수도 있다. 또 역사적 관점에서 그 무렵 영국의 정치·사회·종교 등 실정과 대조하면서 그즈음 영국에 대한 통렬한 풍자로 받아들일 수도 있을 것이다. 아니면 철학적이거나 더 깊게 들어가 바라보고, 이야기의 배경에서 작가의 인간에 대한 불신이나 염세주의를 느낄 수도 있을 것이다. 그렇게 생각한다면 오웰의 경우에도 우화 형식이 선택되는 것은 충분히 이해할 수 있다고 본다.

그다음 왜 그런 동물 중심의 우화 형식을 취했는지 알아보도록 하자. 옛날 이솝 우화를 비롯해 우화에는 반드시 동물이 등장하는 것이 통념이다. 동물이 빠진 우화는 사실상 생각할 수 없다. 따라서 그가 우화 형식을 선택한만큼 동물을 등장시킨 것은 마땅한 결과로 굳이 문제 삼을 필요는 없을지도 모른다.

반힐 농장 스코틀랜드 서해안의 주라섬. 오웰은 1946년 소설 《1984년》을 집필하기 위해 이 섬으로 옮겨와 열악한 여건 속에 1948년 완성했다.

그러나 동물 저마다의 성격묘사는 참으로 교묘해 단순한 동물 의인화를 뛰어넘어 얄미울 만큼 높은 경지에 이르고 있다. 그 이유로 그가 동물을 아주 사랑했다는 점은 곧잘 거론된다.

그러나 《동물농장》의 배경에는 작가의 동물 일반에 대한 그러한 사랑 말고도 더욱 구체적이고 절실한 동물에 대한 동정이 깃들어 있다. 1937년 어느 날이었다. 시골길에서 그의 눈앞으로 한 소년이 말을 끌고 가고 있었다. 말은 무거운 짐을 짊어졌는데, 그 무게를 이기지 못한 나머지 비틀거릴 때마다 소년은 채찍으로 후려치며 말을 다그쳤다. 오웰은 마음만 먹으면 학대하는 주인을 당장 짓밟아 뭉갤 수 있는데도 묵묵히 고통을 참고 있는 그 말의 모습을 본 순간, 동물을 중심으로 한 이야기 구상이 번개처럼 뇌리에 스쳤다. 그것이 발전해 나중에 《동물농장》이 되었다고 그는 말한다. 말은 그때의 불황으로 괴로워하는 일반 민중을 뜻하고, 말을 끄는 소년은 민중을 압박하는 지배자들[10]을 빗댄다.

---

10) 변변한 생활조차 보장해 주지 않는 종래의 전통적 지배자뿐 아니라, 스페인의 공산주의자처럼 겉으로는 이제까지 지배자를 타도하고 민중을 돕는 척 가장하면서 결국 자기들이 그

그러면 《동물농장》 속에서 우리는 어떤 교훈을 발견할 수 있는가. 먼저 정설로 통하는 것은, 이 이야기가 1917년 2월혁명을 시작으로 1943년 끝 무렵 테헤란 회담에 이르기까지 소비에트 연방의 역사, 즉 스탈린 체제 아래 소비에트 연방 역사에 대한 풍자라는 견해이다. 그러나 오로지 소비에트만이 풍자의 도마 위에 오른 것은 아니다. 그즈음 국제정세 속에서 소비에트와 다양한 외교 교섭을 했던 영국, 독일 등도 마찬가지로 풍자의 대상이라는 점에 주의해야 한다.

이 견해에 따라 이야기의 인물과 사건을 실제 인물과 국가, 그리고 구체적 사건에 대응해 보면 다음과 같다. 메이저 영감 → 레닌, 나폴레옹 → 스탈린, 스노볼 → 트로츠키, 나폴레옹이 길들인 9마리의 맹견 → 소련의 국가 정치 보안부(게페우), 복서 → 투하쳅스키 일당, 양들 → 청년공산주의동맹, 존스 씨 → 러시아 황제, 폭스우드의 필킹턴 씨 → 영국, 핀치필드의 프레더릭 씨 → 독일. 다음으로 사건을 대응해 보면, 스노볼의 도망 → 트로츠키의 망명, 풍차 건설 → 소비에트 연방 국민경제 5개년 계획, 핀치필드의 프레더릭과의 상거래 → 독소불가침조약, 필킹턴과 나폴레옹의 카드게임 → 테헤란 회담이다. 날카로운 독자라면 이 밖의 사건, '소 외양간 싸움', '풍차 싸움', '동물들의 자백과 처형' 따위에 대해서도 저마다 대응사건을 찾을 수 있을 것이다.

그러나 이와는 다른 대응관계도 찾을 수 있다. 이를테면 나폴레옹 → 히틀러, 스노볼 → 돌격대(SA) 대장 에른스트 룀 복서 → 아프리카 전선에서 용맹을 떨친 에르빈 롬멜. 흥미롭게도 이처럼 나치스 독일의 지도자들과도 대응된다. 마음만 먹으면 또 다른 대응관계를 찾을 수도 있다. 나폴레옹과 그 일파가 온갖 정책을 실질상으로는 자기들에게만 유리하게 세우면서도, 형식적으로 전체회의에 상정, 만장일치 또는 다수결이라 부르는 마술로써 농장 전원의 총의로 바꿔치기해, 그 '총의'를 농장 전원에게 억지로 덮어씌우는 방식 따위는, 이른바 '타락한 의회주의적 민주주의'의 술수를 여실히 드러낸다.

처음에는 숭고한 이념이었던 '7계명'이 모르는 사이에 갈수록 뒤틀려 결국 특별히 세뇌된 양 한 마리의 슈프레히코르에 의해 완전히 쭉정이만 남아 처음

지배자의 후임으로 감쪽같이 눌러앉는 악랄한 일당도 포함한다.

런던 유니버시티 칼리지 병원 오웰은 소설 《1984년》이 출판되고 병세가 악화되자 이 병원에 입원했다. 그동안 가까이에서 그를 도왔던 소니아 브라우넬과 재혼했다. 1950년 1월 병세가 호전되자 스위스로 요양을 떠나려다 급작스레 숨을 거뒀다. 그의 나이 47세였다.

과는 전혀 딴판인 이해할 수 없는 것으로 바뀌어 가는 과정에서, 오늘날 우리 주변에서 대중 매체를 교묘히 구사해 은연중에 일반대중을 세뇌하고 의식을 바꿔가는 '관리사회' 지도자들의 수법을 볼 수 있다. 또한 마구잡이로 근거 없는 숫자를 내세우며 '동물농장'이 얼마나 번영했는지를 일반 동물들에게 입증하는 스퀼러의 태도는, 사사건건 국민총생산 세계 1위 같은 통계를 들고 나와 일반국민에게 그들이 얼마나 부유하고 행복해졌는지 착각하게 하며 선전에 열중한 정치가의 수법과 얼마나 비슷한가.

여기서 우리는 참으로 이상한 점을 깨닫는다. 바로 앞에서 언급한 두 가지 대응관계이다. 본디 당시 소비에트에 대한 풍자로 쓰인 작품인 만큼, 등장하는 동물이나 사건이 소비에트 지도자와 민중과 그 역사적 사건과 대응관계를 갖는 것은 마땅하다. 그러나 이데올로기상 그 정반대쪽 끝에 서 있는 나치스 독일의 지도자들에게서도 똑같은 대응관계를 찾을 수 있다니 어찌된 일인가. 해

답은 간단하다. 즉 등장동물(인간 포함)의 대립·갈등, '동물농장'의 성립·발전과정 유형은 특정 시기의 특정 나라 정권이 아니라, 좌익이든 우익이든 '권력기구'는 구체적으로 작용할 때 반드시 취하게 되는 보편된 유형이다.

그리고 우리는 《동물농장》이 가르치는 또 다른 교훈에 이른다. '권력'은 어떤 이데올로기와 결부되더라도, 확립되고 정착해 영속하면 반드시 그 권력을 쥔 자의 부패와 타락을 낳는다. 하나의 '권력기구'가 무너져도 반드시 또 새로운—조금 형태를 달리한—'권력기구'가 생겨난다. '권력'이란 본디 그런 것이다. 물론 오웰이 멀리 '권력'의 본질로까지 거슬러 올라가 그 필연적 역학법칙을 충분히 깨들은 뒤에 《동물농장》을 썼다고는 할 수 없다. 그가 이 이야기를 쓸 때 염두에 둔 것은 어디까지나 스탈린주의가 지배하는 소비에트 연방의 모습이었다. 그러나 그의 날카로운 통찰력은 무의식적으로 스탈린주의 비판의 배경에까지 미쳤으며, 숨은 '권력'의 보편적인 본질과 필연적 법칙을 끄집어내어 우리에게 보여 주었다.

하나의 '권력'은 확립되고 존속하고 체계화되어 마침내 부패·타락을 낳고, 새로운 세력에 의해 타도된다. 이번에는 그것을 타도한 새로운 세력이 확립되어 '권력'이 되고, 존속하여 이윽고 체계화되고, 부패·타락을 낳고, 다음의 새로운 세력에 의해 무너지면 또 그 새로운 세력이……, 이 순환은 언제까지나 영원히 이어진다. 그렇다면 그 '권력기구'에 억압받고 허덕이는 일반민중은 어떻게 되는가. 구제받지 못하고 영원히 억압받기만 할 뿐인가. 민중은 과연 궐기해 그 중압을 떨쳐 낼 힘을 갖고 있는가. 여기서 민중의 미래에 대한 꿈이나 희망이 화두로 떠오른다.

오웰은 이 문제를 어떻게 보았을까. 이 의문에 대답하기란 생각보다 쉽지 않다. 그의 태도가 분명하지 않기 때문이다. 《동물농장》 출판 이듬해인 1946년에 낸 한 평론에서 그는 대중에게는 크게 기대할 수 없다는 의미를 풍긴다. 처음부터 지식인을 혐오하고 열렬한 대중예찬자인 그로서는 드문 일이지만, 그 나름대로 어떤 느낀 점이 있었을 것이다. 《동물농장》의 결말도 끝내 동물들은 구제받지 못하므로, 그런 대중에 대한 작가의 환멸이나 절망으로 받아들이지 못할 것도 없다. 그럼에도 이 이야기의 전반적 분위기는 어쩐지 익살맞고 쾌활하다. 주제도 결말도 생각해 보면 매우 심각한데도 막다른 곳까지 내몰린 비장감

조지 오웰 무덤 옥스퍼드셔주 서튼 코트니에 있는 올 세인츠 교회 묘지

이 없다. 오히려 작가의 초연하고 여유로운 분위기까지 느껴진다. 이는 어찌된 일인가. 이 여유로운 태도가 어디서 나왔는가에 대해서는 여러 의견이 있다. 스페인 전쟁 체험의 소산으로, 그 혹독한 체험이 개인적 증오와 비애와 절망을 넘은 초연한 태도로 사물을 볼 수 있는 여유를 주었다는 의견이 있다. 한편 좋아하는 동물을 등장시켰으므로 기분이 좋은 것이라는 주장도 있다. 또는 오웰은 공산당에 입당해 활동한 경험이 없으므로 환멸의 비애를 느껴본 적이 없다는 것이다. 그의 공산주의에 대한 비판과 탄핵은 줄곧 아웃사이더의 관점에서 이루어졌으므로 비교적 상쾌하고 명랑하다는 설도 있다.

그러나 그렇다 치더라도, 그는 역시 일반대중을 믿고 그들의 힘에 미래에 대한 희망을 맡긴 것은 아니었을까. 희망을 맡겼다고 해도, 비교적 초기의 《위건 부두로 가는 길》에서처럼 적극적이고 다소 낭만적이면서도 노골적인 대중예찬적 희망은 아닐 것이다. 한편으로 환멸과 실망과 불만을 느끼면서도, 마침내 이것밖에 의지할 데가 없으니 어쩔 수 없다는 침체된 소극적 희망일지도 모른다.

조지 오웰의 생애와 사상   435

그리고 그 소극적 희망은 평생 이어졌던 것 같다. 그러한 그의 희망의 발로는 《동물농장》 속에서도 찾을 수 있다.

이야기의 막바지에 다음과 같은 구절이 있다.

'그러나 동물들은 결코 희망을 버리지 않았다. 게다가 한순간도 자신들이 동물농장의 일원이라는 명예심과 자부심을 결코 잃지 않았다.…… 동물들은 오랜 꿈들을 하나도 버리지 않았다. 영국의 전원이 인간의 발에 짓밟히지 않는, 메이저가 예견했던 동물 공화국을 여전히 믿고 있었다. 언젠가 그런 날이 올 것이라고 말이다. 곧바로는 아닐지라도, 지금 살아 있는 동물들의 생전은 아닐지라도 여전히 그런 날이 올 것이라고 믿었다.'

또한 깊은 절망과 저주의 책이라고 불리는 《1984년》 속에도 다음과 같은 구절이 있다. 주인공 윈스턴은 2층에 서서, 아래쪽 뜰에서 노래 부르며 기저귀를 빨아 널고 있는 엉덩이가 크고 억센 프롤레(무산계급) 여자를 보고 감동해 이렇게 느낀다.

'노동자는 죽지 않는다. 뜰에 있는 저 늠름한 부인의 모습을 보면 그걸 의심할 수 없으리라. 마침내는 그들도 각성할 것이다. 1000년이 걸릴지도 모르지만 그때까지 그들은 당이 갖지도 못하고 없앨 수도 없는 생명력을 몸에서 몸으로 불사조처럼 전하며 온갖 어려움을 견디고 살아갈 것이다.'

이 두 인용을 살펴보면 그 열렬한 정도는 둘째치더라도, 결국 오웰은 짐짓 일반대중의 힘에 미래를 맡겼다고 인정하지 않을 수 없다.

조지 오웰은 소설가일 뿐만 아니라 뛰어난 평론가이자 에세이스트였다. 작품 수에서도 소설보다 평론과 에세이들이 압도적으로 우세하다. 그중에서 그의 인간관 문학관을 엿볼 수 있는 산문 6편을 뽑아 이 책에 실었다.

〈코끼리를 쏘다〉에서 오웰은 백인 지배자들의 권위의식이란 얼마나 헛된가 탄식하며 코끼리를 쏘아 죽여야만 하는 자신을 '제국주의의 어리석은 꼭두각시'로 비유하고 있다. 〈교수형〉은 처형대로 끌려가는 한 원주민 죄수의 심리를 교묘하고 섬세하게 묘사하고 있다. 이 사실적 묘사를 통해서 한 생명이 파괴되는 과정을 생생히 보여준다. 〈가난한 자들은 어떻게 죽는가〉는 오웰이 무명작가 시절, 파리에 머물렀을 때 체험을 바탕으로 쓴 글이다. 그는 이 에세이에서 자신이 입원했던 병원을 인생의 한 악몽 장소로 떠올린다. 〈구빈원〉은 어느 부랑자의 하루를 어둡고 음울하게 그리고 있다. 구빈원은 그에게 고통스런 마지막 출구이다.

오웰은 차갑게 빛나는 불빛 아래 벌어지는 구빈원의 비인간적인 밑바닥 생활들을 실감나게 드러낸다. 〈복수는 괴로워라〉는 제2차 세계대전이 끝난 뒤 독일인에게 가해지는 잔혹한 보복행위에 반대해 쓰인 글이다. 오웰은 파시즘을 맹렬히 비난하지만, 그는 보복을 하기보다 파시즘의 실체를 발견해 인간이 반성해 나아가는 자세가 더 중요하다고 생각했다. 〈나는 왜 글을 쓰는가〉에서는 세상을 고뇌하는 한 지식인으로서 정치적 사건들이 사람들에게 적잖은 영향을 미친다는 사실을 날카롭게 응시한다. 따라서 자신이 글을 쓰는 이유를 "전체주의에 반대하고, 민주적 사회주의를 지지하기 위한 것"이라 고백하고 있다.

핵 시대의 서막이자 텔레비전이 아직 문화의 주류가 되기 전인 1949년. 오웰의 문학이 한 세대 앞이라고 예언한 TV 스크린에 의해 감시당하는 세계는 무시무시했다. 그의 문학은 권력의 남용에 대한 강력한 경고일 뿐만 아니라 오늘날 TV 콘텐츠에 역설적인 공헌을 했다는 점에서 언어, 역사, 그리고 공포와 제어의 심리를 조작하는 미디어 권력에 대한 선지자적 통찰로 돋보인다. 조지 오웰 문학의 쟁점들은 어쩌면 그가 작품들을 쓴 시대보다 오늘 사회에 더 심각한 문제들이 되고 있다.

1999년 영국 방송 BBC는 '지난 1천 년간 최고의 작가' 부문에서 셰익스피어, 제인 오스틴에 이어 조지 오웰을 3위로 선정했다. 게다가 영문학에서는 '오웰주의'라는 뜻의 Orwellism이 거론되고 있으니, 서양문학사에서 그가 차지하는 위치를 쉽게 짐작케 한다.

조지 오웰 연보

1903년	6월 25일, 인도 벵골 주 모티하리에서 영국 아편국 소속 인도 주재 공무원인 아버지 리처드 웜슬리 블레어(Richard Walmesley Blair)와 어머니 이다 메이블 블레어(Ida Mabel Blair)의 아들로 태어남. 본명은 에릭 아서 블레어(Eric Arthur Blair).
1904년(1세)	어머니와 누나 마조리(Marjorie)와 함께 영국으로 귀국.
1907년(4세)	어머니가 막내 에이브릴(Avril)을 출산.
1911년(8세)	9월, 영국 남동부 이스트본 근처 사립 예비학교 세인트 시프리언스 스쿨에 입학.
1914년(11세)	10월 2일자 〈헨리 앤드 사우스 옥스퍼드셔 스탠더드〉지에 본명으로 '깨어나라! 영국의 젊은이들이여(Awake! Young Men of England)'라는 제목의 시를 발표.
1917년(14세)	3월, 이튼스쿨에 장학생으로 입학.
1918년(15세)	폐렴으로 고생.
1921년(18세)	이튼스쿨 졸업.
1922년(19세)	6월, 경찰이 되기 위해 1주일 동안 시험을 치러 합격. 10월 27일, 미얀마로 떠남. 11월 27일자로 인도제국 경찰로 미얀마에서 근무 시작.
1927년(24세)	대영제국주의의 식민지 지배에 회의를 품고, 휴가차 귀국했다가 사직. 초겨울, 런던 포토벨로 거리에서 뜨내기 생활.
1928년(25세)	1월 1일자로 경찰관 사직서 수리됨. 작가의 길을 걷기로 결심. 파리로 옮겨 빈민거리 허름한 호텔방에서 살며, 영어 개인교수 등 빈곤한 생활을 하며, 보들레르, 비용, 프루스트 등의 작품을 탐독. 12월 29일, G. K. 체스터튼에게 발탁되어 〈G. K.'s 위클리〉지

	에 산문 '싸구려 신문(A Farthing Newspaper)'이 실리면서 영국에서 처음으로 자신의 글을 발표.
1929년(26세)	여름, 도둑이 들어와 돈을 전부 훔쳐가, 호텔 접시닦이로 일하면서 빈곤한 생활을 함. 런던 친구에게 일자리를 부탁.
1930년(27세)	런던으로 돌아감. 취직이 1개월 늦어져 부랑자들 사이에서 생활하며, 시골을 떠돌아다님. 르포르타주《파리와 런던의 밑바닥 생활 Down and Out in Paris and London》집필 시작.
1931년(28세)	8월 초,《파리와 런던의 밑바닥 생활》의 타자 원고를 조너선 케이프 출판사에 넘김.
1932년(29세)	햄스테드 서점의 점원과 영어 가정교사를 1934년 무렵까지 계속함.
1933년(30세)	첫 작품《파리와 런던의 밑바닥 생활》이 몇몇 출판사에서 퇴짜를 맞은 뒤, 1월 9일 골란츠사에서 조지 오웰(George Orwell)이라는 필명으로 펴냄. 비평가들에게 주목받아 높은 평가를 받음. 〈선데이 익스프레스〉지의 '금주의 베스트셀러'로 선정.《버마의 나날 Burmese Days》집필 시작. 크리스마스를 며칠 앞두고 네 번째로 폐렴이 재발, 억스브리지 카티지 병원에 입원.
1934년(31세)	미얀마에서의 체험을 소재로 한 소설《버마의 나날》을 비로소 뉴욕 하퍼스사에서 펴냄. 영국에서는 골란츠사에서 펴냄. 사립학교 교사의 체험을 바탕으로 한 소설《목사의 딸 A Clergyman's Daughter》집필 시작.
1935년(32세)	《목사의 딸》을 골란츠사에서 펴냄.
1936년(33세)	영국 북부에서 생활환경에 대한 소설을 쓰기 위해 1월 31일 북부로 출발. 3월 30일, 북부에서의 일을 마치고 런던으로 돌아옴. 4월 30일, 서점점원 생활을 엮은 소설《엽란을 날려라 Keep the Aspidistra Flying》를 골란츠사에서 펴냄.〈뉴 아델피〉를 시작으로 여러 잡지에 기고. 빅터 골란츠의 의뢰를 받아 1월 끝 무렵 북부 셰필드, 맨체스터, 리즈, 위건 등의 탄광, 공업도시를 차례로 방문하고, 불황 속의 노동자들의 생활을 살펴봄. 6월, 아일린 모

드 오쇼네시(Eileen Maud O'Shaughnessy)와 결혼. 런던을 떠나 하트퍼드셔주로 이사해 글을 쓰면서 만물상을 시작. 12월, 세커사의 지원을 받아 스페인 시민전쟁 보도를 위해 바르셀로나에 가서 바로 POUM(마르크스주의통일노동당) 시민군으로 입대. 이어 115일 동안 스페인 아라곤 전방에서 복무.

1937년(34세) 3월, 하층노동자들 생활실태를 기록한 르포르타주 《위건 부두로 가는 길 The Road to Wigan Pier》을 골란츠사에서 펴냄. 5월, 우에스카 부근 아라곤 전투에서 목에 치명적인 총상을 입었으나 구사일생으로 살아나 바르셀로나 병원에서 치료를 받았지만, 공산주의자의 다른 약소단체에 대한 탄압이 시작되자, 위험을 느껴 마침내 아내와 함께 6월에 귀국. 하트퍼드셔주 월링턴 자택에서 만물상을 다시 열고, 채소를 재배하고 닭, 염소를 기르면서 스페인 시민전쟁 체험을 담은 르포르타주 《카탈로니아 찬가 Homage to Catalonia》 집필 계속.

1938년(35세) 《카탈로니아 찬가》 세커사에서 펴냄. 지병인 폐결핵이 재발해 9월, 요양을 위해 프랑스 모로코로 여행을 떠나 겨울을 보냄.

1939년(36세) 봄, 모로코에서 월링턴 자택으로 돌아옴. 다가오는 전쟁 예고와 경고라고 할 만한 소설 《숨 쉬러 나가다 Coming up for Air》를 골란츠사에서 펴냄. 9월, 제2차 세계대전 발발과 함께 오웰 부부는 상경. 육군에 입대하려고 했지만, 건강상의 이유로 거부당해 국방 시민군의 중사로 근무. 일주일에 하루 군수공장에서 근무.

1940년(37세) 3월, 평론집 《고래 뱃속에서 Inside the Whale》를 골란츠사에서 펴냄.

1941년(38세) 영국방송협회(BBC)에서 근무하고, 뉴스나 문예방송 제작, 진행을 담당. 평론집 《사자와 일각수 The Lion and the Unicorn》를 세커사에서 펴냄. 골란츠사가 발행한 평론집 《좌익의 배반》 빅터 골란츠, 존 스트레이치 등과 함께 집필.

1943년(40세) 11월, BBC에 사표를 내고 노동당 주간지 〈트리뷴〉지 문예부장으로 15개월 동안 일하면서, 고정 칼럼 '나 좋을 대로(As I Please)'

	기고. 소설 《동물농장 Animal Farm》 집필 시작.
1944년(41세)	양자를 맞아들이고, 이름을 리처드 호레이쇼 블레어(Richard Horatio Blair)라 지음. 2월, 《동물농장》 완성. 그러나 그 내용의 통렬한 소비에트 비판으로 출판에 어려움을 겪음.
1945년(42세)	3월, 아내 아일린이 자궁제거 수술 중 심장마비로 사망. 〈트리뷴〉지 문예부장을 그만두고, 종군기자로서 유럽에 갔다가 6월, 독일 붕괴 목격. 8월 17일, 《동물농장》이 마침내 영국과 미국에서 출판되어 대호평을 받다. 2주 만에 초판이 매진되는 이 인기에 힘입어 1945년에서 1946년 사이 신문 및 잡지에 130편이 넘는 기사와 서평을 씀. 귀국한 뒤 《1984년》 구상을 짜기 시작함.
1946년(43세)	봄. 런던 아파트를 처분하고, 스코틀랜드 서해안 주라섬 반힐농장으로 옮겨 《1984년》 집필에 전념.
1947년(44세)	《1984년》을 거의 완성. 하지만 폐결핵 악화로 잠시 글래스고 근처 병원에 입원.
1948년(45세)	봄, 퇴원. 반힐로 돌아와 《1984년》을 완성. 연말에 원고를 출판사에 보낸 뒤, 다시 스트라우드 근처 요양소에 입원.
1949년(46세)	9월, 병세가 악화되어 런던 유니버시티 칼리지 병원으로 옮겨 치료를 받음. 10월 무렵, 〈호라이즌〉지 편집조수 소니아 브라우넬(31세)과 병실에서 결혼식을 올림. 《1984년》을 세커사에서 펴냄.
1950년(47세)	병세가 호전되어 스위스의 요양소로 떠나려 했으나, 1월 23일(일설에 따르면 21일) 런던 유니버시티 칼리지 병원에서 심한 각혈 뒤 급사. 템스 강변에 있는 올 세인츠 교회에 안장됨. 산문집 《코끼리를 쏘다 Shooting an Elephant》 세커사에서 펴냄.
1953년	평론집 《영국사람들》 세커사에서 펴냄.
1961년	《평론집 Collected Essays》 세커사에서 펴냄.
1968년	소니아 오웰과 이언 앵거스(Ian Angus)가 공동으로 《조지 오웰 에세이, 신문·잡지 기고문, 편지 모음집 The Collected Essays, Journalism and Letters of George Orwell》을 4권으로 세커사에서 펴냄.

1971년	미리엄 그로스 《조지 오웰의 세계》 웨이든펠드 니콜슨사에서 펴냄.
1980년	버나드 크릭의 《조지 오웰 전기 *George Orwell A Life*》 세커사에서 펴냄.

옮긴이 박지은
충남 공주에서 태어나다.
세종대학교 영문학과 졸업. 중앙대학교 예술대학원 문학예술학과 졸업.
지은책 「날아다니는 얼룩이」 아동문예상 수상
옮긴책 토마스 칼라일 「영웅숭배론」 「의상철학」, 제임스 알렌 「인생연금술」

George Orwell
NINETEEN EIGHTY-FOUR
ANIMAL FARM/REVENGE IS SOUR
1984년/동물농장/복수는 괴로워라
조지 오웰/박지은 옮김
1판 1쇄 발행/2009. 9. 9
2판 1쇄 발행/2022. 2 1
발행인 고윤주
발행처 동서문화사
창업 1956. 12. 12. 등록 16-3799
서울 중구 마른내로 144(쌍림동)
☎ 546-0331~3 Fax. 545-0331
www.dongsuhbook.com
*
이 책의 출판권은 동서문화사가 소유합니다.
의장권 제호권 편집권은 저작권법에 의해 보호를 받는 출판물이므로
무단전재와 무단복제를 금합니다.
사업자등록번호 211-87-75330
ISBN 978-89-497-1806-4 04080
ISBN 978-89-497-0382-4 (세트)